UPSESSB TGT

प्रशिक्षित स्नातक शिक्षक - हिंदी

नवीनतम संस्करण
अभ्यास किट

13 टेस्ट्स

03 गतवर्षीय प्रश्न पत्र
10 मॉक टेस्ट्स

वास्तविक परीक्षा प्रारूप पर आधारित टेस्ट

✓ पूर्णतः संशोधित और अद्यतन

✓ सभी बहुविकल्पीय प्रश्नो का विस्तृत विश्लेषण

शीर्षक	: UPSESSB TGT प्रशिक्षित स्नातक शिक्षक – हिंदी
लेखक का नाम	: Mr. Rohit Manglik
प्रकाशक	: EduGorilla Community Pvt. Ltd.
प्रकाशक का पता	: 12/651 प्रथम तल, अरविन्दो पार्क के सामने, निकट जामा मस्जिद, इंदिरा नगर लखनऊ, उत्तर प्रदेश, 226016, भारत।

कॉपीराइट EduGorilla

ISBN : 978-93-90893-16-4

द्वितीय संस्करण

इस पुस्तक के किसी भी भाग की प्रतिलिपि बनाना, वितरण करना अथवा किसी भी माध्यम में लेनदेन, प्रकाशक की लिखित अनुमति के बगैर नहीं किया जाएगा।

सभी अधिकार सुरक्षित

© by EduGorilla Community Pvt. Ltd

अस्वीकरण EduGorilla

यद्यपि लेखक और प्रकाशक ने इस पुस्तक में जानकारी की सटीकता सुनिश्चित करने के लिए हर संभव प्रयास किया है, लेखक और प्रकाशक त्रुटियों के लिए जिम्मेदार नहीं हैं और इस त्रुटि या चूक के कारण किसी भी पार्टी को हुए किसी भी नुकसान, क्षति, या व्यवधान के लिए के लिए किसी भी दायित्व को अस्वीकार करते हैं।

Compiled and created by EduGorilla Community Pvt. Ltd

EduGorilla Community Pvt. Ltd. द्वारा मुद्रित

रोहित मांगलिक
सीईओ, **EduGorilla**

प्रिय छात्रों,

एक बहुत ही प्रचलित कहावत है कि "सफलता उन्हीं को मिलती है जो उसके लिए कड़ी मेहनत करते हैं।" लेकिन मैंने लोगों को उनकी परीक्षाओं के लिए दिन-रात एक करके मेहनत करते हुए देखा है, पर फिर भी वे सफल नहीं हो पाते। तो वहीं दूसरी ओर, कुछ लोग बस आधी मेहनत करके परीक्षा में सफलता प्राप्त करते हैं। तो, क्या वे किस्मत वाले हैं? नहीं मेरा मानना है, कि ऐसा इसलिए है क्योंकि वे सिर्फ कड़ी नहीं बल्कि कुशल तरीके से अपनी तैयारी करते हैं। इसी तरह आपको भी अपनी परीक्षाओं की तैयारी के लिए अपनी योजना बनानी चाहिए, ताकि आपकी भी सफलता की संभावना बढ़ सके। तो तैयार हो जाइये EduGorilla के साथ अपनी परीक्षा में चयन होने की संभावना को 16 गुना बढ़ाने के लिए।

EduGorilla आपको न केवल कड़ी मेहनत करने में मदद करता है, बल्कि एक स्मार्ट और योजनाबद्ध तरीके से तैयारी करने में भी सहायता प्रदान करता है। EduGorilla की तैयारी पैकेज के साथ आप अपने परीक्षा में चयन होने के रास्ते को सहज और मनोरंजक बना सकते हैं। अपनी तैयारी के लिए सही रास्ता खोजना मुश्किल हो सकता है, यदि आप ये नहीं जानते कि आपको किस दिशा में जाना है। चिंता न करें हम आपके साथ खड़े हैं! EduGorilla आपकी सफलता में आपका मार्गदर्शक बनेगा। हमारे तैयारी पैकेज के साथ आप रणनीतिक रूप से तैयारी कर, अपनी परीक्षा में सिर्फ एक ही प्रयास में सफल हो सकते हैं।

EduGorilla के तैयारी पैकेज में शामिल हैं-

• टेस्ट सीरीज़   • किताबें

हमारे तैयारी पैकेज को सभी तरह के नये बदलावों, विशेषज्ञों की राय एवं छात्रों के प्रतिक्रिया के अनुसार तैयार किया गया है। जो आपको परीक्षा के प्रत्येक चरण की चयन प्रक्रिया को पार करने के योग्य बनाता है।

हमारी किताबें शिक्षकों और विशेषज्ञों द्वारा आपकी परीक्षा के लिए तैयार की गई हैं, 150+ वर्षों के अनुभव के साथ; ताकि आपको आसान, कुशल और प्रभावी शिक्षण प्रदान किया जा सके। हमारी स्मार्ट किताबें न सिर्फ आपको प्रश्नों के उत्तर देने की समझ देती हैं, अपितु आपके अभ्यास के लिए समान रूप के प्रश्न भी प्रदान करती हैं।

EduGorilla की सक्षम टेस्ट सीरीज आपको वास्तविक अनुभव और आत्मविश्वास प्रदान करती हैं, जिसके माध्यम से आप केवल एक प्रयास में अपनी ऑफलाइन अथवा ऑनलाइन परीक्षा पास कर सकते हैं। वर्तमान में हम 83,000+ मॉक टेस्ट्स और 1,440+ प्रतियोगी एवं शैक्षणिक परीक्षाओं की तैयारी कराते हैं।

अर्थात, EduGorilla आपकी तैयारी में आपकी सहायता करने का कोई भी मौका नहीं छोड़ता है और परीक्षा के सभी चरणों को कवर करता है, ताकि परीक्षा की तैयारी के लिए आपको कहीं और भटकना ना पड़े।

हम आपको डिफेन्स, बैंकिंग, टीचिंग और अन्य राष्ट्रीय एवं राज्य स्तरीय परीक्षाओं के लिए सम्पूर्ण तैयारी पैकेज प्रदान करते हैं। अत: इससे कोई फर्क नहीं पड़ता कि आप किस परीक्षा के लिए तैयारी कर रहे हैं, क्योंकि आप सफलता हासिल करेंगे।

आपको परीक्षा की शुभकामनाएं!

रोहित मांगलिक,
संस्थापक और मुख्य कार्यकारी अधिकारी, EduGorilla

प्रस्तावना

EduGorilla छात्रों को उनकी परीक्षा में सफल होने के लिए मार्गदर्शन प्रदान करता है। जिसको ध्यान में रखते हुए हमारे कुल 150+ वर्षों का अनुभव रखने वाले प्रतिष्ठित विशेषज्ञों ने कड़े प्रयासों के द्वारा "UPSESSB TGT : प्रशिक्षित स्नातक शिक्षक - हिंदी" को तैयार किया है। इस किताब के प्रश्नों को हाल ही में परीक्षा के पाठ्यक्रम और पैटर्न में हुए सभी बदलावों को ध्यान में रखकर बनाया गया है। वो प्रश्न जिनकी UPSESSB TGT Hindi परीक्षा में आने कि संभवना काफी प्रबल है, उनको इस किताब मे रखा गया है। आप EduGorilla की "UPSESSB TGT : प्रशिक्षित स्नातक शिक्षक - हिंदी" के माध्यम से अपनी सफलता की संभावना को 16 गुना बढ़ा सकते हैं।

EduGorilla ये अपनी संपूर्ण तैयारी पैकेज के माध्यम से साकार करता है। इस किट में आपको प्रश्न अच्छी तरह अवधारित एवं संरचित रूप मे मिलेंगे जिन्हे आपकी जरूरतों के अनुसार बनाया गया है। इसके माध्यम से आपको स्मार्ट तरीके से परीक्षा के लिए अभ्यास करने में मदद मिलेगी। साथ ही आपको सहायक, समाधान और स्मार्ट उत्तर पत्रिका भी प्रदान की जायेंगी। जिससे आप अपना मूल्यांकन स्वयं कर सकते हैं। आप स्वयं की समीक्षा कर, उन सभी बिन्दुओं पर खुद को बेहतर तरीके से तैयार कर सकते हैं।

EduGorilla आपको अपनी परीक्षा में सफलता दिलाने और आपके लक्ष्य को हासिल करने में आपकी सहायता करने का वादा करता हैं। हम अपने प्रतिभागियों पर पूरा भरोसा करते हैं और उन्हें मेरिट सूची के शीर्ष पर देखते हैं। शीर्ष स्थान की ओर आपका पहला कदम है हमारे साथ तैयारी शुरू करना। EduGorilla की "UPSESSB TGT : प्रशिक्षित स्नातक शिक्षक - हिंदी" की विशेषताएं कुछ इस प्रकार हैं।

➤ अच्छी तरह से शोध किया हुआ पाठ्यक्रम

➤ उच्च गुणवत्ता

➤ विस्तृत उत्तर और विश्लेषण

➤ स्मार्ट उत्तर पत्रिका

➤ परीक्षा सुसंगत प्रश्न

इस प्रकार EduGorilla आपकी तैयारी को मजबूत और आपको परीक्षा में सफल होने के योग्य बनाता है।

UPSESSB TGT Hindi
परीक्षा की योग्यता, परीक्षा पैटर्न, विषय को जानने के लिए QR कोड को स्कैन करें।

Book ID: 0741

विषय-सूची

मॉक टेस्ट	1-147
मॉक टेस्ट - 1	1-16
मॉक टेस्ट - 2	17-30
मॉक टेस्ट - 3	31-45
मॉक टेस्ट - 4	46-58
मॉक टेस्ट - 5	59-71
मॉक टेस्ट - 6	72-87
मॉक टेस्ट - 7	88-102
मॉक टेस्ट - 8	103-117
मॉक टेस्ट - 9	118-132
मॉक टेस्ट - 10	133-147
विगत वर्षीय प्रश्नपत्र	148-190
विगत वर्षीय प्रश्नपत्र - 2015	148-162
विगत वर्षीय प्रश्नपत्र - 2019	163-175

Q.1 "उधर गरजती सिंधु लहरियाँ ,कुटिल काल के जालो सी।
चली आ रही फेन उगलती, फन फैलाए व्यालो सी।।
इन पंक्तियो में कौन सा रस है?
A. वीभत्स रस
B. रौद्र रस
C. वीर रस
D. भयानक रस

Q.2 सुनत लखन के वचन कठोरा
परशु सुधारि धरेरू कर (घोरा)
अब जानि देउ दोष मोहि लोगू
कटुवादी बालक वध जोर
उपर्युक्त पंक्ति में कौन सा रस है?
A. विस्मय रस
B. करुण रस
C. भयानक रस
D. रौद्र रस

Q.3 निम्न में से "ढुँढाड़ी" बोली किस भाषा क्षेत्र के अंतर्गत आती है?
A. पश्चिमी राजस्थान की
B. पूर्वी राजस्थान की
C. दक्षिणी राजस्थान की
D. उत्तरी राजस्थान की

Q.4 "गढ़वाली" किस क्षेत्र में बोली जाती है?
A. हिमाचल प्रदेश
B. छत्तीसगढ़
C. उत्तर प्रदेश
D. हरियाणा

Q.5 निम्न में से अग्र स्वर है-
A. इ
B. अ
C. ऊ
D. ओ

Q.6 निम्नलिखित में से कोन-सा शब्द देशज है?
A. धड़ाम
B. लाश
C. औरत
D. पतलून

Q.7 निम्नलिखित में से कौन-सा वर्ण दंत से उच्चारण की दृष्टि से सही नहीं है?
A. न
B. ध
C. त
D. ट

Q.8 संविधान के किस अनुच्छेद के अनुसार हिन्दी भारत की राजभाषा है?
A. अनुच्छेद 351
B. अनुच्छेद 343
C. अनुच्छेद 345
D. अनुच्छेद 344

Q.9 'ज' ध्वनि का उच्चारण स्थान क्या है?
A. दंत
B. मूर्धा
C. तालु
D. इनमें से कोई नहीं

Q.10 "लोग आजीवन टट्टू की तरह जुते रहते हैं।" 'टट्टू' शब्द का बहुवचन बताओ।
A. टट्टूएँ
B. टट्टुओं
C. टट्टू
D. टट्टूयों

Q.11 निम्न में से "यण संधि" का उदाहरण नहीं है-
A. देव्यागमन
B. अन्वेषण
C. नाविक
D. स्वागत

Q.12 "प्रतिध्वनि" शब्द में समास है?
A. तत्पुरुष समास
B. अव्ययीभाव समास
C. कर्मधारय समास
D. द्वंद्व समास

Q.13 "रतिपति" शब्द का समानार्थी शब्द पहचानिए।
A. पंचशर
B. जगदीश
C. निशाचर
D. अलकापुरी

Q.14 निम्नलिखित में से कौन-सा तद्भव शब्द है?
A. अचरज
B. घृत
C. चित्रकार
D. निमंत्रण

Q.15 तन पर नहीं लत्ता, पान खाए अलबत्ता ' का सही अर्थ है-
A. अलबत्ता का पान खाना
B. वे सहारा को सहारा
C. तन पर नहीं लगाना
D. झूठा दिखावा करना

Q.16 "मधुकलश" के रचनाकार निम्न में से कौन हैं?
A. बाल कृष्ण शर्मा नवीन
B. सुमित्रा नंदन पन्त
C. कृष्ण दास
D. हरिवंशराय बच्चन

Q.17 "परमाल रासो" किस कवि की रचना है?
A. जगनिक
B. कुंभनदास
C. तुलसीदास
D. नन्ददास

Q.18 "कादम्बरी" के लेखक हैं?
A. भारतेन्दु हरिशचन्द्र
B. बाणभट्ट
C. प्रताप नारायण मिश्र
D. बद्री नारायण चौधरी

Q.19 'बिल्ली छत से कूद पड़ी' वाक्य में कौन-सा कारक है?
A. अधिकरण कारक
B. कर्म कारक
C. सम्प्रदाय कारक
D. अपादान कारक

Q.20 पुल्लिंग और स्त्रीलिंग में कौन-सा जोड़ा सही नहीं है?
A. तेली - तेलिन
B. दाता - दानी
C. धोबी - धोबिन
D. मोटा - मोटी

Q.21 'परोपकार' शब्द का संधि-विच्छेद होगा:
A. परा + उपकार
B. परो + पकार
C. परोप + कार
D. पर + उपकार

Q.22 "युद्धभूमि" शब्द में कौन-सा समास है?
A. करण तत्पुरुष समास
B. सम्प्रदान तत्पुरुष समास
C. सम्बन्ध तत्पुरुष समास
D. अधिकरण तत्पुरुष समास

Q.23 'घ्नन्ति' क्रियापद में लकार है-
A. लट्
B. लोट्
C. लृट्
D. इनमें से कोई भी नहीं

Q.24 'वधू' शब्द के चतुर्थी विभक्ति के एकवचन का रूप होगा-
A. वध्ः
B. वध्यै
C. वध्वा
D. वध्म्

Q.25 'मनसा ध्यानं करोति' वाक्य का हिंदी अनुवाद होगा-
A. मंसा ध्यान करती है
B. मन से ध्यान करता है
C. मनसा का ध्यान जाता है
D. मन का ज्ञान होता है

Q.26 "कविः नृप धनं याचते" का हिंदी में अनुवाद होगा-
A. कवि राजा से धन मांगता है
B. राजा कवि को धन देता है
C. कवि राजा को धन देता है
D. इनमें से कोई नहीं

Q.27 हिन्दी के प्रथम सूफी कवि हैं:
A. मुल्ला दाऊद
B. जायसी
C. मुल्ला वजही
D. कुतुबन

Q.28 'सेठ बांकेमल' किसकी रचना है?
A. पांडेयबेचन शर्मा 'उग्र'
B. यशपाल
C. अमृतलाल नागर
D. भगवतीचरण वर्मा

Q.29 निम्न में से 'मेरा परिवार' के लेखक हैं?
A. सुभद्रा कुमारी चौहान
B. महादेवी वर्मा
C. शिवानी
D. मृदुला गर्ग

Q.30 "अभिज्ञान शाकुन्तलम्" के लेखक कौन हैं?
A. सुमित्रा नन्दन पन्त
B. तुलसीदास
C. कबीर दास
D. कालिदास

Q.31 हिंदी के प्रसिद्ध उपन्यास 'निर्मला' के लेखक कौन है?
A. प्रेमचंद
B. जयशंकर प्रसाद
C. सूर्यकान्त त्रिपाठी निराला
D. कबीर

Q.32 प्रथम विश्व युद्ध की पृष्ठभूमि पर रचित कहानी कौन सी है?
A. सिक्का बदल गया
B. उसने कहा था
C. अमृतसर आ गया
D. परिंदे

Q.33 अष्टछाप के कवि नहीं है?
A. कृष्णदास
B. नन्ददास
C. तुलसीदास
D. परमानंद दास

Q.34 "शतरंजशतिका" कृति के रचनाकार हैं:
A. भिखारीदास
B. देव
C. रसनिधि
D. चिन्तामणि

Q.35 निम्नलिखित में से कौन-सा रेखाचित्र महादेवी वर्मा का नहीं है?
A. अतीत के चलचित्र
B. स्मृति की रेखाएँ
C. पथ के साथी
D. मंटो मेरा दुश्मन

Q.36 रचनाकाल की दृष्टि से निम्नलिखित कृतियों का सही अनुक्रम है-
A. कुकुरमुत्ता, दीपशिखा, पल्लव, कामायनी
B. दीपशिखा, पल्लव, कामायनी, कुकुरमुत्ता
C. पल्लव, कामायनी, दीपशिखा, कुकुरमुत्ता
D. कामायनी, पल्लव, दीपशिखा, कुकुरमुत्ता

Q.37 'गोदान' में होरी की बेटी का नाम क्या है?
A. सिलिया
B. झुनिया
C. सोना
D. धनिया

Q.38 इनमें से कौन भक्तिकाल का कवि नहीं है?
A. रसखान
B. नंददास
C. अमीर खुसरो
D. नाभादास

Q.39 मृगावती किसकी रचना है?
A. कुतुबन
B. उस्मान
C. विद्यापति
D. मंझन

Q.40 कालक्रम की दृष्टि से निम्नलिखित पत्रिकाओं का सही अनुक्रम क्या है?
A. हिन्दी प्रदीप, सुधा, रूपाभ, कृति
B. सुधा, रूपाभ, कृति, हिन्दी प्रदीप
C. रूपाभ, कृति, हिन्दी प्रदीप, सुधा
D. कृति, हिन्दी प्रदीप, सुधा, रूपाभ

Q.41 विद्यापति की प्रसिद्ध रचना "पदावली" किस भाषा में लिखी गई है?
A. मगही में
B. मैथिली में
C. गढ़वाली में
D. भोजपुरी में

Q.42 निम्न में से "उर्वशी" का काव्य रूप क्या है?
A. खंडकाव्य
B. महाकाव्य
C. एकार्थकाव्य
D. चरितकाव्य

Q.43 "सत्वोद्रेक या हृदय की मुक्तावस्था के लिए किया हुआ शब्द: विधान काव्य है।" यह कथन किसका है?
A. आनंदवर्धन
B. आचार्य राम चन्द्र शुक्ल
C. पंडित जगन्नाथ
D. आचार्य विश्वनाथ

Q.44 'चिन्तामणि' के रचनाकार हैं?
A. जयशंकर प्रसाद
B. महावीर प्रसाद द्विवेदी
C. रामचन्द्र शुक्ल
D. अयोध्यासिंह उपाध्याय 'हरिऔध'

Q.45 कवि और उनकी रचना का कौन सा विकल्प सही नहीं है?
A. जलती झाड़ी - निर्मल वर्मा
B. जिन्दगी और जोंक – अमरकान्त
C. आषाढ़ का एक दिन - जयशंकर प्रसाद
D. भारत दुर्दशा - भारतेन्दु हरिश्चन्द्र

Q.46 आदिकाल को "अपभ्रंश काल" किसने कहा है?
A. महावीर प्रसाद द्विवेदी
B. डॉ. पृथ्वीनाथ कमल 'कुलश्रेष्ठ'
C. हजारी प्रसाद द्विवेदी
D. चंद्रधर शर्मा गुलेरी

Q.47 निम्न में से कौन "रामचंद्रिका" के लेखक है?
A. केशवदास
B. भारत भूषण
C. नाभादास
D. नागार्जुन

Q.48 निर्गुण काव्य धारा के कवि कौन थे?
A. मीराबाई
B. कबीरदास
C. तुलसीदास
D. सूरदास

Q.49 "हिन्दू जनता की स्वाभाविक आस्था" किस कवि के लिए प्रयुक्त किया गया है?
A. आचार्य हजारी प्रसाद द्विवेदी
B. डॉ. गणपति चन्द्र गुप्त
C. डॉ. रामकुमार वर्मा
D. आचार्य रामचन्द्र शुक्ल

Q.50 सही मेल कीजिए -

हम्मीर रासो	सारंगधर
खुमाण रासो	दलपति विजय
कीर्तिलता	विद्यापति
जयमयंक जस चन्द्रिका	मधुकर कवि

A. a-1, b-2, c-3, d-4
B. a-3, b-4, c-1, d-2
C. a-1, b-3, c-2, d-4
D. a-4, b-2, c-3, d-1

Q.51 "अकाल में सारस" पर साहित्य अकादमी पुरस्कार किसे प्राप्त हुआ?
A. अज्ञेय
B. निर्मल वर्मा
C. अमिताव घोष
D. केदारनाथ सिंह

Q.52 कालक्रम की दृष्टि से निम्नलिखित कहानियों का सही अनुक्रम क्या है?
A. मिठाईवाला, वापसी, यक्षगान, इन्दुमति
B. वापसी, यक्षगान, मिठाईवाला, इन्दुमति
C. इन्दुमति, मिठाईवाला, वापसी, यक्षगान
D. यक्षगान, इन्दुमति, वापसी, मिठाईवाला

Q.53 निम्न में से "जयशंकर प्रसाद" की रचना नहीं है।
A. कामायनी
B. स्वर्णधूलि
C. आंसू
D. झरना

Q.54 प्रकाशन वर्ष की दृष्टि रामधारी सिंह दिनकर की रचनाओं का सही क्रम है:

A. कुरुक्षेत्र, उर्वशी, रश्मिरथी, परशुराम की प्रतीक्षा

B. उर्वशी, रश्मिरथी, कुरुक्षेत्र, परशुराम की प्रतीक्षा

C. रश्मिरथी, उर्वशी, परशुराम की प्रतीक्षा, कुरुक्षेत्र,

D. कुरुक्षेत्र, रश्मिरथी, उर्वशी, परशुराम की प्रतीक्षा

Q.55 निम्न में से "जयद्रथ-वध" का काव्य रूप क्या है?

A. खंडकाव्य   **B.** महाकाव्य

C. एकार्थकाव्य   **D.** चरितकाव्य

Q.56 प्रथम विश्व हिंदी सम्मेलन कब और कहाँ हुआ था?

A. 1975 भारत के नागपुर में

B. 1975 भारत के भोपाल में

C. 1975 सिंगापुर में

D. 1975 मलेशिया में

Q.57 "देवदास" किसकी रचना है?

A. धर्मवीर भारती   **B.** शरत चन्द्र चट्टोपाध्याय

C. रामधारी सिंह 'दिनकर   **D.** जयशंकर प्रसाद 'जी

Q.58 निम्न में से कौन बल्लभाचार्य के शिष्य नहीं थे?

A. सूरदास   **B.** कुम्भन दास

C. परमानंद दास   **D.** गोविन्द स्वामी

Q.59 'कठिन काव्य का प्रेत' किस कवि को कहा जाता हैं?

A. सेनापति को   **B.** चिन्तामणि को

C. मतिराम को   **D.** केशवदास को

Q.60 "भक्तमाल" भक्तिकाल के कवियों की प्राथमिक जानकारी देता है, इसके रचयिता थे?

A. नाभादास   **B.** नरेश जयसिंह

C. गार्सा द तासी   **D.** भवभूति

Q.61 माला फेरत जुग भया, फिरा न मन का फेर कर का मनका डारि दे, मन का मनका फेर। उपर्युक्त पंक्ति में कौन सा अलंकार है?

A. अनुप्रास अलंकार   **B.** यमक अलंकार

C. उत्प्रेक्षा अलंकार   **D.** श्लेष अलंकार

Q.62 "कहती हुई यों उत्तरा के नेत्र जल से भर गए।हिम के कणों से पूर्ण मानो हो गए पंकज नए"।
उपर्युक्त पंक्तियों में कौन-सा अलंकार है?

A. उपमा अलंकार   **B.** रूपक अलंकार

C. उत्प्रेक्षा अलंकार   **D.** मानवीकरण अलंकार

Q.63 "विद्या धन उद्म बिना कहै जु पावै कौन।
बिना डुलाए ना मिलें ज्यों पंखे की पौन।"
निम्न में से कौन सा छंद है?

A. दोहा   **B.** सोरठा   **C.** चौपाई   **D.** रोला

Q.64 निम्न में से कौन सा छंद है?
"इहि विधि राम सबहिं समुझावा
गुरु पद पदुम हरषि सिर नावा।"

A. दोहा   **B.** सोरठा   **C.** चौपाई   **D.** रोला

Q.65 जसोदा हरि पालनैं झुलावै।
हलरावै, दुलराइ मल्हावै, जोइ-जोइ कछु गावै॥
इन पंक्तियों में कौन-सा रस है?

A. शांत रस   **B.** वात्सल्य रस

C. रौद्र रस   **D.** करुण रस

Q.66 बुंदेली उत्तर-प्रदेश के किस क्षेत्र में बोली जाती है?

A. झाँसी   **B.** मथुरा   **C.** आगरा   **D.** बरेली

Q.67 कौरवी उत्तर-प्रदेश के किस क्षेत्र में बोली जाती है?

A. मेरठ   **B.** जालौन   **C.** महोबा   **D.** झाँसी

Q.68 निम्नलिखित में से "संवृत स्वर" है।

A. आ   **B.** औ   **C.** ऊ   **D.** ए

Q.69 झ वर्ण किस वर्ग में आता है?

A. क वर्ग   **B.** च वर्ग   **C.** ट वर्ग   **D.** त वर्ग

Q.70 "य" वर्ण का उच्चारण स्थान है?

A. तालु   **B.** कंठ   **C.** दन्त   **D.** ओष्ठ

Q.71 निम्न में से कौन अघोष वर्ण नहीं है।

A. श, ष   **B.** च, छ   **C.** क, ख   **D.** य, ल

Q.72 "जठराग्नि" शब्द का क्या अर्थ है?

A. पेट की आग   **B.** जल की आग

C. वन की आग   **D.** घर की आग

Q.73 नीलकंठ शब्द क्या है?

A. यौगिक शब्द   **B.** योगरूढ़ शब्द

C. रूढ़   **D.** तद्भव

Q.74 निम्न में से स्त्रीलिंग शब्दों का समूह सही है?

A. हाथ, पैर, नाख़ून   **B.** नीम, अशोक, शीशम

C. सूर्य, नक्षत्र, चन्द्र   **D.** रोमन, उर्दू, मालवी

Q.75 निम्न में से किस भाषा का विकास शौरसेनी अपभ्रंश से हुआ है?

A. गुजराती   **B.** पंजाबी   **C.** सिन्धी   **D.** मराठी

Q.76 हिंदी की प्रथम कहानी है?

A. इंदुमती   **B.** रेखाएं बोल उठी

C. माटी की मूरतें   **D.** अतीत के चलचित्र

Q.77 निम्नलिखित में से कौन सा मुंशी प्रेमचंद्र द्वारा रचित उपन्यास है?

A. कफन   **B.** ईदगाह   **C.** बलिदान   **D.** गोदान

Q.78 निम्न में से सगुण भक्ति शाखा के उपासक थे?

A. तुलसीदास   **B.** कबीर दास   **C.** दादू दयाल   **D.** रैदास

Q.79 संविधान की आठवीं अनुसूची के अनुसार कितनी भाषाओं को राजभाषा के रूप में सांविधानिक मान्यता प्राप्त हैं?

A. 22 भाषाएं   **B.** 20 भाषाएं   **C.** 18 भाषाएं   **D.** 24 भाषाएं

Q.80 'पेड़ से बन्दर कूदा' वाक्य में कौन-सा कारक है?

A. अपादान कारक   **B.** कर्म कारक

C. सम्प्रदान कारक   **D.** करण कारक

Q.81 'उत्तररामचरितम्' कितने अंको का नाटक है?

A. 5   **B.** 4   **C.** 3   **D.** 7

Q.82 "नरसिंह" शब्द में कौन-सा समास है?

A. कर्मधारय समास   **B.** द्वंद्व समास

C. अव्ययीभाव समास   **D.** तत्पुरुष समास

Q.83 अशुद्ध वाक्य का चयन करें-

A. साहित्य और जीवन का घनघोर सम्बंध है।

B. यह कहानी सुदर्शन द्वारा लिखी गयी है।

C. देश की इतनी दुर्गति पहले कभी नहीं हुई।
D. सभा के प्रत्येक सदस्य की यही राय थी।

Q.84 निम्न में से कौन-सा विलोम शब्द युग्म सही है?
A. परिश्रम – आश्रम
B. अग्रज- निग्रज
C. पंडित – मूर्ख
D. स्वजाति- कुजाति

Q.85 'नीलाम्बरः' में कौन सा समास है?
A. तत्पुरुष समास
B. द्वंद्व समास
C. अव्ययीभाव समास
D. बहुव्रीहि समास

Q.86 'युद्ध करने का इच्छुक' के लिए सर्वाधिक उपयुक्त एक शब्द है।
A. बहादुर **B.** वीर **C.** दबंग **D.** युयुत्सु

Q.87 कालिदास का अंतिम रूपक या अंतिम रचना है?
A. मालविकाग्निमित्रम्
B. विक्रमोर्वशीयम्
C. अभिज्ञानशाकुन्तलम्
D. मेघदूतम्

Q.88 लोकोक्ति का सही मेल है-

1. आँख के अन्धे गाँठ के पूरे	a. काम होने के पहले ही फल पाने की इच्छा
2. ऊधो का लेना न माधो का देना	b. बेमेल वस्तुओं को एक जगह एकत्र करना
3. कहीं की ईट कहीं का रोड़ा, भानुमती ने कुनबा जोड़ा	c. केवल अपने काम से काम रखना
4. गाछे कटहल, ओठे तेल	d. मूर्ख किन्तु धनवान

A. a-1 , b-2 , c-3, d-4
B. a-3 , b-2 , c-4 , d-1
C. a-4, b-3, c-2, d-1
D. a-4, b-2, c-3 , d-1

Q.89 'लृ' का उच्चारण स्थान है-
A. कण्ठ **B.** तालु **C.** मूर्धा **D.** दन्त

Q.90 'किरातार्जुनीयम्' के लेखक कौन हैं?
A. भारवि **B.** माघ **C.** दण्डी **D.** श्रीहर्ष

Q.91 'महावीरचरितम्' के रचयिता कौन है?
A. श्रीहर्ष **B.** माघ **C.** भारवि **D.** भवभूति

Q.92 शिशुपालवधम् के रचयिता कौन हैं?
A. भारवि **B.** दण्डी **C.** श्रीहर्ष **D.** माघ

Q.93 दण्डी की रचना है—
A. उत्तररामचरितम्
B. दशकुमारचरितम्
C. नैषधीयचरितम्
D. उपरोक्त तीनों

Q.94 श्रीहर्ष की रचना है-
A. हर्षचरितम्
B. नैषधीयचरितम्
C. महावीरचरितम्
D. कुमारसंभवम्

Q.95 'मरणानन्तरं' में कौन सी संधि है?
A. दीर्घ **B.** गुण **C.** वृद्धि **D.** अयादि

Q.96 'अवन्तिसुन्दरी कथा' में किस कथा का वर्णन है?
A. उत्तररामचरितम् वाली कथा का
B. कादंबरी वाली कथा का
C. अभिज्ञान शाकुंतलम् वाली कथा का
D. मालविकाग्निमित्रम् वाली कथा का

Q.97 श्रीहर्ष की रचना है—
A. हर्षचरितम्
B. नैषधीयचरितम्
C. महावीरचरितम्
D. कुमारसंभवम्

Q.98 'रामः बाणेन रावणं हतवान् ' में 'करण' हैं-
A. रामः **B.** बाणेन **C.** रावणं **D.** हतवान्

Q.99 'सत्पुरुषः' में कौन सा समास है?
A. तत्पुरुष
B. द्विगु
C. कर्मधारय
D. अव्ययीभाव

Q.100 कनक कनक ते सौ गुनी मादकता अधिकाय, या खाए बौराए जग, वा पाए बौराए। प्रस्तुत पंक्तियों में कौन सा अलंकार है?
A. उपमा **B.** यमक **C.** अनुप्रास **D.** श्लेष

Q.101 नीचे दिए गए विकल्पों में से कौन राजस्थान के प्राचीनतम व श्रेष्ठतम संस्कृत कवि हैं?
A. भारवि **B.** भवभूति **C.** माघ **D.** श्रीहर्ष

Q.102 'नैन नचाय मुस्काय कहें,
लला फिर अइयो खेलन होरी।'
ये पंक्तियाँ किसकी है ?
A. बिहारी
B. मतिराम
C. पद्माकर
D. इनमें से कोई नहीं

Q.103 मलिक मुहम्मद जायसी के द्वारा रचित 'पद्मावत' किस भाषा की रचना है?
A. ब्रज भाषा
B. अवधी भाषा
C. मैथिली भाषा
D. बघेली भाषा

Q.104 प्रकाशन वर्ष के अनुसार मुंशी प्रेमचंद्र के निम्नलिखित उपन्यासों का सही क्रम है?
A. गबन, कर्मभूमि, गोदान, रंगभूमि
B. रंगभूमि, गबन, कर्मभूमि, गोदान
C. कर्मभूमि, गोदान, रंगभूमि, गबन
D. रंगभूमि, गोदान, गबन, कर्मभूमि

Q.105 निम्न में से कौन सा द्विवेदी युग की रचना नहीं है?
A. कंस वध **B.** मिलन **C.** पथिक **D.** स्वप्न

Q.106 "कान्यकुब्ज-अबला-विलाप" किसकी रचना है?
A. महावीर प्रसाद द्विवेदी
B. हरिऔध
C. राय देवी प्रसाद
D. रामचरित उपाध्याय

Q.107 अतायो घुमक्कड़ जिज्ञासा- यह किसकी रचना है?
A. अज्ञेय
B. राहुल संकृत्यायन
C. रामवृक्ष बेनीपुरी
D. गोविंद मिश्र

Q.108 कवियों और रचनाओं का सही मिलान कीजिए।

कवि	रचनाएँ
a कृष्ण सोमती	1 जिंदगी नामा
b हरिवंशराय बच्चन	2 दो चट्टानें
c अमृतराय	3 कलम का सिपाही
d अम्रतलाल नगर	4 अमृत और विष

A. a-1 b-3 c-2 d-4
B. a-3 b-2 c-4 d-1
C. a-2 b-1 c-4 d-3
D. a-1 b-2 c-3 d-4

Q.109 देवकीनंदन खत्री द्वारा लिखित 'चंद्रकांता' किस प्रकार का उपन्यास है?
A. राजनितिक
B. तिलिस्मी
C. पौराणिक
D. सामाजिक

Q.110 'बिहारी सतसई' के रचनाकार कौन हैं?
A. तुलसीदास
B. बिहारीलाल

C. सूरदास **D.** कबीरदास

Q.111 पृथ्वीराज रासो की रचना को किसके द्वारा पूरा किया गया था?

A. बाणभट्ट **B.** चंदबरदाई **C.** कल्हण **D.** जल्हण

Q.112 गोरखनाथ ने किसके योग का सहारा लेकर हठयोग का प्रवर्तन किया था?

A. कानिफनाथ **B.** पतंजलि
C. चर्पटीनाथ **D.** रत्ननाथ

Q.113 आंग्ल भाषा में लिखा गया हिंदी साहित्य का इतिहास "स्केच ऑफ़ हिंदी लिटरेचर" के लेखक कौन है?

A. जार्ज ग्रियर्सन **B.** गार्सा-द-तासी
C. पादरी एडसिन ग्रीब्ज **D.** पादरी एफ. ई. के

Q.114 तरुवर फल नहिं खात है, सरवर पियहि न पान।
कहि रहीम पर काज हित, संपति सँचहि सुजान॥
इस पंक्ति के रचयिता कौन हैं?

A. रहीम **B.** कबीर **C.** सूरदास **D.** तुलसीदास

Q.115 कौन सा शासक दादू के उपदेशों से अत्यधिक प्रभावित था?

A. अकबर **B.** बाबर **C.** शाहजहान **D.** जहाँगीर

Q.116 केशवदास को 'कठिण काव्य का प्रेत' किस आलोचक ने कहा था?

A. आचार्य हजारी प्रसाद द्विवेदी
B. पं. महावीर प्रसाद द्विवेदी
C. आचार्य रामचन्द्र शुक्ल
D. डॉ. इंद्रनाथ मदान

Q.117 इनमें से एक रामधारी सिंह दिनकर की रचना नहीं है?

A. कुरुक्षेत्र **B.** करुणालय
C. परशुराम की प्रतीक्षा **D.** सामधेनी

Q.118 नाटक को पंचम वेद किसने कहा था?

A. भरत मुनि **B.** मोहन राकेश
C. जगदीशचंद्र माथुर **D.** वियोगी हरि

Q.119 इनमें से एक कृष्णा सोबती की कृति नहीं है।

A. मित्रो मरजानी **B.** यारों का यार
C. जिंदगीनामा **D.** इदं न मम

Q.120 रिपोर्ताज-किस भाषा का शब्द है?

A. फ्रांसीसी **B.** अंग्रेजी **C.** पुर्तुगली **D.** बंगाली

Q.121 आवारा मसीहा यह किनकी जीवनी पर आधारित है?

A. शरतचन्द्र चट्टोपाध्याय **B.** तुलसीदास
C. रवीन्द्रनाथ टागोर **D.** रामप्रसाद बिस्मिल्ला

Q.122 हिन्दी साहित्य के आरंभिक काल को आचार्य रामचन्द्र शुक्ल ने क्या कहा है ?

A. आदि काल **B.** चारण काल
C. वीरगाथा काल **D.** सिद्ध - सामंत काल

Q.123 सुमेल कीजिए:

I सत्यार्थ	a. नाभदास
II रामचरितमनास	b. सूरदास
III सूरसागर	c. दयानन्द सरस्वती
IV भक्तमाल	d. तुलसीदास

A. I-c II-d III-b IV-a **B.** I-d II-c III-b IV-a
C. I-b II-c III-d IV-a **D.** I-a II-b III-c IV-d

Q.124 राष्ट्रीय स्वाधीनता आंदोलन में मैथिलीशरण गुप्त की कौन -सी कृति अधिक प्रचलित हुई?

A. साकेत **B.** यशोधरा
C. भारत-भारती **D.** जयद्रथ वध

Q.125 'अनुकरण सिद्धांत' किस पश्चिमी समीक्षक का सिद्धांत है?

A. अरस्तू **B.** प्लेटो
C. कार्ल मार्क्स **D.** लोंजाइनस

// स्मार्ट उत्तर पुस्तिका //

सही उत्तर उन छात्रों के प्रतिशत को इंगित करता है जिन्होंने प्रश्नों का सही उत्तर दिया था।

छोड़ दिया उन छात्रों के प्रतिशत को इंगित करता है जिन्होंने प्रश्नों को छोड़ दिया था।

प्रश्न संख्या	उत्तर	सही उत्तर / छोड़ दिया	प्रश्न संख्या	उत्तर	सही उत्तर / छोड़ दिया	प्रश्न संख्या	उत्तर	सही उत्तर / छोड़ दिया	प्रश्न संख्या	उत्तर	सही उत्तर / छोड़ दिया	प्रश्न संख्या	उत्तर	सही उत्तर / छोड़ दिया
1	D	52.88 % / 8.73 %	17	A	75.78 % / 14.17 %	33	C	73.31 % / 7.74 %	49	A	30.48 % / 15.15 %	65	B	78.42 % / 13.84 %
2	D	58.98 % / 14.33 %	18	B	72.49 % / 14.66 %	34	A	39.37 % / 14.5 %	50	A	65.9 % / 14.5 %	66	A	72.49 % / 14.33 %
3	B	45.8 % / 11.7 %	19	D	80.23 % / 4.78 %	35	D	76.61 % / 11.86 %	51	D	45.3 % / 10.05 %	67	A	55.35 % / 14.67 %
4	A	56.01 % / 15.49 %	20	B	77.59 % / 9.72 %	36	C	36.9 % / 12.69 %	52	C	65.73 % / 10.05 %	68	C	25.86 % / 14.34 %
5	A	36.24 % / 14.34 %	21	D	72.65 % / 9.56 %	37	C	29.0 % / 14.82 %	53	B	75.62 % / 14.17 %	69	B	79.9 % / 13.67 %
6	A	63.1 % / 13.18 %	22	B	41.02 % / 14.66 %	38	C	72.65 % / 14.5 %	54	D	21.58 % / 13.84 %	70	A	50.91 % / 15.15 %
7	D	65.57 % / 14.33 %	23	A	53.54 % / 4.29 %	39	A	71.66 % / 14.83 %	55	A	68.37 % / 11.7 %	71	D	50.91 % / 6.26 %
8	B	73.81 % / 13.67 %	24	B	46.79 % / 14.66 %	40	A	49.26 % / 14.66 %	56	A	59.97 % / 14.99 %	72	A	77.92 % / 10.22 %
9	C	67.38 % / 14.66 %	25	B	55.52 % / 14.0 %	41	B	80.56 % / 8.57 %	57	B	60.79 % / 14.83 %	73	B	61.45 % / 15.65 %
10	B	60.79 % / 14.0 %	26	A	71.83 % / 14.66 %	42	B	40.03 % / 14.67 %	58	D	63.76 % / 14.0 %	74	D	61.29 % / 14.82 %
11	C	51.4 % / 11.7 %	27	A	58.98 % / 8.57 %	43	B	49.59 % / 11.2 %	59	D	69.69 % / 11.36 %	75	A	39.87 % / 14.0 %
12	B	68.04 % / 13.51 %	28	C	28.5 % / 14.17 %	44	C	64.74 % / 13.51 %	60	A	76.11 % / 10.38 %	76	A	78.09 % / 12.35 %
13	A	39.37 % / 8.57 %	29	B	66.39 % / 9.72 %	45	C	68.2 % / 9.89 %	61	B	49.26 % / 12.68 %	77	D	67.87 % / 14.17 %
14	A	60.79 % / 14.33 %	30	D	77.76 % / 14.17 %	46	D	38.22 % / 14.33 %	62	C	56.01 % / 14.5 %	78	A	70.02 % / 14.66 %
15	D	77.76 % / 13.01 %	31	A	63.92 % / 12.36 %	47	A	75.45 % / 11.37 %	63	B	16.31 % / 12.52 %	79	A	76.77 % / 7.58 %
16	D	70.35 % / 12.02 %	32	B	44.65 % / 11.36 %	48	B	70.51 % / 14.99 %	64	C	56.51 % / 13.34 %	80	A	77.76 % / 12.85 %

प्रश्न संख्या	उत्तर	सही उत्तर / छोड़ दिया
81	D	64.58 % / 9.23 %
82	A	45.47 % / 14.33 %
83	A	52.72 % / 13.51 %
84	C	56.51 % / 13.67 %
85	D	64.25 % / 14.17 %
86	D	74.63 % / 14.66 %
87	C	33.61 % / 13.67 %
88	C	63.43 % / 15.15 %
89	D	29.82 % / 13.18 %
90	A	61.29 % / 15.15 %
91	D	45.96 % / 14.83 %
92	D	59.47 % / 13.51 %
93	B	61.29 % / 9.39 %
94	B	59.8 % / 15.49 %
95	A	66.89 % / 13.18 %
96	B	34.27 % / 13.34 %
97	B	57.66 % / 14.17 %
98	B	72.98 % / 14.83 %
99	C	47.61 % / 11.37 %
100	B	75.78 % / 12.52 %
101	C	23.56 % / 14.0 %
102	C	46.95 % / 15.16 %
103	B	64.25 % / 14.5 %
104	B	47.78 % / 13.51 %
105	A	44.81 % / 15.49 %
106	A	35.75 % / 15.32 %
107	B	74.46 % / 11.21 %
108	D	56.84 % / 13.84 %
109	B	71.17 % / 9.39 %
110	B	75.45 % / 14.83 %
111	D	45.47 % / 6.75 %
112	B	47.28 % / 13.68 %
113	C	49.42 % / 7.91 %
114	A	67.55 % / 15.32 %
115	A	42.01 % / 12.19 %
116	C	61.78 % / 14.66 %
117	B	52.39 % / 9.72 %
118	A	66.89 % / 14.82 %
119	D	56.51 % / 7.41 %
120	A	52.72 % / 10.38 %
121	A	75.45 % / 9.06 %
122	C	61.45 % / 15.32 %
123	A	78.42 % / 11.7 %
124	C	68.86 % / 14.01 %
125	A	46.62 % / 13.68 %

कार्य विश्लेषण

औसत अंक (%)	56.4%
टॉपर्स स्कोर (%)	100.0%
आपका स्कोर	

//संकेत और समाधान//

1. ऊपर दी हुई पंक्ति में भयानक रस है।

भयानक रस – इसका स्थायी भाव भय होता है जब किसी माध्यम के द्वारा हृदय में भय का भाव उत्पन्न होता है तब भयानक रस की उत्पत्ति होती है।

रस – किसी साहित्य को पढ़ने सुनने तथा देखने से हृदय में जो आनन्द की अनुभूति होती है उसे रस कहते है।

रस के अंग चार होते है।

स्थायी भाव, विभाव, अनुभाव, संचारी भाव

स्थायी भावों के आधार पर रस के नौ प्रकार निर्धारित किये गये है ये इस प्रकार है–

श्रृंगार रस, हास्य रस, करूण रस, रौद्र रस, वीर रस, भयानक रस, वीभत्स रस, अद्भुत रस, शान्त रस

अत: विकल्प (D) सही है।

2. आश्रय - परशुराम

विषय - लक्ष्मण

उद्दीपन - लक्ष्मण का मुस्काना

अनुभाव - क्रोध करना, वाचिक

इसका स्थायी भाव क्रोध होता है जब किसी एक पक्ष या व्यक्ति द्वारा दूसरे पक्ष या दूसरे व्यक्ति का अपमान करने अथवा अपने गुरुजन आदि की निन्दा से जो क्रोध उत्पन्न होता है उसे रौद्र रस कहते हैं।

अत: विकल्प (D) सही है।

3. मारवाड़ी (पश्चिमी राजस्थानी), जयपुरी या ढुँढाड़ी (पूर्वी राजस्थानी), मेवाती (उत्तरी राजस्थानी), मालवी (दक्षिणी राजस्थानी), ढुँढाड़ी भाषा पर गजरती, मारवाड़ी और बृजभाषा का प्रभाव समान रूप से मिलाता है गद्य एवं पद्य दोनों में साहित्य रचा गया है।

अत: विकल्प (B) सही है।

4. गढ़वाली भारत के उत्तराखण्ड राज्य में बोली जाने वाली एक प्रमुख भाषा है। गढ़वाली बोली का क्षेत्र प्रधान रूप से गढ़वाल में होने के कारण यह नाम पड़ा है। पहले इस क्षेत्र के नाम केदारखंड, उत्तराखंड आदि थे।

अत: विकल्प (A) सही है।

5. जिह्वा के आधार पर स्वर की संख्या तीन होती हैं

जिह्वा के आधार पर स्वर - कुछ स्वरों के उच्चारण में जीभ का अग्रभाग काम करता है, कुछ में मध्यभाग तथा कुछ में पश्चभाग।

1. अग्र स्वर -इ, ई, ए, ऐ

2. मध्य स्वर - अ

3. पश्च स्वर - आ, उ, ऊ, ओ, औ

अत: विकल्प (A) सही है।

6. दिए गए विकल्पों में धड़ाम शब्द देशज शब्द है। यानी विदेशी शब्द है।

देशज शब्द - जिन शब्दों की उत्पत्ति हमारे देश की भाषाओं से हुई है, उन्हें देशी 'शब्द' कहा जाता है।

जैसे:- लोटा, डोसा, इटली, धड़ाम

विदेशी भाषाओं के शब्द विदेशी कहलाते हैं।

तुर्की शब्द - उर्दू, मुग़ल, तलाश, बेगम, बहादुर, लाश, लफंगा

अरबी शब्द - अदा, अजब, इनाम, इज्ज़त, इमारत, इस्तीफ़ा, औरत

पुर्तगाली शब्द - बाल्टी,पतलून, प्याज, मेज

अत: विकल्प (A) सही है।

7. वर्ण - वर्णों के समुदाय को ही वर्णमाला कहते हैं। हिन्दी वर्णमाला में 52 वर्ण हैं। ट वर्ण का उच्चारण की दृष्टि से दंत वर्ण नहीं है, ट वर्णों का उच्चारण मूर्धा से होता है। वर्णों का उच्चरण-

कण्ठय - क, ख, ग, घ, ङ
तालव्य - च, छ, ज, झ, ञ
मूर्धन्य - ट, ठ, ड, ढ, ण
दन्त्य - त, थ, द, ध, न
ओष्ठय - प, फ, ब, भ, म
अन्त:स्थ - य, र, ल, व

अत: विकल्प (D) सही है।

8. हिन्दी को भारत की राजभाषा के रूप में 14 सितम्बर सन् 1949 को स्वीकार किया गया। इसके बाद संविधान में राजभाषा के सम्बन्ध में धारा 343 से 351 तक की व्यवस्था की गयी। इसकी स्मृति को ताजा रखने के लिये 14 सितम्बर का दिन प्रतिवर्ष हिन्दी दिवस के रूप में मनाया जाता है।

धारा 343 (1) के अनुसार भारतीय संघ की राजभाषा हिन्दी एवं लिपि देवनागरी होगी।

अत: विकल्प (B) सही है।

9. वर्णों का उच्चारण स्थान:

किसी भी वर्ण का उच्चारण मुख द्वारा होता है।

जीह्वा (जीभ) मुख के जिस भाग को स्पर्श करती है, उन्हीं स्थानों को वर्णों का उच्चारण स्थान कहते हैं।

तालु से उच्चारण होने वाले वर्ण:

इ, च, छ, ज, झ, ञ, य, श

अत: विकल्प (C) सही है।

10. दिये गये विकल्पों में से 'टट्टू' का बहुवचन 'टट्टुओं होगा, जबकि शेष सभी विकल्प बहुवचन की दृष्टि से असंगत हैं।

अत: विकल्प (B) सही है।

11. नाविक शब्द में अयादि संधि है, अन्य विकल्पों में यण संधि है।

संधि - संधि (सम् + धि) शब्द का अर्थ है 'मेल' या जोड़। दो निकटवर्ती वर्णों के परस्पर मेल से जो विकार (परिवर्तन) होता है वह संधि कहलाता है।

नाविक = नौ + इक (अयादि संधि)

नियम - औ + इ = आव् + इ

अयादि संधि - ए, ऐ और ओ औ से परे किसी भी स्वर के होने पर क्रमश: अय्, आय्, अव् और आव् हो जाता है। इसे अयादि संधि कहते हैं।

अन्य विकल्प -

स्वागत = सु + आगत (उ +आ = व् +आ)

अन्वेषण =अनु + एषण (उ ＋ ए ＝ व् ＋ ए)

देव्यागमन = देवी + आगमन (ई + आ = य् + आ) यण संधि - इ, ई के आगे कोई विजातीय (असमान) स्वर होने पर इ, ई को 'य्' हो जाता है। उ, ऊ के आगे किसी विजातीय स्वर के आने पर उ, ऊ को 'व्' हो जाता है। 'ऋ' के आगे किसी विजातीय स्वर के आने पर ऋ को 'र्' हो जाता है। इन्हें यण-सॉधि कहते हैं।

अत: विकल्प (C) सही है।

12. समास - समास का तात्पर्य होता है - संक्षिप्तीकरण। इसका शाब्दिक अर्थ होता है छोटा रूप। अर्थात जब दो या दो से अधिक शब्दों से मिलकर जो नया और छोटा शब्द बनता है उस शब्द को समास कहते हैं।

प्रतिध्वनि = ध्वनि ही ध्वनि - (अव्ययीभाव समास)

अव्ययीभाव समास - इस समास में पहला पद (पूर्व पद) प्रधान होता है और पूरा पद अव्यय होता है। इसमें पहला पद उपसर्ग होता है जैसे अ, आ, अनु, प्रति, हर, भर, नि, निर, यथा, यावत आदि उपसर्ग शब्द का बोध होता है।

अत: विकल्प (B) सही है।

13. दिये गये विकल्पों में से 'रतिपति' का समानार्थी शब्द पंचशर है। रतिपति के अन्य समानार्थी शब्द काम, मदन, मनोज, अनंग, मन्मथ, मनसिज, पुष्पधन्वा, स्मर, मीनकेतु, मकरध्वज आदि हैं।

अत: विकल्प (A) सही है।

14. दिए गए विकल्पों में अचरज शब्द तद्भव है अन्य शब्द तत्सम शब्द हैं।

तत्सम	तद्भव
आश्चर्य	अचरज
घृत	घी
चित्रकार	चितेरा
निमंत्रण	नेवता

अत: विकल्प (A) सही है।

15. मुहावरा मूलत: अरबी भाषा का शब्द है जिसका अर्थ है बातचीत करना या उत्तर देना। कुछ लोग मुहावरे को 'रोज़मर्रा', 'बोलचाल', 'तर्ज़ेकलाम', या 'इस्तलाह' कहते हैं।

तन पर नहीं लत्ता, पान खाए अलबत्ता मुहावरे का अर्थ - झूठा दिखावा करना।

अत: विकल्प (D) सही है।

16. 'मधुकलश' के रचनाकार हरिवंशराय बच्चन हैं। हरिवंशराय बच्चन की अन्य प्रमुख रचनाएं मधुशाला, मधुकलश, निशा निमंत्रण, एकांत-संगीत, खादी के फूल, प्रणय पत्रिका आदि है।

अत: विकल्प (D) सही है।

17. परमाल रासो आदिकालीन हिंदी साहित्य का प्रसिद्ध वीरगाथात्मक रासोकाव्य है। वर्तमान समय में इसका केवल आल्ह खंड उपलब्ध है जो वीरगाथात्मक लोकगाथा के रूप में उत्तर भारत में बेहद लोकप्रिय रहा है। इसके रचयिता जगनिक हैं। वे कालिंजर तथा महोबा के शासक परमाल (परमर्दिदेव) के दरबारी कवि थे।

अत: विकल्प (A) सही है।

18. "कादम्बरी" के लेखक बाणभट्ट हैं। बाणभट्ट की अन्य प्रमुख रचनाएं हर्षचरितम्, कादम्बरी आदि हैं। कादम्बरी संस्कृत साहित्य का महान उपन्यास है।

अत: विकल्प (B) सही है।

19. जिस संज्ञा से अलग होने का भाव प्रकट हो उसे 'अपादान कारक' कहते हैं। जैसे - 'बिल्ली छत से कूद पड़ी' बिल्ली का छत से गिरने का बोध हो रहा है अतः इसमें अपादान कारक है।

अत: विकल्प (D) सही है।

20. दाता पुल्लिंग शब्द है, जिसका स्त्रीलिंग दात्री होता है।

दाता का अर्थ - देनेवाला

दात्री का अर्थ - देनेवाली

अन्य शब्दों के विकल्प सही हैं।

धोबी - धोबिन

मोटा - मोटी

तेली - तेलिन

अत: विकल्प (B) सही है।

21. संधि - संधि (सम् + धि) शब्द का अर्थ है 'मेल' या जोड़। दो निकटवर्ती वर्णों के परस्पर मेल से जो विकार (परिवर्तन) होता है वह संधि कहलाता है।

'परोपकार' शब्द का संधि-विच्छेद = पर + उपकार (गुण संधि)

नियम- अ + उ = ओ

अत: विकल्प (D) सही है।

22. समास - दो या दो से अधिक शब्दों से मिलकर जो नया और छोटा शब्द बनता है उस शब्द को हिन्दी में समास कहते हैं।

युद्धभूमि शब्द का समास विग्रह - युद्ध के लिए भूमि (सम्प्रदान तत्पुरुष समास)

तत्पुरुष समास - वह समास है जिसमें बाद का अथवा उत्तर पद प्रधान होता है तथा दोनों पदों के बीच का कारक-चिह्न लुप्त हो जाता है। वह समास है जिसमें बाद का अथवा उत्तर पद प्रधान होता है तथा दोनों पदों के बीच का कारक-चिह्न लुप्त हो जाता है।

विभक्तियों के नामों के अनुसार तत्पुरुष समास के छः भेद हैं-

कर्म तत्पुरुष - को

करण तत्पुरुष - से और के द्वारा

सम्प्रदान तत्पुरुष - के लिए और को

अपादान तत्पुरुष - से

सम्बन्ध तत्पुरुष - का, के, की

अधिकरण तत्पुरुष - में पर और पर

अत: विकल्प (B) सही है।

23. 'घ्नन्ति' क्रियापद में लट् लकार है। यह हन् धातु के लट् लकार प्रथमपुरुष बहुवचन का रूप है।

हन् धातु (लट् लकार)

एकवचन, द्विवचन, बहुवचन

प्र॰पु॰ हन्ति हतः घ्नन्त

म॰पु॰ हन्सि हथः घ्नन्ति

उ॰पु॰ हन्मि हन्वः हन्मः

अत: विकल्प (A) सही है।

24. 'वधू' शब्द के चतुर्थी विभक्ति के एकवचन का रूप होगा- वध्वै।

वधू शब्द (स्त्रीलिंग)

एकवचन द्विवचन बहुवचन

प्रथमा वधूः वध्वौ वध्वः

द्वितीया वधूम् " वधूः

तृतीया वध्वा वधूभ्याम् वधूभिः

चतुर्थी वध्वै वधूभ्याम् वधूभ्यः

पंचमी वध्वाः " "

षष्ठी " वध्वोः वधूनाम्

सप्तमी वध्वाम् " वधूषु

सम्बोधन हे वधु! हे वध्वौ ! हे वध्वः!

अत: विकल्प (B) सही है।

25. 'मनसा ध्यानं करोति' वाक्य का हिंदी अनुवाद 'मन से ध्यान करता है' होगा।

यहां तृतीया विभक्ति कारक है।

अत: विकल्प (B) सही है।

26. "कवि: नृप धनं याचते" वाक्य का हिंदी अनुवाद है" कवि राजा से धन मांगता है"।

यहां " दुह्याच्पच्दण्ड" संज्ञा अर्थनिबंधना से "अकथितं च" सूत्र से याच् धातु के कारण नृप में कर्म संज्ञा होकर द्वितीया विभक्ति होती है ।

अकथित कारक — दुह, याच्, पच्, दण्ड, रुध् प्रच्छ, चि, ब्रू, शास्, जि, मथ्, मुष्, नी, ह, कृष्, और वह् —16 धातुओं के साथ 'कर्म' का योग होने पर, अपादान आदि कारक अकथित हो जाते है। इस अकथित कारक की कर्म संज्ञा हो जाती है ।

अत: विकल्प (A) सही है।

27. हिन्दी के प्रथम सूफी कवि मुल्लादाउद हैं। चन्दायन, मुल्ला दाउदकृत हिन्दी का ज्ञात प्रथम सूफी प्रेम काव्य है। इसमें नायक लोर, या लोरिक और नायिका चाँदा या चंदा की प्रेमकथा वर्णित है। इसकी भाषा ठेठ अवधी है। यह कथा दोहा-चौपाई सैली में वर्णित है।

अत: विकल्प (A) सही है।

28. यशपाल के उपन्यास-दादा कामरेड (1941), देशद्रोही। (1943), दिव्या (1945), पार्टी कामरेड (1946), मनुष्य के रूप -949), अमिता (1956), झूठा सच (भाग-1, 1958 भाग-2960) बारह घण्टे (1962), अप्सरा का श्राप (1965), क्यों से? (1968), मेरी तेरी उसकी बात (1974)

'सेठ बांकेमल' हिंदी में चुटीले व्यंग्य और विनोदी लहजे की अप्रतिम रचना है। इसके लेखक अमर कथाशिल्पी अमृतलाल नागर हैं।

अत: विकल्प (C) सही है।

29. 'मेरा परिवार' के रचनाकार महादेवी वर्मा हैं। महादेवी वर्मा की अन्य प्रमुख रचनाएँ पथ के साथी, मेरा परिवार, स्मृतिचित्र, संस्मरण आदि हैं। मेरा परिवार संस्मरण-संग्रह की रचायिता महादेवी वर्मा हैं। इसमें उन्होंने अपने पालतू पशुओं के संस्मरण लिखे हैं।

अत: विकल्प (B) सही है।

30. "अभिज्ञान शाकुन्तलम्" के रचनाकार कालिदास है। कालिदास की अन्य प्रमुख रचनाएँ मेघदूतम्, कुमारसंभवम्, रघुवंशम्, मेघदूतम्, ऋतुसंहारम् आदि हैं। मेघदूतम् एक गीतिकाव्य है जिसमें यक्ष द्वारा मेघ से सन्देश ले जाने की प्रार्थना और उसे दूत बना कर अपनी प्रिय के पास भेजने का वर्णन है।

अत: विकल्प (D) सही है।

31. निर्मला हिंदी का एक सबसे महत्वपूर्ण उपन्यास है। निर्मला हिंदी के महान उपन्यासकार प्रेमचंद की रचना है। प्रेमचंद द्वारा लिखित हिंदी की अन्य महत्वपूर्ण रचनाएँ- गोदान, गबन, कफ्न, सेवासदन, कर्मभूमि रंगभूमि आदि है ।

अत: विकल्प (A) सही है।

32. उसने कहा था यह प्रथम विश्व युद्ध की पृष्ठभूमि पर रचित कहानी है। इसमें युद्ध के परिवेश में सैनिको की मनोस्थिति को दर्शाया गया है।

अत: विकल्प (B) सही है।

33. वल्लभाचार्य के पुत्र विठ्ठलनाथ द्वारा अष्टछाप की स्थापना 1565 ई. में की थी अष्टछाप पर पुष्टिमार्गी भक्ति का अभाव है। इसमें कुल आठ कवियों का वर्णन है। पहले चार शिष्य वल्लावाचार्य के इस प्रकार हैं- सूरदास, कुम्भनदास,

कृष्णदास, परमानंद दास तथा चार शिष्य विट्ठलनाथ, के गोविन्द स्वामी, सन्द्दास, छतीस्वामी, चतुर्भुज दास।

अत: विकल्प (C) सही है।

34. रीतिकालीन कवि भिखारीदास द्वारा रचित ग्रंथ शतरंजशतिका, नामकोश, रस सारांश, छंदार्णव पिंगल, काव्य निर्णय, श्रृंगार निर्णय, विष्णु पुराण भाषा तथा अमरकोश आदि हैं। देव की रचनाएँ, भाव विलास, भवानी विलास, कुशल विलास, देवचरित्र, अष्टयाम, राग रत्नाकर, जाति विलास, रस दिलास, सुजान विनोद, प्रेम तरंग, देवचरित, प्रेमचंद्रिका, काव्य रसायन, सुख सागर तरंग, देवमाया प्रपंच तथा देवशतक आदि हैं। जबकि चिन्तामणि की रचनाएँ निम्नवत् हैं - रस विलास, छंद विचार,पिंगल, श्रृंगार मंजरी, कविकल कल्पतरु, कृष्णचरित, काव्य विवेक, काव्य प्रकाश, कवित्त विचार तथा रामायण आदि हैं।

अत: विकल्प (A) सही है।

35. 'मंटो मेरा दुश्मन', 'रेखाएं और चित्र', 'ज्यादा अपनी कम पराई' उपेन्द्रनाथ अश्क के द्वारा लिखे गये रेखाचित्र हैं। अतीत के चलचित्र, स्मृति की रेखाएँ, पथ के साथी, मेरा परिवार महादेवी वर्मा द्वारा लिखे गए रेखाचित्र हैं।

अत: विकल्प (D) सही है।

36. पल्लव - सुमित्रानन्दन पंत

कामायनी - जयशंकर प्रसाद

दीपशिखा - महादेवी वर्मा

कुकुरमुत्ता - सूर्यकांत त्रिपाठी निराला

अत: विकल्प (C) सही है।

37. प्रेमचन्द के श्रेष्ठ उपन्यास गोदान 1936 ई. के नायक होरी की दो बेटियां है जिनके नाम क्रमशः सोना और रूपा है। गोदान के अन्य पात्र- धनिया, गोबर, झुनिया, भोला राय साहब, मेहता, मालती खन्ना दातादीन।।

अत: विकल्प (C) सही है।

38. भक्तिकाल का आरंभ अधिकांश विद्वान ने 1350 ई. से माना है, किन्तु रामचन्द्र शुक्ल ने भक्तिकाल का आरंभ 1318 ई. से माना है। इस काल को भक्ति का स्वर्ण युग कहा जाता है क्योकि इस युग में सूरदास, तुलसीदास, संत कबीर, जायसी, रसखान, नंददास, नाभादास आदि कवि हुये है।

अत: विकल्प (C) सही है।

39. कुतुबन सूफी प्रेम काव्य परम्परा के कवि थे। इनका प्रसिद्ध ग्रंथ मृगावती है। इस ग्रंथ में लौकिक प्रेम की आड़ में अलौकिक प्रेम की बड़ी सुन्दर अभिव्यंजना हुई है। कवि की भाषा अवधी तथा छंद दोहा एवं चौपाई।

अत: विकल्प (A) सही है।

40.

पत्रिका	प्रकाशन	सम्पादक	प्रकार/स्थान
हिन्दी प्रदीप	1877ई.	बालकृष्ण भट्ट	प्रयाग
सुधा	1929ई	दुलारे लाल	लखनऊ
रूपाभ	1938ई.	सुमित्रानंदन	
कृति	1958ई	नरेश मेहता	दिल्ली

अत: विकल्प (A) सही है।

41. विद्यापति भारतीय साहित्य की 'श्रृंगार-परम्परा' के साथ-साथ 'भक्ति-परम्परा' के प्रमुख स्तंभों में से एक और मैथिली के सर्वोपरि कवि के रूप में जाने जाते हैं। इनके काव्यों में मध्यकालीन मैथिली भाषा के स्वरूप का दर्शन किया जा सकता है। पदावली विद्यापति द्वारा चौदहवीं सदी में रचा गया काव्य है। यह भक्ति और श्रृंगार का अनूठा संगम है।

अत: विकल्प (B) सही है।

42. काव्य के तीन मुख्य भेद प्रचलित हैं: महाकाव्य, खण्ड-काव्य और मुक्तक काव्य।

महाकाव्य में मुख्य चरित्र के जीवन को समग्रता में धारण करने के कारण विविधता और विस्तार होता है। महाकाव्य सर्गों में बँधा होता है । सर्ग आठ से अधिक होते हैं । वे न बहुत छोटे न बहुत बड़े होते हैं।

अत: विकल्प (B) सही है ।

43. आचार्य राम चन्द्र शुक्ल - "सत्वोद्रेक या हृदय की मुक्तावस्था के लिए किया हुआ शब्द: विधान काव्य है।" जिस प्रकार आत्मा की मुक्तावस्था ज्ञान दशा कहलाती है, उसी प्रकार हृदय की मुक्तावस्था रसदशा कहलाती है।

अन्य कथन -

आनंदवर्धन – शब्दार्थ शरीरं तावत् काव्यम्

पंडित जगन्नाथ – रमणीयार्थ प्रतिपादक: शब्द: काव्यम्

अत: विकल्प (B) सही है ।

44. चिंतामणि सन् 1939 में प्रकाशित आचार्य रामचंद्र शुक्ल द्वारा रचित हिन्दी का निबन्धात्मक (समालोचना) ग्रंथ है। इस पुस्तक के तीन भाग हैं। चिन्तामणि के प्रमुख निबन्ध हैं- भाव या मनोविकार, उत्साह, श्रद्धा और भक्ति, करुणा, लज्जा और ग्लानि, घृणा, ईर्ष्या, भय, क्रोध, है।

अत: विकल्प (C) सही है ।

45. आषाढ़ का एक दिन, प्रकाशित और नाटककार मोहन राकेश द्वारा रचित एक हिंदी नाटक है। इसे कभी-कभी हिंदी नाटक के आधुनिक युग का प्रथम नाटक कहा जाता है। दिए गए विकल्पों में (C) विकल्प गलत है, आषाढ़ का एक दिन – मोहन राकेश की रचना है। मोहन राकेश की रचनाएँ - 'अंधेरे बंद कमरे', 'न आने वाला कल', 'अंतराल' और 'बाकलमा खुदा' है।

अत: विकल्प (C) सही है ।

46. चन्द्रधर शर्मा गुलेरी और धीरेन्द्र वर्मा ने हिन्दी साहित्य के आदिकाल को अपभ्रंश काल की संज्ञा दी है,आदिकाल के साहित्य में अपभ्रंश भाषा की प्रधानता स्वीकारते हुए उन्होंने इस काल को अपभ्रंश काल कहना अधिक समीचीन समझा है।

अत: विकल्प (D) सही है ।

47. रामचंद्रिका रीति काल के प्रसिद्ध कवि केशव द्वारा लिखा गया ग्रंथ है।

केशवदास - हिन्दी साहित्य के रीतिकाल के एक प्रमुख स्तंभ हैं। वे संस्कृत काव्यशास्त्र का सम्यक् परिचय कराने वाले हिंदी के प्राचीन आचार्य और कवि हैं।

केशवदास की रचनाएँ - रसिक प्रिया, रामचंद्रिका, वीरसिंह देव चरित, विज्ञान गीता

अत: विकल्प (A) सही है ।

48. निर्गुण काव्य धारा के कवि कबीरदास थे। निर्गुण काव्य धारा के कवि ईश्वर के निर्गुण अर्थात निराकार रूप की आराधना करते थे।

कबीरदास सन्त परम्परा के प्रमुख और प्रतिनिधि कवि है। इनके जन्म के विषय मे प्रामाणित साक्ष्य उपलब्ध नहीं है। जनश्रुतियों के अनुसार कबीर का जन्म 1398 ई0 मे और मृत्यु 1518 ई0 मे हुई। कबीर नीरु और नीमा नामक जुलाहा दम्पति को तालाब की किनारे मिले थे।

अत: विकल्प (B) सही है ।

49. आचार्य हजारी प्रसाद द्विवेदी -1907 से 1979 ई. तक
रचना - हिन्दी साहित्य उद्भव एवं विकास

- आचार्य रामचन्द्र शुक्ल - पराजित हिन्दू जनता की निराशा।
- आचार्य हजारी प्रसाद द्विवेदी - हिन्दू जनता की स्वाभाविक आस्था।

अत: विकल्प (A) सही है ।

50. वीरगाथा काल नामकरण के पीछे निम्न बारह ग्रन्थों का योगदान -

हम्मीर रासो	सारंगधर
खुमाण रासो	दलपति विजय
कीर्तिलता	विद्यापति
पदावली	विद्यापति
कीर्तिलता	विद्यापति
जयमयंक जस चन्द्रिका	मधुकर कवि

अत: विकल्प (A) सही है ।

51. अकाल में सारस हिन्दी के विख्यात साहित्यकार केदारनाथ सिंह द्वारा रचित एक कविता संग्रह है जिसके लिये उन्हें सन् 1989 में साहित्य अकादमी पुरस्कार से सम्मानित किया गया।

केदारनाथ सिंह को व्यास सम्मान, मध्य प्रदेश का मैथिलीशरण गुप्त सम्मान, उत्तर प्रदेश का भारत-भारती सम्मान, बिहार का दिनकर सम्मान तथा केरल का कुमार आशान सम्मान मिला था। वर्ष 2013 में उन्हें प्रतिष्ठित ज्ञानपीठ पुरस्कार से सम्मानित किया गया था।

अत: विकल्प (D) सही है ।

52.

कहानी	प्रकाशन वर्ष	कहानीकार
इन्दुमती	1900 ई.	किशोरीलाल गोस्वामी
मिठाईवाला	1942 ई.	भगवती प्रसाद बाजपेयी
वापसी	1960 ई.	उषा प्रियंवदा
यक्षगान	1997 ई.	अखिलेश

नोट- आचार्य रामचन्द्र शुक्ल ने किशोरीलाल गोस्वामी द्वारा लिखित कहानी 'इन्दुमती' (1900 ई.) को हिन्दी साहित्य का 'प्रथम कहानी' माना हैं।

अत: विकल्प (C) सही है ।

53. स्वर्णधूलि सुमित्रानन्दन पंत का सातवाँ काव्य-संकलन है। इसका प्रकाशन सन् 1947 ई. में हुआ।

जयशंकर प्रसाद - हिन्दी कवि, नाटककार, उपन्यासकार तथा निबन्धकार थे। वे हिन्दी के छायावादी युग के चार प्रमुख स्तंभों में से एक हैं।

जयशंकर प्रसाद के द्वारा लिखित रचनाएं- कामायनी, आंसू, झरना, लहर, कानन कुसुम, प्रेम पथिक आदि हैं।

अत: विकल्प (B) सही है ।

54. कुरूक्षेत्र (1946), रश्मिरथी (1952), उर्वशी (1961), परशुराम की प्रतीक्षा (1963), रामधारी सिंह 'दिनकर' हिन्दी के एक प्रमुख लेखक, कवि व निबन्धकार थे। वे आधुनिक युग के श्रेष्ठ वीर रस के कवि के रूप में स्थापित हैं। उल्लेखनीय सम्मान -1959-साहित्य अकादमी पुरस्कार, 1959- पद्म भूषण, 1972- ज्ञानपीठ पुरस्कार उल्लेखनीय रचनाएँ - कुरूक्षेत्र, रश्मिरथी, उर्वशी, हुंकार, संस्कृति के चार अध्याय, परशुराम की प्रतीक्षा, हाहाकार।

अत: विकल्प (D) सही है ।

55. काव्य के तीन मुख्य भेद प्रचलित हैं: महाकाव्य, खण्ड-काव्य और मुक्तक काव्य ।

खंडकाव्य - जीवन की किसी घटना विशेष को लेकर लिखा गया काव्य खण्डकाव्य है। "खण्ड काव्य" शब्द से ही स्पष्ट होता है कि इसमें मानव जीवन की किसी एक ही घटना की प्रधानता रहती है।

जयद्रथ वध - मैथिलीशरण गुप्त द्वारा रचित प्रसिद्ध खण्डकाव्य है।यह खण्डकाव्य सात सर्गों में विभक्त है। इसमें महाभारत का वह प्रसंग वर्णित है, जिसके अन्तर्गत द्रोणाचार्य द्वारा चक्रव्यूह की रचना किये जाने से लेकर अर्जुन द्वारा जयद्रथ के वध तक की कथा आ जाती है।

अत: विकल्प (A) सही है।

56. पहला विश्व हिन्दी सम्मेलन 10 जनवरी से 14 जनवरी 1975 तक नागपुर में आयोजित किया गया। सम्मेलन का आयोजन राष्ट्रभाषा प्रचार समिति, वर्धा के तत्वावधान में हुआ।

अत: विकल्प (A) सही है।

57. शरत चन्द्र चट्टोपाध्याय, भारतीय साहित्य के प्रमुख स्तम्भ है। शरतचन्द्र के जिन उपन्यासों को सर्वाधिक लोकप्रियता मिली है, उनमे 'देवदास' प्रमुख है। इसका प्रकाशन 1914 में हुआ था। देवदास में उपन्यासकार ने वंशगत भेदभाव और लड़की बेचने की कुप्रथा के साथ – साथ निष्फल प्रेम की कहानी भी कही है। देवदास उपन्यास की लोकप्रियता का अंदाजा इसी बात से लगाया जा सकता है कि इस पर हिन्दी में अब तक तीन फिल्में भी बन चुकी है।

अत: विकल्प (B) सही है।

58. पुष्टि मार्ग में बल्लभाचार्य ने 4 कवियों (सूरदास कुंभनदास, परमानंद दास व कृष्णदास) को दीक्षित किया। उनके मरणोपरांत उनके पुत्र विट्ठलनाथ आचार्य की गद्दी पर बैठे और उन्होने भी 4 कवियों (छितस्वामी, गोविंदस्वामी, चतुर्भुजदास व नंददास) को दीक्षित किया।

बल्लभाचार्य के शिष्य

1. सूरदास, 2. कुम्भन दास, 3. परमानंद दास, 4. कृष्ण दास

विट्ठलनाथ के शिष्य

1. छीत स्वामी, 2. गोविन्द स्वामी, 3. चतुर्भुज दास, 4. नंद दास

अत: विकल्प (D) सही है।

59. केशवदास अलंकार सम्प्रदायवादी आचार्य कवि थे। अलंकारों के प्रति विशेष रुचि होने के कारण काव्यपक्ष दब गया है और सामान्यत: ये सहृदय कवि नहीं माने जाते। अपनी क्लिष्टता के कारण ये कठिन काव्य के प्रेत कहे गए हैं।

अत: विकल्प (D) सही है।

60. 'भक्तमाल' की रचना ब्रजभाषा में हुई इसके रचिता नाभादास है भक्तों और भक्तकवियों के जीवनचरित को सुरक्षित रखने में 'भक्तमाल' का योगदान अत्यंत महत्वपूर्ण है।

नाभादास की रचनाएँ - 'भक्तमाल', 'अष्टयाम'

अत: विकल्प (A) सही है।

61. यहां "मन का" शब्द की एक से अधिक बार आवृति हो रही है।

1. मन का - हमारे मन के बारे में बता रहा है

2. मन का - माला के दाने का बोध हो रहा है।

यमक अलंकार - जब शब्द की एक से ज़्यादा बार आवृति होती है एवं विभिन्न अर्थ निकलते हैं तो वहाँ यमक अलंकार होता है।

अत: विकल्प (B) सही है।

62. "कहती हुई यों उत्तरा के नेत्र जल से भर गए। हिम के कणों से पूर्ण मानो हो गए पंकज नए"। पंक्तियों में उत्तरा के अश्रुपूर्ण नेत्रों (उपमेय) में ओस जल-कण युक्त पंकज (उपमान) की संभावना प्रकट की गयी है। वाक्य में "मानो" वाचक शब्द प्रयोग हुआ है अत: पंक्तियों में उत्प्रेक्षा अलंकार है।

उत्प्रेक्षा अलंकार - जहाँ उपमेय में उपमान की सम्भावना की जाती हैं, वहां उत्प्रेक्षा अलंकार होता है। यदि पंक्ति में -मनु, जनु, मेरे, जानते, मनहु, मानो, निश्चय, ईव आदि आता है, वहां उत्प्रेक्षा अलंकार होता है।

अत: विकल्प (C) सही है।

63. सोरठा छंद - यह अर्धसममात्रिक छंद है। यह दोहा छंद के विपरीत होता है। इसमें प्रथम और तृतीय चरण में 11-11 तथा द्वितीय और चतुर्थ चरण में 13-13 मात्राएँ होती हैं।

अत: विकल्प (B) सही है।

64. चौपाई छंद - यह एक मात्रिक छंद है। इसमें चार चरण होते हैं। प्रत्येक चरण में16 मात्राएँ होती हैं। चरण के अंत में गुरु (S) और लघु(I) नही होना चाहिए, पदाँ लघु (II) या दो गुरु (SS) हो सकते हैं।

II II SI III IISS

"इहि विधि राम सबहिं समुझावा

गुरु पद पदुम हरषि सिर नावा।"

अत: विकल्प (C) सही है।

65. जसोदा हरि पालनैं झुलावै।
हलरावै, दुलराइ मल्हावै, जोइ-जोइ कछु गावै॥

उपर्युक्त पंक्तियों में यशोदा जी के द्वारा कृष्ण को झुला झुलाना और खिलाना और गीत गाने का भाव प्रस्तुत है जिससे श्रोता के मन में एक बचपन की झलक उत्पन्न होती है अत: पंक्ति में वात्सल्य रस है।

वात्सल्य रस - वात्सल्य रस का स्थायी भाव वात्सल्यता होता है वात्सल्य रस में माता का पुत्र के प्रति प्रेम, बड़ों का बच्चों के प्रति प्रेम, और यही स्नेह और प्रेम का भाव वात्सल्य रस कहलाता है।

अत: विकल्प (B) सही है।

66. बुंदेली- बुंदेली भारत के एक विशेष क्षेत्र बुन्देलखण्ड में बोली जाती है। इसका विकास शौरसेनी अपभ्रंश से हुआ है।

क्षेत्र - झाँसी, जालौन, महोबा, हमीरपुर

आल्हा-खंड बुंदेली में ही लिखा गया है।

अत: विकल्प (A) सही है।

67. कौरवी/खड़ी बोली-

क्षेत्र - मेरठ, मुरादाबाद, बिजनौर,रामपुर, सहारनपुर

खड़ी बोली के प्रथम कवि अमीर खुसरो थे

प्रिय प्रवास, खड़ी बोली का प्रथम महाकाव्य है।

अत: विकल्प (A) सही है।

68. 'ऊ' स्वर संवृत्त है।

मुख के खुलने के आधार स्वर ध्वनियां चार प्रकार की होती है-

विवृत - आ

अर्ध विवृत - अ ऐ औ

संवृत - इ, ई, उ,ऊ

अर्धसंवृत - ए, ओ

अत: विकल्प (C) सही है।

69. तालु – इ, ई, च वर्ग (च्, छ्, ज्, झ्, ञ्) य् तथा श् का उच्चारण-स्थान तालु है (इचुयशानां तालु:)। तालु से बोले जाने वाले इन वर्णों को तालव्य कहा जाता है।

इ, ई, च वर्ग (च्, छ्, ज्, झ्, ञ्) य् तथा श् का उच्चारण-स्थान तालु है (इचुयशानां तालु:)। तालु से बोले जाने वाले इन वर्णों को तालव्य कहा जाता है

अत: विकल्प (B) सही है।

70. वर्ण - हिन्दी भाषा में प्रयुक्त सबसे छोटी इकाई वर्ण कहलाती है।

य वर्ण का उच्चारण स्थान – तालु है।

तालु से उच्चारित वर्ण - इ,च,छ,ज,झ, ञ , य,श

अत: विकल्प (A) सही है ।

71. अघोष और घोष वर्ण :-

घोष:- जिन वर्णों के उच्चारण में, स्वर तंत्रियों में ध्वनि का कम्पन हो, इनकी संख्या 31 होती है।

अघोष वर्ण:- स्वर तंत्रियो में ध्वनि का कम्पन न हो, इनकी संख्या 13 होती है।

अघोष	घोष
क , ख	ग , घ , ङ
च , छ	ज , झ , ञ
ट , ठ	ड , ढ , ण
त , थ	द , ध , न
प , फ	ब , भ , म
श , ष , स	य , र , ल , व , ह
	सभी स्वर अ से ओ तक

अत: विकल्प (D) सही है ।

72. जठराग्नि शब्द का सही अर्थ - पेट की आग होता है अन्य विकल्प जठराग्नि शब्द के सही अर्थ नहीं है ।

अन्य विकल्पों के अर्थ -

जल की आग - बड़वाग्नि

वन की आग - दावानल

अत: विकल्प (A) सही है ।

73. योगरूढ़ शब्द - वे शब्द, जो यौगिक तो हैं, किन्तु सामान्य अर्थ को न प्रकट कर किसी विशेष अर्थ को प्रकट करते हैं, योगरूढ़ कहलाते हैं।

जैसे-पंकज आदि। पंकज=पंक+ज (कीचड़ में उत्पन्न होने वाला) सामान्य अर्थ में प्रचलित न होकर कमल के अर्थ में रूढ़ हो गया है।

नीलकंठ शब्द का अर्थ है जिसका कंठ नीला हो (महादेव) = योगरूढ़ शब्द है ।

अत: विकल्प (B) सही है ।

74. स्त्रीलिंग शब्द - जिस शब्द से स्त्री जाति का बोध होता है , उसे स्त्रीलिंग कहते हैं।

भाषा, बोलीओं के नाम स्त्रीलिंग होते है -

भाषा - हिंदी, अंग्रेजी, उर्दू आदि

बोलियाँ - हिंदी, मराठी आदि

लिपि - देवनागरी, अंग्रेजी आदि

हाथ, पैर, नाख़ून - शरीर के अंगों के नाम - पुल्लिंग

नीम, अशोक, शीशम - पेड़ों के नाम - पुल्लिंग

सूर्य, नक्षत्र, चन्द्र - गृहों के नाम - पुल्लिंग

अत: विकल्प (D) सही है ।

75. गुजराती भाषा आधुनिक भारतीय आर्य भाषाओं में से एक है और इसका विकास शौरसेनी अपभ्रंश से हुआ। गुजराती भाषा का क्षेत्र गुजरात, सौराष्ट्र और कच्छ के अतिरिक्त महाराष्ट्र का सीमावर्ती प्रदेश भी है। सौराष्ट्री तथा कच्छी इसकी अन्य प्रमुख बोलियाँ हैं।

अत: विकल्प (A) सही है ।

76. हिंदी की प्रथम कहानी इन्दुमती है। इन्दुमती कहानी के लेखक है- किशोरी लाल गोस्वामी जी, जबकि अन्य तीनों रचानाएँ संस्मरण हैं।

अत: विकल्प (A) सही है ।

77. गोदान मुंशी प्रेमचंद्र द्वारा रचित उपन्यास है। गोदान उपन्यास जगत में एक श्रेष्ठ उपन्यास है। इसका नायक होरी है। गोदान में "शोषित वर्ग" की जीवन की समस्याओं का चित्रण किया गया है।

अत: विकल्प (D) सही है ।

78. सगुण भक्ति शाखा के उपासक तुलसीदास जी थे तुलसीदास जी ने अपने काव्य में भगवान् राम के बारे में वर्णन किया है। तुलसी दास जी की प्रमुख भाषा अवधी और ब्रज है।

सगुण काव्य धारा :- सगुण काव्य धारा के कवि ईश्वर के सगुण अर्थात साकार रूप की आराधना करते थे। इनमें भी मुख्यतः दो शाखाएँ थीं :-

1. राम भक्ति काव्य धारा

2. कृष्ण भक्ति काव्य धारा

अत: विकल्प (A) सही है ।

79. आठवीं अनुसूची में संविधान द्वारा मान्यता प्राप्त 22 प्रादेशिक भाषाओं का उल्लेख है। इस अनुसूची में आरम्भ में 14 भाषाएँ (असमिया, बांग्ला, गुजराती, हिन्दी, कन्नड़, कश्मीरी, मराठी, मलयालम, उड़िया, पंजाबी, संस्कृत, तमिल, तेलुगु, उर्दू) थीं। बाद में सिंधी को तत्पश्चात् कोंकणी, मणिपुरी, नेपाली को शामिल किया गया जिससे इसकी संख्या 18 हो गई। तदुपरान्त बोडो, डोगरी, मैथिली, संथाली को शामिल किया गया और इस प्रकार इस अनुसूची में 22 भाषाएँ हो गईं।

अत: विकल्प (A) सही है ।

80. पेड़ से बन्दर कूदा, इस वाक्य में 'से' अलग होने के भाव को दर्शाता है जो अपादान कारक का उदाहरण हैं।

अपादान कारक - अपादान कारक का भी विभक्ति चिन्ह से होता है। से चिन्ह करण कारक का भी होता है लेकिन वहां इसका मतलब साधन से होता है।

अत: विकल्प (A) सही है ।

81. 'उत्तररामचरितम्' 7 अंकों का एक नाटक है। इसके रचयिता भवभूति हैं। इसमें नायिका सीता है, इसमें सीधा के निर्वासन से लेकर सतामिलन तक की कथा का वर्णन है। नाटक को सुखांत बनाने के लिए अंत में राम और सीता को एक साथ दिखाया गया है।

यहां नायक श्री राम है। यहां पर श्री राम की बहन शांता का भी वर्णन किया गया है और शाम तक का पति ऋषि शृंग हैं।

अत: विकल्प (D) सही है ।

82. समास - समास का तात्पर्य होता है – संक्षिप्तीकरण, इसका शाब्दिक अर्थ होता है छोटा रूप। अर्थात जब दो या दो से अधिक शब्दों से मिलकर जो नया और छोटा शब्द बनता है उस शब्द को समास कहते हैं।

नरसिंह = नर रूपी सिंह – (कर्मधारय)

कर्मधारय समास - वह समास जिसका पहला पद विशेषण एवं दूसरा पद विशेष्य होता है अथवा पूर्वपद एवं उत्तरपद में उपमान – उपमेय का सम्बन्ध माना जाता है कर्मधारय समास कहलाता है।

अत: विकल्प (A) सही है ।

83. साहित्य और जीवन का घनघोर सम्बंध है - वाक्य में प्रयुक्त घनघोर शब्द का प्रयोग अनुचित है। इस वाक्य में घनिष्ठ का प्रयोग उचित है क्योंकि साहित्य और जीवन के सम्बन्ध या तो एक-दूसरे पर आश्रित होंगे अथवा दोनों में घनिष्ठ सम्बंध होगा।

अशुद्ध वाक्य - शुद्ध वाक्य

साहित्य और जीवन का घनघोर सम्बंध है। - साहित्य और जीवन का घनिष्ठ सम्बंध है।

अत: विकल्प (A) सही है।

84. पंडित – मूर्ख का विलोम युग्म सही है, अन्य विकल्पों का शब्द युग्म सही नहीं हैं।

परिश्रम - विश्राम

अग्रज- अनुज

पंडित - मूर्ख

स्वजाति- विजाति

अत: विकल्प (C) सही है।

85. 'नीलाम्बर:
'में बहुव्रीहि समास है।प्रायः अन्य पदार्थ प्रधान बहुव्रीहि समास होता है, बहुव्रीहि समास में,पूर्वपद उत्तरपद से भिन्न तृतीयपद के अर्थको बताया जाता है।

बहुव्रीहि समास दो प्रकार का होता है -

1. समानाधिकरण बहुव्रीहि समास

2. व्यधिकरण बहुव्रीहि समास

यहाँ नीलम् अम्बरं यस्य सः = नीलाम्बरः।

अत: विकल्प (D) सही है।

86. एकार्थी शब्द का अर्थ:- जिन शब्दों का प्रयोग अनेक शब्दों के स्थान पर किया जाए वे उन शब्दों को एकार्थी शब्द या एक शब्द कहलाते है। 'युद्ध करने का इच्छुक' के लिए सर्वाधिक उपयुक्त एक शब्द युयुत्सु है।

अत: विकल्प (D) सही है।

87. कालिदास का अन्तिम रूपक या अन्तिम रचना अभिज्ञानशाकुन्तलम् है।

अभिज्ञानशाकुंतलम्— (सर्वश्रेष्ठ नाटक)— यह 7 अंकों का कालिदास का सर्वश्रेष्ठ नाटक है। इसका नामकरण छठवें अंक के आधार पर किया गया है। इसमें नायक पूरूवंशीय हस्तिनापुर नरेश दुष्यंत है। तथा नायिका शकुंतला है। शकुंतला ऋषि विश्वामित्र तथा अप्सरा मेनका की पुत्री है। जिसे ऋषि कण्व ने पाला । माना जाता है यह कालिदास का अंतिम नाटक और अंतिम रचना है। इसमें विदूषक का नाम माढव्य है।

अत: विकल्प (C) सही है।

88. लोकोक्ति – जिसमें जीवन के अनुभवो को संक्षिप्त एवं विलक्षण ढंग से व्यक्त किया गया हो उसे लोकोक्ति कहते है|

लोकोक्ति का सही मेल है -

1. आँख के अन्धे गाँठ के पूरे	a. मूर्ख किन्तु धनवान
2. ऊधो का लेना न माधो का देना	b. केवल अपने काम से काम रखना
3. कहीं की ईंट कहीं का रोड़ा, भानुमती ने कुनबा जोड़ा	c. बेमेल वस्तुओं को एक जगह एकत्र करना
4. गाछे कटहल, ओठे तेल	d. काम होने के पहले ही फल पाने की इच्छा

अत: विकल्प (C) सही है।

89.
'लृ' का उच्चारण स्थान दन्त है। प्रत्येक वर्ण जहां से उत्पन्न होता है उसे उसका उच्चण स्थान कहा जाता है।
अर्थात् वर्णों के उत्पत्ति स्थल या प्रथम प्रकाशन स्थल को उनका उच्चारण स्थान कहा जाता है।

यहाँ अकुहविसर्जनीयानां (अ, कवर्ग, ह, विसर्ग) का उच्चारण स्थान कंठ है।

इचुयशानां (इ, चवर्ग, य, श) का उच्चारण स्थान तालु है।

ऋटुरषाणां (ऋ, टवर्ग, र, ष) का उच्चारण स्थान मूर्धा है।

लृतुलसानां (लृ, तवर्ग , ल, स) का उच्चारण स्थान

अत: विकल्प (D) सही है।

90. 'किरातार्जुनीयम्' के लेखक भारवि है।

किरातार्जुनीयम् 18 सर्गों और 1030 श्लोकों का एक महाकाव्य है।

कथानक— महाभारत के वन पर्व पर आधारित है। इसमें अर्जुन द्वारा शिव तपस्या से पाशुपतास्त्र प्राप्ति का वर्णन है।

अत: विकल्प (A) सही है।

91. 'महावीरचरितम्' के रचयिता भवभूति है।

महावीरचरितम्- यह 7 अंको का एक नाटक है। यहां महावीर से तात्पर्य श्रीराम से हैं और इन्हीं की वीरता का वर्णन है इसमें श्री राम के विवाह से लेकर राज्य अभिषेक तक का वर्णन है।

अत: विकल्प (D) सही है।

92.
शिशुपालवधम् के रचयिता माघ है। माघ राजस्थान के प्राचीनतम वह श्रेष्ठतम संस्कृत कवि है इनका जन्म राजस्थान के भीनमाल जालौर में हुआ था।

इनके पितामह सुप्रभदेव गुजरात के राजा वर्मलात के महामंत्री थी।

शिशुपाल वध में कुल 20 सर्ग और 1650 श्लोकों का एक महाकाव्य है।

इसका भी प्रारंभ श्रीपद से होता है तथा समाप्ति भी श्रीपद से ही होती है इसीलिए इसे श्रीपदान्त / श्रयन्तमहाकाव्य भी कहते हैं।

इसमें नारद के आगमन से शिशुपालवधम् का प्रारंभ होता है।

माघ का प्रमुख और प्रिय छंद मालिनी छंद है।

इसमें रैवतक पर्वत का वर्णन दारूक के द्वारा चौथे सर्ग पर किया गया है, तथा पांचवें सर्ग के अंदर भी रैवतक पर्वत का वर्णन किया गया है। इसमें सूर्योदय व चंद्रास्त के समकालीन होने का वर्णन किया गया है।

अत: विकल्प (D) सही है।

93. दण्डी की रचना दशकुमारचरितम् है।

इनकी तीन प्रसिद्ध रचनाएँ—

1. अवन्तिसुन्दरी कथा — इसमें कादंबरी वाली कथा का वर्णन है।

2. काव्यादर्श:— यह एक अलंकारिक ग्रंथ है इसमें अलंकार से संबंधित तत्वों का वर्णन किया गया है।

3. दशकुमारचरितम् —दशकुमारचरितम् में कथा व आख्यायिका के गुण मिलते हैं। इसके तीन भाग हैं और कुल 13 उच्छ्वास है।

अत: विकल्प (B) सही है।

94. श्रीहर्ष की रचना नैषधीयचरितम् है। इसमें कुल 22 सर्ग और 2830 श्लोक हैं। इसका कथानक महाभारत के नलोपाख्यान पर आधारित है। इसमें नल व दमयंती के प्रणय- परिणय का वर्णन है। इसमें श्रृंगार रस मुख्य रस है।

अत: विकल्प (B) सही है।

95. 'मरणान्तरं' में दीर्घ संधि है। 'मरण + अन्तरं' यहां "अकः सवर्णे दीर्घः" सूत्र से दीर्घ एकादेश होता है अर्थात अक् (अ, इ, उ, ऋ, लृ) के आगे सवर्ण स्वर के रहने पर दीर्घ एकादेश होता है एक आदेश से यहां तात्पर्य है दो स्वरों के स्थान पर ह्रीस्वर के आदेश होने से हैं। इ, उ, ऋ, लृ) के आगे सवर्ण स्वर के रहने पर दीर्घ एकादेश होता है। एक आदेश से यहां तात्पर्य है दो स्वरों के स्थान पर एक ही स्वर के आदेश होने से हैं।

जैसे :-

अ/आ+ अ/आ = आ

इ/ई+ इ/ई = ई

उ/ऊ + उ/ऊ = ऊ

ऋ/ॠ+ऋ/ॠ = ॠ

लृ +लृ = लृ (लृ का दीर्घ रूप नहीं होता)

अत: विकल्प (A) सही है।

96. यह दंडी का सौन्दर्य प्रबंध है, जिसमें मालवराज मानसार की कन्या अवन्तिसुन्दरी की कथा का वर्णन है। इसकी शैली बाण की कादंबरी की शैली से प्रभावित है। यह दंडी का सबसे प्रसिद्ध गद्यकाव्य है। दंडी संस्कृत साहित्य के अपने पदलालित्य के लिये विख्यात हैं – दंडिन पद लालित्यम।

अत: विकल्प (B) सही है।

97. श्रीहर्ष की रचना नैषधीयचरितम्। नैषधीयचरितम्— श्रीहर्ष की सबसे प्रसिद्ध रचना है। इसमें कुल 22 सर्ग और 2830 श्लोक हैं। इसका कथानक महाभारत के नलोपाख्यान पर आधारित है। इसमें नल व दमयंती के प्रणय-परिणय का वर्णन है। इसमें श्रृंगार रस मुख्य रस है।

अत: विकल्प (B) सही है।

98. 'रामः बाणेन रावणं हतवान्' में 'बाणेन' करण है।

यहाँ " साधकतमं करणम्" सूत्र के अनुसार क्रिया की सिद्धि में प्रकृष्ट उपकारक अर्थात् अत्यंत सहायक, जिसके बिना क्रिया की निष्पत्ति संभव नहीं, कारक को करण कहा जाता है। तथा करण में तृतीया विभक्ति होती है।

यहाँ रामः = कर्ता

बाणेन = करण

रावणं = कर्म

हतवान् = क्रिया है।

अत: विकल्प (B) सही है।

99. 'सत्पुरुषः' में कर्मधारय समास है।

कर्मधारय— कर्मधारय को समानाधिकरण तत्पुरुष समास भी कहते हैं, क्योंकि यहां विग्रह वाक्य में दोनों पदों में समान विभक्ति होती है। (तत्पुरुषः समानाधिकरणः कर्मधारयः)

यहाँ विशेषण पूर्वपद कर्मधारय समास है। " विशेषण विशेष्येण बहुलम्" सूत्र के अनुसार बहुल प्रकार से विशेषणवाची शब्दों का विशेष्यवाची शब्दों के साथ समास होता है तथा विशेषण पद का पहले प्रयोग होता है।

यहाँ सन् पुरुषः – सत्पुरुषः बना।

अत: विकल्प (C) सही है।

100. यमक शब्द का अर्थ होता है - दो, जब एक ही शब्द ज्यादा बार प्रयोग हो पर हर बार अर्थ अलग-अलग आये वहाँ पर यमक अलंकार होता है। अर्थित जिस प्रकार अनुप्रास अलंकार में किसी एक वर्ण की आवृति होती है।

अत: विकल्प (B) सही है।

101.
माघ राजस्थान के प्राचीनतम वह श्रेष्ठतम संस्कृत कवि है इनका जन्म राजस्थान के भीनमाल जालौर में हुआ था।

इनके पितामह सुप्रभदेव गुजरात के राजा वर्मलात के महामंत्री थे।

अत: विकल्प (C) सही है।

102. 'नैन नचाय मुस्काय कहें, लला फिर अइयो खेलन होरी।' ये पंक्तियाँ रीतिकालीन कवि पद्माकर द्वारा रचित हैं। बांदा में जन पद्माकर ने हिम्मत बहादुर विरुदावली, प्रतापसिंह विरुदावली,कलि पच्चीसी, जगद्विनोद, पद्माभरण, त्रिबोध पचासा एवं गंगालहरी' नामक कृतियों की रचना की।

अत: विकल्प (C) सही है।

103. पद्मावत हिन्दी साहित्य के अन्तर्गत सूफी परम्परा का प्रसिद्ध महाकाव्य है। इसके रचनाकार मलिक मोहम्मद जायसी है। दोहा और चौपाई छन्द में लिखे गए इस महाकाव्य की भाषा अवधी है। यह हिन्दी की अवधी बोली में है और चौपाई, दोहों में लिखी गई है।

अत: विकल्प (B) सही है।

104. प्रेमचंद द्वारा लिखे गए उपन्यासों का क्रम -

उपन्यास प्रकाशन वर्ष विषयवस्तु

रंगभूमि 1925 -नौकरशाही तथा पूँजीवाद के साथ जनसंघर्ष का ताण्डव; सत्य, निष्ठा और अहिंसा के प्रति आग्रह, ग्रामीण जीवन में उपस्थित मध्यपान तथा स्त्री दुर्दशा का भयावह चित्र यहाँ अंकित है।

गबन -1928 - 'महिलाओं का पति के जीवन पर प्रभाव'। ग़बन प्रेमचन्द के एक विशेष चिन्ताकुल विषय से सम्बन्धित उपन्यास है। यह विषय है, गहनों के प्रति पत्नी के लगाव का पति के जीवन पर प्रभाव। गबन में टूटते मूल्यों के अंधेरे में भटकते मध्यवर्ग का वास्तविक चित्रण किया गया।

कर्मभूमि - 1932 - राजनीतिक उपन्यास है जिसमें विभिन्न राजनीतिक समस्याओं को कुछ परिवारों के माध्यम से प्रस्तुत किया गया है। ये परिवार यद्यपि अपनी पारिवारिक समस्याओं से जूझ रहे हैं तथापि तत्कालीन राजनीतिक आन्दोलन में भाग ले रहे हैं। उपन्यास का कथानक काशी और उसके आसपास के गाँवों से संबंधित है।

गोदान - 1936 - इसमें भारतीय ग्राम समाज एवं परिवेश का सजीव चित्रण है। गोदान ग्राम्य जीवन और कृषि संस्कृति का महाकाव्य है। इसमें प्रगतिवाद, गांधीवाद और मार्क्सवाद (साम्यवाद) का पूर्ण परिप्रेक्ष्य में चित्रण हुआ है।

अत: विकल्प (B) सही है।

105. कंस वध राधा कृष्ण दास की रचना है। जो भारतेंदु युग के कवि थे, अन्य रचनाएँ द्विवेदी युग के कवियों द्वारा की गयी हैं।

रामनरेश त्रिपाठी - मिलन, पथिक, स्वप्न, मानसी।

अत: विकल्प (A) सही है।

106. हिंदी साहित्य का दूसरा युग 'द्विवेदी युग' (1900–1920) के नाम से जाना जाता है।
आचार्य महावीर प्रसाद द्विवेदी (1864–1938) हिन्दी के महान साहित्यकार, पत्रकार एवं युगप्रवर्तक थे।

रचनाएँ - कान्यकुब्ज-अबला-विलाप (1907 ई.), काव्य मंजूषा (1903 ई.), सुमन (1923 ई.), द्विवेदी काव्य-माला (1940 ई.), कविता कलाप (1909 ई.)

अत: विकल्प (A) सही है।

107. यह रचना राहुल संकृत्यायन द्वारा निर्मित हैं जिसमें आपने घुमक्कड़ी के धर्म को सभी धर्मों का आधारभूत धर्म कहा है और पर्यटन की प्रकृति को संसार का सबसे बड़ा सुख बताया है।

अन्य रचनाएँ - सतमी के बच्चे, वोल्गा से गंगा, बहुरंगी मधुपुरी।

अत: विकल्प (B) सही है।

108.

कवि	रचनाएँ
a कृष्ण सोमती	1 जिंदगी नामा

b हरिवंशराय बच्चन	2 दो चट्टाने
c अमृतराय	3 कलम का सिपाही
d अमृतलाल नगर	4 अमृत और विष

अत: विकल्प (D) सही है।

109. 'चंद्रकांता' हिन्दी का महान उपन्यास है जिसके लेखक देवकीनन्दन खत्री हैं। यह तिलिस्मी पर आधारित है और इसका नाम नायिका के नाम पर रखा गया है।

अत: विकल्प (B) सही है।

110. बिहारी सतसई के रचनाकार बिहारी लाल जी हैं। बिहारी लाल रीति काल के प्रतिनिधि कवि माने जाते हैं। इन्होने बिहारी सतसई की रचना में "बृजभाषा" तथा दोहा का प्रयोग किया है।

अत: विकल्प (B) सही है।

111. पृथ्वीराज रासो के पिछले भाग का भी चंद के पुत्र जल्हण द्वारा पूर्ण किया गया है। रासो के अनुसार जब शहाबुद्दीन गोरी पृथ्वीराज को कैद करके ग़ज़नी ले गया, तब कुछ दिनों पीछे चंदबरदाई भी वहीं गए। जाते समय कवि ने अपने पुत्र जल्हण के हाथ में रासो की पुस्तक देकर उसे पूर्ण करने का संकेत किया। जल्हण के हाथ में रासो को सौंपे जाने और उसके पूरे किए जाने का उल्लेख रासो में है।

अत: विकल्प (D) सही है।

112. गोरखनाथ ने पतंजलि के योग का सहारा लेकर हठयोग का प्रवर्तन किया था।

हठयोग के आविर्भाव के बाद प्राचीन 'अष्टांग योग' को 'राजयोग' की संज्ञा दे दी गई। हठयोग साधना की मुख्य धारा शैव रही है। यह सिद्धों और बाद में नाथों द्वारा अपनाया गया। मत्स्येन्द्र नाथ तथा गोरखनाथ उसके प्रमुख आचार्य माने गए हैं।

अत: विकल्प (B) सही है।

113. आंग्ल भाषा में लिखा गया हिंदी साहित्य का इतिहास "स्केच ऑफ हिंदी लिटरेचर" के लेखक पादरी एडिसन ग्रीब्ज है।

- पादरी एफ. ई. के. - 'ए हिस्ट्री ऑफ हिन्दी लिटरेचर'
- जार्ज ग्रियर्सन - लिंग्विस्टिक सर्वे ऑफ़ इंडिया

अत: विकल्प (C) सही है।

114. तरुवर फल नहिं खात है, सरवर पियहि न पान।
कहि रहीम पर काज हित, संपति सँचहि सुजान॥

उपर्युक्त पंक्ति रहीम द्वारा दी गयी है।

भावार्थ - वृक्ष अपने फल स्वयं नहीं खाते हैं और सरोवर भी अपना पानी स्वयं नहीं पीती है। इसी तरह अच्छे और सज्जन व्यक्ति वो हैं जो दूसरों के कार्य के लिए संपत्ति को संचित करते हैं।

अत: विकल्प (A) सही है।

115. अकबर, दादू के उपदेशों से अत्यधिक प्रभावित थे। दादू दयाल हिन्दी के भक्तिकाल में ज्ञानाश्रयी शाखा के प्रमुख सन्त और कवि थे। हिन्दू-मुसलमानों की एकता आदि विषयों पर इनके पद तर्क-प्रेरित थे जिस कारण अकबर इनसे काफी प्रभावित थे।

अत: विकल्प (A) सही है।

116. केशव अलंकार सम्प्रदायवादी आचार्य कवि थे। इसलिये स्वाभाविक था कि वे भामह, उद्भट और दंडी आदि अलंकार सम्प्रदाय के आचार्यों का अनुसरण करते। इन्होंने अलंकारों के दो भेद माने हैं, साधारण और विशिष्ट। साधारण के अन्तर्गत वर्णन, वर्ण्य, भूमिश्री-वर्णन और राज्यश्री-वर्णन आते है जो काव्यकल्पलतावृत्ति और अलंकारशेखर पर आधारित हैं।

अत: विकल्प (C) सही है।

117. करुणालय, रामधारी सिंह दिनकर की रचना नहीं है करुणालय के रचित जयशंकर प्रसाद हैं।

छायावादी युग के कवि जयशंकर जी अन्य कृतियाँ - उर्वशी, सम्राट चंद्रगुप्त मौर्य, शोकोच्छवास, प्रेमराज्य।

अत: विकल्प (B) सही है।

118. आचार्य भरत मुनि ने नाट्यशास्त्र में पंचम वेद बताया है। भरत मुनि के अनुसार ऐसा कोई ज्ञान शिल्प, विद्या, योग एवं कर्म नहीं है, जो नाटक में दिखाई न पड़े।

अत: विकल्प (A) सही है।

119. कृष्णा सोबती हिन्दी की लेखिका थी। वे अपनी बेलाग कथात्मक अभिव्यक्ति और सौष्ठवपूर्ण रचनात्मकता के लिए जानी जाती हैं।

कृष्णा सोबती की कृति - मित्रो मरजानी, यारों का यार, जिंदगीनामा इदं न मम के लेखक - शुभांगी भडभडे।

अत: विकल्प (D) सही है।

120. रिपोर्ताज फ्रांसीसी भाषा का शब्द है। रिपोर्ट के साहित्यिक रूप को रिपोर्ताज कहते हैं आँखों देखी और कानों सुनी घटनाओं पर भी रिपोर्ताज लिखा जा सकता है। कल्पना के आधार पर रिपोर्ताज नहीं लिखा जा सकता है।

अत: विकल्प (A) सही है।

121. विष्णु प्रभाकर जी की सर्वश्रेष्ठ कृति है- "आवारा मसीहा"। जो बंगाल के अमर कथा-शिल्पी और सुप्रसिद्ध उपन्यासकार शरत्चंद्र चट्टोपाध्याय के जीवन पर आधारित है।

अत: विकल्प (A) सही है।

122. हिन्दी साहित्य के इतिहास में लगभग 7वीं शताब्दी से लेकर 14वीं शताब्दी के मध्य तक के काल को आदिकाल कहा जाता है। यह नाम (आदिकाल) डॉ॰ हजारी प्रसाद द्विवेदी से मिला है। आचार्य रामचंद्र शुक्ल ने इस काल को "वीरगाथा काल" तथा विश्वनाथ प्रसाद मिश्र ने इस काल को "वीरकाल" नाम दिया है।

अत: विकल्प (C) सही है।

123. विकल्पों का सही मेल है -

I सत्यार्थ प्रकाश	a.दयानंद सरस्वती
II रामचरितमानस	b. तुलसीदास
III सूरसागर	c. सूरदास
IV भक्तमाल	d. नाभदास

अत: विकल्प (A) सही है।

124. मैथिलीशरण गुप्त की भारत-भारती (1912) भारत के स्वतंत्रता संग्राम के समय में काफी प्रभावशाली सिद्ध हुई थी और और इसी कारण महात्मा गांधी ने उन्हें 'राष्ट्रकवि' की पदवी भी दी थी।

अत: विकल्प (C) सही है।

125. 'अनुकरण सिद्धांत' के सिद्धांत का प्रतिवादन अरस्तू द्वारा किया गया है 'अनुकरण सिद्धांत'- अभ्यास के लिए लेखकों और कवियों को उपलब्ध उत्कृष्ट रचनाओं का अध्ययन एवं अनुसरण करना है।

अत: विकल्प (A) सही है।

Q.1 'नाथ सम्प्रदाय' में 'हठयोग' का अर्थ है:-
A. कठिन साधना
B. अडिग योग साधना
C. हठपूर्वक योग
D. इनमे से कोई नहीं

Q.2 'अभिनव जयदेव' के नाम से विभूषित कवि है:-
A. चंदबरदाई
B. विद्यापति
C. अमीरखुसरो
D. कबीर दास

Q.3 विद्यापति की कौनसी रचना सदैव अप्रकाशित है:-
A. कीर्तिलता
B. कीर्तिपताका
C. पदावली
D. केवल 1 और 3

Q.4 वल्लभाचार्य का सम्बन्ध है?
A. द्वैतवाद
B. शुद्धाद्वैतवाद
C. अद्वैतवाद
D. द्वैत द्वैत वाद

Q.5 कबीर की मृत्यु के पश्चात उनकी गद्दी किसको मिली?
A. कमाल
B. कमली
C. धर्मदास
D. लोई

Q.6 निम्नलिखित में से किस में पांच चौपाई के बाद एक दोहा देने की परंपरा नहीं है?
A. मधुमालती
B. पद्मावत
C. सत्यवती कथा
D. इंद्रावती

Q.7 लै लै मंजनूं किसकी रचना है?
A. जान
B. दामोदर
C. ईश्वरदास
D. बनारसी दास

Q.8 विश्रोई संप्रदाय के प्रवर्तक निम्नलिखित में से कौन है?
A. श्री चंद
B. दादू दयाल
C. बावरी साहिबा
D. जंभनाथ

Q.9 निम्नलिखित में से कौन-सा कवि कृष्णभक्ति धारा के कवियों में शामिल नहीं है?

[UGC NET Hindi, 2019]

A. नाभादास
B. नंददास
C. हरिदास
D. ध्रुवदास

Q.10 "माई न होती, बाप न होते, कम्म न होता काया।
हम नहिं होते, तुम नहिं होते, कौन कहाँ ते आया।।
चंद न होता, सूर न होता, पानी पवन मिलाया।
शास्रत्त न होता, वेद न होता, करम कहाँ ते आया।। "
उपर्युक्त काव्य पंक्तियाँ किस कवि की हैं?
A. कबीर
B. नामदेव
C. रैदास
D. मलूकदास

Q.11 कवि उस्मान की रचना कौनसी है?
A. चंदायन
B. हंस जवाहिर
C. चित्रावली
D. सत्यवती कथा

Q.12 "अनुराग बाँसुरी" किस कवि की रचना है?
A. मंझन
B. देव
C. नूर मुहम्मद
D. जायसी

Q.13 निम्नलिखित में से जायसी की रचना कौनसी है?
A. कवितावली
B. चंदायन
C. पद्मावत
D. हंस जवाहिर

Q.14 मृगावती निम्नलिखित में से किस कवि की रचना है?
A. मुल्ला दाऊद
B. कुतुबन
C. ईश्वर दास
D. असाइत

Q.15 कबीर दास जी के गुरु का नाम निम्नलिखित में से है:-
A. नरहयानन्द
B. रामानन्द
C. गोरखवनाथ
D. दादू दयाल

Q.16 पद्मावत में राजा रत्नसेन किसका प्रतीक है-
A. मन
B. शैतान
C. शरीर
D. संसार

Q.17 तुलसी के किस ग्रन्थ में समन्वय की चेष्टा की गई है?
A. विनय पत्रिका
B. हनुमान बाहुक
C. रामचरित मानस
D. कवितावली

Q.18 मीरा के गुरु कौन थे-
A. रैदास
B. वल्लभाचार्य
C. सूरदास
D. दादू

Q.19 बीजक, किस संत की रचनाओ का संकलन है?
A. सूर
B. कबीर
C. जायसी
D. तुलसी

Q.20 जॉर्ज ग्रियर्सन ने भक्ति काल को क्या नाम दिया है?
A. भक्ति काल
B. स्वर्णिम काल
C. मध्य काल
D. चारण काल

Q.21 ध्रुव चरित्र के रचियता है:-
A. नरोत्तमदास
B. स्वामी हरिदास
C. भीखारीदास
D. रसखान

Q.22 निम्नलिखित में से कौन रीतिसिद्ध कवि हैं?
A. देव
B. बिहारी
C. मतिराम
D. पद्माकर

Q.23 "हाँ, लेखनी ह्यत्पत्र पर लिखनी तुझे है यह कथा, व्दक्कालिमा में डूबकर तैयार होकर सर्वथा।"
यहाँ व्दक्कालिमा से तात्पर्य है-
A. सूक्ष्म अंधकार
B. अति विस्तृत अंधकार
C. दुर्भाग्यपूर्ण वर्तमान
D. अंधकार में डूबा भविष्य

Q.24 "भारतीयता की खोज का जैसा प्रयास 'भारत भारती' में दिखाई देता है, वैसा अन्य किसी रचना में नही" कथन है-
A. आचार्य रामचन्द्र शुक्ल
B. हजारी प्रसाद द्विवेदी
C. अज्ञेय
D. भारतेंदु

Q.25 "ओर अब तो हवा भी बुझ्स चुकी है और सारे इश्तहार उतार लिए गए हैं जिनमें कल आदमी अकाल था |"
उपर्युक्त पंक्तियाँ किस कवि की हैं?
A. नागार्जुन
B. मुक्तिबोध
C. धूमिल
D. लीलाधर जगूड़ी

Q.26 "बैठे हुए सुखद आतप में मृग रोमंथन करते हैं, वन के जीव विवर से बाहर हो विश्रल्थ विचरते हैं।"
उपर्युक्त पंक्तियों में किसका वर्णन है?
A. 'साकेत' में चित्रकूट का
B. असाध्यवीणा में वन-प्रान्तर का
C. रश्मिरथी में परशुराम आश्रम का

D. कामायनी' में सारस्वत-प्रदेश का

Q.27 'राम की शक्तिपूजा ' की रचना कब हुई?

[UGC NET Hindi, 2019]

A. सन् 1934 ई.   **B.** सन् 1935 ई.
C. सन् 1936 ई.   **D.** सन् 1937 ई.

Q.28 धर्मवीर भारती के सन्दर्भ में क्या सही नहीं है?
A. वे व्यक्ति स्वातन्य के विरोधी कवि हैं
B. वे व्यक्ति स्वातन्य्य के पक्षधर कवि हैं
C. वे केशोर भावुकता के लेखक हैं
D. वे मिथकीय सन्दर्भों पर आधारित कविता लिखने वाले कवि हैं

Q.29 गिरिराज जी किशोर का उपन्यास है:-
A. एक पति के नोट्स   **B.** पहला गिरमिटिया
C. लाल टिन की छत   **D.** यह पथ बन्धु था

Q.30 शगुन अपशगुन पर वर्णित आत्मकथा कौन सी है-
A. मुर्दहिया   **B.** माटी की मूरते
C. आपहुदरी   **D.** ठकुरी बाबा

Q.31 निम्न से दलित आत्मकथा है -
A. गर्दिश के दिन   **B.** मेरी पत्नी और भेड़िया
C. मुड़-मुड़ कर देखता हूँ   **D.** उपरोक्त सभी

Q.32 अर्धकथा किसकी आत्मकथा है -
A. भगवती प्रसाद सिंह   **B.** नागोन्द्र
C. बच्चन सिंह   **D.** रामचंद्र शुक्ल

Q.33 महावीर प्रसाद द्विवेदी को किस वर्ष 'सरस्वती पत्रिका' के सम्पादक के रूप में नियुक्त किया गया?
A. वर्ष 1900   **B.** वर्ष 1903   **C.** वर्ष 1906   **D.** वर्ष 1909

Q.34 निम्नलिखित में से कौन-सी बोली उत्तर प्रदेश की नहीं है?
A. अवधि   **B.** मगही   **C.** ब्रजभाषा   **D.** छत्तीसगढ़ी

Q.35 कौन-सी बोली बिहारी की नहीं है:
A. भोजपुरी   **B.** मगही   **C.** जयपुरी   **D.** मैथिली

Q.36 बौद्ध धर्म से जुड़े ग्रंथो की भाषा कौनसी थी?
A. प्राकृत   **B.** पालि
C. अपभ्रंश   **D.** वैदिक संस्कृत

Q.37 बघेली बोली किस क्षेत्र में बोली जाती है?
A. सिलगुरी   **B.** रांची   **C.** जोधपुर   **D.** जबलपुर

Q.38 निम्नलिखित में से कौन -सी भाषा संविधान की आठवीं अनुसूची में है?
[UGC NET Hindi, 2019]

A. नेपाली   **B.** कांगड़ी   **C.** राजस्थानी   **D.** गोंडवी

Q.39 निम्नलिखित में से कौन -सी बोली पश्चिमी हिन्दी की नहीं है?
A. बुंदेली   **B.** ब्रजभाषा   **C.** क्रन्रौजी   **D.** मगही

Q.40 निम्नलिखित में से कौन -सी भाषा आर्यभाषाओ में शामिल नहीं है ?
A. संस्कृत   **B.** प्राकृत   **C.** तुर्की   **D.** अंग्रेजी

Q.41 भाषा का अल्पविकसित रूप ______ कहलाता है |
A. लिपि   **B.** साहित्य   **C.** मातृभाषा   **D.** बोली

Q.42 राजभाषा आयोग का गठन कौन करता है?
A. उप- राष्ट्रपति   **B.** प्रधानमंत्री
C. मुख्यमंत्री   **D.** राष्ट्रपति

Q.43 अखिल भुवन चर-अचर जग हरिमुख में लखि मातु।
चकित भयी, गदगद वचन, विकसित द्ग पुलकातु।
उपर्युक्त काव्य पंक्ति में कौनसा रस है?
A. वीभत्स रस   **B.** अद्भुत रस
C. भयानक रस   **D.** रौद्र रस

Q.44 निम्नलिखित पंक्ति किस रस का उदाहरण है?
सौमित्र से घननाद का रव अल्प भी न सहा गया। निज शत्रु को देखे विना, उनसे तनिक न रहा गया।
A. रौद्र रस   **B.** करुण रस
C. भयानक रस   **D.** वीर रस

Q.45 अद्भुत रस का स्थायी भाव है ?
A. विस्मय   **B.** क्रोध   **C.** रति   **D.** निर्वेद

Q.46 शांत रस का स्थायी भाव है ?
A. क्रोध   **B.** भय   **C.** हास   **D.** निर्वेद

Q.47 दिए गए श्रुतिसम भिन्नार्थक शब्द का उचित अर्थ ज्ञात कीजिए।
अधम - अधर्म
A. नीच-खराब   **B.** नीचे-ऊपर
C. बदमाश-बदमाशी   **D.** नीच-पाप

Q.48 'बालक ने पुस्तक पढ़ी होगी' वाक्य में कौन सा कारक चिह्न प्रयुक्त है?
A. कर्म कारक   **B.** अधिकरण कारक
C. करण कारक   **D.** कर्ता कारक

Q.49 "शोभा कमरे के अंदर है।' इस वाक्य में कौन -सा कारक है?
A. संबंध कारक   **B.** अपादान कारक
C. अधिकरण कारक   **D.** सम्बोधन कारक

Q.50 निम्नलिखित में से 'के लिए' किस कारक का चिह्न है?
A. संबंध कारक   **B.** अपादान कारक
C. संप्रदान कारक   **D.** अधिकरण कारक

Q.51 आगरा' का बहुवचन क्या होगा?
A. आगरे   **B.** आगरों
C. आगरें   **D.** बहुवचन नहीं होगा।

Q.52 निम्न में कौन सा शब्द पुल्लिंग है?
[UPSSSC Village Development Officer, 2018]

A. आशा   **B.** कष्ट   **C.** क्षमा   **D.** सेना

Q.53 सही लिंग शब्द का चयन करें।
राजा : रानी :: साला :
A. सरहज   **B.** धारा
C. जीजी   **D.** इनमें से कोई नहीं

Q.54 'वह मेरा आत्मज है' इस वाक्य का स्त्रीलिंग वाक्य क्या होगा?
A. वह मेरा आत्मजा है   **B.** वह मेरी आत्मज है
C. वह आत्मजा है   **D.** वह मेरी आत्मजा है

Q.55 निम्नलिखित प्रश्न में, चार विकल्पों में से, उस विकल्प का चयन करें जो सही संधि-विच्छेद वाला विकल्प है।
मतैक्य
A. मत + एक   **B.** मत + एक्य
C. मत + ऐक्य   **D.** म + तेक्य

Q.56 दिग्गज' का संधि विच्छेद निम्न में से कौन सा है?

A. दिग् + गज	**B.** दिक् + कज
C. दिक् + गज	**D.** दीक् + गज

A. द्वितीया तत्पुरुष	**B.** चतुर्थी तत्पुरुष
C. षष्ठी तत्पुरुष	**D.** सप्तमी तत्पुरुष

Q.57 'गायक' में कौन-सी सन्धि है।

A. दीर्घ   **B.** वृद्धि   **C.** व्यंजन   **D.** अयादि

Q.72 'मुनि' शब्दस्य षष्ठीबहुवचने रूपं भवति-

A. मुनिनाम्   **B.** मुनीनाम्   **C.** मुनीन्   **D.** मुनिषु

Q.58 निम्नलिखित में से 'गृहप्रवेश' में कौन-सा समास है?

A. तत्पुरुष समास   **B.** द्वंद्व समास
C. बहुब्रीहि समास   **D.** द्विगु समास

Q.73 'द्रक्ष्यतः' दृश धातु का कौन-सा रूप है?

A. प्रथम पुरुष बहुवचन   **B.** प्रथम पुरुष द्विवचन
C. मध्यम पुरुष एकवचन   **D.** मध्यम पुरुष द्विवचन

Q.59 राहखर्च' में किस समास का प्रयोग हुआ है?

A. तत्पुरुष   **B.** कर्मधारय   **C.** द्विगु   **D.** बहुब्रीहि

Q.74 कालिदास का खण्डकाव्य कौन सा है?

A. उत्तररामचरितम्   **B.** विक्रमोर्वशीयम्
C. मेघदूतम्   **D.** ऋतुसंहारम्

Q.60 'नीतिशास्त्र ' में कौन-सा समास होगा?

A. बहुब्रीहि समास   **B.** तत्पुरुष समास
C. द्वंद्व समास   **D.** कर्मधारय समास

Q.75 महावीरचरितम् इस नाटक के रचनाकार कौन है?

A. भवभूति   **B.** दण्डी   **C.** श्री हर्ष   **D.** भारवी

Q.61 'चन्द्रमोली' शब्द में निम्न में से कौन सा समास है ?

A. तत्पुरुष समास   **B.** बहुब्रीहि समास
C. द्विगु समास   **D.** अव्ययीभाव समास

Q.76 श्री हर्ष कौन -सा काव्य महाभारत के वनपर्व पर आधारित है?

A. दूतघटोत्कच   **B.** मध्यमव्यायोग
C. नेषधीयचरितम्   **D.** कर्णभार

Q.62 शुद्ध वाक्य की पहचान कीजिए-

A. सूरज पूरब में अस्त हो गया।
B. बेटा पराए घर का धन होता है।
C. कंस ने कृष्ण को मारा।
D. इनमें से कोई नहीं

Q.77 भास विरचित एकांड्डी है -

A. पञ्चरात्रम्   **B.** अभिषेकनाटकम्
C. दूतवाक्यम्   **D.** बालचरितम्

Q.63 दिए गए वाक्य का वह भाग ज्ञात करें जिसमें कोई त्रुटि है।
वृक्ष पूजन का हमारे जीवन का विशेष स्थान नहीं रहा।

A. हमारे जीवन का   **B.** नहीं रहा।
C. वृक्ष पूजन का   **D.** विशेष स्थान

Q.78 निमलिखित में से दिण्डी की रचना नहीं है -

A. अवन्तिसुन्दरी   **B.** हर्षचरितम्
C. काव्यादर्श   **D.** दशकुमारचरितम्

Q.64 निम्नलिखित विकल्पों में से वाक्य का शुद्ध रूप क्या है?

A. सीता को भारी प्यास लगी है।
B. सीता को बड़ी प्यास लगी है।
C. सीता को महंगी प्यास लगी है।
D. सीता को उत्तम प्यास लगी है।

Q.79 'अकथितं च' सूत्र के अनुसार कितने धातुओं की द्विकर्मक संज्ञा होती है?

A. पन्द्रह   **B.** ग्यारह   **C.** सोलह   **D.** छत्तीस

Q.65 आज का जीवन अनेक तनाव युक्त है।- वाक्य का शुद्ध रूप क्या होगा?

A. आज का जीवन अनेकों तनाव से युक्त है।
B. आज का जीवन अनेकों तनावों युक्त है।
C. आज का जीवन अनेक तनावों से युक्त है।
D. आज का जीवन अनेक तनाव में युक्त है।

Q.80 तुम सब पुस्तक पढो।' अस्य वाक्यस्य संस्कृतानुवादः अस्ति-

A. त्वं पुस्तकं पठ   **B.** यूयं पुस्तकं पठत
C. ते पुस्तकं पठन्तु   **D.** युष्मान् पुस्तकं पठत

Q.81 'रामलक्ष्मणौ अयोध्यां आगच्छतः' शब्द का हिन्दी अनुवाद कीजिए?

A. राम लक्ष्मण के साथ अयोध्या आते हैं।
B. राम और लक्ष्मण अयोध्या आते हैं।
C. राम अयोध्या आते हैं।
D. लक्ष्मण अयोध्या आते हैं।

Q.66 'अनुचित बात के लिये आग्रह' इस वाक्यांश के लिए एक शब्द होगा:

A. दुराग्रह   **B.** पदच्युत   **C.** दुराचारी   **D.** दंडसंहिता

Q.82 'दामोदर' किसका मूल नाम था?

A. भर्तृहरि   **B.** भवभूति   **C.** भारवि   **D.** भास

Q.67 'पंकज' शब्द निम्न में से किससे सम्बन्धित है?

A. रूढ़ शब्द   **B.** यौगिक शब्द
C. योगरूढ़ शब्द   **D.** इनमें से कोई नहीं

Q.83 'मुट्ठी गरम करना' से क्या आशय है?

A. हाथ मोड़ना   **B.** घूँसा मारना
C. घूस देना   **D.** आग में हाथ डालना

Q.68 कौन सा विकल्प देशज शब्द नहीं है?

A. डोंगा   **B.** पगड़ी   **C.** चिड़िया   **D.** इस्तीफ़ा

Q.84 'नौ दिन चले अढ़ाई कोस' कहावत का अर्थ निम्नलिखित में से कौन सा है?

A. एक तो करेला, दूसरे नीम चढ़ा।
B. गलती करने पर भी उसे स्वीकार न करना।
C. अधिक उधार से कम नकद अच्छा है।
D. धीमी गति से कार्य करना।

Q.69 निम्न में से ह्रस्व स्वर कौनसा है?

A. क   **B.** अ   **C.** ए   **D.** आ

Q.85 उतर गई लोई तो __________। सही विकल्प का चयन करके लोकोक्ति पूरी कीजिये।

A. क्यों भरगा कोई   **B.** क्या करेगा कोई
C. क्या रखेगा कोई   **D.** क्यों रखेगा कोई

Q.70 'इति + अपि' में सन्धि होती है-

A. इत्यपि   **B.** इतिपि   **C.** इल्पि   **D.** इतापि

Q.71 'कर्मकुशलः' में प्रयुक्त समास है-

Q.86 निर्देश: दिए गये प्रश्न में मुहावरों एवं लोकोक्तियों का सही विकल्प छाँटिए।

मूर्खतापूर्ण कार्य करना

A. अक्ल का अँधा
B. अक्ल के पीछे लट्ठ लिए फिरना
C. अक्ल पर पत्थर पड़ना
D. अक्ल का चरने जाना

Q.87 असुमेलित छाँटिए-

A. बुद्धिप्रकाश- तारामोहन मिश्र
B. बंगदूत- राजाराम मोहनराय
C. बनारस अखबार- राजा शिवप्रसाद
D. उदन्त मार्तण्ड- पं. जुगलकिशोर

Q.88 सत्यार्थ प्रकाश नामक ग्रन्थ है ?

A. राजाराम मोहनराय
B. स्वामी दयानन्द सरस्वती
C. स्वामी विवेकानन्द
D. राधाचरण गोस्वामी

Q.89 सरस्वती पत्रिका का प्रकाशन आरम्भ हुआ ?

A. 1826 ई.   B. 1900 ई.   C. 1947 ई.   D. 1903 ई.

Q.90 कौनसी पत्रिका भारत की हिन्दी चेतना का सबसे सशक्त मंच बन गयी थी ?

A. सरस्वती   B. सुधाकर
C. बंगदूत   D. उदन्त मार्तण्ड

Q.91 हिन्दी में आधुनिक कहानी का जन्म माना जाता है ?

A. 1900 ई.   B. 1901 ई.   C. 1903 ई.   D. 1905 ई.

Q.92 हिन्दी का पहला एकांकी के एकांकीकार होने का गौरव किसे प्राप्त है ?

A. डॉ. रामकुमार वर्मा   B. जयशंकर प्रसाद
C. भुवनेश्वर   D. भारतेन्दु हरिश्चन्द्र

Q.93 निबंध के प्रमुख गुण है ?

A. संक्षिप्तता   B. एकसूत्रता   C. पूर्णता   D. ये सभी

Q.94 हिन्दी में संस्मरण कला का जनक कहा जाता है ?

A. जयशंकर प्रसाद   B. यशपाल
C. पद्मसिंह शर्मा   D. रामवृक्ष बेनीपुरी

Q.95 1929 ई. में प्रकाशित पण्डित पद्मसिंह शर्मा द्वारा रचित संस्मरण है ?

A. शिकार   B. झलक   C. बापू   D. पद्म पराग

Q.96 पाश्चात्य प्रभाव से आयी हुई एक नयी साहित्य विधा है?

A. आत्मकथा   B. फीचर   C. साक्षात्कार   D. संस्मरण

Q.97 नीचे दिए गए प्रश्न में एक शब्द के चार विलोम शब्द दिए गए हैं। सही विलोम शब्द का चयन कीजिए।

आदि

A. अंतिम   B. अंत   C. इति   D. प्रथम

Q.98 'आह्वान' का विलोम बताइए?

A. विगत   B. विसर्जन   C. परेश   D. विग्रह

Q.99 'उत्कर्ष' शब्द का विलोम है-

A. अपकर्ष   B. विकास   C. उन्नति   D. प्रगति

Q.100 निम्नलिखित प्रत्येक शब्द के लिए उसके नीचे दिए गए विकल्पों में से सही विलोम शब्द चुनिए।

शुक्ल

A. कृष्ण   B. पूर्णिमा   C. माघ   D. ज्येष्ठ

Q.101 निम्नलिखित प्रत्येक शब्द के लिए उसके नीचे दिए गए विकल्पों में से सही विलोम शब्द चुनिए।

वक्र

A. ऋजु   B. अक्र   C. क्षम   D. कठोर

Q.102 दिए गए विकल्पों में से पर्यायवाची शब्द चुनिए।

मनीषी

A. प्राज्ञ   B. विभूति   C. चिड़िया   D. मत्स्य

Q.103 नीचे दिए गए विकल्पों में पर्यायवाची स्वरूप चार शब्द दिए गए हैं। इनमें से एक शब्द पर्याय नहीं है, उसका चयन कीजिए।

कामदेव

A. मरीचि   B. अनंग   C. मनोज   D. मन्मथ

Q.104 नीचे दिए गए चार विकल्पों में से उपयुक्त पर्यायवाची शब्द का चयन कीजिए।

इन्द्र

A. बाजीगर   B. राजराज   C. मधवा   D. विनायक

Q.105 'गणेश' का पर्यायवाची शब्द है-

A. सुधांशु   B. कुबेर   C. एकदन्त   D. सुधाकर

Q.106 निम्न में से 'सौदामिनी' का पर्यायवाची नहीं है-

A. बिजली   B. चंचला   C. क्षणप्रभा   D. शिलीमुख

Q.107 'रवितनया' शब्द का पर्यायवाची है:-

A. सूर्य   B. पुत्री   C. कालिंदी   D. शरीर

Q.108 जो सर्वत्र उपस्थित हो' वाक्यांश के लिए एक ही शब्द होगा-

A. सर्वकारी   B. सर्वप्रिय   C. सर्वप्रिय   D. सर्वव्यापी

Q.109 निम्नलिखित वाक्यांश के लिए एक शब्द क्या होगा?

"चारों ओर जल से घिरा हुआ भू-भाग"

A. चिद्विलास   B. टापू   C. थान   D. फानूस

Q.110 किस विकल्प में दिए गए 'वाक्यांश के लिए' गलत शब्द प्रयुक्त हुआ है?

A. माता-पिता का संतति के प्रति प्रेम - वात्सल्य
B. माता-पिता का संतति के प्रति प्रेम - वात्सल्य
C. अतिथियों की सेवा करने वाला - अभ्यागत
D. समय पर जिसकी बुद्धि ठीक कार्य करे -प्रत्युत्पन्नमति

Q.111 'जो ज्ञानेंद्रियों की पहुंच के बाहर हो,' वाक्यांश के लिए उपयुक्त शब्द होगा -

A. अतींद्रिय   B. जितेंद्रिय   C. इंद्रियगोचर   D. इंद्रियनिग्रह

Q.112 किस विकल्प में वाक्यांश के लिए प्रयुक्त एक शब्द गलत है:

A. जो अत्यधिक भूखा हो - बुभुक्षित
B. जो अपने युग का ज्ञान रखता हो - युगद्रष्टा
C. जो बहुत ऊँची आकांक्षा रखता हो - लालची
D. जो कम खर्च करता हो - मितव्ययी

Q.113 जिसमें जानने की इच्छा हो' वाक्यांश के लिए एक ही शब्द होगा-

A. समझदार   B. ज्ञानी   C. इच्छुक   D. जिज्ञासु

Q.114 'प्रागैतिहासिक' शब्द निम्न में से किस वाक्यांश के लिए प्रयुक्त हुआ है -

A. अति प्राचीन इतिहास
B. लिपिबद्ध इतिहास
C. ज्ञात इतिहास से पूर्व का समय
D. जिस इतिहास के प्रमाण हो

Q.115 व्याकरण की आवश्यकता रहती है –

A. भाषा का शुद्ध रूप बनाए रखने के लिए।
B. भाषा का मानक रूप निर्धारित करने के लिए
C. भाषा के अंगों का नियमबद्ध विवेचन के लिए
D. उपर्युक्त सभी।

Q.116 निम्नलिखित में से शुद्ध वर्तनी का चयन कीजिए :

A. कलस   B. आधीन   C. स्थान   D. अनवेषण

Q.117 निम्नलिखित में से शुद्ध वर्तनी का चयन कीजिए :

A. अन्तीम   B. कविता   C. जलांजली   D. चरीतार्थ

Q.118 नीचे दी गयीं वर्तनी में से शुद्ध वर्तनी कौन सी है?

A. नायिका   B. मानसक   C. माचस   D. क्षणक

Q.119 निम्नलिखित में से अशुद्ध वर्तनी का चयन कीजिए :

A. लालायित   B. बहिरंग   C. स्थायित्व   D. कुमुदनी

Q.120 निम्नलिखित में से शुद्ध वर्तनी का चयन कीजिए :

A. सूचिपत्र   B. तृकोण   C. एकान्त   D. भानू

Q.121 नीचे दी गयीं वर्तनी में से शुद्ध वर्तनी कोन सी है?

A. सरवर   B. चित्रकूट   C. चाहिए   D. कौशिल्या

Q.122 नीचे दी गयीं वर्तनी में से शुद्ध वर्तनी कौन सी है?

A. अयोध्या   B. छत्रिय   C. छोभ   D. पेड

Q.123 निम्न में से कौन से विकल्प में समश्रुत शब्द युग्म का उचित अर्थ नहीं है?

A. शोक - शौक : दुःख - रूचि
B. शर - सर : बाण - तालाब
C. समर - समीर : गरमी - सर्दी
D. अंत - अन्त्य : समाप्त - सबसे नीचे का

Q.124 'प्रमाण - प्रणाम' समश्रुत शब्द युग्म का सही अर्थ है।

A. सबूत - नमस्कार   B. मान - अमान्य
C. सरल - सरलतम   D. बहुत - दीप्ति

Q.125 'भवन - भुवन' समश्रुत भिख्नार्थक श्वि का उचित अर्थ है -

A. घर - लोक   B. गृह - लोकिक
C. इहलोक - परलोक   D. सुन्दर - असुंदर

// स्मार्ट उत्तर पुस्तिका //

सही उत्तर — उन छात्रों के प्रतिशत को इंगित करता है जिन्होंने प्रश्नों का सही उत्तर दिया था।

छोड़ दिया — उन छात्रों के प्रतिशत को इंगित करता है जिन्होंने प्रश्नों को छोड़ दिया था।

प्रश्न संख्या	उत्तर	सही उत्तर / छोड़ दिया	प्रश्न संख्या	उत्तर	सही उत्तर / छोड़ दिया	प्रश्न संख्या	उत्तर	सही उत्तर / छोड़ दिया	प्रश्न संख्या	उत्तर	सही उत्तर / छोड़ दिया	प्रश्न संख्या	उत्तर	सही उत्तर / छोड़ दिया
1	D	17.31 % / 1.92 %	17	C	38.46 % / 36.54 %	33	B	50.0 % / 36.54 %	49	A	32.69 % / 40.39 %	65	C	44.23 % / 40.39 %
2	B	53.85 % / 36.53 %	18	A	46.15 % / 40.39 %	34	D	34.62 % / 34.61 %	50	C	55.77 % / 40.38 %	66	A	53.85 % / 40.38 %
3	B	34.62 % / 40.38 %	19	B	57.69 % / 40.39 %	35	C	51.92 % / 40.39 %	51	D	55.77 % / 40.38 %	67	C	34.62 % / 40.38 %
4	B	42.31 % / 36.54 %	20	B	42.31 % / 34.61 %	36	B	48.08 % / 38.46 %	52	B	61.54 % / 36.54 %	68	D	51.92 % / 40.39 %
5	C	50.0 % / 40.38 %	21	A	50.0 % / 36.54 %	37	D	25.0 % / 36.54 %	53	A	51.92 % / 36.54 %	69	B	51.92 % / 40.39 %
6	B	28.85 % / 40.38 %	22	B	51.92 % / 36.54 %	38	A	34.62 % / 40.38 %	54	D	55.77 % / 40.38 %	70	C	40.38 % / 40.39 %
7	A	36.54 % / 38.46 %	23	B	28.85 % / 40.38 %	39	D	48.08 % / 40.38 %	55	C	40.38 % / 40.39 %	71	D	26.92 % / 40.39 %
8	D	28.85 % / 40.38 %	24	C	19.23 % / 34.62 %	40	C	21.15 % / 40.39 %	56	C	53.85 % / 38.46 %	72	B	34.62 % / 34.61 %
9	A	26.92 % / 40.39 %	25	C	26.92 % / 40.39 %	41	D	46.15 % / 40.39 %	57	D	50.0 % / 40.38 %	73	B	32.69 % / 36.54 %
10	B	21.15 % / 40.39 %	26	C	25.0 % / 40.38 %	42	D	42.31 % / 36.54 %	58	A	55.77 % / 40.38 %	74	C	28.85 % / 40.38 %
11	C	40.38 % / 40.39 %	27	C	32.69 % / 40.39 %	43	B	50.0 % / 40.38 %	59	A	48.08 % / 40.38 %	75	A	38.46 % / 40.39 %
12	C	44.23 % / 38.46 %	28	A	32.69 % / 36.54 %	44	D	23.08 % / 36.54 %	60	D	17.31 % / 38.46 %	76	C	46.15 % / 40.39 %
13	C	51.92 % / 40.39 %	29	B	34.62 % / 40.38 %	45	A	57.69 % / 40.39 %	61	B	46.15 % / 36.54 %	77	C	28.85 % / 38.46 %
14	B	59.62 % / 36.53 %	30	A	38.46 % / 36.54 %	46	D	59.62 % / 36.53 %	62	D	46.15 % / 40.39 %	78	B	26.92 % / 40.39 %
15	B	51.92 % / 40.39 %	31	B	21.15 % / 38.47 %	47	D	55.77 % / 40.38 %	63	A	50.0 % / 40.38 %	79	C	38.46 % / 40.39 %
16	A	46.15 % / 38.47 %	32	B	25.0 % / 38.46 %	48	D	51.92 % / 38.46 %	64	B	57.69 % / 38.46 %	80	B	51.92 % / 34.62 %

प्रश्न संख्या	उत्तर	सही उत्तर / छोड़ दिया
81	B	53.85 % / 36.53 %
82	C	32.69 % / 36.54 %
83	C	57.69 % / 40.39 %
84	D	55.77 % / 40.38 %
85	B	53.85 % / 38.46 %
86	B	15.38 % / 40.39 %
87	A	38.46 % / 40.39 %
88	B	51.92 % / 40.39 %
89	B	40.38 % / 40.39 %

प्रश्न संख्या	उत्तर	सही उत्तर / छोड़ दिया
90	A	46.15 % / 40.39 %
91	B	11.54 % / 40.38 %
92	B	26.92 % / 40.39 %
93	D	55.77 % / 40.38 %
94	C	28.85 % / 36.53 %
95	D	44.23 % / 40.39 %
96	B	38.46 % / 38.46 %
97	B	51.92 % / 38.46 %
98	B	55.77 % / 40.38 %

प्रश्न संख्या	उत्तर	सही उत्तर / छोड़ दिया
99	A	55.77 % / 40.38 %
100	A	59.62 % / 38.46 %
101	A	51.92 % / 36.54 %
102	A	30.77 % / 40.38 %
103	A	34.62 % / 40.38 %
104	C	32.69 % / 40.39 %
105	C	59.62 % / 38.46 %
106	D	34.62 % / 40.38 %
107	C	44.23 % / 40.39 %

प्रश्न संख्या	उत्तर	सही उत्तर / छोड़ दिया
108	D	61.54 % / 36.54 %
109	B	34.62 % / 40.38 %
110	C	40.38 % / 36.54 %
111	A	28.85 % / 40.38 %
112	C	25.0 % / 34.62 %
113	D	55.77 % / 40.38 %
114	D	11.54 % / 36.54 %
115	D	53.85 % / 40.38 %
116	C	59.62 % / 38.46 %

प्रश्न संख्या	उत्तर	सही उत्तर / छोड़ दिया
117	B	57.69 % / 40.39 %
118	A	63.46 % / 34.62 %
119	D	38.46 % / 40.39 %
120	C	57.69 % / 34.62 %
121	B	50.0 % / 36.54 %
122	A	59.62 % / 36.53 %
123	C	40.38 % / 40.39 %
124	A	61.54 % / 36.54 %
125	A	48.08 % / 40.38 %

कार्य विश्लेषण	
औसत अंक (%)	40.6%
टॉपर्स स्कोर (%)	92.8%
आपका स्कोर	

//संकेत और समाधान//

1. नाथ संप्रदाय में हठयोग का अर्थ इनमें से कोई नहीं है। नाथ सम्प्रदाय का संबंध योग और हठयोग पद्धतियों का अनुसरण करने वाले समुदाय से है। हठ योगियों के "सिद्ध सिद्धांत पद्धती" ग्रंथ के अनुसार 'ह' का अर्थ है सूर्य, 'ठ' का अर्थ है चंद्र इन दोनों के योग को ही हठयोग कहते हैं।

अतः विकल्प (D) सही है।

2. "विद्यापति" को "अभिनव जयदेव" की उपाधि दी गई है। कीर्तिलता, कीर्तिपताका से राजा शिवसिंह ने बहुत प्रसन्न होकर विद्यापति को "अभिनव जयदेव" की उपाधि और "विसपी" नामक ग्राम उपहार में दिया।

अतः विकल्प (B) सही है।

3. विद्यापति की "कीर्तिपताका" अप्रकाशित रही है। कीर्ति पताका सदेव अप्रकाशित रही है। यह अवहट्ट भाषा में है। विद्यापति भारतीय साहित्य की 'श्रृंगार-परम्परा' के साथ-साथ 'भक्ति-परम्परा' के प्रमुख स्तंभों मे से एक और मैथिली के सर्वोपरि कवि के रूप में जाने जाते हैं।

अतः विकल्प (B) सही है।

4. "वल्लभाचार्य", "शुद्धाद्वैतवाद" से संबंधित हैं। शुद्धाद्वैत वल्लभाचार्य (1479-1531 ई) द्वारा प्रतिपादित दर्शन है। शुद्धाद्वैत दर्शन, आचार्य शंकर के अद्वितवाद से भित्र है। शुद्धाद्रेत मत में माया सम्बन्धरहित नितान्त शुद्ध ब्रह्म को जगत् का कारण माना जाता है। शुद्धाद्रेत में "ब्रह्मसत्यं जगत्सत्यं अंशोजीवोहि नापर:" (ब्रह्म सत्य है, जगत सत्य है, जीव ब्रह्म का अंश है) ऐसा कहा गया है।

अतः विकल्प (B) सही है।

5. कबीर की मृत्यु के पश्चात उनकी गद्दी धर्मदास को मिली। कबीर की वाणी का संग्रह उनके शिष्य धर्मदास ने बीजक नाम से सन 1464 में किया। बीजक के तीन भाग हैं:-

साखी

सबद

रमैनी

कबीर जी के नाम पर हिंदी में लगभग 65 रचनाएं उपलब्ध हैं जिनमें से 46 प्रकाशित हो चुकी हैं। कबीर या भगत कबीर 15वीं सदी के भारतीय रहस्यवादी कवि और संत थे। वे हिन्दी साहित्य के भक्तिकालीन युग में ज्ञानाश्रयी-निर्गुण शाखा की काव्यधारा के प्रवर्तक थे। कबीरदास की भाषा को पंचमेल खिचड़ी, सधुक्कड़ी आदि नाम से अभिहित किया जाता है।

अतः विकल्प (C) सही है।

6. पद्मावत में सात चौपाई के बाद एक दोहा देने की परंपरा है। अतः उपर्युक्त विकल्पों में से विकल्प दो पद्मावत सही है तथा अन्य विकल्प असंगत है। चित्रावली में भी सात चोपाई के बाद एक दोहा देने की परंपरा है। मृगावती, सत्यवती कथा ,चंदायन, आलम कृत माधवानल में भी पांच चौपाई के बाद एक दोहा देने की परंपरा है। पद्मावत मलिक मोहम्मद जायसी की रचना है।। इनका प्रिय अलंकार उत्प्रेक्षा अलंकार है। पद्मावत का रचना वर्ष 1540 ईस्वी है। पद्मावत की रचना अवधी भाषा में की गई है। यह चौपाई दोहा छंद में है। चौपाई की प्रत्येक सात अर्धालियों के बाद दोहा आता है और इस प्रकार आए हुए दोहों की संख्या 653 है। पद्मावत में उपसंहार समेत 58 अध्याय हैं। पद्मावत का "नागमती वियोग खंड" हिंदी साहित्य की अनुपम निधि है।

अतः विकल्प (B) सही है।

7. "लै लै मंजनूं", "जान" की रचना है। जान कवि की भाषा राजस्थानी प्रभावित ब्रज भाषा है। जान कवि पहले हिंदी कवि हैं जिन्होंने फारसी के लेला मजनू आख्यान को लेकर ले ले मंजनूं काव्य की रचना की है। जान कवि ने 78 ग्रंथों की रचना की है जिनमें 29 प्रेमाख्यानक हैं।

अतः विकल्प (A) सही है।

8. "जंभनाथ जी", "विश्रोई संप्रदाय" के प्रवर्तक हैं। विश्रोई संप्रदाय का केंद्र बीकानेर में स्थित है। जाम्भोजी महाराज द्वारा बताये 29 नियमों का पालन करने वाला बिश्रोई है। जंभ नाथ के प्रमुख शिष्य निम्नलिखित हैं:-

हावली

पाजी

लोहा पागल

दत्त नाथ

मालदेव

अतः विकल्प (D) सही है।

9. नाभादास कृष्णभक्ति के कवि नहीं हैं। इनके बारे में प्रमुख बिंदु है-

नाभादास - भक्तिकाल की सगुण शाखा में रामभक्ति के कवि

तुलसीदास के समकालीन

इन्होंने भक्तमाल परम्परा का प्रवर्तन किया।

गुरु - अग्रदास

अतः विकल्प (A) सही है।

10. यह पंक्तियां नामदेव की हैं। भक्तिकाल के निर्गुण कवि (सगुण रचनाएं भी की हैं), हिंदी में भक्ति साहित्य की परंपरा का प्रवर्तन नामदेव ने किया।

अतः विकल्प (B) सही है।

11. "चित्रावली" की रचना "उस्मान" ने की है। चित्रावली में नेपाल के राजकुमार सुजान और रुपनगर की राजकुमारी चित्रावली की प्रेम कथा का वर्णन है। चित्रावली में अंग्रेजों के द्वीप का भी वर्णन किया गया है। चित्रावली 1022 हिजरी अर्थात् 1613 ईसवी में लिखी गई थी। कवि उस्मान ने इस रचना में मलिक मुहम्मद जायसी का पूरा अनुकरण किया है।

अतः विकल्प (C) सही है।

12. "अनुराग बांसुरी" ,"नूर मुहम्मद" की रचना है। अनुराग बांसुरी का रचना वर्ष1764 ईस्वी है। यह बरवै चौपाई छंद में है। चौपाइयों के बीच बीच में इन्होंने दोहे न लिखकर बरवे रखे हैं। इसकी भाषा है जो सूफी रचनाओं से बहुत अधिक संस्कृत गभित है। "इंद्रावती" भी नूर मुहम्मद की अन्य रचना है।

अतः विकल्प (C) सही है।

13. "पद्मावत" , "जायसी" की रचना है। मलिक मुहम्मद जायसी (1467-1542) हिन्दी साहित्य के भक्ति काल की निर्गुण प्रेमाश्रयी धारा के कवि थे। उनकी 21 रचनाओं के उल्लेख मिलते हैं।

अतः विकल्प (C) सही है।

14. "मृगावती", "कुतुबन" की रचना है। इनका जन्म 1515 ईस्वी में हुआ माना जाता है। कुतुबन शेख बुरहान के शिष्य थे। ये सूफी प्रेम काव्य परम्परा के कवि थे। कवि की भाषा अवधी तथा छंद, दोहा एवं चौपाई है।

अतः विकल्प (B) सही है।

15. कबीर दास जी के गुरु का नाम "रामानंद" है। कबीरदास की भाषा को पंचमेल खिचड़ी, सधुक्कड़ी आदि नाम से अभिहित किया जाता है। कबीर की वाणी का संग्रह उनके शिष्य धर्मदास में बीजक नाम से सन 1464 में किया है।

अतः विकल्प (B) सही है।

16. मन यहाँ उचित विकल्प है। राजा रत्नसेन मन का प्रतीक है। "पद्मावत" ,"जायसी" की रचना है। मलिक मुहम्मद जायसी (1467-1542) हिन्दी साहित्य के भक्ति काल की निर्गुण प्रेमाश्रयी धारा के कवि थे। उनकी 21 रचनाओं के उल्लेख मिलते हैं।

अतः विकल्प (A) सही है।

17. रामचरित मानस यहाँ उचित विकल्प है। रामचरित मानस, तुलसी के ग्रन्थ में समन्वय की चेष्ट की गई है। गोस्वामी तुलसीदास (1511 - 1623) हिंदी साहित्य के महान कवि थे। इन्हें आदि काव्य रामायण के रचयिता महर्षि वाल्मीकि का अवतार भी माना जाता है।

अतः विकल्प (C) सही है।

18. "मीराबाई" के गुरु का नाम "रैदास" है। गुरु मिल्या रैदास जी दीन्ही ज्ञान की गुटकी" उपयुक्त पंक्ति में मीरा ने रैदास जी को अपना गुरु बताया था। गुरू रविदास (रेदास) का जन्म काशी में संवत 1433 को हुआ था। रेदास के 40 पद "गुरु ग्रंथ साहब" में संकलित। जीवन भर समाज में फैली कुरीति जैसे जात-पात के अंत के लिए काम किया। रविदास जी के सेवक इनको " सतगुरु", "जगतगुरू" आदि नामों से सत्कार करते हैं। रेदास रामानंद के शिष्य हैं।

अतः विकल्प (A) सही है।

19. "बीजक" के रचनाकार "कबीरदास" है। कबीर की रचनाओं का संकलन उनके शिष्य धर्मदास ने किया है। कबीर की रचनाओं का संकलन "बीजक" कहलाता है। इस कृति को कबीर पंथ की पवित्र पुस्तक मानी जाती है।

अतः विकल्प (B) सही है।

20. भक्ति काल को "स्वणिम काल", "जॉर्ज ग्रियर्सन" ने कहा है।

समयावधि :- संवत् 1343ई से संवत् 1643ई तक

अतः विकल्प (D) सही है।

21. "ध्रुव चरित्र" के रचयिता नरोत्तमदास हैं। ध्रुव-चरित्र' आंशिक रूप से उपलब्ध है जिसके 28 छंद 'रसवती' पत्रिका में 1968 अंक में प्रकाशित हुए।

अतः विकल्प (A) सही है।

22. "बिहारी", "रीतिसिद्ध" कवि हैं। बिहारी ने अपनी बहुजाता अर्थात ज्योतिष, विज्ञान ,आयुर्वेद ,राजनीति ,लोक संबंधी आदि विषय के ज्ञान को बिहारी सतसई में प्रस्तुत किया है। बिहारी सतसई कवि बिहारी की रचना है। यह एक मुक्तक काव्य है। इसमें नीति, भक्ति और श्रृंगार से संबंधित दोहों का संकलन है। बिहारी सतसई पर हिंदी में 50 से अधिक टीका प्राप्त है। बिहारी सतसई में 713 दोहे हैं।

अतः विकल्प (B) सही है।

23. उपर्युक्त पंक्तियाँ मैथिलीशरण गुप्त द्वारा रचित "भारत भारती" से अवतरित है। इस काव्यकृति में स्वदेश -प्रेम को दर्शाते हुए वर्तमान और भावी दुर्दशा से उबरने के लिए समाधान खोजने का सफल प्रयोग किया है। व्दक्कालिमा का तात्पर्य अति विस्तृत अंधकार(आँखों की कालिमा) है।

अतः विकल्प (B) सही है।

24. यह कथन 'अज्ञेय ' द्वारा लिखा गया है तथा यह भारत भारती के सन्दर्भ में एक महत्वपूर्ण कथन है। वह मैथिलीशरण गुप्त द्वारा रचित इस काव्य के बारे में कहते हैं " भारतीयता की खोज का जैसा प्रयास भारत भारती में दिखाई देता है, वैसा किसी अन्य रचना में नहीं।

अतः विकल्प (B) सही है।

25. उपयुक्त पंक्तियां "धूमिल" की है। उपर्युक्त पंक्तियां धूमिल की कविता "नक्सलबाड़ी" की है। यह "संसद से सड़क तक" में संकलित है। इसका रचना वर्ष 1972 ईस्वी है।

अतः विकल्प (C) सही है।

26. रश्मिरथी में परशुराम आश्रम का वर्णन है। रामधारी सिंह दिनकर द्वारा रचित प्रसिद्ध खण्डकाव्य है। यह 1952 में प्रकाशित हुआ था।

अतः विकल्प (C) सही है।

27. राम की शक्ति पूजा की रचना सन् 1936 ईस्वी में हुई है। राम की शक्तिपूजा, सूर्यकान्त त्रिपाठी 'निराला' द्वारा रचित काव्य है। निराला जी ने इसका सृजन 23 अक्टूबर 1936 को सम्पूर्ण किया था।

अतः विकल्प (C) सही है।

28. "धर्मवीर भारती स्वातंत्र्य के विरोधी कवि हैं" यह कथन यहाँ गलत है। धर्मवीर भारती पर आधारित प्रमुख बिंदु है-

आधुनिक लेखक और विचारक

गुनाहों का देवता उपन्यास में किशोर भावुकता का परिचय

कहानियों और कविताओं में मिथकीय संदर्भ

अतः विकल्प (A) सही है।

29. "पहला गिरमिटिया", "गिरिराज जी किशोर" का उपन्यास है। पहला गिरमिटिया, गिरिराज किशोर द्वारा रचित एक हिन्दी उपन्यास है जो महात्मा गांधी पर आधारित है। इसका रचना वर्ष 1999 ईस्वी है। इसके नायक "मोहनदास" हैं अर्थत गांधीजी का आरम्भिक रूप।

अतः विकल्प (B) सही है।

30. "शगुन अपशगुन" पर वर्णित आत्मकथा मुर्दहिया है। मुर्दहिया दलित साहित्यकार डॉ. तुलसीराम की आत्मकथा है।

अतः विकल्प (A) सही है।

31. "मेरी पत्नी और भेड़िया", "दलित आत्मकथा" है। मेरी पत्नी और गेड़िया "धर्मवीर" की रचना है।

अतः विकल्प (B) सही है।

32. "अर्द्ध कथा" ,"नगेंद्र" जी की रचना है। अतः उपर्युक्त विकल्पों में से विकल्प (B) नगेंद्र सही है तथा अन्य विकल्प असंगत हैं।

अतः विकल्प (B) सही है।

33. महावीर प्रसाद द्विवेदी को वर्ष 1903 में 'सरस्वती पत्रिका' के सम्पादक के रूप में नियुक्त किया गया।अन्य विकल्प असंगत है।सरस्वती हिन्दी साहित्य की प्रसिद्ध रूपगुणसम्पत्र प्रतिनिधि पत्रिका थी। इस पत्रिका का प्रकाशन इलाहाबाद से सन 1900 ई० के जनवरी मास में प्रारम्भ हुआ था। 32 पृष्ठ की क्राउन आकार की इस पत्रिका का मूल्य 4 आना मात्र था। 1903 ई० में महावीर प्रसाद द्विवेदी इसके संपादक हुए ओर 1920 ई० तक रहे।

अतः विकल्प (B) सही है।

34. दिए गए विकल्पों में से छत्तीसगढ़ी उत्तर प्रदेश की बोली नहीं है। उत्तर प्रदेश में बोली जाने वाली बोलियाँ - भोजपुरी, मैथिलि, अवधि, मगही, ब्रजभाषा आदि छत्तीसगढ़ी:- पूर्वी हिन्दी की बोली है। जो मागधी अपभ्रंश से है।

अतः विकल्प (D) सही है।

35. दिए गए विकल्पों में से जयपुरी बिहार की बोली नहीं है। बिहारी पूर्वी हिन्द-आर्य भाषाओं का पश्चिमी समूह है जो मुख्यतः भारत में बिहार एवं इसके अन्य पड़ोसी राज्यों में बोली जाती है। कुछ बिहारी भाषायें जैसे: अंगिका, बज्जिका, भोजपुरी, मगही और मैथिली भारत के साथ साथ नेपाल में भी बोली जाती हैं। बिहारी को 'पूर्वी बिहारी' और 'पश्चिमी बिहार' दो भागों में बाँटा जा सकता है। पूर्वी बिहारी के अन्तर्गत मैथिली और मगही दो बोलियाँ हैं, तथा पश्चिमी बिहारी में केवल एक भोजपुरी।

अतः विकल्प (C) सही है।

36. "बौद्ध धर्म" से जुड़े ग्रंथो की भाषा पालि भाषा है। बौद्ध धर्म से जुड़े सभी ग्रंथ पालि भाषा में लिखे गए हैं। बौद्ध धर्म का प्रमुख ग्रंथ त्रिपिटक है।

अतः विकल्प (B) सही है।

37. बघेली बोली जबलपुर में बोली जाती है। बघेली या बाघेली बोली, हिन्दी की एक बोली है जो भारत के बघेलखण्ड क्षेत्र में बोली जाती है। बघेले राजपूतों के आधार पर रीवा तथा आसपास का क्षेत्र बघेलखंड कहलाता है और वहाँ की बोली को बघेलखंडी या बघेली कहलाती हैं। इसके अन्य नाम मन्नाडी, रिवाई, गंगाई, मंडल, केवोत, केवाती बोली, केवानी और नागपुरी हैं।

अतः विकल्प (D) सही है।

38. नेपाली भाषा संविधान सूची में शामिल है। संविधान की आठवीं अनुसूची में 22 भाषाओं को मान्यता दी गई है।

अतः विकल्प (A) सही है।

39. मगही पश्चिमी हिंदी की बोली नहीं है। बिहारी हिंदी की बोलियाँ है- मगही, मैथिली, भोजपुरी।

अतः विकल्प (D) सही है।

40. तुर्की भाषा एक अलग भाषा परिवार से सम्बन्ध रखती है तथा भारोपीय परिवार का हिस्सा नहीं है इसलिए सही उत्तर तुर्की ही होगा। आपस में सम्बंधित भाषाओं को भाषा-परिवार कहते हैं। कौन भाषाएँ किस परिवार में आती हैं, इनके लिये वैज्ञानिक आधार हैं।

अतः विकल्प (C) सही है।

41. भाषा का अल्पविकसित रूप बोली कहलाता है।

किसी भी भाषा लेखन की शैली अथवा ढंग को लिपि कहते हैं। जैसे - देवनागरी लिपि, ब्राह्मी लिपि।

किसी भाषा के वाचिक और लिखित (शास्त्रसमूह) को साहित्य कहते हैं। जैसे हिंदी साहित्य।

जन्म लेने के बाद मानव जो प्रथम भाषा सीखता है उसे उसकी मातृभाषा कहते हैं।

अतः विकल्प (D) सही है।

42. राजभाषा आयोग का गठन राष्ट्रपति करता है। राष्ट्रपति को अधिकार है कि वह एक राजभाषा आयोग एवं समित का गठन कर सकते हैं। राजभाषा आयोग का गठन संविधान लागू होने के बाद एवं प्रत्येक 10 वर्ष के अंतराल पर किया जाएगा। राष्ट्रपति एक भाषा समिति की स्थापना करेंगे जिसमें 20 सदस्य लोकसभा से एवं 10 सदस्य राज्यसभा से लिए जाएंगे।

अतः विकल्प (D) सही है।

43. उपर्युक्त काव्य पंक्तियों में 'अद्भुत रस' है। जिसका स्थायी भाव विस्मय है। मुख में अखिल भुवनों और चराचर प्राणियों का दिखना, विस्मय प्रकट कर रहा है। जब किसी व्यक्ति के मन में अद्भुत या आश्चर्यजनक वस्तुओं को देखकर विस्मय, आश्चर्य आदि के भाव उत्पन्न होते हैं तो वहाँ अद्भुत रस होता है।

अतः विकल्प (B) सही है।

44. उत्साह नामक स्थाई भाव जब विभावादी के संयोग से परिपक होकर रस रूप में परिणत हो तो वीर रस होता है। जैसे - वीर तुम बढ़े चलो, धीर तुम बढ़े चलो। सामने पहाड़ हो सिंह की दहाड़ हो। तुम कभी रूको नहीं, तुम कभी झुको नहीं।

अतः विकल्प (D) सही है।

45. दिए गए विकल्पों में सही उत्तर विकल्प (A) 'विस्मय' है। स्थायी भाव- साहित्य में वे मूल तत्व जो मूलतः मनुष्यों के मन में प्रायः सदा निहित रहते और कुछ विशिष्ट अवसरों पर अथवा कुछ विशिष्ट कारणों से स्पष्ट रूप से प्रकट होते हैं। जैसे-प्रेम, हर्ष या उससे उत्पन्न होनेवाला हास्य, खेद, दुःख, शोक, भय, वेराग्य आदि।

अद्भुत रस - आश्चर्यजनक वर्णन के द्वारा उत्पन्न विभावों की अवस्था।

अतः विकल्प (C) सही है।

46. दिए गए विकल्पों में सही उत्तर विकल्प 'निर्वेद' है। अन्य विकल्प इसके अनुचित उत्तर हैं। स्थायी भाव- साहित्य में वे मूल तत्व जो मूलतः मनुष्यों के मन में प्रायः सदा निहित रहते और कुछ विशिष्ट अवसरों पर अथवा कुछ विशिष्ट कारणों से स्पष्ट रूप से प्रकट होते हैं। जैसे-प्रेम, हर्ष या उससे उत्पन्न होनेवाला हास्य, खेद, दुःख, शोक, भय, वेराग्य आदि। शांत रस - अनित्य ओर असार तथा परमात्मा के वास्तविक ज्ञान से विषयों के वेराग्य से उत्पन्न रस परिपक होकर शांति में परिणत हो। जैसे - मन रे तन कागद का पुतला। लागे बूंद बिनसि जाय छिन में, गरब करें क्या इतना।

अतः विकल्प (D) सही है।

47. अधम-नीच/बदमाश

अधर्म-पाप/धर्म के विरुद्ध

इसका सही उत्तर विकल्प 'नीच-पाप' है।

कुछ शब्द ऐसे होते हैं जिनमें स्वर, मात्रा अथवा व्यंजन में थोड़ा-सा अन्तर होता है। वे बोलचाल में लगभग एक जैसे लगते हैं, परन्तु उनके अर्थ में भिन्नता होती है। ऐसे शब्द श्रुतिसम भिन्नार्थक शब्द कहलाते हैं।

अतः विकल्प (D) सही है।

48. दिए गये वाक्य 'बालक ने पुस्तक पढ़ी होगी' में 'कर्ता कारक' है। कर्ता कारक अर्थत वाक्य में जो शब्द काम करने वाले के अर्थ में आता हो, इसकी विभक्ति 'ने' है। जैसे - मनोज ने पत्र लिखा, मोहन खाता है।

अतः विकल्प (D) सही है।

49. दिए गए विकल्पों में सही उत्तर विकल्प 'संबंध कारक' है। अन्य विकल्प इसके त्रुटिपूर्ण उत्तर हैं। 'शोभा कमरे के अंदर है।' यह वाक्य संबंध कारक का है। जैसा की हमें कारक के नाम से ही पता चल रहा है कि यह किन्हीं वस्तुओं में संबंध बताता है। संज्ञा या सर्वनाम का वह रेप जो हमें किन्हीं दो वस्तुओं के बीच संबंध का बोध कराता है, वह संबंध कारक कहलाता है।

अतः विकल्प (A) सही है।

50. दिए गए विकल्पों में सही उत्तर विकल्प 'संप्रदान कारक' है। अन्य विकल्प इसके अनुचित उत्तर होंगे।

दिए गए विकल्पों में 'के लिए' 'संप्रदान कारक' का चिह्न है। सम्प्रदान कारक का अर्थ होता है - देना। जिसके लिए कर्ता काम करता है, उसे सम्प्रदान कारक कहते हैं। सम्प्रदान कारक के विभक्ति चिह्न 'के लिए' और 'को' होता है। जैसे- माँ बेटे के लिए खाना लायी।

अतः विकल्प (C) सही है।

51. आगरा' का बहुवचन नहीं होगा क्योंकि 'आगरा' एक व्यक्तिवाचक संज्ञा है, व्यक्तिवाचक संज्ञा का कोई बहुवचन नहीं होता है। शेष विकल्प त्रुटिपूर्ण हैं।

अतः विकल्प (D) सही है।

52. उपर्युक्त में से 'कष' शब्द पुल्लिंग है। 'कष' शब्द का प्रयोग पुल्लिंग में किया जाता है, जैसे - मुझे बहुत कष हुआ। इस प्रकार सही विकल्प 'कष' है। अन्य विकल्प 'आशा, क्षमा, सेना' स्त्रीलिंग शब्द हैं।

आशा' शब्द का प्रयोग स्त्रीलिंग में किया जाता है। जैसे - मुझे तुमसे ऐसी आशा नहीं थी।

'क्षमा' शब्द का प्रयोग स्त्रीलिंग में किया जाता है। जैसे - उसने क्षमा माँग ली है।

'सेना' शब्द का प्रयोग स्त्रीलिंग में किया जाता है। जैसे - भारतीय सेना को क्षति पहुँची।

अतः विकल्प (B) सही है।

53. यहाँ लिंग परिवर्तन की बात की जा रही है। 'राजा' का स्त्रीलिंग रूप 'रानी' होगा। इस आधार पर 'साला' का स्त्रीलिंग रूप 'सरहज' होगा। अतः सही विकल्प सरहज है।

अतः विकल्प (A) सही है।

54. आत्मज' का स्त्रीलिंग शब्द है 'आत्मजा'। वाक्य में 'मेरा' दिया गया है इसीलिए इसका भी लिंग परिवर्तन हो जाएगा। इस आधार पर दिए गये विकल्पों में जिसमें 'मेरी' और 'आत्मजा' का प्रयोग है वह वाक्य सही है।

अतः विकल्प (D) सही है।

55. दिए गए विकल्पों में सही उत्तर विकल्प 'मत + ऐक्य' है। इसके अनयविकल्प असंगत उत्तर होंगे। 'मतैक्य' शब्द का उचित संधि विच्छेद 'मत + ऐक्य' है। इसलिए विकल्प (C) इसका सही उत्तर है अन्य विकल्प गलत होंगे। 'मत + ऐक्य' (अ+ऐ=ऐ) वृद्धि संधि का उदाहरण है।

अतः विकल्प (C) सही है।

56. दिग्गज' का संधि विच्छेद दिक् + गज होता है यहाँ व्यंजन संधि है। यदि प्रथम वर्ण + घोष वर्ण (पंचम वर्ण को छोड़कर) आये तो प्रथम वर्ण अपने वर्ग के तृतीय वर्ण में रूपांतरित हो जाएगा। जैसे - वाक् + दान = वाग्दान, उत् + अय = उदय। व्यंजन संधि के नियम के अनुसार किसी भी वर्ग का पहला वर्ण (क, च, त आदि + घोष वर्ण (तीसरा या चौथा वर्ण, स्वर तथा अन्तस्थ (य, र, ल, व)) आये तो पहला वर्ण अपने वर्ग के तीसरे वर्ण में रूपांतरित हो जाता है।

अतः विकल्प (C) सही है।

57. अयादि सन्धि यहाँ सही विकल्प है, अन्य विकल्प असंगत है।

गायक = गै + अक क्योंकि यदि ए/ऐ, ओ/औ के बाद कोई भी स्वर हो तो ए का अय, ऐ का आय ओ का अव, औ का आव बन जाता है। अयादि संधि कहलाती है।

अतः विकल्प (D) सही है।

58. 'गृहप्रवेश' अर्थात गृह में प्रवेश। इस शब्द में 'में विभक्ति चिन्ह का लोप होने के कारण यहा तत्पुरुष समास होगा। जिस समास में प्रथम पद गौण और उत्तर पद की प्रधानता होती है और समास करते वक्त बीच की विभक्ति का लोप हो जाता है वो तत्पुरुष समास कहलाते हैं।

अतः विकल्प (A) सही है।

59. 'राहखर्च' शब्द का विग्रह है 'राह के लिए खर्च'। यहाँ उत्तरपद प्रधान है तथा समास के उपरांत विभक्ति का लोप होता है अर्थात यहाँ तत्पुरुष समास है।

अतः विकल्प (A) सही है।

60. दिए गए विकल्पों में सही उत्तर विकल्प 'कर्मधारय समास' है। अन्य विकल्प इसके अनुचित उत्तर हैं।

'नीतिशास्त' अर्थात 'नीति का ज्ञान करने वाला शस्त'। यह 'कर्मधारय समास' का उदाहरण है।

पहला पद विशेषण और दूसरा पद विशेष्य होता है अथवा इसके पूर्वपद ओर उत्तर पद में उपमान और उपमेय का संबंध होता है वहां कर्मधारय समास होता है।

अतः विकल्प (D) सही है।

61. उपरोक्त विकल्पों में सही उत्तर 'बहुब्रीहि समास' है अन्य विकल्प असंगत है। जिस समास में दोनों पद प्रधान नहीं होते हैं और दोनों पद मिलकर किसी अन्य विशेष अर्थ की ओर संकेत कर रहे होते हैं बहुब्रीहि समास है। जैसे - जो महान वीर है = महावीर अर्थात हनुमान, तीन आँखों वाला = त्रिलोचन अर्थित शिव।

अतः विकल्प (B) सही है।

62. यहाँ सभी वाक्य वर्तनी की दृष्टि और उच्चारण की दृष्टि से शुद्ध है, परन्तु एक भी विकल्प शुद्ध वाक्य का नहीं है। अतः प्रश्नानुसार सही विकल्प इनमें से कोई नहीं होगा। महत्वपूर्ण बिंदु - उक्त सभी वाक्य शुद्ध होने के बावजूद त्रुटी सहित है, क्योंकि उक्त सभी वाक्यों में सार्वभौमिक सत्यता की अशुद्धता है। सार्वभौमिक सत्यता की अशुद्धता- जो वाक्य सम्पूर्ण विश्व अथवा दुनिया में सत्य घटना पर आधारित हो तथा जिनके मायने सबके लिए बराबर हो, वह सार्वभौमिक शुद्धता कहलाती है।

अतः विकल्प (D) सही है।

63. दिए गए वाक्य के भाग हमारे जीवन का में त्रुटि। यहाँ कारक सम्बन्धित त्रुटि है। इसलिए सही उत्तर हमारे जीवन का होगा। शुद्ध वाक्य है- वृक्ष पूजन का हमारे जीवन में विशेष स्थान नहीं रहा।

अतः विकल्प (D) सही है।

64. दिये गए विकल्पों में से 'सीता को बड़ी प्यास लगी है।' वाक्य शुद्ध है। अतः इसका सही उत्तर विकल्प 'सीता को बड़ी प्यास लगी है।' सही उत्तर है। अन्य विकल्प सही उत्तर नहीं हैं।

अतः विकल्प (B) सही है।

65. दिए गए विकल्पों में सही उत्तर विकल्प आज का जीवन अनेक तनावों से युक्त है।' होगा। अन्य विकल्प इसके अनुचित उत्तर हैं। उपरोक्त सभी विकल्पों में शुद्ध वाक्य 'आज का जीवन अनेक तनावों से युक्त है।' होगा। अन्य विकल्पों में व्याकरणिक अशुद्धि हैं।

अतः विकल्प (C) सही है।

66. दिए गए विकल्पों में 'दुराग्रह' उपरोक्त वाक्यांश के लिए उचित शब्द है। अतः विकल्प 'दुराग्रह' इसका सही उत्तर है। अन्य विकल्प अनुचित हैं।

अतः विकल्प (A) सही है।

67. पंकज शब्द योगरूढ़ शब्द है, पंकज (पंक + ज) अर्थित कीचड़ में उत्पत्र। इसलिए विकल्प "योगरूढ़ शब्द" सही है। वर्णों के योग से शब्दों की रचना होती है। रचना या बनावट के आधार पर शब्दों को निम्नलिखित तीन वर्गों में बाँटा गया है :

(i) रूढ़ (ii) यौगिक और (iii)योगरूढ़

अतः विकल्प (C) सही है।

68. दिए गए विकल्पों में 'इस्तीफा' विदेशज शब्द है। अन्य विकल्प 'डोंगा, पगड़ी और चिड़िया देशज शब्द के हैं। इसलिए सही विकल्प 'इस्तीफा' है।

अतः विकल्प (D) सही है।

69. अ एक स्वर है, जोकी ह्रस्व स्वर की श्रेणी में आने वाला स्वर है। हस्व स्वर- जिन स्वरों की मात्रा 1 अथवा ह्रस्व अथवा लघु होता है, ह्रस्व स्वर कहलाते है।

यह मात्र तीन होते हैं- अ, इ, उ

अतः विकल्प (B) सही है।

70. 'इति + अपि में प्रथम पद के अन्त में 'इ' और दुसरे पद के शुरवात मे 'अ' होनेसे यहाँ यण् सन्धि होगी।

सूत्र- इको यणचि। स्पष्टिकरण- 'इक्' अर्थात 'इ/ई', 'उ/ऊ', 'ऋ/ऋ' और 'लृ' के आगे अगर कोई भी स्वर(विजातीय) आता है तब वहा यण अर्थित् य्, व्, र्, ल् होते हैं।

अतः विकल्प (C) सही है।

71. 'कर्मकुशलः' पद का समासविग्रह होता है- 'कर्मणि कुशलः' जिससे स्पष्ट होता है कि कुशल के उत्तरपद में होने के कारण यहाँ सप्तमी तत्पुरुष समास है।

अतः विकल्प (D) सही है।

72. इकारान्त पुंल्लिक् शब्द 'मुनि' का विविध विभक्तियों और वचनों में निम्नलिखित प्रकार से रूप चलता है-

इकारान्त पुंल्लिड़' 'मुनि' शब्द

विभक्ति	एकवचन	द्विवचन	बहुवचन
प्रथमा	मुनिः	मुनी	मुनयः
द्वितीया	मुनिम्	मुनी	मुनीन्
तृतीया	मुनिना	मुनिभ्याम्	मुनिभिः
चतुर्थी	मुनये	मुनिभ्याम्	मुनिभ्यः
पञ्चमी	मुनेः	मुनिभ्याम्	मुनिभ्यः
षष्ठी	मुनेः	मुन्योः	मुनीनाम्
सप्तमी	मुनौ	मुन्योः	मुनिषु
संबोधन	हे मुने!	हे मुनी!	हे मुनयः!

अतः विकल्प (B) सही है।

73. 'दृश' धातु से 'लृट् लकार प्रथम पुरुष द्विवचन' में 'द्रक्ष्यतः' रूप प्राप्त होता है। इसका विविध पुरुषों और वचनों में रूप निम्नलिखित प्रकार से चलता है-

दृश् धातु लृट् लकार

पुरुष	एकवचन	द्विवचन	बहुवचन
प्रथमपुरुष	द्रक्ष्यति	द्रक्ष्यतः	द्रक्ष्यन्ति
मध्यमपुरुष	द्रक्ष्यसि	द्रक्ष्यथः	द्रक्ष्यथ
उत्तमपुरुष	द्रक्ष्यामि	द्रक्ष्यावः	द्रक्ष्यामः

अतः विकल्प (B) सही है।

74. कालिदास संस्कृत भाषा के महान कवि और नाटककार थे। उन्होंने भारत की पौराणिक कथाओं को आधार बनाकर रचनाएं की, जिसमें भारतीय जीवन और दर्शन के विविध रूप और मूल तत्त्व निरूपित हैं। कालिदास अपनी इन्हीं विशेषताओं के कारण राष्ट्र की समग्र राष्ट्रीय चेतना को स्वर देने वाले कवि माने

जाते हैं संसृत साहित्य में ही नहीं अपितु समग्र साहित्यिक संसार में उन्हें कविकुलश्रेष्ठ तथा कविशिरोमणि माना जाता है।

प्रस्तुत विकल्पों में से 'मेघदूतम्' यह कालिदास का खण्डकाव्य है।

अतः विकल्प (C) सही है।

75. भवभूति ने अपने जीवन में 'महावीरचरितम्, मालतीमाधवम्, उत्तररामचरितम्' इन तीन नाटकों की रचना की है।

अतः विकल्प (A) सही है।

76. 'श्री हर्ष' के महाभारत के वनपर्व पर आधारित काव्य 'नैषधीयचरित" है। अन्य विकल्प असंगत है। श्रीहर्ष 12वीं सदी के संस्कृत के प्रसिद्ध कवि तथा दार्शिक थे। उनमें उच्चकोटि की काव्यात्मक प्रतिभा थी तथा वे अलंकृत शेली के सर्वश्रेष्ठ कवि थे। वे शृंगार के कला पक्ष के कवि थे। महान कवि होने के साथ-साथ वे बड़े दार्शनिक भी थे।

अतः विकल्प (C) सही है।

77. महाकवि भास संस्कृत साहित्य के मूर्धन्य कवि हैं, जिन्होंने 13 रूपकों की रचना की है। जिनमें से कुछ नाटक है तो कुछ एकांग्की।

अतः विकल्प (C) सही है।

78. हर्षचरितम् दण्डी की रचना नहीं है अन्य तीनों ही रचनायें उन्हीं की है -

दण्डी की रचनायें दशकुमारचरितम् - दशकुमार चरित गद्यकाव्य है। इसमें दस कुमारों ने अपनी-अपनी यात्राओं के विचित्र अनुभवों तथा पराक्रमों का मनोरंजक वर्णन किया है। विनोद और व्यंग्य के माध्यम से इसमें तत्कालीन समाज का भी चित्रण किया गया है। दशकुमार रचना को दंडी की प्रारम्भिक रचना माना जाता है। लेकिन इसी के बल पर दंडी को संस्कृत का पहला गद्यकार भी कहा जाता है। अवन्तिसुन्दरी - अवंतिसुंदरी कथा संस्कृतसाहित्य के गद्यकाव्य के अंतर्गत एक महत्वपूर्ण कथाप्रबंध है। विद्वानों ने इसे आचार्य दण्डी की कृति माना है और इनकी तीसरी रचना के रूप में इसी प्रबंध को मान्यता दी है। दंडी के काव्यादर्श की टीका में जंघाल ने इसे दंडी की रचना कहा है। काव्यादर्श - अलंकारशास्ताचार्य दंडी (छठी - ७वीं शती ई.) द्वारा रचित संस्कृत काव्यशास्त संबंधी प्रसिद्ध ग्रंथ है।

अतः विकल्प (B) सही है।

79. अकथितं च' सूत्र के अनुसार आपादान आदि कारकों के होने पर भी कर्ता द्वारा उसका प्रयोग न किया जाये तो उसे अकथित कहा जाता है। दुह्, याच् आदि सोलह धातुओं और उनके समानार्थी धातुओं के योग में अपादान आदि के अकथित होने पर उनकी कर्मसंज्ञा होती है और इन 16 धातुओं को द्विकर्मक धातु कहा जाता है 'दुह्याच्पच्दण्डरुधिप्रच्छिचिब्रूशासुजिमथ् मुषाम्। कर्मयुक् स्यादकथितं तथा स्यान्रीहृकृष्वहाम्।। इसलिए स्पष्ट है कि 'अकथितं च' सूत्र के अनुसार 16 धातुओं की द्विकर्मक संज्ञा होती है।

अतः विकल्प (C) सही है।

80. 'तुम सब पुस्तक पढो।' इस वाक्य की से ज्ञात होता है, वाक्य कर्तुवाच्य है, इसका विश्लेषण यह आगे-

कर्ता 'तुम सब' है जिसका संस्कृत अनुवाद 'यूयम्' होता है। कर्म पुस्तक का 'पुस्तकम्' इस द्वितीया रूप में अनुवाद होगा। क्रियापद 'पढो' इस क्रियापद 'आदेश' रूप में है, इसलिये कर्ता के अनुसार लोट्लकार का 'पठत' रूप उचित होगा।

अतः विकल्प (B) सही है।

81. 'रामलक्ष्मणौ अयोध्यां आगच्छतः" इस वाक्य में 'आगच्छतः' इस क्रियापद से ज्ञात होता है, वाक्य 'लट्लकार' अर्थात् सामान्य वर्तमानकाल में है।

'रामलक्ष्मणौ' कर्ता तथा 'अयोध्यां' कर्म है। 'गच्छति क्रियापद धातु 'आ + गम्' है जिसका अर्थ आना होता है। वर्तमानकाल में क्रिया का सामान्य रूप से होने का पता चले तब सामान्य वर्तमान काल कहलाता है। जब कोई क्रिया पूर्ण या अपूर्ण होने का कोई संदेह हो वहाँ सामान्य वर्तमानकाल होता है। 'रामलक्ष्मणौ

अयोध्यां आगच्छतः' शब्द का हिन्दी अनुवाद होगा - 'राम और लक्ष्मण अयोध्या आते हैं।'

अतः विकल्प (B) सही है।

82. संस्कृत साहित्य में अनेकों साहित्यकारों को उनके रचनाकाल में अलग नाम और उपाधियाँ दी गई। अलंकृतकाव्यशैली के जन्मदाता 'आतपत्र भारवी' उपाधी से सुशोभित महाकवि भारवी का मूलनाम 'दामोदर' बताया जाता है। इसका उल्लेख महाकवि दण्डी ने 'अवन्तीसुन्दरीकथा' में किया है।

अतः विकल्प (C) सही है।

83. 'मुट्ठी गरम करना' का अर्थ है घूस देना या रिश्वत देना / लेना। जैसे - मुकेश ने केस सुलझाने के लिए पुलिस की 'मुट्ठी गरम' की। अतः सही विकल्प 'घूस देना' है। अन्य विकल्प अनुचित हैं।

अतः विकल्प (C) सही है।

84. नौ दिन चले अढ़ाई कोस' कहावत का अर्थ 'धीमी गति से कार्य करना' होता है। इसलिए इसका सही उत्तर विकल्प 'धीमी गति से कार्य करना' होता है।

अतः विकल्प (D) सही है।

85. उतर गयी लोई तो क्या करेगा कोई' पूर्ण लोकोक्ति होती है। इसका अर्थ है- इज्जत जाने पर डर किसका? इसके अन्य विकल्प असंगत हैं।

अतः विकल्प (B) सही है।

86. 'अक्ल के पीछे लट्टू लिए फिरना' अर्थात 'मूर्खतापूर्ण कार्य करना।'

अतः विकल्प (B) सही है।

87. सब सही सुमेलित है विकल्प (A) को छोड़ कर। सही मेल है- बुद्धि॰ प्रकाश- मुंशी सदासुखलाल।

अतः विकल्प (A) सही है।

88. स्वामी दयानन्द सरस्वती ने उन्नीसवीं शताब्दी के अंतिम चरण में अपना कालजयी ग्रंथ सत्यार्थ प्रकाश रचकर धार्मिक जगत में एक क्रांति कर दी।यह ग्रंथ वैचारिक क्रान्ति का एक शंखनाद है। इस ग्रंथ का जन साधारण पर और विचारशील दोनों प्रकार के लोगों पर बड़ा गहरा प्रभाव पड़ा ।

अतः विकल्प (B) सही है।

89. सरस्वती हिन्दी साहित्य की प्रसिद्ध रूपगुणसम्पन्न प्रतिनिधि पत्रिका थी। इस पत्रिका का प्रकाशन इण्डियन प्रेस, प्रयाग से सन 1900 ई॰ के जनवरी मास में प्रारम्भ हुआ था। 32 पृष्ठ की क्राउन आकार की इस पत्रिका का मूल्य 4 आना मात्र था। 1903 ई॰ में महावीर प्रसाद द्विवेदी इसके संपादक हुए और 1920 ई॰ तक रहे।

अतः विकल्प (B) सही है।

90. एक समय 'सरस्वती' पत्रिका भारत की हिन्दी चेतना की सबसे सशक्त मंच बन गयी। महावीर प्रसाद द्विवेदी ने अपने समकालीन लेखकों को प्रेरित कर नये-नये विषयों पर लिखवाया। उन्होंने इस बात पर बल दिया कि हिन्दी की प्रगति तभी सम्भव है, जब उसमें विज्ञान, अर्थशास्त्र, समाजशास्त्र, तकनीक जैसे विषयों में साहित्य उपलब्ध हो।

अतः विकल्प (A) सही है।

91. 'कहानी' का प्राचीन नाम संस्कृत में 'गल्प' या 'आख्यायिका' मिलता है। आधुनिक हिन्दी कविता का जन्म वर्तमान युग की आवश्यकताओं के कारण हुआ। हिन्दी कहानी का उद्भव द्विवेदी युग में 'सरस्वती पत्रिका (1900 ई.) के प्रकाशन से प्रारम्भ होता है। इसके जन्म 1901 ई. में हुआ था।

अतः विकल्प (B) सही है।

92. हिन्दी एकांकी का वास्तविक आरम्भ 1930 ई. से कहा गया है। सामान्यतः जयशंकर 'प्रसाद' के ''एक घूँट'' (1929) को हिन्दी का पहला एकांकी होने का गौरव दिया जाता है।

अतः विकल्प (B) सही है।

93. एक अच्छे निबंध में संक्षिप्तता, एकसूत्रता तथा पूर्णता जैसे गुण विद्यमान होते हैं। निबंध लेखक को पुनरुक्ति से बचना चाहिए तथा अपनी बात को तर्कपूर्ण ढंग से व्यक्त करना चाहिए। तर्कों की पुष्टि हेतु आंकड़े, उद्धरण आदि इस प्रकार से प्रस्तुत करने चाहिए जिससे वे विषय के साथ एकरस हो जाएं, पैबन्द जुड़े हुए प्रतीत न हों।

अतः विकल्प (D) सही है।

94. हिन्दी में संस्मरण कला का जनक कहा जाता है-पद्मसिंह शर्मा को जिनका (जन्म- 1876 ई., बिजनौर, उत्तर प्रदेश; मृत्यु- 1932 ई.) प्रसिद्ध लेखक और समालोचक थे। वे द्विवेदी युग के गद्य लेखकों तथा समालोचकों में विशेष स्थान रखते थे। वे संस्कृत भाषा के तो विशेष विद्वान थे ही, इसके साथ ही उन्हें उर्दू, फ़ारसी, बंगला और मराठी भाषाओं का भी अच्छा ज्ञान था। 'बिहारी सतसई की भूमिका', 'बिहारी सतसई संजीवन भाष्य', 'पद्मपुराण' और 'हिन्दी उर्दू हिन्दुस्तानी' उनके द्वारा रचित प्रसिद्ध पुस्तकें हैं। 'संजीवन भाष्य' पर पद्मसिंह शर्मा को हिन्दी साहित्य सम्मेलन का 'मंगला प्रसाद पुरस्कार' मिला था।

अतः विकल्प (C) सही है।

95. 1929 ई. में प्रकाशित पण्डित पद्मसिंह शर्मा द्वारा रचित संस्मरण है- पद्म पराग। पं. पद्मसिंह शर्मा (1876 ई॰ - 1932 ई॰) आर्य विचारक, दार्शनिक, समीक्षक, सम्पादक, परोपकारी, हिन्दी साहित्यकार, प्रसिद्ध लेखक और समालोचक थे। हिन्दी का सर्वोच्च पुरस्कार मंगलाप्रसाद पारितोषिक उन्हें ही सबसे पहले दिया गया। आपने हिन्दी साहित्य सम्मलेन, प्रयाग के प्रधान पद को भी सुशोभित किया। वे द्विवेदी युग के गद्य लेखकों तथा समालोचकों में विशेष स्थान रखते थे। वे संस्कृत भाषा के तो विशेष विद्वान थे ही, इसके साथ ही उन्हें उर्दू, फ़ारसी, बंगला और मराठी भाषाओं का भी अच्छा ज्ञान था।

उनकी लेखन शैली अनुपम थी। रेखाचित्र व संस्मरण इन दो विधाओं का प्रवर्तन हिन्दी में उन्होंने ही किया था। महाकवि अकबर और कविवर सत्यनारायण के जो संस्मरण उन्होंने लिखे हैं वे नये लेखकों को प्रेरणा व प्रकाश देने के लिए पर्याप्त हैं। उनकी लिखी हुई बिहारी-सतसई की टीका उनके ब्रजभाषा प्रेम का अनूठा उदाहरण है।

अतः विकल्प (D) सही है।

96. पाश्चात्य प्रभाव से आयी हुई एक नयी साहित्य विधा फीचर है। फीचर समाचार पत्रों में प्रकाशित होने वाली किसी विशेष घटना, व्यक्ति, जीव – जन्तु तीज – त्योहार, दिन, स्थान, प्रकृति – परिवेश से संबंधित व्यक्तिगत अनुभूतियों पर आधारित वह विशिष्ट आलेख होता है जो कल्पनाशीलता और सृजनात्मक कौशल के साथ मनोरंजक और आकर्षक शैली में प्रस्तुत किया जाता है।

अतः विकल्प (B) सही है।

97. आदि का अर्थ है: आरंभ, शुरू। और इसका विलोम शब्द अंत है।

अतः विकल्प (B) सही है।

98. आह्वान का अर्थ है: पुकार, बुलावा। विसर्जन का अर्थ है: त्यागना। इसलिए आह्वान का विलोम शब्द विसर्जन है।

अतः विकल्प (B) सही है।

99. उत्कर्ष का अर्थ है: ऊपर खींचना या उन्नति। अपकर्ष का अर्थ है: अवनति या उतार, ह्रास। उत्कर्ष का सही विलोम शब्द अपकर्ष है।

अतः विकल्प (A) सही है।

100. शुक्ल का अर्थ है: सफ़ेद, श्वेत, शुभ (जैसे—शुक्ल वर्णा, शुक्ल पक्ष)। कृष्ण का अर्थ है: जबकि काला, श्याम।

अतः विकल्प (A) सही है।

101. वक्र का अर्थ है: टेढ़ा या तिरछा। जबकि ऋजु का अर्थ है: सीधा (जैसे— ऋजु रेखा)। इसलिए वक्र का सही विलोम शब्द ऋजु है।

अतः विकल्प (A) सही है।

102. मनीषी शब्द के पर्यायवाची प्राज्ञ, विद्वान, सुधी, विचक्षण हैं।

अतः विकल्प (A) सही है।

103. कामदेव के पर्यायवाची शब्द मनसिज, मनोज, काम, मन्मथ, मार, अनंग हैं।

अतः विकल्प (A) सही है।

104. इन्द्र के पर्यायवाची शब्द सुरेश, सुरेन्द्र, देवेन्द्र, सुरपति, पुरंदर, देवराज, मधवा, शचीपति हैं।

अतः विकल्प (C) सही है।

105. गणेश के पर्यायवाची शब्द लम्बोदर, गजपति, गणपति, एकदन्त, विनायक, मोदकप्रिय, मूषकवाहन, गजानन हैं।

अतः विकल्प (C) सही है।

106. चपला, चंचला, दामिनी, सौदामिनी, तड़ित, आदि विद्युत शब्द के पर्यायवाची हैं। बाण का पर्यायवाची शब्द शिलीमुख है।

अतः विकल्प (D) सही है।

107. रवितनया के पर्यायवाची शब्द कालिंदी, यमुना, जमुना, सूर्यसुता, कृष्णा हैं।

अतः विकल्प (C) सही है।

108. जो सर्वत्र उपस्थित हो' वाक्यांश के लिए एक ही शब्द होगा-सर्वव्यापी।

अतः विकल्प (D) सही है।

109. "चारों ओर जल से घिरा हुआ भू-भाग" वाक्यांश के लिए एक शब्द "टापू" होगा।

अतः विकल्प (B) सही है।

110. अतिथियों की सेवा करने वाला - अभ्यागत में दिए गए 'वाक्यांश के लिए' गलत शब्द प्रयुक्त हुआ है।

अतः विकल्प (C) सही है।

111. 'जो ज्ञानेन्द्रियों की पहुंच के बाहर हो,' वाक्यांश के लिए उपयुक्त शब्द अतीद्रिय होगा।

अतः विकल्प (A) सही है।

112. जो बहुत ऊँची आकांक्षा रखता हो - लालची में वाक्यांश के लिए प्रयुक्त एक शब्द गलत है। 'जो बहुत ऊँची आकांक्षा रखता हो' के लिए एक शब्द महत्वाकांक्षी है।

अतः विकल्प (C) सही है।

113. जिसमें जानने की इच्छा हो' वाक्यांश के लिए एक ही शब्द होगा-जिज्ञासु।

अतः विकल्प (D) सही है।

114. 'प्रागैतिहासिक' शब्द निम्न में से ज्ञात इतिहास से पूर्व का समय वाक्यांश के लिए प्रयुक्त हुआ है।

अतः विकल्प (D) सही है।

115. व्याकरण की आवश्यकता रहती है –

(क) भाषा का शुद्ध रूप बनाए रखने के लिए।

(ख) भाषा का मानक रूप निर्धारित करने के लिए

(ग) भाषा के अंगों का नियमबद्ध विवेचन के लिए

अतः विकल्प (D) सही है।

116. दिए गए विकल्पों में स्थान शब्द की वर्तनी शुद्ध है। स्थान' का अर्थ 'जगह' है।

अतः विकल्प (B) सही है।

117. दिए गए विकल्पों में कविता शब्द की वर्तनी शुद्ध है। 'कविता' का अर्थ 'भावपूर्ण रसात्मक तथा लयात्मक रचना' है।

अतः विकल्प (B) सही है।

118. दिए गए विकल्पों में नायिका शब्द की वर्तनी शुद्ध है। 'नायिका' का अर्थ 'काव्य, नाटक आदि की प्रधान महिला पात्र' है।

अतः विकल्प (A) सही है।

119. दिए गए विकल्पों में कुमुदनी शब्द की वर्तनी अशुद्ध है। 'कुमुदिनी' का अर्थ 'कमल की तरह का एक जलीय पौधा जिसमें सफ़ेद रंग के फूल लगते हैं' है।

अतः विकल्प (A) सही है।

120. दिए गए विकल्पों में एकान्त शब्द की वर्तनी शुद्ध है। 'एकान्त' का अर्थ 'शांत या शोरगुल रहित ऐसा स्थान जहाँ कोई न हो' है।

अतः विकल्प (C) सही है।

121. दिए गए विकल्पों में चित्रकूट शब्द की वर्तनी शुद्ध है। अन्य सभी शब्दों की वर्तनी त्रुटि पूर्ण हैं। 'चित्रकूट' का अर्थ 'एक प्रसिद्ध रमणीक पर्वतीय स्थान जहाँ वनवास के समय राम-लक्ष्मण और सीता ने निवास किया था' है।

अतः विकल्प (B) सही है।

122. दिए गए विकल्पों में अयोध्या शब्द की वर्तनी शुद्ध है। 'अयोध्या' का अर्थ 'अवधपुरी' है।

अतः विकल्प (A) सही है।

123. समाधान: इसका सही उत्तर विकल्प समर - समीर : गरमी - सर्दी है। अन्य विकल्प इसके अनुचित हैं। 'समर - समीर : गरमी - सर्दी' में समश्रुत शब्द युग्म का उचित अर्थ नहीं है। 'समर - समीर' का समश्रुत शब्द युग्म का उचित अर्थ होगा - 'युद्ध - हवा'। समर का अर्थ - युद्र समीर का अर्थ - हवा।

अतः विकल्प (C) सही है।

124. समाधान : इसका सही उत्तर विकल्प सबूत - नमस्कार है। अन्य विकल्प इसके अनुचित हैं।

'प्रमाण - प्रणाम' समश्रुत शब्द युग्म का सही अर्थ सबबूत - नमस्कार है।

प्रमाण का अर्थ - सबूत

प्रणाम का अर्थ - नमस्कार

अतः विकल्प (A) सही है।

125. समाधान : इसका सही उत्तर विकल्प घर - लोक है। अन्य विकल्प इसके अनुचित हैं।

भवन का अर्थ - घर

भुवन का अर्थ - लोक

अतः विकल्प (B) सही है।

Q.1 निम्नलिखित में से प्रचलित व्याकरण ग्रन्थ हैं?

A. कुवलयमाला   B. उक्ति-व्यक्ति प्रकरण

C. खउल वेल   D. वर्ण रत्नाकर

Q.2 निम्न में से शिलांकित कृत कौनसी है?

A. पाहुड दोहा   B. राउलवेल

C. प्राकृत पैन्गलम   D. वर्ण रत्नाकर

Q.3 मुकरी लिखने का सर्वप्रथम प्रयास किस कवि ने किया है?

A. जगनिक   B. विद्यापति

C. कबीर दास   D. अमीरखुसरो

Q.4 रामकुमार वर्मा ने हिन्दी का प्रथम कवि माना है?

A. कबीर दास   B. स्वयंभू

C. चंदबरदाई   D. अमीर खुसरो

Q.5 दोहाकोश किस कवि रचनाओ को माना जाता है?

A. कबीर दास   B. गोरखनाथ   C. सरहपा   D. शबरपा

Q.6 पृथ्वी राज रासो को किस रचनाकार ने पूर्ण किया था?

A. दलपति विजय   B. नरपति नाल्ह

C. नल्ल सिंह   D. जल्हण

Q.7 खुमान रासो की रचना कौन सी भाषा में की गई है?

A. राजस्थानी   B. डिंगल   C. पिंगल   D. बृज

Q.8 'रत्नसेन' किस सूफ़ी प्रेमाख्यान के नायक है ?

A. चंदायन   B. मधुमालती

C. सत्यवती कथा   D. पद्मावत

Q.9 इन्द्रावती किसकी रचना है?

A. कुतुबन   B. शेख नबी

C. नूर मुहम्मद   D. उसमान

Q.10 रचनाकाल के आधार पर निम्नलिखित रचनाओं का सही अनुक्रम है:

A. चंदायन, मृगावती, चित्रावली, मधुमालती

B. मधुमालती, चित्रावली, चंदायन, मृगावती

C. चंदायन, मृगावती, मधुमालती, चित्रावली

D. चित्रावली, मधुमालती, मृगावती, चंदायन

Q.11 रतन बावनी किसकी रचना है?

A. तुलसीदास   B. रहीमदास   C. कबीरदास   D. केशवदास

Q.12 सींगा ने किस भाषा का प्रयोग किया?

A. सरल ब्रजभाषा   B. निमाड़ी

C. अवधी   D. खड़ी बोली

Q.13 सूरदास की किस रचना में संसार को होली का रूपक माना गया है?

A. सूरसागर   B. सूरसारावली

C. साहित्य लहरी   D. भ्रमरगीत

Q.14 काव्यकल्पद्रुम किसकी रचना है?

A. केशवदास   B. सेनापति   C. सूरदास   D. जायसी

Q.15 रामचंद्रिका किसकी रचना है?

A. तुलसीदास   B. केशवदास   C. सूरदास   D. कबीरदास

Q.16 "भारतवर्ष का लोकनायक वही हो सकता है जो समन्वय करने का अपार धैर्य लेकर आया हो। " यह कथन तुलसीदास के बारे में किस विद्वान ने कहा है?

A. रामधारी सिंह दिनकर   B. धर्मवीर भारती

C. रामविलास शर्मा   D. हजारीप्रसाद द्विवेदी

Q.17 मधुमालती के रचनाकार कौन हैं?

A. उसमान   B. नूर मुहम्मद

C. कुतुबन   D. मंझन

Q.18 'दूल्हे को पत्तल नहीं, बरातियों को थाली' लोकोक्ति का क्या अर्थ है?

A. असमंजस की स्थिति में किसी भी उद्देश्य का न पूर्ण हो पाना

B. अनुभवहीन व्यक्ति बड़ी गलतियाँ कर देता है

C. भीड़ के चक्कर में मुख्य व्यक्ति को अनदेखा करना

D. सच्चा न्याय

Q.19 'घ' व्यंजन का उच्चारण स्थान क्या है?

A. दन्त्य   B. ओष्ठ्य   C. मूर्धन्य   D. कंठ्य

Q.20 ज्ञानचंद के आश्रय में मतिराम ने निम्नलिखित में से कौन से ग्रंथ की रचना की है?

A. फूल मंजरी   B. अलंकार पंचाशिका

C. वृत कौमुदी   D. साहित्य सार

Q.21 रामसिंह निम्नलिखित में से किसके आश्रयदाता है?

A. भूषण   B. मतिराम

C. कुलपति मिश्र   D. तोष निधि

Q.22 रचनाकाल की दृष्टी से निम्नलिखित कवियों का सही अनुक्रम है:

A. केशवदास, बिहारी, भूषण, सेनापति

B. सेनापति, केशवदास, बिहारी, भूषण

C. भूषण, केशवदास, सेनापति, बिहारी

D. केशवदास, सेनापति, भूषण, बिहारी

Q.23 निम्नलिखित कवियों को उनके जन्म वर्ष के आधार पर व्यवस्थित कीजिए:

A. मतिराम

B. बिहारी

C. देव

D. जसवंत सिंह

नीचे दिए गए विकल्पों में से सही उत्तर चुनिए:

A. A, C, D, B   B. C, B, A, D

C. D, A, B, C   D. B, A, D, C

Q.24 'पथ के साथी' किसकी रचना है?

A. महादेवी वर्मा   B. रामनरेश त्रिपाठी

C. हजारी प्रसाद द्विवेदी   D. पद्मसिंह शर्मा

Q.25 'दूसरों की जूतियाँ' रचना है-

A. डॉ. धर्मवीर   B. कृष्ण दत्त पालीवाल

C. मीरा गौतम   D. ओमप्रकाश वाल्मीकि

Q.26 निम्नलिखित काव्य पंक्तियाँ किस कवि की है-
"केवल मनोरंजन न कवि का कर्म होना चाहिए,
उसमें उचित उपदेश का भी मर्म होना चाहिए।"

A. मैथिलीशरण गुप्त   B. महादेवी वर्मा
C. भारतेंदु हरिश्चंद्र   D. महाप्राण निराला

Q.27 'अनामिका' काव्य किनके द्वारा रचित है?
A. अज्ञेय   B. निराला   C. धूमिल   D. सुमन

Q.28 अयोध्या सिंह उपाध्याय 'हरिऔध' द्वारा लिखित काव्य ग्रंथ है:
A. कनुप्रिया   B. पथिक
C. चोखे चौपदे   D. वासवदत्ता

Q.29 तार सप्तक में सम्मिलित कवि नहीं है-
A. शमशेर बहादुर सिंह   B. गिरिजा कुमार माथुर
C. मुक्तिबोध   D. प्रभाकर माचवे

Q.30 'नहुष' नाटक के लेखक बाबू गिरधरदास का भारतेन्दु हरिश्चन्द्र से क्या सम्बन्ध था?
A. पिता का   B. दादा का   C. परदादा का   D. भाई का

Q.31 दिए गए विकल्पों में से 'कानन कुसुम' किसकी रचना है?
A. मुकुटधर पाण्डेय   B. मैथिलीशरण गुप्त
C. सूर्यकांत त्रिपाठी निराला   D. सुमित्रानंदन पंत

Q.32 'साकेत' के रचयिता कौन हैं?
A. सुमित्रानंदन पंत   B. मैथिलीशरण गुप्त
C. हरिवंशराय बच्चन   D. सूर्यकांत त्रिपाठी

Q.33 सुभद्रा कुमारी चौहान की रचना कौन सी है?
A. पल्लव   B. उर्वशी
C. वीरों का कैसा हो बसंत   D. सुहाग के नूपुर

Q.34 'आँसू' के रचनाकार कौन हैं?
A. धर्मवीर भारती   B. जयशंकर प्रसाद
C. प्रेमचंद   D. भारतेन्दु हरिश्चंद्र

Q.35 'ग्राम्या' किसका काव्य संग्रह है?
A. सुमित्रानंदन पंत
B. सूर्यकांत त्रिपाठी 'निराला'
C. जयशंकर प्रसाद
D. मैथिलीशरण गुप्त

Q.36 इनमें से नागार्जुन द्वारा रचित कौन-सी नहीं है?
A. उस जनपद का कवि हूँ
B. बादलों को घिरते देखा है
C. तुमने कहा था
D. पुरानी जूतियों का कोरस

Q.37 निम्नलिखित में से कौन-सी रचना रघुवीर सहाय की है?
A. चाँद का मुंह टेढ़ा है   B. सीढ़ियों पर धूप
C. चुका भी हूँ नहीं मैं   D. महाराणा का महत्व

Q.38 आत्मजयी किसकी रचना है?
A. केदारनाथ   B. अशोक बाजपेयी
C. कुँवर नारायण   D. ज्ञानेंद्रपति

Q.39 निम्नलिखित में से कौन सी रचना निराला की नहीं है?
A. आराधना   B. बेला   C. तुलसीदास   D. उत्तरा

Q.40 टूटते परिवेश नाटक के लेखक है?
A. विष्णु प्रभाकर   B. उदयशंकर भट्ट
C. मोहन राकेश   D. उपेन्द्र नाथ अश्क

Q.41 अंधा युग नाटक का नायक कौन है?

A. श्री कृष्ण   B. अर्जुन   C. दुर्योधन   D. अश्वत्थामा

Q.42 लाला भगवान दास की कहानी कौनसी है?
A. रक्षाबन्धन
B. दुनिया का सबसे अनमोल रतन
C. चन्द्रलोक की यात्रा
D. प्लेग की चुड़ैल

Q.43 कमलेश्वर ने कहानी के किस आन्दोलन की शुरूआत की थी:
A. अकहानी   B. सहज कहानी
C. सचेतन कहानी   D. समांतर कहानी

Q.44 "किसी बात का टोटा होने पर उसे पूरा करने की इच्छा होती है, दुःख होने पर उसे मिटाना चाहते हैं। यह स्वभाव है।"
उपर्युक्त कथन किस निबन्ध से उद्धृत है?
A. प्रिया नीलकंठी (कुबेरनाथ राय)
B. समाज और कर्तव्यपालन (गुलाब राय)
C. कछुआ धर्म (चंद्रधर शर्मा गुलेरी)
D. ताज (रघुवीर सहाय)

Q.45 निम्नलिखित निबंध संग्रहों को उनके लेखकों के साथ सुमेलित कीजिए:

सूची-1	सूची-2
A. आस्था और सौन्दर्य	I. अध्यापक पूर्ण सिंह
B. अनुसंधान और आलोचना	II. नामवर सिंह
C. आचरण की सभ्यता	III. नगेन्द्र
D. वाद विवाद संवाद	IV. रामविलास शर्मा

A. A-IV, B-III, C-I, D-II
B. A-I, B-II, C-III, D-IV
C. A-II, B-III, C-IV, D-I
D. A-III, B-IV, C-II, D-I

Q.46 मृदुला गर्ग का उपन्यास है:
A. सूरज मुखी अँधेर में   B. चित्त कोबरा
C. पुनर्नवा   D. रुकोगी नहीं राधिका

Q.47 भगवतीचरण वर्मा का उपन्यास है:
A. भूले बिसरे चित्र   B. खंजन नयन
C. अनामदास का पोथा   D. सबसे बड़ा सिपाहिया

Q.48 हिन्दी का प्रथम उपन्यास कौनसा माना जाता है?
A. निस्सहाय हिन्दू   B. परीक्षा गुरु
C. नूतन ब्रह्मचारी   D. आदर्श हिन्दू

Q.49 "प्रेम जब आत्मसमर्पण का रूप ले लेता है तभी ब्याह है उसके पहले अय्यासी है", गोदान उपन्यास में यह कथन किसका है?
A. मिस्टर मेहता   B. दातादीन
C. मातादीन   D. मिस मालती

Q.50 "जो मैंने जिया" आत्मकथा है:
A. कमलेश्वर   B. नागेन्द्र
C. बच्चन सिंह   D. रामचन्द्र शुक्ल

Q.51 निम्न में जीवनी विधा की रचना कौनसी है?
A. अर्द्धकथानक   B. कलम का सिपाही
C. चीड़ो पर चाँदनी   D. बाण भट्ट की आत्मकथा

Q.52 मनीषी की लोकयात्रा जीवनी के लेखक है-
A. रामविलास शर्मा   B. भगवती प्रसाद सिंह
C. रामकुमार वर्मा   D. रामचन्द्र शुक्ल

Q.53 मदन गोपाल किसके द्वारा लिखी हुई जीवनी है?
A. अकाल पुरुष गांधी
B. कलम का सिपाही
C. कलम का मजदूर
D. आवारा मसीहा

Q.54 हमारी जापान यात्रा के लेखक है:
A. कन्हैयालाल मिश्र प्रभाकर
B. विष्णु प्रभाकर
C. राहुल सांकृत्यायन
D. राम वृक्ष बेनीपुरी

Q.55 "कृष्णा सोबती" की रचना है:
A. हम हशमत
B. चेतना के बिम्ब
C. रेखाएँ और चित्र
D. रेखाएँ बोल उठी

Q.56 "कितना अकेला आकाश" यात्रा वृत्तांत है:
A. नगेन्द्र
B. नरेश मेहता
C. भारतेंदु
D. कमलेश्वर

Q.57 यात्रा साहित्य का पितामह किसे कहा गया है?
A. राहुल सांकृत्यायन
B. हरिवंश राय बच्चन
C. अज्ञेय
D. मुक्तिबोध

Q.58 हिन्दी में रिपोर्ताज विधा का जनक किसे माना जाता है?
A. राम कुमार वर्मा
B. राम विलास शर्मा
C. शिव दान सिंह चौहान
D. नंद दुलारे बाजपेयी

Q.59 'कविवचन सुधा' के सम्पादक कौन थे?
A. भारतेन्दु हरिश्चंद्र
B. जुगल किशोर
C. बालकृष्ण भट्ट
D. बालमुकुन्द गुप्त

Q.60 हिन्दी का पहला समाचार-पत्र कब और कहां से प्रकाशित हुआ ?
A. 1862 में कलकत्ता से
B. 1828 में कलकत्ता से
C. 1826 में कलकत्ता से
D. 1828 में मद्रास से

Q.61 'अ कहानी' के प्रवर्तक कौन है?
A. महीप सिंह
B. गंगा प्रसाद विमल
C. मोहन राकेश
D. कमलेश्वर

Q.62 संविधान के किस अनुच्छेद में प्रादेशिक भाषा का वर्णन है?
A. अनुच्छेद 343
B. अनुच्छेद 344
C. अनुच्छेद 345
D. इनमें से कोई नहीं

Q.63 भारतीय संविधान के अनुच्छेद 344 के तहत प्रथम 'राजकीय भाषा आयोग' का गठन कब हुआ था?
A. 7 जून 1955
B. 5 जून 1955
C. 7 जुलाई 1955
D. 5 जुलाई 1955

Q.64 प्रथम 'राजकीय भाषा आयोग' का गठन किसकी अध्यक्षता में किया गया था?
A. महात्मा गांधी
B. बी. जी. खेर
C. के. एम. मुंशी
D. एम. सी. छागला

Q.65 दिए गए विकल्पों में से आगरा और अलीगढ़ में बोली जाने वाली बोली कौन-सी है?
A. मारवाड़ी
B. कौरवी
C. कन्नौज
D. ब्रजभाषा

Q.66 दिए गए विकल्पों में असमिया किससे उत्पन्न हुई है?
A. बंगाली से
B. मागधी से
C. उड़िया से
D. बिहारी से

Q.67 'आषाढ़ का एक दिन' नाटक की रचना किसने की?
A. जयशंकर प्रसाद
B. मोहन राकेश
C. भारतेंदु हरिश्चंद्र
D. भीष्म साहनी

Q.68 भारत की प्रथम 'देशभाषा' किसे कहा गया?
A. संस्कृत
B. पालि
C. प्राकृत
D. अपभ्रंश

Q.69 दिए गए विकल्पों में से मैथिली का विकास किस अपभ्रंश से माना जाता है?
A. शौरसेनी अपभ्रंश
B. अर्धमागधी अपभ्रंश
C. मागधी अपभ्रंश
D. पैशाची अपभ्रंश

Q.70 निम्न में से कौन-सी भाषा/ओं की लिपि देवनागरी है?
क) हिंदी
ख) संथाली
ग) कोंकणी
घ) मराठी
A. क), ख)
B. ख), ग), घ)
C. क), ख), ग), छ)
D. ग), क)

Q.71 अशोक के ब्राह्मी लिपि अभिलेखों को सर्वप्रथम किसने पढ़ा था?
A. एलेक्सेंडर कनिंघम
B. जॉन मार्शल
C. जेम्स प्रिन्सेप
D. बी. एन. मिश्रा

Q.72 निम्नलिखित पंक्ति किस रस का उदाहरण है?
हा प्राण प्यारे ! जीवित रहूँ किसके सहारे?
A. करुण रस
B. श्रृंगार रस
C. अद्भुत रस
D. वीभत्स रस

Q.73 'मधुबन तुम कत रहत हरे, विरह वियोग श्याम -सुंदर के ठाढ़े क्यों न जरें।' इस काव्य पंक्ति में कौन सा रस है?
A. करुण रस
B. वीभत्स रस
C. श्रृंगार रस
D. हास्य रस

Q.74 निम्नलिखित पंक्ति किस रस का उदाहरण है?
संदेश देवकी सों कहिए,
हौं तो धाम तिहारे सुत कि कृपा करत ही रहियो।
A. भक्ति रस
B. शांत रस
C. श्रृंगार रस
D. वात्सल्य रस

Q.75 'तपस्वी! क्यों इतने हो क्लांत,
वेदना का यह कैसा वेग?
आह! तुम कितने अधिक हताश
बताओ यह कैसा उद्वेग?
दी गई काव्य पंक्ति में कौन सा रस है?
A. रौद्र रस
B. शांत रस
C. श्रृंगार रस
D. अद्भुत रस

Q.76 निम्नलिखित में से कौन 'रस' निष्पत्ति से सम्बद्ध नहीं है-
A. विभाव
B. अनुभाव
C. संचारी
D. अभाव

Q.77 इनमें से कौन-सा युग्म अघोष वर्ण है?
A. क, ख
B. ड, ढ
C. ब, भ
D. द, ध

Q.78 'त, थ, द, ध, न' का उच्चारण स्थान क्या है?
A. कंठ
B. तालु
C. ओष्ठ
D. दंत्य

Q.79 "जन रंजन मंजन दनुज मनुज रूप सुरभू प्रा" में कौन-सा अलंकार है। सही विकल्प चुनें?
A. अनुप्रास अलंकार
B. मानवी करण अलंकार
C. उपमा अलंकार
D. यमक अलंकार

Q.80 'हल्का' का विलोम होगा:

A. गंभीर   **B.** भारी   **C.** शून्य   **D.** मजबूत

Q.81 'तीन बेर खाती थी वो तीन बेर खाती है' में कौन सा अलंकार है?
A. अनुप्रास अलंकार   **B.** श्लेष अलंकार
C. रुपक अलंकार   **D.** यमक अलंकार

Q.82 दिए गए शब्द के पर्यायवाची शब्द का चयन करें।
विभूति
A. प्रतिभूति   **B.** सुंदरता   **C.** अनुभूति   **D.** ऐश्वर्य

Q.83 इनमें से 'दामिनी' किसका पर्यायवाची शब्द है?
A. नवनीत   **B.** चमक   **C.** बिजली   **D.** ऊर्जा

Q.84 'इति-ईति' शब्द युग्म का अर्थ क्या है?
A. म्यान-खुजाना   **B.** यान-गहरी
C. युवा-बोली   **D.** समाप्त-भय

Q.85 'से' किस कारक का चिह्न है?
A. कर्म कारक   **B.** करण कारक
C. संबंध कारक   **D.** कर्ता कारक

Q.86 "घोसले में चिड़िया है" में कौन-सा कारक है?
A. अधिकरण कारक   **B.** सम्बन्ध कारक
C. अपादान कारक   **D.** सम्प्रदान कारक

Q.87 बहुवचन का कौन सा विकल्प उचित नहीं है?
A. तालियां   **B.** कथाएं   **C.** बत्तीया   **D.** लताएं

Q.88 निम्नलिखित में से कौन सा शब्द 'स्त्रीलिंग' है?
A. घोड़ा   **B.** गला   **C.** चीता   **D.** अवस्था

Q.89 निम्न में से कौन सा शब्द पुल्लिंग है?
A. शीशम   **B.** कढ़ी   **C.** चील   **D.** सरसों

Q.90 निम्नलिखित में कौन सा शब्द 'स्त्रीलिंग' है?
A. मन   **B.** कचौरी   **C.** भारत   **D.** सोना

Q.91 "दुश्चरित्र" के लिए सही संधि-विच्छेद कौन सा है?
A. दुश + चरित्र   **B.** दु + चरित्र
C. दुश: + चरित्र   **D.** दु: + चरित्र

Q.92 निम्नलिखित विकल्पों में विसर्ग संधि का उदाहरण है:
A. हरिश्चन्द्र   **B.** हृदयानन्द   **C.** ज्ञानोपदेश   **D.** महीश

Q.93 'गौरीशंकर' शब्द मे निम्नलिखित मे कौन सा समास है?
A. कर्मधारय समास   **B.** बहुव्रीहि समास
C. द्वन्द्व समास   **D.** द्विगु समास

Q.94 'घर-आंगन' शब्द में निम्न में से कौन सा समास है?
A. तत्पुरुष समास   **B.** द्वंद समास
C. कर्मधारय समास   **D.** बहुव्रीहि समास

Q.95 निम्नलिखित में से शुद्ध वाक्य का चयन कीजिये।
A. मेरे से कोई मतलब नहीं है।
B. तीन लड़की एक पुरुष से भिड़ गई।
C. जाने वाले को कोई नहीं रोक सकते हैं।
D. आयुर्वेद प्रतिरोधक क्षमता बढ़ाता है।

Q.96 'फल को खूब पका होना चाहिए।' वाक्य में किस प्रकार की अशुद्धि है?
A. वचन संबंधी   **B.** पदक्रम संबंधी
C. कारक संबंधी   **D.** लिंग संबंधी

Q.97 'निर्भय' शब्द में कौन सा समास है?
A. बहुब्रीहि समास   **B.** अव्ययीभाव समास
C. कर्मधारय समास   **D.** तत्पुरुष समास

Q.98 'नीति - निपुण' शब्द का सही समास-विग्रह है:
A. नीति में निपुण   **B.** नीति का निपुण
C. नीति से निपुण   **D.** नीति के लिए निपुण

Q.99 निम्नलिखित वाक्यों में कौन-सा वाक्य सटीक है?
A. श्रीकृष्ण के अनेकों नाम है।
B. भगवान् श्रीकृष्ण के अनेकों नाम का उल्लेख मिलता है।
C. श्रीकृष्ण के अनेकों नामों से पुकारा जाता है।
D. श्रीकृष्ण के अनेक नाम है।

Q.100 'पेड़ों पर मैना बैठी'
इस वाक्य का शुद्ध रूप क्या होगा?
A. पेड़ पर मैना बैठी है।   **B.** पेड़ों पर मैना बैठे है।
C. पेड़ों पर मैनो बैठी है।   **D.** पेड़ों में मैना बैठी है।

Q.101 'जिसे करना बहुत कठिन हो' के लिए एक शब्द होगा-
A. दुष्कर   **B.** पुष्कर   **C.** दुर्जेय   **D.** दुराग्रह

Q.102 जिसका सम्बन्ध अध्यात्म से है - के लिए एक ही शब्द होगा:
A. आध्यात्मिक   **B.** धार्मिक
C. शास्त्रीय   **D.** नैतिक

Q.103 'सुपुत्र' किस प्रकार का शब्द है?
A. यौगिक   **B.** योगरूढ़
C. रूढ़   **D.** उपर्युक्त में से कोई नहीं।

Q.104 निम्नलिखित में से ' हाथ ' कौन-सा शब्द है?
A. रूढ़   **B.** यौगिक
C. योगरूढ़   **D.** इनमें से कोई नहीं

Q.105 निम्नलिखित में से योगरूढ़ शब्द का उदाहरण बताएये?
A. पीताम्बर   **B.** विद्यालय   **C.** घर   **D.** लाल

Q.106 निम्नलिखित व्यंजनों में से कौन-से व्यंजन का उच्चारण तालु से होता है?
A. क   **B.** ढ   **C.** छ   **D.** म

Q.107 "दो व्यक्तियों की बातों में तीसरे व्यक्ति का हस्तक्षेप करना' किस मुहावरे का अर्थ है?
A. खूब लाभ होना   **B.** दाल-भात में मूसलचन्द
C. बिना आहट किए आना   **D.** उन्मत्त होना

Q.108 कुजगह फोड़ा और ससुर वैद्य - कहावत का अर्थ है:
A. दोनों में दोष   **B.** मरीज वैद्य में संपर्क
C. दोनों का त्याग   **D.** धर्म संकट की स्थिति

Q.109 धेनविति में सन्धि है:
A. धेनव + इति   **B.** धेनवे + इति
C. धेनो + इति   **D.** धेनु + इति

Q.110 'नीलोत्पलम्' में समास है -
A. बहुव्रीहि   **B.** कर्मधारय   **C.** द्विगु   **D.** द्वन्द

Q.111 'रामे' शब्द रूप में कौन-सी विभक्ति है?
A. तृतीया विभक्ति   **B.** द्वितीया विभक्ति
C. पञ्चमी विभक्ति   **D.** सप्तमी विभक्ति

Q.112 'हरये क्रुध्यति' में 'हरये' में कौन-सा कारक है?

A. करण   **B.** अपादान   **C.** सम्प्रदान   **D.** कर्त्ता

Q.113 'कलि' का श्रुतिसमभिन्नार्थक शब्द क्या है?

A. कली   **B.** करोड़   **C.** कर्म   **D.** कपट

Q.114 'शंकर' का श्रुतिसमभिन्नार्थक शब्द क्या है?

A. कली   **B.** करोड़   **C.** महादेव   **D.** कपट

Q.115 'करोड़' का श्रुतिसमभिन्नार्थक शब्द क्या है ?

A. कली   **B.** सौ लाख   **C.** कर्म   **D.** कपट

Q.116 'शूर' का श्रुतिसम भिन्नार्थक शब्द क्या है?

A. सूर   **B.** करोड़   **C.** कर्म   **D.** कपट

Q.117 'बलि' का श्रुतिसमभिन्नार्थक शब्द क्या है?

A. कली   **B.** करोड़   **C.** बलिदान   **D.** कपट

Q.118 कालिदास का नाटक है -

A. विक्रमोर्वशीयम्   **B.** प्रतिज्ञायौगन्धरायण

C. स्वप्नवासवदत्त   **D.** मेघदूतम्

Q.119 निम्नलिखित वाक्य में शुद्ध वर्तनी होगी-

शारीरिक आरोग्र के लिए प्रात : एवं संध्याकालीन भ्रमण अन्यन्त लाभप्रद माना गया है।

A. आरोगय   **B.** अरोग्य   **C.** आरोग   **D.** आरोग्य

Q.120 निम्नलिखित वाक्य में शुद्ध वर्तनी होगी-

ग्यान का भण्डार अथाह होता है-

A. गियान   **B.** ज्ञान   **C.** गिआन   **D.** ज्यान

Q.121 निम्नलिखित वाक्य में शुद्ध वर्तनी होगी-

मदर टेरेसा का जीवन रोगियों के सेवा-सूश्रूषा

A. शूश्रूषा   **B.** सुश्रूषा   **C.** शूश्रुषा   **D.** शुश्रूषा

Q.122 'राधा विद्यालय में पढ़ती है' इसका संस्कृत अनुवाद करें -

A. राधा विद्यालयं पठति   **B.** राधा विद्यालये पठन्ति

C. राधा विद्यालये पठति   **D.** राधाः विद्यालये पठति

Q.123 'गीता रामायण पढ़ती है' इसका संस्कृत अनुवाद करें -

A. गीता रामायणाय पठति   **B.** गीतया रामायणं पठति

C. गीता रामायणं पठन्ति   **D.** गीता रामायणं पठति

Q.124 'छात्रः सह गुरु आश्रमं गच्छति।' का हिन्दी अनुवाद है:

A. छात्र के साथ गुरु आश्रम जाते हैं।

B. छात्रों के साथ गुरु आश्रम जाता है।

C. छात्रों के साथ गुरु आश्रम को जाते हैं।

D. छात्रों के साथ गुरु आश्रम जाते हैं।

Q.125 कलुष का विलोम शब्द है:

A. पापशून्य   **B.** निष्पाप   **C.** निष्कलुष   **D.** निष्करुण

// स्मार्ट उत्तर पुस्तिका //

सही उत्तर	उन छात्रों के प्रतिशत को इंगित करता है जिन्होंने प्रश्नों का सही उत्तर दिया था।

छोड़ दिया	उन छात्रों के प्रतिशत को इंगित करता है जिन्होंने प्रश्नों को छोड़ दिया था।

प्रश्न संख्या	उत्तर	सही उत्तर / छोड़ दिया	प्रश्न संख्या	उत्तर	सही उत्तर / छोड़ दिया	प्रश्न संख्या	उत्तर	सही उत्तर / छोड़ दिया	प्रश्न संख्या	उत्तर	सही उत्तर / छोड़ दिया	प्रश्न संख्या	उत्तर	सही उत्तर / छोड़ दिया
1	B	46.0 % / 2.0 %	17	D	40.0 % / 46.0 %	33	C	56.0 % / 44.0 %	49	A	38.0 % / 46.0 %	65	D	40.0 % / 46.0 %
2	B	36.0 % / 46.0 %	18	C	38.0 % / 46.0 %	34	B	48.0 % / 46.0 %	50	A	36.0 % / 46.0 %	66	B	26.0 % / 46.0 %
3	D	46.0 % / 46.0 %	19	D	52.0 % / 42.0 %	35	A	40.0 % / 46.0 %	51	B	40.0 % / 46.0 %	67	B	52.0 % / 44.0 %
4	B	50.0 % / 46.0 %	20	B	34.0 % / 46.0 %	36	A	34.0 % / 46.0 %	52	B	26.0 % / 46.0 %	68	B	20.0 % / 44.0 %
5	C	44.0 % / 46.0 %	21	C	38.0 % / 44.0 %	37	B	38.0 % / 46.0 %	53	C	32.0 % / 46.0 %	69	C	34.0 % / 46.0 %
6	D	52.0 % / 46.0 %	22	A	22.0 % / 46.0 %	38	C	32.0 % / 46.0 %	54	A	20.0 % / 46.0 %	70	C	26.0 % / 46.0 %
7	A	24.0 % / 44.0 %	23	D	22.0 % / 42.0 %	39	D	34.0 % / 44.0 %	55	A	36.0 % / 46.0 %	71	C	34.0 % / 44.0 %
8	D	42.0 % / 46.0 %	24	A	44.0 % / 46.0 %	40	A	38.0 % / 46.0 %	56	B	38.0 % / 44.0 %	72	A	48.0 % / 46.0 %
9	C	28.0 % / 46.0 %	25	A	20.0 % / 46.0 %	41	D	40.0 % / 44.0 %	57	A	46.0 % / 46.0 %	73	C	30.0 % / 46.0 %
10	C	26.0 % / 46.0 %	26	A	24.0 % / 46.0 %	42	D	32.0 % / 46.0 %	58	C	40.0 % / 46.0 %	74	D	28.0 % / 46.0 %
11	D	38.0 % / 46.0 %	27	B	50.0 % / 44.0 %	43	D	32.0 % / 46.0 %	59	A	52.0 % / 46.0 %	75	B	26.0 % / 44.0 %
12	B	36.0 % / 46.0 %	28	C	34.0 % / 46.0 %	44	C	30.0 % / 46.0 %	60	C	40.0 % / 46.0 %	76	D	48.0 % / 46.0 %
13	B	26.0 % / 44.0 %	29	A	40.0 % / 44.0 %	45	A	54.0 % / 44.0 %	61	B	24.0 % / 46.0 %	77	A	40.0 % / 46.0 %
14	B	46.0 % / 46.0 %	30	A	46.0 % / 46.0 %	46	B	28.0 % / 46.0 %	62	C	20.0 % / 46.0 %	78	D	52.0 % / 46.0 %
15	B	52.0 % / 46.0 %	31	A	30.0 % / 46.0 %	47	A	46.0 % / 46.0 %	63	A	18.0 % / 46.0 %	79	A	48.0 % / 44.0 %
16	D	42.0 % / 46.0 %	32	B	52.0 % / 46.0 %	48	B	52.0 % / 46.0 %	64	B	42.0 % / 44.0 %	80	B	42.0 % / 46.0 %

प्रश्न संख्या	उत्तर	सही उत्तर	छोड़ दिया
81	D	48.0 %	44.0 %
82	D	40.0 %	46.0 %
83	C	56.0 %	44.0 %
84	D	54.0 %	46.0 %
85	B	52.0 %	46.0 %
86	A	46.0 %	46.0 %
87	C	52.0 %	44.0 %
88	D	50.0 %	46.0 %
89	A	38.0 %	46.0 %

प्रश्न संख्या	उत्तर	सही उत्तर	छोड़ दिया
90	B	52.0 %	46.0 %
91	D	52.0 %	44.0 %
92	A	48.0 %	44.0 %
93	C	34.0 %	44.0 %
94	B	44.0 %	46.0 %
95	D	46.0 %	46.0 %
96	C	38.0 %	46.0 %
97	B	44.0 %	46.0 %
98	A	52.0 %	46.0 %

प्रश्न संख्या	उत्तर	सही उत्तर	छोड़ दिया
99	D	48.0 %	46.0 %
100	A	48.0 %	46.0 %
101	A	50.0 %	46.0 %
102	A	54.0 %	46.0 %
103	A	40.0 %	44.0 %
104	A	48.0 %	46.0 %
105	A	48.0 %	46.0 %
106	C	52.0 %	46.0 %
107	B	52.0 %	46.0 %

प्रश्न संख्या	उत्तर	सही उत्तर	छोड़ दिया
108	D	44.0 %	44.0 %
109	C	16.0 %	44.0 %
110	B	38.0 %	46.0 %
111	D	32.0 %	44.0 %
112	C	32.0 %	44.0 %
113	A	48.0 %	44.0 %
114	C	54.0 %	46.0 %
115	B	40.0 %	46.0 %
116	A	46.0 %	46.0 %

प्रश्न संख्या	उत्तर	सही उत्तर	छोड़ दिया
117	C	42.0 %	44.0 %
118	A	28.0 %	46.0 %
119	D	48.0 %	44.0 %
120	B	54.0 %	46.0 %
121	D	26.0 %	44.0 %
122	C	18.0 %	46.0 %
123	D	40.0 %	46.0 %
124	D	26.0 %	46.0 %
125	C	46.0 %	46.0 %

कार्य विश्लेषण	
औसत अंक (%)	51.2%
टॉपर्स स्कोर (%)	98.4%
आपका स्कोर	

//संकेत और समाधान//

1. "उक्ति व्यक्ति प्रकरण" प्रचलित व्याकरण ग्रंथ है। उक्ति-व्यक्ति-प्रकरण, दामोदर शर्मा द्वारा रचित हिंदी व्याकरण का पहला ग्रंथ है। हिन्दी व्याकरण के इतिहास में इसका महत्वपूर्ण स्थान है। इसका रचना काल 12वीं शती का पूर्वार्द्ध माना जाता है। यह ग्रंथ हिन्दी की पुरानी कोशली या अवधी बोली बोलने वालों के लिए संस्कृत सिखाने वाला एक मैनुअल है, जिसमें पुरानी अवधी के व्याकरणिक रूपों के समानान्तर संस्कृत रूपों के साथ पुरानी कोशली एवं संस्कृत दोनों में उदाहरणात्मक वाक्य दिये गये हैं।

अतः विकल्प (B) सही है।

2. "राउलवेल", "शिलांकित" कृति है।

राउलवेल का अर्थ: राजकुल का विलास यह एक शिलांकित कृति है जिन शिलाओं पर यह लिखी गई थी, वह मध्यप्रदेश के (मालवा क्षेत्र) धार जिले से प्राप्त हुई है और वर्तमान में मुम्बई के 'प्रिन्स आफ वेल्स संग्रहालय' में सुरक्षित रखी हुई है। यह एक चम्पू काव्य है यानि गद्य-पद्य मिश्रित रचना है। यह हिन्दी की प्राचीनतम चम्पू काव्य की कृति है यानि "हिन्दी का प्रथम चम्पू काव्य ग्रंथ" है।

अतः विकल्प (B) सही है।

3. "मुकरी" लिखने का सर्वप्रथम प्रयास "अमीर खुसरो" ने किया है। हिंदी में मुकरी सर्वप्रथम अमीर खुसरो ने लिखी। हिन्दी में अमीर खुसरो की मुकरियाँ प्रसिद्ध हैं। इसी को 'कह-मुकरी' भी कहते हैं। साहित्यिक दृष्टि से मुकरियों का विषय छेकापन्हुति अलंकार के अंतर्गत आता है।

अतः विकल्प (D) सही है।

4. "रामकुमार वर्मा" ने हिंदी का प्रथम कवि "स्वयंभू" को माना है। स्वयंभू को अपभ्रंश का वाल्मीकि कहा जाता है। स्वयंभू अपभ्रंश भाषा के महाकवि थे। स्वयंभू को जैन परंपरा का भी प्रथम कवि कहा जाता है। स्वयंभू को अपभ्रंश भाषा का व्यास भी कहा जाता है।

अतः विकल्प (B) सही है।

5. दोहाकोश, सरहपा की रचना है। राहुल सांकृत्यायन, सरहपा को हिंदी के प्रथम कवि मानते हैं।

सरहपा की रचनाएँ 'दोहा कोश-गीति, दोहाकोश नाम चर्यागीति, दोहाकोशोपदेश गीति आदि' हैं। राहुल सांकृत्यायन ने हिंदी का प्रथम कवि जैन साहित्य के रचयिता सरहपा को माना है जिनका जन्मकाल ८वीं सती माना जाता है। परन्तु हजारीप्रसाद द्विवेदी ने हिंदी का प्रथम कवि अब्दुर्रहमान को माना है। ये मुलतान के निवासी और जाति के जुलाहे थे।

अतः विकल्प (C) सही है।

6. पृथ्वी राज रासो काव्य को 'जल्हण' द्वारा पूरा किया गया था। 'जल्हण' चंदबरदाई के पुत्र थे। पृथ्वी राज रासो का रचना काल: 1334 ई. माना गया है। 'जल्हण हत्थ दे चला' पंक्तियों से स्पष्ट है की चंदबरदाई अपने पुत्र को पृथ्वी राज रासो पुस्तक देकर गए थे।

अतः विकल्प (D) सही है।

7. "खुमान रासो" की रचना राजस्थानी भाषा में की गई है। खुमान रासो एक प्रबंध काव्य है। खुमान रासो एक वीर रस की रचना है। खुमान रासो का रचना काल ९वीं शताब्दी। खुमान रासो में 5000 छंद हैं। वीर रस के साथ-साथ श्रृंगार रस की भी प्रधानता है। इसमें दोहा, सवैया, कवित्त आदि छंद प्रयुक्त हुए है। इसकी भाषा राजस्थानी हिंदी है।

अतः विकल्प (A) सही है।

8. रत्नसेन पद्मावत सूफ़ी प्रेमाख्यान के नायक है। पद्मावत (1540 ई.) जायसी द्वारा रचित ग्रंथ है जिसमें नागमती, पद्मावती और रत्नसेन की प्रेम कहानी है। पद्मावत का नागमती वियोग खंड हिंदी साहित्य की अनुपम निधि है। पद्मावत में रत्नसेन मन यानी आत्मा का प्रतीक है।

अतः विकल्प (D) सही है।

9. इन्द्रावती नूर मुहम्मद की रचना है। इन्द्रावती अवधी (1744 ई.) भाषा में लिखी गयी है। नूर मुहम्मद दिल्ली के बादशाह मुहम्मदशाह के समकालीन थे। नूर मुहम्मद ने फ़ारसी भाषा में रौजतुल हकायक नामक ग्रन्थ लिखा।

अतः विकल्प (C) सही है।

10. रचनाकाल के आधार पर निम्नलिखित रचनाओं का सही अनुक्रम है: चंदायन (1379 ई.), मृगावती (1501 ई.), मधुमालती (1545 ई.), चित्रावली (1613 ई.) चंदायन, मृगावती, मधुमालती और चित्रावली हिंदी के प्रमुख सूफ़ी काव्य हैं। भारत में सूफ़ी धर्म का प्रचार - प्रसार 12 वीं शताब्दी में चिश्ती ने किया था।

अतः विकल्प (C) सही है।

11. रतन बावनी केशवदास की रचना है। केशवदास निम्बार्क सम्प्रदाय में दीक्षित थे। रतन बावनी 1607 ई. में लिखी गयी। यह एक प्रबंध काव्य है।

अतः विकल्प (D) सही है।

12. सींगा ने निमाड़ी भाषा का प्रयोग किया। सींगा (1519 - 1659 ई.) प्रमुख संत कवि हैं। उनके गुरु का नाम मनरंगीर है अन्य संत कवि - रैदास, कबीरदास, हरिदास निरंजनी, गुरुनानक , लालादास, दादू दयाल आदि।

अतः विकल्प (B) सही है।

13. सूरसारावली में संसार को होली का रूपक माना गया, इसमें 1107 छंद हैं। सूरदास के गुरु वल्लभाचार्य हैं और सूरदास अष्टछाप के प्रमुख कवि थे। सूरदास की रचनाओं का सर्वप्रथम संपादन राग कल्पद्रुम नाम से हुआ आचार्य हजारीप्रसाद के अनुसार - " सूरदास ही ब्रजभाषा के प्रथम कवि हैं और लीलागान का महान समुद्र सूरसागर ही उनका प्रथम काव्य है। "

अतः विकल्प (B) सही है।

14. काव्यकल्पद्रुम सेनापति की रचना है। सेनापति (1589 ई.) ब्रजभाषा के कवि हैं और इनका सर्वाधिक प्रिय अलंकार श्लेष है। काव्यकल्पद्रुम एक रीति ग्रन्थ है।

सेनापति के गुरु का नाम हीरामणि दीक्षित था कवि रत्नाकर भी इनका एक और ग्रन्थ हैं जिसमें राम कथा का वर्णन है।

अतः विकल्प (B) सही है।

15. रामचंद्रिका केशवदास की रचना है। केशवदास का उपनाम वेदांती मिश्र था और यह निम्बार्क सम्प्रदाए के माने जाते हैं।

रामचंद्रिका वर्ष 1601 ई. में लिखी गयी थी। रामचंद्रिका में 39 अध्याय हैं और यह एक प्रबंध काव्य है। रामचंद्रिका राम के चरित्र पर आधारित है। रामचंद्र शुक्ल ने रामचंद्रिका को कठिन काव्य का प्रेत कहा है । रामस्वरूप चतुर्वेदी ने रामचंद्रिका को छंदों का अजायबघर कहा है।

अतः विकल्प (B) सही है।

16. यह कथन तुलसीदास के बारे में हजारीप्रसाद द्विवेदी ने कहा है। तुलसीदास रामभक्ति शाखा के प्रमुख कवि हैं। आचार्य शुक्ल के अनुसार- "हिंदी काव्य की प्रौढ़ता के युग का आरम्भ" गोस्वामी तुलसीदास द्वारा हुआ।

अतः विकल्प (D) सही है।

17. मधुमालती के रचनाकार मंझन हैं। मधुमालती हिंदी का प्रथम प्रेमाख्यान है जिसमें बहुपतिवाद का अभाव है बनारसीदास जैन की आत्मकथा अर्द्धकथानक में मृगावती व मधुमालती का ज़िक्र मिलता है। मधुमालती(1545 ई.) की भाषा अवधी है। मधुमालती में प्रयुक्त छंद हैं - दोहा - चौपाई हैं। दक्षिण के शायर नुसरती ने गुलशने इश्क नामक कहानी मधुमालती के आधार पर लिखी हैं।

अतः विकल्प (D) सही है।

18. लोकोक्ति - दूल्हे को पत्तल नहीं, बरातियों को थाली का अर्थ है - भीड़ के चक्कर में मुख्य व्यक्ति को अनदेखा करना। वाक्य - स्कूल के सांस्कृतिक कार्यक्रम में मुख्य अतिथि की उपस्थिति के बावजूद लोगों का ध्यान महिला

खिलाड़ी की तरफ ही ज्यादा था। सच में ये तो वो वाली बात हो गई दूल्हे को पत्तल नहीं बरातियों को खाना।

अतः विकल्प (C) सही है।

19. कंठ्य अक्षर वो अक्षर हैं जो सीधे ही कंठ से निकलते हैं। यानि कि उनके उच्चारण में जीभ को मुख के किसी भी भाग को छूना नहीं पड़ता। जैसे कि:" क" "ख" "ग" "घ" "ड॰" वैसे तो इस श्रेणी के बिन्दु वाले अक्षर भी कंठ्य अक्षर होते हैं पर वो "अलिजिह्वीय श्रेणी" में शामिल हैं। उनका उच्चारण थोड़ा भिन्न होता है जो साधारण सुनने में आया है।

अतः विकल्प (D) सही है।

20. "अलंकार पंचाशिका", "मतिराम" द्वारा ज्ञानचंद्र के आश्रम में लिखा गया है। इसका रचना वर्ष 1690 ईसवी है। यह एक अलंकार निरूपण ग्रंथ है। मतिराम का जन्म सन 1617 हुआ।

अतः विकल्प (B) सही है।

21. "रामसिंह", "कुलपति मिश्र" के आश्रयदाता है। कुलपति मिश्र का जन्म स्थान आगरा है। यह रीतिबद्ध कवि के अंतर्गत आते हैं। इनके पिता का नाम 'परशुराम मिश्र' था। महाकवि बिहारी के भानजे के रूप में प्रसिद्ध हैं। इनका 'रस रहस्य' 'मम्मट' के काव्य प्रकाश का छायानुवाद है।

अतः विकल्प (C) सही है।

22. रचनाकाल की दृष्टि से कवियों का सही अनुक्रम: केशवदास, बिहारी, भूषण, सेनापति है। केशवदास हिंदी साहित्य के रीतिकाल की कवि-त्रयी के एक प्रमुख स्तंभ हैं। बिहारी की एकमात्र रचना सतसई (सप्तशती) है। महाकवि भूषण रीतिकाल के तीन प्रमुख हिन्दी कवियों में से एक हैं, अन्य दो कवि हैं- बिहारी तथा केशव। सेनापति भक्तिकाल एवं रीतिकाल के सन्धियुग के कवि हैं।

अतः विकल्प (A) सही है।

23. बिहारी - मतिराम - जसवंत सिंह - देव, बिहारी - 1595, मतिराम - 1617, जसवंत सिंह - 1626, देव - 1673।

अतः विकल्प (D) सही है।

24. 'पथ के साथी' महादेवी जी का संस्मरण है जो उन्होंने 1956 ई. में लिखा था। महादेवी वर्मा मुख्यतः छायावादी कवयित्री हैं किंतु इन्होंने गद्य साहित्य में के संस्मरण और रेखाचित्र भी लिखें। इनके जीवन संघर्ष को देखते हुए इन्हें आधुनिक मीरा भी कहा जाता है। महादेवी जी की अन्य प्रमुख गद्य कृतियां हैं - अतीत के चलचित्र, मेरा परिवार, स्मृति की रेखाएं आदि।

अतः विकल्प (A) सही है।

25. "दूसरों की जूतियां", "डॉ. धर्मवीर" की रचना है। डॉ. धर्मवीर अपने विचारोत्तेजक लेखन और मौलिक दृष्टि के लिए जाने जाते थे।धर्मवीर जी की रचनाएं निम्नलिखित हैं: हिंदी की आत्मा', कबीर के आलोचक, दलित चिंतन का विकास, आदि।

अतः विकल्प (A) सही है।

26. राष्ट्रकवि मैथिलीशरण गुप्त (3 अगस्त 18886 - 12 दिसम्बर 1964) उन्हें साहित्य जगत में "दद्दा" नाम से सम्बोधित किया जाता था। उनकी जयंती 3 अगस्त को हर वर्ष "कवि दिवस" के रूप में मनाया जाता है। सन 1954 में भारत सरकार ने उन्हें "पद्मभूषण" से सम्मानित किया। महात्मा गांधी ने उन्हें 'राष्ट्रकवि' की पदवी भी दी थी।

अतः विकल्प (A) सही है।

27. अनामिका महाप्राण निराला की प्रसिद्ध रचना है। निराला की अन्य श्रेष्ठ रचनाएँ- राम की शक्ति पूजा, सरोज स्मृति, परिमल, तुलसीदास आदि।

अतः विकल्प (B) सही है।

28. चोखे चौपदे मुक्तक काव्य श्रेणी का श्रेष्ठ काव्य है, इसके लेखक अयोध्या सिंह उपाध्याय 'हरिऔध' है। अयोध्या सिंह उपाध्याय 'हरिऔध' की अन्य

रचनाएँ- मुक्तक काव्य - चोखे चौपदे, चुभते चौपदे, कल्पलता, बोलचाल, पारिजात और हरिऔध सतसई, उपन्यास - ठेठ हिंदी का ठाठ और अधखिला फूल, महाकाव्य - प्रियप्रवास, वैदेही वनवास।

अतः विकल्प (C) सही है।

29. शमशेर बहादुर सिंह तार सप्तक के कवि नहीं है। शमशेर बहादुर सिंह दूसरे तार सप्तक के कवि है। प्रथम तार सप्तक को सिर्फ तार सप्तक कहते है।

अतः विकल्प (A) सही है।

30. "नहुष" नाटक के लेखक बाबू गिरधरदास का भारतेन्दु हरिश्चन्द्र से पिता का सम्बन्ध था। गोपालचन्द्र गिरिधरदास श्री काले हर्षचन्द्र के पुत्र तथा भारतेन्दु हरिश्चन्द्र के पिता थे। बाबू गोपालचन्द्र 'गिरिधरदास' का जन्म काशी में सन 1833 ई. में हुआ था। गिरिधर महाराज के कृपापात्र होने के कारण गोपालचन्द्र ने 'गिरिधरदास' उपनाम रखा था।

अतः विकल्प (A) सही है।

31. दिए गए विकल्पों में से 'कानन कुसुम' मुकुटधर पाण्डेय की रचना है। इनको छायावाद का जनक भी माना जाता है। इनकी रचनाएँ हैं - पूजाफूल (1916), शैलबाला (1916), लच्छमा (अनूदित उपन्यास, 1917), परिश्रम (निबंध, 1917), हृदयदान (1918), मामा (1918), छायावाद और अन्य निबंध (1983), स्मृतिपुंज (1983), विश्वबोध (1984), छायावाद और श्रेष्ठ निबंध (1984), मेघदूत (छत्तीसगढ़ी अनुवाद, 1984) आदि प्रमुख है। भारत सरकार द्वारा इन्हें सन् 1976 में 'पद्म श्री' से नवाजा गया।

अतः विकल्प (A) सही है।

32. 'साकेत' मैथिलीशरण गुप्त द्वारा रचित महाकाव्य है। इसका प्रथम प्रकाशन सन् 1931 में हुआ था। इसके लिए उन्हें 1932 में मंगलाप्रसाद पारितोषिक प्राप्त हुआ था। साकेत रामकथा पर आधारित है, किन्तु इसके केन्द्र में लक्ष्मण की पत्नी उर्मिला है। साकेत में कवि ने उर्मिला और लक्ष्मण के दाम्पत्य जीवन के हृदयस्पर्शी प्रसंग तथा उर्मिला की विरह दशा का अत्यन्त मार्मिक चित्रण किया है।

अतः विकल्प (B) सही है।

33. सुभद्रा कुमारी चौहान की रचना 'वीरों का कैसा हो बसंत' है। सुभद्रा कुमारी चौहान हिंदी की प्रमुख कवियित्री हैं। इनके दो कविता संग्रह तथा तीन कथा संग्रह प्रकाशित हुए हैं। इनकी प्रसिद्धि झाँसी की रानी (कविता) के कारण है।

अतः विकल्प (C) सही है।

34. 'आँसू' के रचनाकार जयशंकर प्रसाद हैं। जयशंकर प्रसाद छायावादी युग के प्रमुख कवि हैं। इनकी अन्य रचनाएँ- कामायनी, झरना, लहर आदि हैं। धर्मवीर भारती- अंधा युग आदि, प्रेमचंद- अमृत, अनाथ लड़की आदि, भारतेन्दु हरिश्चन्द्र- अंधेर नगरी आदि।

अतः विकल्प (B) सही है।

35. 'ग्राम्या' सुमित्रानंदन पंत का काव्य संग्रह है, जिसका प्रकाशन समय 1940 ई. है। ग्राम्या सुमित्रानंदन पंत की 53 कविताओं का संकलन है। 'ग्राम्या' में सहानुभूति के माध्यम से पंत का चिंतन ग्रामीण जीवन के आवर्त्तों विवर्त्तों को छूना चाहता है। अन्य कृतियाँ- 'स्वर्णधूलि', 'स्वर्ण-किरण', 'युगपथ', 'उत्तरा' तथा 'अतिमा' आदि में पन्तजी महर्षि अरविन्द के नवचेतनावाद से प्रभावित हैं।

अतः विकल्प (A) सही है।

36. नागार्जुन की पहली हिन्दी रचना 'राम के प्रति' नामक कविता थी, जो 1934 ई. में लाहौर से निकलने वाले साप्ताहिक 'विश्वबन्धु' में छपी थी। नागार्जुन द्वारा रचित और भी बहुत सी कृतियाँ हैं- युगधारा, सतरंगे पंखो वाली, प्यासी पथरी आँखें, तालाब की मधलियां, चन्दना, खिचड़ी विप्लव देखा हमने आदि।

अतः विकल्प (A) सही है।

37. 'सीढ़ियों पर धूप' को रघुवीर सहाय की प्रथम समर्थ रचना माना जा सकता है, जिसका प्रकाशन 1960 में हुआ था। इसके अलावा आत्महत्या के विरुद्ध, हँसो हँसो जल्दी हँसो (कविता संग्रह), रास्ता इधर से है (कहानी संग्रह) दिल्ली मेरा परदेश और लिखने का कारण (निबंध संग्रह) इनकी प्रमुख कृतियाँ हैं। कविता संग्रह 'लोग भूल गए हैं' के लिए 1984 में साहित्य अकादमी पुरस्कार से इन्हें सम्मानित भी किया जा चुका है।

अतः विकल्प (B) सही है।

38. आत्मजयी 1995 में व्यास सम्मान प्राप्त कुँवर नारायण जी की रचना है।

रचना	रचनाकार
उत्तर कबीर	केदारनाथ सिंह
कहीं नहीं वही	अशोक बाजपेयी
संशयात्मा	ज्ञानेंद्रपति

अतः विकल्प (C) सही है।

39. उत्तरा' रचना सूर्यकांत त्रिपाठी निराला जी की नहीं है।। निराला आधुनिक मार्क्सवादी या प्रगतिवादी कवि हैं। इन्हें हिंदी मुक्त छन्द का प्रवर्तक माना जाता है। निराला जी की अन्य प्रमुख कृतियाँ हैं - अनामिका, परिमल, गीतगुंज, कुकुरमुत्ता, अणिमा आदि।

अतः विकल्प (D) सही है।

40. "टूटते परिवेश" नाटक के लेखक "विष्णु प्रभाकर" हैं। टूटते परिवेश की रचना 1974 ई. में हुई थी। प्रमुख पात्र:- मनीषा, विवेक, दीप्ति, विश्वजीत, करुणा, अशोक, जरीना, शरद, इंद्र ,विमल आदि।

अतः विकल्प (A) सही है।

41. "अश्वत्थामा", "अंधा युग नाटक" के नायक हैं। अंधा युग नाटक धर्मवीर भारती का नाटक है। अंधा युग नाटक की रचना 1974 ई. में हुई थी। प्रमुख पात्र:- अश्वत्थामा, धृतराष्ट्र, कृतवर्मा, संजय, वृद्धयाचक, व्यास, कृष्ण, युधिष्ठिर, विदुर, कृपाचार्य, युयुत्सु, गूंगा, भिखारी, बलरामै।

अतः विकल्प (D) सही है।

42. "प्लेग की चुड़ैल", "लाला भगवान दास" की कहानी है। इसकी रचना 1903 ईस्वी में हुई थी।

अतः विकल्प (D) सही है।

43. "कमलेश्वर" ने "समांतर कहानी आंदोलन" की शुरुआत की थी। 1972 में हिंदी साहित्य के पतन को देखते हुए समांतर कहानी आंदोलन की शुरुआत की। कमलेश्वर ने हिंदी साहित्य में रचनात्मकता लाने के लिए 'नई कहानी' जैसा आंदोलन चलाया। सारिका पत्रिका द्वारा चलाए इस आंदोलन से पहली बार दलित लेखन ने साहित्य में अपनी जगह बनाना शुरू की।

अतः विकल्प (D) सही है।

44. कछुआ धर्म(चन्द्रधर शर्मा गुलेरी) निबन्ध से उद्धृत है। धर्म का अर्थ उनके लिए "सार्वजनिक प्रीतिभाव है", जो साम्प्रदायिक ईर्ष्या-द्वेष को बुरा मानता है। मनुस्मृति में कहा गया है कि जहाँ गुरु की निन्दा या अस्तकथा हो रही हो वहाँ पर भले आदमी को चाहिए कि कान बन्द कर ले या और कहीं उठ कर चला जाय। यह हिन्दुओं के या हिन्दुस्तानी सभ्यता के कछुआ धर्म का आदर्श है।

अतः विकल्प (C) सही है।

45.

सूची-1	सूची-2
A. आस्था और सौन्दर्य	IV. रामविलास शर्मा
B. अनुसंधान और आलोचना	III. नगेन्द्र
C. आचरण की सभ्यता	I. अध्यापक पूर्ण
D. वाद विवाद संवाद	II. नामवर सिंह

46. "चित्त कोबरा", "मृदुला गर्ग" का उपन्यास है।

रचनाकार: मृदुला गर्ग,

रचना वर्ष: 1979 ईसवी,

महेश और मनु (पति-पत्नी) इसके पात्र हैं।

अतः विकल्प (B) सही है।

47. "भूले बिसरे चित्र" हिन्दी के विख्यात साहित्यकार भगवतीचरण वर्मा द्वारा रचित एक उपन्यास है। इसकी रचना 1959 में हुई थी। इसके लिये इन्हें सन् 1961 में "साहित्य अकादमी पुरस्कार" से सम्मानित किया गया।

अतः विकल्प (A) सही है।

48. हिंदी का प्रथम उपन्यास "परीक्षा गुरु" है। "परीक्षा गुरु" की रचना भारतेन्दु युग के प्रसिद्ध नाटककार लाला श्रीनिवास दास ने 25 नवम्बर,1882 को की थी।

अतः विकल्प (B) सही है।

49. "प्रेम जब आत्मसमर्पण का रूप ले लेता है तभी ब्याह है उसके पहले अय्यासी है",यह कथन गोदान में मिस्टर मेहता द्वारा कहा गया है। गोदान प्रेमचंद का महत्वपूर्ण उपन्यास है। यह 1936 में प्रकाशित हुआ था।गोदान सामंतवादी व्यवस्था के ऊपर लिखा गया उपन्यास है। इसमें शहर और गाँव का दृश्य साथ साथ चलता है। मुख्य पात्र - होरी, धनिया, मिस्टर मेहता, मालती, गोबर, आदि गोदान के विरोध में दलित लेखक रूप नारायण सोनकर ने सूअरदान उपन्यास लिखा है। वह प्रेमचंद को दलित विरोधी मानते हैं।

अतः विकल्प (A) सही है।

50. "जो मैंने जिया" आत्मकथा "कमलेश्वर" जी की।1995 में कमलेश्वर को "पद्मभूषण" से नवाज़ा गया और 2003 में उन्हें "कितने पाकिस्तान" (उपन्यास) के लिए "साहित्य अकादमी पुरस्कार" से सम्मानित किया गया।

अतः विकल्प (A) सही है।

51. उपरोक्त विकल्पो में कलम का सिपाही, जीवनी विधा की रचना है। कलम का सिपाही जीवनी के लेखक: अमृत राय। कलम का सिपाही जीवनी, प्रेमचन्द के जीवन पर आधारित रचना है।

अतः विकल्प (B) सही है।

52. मनीषी कि लोकयात्रा भगवती प्रसाद सिंह की रचना है। "मनीषी की लोक यात्रा" की रचना 1968 ईसवी में हुई थी।

अतः विकल्प (B) सही है।

53. "मदन गोपाल" द्वारा लिखी जीवनी "कलम का मजदूर" है। "कलम का मजदूर" की रचना 1964 ईसवी में हुई थी। राजकमल से इसका पहला संस्करण 1965 में प्रकाशित हुआ था।

अतः विकल्प (C) सही है।

54. "हमारी जापान यात्रा" के लेखक "कन्हैयालाल मिश्र प्रभाकर" हैं। कन्हैयालाल मिश्र प्रभाकर (29 मई 1906-9 मई 1995) हिन्दी के कथाकार, निबन्धकार, पत्रकार तथा स्वतंत्रता सेनानी थे। हमारी जापान यात्रा का रचना वर्ष 1931 ईसवी है।

अतः विकल्प (A) सही है।

55. "हम हशमत", "कृष्णा सोबती" की रचना है। कृष्णा सोबती (18 फ़रवरी 1925- 25 जनवरी 2019) उन्हें 1980 में "साहित्य अकादमी पुरस्कार" तथा 1996 में "साहित्य अकादमी अध्येतावृत्ति" से सम्मानित किया गया था। हम हशमत एक विचार संवाद संस्मरण हैं।

अतः विकल्प (A) सही है।

56. "कितना अकेला आकाश", "नरेश मेहता" की रचना है। नरेश मेहता को उनकी साहित्यिक सेवाओं के लिए 1992 में "ज्ञानपीठ पुरस्कार" से सम्मानित किया गया। नरेश मेहता दूसरा सप्तक के प्रमुख कवि के रूप में प्रसिद्ध हैं।

अतः विकल्प (B) सही है।

57. "राहुल सांकृत्यायन" को यात्रा साहित्य का "पितामह" का जाता है। राहुल सांकृत्यायन (9 अप्रैल 1893 - 14 अप्रैल 1963) जिन्हें "महापंडित" की उपाधि दी जाती है हिन्दी के एक प्रमुख साहित्यकार थे। यह हिंदी यात्रासाहित्य के "पितामह" कहे जाते हैं। राहुल सांकृत्यायन जी की कहानियाँ निम्नलिखित हैं:-

1. सतमी के बच्चे
2. वोल्गा से गंगा
3. बहुरंगी मधुपुरी
4. कनेला की कथा

अतः विकल्प (A) सही है।

58. शिव दान सिंह चौहान को हिन्दी में रिपोर्ताज विधा का जनक माना जाता है। इन्हें हिंदी साहित्य के प्रथम मार्क्सवादी आलोचक के रूप मे भी जाना जाता है। लेखक होने के साथ साथ ये सक्रिय राजनीतिक कार्यकर्ता भी थे।

अतः विकल्प (C) सही है।

59. 'कविवचन सुधा' पत्रिका के संपादक "भारतेन्दु हरिश्चंद्र" थे। काशी से प्रकाशित 'कविवचन सुधा' पत्रिका का आरंभ 1868 में हुआ था। इसके प्रकाशक भारतेन्दु हरिश्चंद्र थे।

अतः विकल्प (A) सही है।

60. हिन्दी का पहला समाचार-पत्र 1826 में कलकत्ता से प्रकाशित हुआ था। उदन्त मार्तण्ड हिंदी का प्रथम समाचार पत्र था। इस साप्ताहिक अखबार के सम्पादक जुगल किशोर जी थे।

अतः विकल्प (C) सही है।

61. गंगा प्रसाद विमल, 'अ-कहानी' के प्रवर्तक है।'अ कहानी' आन्दोलन-1960 ई. में लिखा गया था। महीप सिंह ने "सचेतन कहानी" को वर्ष1964 ई. में लिखा। मोहन राकेश, कमलेश्वर, राजेन्द्र यादव ने "नयी कहानी" को वर्ष1956 ई. में लिखा था।

अतः विकल्प (B) सही है।

62. अनुच्छेद 345: आधिकारिक उद्देश्यों के लिए संघ में उपयोग के लिए अधिकृत होने वाली भाषा एक राज्य और दूसरे राज्य के बीच और एक राज्य और संघ के बीच संचार के लिए आधिकारिक भाषा होगी: बशर्ते कि दो या दो से अधिक राज्य सहमत हों कि हिंदी भाषा होनी चाहिए ऐसे राज्यों के बीच संचार के लिए आधिकारिक भाषा, इस तरह के संचार के लिए भाषा का उपयोग किया जा सकता है।इस अनुच्छेद में यह बताया गया कि राज्य की राजभाषा के रूप में किसी भी भाषा को अपनाया जा सकता है। राज्य एक या एक से अधिक भाषाओं का प्रयोग भी अपने राज्य के लिए कर सकता है। जिसकी संस्तुति राज्यपाल के द्वारा की जाती है लेकिन यह तभी संभव होगा जब वहां दूसरी भाषाओं को बोलने वालों की संख्या भी ज्यादा हो।

अतः विकल्प (C) सही है।

63. राजभाषा का उपयोग किस तरह से किया जाए इसके लिए राजभाषा आयोग का गठन "7 जून 1955" को किया गया था। यह संगठन बी. जे. खेर की अध्यक्षता में बनाया गया था और इसकी रिपोर्ट राष्ट्रपति को दी जाती है।

अतः विकल्प (A) सही है।

64. भारत के राष्ट्रपति ने भारत के संविधान के अनुच्छेद 344 (1) में प्रदत्त शक्तियों का प्रयोग करते हुए 7 जून 1955 को श्री बी. जी. खेर की अध्यक्षता में निम्नांकित विषयों पर सिफारिशें करने के लिए राजभाषा आयोग का गठन किया-

(1) संघ के सरकारी कामकाज के लिए हिंदी भाषा का क्रमशः अधिक से अधिक से प्रयोग।

(2) संघ के सभी या कुछ सरकारी कामों के लिए अंग्रेजी भाषा के प्रयोग की मनाही।

(3) संविधान के अनुच्छेद 348 में वर्णित सभी अथवा कुछ कार्यों के लिए किस भाषा का प्रयोग किया जाए।

(4) एक समग्र अनुसूची तैयार करना जिसमें ये बताया जाए कि कब और किस प्रकार संघ की राजभाषा तथा संघ एवं राज्यों के बीच और एक राज्य और दूसरे राज्यों के बीच संचार की भाषा के रूप में अंग्रेजी का स्थान धीरे-धीरे हिंदी को मिले।

अतः विकल्प (B) सही है।

65. दिए गए विकल्पों में से आगरा और अलीगढ़ में बोली जाने वाली बोली ब्रजभाषा है। मारवाड़ी- जोधपुर, अजमेर, किशनगढ़, जैसलमेर।कौरवी-बिजनोर, रामपुर, मुरादाबाद, मेरठ, सहारनपुर, दिल्ली, गाजियाबाद, मुजफ्फरनगर। कन्नौजी- इटावा, फरुखाबाद, हरदोई, पीलीभीत, शाहजहाँपुर, कानपुर। ब्रजभाषा- मथुरा, आगरा, अलीगढ़, बरेली, बदायूं एटा, मैनपुरी, गुड़गावां, भरतपुर, करौली

अतः विकल्प (D) सही है।

66. 'असमिया' मागधी से उत्पन्न हुई है। आधुनिक आर्यभाषाओं का जन्म विभिन्न क्षेत्रीय रूपों से माना गया है। जिनमें से मागधी अपभ्रंश के अंतर्गत ही बंगाली, उड़िया और बिहारी भाषा भी आती हैं।

अतः विकल्प (B) सही है।

67. आषाढ़ का एक दिन नाटककार मोहन राकेश द्वारा रचित एक हिंदी नाटक है। इसे कभी-कभी हिंदी नाटक के आधुनिक युग का प्रथम नाटक कहा जाता है। इसे संगीत नाटक अकादमी पुरस्कार से सम्मानित किया गया और कई प्रसिद्ध निर्देशक इसे मंच पर ला चुके हैं। निर्देशक मणि कौल ने इस पर आधारित एक फ़िल्म बनाई जिसने आगे जाकर साल की सर्वश्रेष्ठ फ़िल्म का फ़िल्मफ़ेयर पुरस्कार जीत लिया।

अतः विकल्प (B) सही है।

68. पाली को भारत कि 'प्रथम देशभाषा' कहा जाता है। पाली मध्यकालीन आर्यभाषा है। इसका अर्थ 'बुद्ध वचन' होने से यह शब्द केवल मूल त्रिपिटक ग्रंथों के लिए हुआ है। यह भारत की प्रथम देशभाषा है।

अतः विकल्प (B) सही है।

69. मैथिली का विकास मागधी अपभ्रंश से माना जाता है। मैथिली हिंदी प्रदेश की बिहारी' की एक बोली है। जो मुख्य रूप से बिहार और नेपाल के तराई क्षेत्रों में बोली जाती है।

अतः विकल्प (C) सही है।

70. कई भाषाएँ देवनागरी लिपि में लिखी जाती हैं। इन भाषाओं के नाम हैं - कोंकणी, मराठी, मैथिली, संथाली, बोडो, हिंदी, कश्मीरी, इत्यादि। इस आधा और पर हिंदी, संथाली कोंकणी, मराठी इन सभी भाषाओं की लेखनी में देवनागरी लिपि का प्रयोग किया जाता है।

देवनागरी लिपि की उत्पत्ति ब्राही लिपि से हुई है। एक ऐसी लिपि है जिसमें अनेक भारतीय भाषाएँ तथा कुछ विदेशी भाषाएँ लिखी जाती हैं। संस्कृत, पाली, हिंदी, मराठी, कोंकणी, सिन्धी, कश्मीरी, नेपाली, गढ़वाली, बोडो, अंगिका, मगही, भोजपुरी, मैथिली, संथाली, भाषाएँ देवनागरी में लिखी जाती हैं। इसे नागरी लिपि भी कहा जाता है।

अतः विकल्प (C) सही है।

71. 'जेम्स प्रिंसेप' ईस्ट इण्डिया कंपनी में एक अधिकारी के पद पर नियुक्त थे। उन्होंने 1837 ई. में सर्वप्रथम ब्राही और खरोष्ठी लिपियों को पढ़ने में सफलता प्राप्त की। इन लिपियों का उपयोग सबसे आरम्भिक अभिलेखों और सिक्कों में किया गया है। प्रिंसेप को यह जानकारी प्राप्त हुई कि अभिलेखों और सिक्कों

पर पियदस्सी (प्रियदर्शी) अर्थात सुन्दर मुखाकृति वाले राजा का नाम लिखा गया है। कुछ अभिलेखों पर राजा का नाम सम्राट अशोक भी लिखा हुआ था।
अतः विकल्प (C) सही है।

72. 'हा प्राण प्यारे ! जीवित रहूँ किसके सहारे?' इन काव्य पंक्तियों में करुण रस है, करुण रस का स्थायी भाव 'शोक' होता है।

इसमें आश्रय 'दुखी व्यक्ति' एवं आलंबन 'वह व्यक्ति जिसका अनिष्ट हुआ' है।

किसी प्रिय व्यक्ति या वस्तु के विनाश या अनिष्ट की आशंका से जो भाव मन में पुष्ट होते हैं।
अतः विकल्प (A) सही है।

73. प्रस्तुत काव्य अंश में सूरदास ने कृष्ण के वियोग में राधा के मनोभावों एवं दुख का वर्णन किया है, इसलिए यहां वियोग श्रृंगार है।श्रृंगार रस: इस रस में नायक - नायिका के मिलन की स्थिति का वर्णन होता हैं। इसके दो भेद हैं- संयोग और वियोग, उदाहरण- i)बरतस लालच लाल की मुरली धरी लुकाय, सौंह करें, भौंहनि हँसे, दें कहे नटि जाए। (संयोग) ii) भूषण वसन विलोकत सीय के प्रेम विवस मन कंप, पुलक तनु नीरज नीर भाए पिय के। (वियोग)

अतः विकल्प (C) सही है।

74. ऊपर दी गई काव्य पंक्ति में यशोदा का कृष्ण के प्रति प्रेम प्रदर्शित हो रहा है, इसलिए ये काव्य पंक्ति वात्सल्य रस का उत्तम उदाहरण हैं।

वात्सल्य रस का स्थायी भाव वात्सल्यता (अनुराग) होता है। इस रस में बड़ों का बच्चों के प्रति प्रेम, माता का पुत्र के प्रति प्रेम, बड़े भाई का छोटे भाई के प्रति प्रेम, गुरुओं का शिष्य के प्रति प्रेम आदि का भाव स्नेह कहलाता है यही स्नेह का भाव परिपुष्ट होकर वात्सल्य रस कहलाता है।
अतः विकल्प (D) सही है।

75. उपर्युक्त काव्य पंक्तियों में शांत रस है। इस पंक्ति में श्रद्धा मनु के प्रति सहानुभूति व्यक्त करती हुई उनके दुःख का कारण जानना चाहती है। इस रस में तत्व ज्ञान कि प्राप्ति अथवा संसार से वैराग्य होने पर, परमात्मा के वास्तविक रूप का ज्ञान होने पर मन को जो शान्ति मिलती है वहाँ शान्त रस की उत्पत्ति होती है।
अतः विकल्प (B) सही है।

76. श्रव्य काव्य के पठन एवं दृश्य काव्य के दर्शन में जो अलौकिक आनन्द प्राप्त होता है, वही काव्य में रस कहलाता है। रस का शाब्दिक अर्थ है- आनन्द। काव्य में जो आनन्द आता है,वह ही काव्य का रस है। अभाव में आनंद नहीं मिलता अर्थात रस की निष्पत्ति नहीं है।

अतः विकल्प (D) सही है।

77. अघोष वर्ण अर्थात जिन वर्णों के उच्चारण में स्वरतन्तियों में कम्पन न हो, वह अघोष वर्ण कहलाते हैं। प्रत्येक 'वर्ग' का पहला और दूसरा व्यंजन वर्ण अघोष वर्ण होता है, जैसे क, ख, च, छ, ट, ठ, इत्यादि।

सघोष (जिन वर्णों के उच्चारण में केवल नाद का उपयोग होता है, उन्हें घोष वर्ण कहते हैं। इनकी संख्या 31 होती है।) ग, घ, ड, ज, झ, ञ, ड, ढ, ण, द, ध, न, ब, भ, म, य, र, ल, व, ह इत्यादि।
अतः विकल्प (A) सही है।

78. उपरोक्त विकल्पों में से 'त, थ, द, ध, न' दंत्य वर्ण से उत्पन्न होने वाली ध्वनि है। विभिन्न वर्णों को उच्चारण स्थान के आधार पर वर्गीकृत किया गया है।

अतः विकल्प (D) सही है।

79. प्रदत्त पंक्ति में अनुप्रास अलंकार है। जहाँ स्वर की समानता के बिना भी वर्णों की बार-बार आवृत्ति होती है, वहाँ अनुप्रास अलंकार होता है। जैसे - "मुदित मही पति मंदिर आए। सेवक सचिव सुमन्त्र बुलाए।"यहाँ पहले पद में 'म' वर्ण की आवृत्ति और दूसरे में 'स' वर्ण की आवृत्ति हुई है।

अतः विकल्प (A) सही है।

80. 'हल्का' शब्द का विपरीत अर्थ बताने वाला शब्द 'भारी' है । अतः सही विकल्प भारी होगा।अन्य सभी विकल्प गलत है।

जो शब्द अपना उल्टा अर्थ बताते है उन्हें हम विलोम शब्द कहते है।

अतः विकल्प (B) सही है।

81. 'तीन बेर खाती थी वो तीन बेर खाती है' में यमक अलंकार है। यहाँ प्रथम तीन बेर का अर्थ तीन बार (संख्या से) तथा तीन बेर का अर्थ समय से है।

अतः विकल्प (D) सही है।

82. दिए गए विकल्पों में से 'विभूति' शब्द का पर्यायवाची शब्द ऐश्वर्य है।

प्रतिभूति- घूस, जमानत

सुंदरता- खूबसूरती, सौन्दर्य

अनुभूति- अनुभव, परिज्ञान

अतः विकल्प (D) सही है।

83. दिए गए विकल्पों में 'बिजली' शब्द दामिनी का पर्यायवाची शब्द है।

नवनीत- घृत, घी, अमृत

चमक- ज्योति, प्रकाश, प्रभा

ऊर्जा- बल, शक्ति, स्फूर्ति
अतः विकल्प (C) सही है।

84. 'इति' का अर्थ होता है 'समाप्त' तथा 'ईति' का अर्थ होता है 'भय'। 'म्यान-खजाना' का अर्थ है 'कोश-कोष'। 'यान-गहरी' का अर्थ है 'गाड़ी-गाढ़ी'। 'युवा-बोली' का अर्थ है 'जवान-जबान'।

अतः विकल्प (D) सही है।

85. दिए गए विकल्पों में 'से' करण कारक का चिह्न है।

संज्ञा या सर्वनाम के जिस रूप की सहायता से क्रिया सम्पन्न होती हैं, उसे करण कारक कहते हैं। जैसे- रामा ने मोहन को डंडे से मारा।
अतः विकल्प (B) सही है।

86. "घोसले में चिड़िया है" वाक्य में 'अधिकरण' कारक है क्योंकि इसमें विभक्ति चिन्ह 'में' प्रयोग हुआ है।

'भीतर, ऊपर, अंदर, बीच' आदि शब्दों का प्रयोग इस कारक में किया जाता है। अन्य विकल्प अनुपयुक्त हैं।
अतः विकल्प (A) सही है।

87. एकवचन- शब्द के जिस रूप से किसी व्यक्ति, वस्तु आदि के एक होने का बोध हो, उसे एकवचन कहते हैं।

बहुवचन- शब्द के जिस रूप से एक से अधिक व्यक्तियों या वस्तुओं आदि का बोध हो, उसे बहुवचन कहते हैं।
अतः विकल्प (C) सही है।

88. उपरोक्त सभी विकल्पों में 'अवस्था' शब्द स्त्रीलिंग है जिसका अर्थ 'हालत या दशा या उम्र या स्थिति' होगा। मनुष्य संसार में चार अवस्थाओं के द्वारा अपना जीवन व्यतीत करता है। ये हैं जागृत, स्वप्र, सुसुप्ति व तुरीय।

पुल्लिंग: जिन शब्दों के अंत में आ, आव, पा, न आदि पुल्लिंग आते हैं वे शब्द अधिकतर पुल्लिंग होते हैं।

स्त्रीलिंग: जिन शब्दों के अंत में ई, आवट, इया, ता, स्त्रीलिंग आई, आहट आदि प्रत्यय लगे हों, स्त्रीलिंग होते हैं।
अतः विकल्प (D) सही है।

89. उपर्युक्त विकल्पों में से 'शीशम' शब्द पुल्लिंग है।

पुल्लिंग: जिन शब्दों के अंत में आ, आव, पा, न आदि पुल्लिंग आते हैं वे शब्द अधिकतर पुल्लिंग होते हैं।

स्त्रीलिंग: जिन शब्दों के अंत में ई, आवट, इया, ता, स्त्रीलिंग आई, आहट आदि प्रत्यय लगे हों, स्त्रीलिंग होते हैं।
अतः विकल्प (A) सही है।

90. दिए गए विकल्पों में 'कचौरी' स्त्रीलिंग शब्द है।

पुल्लिंग: जिन शब्दों के अंत में आ, आव, पा, न आदि पुल्लिंग आते हैं वे शब्द अधिकतर पुल्लिंग होते हैं।

स्त्रीलिंग: जिन शब्दों के अंत में ई, आवट, इया, ता, स्त्रीलिंग आई, आहट आदि प्रत्यय लगे हों, स्त्रीलिंग होते हैं।
अतः विकल्प (B) सही है।

91. 'दुश्चरित्र' का उचित संधि-विच्छेद 'दुः + चरित्र' है। (विसर्ग के बाद यदि च, छ हो, तो विसर्ग का 'श' हो जाता है) यहाँ विसर्ग संधि।विसर्ग- विसर्ग के साथ स्वर अथवा व्यंजन के मिलने से जो विकार उत्पन्न होता है, उसे विसर्ग संधि कहते हैं। निः + छल= निश्छल।

अतः विकल्प (D) सही है।

92. जहाँ विसर्ग के साथ स्वर या व्यंजन के मेल से विकार उत्पन्न होता है, वहाँ विसर्ग संधि होती है। "हरिश्चंद्र" विसर्ग संधि का उदाहरण है। हरिश्चंद्र= हरिः + चन्द्र।

अतः विकल्प (A) सही है।

93. गौरीशंकर में द्वंद्व समास है।

द्वंद्व समास- जिस समास में दोनों पद प्रधान हो तथा विग्रह करने पर उनके बीच 'तथा' 'या', 'अथवा', 'एवं' या 'और' का प्रयोग होता हो। जैसे - अन्न और जल = अन्न-जल, अपना और पराया = अपना-पराया।
अतः विकल्प (C) सही है।

94. 'घर-आंगन' शब्द में 'द्वंद समास' है।

द्वंद समास- जिस समास में दोनों पद प्रधान हो तथा विग्रह करने पर उनके बीच 'तथा', 'या', अथवा', 'एवं' या 'और का प्रयोग होता है। जैसे - अन्न और जल = अन्न-जल, अपना और पराया = अपना-पराया।

अतः विकल्प (B) सही है।

95. 'आयुर्वेद प्रतिरोधक क्षमता बढ़ाता है' वाक्य शुद्ध है। 'मेरे से कोई मतलब नहीं।' वाक्य में सर्वनाम संबंधी त्रुटि है। यहां पर 'मेरे से' के स्थान पर 'मुझसे' उचित होगा। तीन लड़की एक पुरुष से भिड़ गई।' वाक्य में वचन संबंधी त्रुटि है।यहां पर 'लड़की' के स्थान पर 'लड़कियां' उचित होगा।

अतः विकल्प (D) सही है।

96. उपर्युक्त वाक्य में 'कारक संबंधी' अशुद्धि है। शुद्ध वाक्य है 'फल खूब पका होना चाहिए।' यहाँ कारक परसर्ग 'को' लगाने की आवश्यकता नहीं है। 'को' कर्म कारक द्वितीय विभक्ति का चिन्ह है।
अतः विकल्प (C) सही है।

97. निर्भय का समास विग्रह ' भय से रहित ' होगा। अव्यय वे शब्द होते हैं जिनके मूल रूप में लिंग, वचन, कारक, पुरुष आदि के कारण कोई विकार उत्पन्न नहीं होता है।

अव्ययीभाव समास- ऐसे शब्दों का मेल, जिसका पूर्व शब्द प्रधान हो तथा अव्यय हो तथा दोनों शब्द मिलकर क्रिया-विशेषण (अव्यय) का काम करे, उसे 'अव्ययीभाव समास' कहते हैं।

बहुब्रीहि समास- जिस समास में दोनों पद प्रधान नहीं होते हैं और दोनों पद मिलकर किसी अन्य विशेष अर्थ की ओर संकेत कर रहे होते हैं।

कर्मधारय समास- जिसका पहला पद विशेषण और दूसरा पद विशेष्य अथवा एक पद उपमान तथा दूसरा पद उपमेय हो तो, वह 'कर्मधारय समास' कहलाता है।

तत्पुरुष समास- यह कारक से जुदा समास होता है। इसमें ज्ञातव्य-विग्रह में जो कारक प्रकट होता है उसी कारक वाला वो समास होता है। इसे बनाने में दो पदों के बीच कारक चिन्हों का लोप हो जाता है उसे तत्पुरुष समास कहते हैं।

अतः विकल्प (B) सही है।

98. जहाँ पूर्वपद गौण तथा उत्तरपद प्रधान हों वहाँ तत्पुरुष समास होता है। यहाँ 'नीति-निपुण' शब्द का विच्छेद करने पर 'नीति में निपुण' होगा।

करण तत्पुरुष- करण तत्पुरुष मे करण कारक की विभक्ति "से/के द्वारा "का लोप होता है। पर विग्रह करते समय यह "से/के द्वारा "विभक्ति दिखाई देता है।

अपादान तत्पुरुष- अपादान तत्पुरुष समास मे अपादान कारक की विभक्ति "से-अलग होने "का लोप होता है। यहां पर जो"से "का लोप होता है, वो एक चीज़ का दूसरे चीज़ से अलग होते हुए नज़र आता है।

अतः विकल्प (A) सही है।

99. श्रीकृष्ण के अनेक नाम है-वाक्य सटीक है।

1-शब्द के निर्माण संबंधी अशुद्धियाँ- हमें सदैव निः स्वार्थ भाव से सेवा करनी।

2-शब्द के चयन संबंधी अशुद्धियाँ- हमारी प्रधानाचार्य बहुत सख्त है।

3-लिंग के चयन संबंधी अशुद्धियाँ- कल कृति बाजार जाएगी।
अतः विकल्प (D) सही है।

100. 'पेड़ पर मैना बैठी है।' शुद्ध वाक्य है क्योंकि इसमें कोई त्रुटि नहीं है। 'पेड़ पर मैना बैठे है।' में शब्द वचन संबंधी अशुद्धि है।'बैठे हैं' के स्थान पर 'बैठी है' का प्रयोग होना चाहिए। 'पेड़ो पर मैना बैठे है।' वाक्य में वचन संबंधी अशुद्धि है। 'मैना/बैठे' के स्थान पर 'मैनाएँ/बैठी' का प्रयोग होना चाहिए। 'पेड़ों पर मैना बैठी है।' वाक्य में वचन सम्बन्धी अशुद्धि है। 'पेड़ों पर' के स्थान पर 'पेड़ पर' होना चाहिए।

अतः विकल्प (A) सही है।

101. 'जिसे करना बहुत कठिन हो' के लिए एक शब्द दुष्कर होगा।

वाक्यांश- भाषा को सुंदर, आकर्षक और प्रभावशाली बनाने के लिए अनेक शब्दों के स्थान पर एक शब्द का प्रयोग किया जाता है तो वह वाक्यांश के लिए एक शब्द कहलाता है।
अतः विकल्प (A) सही है।

102. जिसका सम्बन्ध अध्यात्म से है, को आध्यात्मिक कहते हैं।

वाक्यांश- भाषा को सुंदर, आकर्षक और प्रभावशाली बनाने के लिए अनेक शब्दों के स्थान पर एक शब्द का प्रयोग किया जाता है तो वह वाक्यांश के लिए एक शब्द कहलाता है।
अतः विकल्प (A) सही है।

103. सुपुत्र यौगिक शब्द है। 'रचना के आधार पर वर्णों के तीन भेद हैं - रूढ़ यौगिक एवं योगरूढ़।

यौगिक शब्द.- वे शब्द जो दो या दो से अधिक शब्दों के मेल से बने होते है, अर्थात इन्हें पृथक करने पर इनका सार्थक अर्थ भी होता है। उदाहरण :- संधि, समास, उपसर्ग, प्रत्यय, से बने सभी शब्द यौगिक शब्द है, जैसे:- विद्यालय, राजमाता, राष्ट्रपति, रसोईघर।

अतः विकल्प (A) सही है।

104. हाथ रूढ़ शब्द है। रचना के आधार पर वर्णों के तीन भेद हैं - रूढ़ यौगिक एवं योगरूढ़।

जो शब्द रूढ़ियों से या परम्परा से प्रयोग होते-होते किसी वस्तु विशेष के लिए निश्चित हो गए हैं, और इनके खंडों का कोई अर्थ नहीं निकलता, रूढ़ शब्द कहलाते हैं। जैसे-कमल, कमीज़, लोटा पगड़ी आदि।
अतः विकल्प (A) सही है।

105. दिए गए विकल्पों में योगरूढ़ शब्द का उदहारण विकल्प पीताम्बर है क्योंकि पीताम्बर शब्द यौगिक तो है परन्तु इसका अर्थ रूढ़ होने कि वजह से इसका अर्थ विशेष हो जाता है जैसे : पीला है जो अंबर अर्थात भगवान् विष्णु। स्पष्ट है कि पीताम्बर विकल्प सटीक है।

अतः विकल्प (A) सही है।

106. उपर्युक्त व्यंजनों में से 'छ' व्यंजन का उच्चारण तालु से होता है। तालु से उच्चारण होने वाले अन्य व्यंजन 'च, छ, ज, झ, ञ हैं।

अतः विकल्प (C) सही है।

107. दाल-भात में मूसलचन्द- दो व्यक्तियों की बातों में तीसरे व्यक्ति का हस्तक्षेप करना। वाक्य प्रयोग- लड़ाई चाहे जिसकी भी हो लेकिन दाल-भात में मूसलचंद तो हर बार कंगना ही होती है।

मुहावरा का शाब्दिक अर्थ 'अभ्यास' है। मुहावरा शब्द अरबी भाषा का शब्द है। हिन्दी में ऐसे वाक्यांशों को मुहावरा कहा जाता है, जो अपने साधारण अर्थ को छोड़कर विशेष अर्थ को व्यक्त करते हैं।
अतः विकल्प (B) सही है।

108. कुजगह फोड़ा और ससुर वैद्य - कहावत का अर्थ है: धर्म संकट की स्थिति।

वाक्य प्रयोग - एक ओर मेरा सारा काम पड़ा है, दूसरी ओर मुझे जल्दी निकलना है।
अतः विकल्प (D) सही है।

109. में उनके स्थान पर क्रमशः अय्, अव्, आय्, आव् होता है।

उदाहरण-

1) ए + इ:- मते + इति = मत् अय् + इति = मतयिति।

2) ओ + इ:- धेनो + इति = धेन् अव् + इति = धेनविति।

3) ऐ + इ:- वन्दे + इति = वन्द् आय् + इति = वन्दायिति।

4) औ + इ:- बालौ + इति = बाल् आव् + इति = बालाविति।

अतः विकल्प (C) सही है।

110. समस्तपदः- नीलोत्पलम्

समास विग्रहः- नीलम् उत्पलम्

स्पष्टिकरणः- उपर्युक्त समास में 'नीलम्' अर्थात् नीला रंग, 'उत्पलम्' अर्थात् कमल का विशेषण है। समास में यदि पूर्वपद विशेषण और उत्तरपद विशेष्य हो, तो उसे विशेषण - विशेष्य कर्मधारय समास कहते हैं। स्पष्ट होता है कि 'नीलोत्पलम' में कर्मधारय समास होता है।
अतः विकल्प (B) सही है।

111. अकारान्त पुल्लिंग 'राम' शब्द से 'सप्तमी विभक्ति' में 'रामे' रूप प्राप्त होता है-

पुल्लिंग: जिन शब्दों के अंत में आ, आव, पा, न आदि पुल्लिंग आते हैं वे शब्द अधिकतर पुल्लिंग होते हैं।

स्त्रीलिंग: जिन शब्दों के अंत में ई, आवट, इया, ता, स्त्रीलिंग आई, आहट आदि प्रत्यय लगे हों, स्त्रीलिंग होते हैं।
अतः विकल्प (D) सही है।

112. 'क्रुधुद्रुहेष्यासूयार्थानां यं प्रति कोपः' सूत्र से क्रुध्, द्रुह, ईष्या, असूय आदि धातुओं के योग में जिस पर क्रोध आये उसकी सम्प्रदान संज्ञा होती है और 'सम्प्रदाने चतुर्थी' से उसमें चतुर्थी विभक्ति होती है। जैसे- हरये क्रुध्यति, शिक्षकः छात्राय क्रुध्यति, दुर्जनः सज्जनाय द्रुह्यति, सिता रामाय न असूयति।

अतः विकल्प (C) सही है।

113. ये शब्द चार शब्दों से मिलकर बना है ,श्रुति+सम +भिन्न +अर्थ, इसका अर्थ है - सुनने में समान लगने वाले किन्तु भिन्न अर्थ वाले दो शब्द अर्थात वे शब्द जो सुनने और उच्चारण करने में समान प्रतीत हों, किन्तु उनके अर्थ भिन्न -भिन्न हों , वे श्रुतिसमभिन्नार्थक शब्द कहलाते है। 'कलि' का श्रुतिसमभिन्नार्थक शब्द कली है।

अतः विकल्प (A) सही है।

114. 'शंकर' का श्रुतिसमभिन्नार्थक शब्द महादेव हैं।

ये शब्द चार शब्दों से मिलकर बना है ,श्रुति+सम +भिन्न +अर्थ, इसका अर्थ है, सुनने में समान लगने वाले किन्तु भिन्न अर्थ वाले दो शब्द अर्थात वे शब्द जो सुनने और उच्चारण करने में समान प्रतीत हों, किन्तु उनके अर्थ भिन्न -भिन्न हों , वे श्रुतिसमभिन्नार्थक शब्द कहलाते हैं।
अतः विकल्प (C) सही है।

115. 'करोड़' का श्रुतिसमभिन्नार्थक शब्द सौ लाख हैं।

ये शब्द चार शब्दों से मिलकर बना है ,श्रुति+सम +भिन्न +अर्थ, इसका अर्थ है, सुनने में समान लगने वाले किन्तु भिन्न अर्थ वाले दो शब्द अर्थात वे शब्द जो सुनने और उच्चारण करने में समान प्रतीत हों, किन्तु उनके अर्थ भिन्न -भिन्न हों , वे श्रुतिसमभिन्नार्थक शब्द कहलाते हैं।
अतः विकल्प (B) सही है।

116. 'शूर' का श्रुतिसम भिन्नार्थक शब्द सूर हैं।

शूर-वीर

सूर-अंधा

ये शब्द चार शब्दों से मिलकर बना है - श्रुति+सम +भिन्न +अर्थ

सुनने में समान लगने वाले किन्तु भिन्न अर्थ वाले दो शब्द अर्थात वे शब्द जो सुनने और उच्चारण करने में समान प्रतीत हों, किन्तु उनके अर्थ भिन्न -भिन्न हों , वे श्रुतिसमभिन्नार्थक शब्द कहलाते हैं।

अतः विकल्प (A) सही है।

117. 'बलि' का श्रुतिसमभिन्नार्थक शब्द बलिदान हैं।

ये शब्द चार शब्दों से मिलकर बना है ,श्रुति+सम +भिन्न +अर्थ, इसका अर्थ है - सुनने में समान लगने वाले किन्तु भिन्न अर्थ वाले दो शब्द अर्थात वे शब्द जो सुनने और उच्चारण करने में समान प्रतीत हों, किन्तु उनके अर्थ भिन्न -भिन्न हों , वे श्रुतिसमभिन्नार्थक शब्द कहलाते हैं।
अतः विकल्प (C) सही है।

118. कालिदास संस्कृत भाषा के महान कवि और नाटककार थे। उन्होंने भारत की पौराणिक कथाओं को आधार बनाकर रचनाएं की, जिसमें भारतीय जीवन और दर्शन के विविध रूप और मूल तत्त्व निरूपित हैं। कालिदास अपनी इन्हीं विशेषताओं के कारण राष्ट्र की समग्र राष्ट्रीय चेतना को स्वर देने वाले कवि माने जाते हैं संस्कृत साहित्य में ही नहीं अपितु समग्र साहित्यिक संसार में उन्हें कविकुलश्रेष्ठ तथा कविशिरोमणि माना जाता है। प्रस्तुत विकल्पों में से 'विक्रमोवशीर्यम्' यह कालिदास का नाटक है।

अतः विकल्प (A) सही है।

119. आरोझ की शुद्ध वर्तनी शब्द-आरोग्य हैं। शारीरिक आरोग्य के लिए प्रात : एवं संध्याकालीन भ्रमण अन्यन्त लाभप्रद माना गया है, शुद्ध वाक्य है।

वर्तनी- लिखने की रीति को वर्तनी या अक्षरी कहते हैं। यह हिज्जे भी कहलाती है। किसी भी भाषा की समस्त ध्वनियों को सही ढंग से उच्चरित करने के लिए ही वर्तनी की एकरूपता स्थिर की जाती है। जिस भाषा की वर्तनी में अपनी भाषा के साथ अन्य भाषाओं की ध्वनियों को ग्रहण करने की जितनी अधिक शक्ति होगी, उस भाषा की वर्तनी उतनी ही समर्थ समझी जायेगी। अतः वर्तनी का सीधा सम्बन्ध भाषागत ध्वनियों के उच्चारण से है।

अतः विकल्प (D) सही है।

120. ग्यान की शुद्ध वर्तनी शब्द है-ज्ञान, शुद्ध वाक्य है- ज्ञान का भण्डार अथाह होता है।

वर्तनी- लिखने की रीति को वर्तनी या अक्षरी कहते हैं। यह हिज्जे भी कहलाती है। किसी भी भाषा की समस्त ध्वनियों को सही ढंग से उच्चरित करने के लिए ही वर्तनी की एकरूपता स्थिर की जाती है। जिस भाषा की वर्तनी में अपनी भाषा के साथ अन्य भाषाओं की ध्वनियों को ग्रहण करने की जितनी अधिक शक्ति होगी, उस भाषा की वर्तनी उतनी ही समर्थ समझी जायेगी। अतः वर्तनी का सीधा सम्बन्ध भाषागत ध्वनियों के उच्चारण से है।
अतः विकल्प (B) सही है।

121. सूश्रूषा की शुद्ध वर्तनी शब्द-शुश्रूषा हैं। मदर टेरेसा का जीवन रोगियों के सेवा-शुश्रूषा हैं, शुद्ध वाक्य है।

वर्तनी- लिखने की रीति को वर्तनी या अक्षरी कहते हैं। यह हिज्जे (Spelling) भी कहलाती है। किसी भी भाषा की समस्त ध्वनियों को सही ढंग से उच्चरित करने के लिए ही वर्तनी की एकरूपता स्थिर की जाती है। जिस भाषा की वर्तनी में अपनी भाषा के साथ अन्य भाषाओं की ध्वनियों को ग्रहण करने की जितनी अधिक शक्ति होगी, उस भाषा की वर्तनी उतनी ही समर्थ समझी जायेगी। अतः वर्तनी का सीधा सम्बन्ध भाषागत ध्वनियों के उच्चारण से है।
अतः विकल्प (D) सही है।

122. 'राधा विद्यालय में पढ़ती है' यह वाक्य देखकर ज्ञात होता है कि वाक्य कर्तृवाच्य में है-

कर्तृवाच्य में कर्ता में प्रथमा विभक्ति, कर्म में द्वितीया विभक्ति, और क्रिया कर्ता के अनुसार होती है। कर्ता - यहाँ कर्ता राधा है जो एक वचन में है, राधा प्रथमा विभक्ति एक वचन में रूप बनता है - राधा। कर्म - प्रस्तुत वाक्य अकर्मक है अर्थात् यहाँ कर्म नहीं है।आधार - कार्य जहाँ हो रहा है 'विद्यालय' आधार है, आधार की 'आधारोऽधिकरणम्' से अधिकरण संज्ञा होती है और अधिकरण में 'अधिकरणे सप्तमी' से सप्तमी विभक्ति होती है। कक्षा का सप्तमी विभक्ति एकवचन में रूप होता है - विद्यालये।

अतः विकल्प (C) सही है।

123. 'गीता रामायण पढ़ती है' यह वाक्य देखकर ज्ञात होता है कि वाक्य कर्तृवाच्य में है -

कर्तृवाच्य में कर्ता में प्रथमा विभक्ति, कर्म में द्वितीया विभक्ति, और क्रिया कर्ता के अनुसार होती है। कर्ता - यहाँ कर्ता राधा है जो एक वचन में है, राधा प्रथमा विभक्ति एक वचन में रूप बनता है - राधा। कर्म - प्रस्तुत वाक्य अकर्मक है अर्थात् यहाँ कर्म नहीं है।आधार - कार्य जहाँ हो रहा है 'विद्यालय' आधार है, आधार की 'आधारोऽधिकरणम्' से अधिकरण संज्ञा होती है और अधिकरण में 'अधिकरणे सप्तमी' से सप्तमी विभक्ति होती है। कक्षा का सप्तमी विभक्ति एकवचन में रूप होता है - विद्यालये।

अतः विकल्प (D) सही है।

124. 'सहयुक्तेऽप्रधाने' सूत्र के अनुसार वाक्य में 'साथ' को अर्थ रखने वाले 'सह, साकम्, समम्' और 'सार्धम्' शब्दों के योग में अप्रधान शब्दों में तृतीया विभक्ति होती है। उदाहरण- 'छात्रैः सह गुरु आश्रमं गच्छति।' यहाँ आगतः क्रिया का कर्ता 'गुरु' है और क्रिया से संबन्ध न होने के कारण छात्रैः अप्रधान शब्द है। 'छात्रैः सह गुरु आश्रमं गच्छति।' का हिन्दी अनुवाद होगा - छात्रों के साथ गुरु आश्रम जाते हैं।

अतः विकल्प (D) सही है।

125. कलुष का विलोम शब्द निष्कलुष है। एक-दूसरे के विपरीत या उल्टा अर्थ देने वाले शब्द विलोम कहलाते हैं। विस्तार में: जो शब्द किसी दूसरे शब्द का उल्टा अर्थ बताते हैं, उन्हें विलोम शब्द या विपरीतार्थक शब्द कहते है। इसलिए विलोम का अर्थ है- उल्टा या विरोधी अर्थ देने वाला।

अतः विकल्प (C) सही है।

Q.1 'जंगम' का विलोम शब्द है:

[UP Police Sub Inspector, 2021]

A. अगम   B. दुर्गम   C. स्थावर   D. चंचल

Q.2 'सृष्टि' का विलोम शब्द है:

A. विसृष्टि   B. प्रलय   C. व्यष्टि   D. समष्टि

Q.3 'ईप्सित' का विलोम शब्द है:

A. अभिप्सित   B. अनीप्सित   C. परोप्सित   D. सुनीप्सित

Q.4 'विराट्' का विलोम शब्द है:

A. वृहद   B. वृहत्   C. छोटापन   D. क्षुद्र

Q.5 'साहचर्य' का विलोम शब्द है:

A. वैमनस्य   B. असहयोग   C. विनियोग   D. अलगाव

Q.6 'स्पृश्य' का विलोम शब्द है:

A. स्पृस्य   B. अस्पृस्य   C. अश्पृष्य   D. अस्पृश्य

Q.7 'अज्ञ' का विलोम शब्द है:

A. विज्ञ   B. यज्ञ   C. सर्वज्ञ   D. अनज्ञ

Q.8 'गौरव' का विलोम शब्द है:

A. लाघव   B. लघुत्व   C. लघुता   D. लघुतम

Q.9 'मीनाक्षी' का पर्यायवाची शब्द है:

A. सुन्दरी   B. दुर्गा   C. मछली   D. लक्ष्मी

Q.10 कौन-सा शब्द 'नाग' का पर्यायवाची नहीं है?

A. सर्प   B. अहि   C. विषधर   D. तुरंग

Q.11 कौन-सा शब्द "दैत्य" का पर्यायवाची नहीं है?

A. राक्षस   B. दानव   C. भुसुर   D. निशाचर

Q.12 'रुख' का पर्यायवाची शब्द है:

A. विटप   B. प्रसून   C. तड़का   D. हेरम्ब

Q.13 कौन-सा शब्द 'ब्रम्हा' का पर्यायवाची नहीं है?

A. कमलासन   B. चतुरानन   C. चतुर्मुख   D. चतुर्भुज

Q.14 कौन-सा शब्द 'इन्द्र' का पर्यायवाची नहीं है?

A. पुरंदर   B. शक्र   C. मघवा   D. गणाधिप

Q.15 'हिरण्यगर्भ' का पर्यायवाची शब्द है:

A. विष्णु   B. ब्रह्मा   C. महेश   D. गणेश

Q.16 'तल्लीन' शब्द का संधि विच्छेद होगा:

A. तव + लीन   B. तल + लीन   C. तत: + लीन   D. तत् + लीन

Q.17 'सदैव' शब्द में कौन सी संधि है?

A. यण संधि   B. व्यंजन संधि   C. वृद्धि संधि   D. गुण संधि

Q.18 'वाग्जाल' का संधि विच्छेद होगा:

A. वाक् + जाल   B. वाक् + जाल   C. वाग् + जाल   D. वाग: + जाल

Q.19 'द्वावपि' का संधि-विच्छेद होगा:

A. द्व + आवपि   B. द्वौ + अपि   C. दव + अयापि   D. इनमें से कोई नहीं

Q.20 'अत्यधिक' का शुद्ध संधि-विच्छेद क्या है:

A. अत्य + धिक   B. अति + अधिक   C. अती + अधिक   D. अत्यधि + क

Q.21 निम्नलिखित में से कौन विसर्ग संधि है?

A. निरन्तर   B. दिग्गज   C. जगदीश   D. महीश

Q.22 'इति + आदि' = इत्यादि में कौन सी संधि है?

A. यण संधि   B. दीर्घ संधि   C. गुण संधि   D. अयादि संधि

Q.23 'अंडे सेना' मुहावरा का अर्थ है:

A. मुर्गी का चुजों के ऊपर बैठना

B. स्वावलम्बी होना

C. स्वार्थ सिद्ध करना

D. घर में बेकार बैठना

Q.24 'जूतम पैजार' मुहावरे का अर्थ है:

A. लड़ाई-झगड़ा होना

B. लूट मचाना

C. छीनाझपटी करना

D. किसी वस्तु की बहुतायत

Q.25 'अकेला चना भाड़ नहीं फोड़ता' का अर्थ है:

A. एक चना किसी काम का नहीं

B. एक चना शक्तिहीन होता है

C. अकेला व्यक्ति शक्तिशाली नहीं होता

D. एक चने से भूख नहीं मिटती

Q.26 'पौ बारह होना' मुहावरे का अर्थ है:

A. बसन्त ऋतु का आगमन   B. भाग जाना

C. अत्यधिक लाभ लेना   D. वर्ष भर काम करना

Q.27 'बाँझ क्या जाने प्रसव की पीड़ा' का अर्थ है:

A. दूसरों का दुःख-दर्द नहीं समझना

B. सहानुभूति नहीं दिखाना

C. सन्तानहीन होना

D. जिस पर बीतती है, वहीं जानता है

Q.28 'कान का कच्चा होना' मुहावरे का अर्थ है:

A. बहरा होना

B. सुनी-सुनायी बातों पर विश्वास करना

C. सभी पर अविश्वास करना

D. कम सुनायी देना

Q.29 'घुटने टेकना' मुहावरे का अर्थ है:

A. घूटने में दर्द होना   B. दुःखी होना

C. हार मान लेना   D. विजय प्राप्त करना

Q.30 'खिचड़ी पकाना' मुहावरे का अर्थ है:

A. भोजन बनाना

B. चावल-दाल मिलाकर बनाना

C. किसी षड्यंत्र की तैयारी करना

D. किसी के लिए खाना पकाना

Q.31 किस रस को 'रसराज' कहा जाता है?

A. श्रृंगार रस   **B.** वीर रस

C. हास्य रस   **D.** उपरोक्त में कोई नहीं

Q.32 किस रस का स्थायी भाव रति है:

A. करुण रस   **B.** श्रृंगार रस

C. वीर रस   **D.** इनमें से कोई नहीं

Q.33 'विस्मय' स्थायी भाव किस रस में होता है?

[UP Police Sub Inspector, 2021]

A. हास्य   **B.** शांत   **C.** अद्भुत   **D.** वीभत्स

Q.34 "यशोदा हरि पालनैं झुलावैं।
हलरावैं दुलराय मल्हावैं
 जोइ सोई कबु गावैं।।"
इस अवतरण में कौन-सा रस है?

A. श्रृंगार रस   **B.** वात्सल्य रस

C. शांत रस   **D.** करुण रस

Q.35 'उत्साह' स्थायीभाव से किस रस की निष्पत्ति होती है?

A. शांत रस   **B.** भयानक रस

C. रौद्र रस   **D.** वीर रस

Q.36 निम्नलिखित पंक्तियों में कौन सा रस है?
'हनुमान की पूंछ में लगन न सकी आग।
लंका से सीगरी जल गई गए निशाचर भाग।।'

A. रौद्र रस   **B.** वीभत्स रस

C. भयानक रस   **D.** वीर रस

Q.37 निसिचर हीन करहुँ महि
भुज उठाइ पन कीन्ह।
सकल मुनिन्ह के आश्रमन
जाइ जाइ सुख दीन्ह।।
उपर्युक्त उद्धरण में किस रस की निष्पत्ति हुई है?

A. करुण रस   **B.** वीर रस

C. रौद्र रस   **D.** भयानक रस

Q.38 किस शब्द की वर्तनी शुद्ध है?

A. आधीन   **B.** व्यवहारिक   **C.** मिष्ठान्न   **D.** अत्यधिक

Q.39 शुद्ध वर्तनी वाले शब्द का चयन कीजिए:

A. अन्त्याक्षरी   **B.** पूज्यनीय   **C.** तदोपरांत   **D.** कवियित्री

Q.40 निम्नलिखित शब्दों में से कौन-सा शुद्ध है?

A. कविियत्री   **B.** कवयित्री   **C.** कवीयित्री   **D.** कवयीत्री

Q.41 निम्नलिखित शब्दों में से कौन - सा शुद्ध है?

A. विदुषी   **B.** बिदुषी   **C.** वीदुषी   **D.** विदूषी

Q.42 निम्नलिखित में से शुद्ध वर्तनी वाला शब्द है:

A. कलेष   **B.** क्लेष   **C.** क्लेश   **D.** क्लेस

Q.43 निम्नलिखित में से शुद्ध वर्तनी वाला शब्द है:

A. उज्जवल   **B.** उज्ज्वल   **C.** उत्ज्वल   **D.** उत्जवल

Q.44 निम्नलिखित में से शुद्ध वर्तनी वाला शब्द है:

A. हिरण्यकश्यपु   **B.** हिरण्यकशिपु

C. हिरण्यकश्यप   **D.** हिरण्यकस्यप

Q.45 निम्नलिखित में से शुद्ध वर्तनी वाला शब्द है:

A. भगिरथी   **B.** भागीरथी   **C.** भगिरथी   **D.** भागिरथी

Q.46 निम्नलिखित में से कौन तत्पुरुष समास का उदाहरण नहीं है?

A. राजकुमार   **B.** यज्ञवेदी   **C.** आजन्म   **D.** ग्रामवासी

Q.47 निम्नलिखित किस एक में कर्मधारय समास है?

A. लड़का भूख से अधमरा हो गया था।

B. तुम्हें अपना भला - बुरा स्वयं सोचना चाहिए।

C. विवाह संबंध में ऊँच - नीच देखना पड़ता है।

D. उठो, दिया - बत्ती का समय हो गया।

Q.48 'गुरुदेव' शब्द में समास है:

A. अव्ययीभाव समास   **B.** तत्पुरुष समास

C. बहुव्रीहि समास   **D.** कर्मधारय समास

Q.49 'बारहसिंगा' शब्द में समास है:

A. बहुव्रीहि समास   **B.** कर्मधारय समास

C. द्वन्द्व समास   **D.** अव्ययीभाव समास

Q.50 कर्मधारय समास का उदाहरण है:

A. गगनचुम्बी   **B.** पाठशाला   **C.** श्वेतांबर   **D.** नीलकण्ठ

Q.51 'परमानन्द' में समास है:

A. द्वन्द्व समास   **B.** कर्मधारय समास

C. अव्ययीभाव समास   **D.** बहुव्रीहि समास

Q.52 निम्नलिखित में से कौन-सा समास नहीं है?

A. अव्ययीभाव समास   **B.** कर्मकारक समास

C. द्वन्द्व समास   **D.** बहुव्रीहि समास

Q.53 किस समास में दोनों पद प्रधान होते है?

A. बहुव्रीहि समास   **B.** तत्पुरुष समास

C. द्वन्द्व समास   **D.** द्विगु समास

Q.54 "तो पर बारौ उरबसी, सुन राधिके सुजान।
तू मोहन की उरबसी, है, उरबसी, समान।"
इस अवतरण में कौन-सा अलंकार है?

A. अनुप्रास   **B.** यमक   **C.** श्लेष   **D.** रूपक

Q.55 'पीपर पात सरिस मनडोला', पंक्ति में अलंकार है:

A. उत्प्रेक्षा   **B.** उपमा

C. रूपक   **D.** अतिशयोक्ति

Q.56 'मुदित महीपति मंदिर आए सेवक सचिव सुमंत बुलाए' पंक्ति में कौन-सा अलंकार है?

A. उपमा   **B.** रूपक   **C.** अनुप्रास   **D.** यमक

Q.57 'चरण धरत चिंता करत, चितवत चारिउ ओर।
सुबरन को ढूँढ़त फिरत, कवि व्यभिचारी चोर।'
उपर्युक्त दोहे में कौन-सा अलंकार है:

A. श्लेष   **B.** यमक   **C.** उपमा   **D.** रूपक

Q.58 'तीन बेर खाती सो वे तीन बेर खाती हैं।' पंक्ति में अलंकार चयनित कीजिए:

A. अनुप्रास   **B.** श्लेष   **C.** अन्योक्ति   **D.** यमक

Q.59 'चरण-कमल बन्दौ हरिराई'। पंक्ति में अलंकार है:

A. उपमा   B. रूपक
C. श्लेष   D. अतिशयोक्ति

Q.60 निम्नलिखित विकल्पों में से अर्थालंकार को चिह्नित कीजिए।

A. यमक   B. रूपक   C. व्यतिरेक   D. श्लेष

Q.61 'वहाँ मोहन के...... कोई नहीं था' वाक्य में रिक्त स्थानों पर प्रयुक्त होगा:

A. या   B. और   C. अलावा   D. अथवा

Q.62 'ईश्वर तुम्हें दीर्घायु दें'। अर्थ के आधार पर वाक्य का भेद बताएँ।

A. प्रश्नवाचक वाक्य   B. विस्मयवाचक वाक्य
C. इच्छावाचक वाक्य   D. निषेधवाचक वाक्य

Q.63 निम्नलिखित में संयुक्त वाक्य का चयन कीजिए:

A. काम समाप्त करो और जाओ
B. उसने गलत काम करके अपयश कमाया
C. यदि काम पूरा करोगे तो जुर्माना होगा
D. पानी न बरसने पर सूखा पड़ जाएगा

Q.64 निम्न में से कौन - सा वाक्य मिश्रवाक्य नहीं है?

A. यह वही बच्चा है जिसे बैल ने मारा।
B. एक विज्ञान गोष्ठी हुई जिसमें अनेक वक्ता बोलें।
C. वह परिश्रमी ही नहीं वरन् ईमानदार भी है।
D. मैंने एक पुस्तक खरीदी जो नई है।

Q.65 निम्नलिखित में से संयुक्त वाक्य का चयन कीजिए:

A. आप बताएँ कि आपकी समस्या क्या है?
B. मैं तुम्हारे साथ व्यापार करना चाहता हूँ।
C. उसने खाना खाया और सो गया।
D. परिश्रम करके सफलता प्राप्त करो।

Q.66 निम्नलिखित में मिश्र वाक्य है:

A. मेरे आते ही वर्षा होने लगी।
B. उसके जाने के बाद वर्षा होने लगी।
C. वह घर से निकला और वर्षा होने लगी।
D. ज्यों ही वह घर से निकला, वर्षा होने लगी।

Q.67 'जो कवि लोकप्रिय होता है, उसका सम्मान सभी करते हैं' इस वाक्य का सरल वाक्य होगा:

A. जो कवि होते हैं, वे लोकप्रिय होते हैं।
B. लोकप्रिय कवि का सम्मान सभी करते हैं।
C. कवि लोकप्रिय होते हैं और सम्मानित होते हैं।
D. कवि लोकप्रिय होते हैं इसलिए सम्मानित होते हैं।

Q.68 'राकेश पढ़ता है।' यह कैसा वाक्य है?

A. साधारण वाक्य   B. संयुक्त वाक्य
C. मिश्रित वाक्य   D. इनमें से कोई नहीं

Q.69 'यदि परिश्रम करोगे तो, उत्तीर्ण हो जाओगे।' किस प्रकार का वाक्य है?

A. सरल वाक्य/साधारण वाक्य
B. संयुक्त वाक्य
C. मिश्र वाक्य
D. इनमें से कोई नहीं

Q.70 "मैने दूधा पिया।" किस प्रकार का वाक्य है?

A. विधानवाचक   B. निषेधवाचक
C. आज्ञावाचक   D. प्रश्नवाचक

Q.71 'गौरव तुम बैठ कर पढ़ो।' किस प्रकार का वाक्य है?

A. निषेधवाचक   B. विधानवाचक
C. प्रश्नवाचक   D. आज्ञावाचक

Q.72 निम्नलिखित में से कौन सा वाक्य निषेधवाचक नहीं है?

A. मैंने दूध पिया।   B. मैंने दूध नहीं पिया।
C. मैंने खाना नहीं खाया।   D. तुम मत लिखो।

Q.73 विधानार्थक वाक्य किसे कहते हैं?

A. जिस वाक्य से किसी बात के न होने का बोध हो।
B. जिस वाक्य से आज्ञा देने का बोध हो।
C. जिस वाक्य में किसी बात का होना पाया जाय।
D. इनमें से कोई नहीं

Q.74 इच्छार्थक वाक्य किसे कहते हैं?

A. जिस वाक्य से आशीष के भाव का बोध हो।
B. जिस वाक्य से संकेत का बोध हो।
C. जिस वाक्य से संदेह का बोध हो।
D. जिस वाक्य से प्रश्नवाचक भाव प्रकट हो।

Q.75 कवि का स्त्रीलिंग शब्द है:

A. कवित्री   B. कवियत्री   C. कवयित्री   D. कवियित्री

Q.76 निम्नलिखित में से कौन सा शब्द सदा बहुवचन में प्रयोग होता है?

A. शिशु   B. भक्ति   C. पुस्तक   D. प्राण

Q.77 निम्नलिखित में से कौन-सा शब्द पुल्लिंग है?

A. आय   B. व्यय   C. नहर   D. लहर

Q.78 निम्नलिखित में पुंलिग शब्द है:

A. सरसों   B. मकई   C. लेन-देन   D. मूँग

Q.79 निम्नलिखित शब्दों में किस एक का लिंग परिवर्तन हिंदी भाषा में प्रचालित नहीं है?

A. चाचा   B. बहन   C. कोयल   D. भैंसा

Q.80 निम्नलिखित शब्दों में कौन स्त्रीलिंग नहीं है?

A. रोटी   B. पूड़ी   C. पानी   D. नदी

Q.81 कारक के भेद नहीं हैं:

A. कर्ता   B. कर्म
C. अव्ययीभाव   D. अपादान

Q.82 'भूखे को अन्न दो और प्यासे को जल' वाक्य किस कारक का है?

A. सम्प्रदान   B. अपादान   C. सम्बन्ध   D. आधिकरण

Q.83 कर्म कारक के लिए प्रयुक्त होने वाला चिन्ह है:

A. ने   B. के लिए   C. से   D. को

Q.84 'मैं काम से जा रहा हूँ' वाक्य में 'से' का कारक है:

A. संप्रदान   B. करण   C. अपादान   D. अधिकरण

Q.85 लोगों ने शोरगुल करके डाकुओं को भगाया।
उपरोक्त वाक्य में कारक बताइए।

A. कर्त्ता कारक   B. करण कारक
C. सम्प्रदान कारक   D. कर्म कारक

Q.86 'को' और 'के लिए' किस कारक के चिह्न है?

A. सम्प्रदान कारक   B. कारण कारक
C. अपादान कारक   D. संबोधन कारक

Q.87 लड़का पेड़ से गिरा।
उपरोक्त वाक्य में कारक बताइए।

A. सम्प्रदान कारक   **B.** कर्म कारक
C. अपादान कारक   **D.** कारण कारक

Q.88 'पेड़ पर पक्षी बैठे हैं।' इस वाक्य में 'पेड़ पर' पद में कौन-सा कारक है?

A. करण   **B.** अपादान   **C.** सम्बन्ध   **D.** अधिकरण

Q.89 हिन्दी किस भाषा-परिवार की भाषा है?

A. भारोपीय   **B.** द्रविड़
C. आस्ट्रिक   **D.** चीनी-तिब्बती

Q.90 भारत में सर्वाधिक खड़ी बोली वाली भाषा कौन-सी है?

A. हिन्दी   **B.** संस्कृत   **C.** तमिल   **D.** उर्दू

Q.91 हिन्दी की विशिष्ट बोली 'ब्रजभाषा' किस रूप में सबसे अधिक प्रसिद्ध है?

A. राजभाषा   **B.** तकनीकी भाषा
C. राष्ट्रभाषा   **D.** काव्यभाषा

Q.92 हिन्दी भाषा की बोलियों के वर्गीकरण के आधार पर छत्तीसगढ़ी बोली है:

A. पूर्वी हिन्दी   **B.** पश्चिमी हिन्दी
C. पहाड़ी हिन्दी   **D.** राजस्थानी हिन्दी

Q.93 निम्नलिखित मे से कौन- सी पश्चिमी हिन्दी की बोली नहीं है?

A. बुन्देली   **B.** ब्रज   **C.** कन्नौजी   **D.** बघेली

Q.94 'मगही' किस उपभाषा की बोली है?

A. राजस्थानी   **B.** पश्चिमी हिन्दी
C. पूर्वी हिन्दी   **D.** बिहारी

Q.95 'कनिष्ठिका और मध्यमा के बीच की ऊँगुली' को कहते हैं:

A. अनामी   **B.** आनिमिका   **C.** अनामीका   **D.** अनामिका

Q.96 'जिसके पेट मे माँ ने रस्सी (दाम) बाँध दी हो' उसे कहते हैं:

A. दामाद   **B.** दामाद इतर
C. दाम   **D.** दामोदर

Q.97 'पीछे-पीछे चलने वाला' वाक्यांश के लिए एक शब्द है:

A. अनुचर   **B.** अनुगामी
C. अनुवर्ती   **D.** इनमें से कोई नहीं

Q.98 'जिसकी कोई कीमत न हो सके' वाक्यांश के लिए एक शब्द है:

A. कीमती   **B.** अमूल्य
C. बहुमूल्य   **D.** उपर्युक्त में से कोई नहीं

Q.99 'थोड़ा नपा-तुला भोजन करने वाला' वाक्यांश के लिए उपयुक्त शब्द है:

A. मितव्ययी   **B.** मितव्यय   **C.** मिताहारी   **D.** मितहारीन

Q.100 'गुरू के समीप रहकर अध्ययन करने वाला' के लिए एक शब्द है:

A. शिष्य   **B.** आश्रमवासी
C. विद्यार्थी   **D.** अन्तेवासी

Q.101 'जिसके हृदय पर आधात हुआ हो' वाक्यांश के लिए उपयुक्त शब्द होगा.

A. ममिहित   **B.** मर्महित   **C.** मर्महित   **D.** मर्माहत

Q.102 'जो अपने पद से हटाया गया हो' के लिए एक उपर्युक्त शब्द होगा:

A. पदभ्रष्ट   **B.** पदानवत   **C.** पदानुगत   **D.** पदच्युत

Q.103 'जिसे किसी वस्तु की स्पृहा न हो' के लिए उपयुक्त शब्द होगा:

A. निः स्पृंहा   **B.** निः स्पृह   **C.** निस्पृह   **D.** निस्पृहीन

Q.104 'जिसकी पूर्व से कोई आशा न हो' वाक्यांश के किए उपयुक्त शब्द होगा:

A. प्रत्याशित   **B.** अप्रत्यासित
C. अप्रत्याशित   **D.** अप्रत्याशित

Ques (105-115):निर्देश: निम्न प्रश्न के शब्द-युग्म के सही अर्थ-भेद का चयन कीजिए।

Q.105 कंकाल - कंगाल

A. अस्थिपंजर-दरिद्र   **B.** कर्कश-भिखारी
C. अकिंचन-बेइमान   **D.** दरिद्रता-तुच्छत

Q.106 कक्षा -कच्छा

A. जाँघिया-छात्र समूह   **B.** छात्र समूह-जाँघिया
C. घेरा-परिधान   **D.** चक्र-व्यायाम

Q.107 कुल - कूल

A. समस्त-शान्ति   **B.** योग-ठण्डा
C. वंश-किनारा   **D.** ठण्डाई-योग

Q.108 कल्मष - कुल्माष

A. मन का मैल-सात्विक   **B.** पाप-पुण्य
C. कुल्थी, उर्द-कालिख   **D.** कालिख-कुल्थी

Q.109 कृतज्ञ - कृतघ्न

A. उपकार मानने वाला-उपकार न मानने वाला
B. उपकारी अपकारी
C. अपकारी-उपकारी
D. उपरोक्त में से कोई नहीं

Q.110 कृपण - कृपाण

A. तलवार-कंजूस   **B.** कंजूस-तलवार
C. अपव्ययी-मितव्ययी   **D.** मितव्ययी-अपव्ययी

Q.111 कटिबद्ध-कटिबन्ध

A. करधनी-तैयार   **B.** तटबंध-कटुत्व
C. तैयार-कमरबंद   **D.** कटुत्व-तटवंध

Q.112 केश - केस

A. मामला-घोड़े की गर्दन के बाल
B. केसर-कस्तूरी
C. हल्दी-दूब
D. बाल-मुकदमा

Q.113 खाद - खाद्य

A. उर्वरक-खाने योग्य   **B.** सड़न-पथ्य
C. पाथेय-अन्न   **D.** शीतलपेय-भोजन

Q.114 गणना - गड़ना

A. संख्या-दबाना   **B.** गिनती-चुभना
C. जोड़ना-घटाना   **D.** योग-भोग

Q.115 चित्त - चित

A. दुविधा-थका हुआ
B. पराजित-अन्त:करण
C. चंचल-पराजित
D. मन-पीठ के बल पड़ा हुआ

Q.116 निम्न में से कौन सी जयशंकर प्रसाद की रचना नहीं है?

A. कामायनी   **B.** तितली   **C.** कंकाल   **D.** कर्मभूमि

Q.117 "रस मीमांसा" के लेखक कौन है?

A. रामचन्द्र शुक्ल
B. हजारी प्रसाद द्विवेदी
C. जयशंकर प्रसाद
D. महादेवी वर्मा

Q.118 "कादम्बरी" किसकी रचना है?

A. बाणभट्ट
B. सुमित्रानन्दन पंत
C. रामधारी सिंह 'दिनकर'
D. इनमें से कोई नहीं

Q.119 निम्न में से कौन सी रचना मुंशी प्रेमचन्द द्वारा नहीं की गई है?

A. सेवासदन
B. गबन
C. कर्मभूमि
D. अखरावट

Q.120 "श्रृंगार लहरी" के रचनाकार कौन हैं?

A. जयशंकर प्रसाद
B. भारतेन्दु हरिश्चन्द्र
C. महादेवी वर्मा
D. इनमें से कोई नहीं

Q.121 निम्न में से किसकी रचना महादेवी वर्मा द्वारा की गई है?

A. नीरजा
B. दीपशिखा
C. यामा
D. इनमें से सभी

Q.122 निम्न में से किसकी रचना मैथिलीशरण गुप्त ने नहीं की है?

A. साकेत
B. यशोधरा
C. पंचवटी
D. बेला

Q.123 विकल्पों में दिए गए लेखक और उनकी रचनाओं के युग्म में कौन सही सुमेलित नहीं है?

A. महादेवी वर्मा - नीहार
B. केशवदास - कविप्रिया
C. सुमित्रानन्दन पन्त - अनामिका
D. रामकुमार वर्मा - आकाशगंगा

Q.124 विकल्पों में दिए गए लेखक और उनकी रचनाओं के युग्म में कौन सही सुमेलित नहीं है?

A. श्रीधर पाठक - कश्मीर सुषमा
B. अष्टयाम- शिवप्रसाद सितारेहिन्द
C. कबीरदास - रमैनी
D. सभी विकल्प सही सुमेलित हैं

Q.125 विकल्पों में दिए गए लेखक और उनकी रचनाओं के युग्म में कौन सही सुमेलित नहीं है?

A. सूर्यकान्त त्रिपाठी - कुकुरमुत्ता
B. सुभद्राकुमारी चौहान - मुकुल
C. धर्मवीर भारती - गुनाहो का देवता
D. उपरोक्त सभी सही सुमेलित हैं

// स्मार्ट उत्तर पुस्तिका //

सही उत्तर उन छात्रों के प्रतिशत को इंगित करता है जिन्होंने प्रश्नों का सही उत्तर दिया था।

छोड़ दिया उन छात्रों के प्रतिशत को इंगित करता है जिन्होंने प्रश्नों को छोड़ दिया था।

प्रश्न संख्या	उत्तर	सही उत्तर / छोड़ दिया	प्रश्न संख्या	उत्तर	सही उत्तर / छोड़ दिया	प्रश्न संख्या	उत्तर	सही उत्तर / छोड़ दिया	प्रश्न संख्या	उत्तर	सही उत्तर / छोड़ दिया	प्रश्न संख्या	उत्तर	सही उत्तर / छोड़ दिया
1	C	64.71 % / 0.0 %	17	C	58.82 % / 29.42 %	33	C	67.65 % / 29.41 %	49	A	50.0 % / 29.41 %	65	C	50.0 % / 29.41 %
2	B	52.94 % / 29.41 %	18	A	70.59 % / 29.41 %	34	B	67.65 % / 29.41 %	50	C	29.41 % / 29.41 %	66	A	17.65 % / 29.41 %
3	B	44.12 % / 29.41 %	19	B	64.71 % / 29.41 %	35	D	67.65 % / 29.41 %	51	B	58.82 % / 29.42 %	67	B	67.65 % / 29.41 %
4	D	67.65 % / 29.41 %	20	B	64.71 % / 29.41 %	36	C	29.41 % / 29.41 %	52	B	67.65 % / 29.41 %	68	A	70.59 % / 29.41 %
5	D	38.24 % / 29.41 %	21	A	47.06 % / 29.41 %	37	B	44.12 % / 29.41 %	53	C	67.65 % / 29.41 %	69	C	47.06 % / 29.41 %
6	D	70.59 % / 29.41 %	22	A	61.76 % / 29.42 %	38	D	50.0 % / 29.41 %	54	B	58.82 % / 29.42 %	70	A	67.65 % / 29.41 %
7	A	47.06 % / 29.41 %	23	D	64.71 % / 29.41 %	39	A	47.06 % / 29.41 %	55	B	55.88 % / 29.41 %	71	D	64.71 % / 29.41 %
8	A	61.76 % / 29.42 %	24	A	35.29 % / 29.42 %	40	B	61.76 % / 29.42 %	56	C	64.71 % / 29.41 %	72	A	64.71 % / 29.41 %
9	B	20.59 % / 29.41 %	25	C	70.59 % / 29.41 %	41	A	61.76 % / 29.42 %	57	A	50.0 % / 29.41 %	73	C	67.65 % / 29.41 %
10	D	61.76 % / 29.42 %	26	C	58.82 % / 29.42 %	42	C	52.94 % / 29.41 %	58	D	64.71 % / 29.41 %	74	A	70.59 % / 29.41 %
11	C	64.71 % / 29.41 %	27	D	55.88 % / 29.41 %	43	B	64.71 % / 29.41 %	59	B	61.76 % / 29.42 %	75	C	61.76 % / 29.42 %
12	A	32.35 % / 29.41 %	28	B	70.59 % / 29.41 %	44	B	23.53 % / 29.41 %	60	B	44.12 % / 29.41 %	76	D	67.65 % / 29.41 %
13	D	38.24 % / 29.41 %	29	C	70.59 % / 29.41 %	45	B	55.88 % / 29.41 %	61	C	70.59 % / 29.41 %	77	B	64.71 % / 29.41 %
14	D	41.18 % / 29.41 %	30	C	70.59 % / 29.41 %	46	C	61.76 % / 29.42 %	62	C	70.59 % / 29.41 %	78	C	55.88 % / 29.41 %
15	B	26.47 % / 29.41 %	31	A	64.71 % / 29.41 %	47	A	50.0 % / 29.41 %	63	A	67.65 % / 29.41 %	79	C	67.65 % / 29.41 %
16	D	67.65 % / 29.41 %	32	B	61.76 % / 29.42 %	48	D	41.18 % / 29.41 %	64	C	35.29 % / 29.42 %	80	C	67.65 % / 29.41 %

प्रश्न संख्या	उत्तर	सही उत्तर / छोड़ दिया
81	C	70.59 % / 29.41 %
82	A	47.06 % / 29.41 %
83	D	64.71 % / 29.41 %
84	B	55.88 % / 29.41 %
85	D	29.41 % / 29.41 %
86	A	67.65 % / 29.41 %
87	C	64.71 % / 29.41 %
88	D	58.82 % / 29.42 %
89	A	70.59 % / 29.41 %

प्रश्न संख्या	उत्तर	सही उत्तर / छोड़ दिया
90	A	64.71 % / 29.41 %
91	D	67.65 % / 29.41 %
92	A	61.76 % / 29.42 %
93	D	67.65 % / 29.41 %
94	D	61.76 % / 29.42 %
95	D	64.71 % / 29.41 %
96	D	58.82 % / 29.42 %
97	B	44.12 % / 29.41 %
98	B	67.65 % / 29.41 %

प्रश्न संख्या	उत्तर	सही उत्तर / छोड़ दिया
99	C	67.65 % / 29.41 %
100	D	61.76 % / 29.42 %
101	B	50.0 % / 29.41 %
102	D	64.71 % / 29.41 %
103	B	29.41 % / 29.41 %
104	D	58.82 % / 29.42 %
105	A	70.59 % / 29.41 %
106	B	67.65 % / 29.41 %
107	C	58.82 % / 29.42 %

प्रश्न संख्या	उत्तर	सही उत्तर / छोड़ दिया
108	D	38.24 % / 29.41 %
109	A	64.71 % / 29.41 %
110	B	64.71 % / 29.41 %
111	C	61.76 % / 29.42 %
112	D	64.71 % / 29.41 %
113	A	67.65 % / 29.41 %
114	B	55.88 % / 29.41 %
115	D	55.88 % / 29.41 %
116	D	52.94 % / 29.41 %

प्रश्न संख्या	उत्तर	सही उत्तर / छोड़ दिया
117	A	58.82 % / 29.42 %
118	A	64.71 % / 29.41 %
119	D	67.65 % / 29.41 %
120	B	52.94 % / 29.41 %
121	D	64.71 % / 29.41 %
122	D	67.65 % / 29.41 %
123	C	50.0 % / 29.41 %
124	B	47.06 % / 29.41 %
125	D	44.12 % / 29.41 %

कार्य विश्लेषण	
औसत अंक (%)	51.6%
टॉपर्स स्कोर (%)	99.2%
आपका स्कोर	

//संकेत और समाधान//

1. जंगम - जो चल सकता है।

स्थावर - स्थिर या स्थायी
अतः विकल्प (C) सही है।

2. सृष्टि का अर्थ होता है निर्माण, रचना

प्रलय का अर्थ होता है नाश
अतः विकल्प (B) सही है।

3. ईप्सित - जिसकी ईप्सा या इच्छा की गई हो, चाहा हुआ, अभिलषित

अनीप्सित - जिसकी ईप्सा या चाह न की गई हो, अन-चाहा
अतः विकल्प (B) सही है।

4. विराट् का अर्थ है - बड़े पैमाने पर, बहुत बड़ा, विशाल सानुपातिक, राजसी

क्षुद्र का अर्थ है - छोटा, नीच, अधम
अतः विकल्प (D) सही है।

5. साहचर्य का अर्थ है - संग, साथ, सहचर होने का भाव

अलगाव का अर्थ होता है - रखने या करने का भाव, दूरी
अतः विकल्प (D) सही है।

6. स्पृश्य का अर्थ होता है - स्पर्श करने के लायक, छूने योग्य, जिसे छूने में कोई दोष न हो।

अस्पृश्य का अर्थ होता है - जो छूने के योग्य न हो, अछूत, जिसका स्पर्श न हो सके।
अतः विकल्प (D) सही है।

7. अज्ञ का अर्थ होता है - ज्ञानशून्य, मूर्ख आदि।

विज्ञ का अर्थ होता है - जानकार, विद्वान, ज्ञाता आदि।
अतः विकल्प (A) सही है।

8. दिए गए विकल्पो में गौरव का उचित विलोम लाघव होगा।

गौरव का अर्थ होता है - बड़प्पन, महत्त्व, गुरुता, भारीपन

लाघव का अर्थ होता है - लघु होने का भाव, लघुता।
अतः विकल्प (A) सही है।

9. 'मीनाक्षी' का पर्यायवाची शब्द है - दुर्गा।

इसके अन्य पर्यायवाची शब्द चंडिका, भवानी, कुमारी, कल्याणी, सिंहवाहिनी, कामाक्षी, सुभद्रा, महागौरी, कालिका, शिवा, चण्डी, चामुण्डा आदि हैं।
अतः विकल्प (B) सही है।

10. नाग' के पर्यायवाची - विषधर, भुजंग, अहि, उरग, काकोदर, फणीश, सारंग, व्याल, सर्प, साँप।

तुरंग, घोड़ा का पर्यायवाची शब्द है।
अतः विकल्प (D) सही है।

11. "दैत्य' का पर्यायवाची असुर, यातुधान, निशिचर, रजनीचर, दनुज, तमचर, राक्षस, निशाचर, दानव, रात्रिचर।
अतः विकल्प (C) सही है।

12. रुख का पर्यायवाची विटप होगा।

इसके अन्य पर्यायवाची हैं - रुख, पेड़, वृक्ष, गाछ, तरु, दरख्त, पादप, विटप, द्रुम, बूटा, पुष्पद आदि।
अतः विकल्प (A) सही है।

13. ब्रम्हा' का पर्यायवाची - विधि, विधाता, स्वयंभू प्रजापति, आत्मभू लोकेश, पितामह, चतुरानन, विरंचि, अज, कर्तार, कमलासन, नाभिजन्म,
हिरण्यग, चतुमुख आदि है।
अतः विकल्प (D) सही है।

14. गणाधिप, इन्द्र का पर्यायवाची नहीं है।

इंद्र के पर्यायवाची हैं - सुरपति, पुरंदर, वासव, महेंद्र, देवराज, सुराधिप, शचीपति, मधवा, शक्र, शतमन्यु, सहस्राक्ष, सुरेश, मेघवाहन, शचीश, मरुत्पति, देवेन्द्र, सुरेन्द्र, अमरेश, मरुत्पाल, नाकपति आदि।
अतः विकल्प (D) सही है।

15. 'हिरण्यगर्भ' का पर्यायवाची है - ब्रह्मा।

इसके अन्य पर्यायवाची हैं - आत्मभू प्रजापति, प्रजाधिप, अज, चतुरानन, विरंच, विरंचि, सृष्टिकर्ता, स्रष्टा, स्वयंभू आदि।
अतः विकल्प (B) सही है।

16. तल्लीन' शब्द का संधि विच्छेद तत् + लीन होगा।

इसमें व्यंजन संधि का प्रयोग हुआ है।
अतः विकल्प (D) सही है।

17. 'सदैव' शब्द में वृद्धि संधि है।

सदैव का संधि विच्छेद सदा+एव है।
अतः विकल्प (C) सही है।

18. 'वाग्जाल' का संधि विच्छेद वाक् + जाल होगा।

इसमें व्यंजन संधि का प्रयोग हुआ है।

जब किसी व्यंजन के बाद स्वर, व्यंजन के आने से जो परिवर्तन होता है उसे व्यंजन सन्धि कहते है उदाहरण - वाक् + ईश = वागीश, व्यंजन संधि के नियम निम्न प्रकार है-

क का ग् में परिवर्तन होना - उदाहरण = दिक् + गज = दिग्गज

अतः विकल्प (A) सही है।

19. द्रावपि शब्द में अयादि संधि। द्रावपि का शुद्ध संधि विच्छेद है= द्रौ + अपि।

अयादि संधि की परिभाषा अनुसार जब ए, ऐ, ओ, औ, के बाद कोई (विजातीय) स्वर आए, तो वह क्रमश: अय्, आय, अव, आव हो जाता है।
अतः विकल्प (B) सही है।

20. अत्यधिक का संधि विच्छेद अति + अधिक होगा।

अत्यधिक के संधि विच्छेद मे यण संधि का प्रयोग किया गया है। यण-संधि के अनुसार इ, ई, उ, ऊ और ऋ के बाद भिन्न स्वर आए तो इ और ई का य तथा ऊ का व तथा ऋ का र हो जाता है०।
अतः विकल्प (B) सही है।

21. निरन्तर में विसर्ग सन्धि का प्रयोग हुआ है।

इसका सन्धि विच्छेद निः + अंतर है।
अतः विकल्प (A) सही है।

22. 'इति + आदि' = इत्यादि में यण संधि का प्रयोग हुआ है।

यण-संधि के अनुसार इ, ई, उ, ऊ और ऋ के बाद भिन्न स्वर आए तो इ और ई का य तथा ऊ का व तथा ऋ का र हो जाता है०।
अतः विकल्प (A) सही है।

23. 'अंडे रोना' गुहावरा का अर्थ है - चुपचाप घर में बैठे रहना, कुछ न करना, निठल्ला बैठे रहना।
अतः विकल्प (D) सही है।

24. 'जूतम पैजार' मुहावरे का अर्थ है - लड़ाई झगड़ा होना होना।
अतः विकल्प (A) सही है।

25. 'अकेला चना भाड़ नहीं फोड़ता' का अर्थ होता है - अकेला व्यक्ति शक्तिशाली नहीं होता।

इस लोकोक्ति का अर्थ है कि कोई बड़ा कार्य करने के लिए सहयोग और संगठन की आवश्यकता होती है। कोई भी कार्य जो किसी सामान्य परिस्थिति में संभव नहीं है, उसके लिए उस कार्य से जुड़े लोगों को एकसाथ मिलकर ही काम करना होगा।
अतः विकल्प (C) सही है।

26. 'पौ बारह होना' मुहावरे का अर्थ है - चारो ओर से लाभ प्राप्त होना, या अत्यधिक लाभ लेना होता है।
अतः विकल्प (C) सही है।

27. 'बाँझ क्या जाने प्रसव की पीड़ा' का अर्थ है - जिस पर बीतती है, वहीं जानता है।

वाक्य प्रयोग - कितनी कड़ी मेहनत करके गंगा प्रसाद ने जायदाद बनाई, अब उसके बेटे उसे उड़ा रहे हैं। सच है, बांझ क्या जाने प्रसव की पीड़ा।
अतः विकल्प (D) सही है।

28. 'कान का कच्चा होना' मुहावरे का अर्थ है - सुनी-सुनायी बातों पर विश्वास करना।

वाक्य प्रयोग-

क्लार्क कान का कच्चा है वो हर किसी की बात पे विश्वास करता है और लड़ाई शुरू कर देता है।
अतः विकल्प (B) सही है।

29. 'घुटने टेकना' मुहावरे का अर्थ है - हार मान लेना।

वाक्य प्रयोग-

युद्ध भूमि में अंग्रेजों ने भारत के आगे घुटने टेक दिए।
अतः विकल्प (C) सही है।

30. 'खिचड़ी पकाना' मुहावरे का अर्थ है - किसी षड्यंत्र की तैयारी करना।

वाक्य प्रयोग-

अखिलेख का चुनाव में हारना तय था क्योंकि उसी की पार्टी के नेता उसके खिलाफ खिचड़ी पका रहे थे।
अतः विकल्प (C) सही है।

31. नायक और नायिका के मन में संस्कार रूप में स्थित रति या प्रेम जब रस की अवस्था को पहुँचकर आस्वादन के योग्य हो जाता है तो वह 'श्रृंगार रस' कहलाता है। इस रस को रसराज की संज्ञा दी जाती है।
अतः विकल्प (A) सही है।

32. श्रृंगार रस का स्थायी भाव 'रति' होता है।

जबकि करुण रस का स्थायी भाव 'शोक' तथा वीर रस का 'उत्साह' होता है।
अतः विकल्प (B) सही है।

33. विचित्र अथवा आश्चर्यजनक वस्तुओं को देखकर हृदय में जो विस्मय आदि के भाव उत्पन्न होते हैं। इन्ही भावों के विकसित रूप को 'अद्भुत रस' कहा जाता है।
अतः विकल्प (C) सही है।

34. उपरोक्य अवतरण में यशोदा अपने लाल से प्रेम, स्नेह प्रकट कर रही हैं, अतः इसमें वात्सल्य रस है।

वात्सल्य रस का स्थायी भाव वात्सल्यता (अनुराग) होता है माता के पुत्र के प्रति प्रेम, बड़ों का बच्चों के प्रति प्रेम, गुरुओं का शिष्य के प्रति प्रेम, बड़े भाई का छोटे भाई के प्रति प्रेम आदि का भाव स्नेह कहलाता है यही स्नेह का भाव परिपुष्ट होकर वात्सल्य रस कहलाता है।
अतः विकल्प (B) सही है।

35. शत्रु का उत्कर्ष, दीनों की दुर्दशा, धर्म की हानि आदि को देखकर इनको मिटाने के लिए किसी के हृदय में उत्साह नामक भाव जागृत हो और वही विभाव, अनुभाव तथा व्यभिचारी भावों के संयोग, से रस रूप में परिणत हो तब वीर रस होता है।
अतः विकल्प (D) सही है।

36. दी गयी पंक्तियों में 'भयानक रस' है। भय नामक स्थायी भाव का जब विभाव, अनुभाव और संचारी भाव से संयोग होता है, तब वह भयानक रस का रूप ग्रहण कर लेता है।

दी गयी पंक्तियों में हनुमान जी के द्वारा लंका दहन का प्रसंग प्रस्तुत किया गया है। जब राक्षसों ने उनके पूंछ में आग लगायी तो हनुमान जी ने अपने पूंछ से पूरी लंका को जलाकर राख कर दिया। इससे वहां रहने वाले समस्त राक्षसों में भय का माहौल उत्पन्न हो गया। वह अपनी जान बचाने के लिए पानी में कूद रहे थे। अतः यहां लंका निवासियों के भय को उद्घाटित किया गया है।

अतः विकल्प (C) सही है।

37. उपर्युक्त उद्धरण में वीर रस की निष्पति हुई है।

जब किसी रचना या वाक्य आदि से वीरता जैसे स्थायी भाव की उत्पत्ति होती है, तो उसे वीर रस कहा जाता है।
अतः विकल्प (B) सही है।

38. दिए गए विकल्पो में 'अत्यधिक' की वर्तनी शुद्ध है।

अत्यधिक का अर्थ होता है - बहुत अधिक, बहुत ज्यादा, हद से ज्यादा।
अतः विकल्प (D) सही है।

39. 'अन्त्याक्षरी' की वर्तनी शुद्ध है।

अन्य की शुद्ध वर्तनी है-

पूज्यनीय - पूजनीय

तदोपरांत - तदुपरांत

कवियित्री - कवयित्री
अतः विकल्प (A) सही है।

40. दिए गए विकल्पो में शुद्ध वर्तनी 'कवयित्री' की है।

कवयित्री का अर्थ होता है - कविता रचनेवाली स्त्री, महिला कवि।
अतः विकल्प (B) सही है।

41. दिए गए विकल्पो में शुद्ध वर्तनी "विदुषी" की है।

विदुषी का अर्थ होता है - विद्वान् स्त्री।
अतः विकल्प (A) सही है।

42. दिए गए विकल्पो में शुद्ध वर्तनी "क्लेश" की है।

क्लेश का अर्थ होता है - दुःख, पीड़ा, चिंता, संताप
अतः विकल्प (C) सही है।

43. "उज्ज्वल" शुद्ध वर्तनी वाला शब्द है।

उज्ज्वल का अर्थ होता है - सफ़ेद, स्वच्छ आदि।
अतः विकल्प (B) सही है।

44. "हिरण्यकशिपु" शुद्ध वर्तनी वाला शब्द है।
अतः विकल्प (B) सही है।

45. दिए गए विकल्पो में शुद्ध वर्तनी "भागीरथी" की है।

भागीरथी, गंगा की पर्यायवाची है।
अतः विकल्प (B) सही है।

46. "आजन्म" तत्पुरुष समास का उदाहरण नहीं है।

"आजन्म" का समास विग्रह जन्म से लेकर होता है। इसमें अव्ययी भाव समास का प्रयोग हुआ है।
अतः विकल्प (C) सही है।

47. लड़का भूख से अधमरा हो गया था। इस पंक्ति में कर्मधारय समास है।

शेष विकल्पो की पंक्तियों में द्वन्द्व समास है।
अतः विकल्प (A) सही है।

48. 'गुरुदेव' का अर्थ होता है - गुरु रूपी देव। इसमें कर्मधारय समास का प्रयोग किया गया है।

कर्मधारय समास जिसका पहला पद विशेषण और दूसरा पद विशेष्य अथवा एक पद उपमान तथा दूसरा पद उपमेय हो तो, वह 'कर्मधारय समास' कहलाता है।
अतः विकल्प (D) सही है।

49. 'बारहसिंगा' का अर्थ होता है - बारह हैं सिंग जिसके। इसमें बहुब्रीहि समास का प्रयोग हुआ है।

बहुब्रीहि समास वहां होता है जहाँ समस्त पद में आये दोनों ही पद गौण होते हैं तथा ये दोनों मिलकर किसी तीसरे पद के विषय में कुछ कहते हैं और यह तीसरा ही पद 'प्रधान' होता है।
अतः विकल्प (A) सही है।

50. "श्वेतांबर" कर्मधारय समास का उदाहरण है।

श्वेतांबर का समास विग्रह होता है - श्वेत हैं जो अंबर।
अतः विकल्प (C) सही है।

51. परमानंद का समास विग्रह है - परम हैं जो आनंद।

परमानंद में कर्मधारय समास हैं।
अतः विकल्प (B) सही है।

52. कर्मकारक समास जैसा समास का कोई भेद नहीं है अपितु यह कर्मधारय समास होता है।

अन्य सभी विकल्प समास के भेद है।
अतः विकल्प (B) सही है।

53. द्वन्द्व समास में समस्तपद के दोनों पद प्रधान हों या दोनों पद सामान हों एवं दोनों पदों को मिलाते समय "और, अथवा, या, एवं" आदि योजक लुप्त हो जाएँ, वह समास द्वंद्व समास कहलाता है।
अतः विकल्प (C) सही है।

54. दिए गए अवतरण में यमक अलंकार है क्योंकि अवतरण में "उरबसी" शब्द की आवृत्ति एक से ज्यादा बार हुई है।

एक ही शब्द, जब दो या दो से अधिक बार आये तथा उनका अर्थ अलग-अलग हो, तो वहाँ पर यमक अलंकार होता है।
अतः विकल्प (B) सही है।

55. 'पीपर पात सरिस मनडोला', पंक्ति में उपमा अलंकार है।

उपमा शब्द का अर्थ होता है – तुलना। जब किसी व्यक्ति या वस्तु की तुलना किसी दूसरे यक्ति या वस्तु से की जाए वहाँ पर उपमा अलंकार होता है। अर्थात जब किन्ही दो वस्तुओं के गुण, आकृति, स्वभाव आदि में समानता दिखाई जाए या दो भिन्न वस्तुओं कि तुलना कि जाए, तब वहां उपमा अलंकर होता है।
अतः विकल्प (B) सही है।

56. 'मुदित महीपति मंदिर आए सेवक सचिव सुमंत बुलाए' पंक्ति में अनुप्रास अलंकार है। इस पंक्ति में 'म' और 'स' वर्ण की आवृत्ति एक से ज्यादा बार हुई है।

अनुप्रास शब्द दो शब्दों से मिलकर बना है – अनु + प्रास। यहाँ पर अनु का अर्थ है- बार -बार और प्रास का अर्थ होता है – वर्ण। जब किसी वर्ण की बार – बार आवृत्ति हो तब जो चमत्कार होता है उसे अनुप्रास अलंकार कहते है।
अतः विकल्प (C) सही है।

57. दिए गए दोहे में श्लेष अलंकार होता है। उपर्युक्त दोहे की दूसरी पंक्ति में 'सुबरन' का प्रयोग किया गया है जिसे कवि, व्यभिचारी और चोर-तीनों ढूंढ रहे हैं।

जब किसी शब्द का प्रयोग एक बार ही किया जाता है लेकिन उससे अर्थ कई निकलते हैं तो वह श्लेष अलंकार कहलाता है।
अतः विकल्प (A) सही है।

58. तीन बेर खाती सो वे तीन बेर खाती हैं।' पंक्ति में यमक अलंकार है।

पंक्ति में "बेर" शब्द की आवृत्ति एक से ज्यादा बार हुई है।
अतः विकल्प (D) सही है।

59. इसमे रूपक अलंकार है क्योंकि चरणों की तुलना कमल से की गयी है. यहां पर चरणों को कमल के समान ना बताकर उन्हे कमल की एकरूपता दे दी है।
अतः विकल्प (B) सही है।

60. जब किसी वाक्य में किसी भाषा का प्रयोग इस प्रकार से किया जाता है, कि उसमें अर्थ के कारण चमत्कार उत्पन्न होता है, तब वहां पर अर्थालंकार होता है। अर्थालंकार के भेद / प्रकार है-

उपमा अलंकार, अतिशयोक्ति अलंकार, उत्प्रेक्षा अलंकार, भ्रांतिमान अलंकार, रूपक अलंकार, विरोधाभास अलंकार, विशेषयोक्ति अलंकार, प्रतीप अलंकार आदि।

अतः विकल्प (B) सही है।

61. दिए गए वाक्य में रिक्त स्थान के लिए उपयुक्त शब्द 'अलावा' होगा।

'वहाँ मोहन के अलावा कोई नहीं था।
अतः विकल्प (C) सही है।

62. दिया गया वाक्य इच्छावाचक है। वाक्य में वक्ता भगवान से कामना कर रहा है की ईश्वर उस व्यक्ति को दीर्घायु बनाये। वह व्यक्ति को आशीर्वाद दे रहा है। अतः यह उदाहरण इच्छावाचक वाक्य के अंतर्गत आएगा।

ऐसे वाक्य जिनसे हमें वक्ता की कोई इच्छा, कामना, आकांशा, आशीर्वाद आदि का बोध हो, वह वाक्य इच्छावाचक वाक्य कहलाते हैं।
अतः विकल्प (C) सही है।

63. "काम समाप्त करो और जाओ" संयुक्त वाक्य का उदाहरण है।

जिस वाक्य में दो या दो से अधिक उपवाक्य मिले हों, परन्तु सभी वाक्य प्रधान हो तो ऐसे वाक्य को संयुक्त वाक्य कहते है। दूसरे शब्दों में - जिन वाक्यों में दो या दो से अधिक सरल वाक्य योजकों (और, एवं, तथा, या, अथवा, इसलिए, अतः, फिर भी, तो, नहीं तो, किन्तु, परन्तु, लेकिन, पर आदि) से जुड़े हों, उन्हें संयुक्त वाक्य कहते है।
अतः विकल्प (A) सही है।

64. "वह परिश्रमी ही नहीं वरन् ईमानदार भी है।" - यह वाक्य मिश्रवाक्य है।

ऐसे वाक्य जिनमें सरल वाक्य के साथ-साथ कोई दूसरा उपवाक्य भी हो, वे वाक्य मिश्र वाक्य कहलाते हैं। मिश्र वाक्यों की रचना एक से अधिक ऐसे साधारण वाक्यों से होती है, जिनमें एक प्रधान वाक्य होता है एवं दूसरा वाक्य आश्रित होता है। इस वाक्य में मुख्य उद्देश्य और मुख्य विधेय के अलावा एक या अधिक समापिका क्रियाएँ होती हैं।
अतः विकल्प (C) सही है।

65. "उसने खाना खाया और सो गया" वाक्य संयुक्त प्रकार का है।

जिस वाक्य में दो या दो रो अधिक उपवाक्य मिले हों, परन्तु सभी वाक्य प्रधान हो तो ऐसे वाक्य को संयुक्त वाक्य कहते है। दूसरे शब्दों में - जिन वाक्यों में दो या दो से अधिक सरल वाक्य योजकों (और, एवं, तथा, या, अथवा, इसलिए, अतः, फिर भी, तो, नहीं तो, किन्तु, परन्तु, लेकिन, पर आदि) से जुड़े हों, उन्हें संयुक्त वाक्य कहते है।
अतः विकल्प (C) सही है।

66. "मेरे आते ही वर्षा होने लगी।"- मिश्र वाक्य है।

ऐसे वाक्य जिनमें सरल वाक्य के साथ-साथ कोई दूसरा उपवाक्य भी हो, वे वाक्य मिश्र वाक्य कहलाते हैं। मिश्र वाक्यों की रचना एक से अधिक ऐसे साधारण वाक्यों से होती है, जिनमें एक प्रधान वाक्य होता है एवं दूसरा वाक्य आश्रित होता है। इस वाक्य में मुख्य उद्देश्य और मुख्य विधेय के अलावा एक या अधिक समापिका क्रियाएँ होती हैं।
अतः विकल्प (A) सही है।

67. दिए गए वाक्य का सरल रुप होगा-

लोकप्रिय कवि का सम्मान सभी करते हैं।

जिन वाक्य में एक ही क्रिया होती है, और एक कर्ता होता है, वे साधारण वाक्य कहलाते है। दूसरे शब्दों में - जिन वाक्यों में केवल एक ही उद्देश्य और एक ही विधेय होता है, उन्हें साधारण वाक्य या सरल वाक्य कहते हैं।
अतः विकल्प (B) सही है।

68. दिया गया वाक्य साधारण वाक्य है क्योंकि इसमें एक ही क्रिया है, और एक कर्ता है।
अतः विकल्प (A) सही है।

69. 'यदि परिश्रम करोगे तो, उत्तीर्ण हो जाओगो।' यह मिश्र प्रकार का वाक्य है।

ऐसे वाक्य जिनमें सरल वाक्य के साथ-साथ कोई दूसरा उपवाक्य भी हो, वे वाक्य मिश्र वाक्य कहलाते हैं।
अतः विकल्प (C) सही है।

70. "मैने दूध़ा पिया।" यह विधानवाचक वाक्य है।

वह वाक्य जिससे किसी प्रकार की जानकारी प्राप्त होती है, वह विधानवाचक वाक्य कहलाता है।

राधा पढ़ती है।, मेरा काम खत्म हो गया है।, मेरे पिता का नाम राजेश है।
अतः विकल्प (A) सही है।

71. दिया गया वाक्य आज्ञावाचक है।

जिन वाक्यों से आदेश या आज्ञा या अनुमति का बोध हो, उन्हें आज्ञावाचक वाक्य कहते हैं। जैसे-

यह पाठ तुम पढ़ो। अपना–अपना काम करो। आप चुप रहिए।
अतः विकल्प (D) सही है।

72. एक ऐसा सन्देश जो किसी काम को न करने का आदेश दे रहा हो, वह निषेधवाचक वाक्य कहलाता है।
अतः विकल्प (A) सही है।

73. जिन वाक्यों में क्रिया के करने या होने का बोध हो और ऐसे वाक्यों में किसी काम के होने या किसी के अस्तित्व का बोध होता हो, उन्हें विधिवाचक या विधानवाचक वाक्य कहते हैं।

अतः सही विकल्प (C) है।

74. जिन वाक्यों में वक्ता की किसी इच्छा, आशा या आशीर्वाद का बोध होता है, उन्हें इच्छावाचक वाक्य कहते हैंँ।

अतः विकल्प (A) सही है।

75. कवि का स्त्रीलिंग शब्द कवयित्री है।

अतः विकल्प (C) सही है।

76. सदैव बहुवचन में प्रयुक्त होने वाले शब्द-प्राण, दर्शन, आँसू, होश, बाल, हस्ताक्षर आदि है।

अतः विकल्प (D) सही है।

77. लिंग की दृष्ट से व्यय पुल्लिंग है।

अतः विकल्प (B) सही है।

78. जिन शब्दों के अन्त में आ, आव, पा, पन, न प्रत्यय हो; जैसे-छोटा, मोटा, पड़ाव, बुढ़ापा, बचपन, लेन-देन आदि शब्द पुल्लिंग हैं।

अतः विकल्प (C) सही है।

79. कोयल का लिंग परिवर्तन प्रचलित नहीं है।

दिए गए विकल्पो में अन्य के विपरीत लिंग है-

चाचा - चाची, बहन - भाई, आदि।

अतः विकल्प (C) सही है।

80. द्रव्यवाचक शब्द प्रायः पुल्लिंग रूप में प्रयुक्त होते हैं; जैसे - घी, तेल, मक्खन, दूध, पानी, हीरा, मोती, पन्ना, लोहा, ताँबा आदि।

अतः विकल्प (C) सही है।

81. संज्ञा या सर्वनाम के जिस रूप से वाक्य के अन्य शब्दों के साथ उसके सम्बन्ध का बोध होता है, उसे कारक कहते हैं। हिन्दी में आठ कारक होते हैं-कर्ता, कर्म, करण, सम्प्रदान, अपादान, सम्बन्ध, अधिकरण और सम्बोधन। विभक्ति या परसर्ग-जिन प्रत्ययों से कारकों की स्थितियों का बोध होता है, उन्हें विभक्ति या परसर्ग कहते हैं।

अतः विकल्प (C) सही है।

82. उपरोक्त वाक्य में सम्प्रदान कारक है।

जिसके लिए कुछ किया जाए या जिसको कुछ दिया जाए इसका बोध कराने वाले शब्द को सम्प्रदान कारक कहते हैं; जैसे-उसने विद्यार्थी को पुस्तक दी वाक्य में विद्यार्थी सम्प्रदान है और इसका चिह्न को है।

अतः विकल्प (A) सही है।

83. वाक्य में क्रिया का प्रभाव या फल जिस शब्द पर पड़ता है, उसे कर्म कारक कहते हैं; जैसे- राम ने श्याम को मारा। यहाँ कर्ता राम है और उसके मारने का फल 'श्याम' पर पड़ता है। अत: श्याम कर्म है। यहाँ श्याम के साथ कारक चिह्न 'को' का प्रयोग हुआ है।

अतः विकल्प (D) सही है।

84. दिए गए वाक्य में 'से' का कारक करण है।

करण का अर्थ है-साधन। संज्ञा का वह रूप जिससे किसी क्रिया के साधन का बोध हो, उसे करण कारक कहते हैं; जैसे शिकारी ने शेर को बन्दूक से मारा। इस वाक्य में बन्दूक द्वारा शेर मारने का उल्लेख है। अतएव बन्दूक करण कारक हुआ। करण कारक के चिह्न हैं- से' , 'के' द्वारा, के कारण', के साथ', 'के बिना' आदि।

अतः विकल्प (B) सही है।

85. दिए गए वाक्य में कर्म कारक है क्योंकि यहाँ क्रिया का फल कर्म डाकुओं पर पड़ता है।

अतः विकल्प (D) सही है।

86. जिसके लिए कुछ किया जाए या जिसको कुछ दिया जाए इसका बोध कराने वाले शब्द को सम्प्रदान कारक कहते हैं।

किसी वस्तु को दिए जाने के अर्थ में को, के लिए अथवा के वास्ते का प्रयोग होता है।

अतः विकल्प (A) सही है।

87. उपरोक्त वाक्य में अपादान कारक है।

संज्ञा या सर्वनाम के जिस रूप से दूर होने, निकलने, डरने, रक्षा करने, सीखने, तुलना करने का भाव प्रकट होता है, उसे अपादान कारक किह इसका चिह्न से है।

अतः विकल्प (C) सही है।

88. उपरोक्त वाक्य में अधिकरण कारक है।

अधिकरण कारक में अधिकरण का अर्थ होता है- आधार या आश्रय संज्ञा का वह रूप जिससे क्रिया के आधार का बोध हो उसे अधिकरण कारक कहते हैं। इसकी विभक्ति चिह्न में और पर होती है। भीतर, अंदर, ऊपर, बीच आदि शब्दों का प्रयोग इस कारक में किया जाता है।

अतः विकल्प (D) सही है।

89. हिंदी भारत यूरोपीय भाषा परिवार अर्थात भारोपीय भाषा परिवार की एक भाषा है। सभी भाषा समूह में भारोपीय भाषा परिवार सबसे बड़ा परिवार है।

अतः विकल्प (A) सही है।

90. भारत में सर्वाधिक खड़ी बोली वाली भाषा हिन्दी है।

खड़ी बोली वह भाषा है जो मोटे तौर पर आज की मानक हिन्दी का एक पूर्वरूप है। खड़ी बोली से एक तात्पर्य उस बोली से है जिसपर ब्रजभाषा या अवधी आदि की छाप न हो।

अतः विकल्प (A) सही है।

91. हिन्दी की विशिष्ट बोली 'ब्रजभाषा' काव्यभाषा के रुप में सबसे अधिक प्रसिद्ध है।

ब्रजभाषा हिन्दी की एक उपभाषा है जो पश्चिमी उत्तर प्रदेश एवं उत्तराखंड में बोली जाती है। इसके अलावा यह भाषा हरियाणा, राजस्थान और मध्यप्रदेश के कुछ जनपदों में भी बोली जाती है। अन्य भारतीय भाषाओं की तरह ये भी संस्कृत से जन्मी है। इस भाषा में प्रचुर मात्रा में साहित्य उपलब्ध है।

अतः विकल्प (D) सही है।

92. हिन्दी भाषा की बोलियों के वर्गीकरण के आधार पर छत्तीसगढ़ी बोली पूर्वी हिन्दी की है।

पूर्वी हिंदी में तीन बोलियाँ - अवधी, बघेली और छत्तीसगढ़ी मानी जाती हैं।

अतः विकल्प (A) सही है।

93. पश्चिमी हिन्दी में कन्नौजी, बुंदेली, खड़ी बोली, बांगरू तथा ब्रज बोली को सम्मिलित किया जाता है। खड़ी बोली अपने मूल रूप में मेरठ, बिजनौर के आसपास बोली जाती है।

अतः विकल्प (D) सही है।

94. बिहारी हिंदी का विकास मागधी अपभ्रंश से हुआ है। जिसे दो भागों- पूर्वी बिहारी और पश्चिमी बिहारी में विभाजित किया जा सकता है। पूर्वी बिहारी की दो बोलियाँ हैं- मगही और मैथिली। वहीं पश्चिमी बिहारी के अंतर्गत भोजपुरी बोली आती है।

अतः विकल्प (D) सही है।

95. अनामिका - कनिष्ठिका और मध्यमा के बीच की ऊँगुली'

अतः विकल्प (D) सही है।

96. दामोदर - 'जिसके पेट मे माँ ने रस्सी (दाम) बाँध दी हो'

अतः विकल्प (D) सही है।

97. 'पीछे-पीछे चलने वाला' वाक्यांश के लिए एक शब्द है- अनुगामी।

अनुचर - नौकर, आज्ञाकारी

अनुवर्ती - बाद का

अतः विकल्प (B) सही है।

98. अमूल्य - जिसकी कोई कीमत न हो सके

अतः विकल्प (B) सही है।

99. मिताहारी - थोड़ा नपा-तुला भोजन करने वाला

मितव्ययी - कम ख़र्च करनेवाला

अतः विकल्प (C) सही है।

100. अन्तेवासी से तात्पर्य है - गुरू के समीप रहकर अध्ययन करने वाला।

अतः विकल्प (D) सही है।

101. 'जिसके हृदय पर आधात हुआ हो' वाक्यांश के लिए दिए गए विकल्पो में से उपयुक्त शब्द मर्माहत होगा।

अतः विकल्प (B) सही है।

102. पदच्युत - जो अपने पद से हटाया गया हो'

अतः विकल्प (D) सही है।

103. दिए गए विकल्पो में से 'जिसे किसी वस्तु की स्पृहा न हो' वाक्य के लिए उपयुक्त शब्द नि: स्पृह होगा।

अतः विकल्प (B) सही है।

104. जिसकी पूर्व से कोई आशा न हो' वाक्यांश के किए दिए गए विकल्पो में से उपयुक्त शब्द अप्रत्याशित होगा।

अतः विकल्प (D) सही है।

105. कंकाल का अर्थ है - अस्थिपंजर

जबकि कंगाल का अर्थ है - दरिद्र

अतः विकल्प (A) सही है।

106. कक्षा का अर्थ होता है - छात्र समूह

जबकि कच्छा का अर्थ होता है - जाँघिया

अतः विकल्प (B) सही है।

107. कुल का अर्थ होता है - वंश

जबकि कूल का अर्थ होता है - किनारा

अतः विकल्प (C) सही है।

108. कल्मष का अर्थ होता है - कालिख

जबकि कुल्माष का अर्थ होता है - कुल्थी

अतः विकल्प (D) सही है।

109. कृतज्ञ का अर्थ है - उपकार मानने वाला

जबकि कृतघ्न का अर्थ है - उपकार न मानने वाला

अतः विकल्प (A) सही है।

110. कृपण का अर्थ होता है - कंजूस

जबकि कृपाण का अर्थ होता है - तलवार

अतः विकल्प (B) सही है।

111. कटिबद्ध का अर्थ है - तैयार

जबकि कटिबन्ध का अर्थ है - कमरबंद

अतः विकल्प (C) सही है।

112. केश का अर्थ है - बाल

जबकि केस का अर्थ है - मुकदमा

अतः विकल्प (D) सही है।

113. खाद का अर्थ है - उर्वरक

जबकि खाद्य का अर्थ है - खाने योग्य

अतः विकल्प (A) सही है।

114. गणना का अर्थ है - गिनती

जबकि गड़ना का अर्थ है - चुभना

अतः विकल्प (B) सही है।

115. चित्त का अर्थ है - मन

जबकि चित का अर्थ है - पीठ के बल पड़ा हुआ

अतः विकल्प (D) सही है।

116. कर्मभूमि, मुंशी प्रेमचन्द की रचना है। जबकि अन्य विकल्प में दी गई रचनाएं जयशंकर प्रसाद की है।

अतः सही विकल्प (D) है।

117. "रस मीमांसा" के लेखक रामचन्द्र शुक्ल हैं।

आचार्य रामचन्द्र शुक्ल हिन्दी आलोचक, निबन्धकार, साहित्येतिहासकार, कोशकार, अनुवादक, कथाकार और कवि थे। उनके द्वारा लिखी गई सर्वाधिक महत्त्वपूर्ण पुस्तक है हिन्दी साहित्य का इतिहास, जिसके द्वारा आज भी काल निर्धारण एवं पाठ्यक्रम निर्माण में सहायता ली जाती है।

अतः सही विकल्प (A) है।

118. "कादम्बरी" के लेखक बाणभट्ट हैं। जो कि उनके दो प्रमुख ग्रंथो में से एक है। हर्षचरितम् बाणभट्ट द्वारा रचित दूसरी महत्वपूर्ण कृति है।

अतः सही विकल्प (A) है।

119. सेवासदन, गबन, गोदान, कर्मभूमि, ईदगाह आदि मुंशी प्रेमचन्द की प्रमुख रचनाएं हैं।

जबकि अखरावट के रचयिता मलिक मुहम्मद जायसी हैं।

अतः सही विकल्प (D) है।

120. "श्रृंगार लहरी" के रचनाकार भारतेन्दु हरिश्चन्द्र हैं।

इनकी अन्य प्रमुख रचनाएँ प्रेम फुलवारी, प्रेम प्रलाप आदि हैं।

अतः सही विकल्प (B) है।

121. महादेवी वर्मा हिन्दी की सर्वाधिक प्रतिभावान कवयित्रियों में से हैं। वे हिन्दी साहित्य में छायावादी युग के प्रमुख स्तंभों जयशंकर प्रसाद, सूर्यकांत त्रिपाठी निराला और सुमित्रानंदन पंत के साथ महत्वपूर्ण स्तंभ मानी जाती हैं। उन्हें आधुनिक मीरा भी कहा गया है।

'नीहार', रश्मि', नीरजा', सांध्यगीत', 'यामा', दीपशिखा' आदि उनके कविता-संग्रह हैं। 'चाँद' और 'आधुनिक कवि' का उन्होंने सम्पादन किया।

अतः सही विकल्प (D) है।

122. मैथिलीशरण गुप्त खड़ी बोली के प्रथम महत्वपूर्ण कवि थे। इनकी प्रमुख रचनाओं में साकेत ,यशोधरा ,भारत भारती ,सिद्धराज ,द्वापर,पंचवटी आदि है।

बेला सूर्यकान्त त्रिपाठी 'निराला' की रचना है।

अतः सही विकल्प (D) है।

123. दिए गए युग्मों में सुमित्रानन्दन पन्त - अनामिका गलत है।

अनामिका, के लेखक सूर्यकान्त त्रिपाठी है।

अतः सही विकल्प (C) है।

124. दिए गए विकल्पो में अष्टयाम- शिवप्रसाद सितारेहिन्द युग्म गलत है।

अष्टयाम के रचयिता 'नाभादास' हैं। भक्तिकाल के कवियों में स्वामी अग्रदास के शिष्य नाभादास का विशिष्ट स्थान है। अंतस्साक्ष्य के अभाव में इनकी जन्म तथा मृत्यु की तिथियाँ अनिश्चित हैं। मिश्रबंधु, डॉ॰ श्यामसुंदरदास, आचार्य रामचंद्र शुक्ल, डॉ॰ दीनदयालु गुप्त, आचार्य क्षितिमोहन सेन आदि ने इस संबंध में जो तिथियाँ निर्धारित की हैं उनमें पर्याप्त अंतर है।

अतः सही विकल्प (B) है।

125. दिए गए विकल्पो में सभी युग्म सही सुमेलित हैं।

अतः सही विकल्प (D) है।

Q.1 निम्न में से कौन सा सही सुमेलित नहीं है?

A. जयशंकर प्रसाद - इन्द्रजाल

B. विष्णु शर्मा - पंचतंत्र

C. कालिदास - मेघदूत

D. सभी सुमेलित हैं

Q.2 हिन्दी साहित्य का प्रथम महाकाव्य है:

A. पद्मावत **B.** पृथ्वीराज रासो

C. प्रिय प्रवास **D.** इनमें से कोई नही

Q.3 निम्न में से कौन अष्टछाप के कवियों में शामिल है?

A. सूरदास **B.** कृष्णदास

C. नन्ददास **D.** इनमें से सभी

Q.4 निम्न में से कौन भारतेन्दु युग के कवि नहीं है?

A. भारतेन्दु हरिश्चन्द्र **B.** प्रतापनारायण मिश्र

C. महावीर प्रसाद द्विवेदी **D.** राधाकृष्ण दास

Q.5 साहित्य अकादमी अवार्ड से सम्मानित किस रचना का सम्बन्ध सुमित्रानन्दन पंत से है?

A. हिमतरंगिनी

B. संस्कृति के चार अध्याय

C. मिट्टी की बारात

D. कला और बूढ़ा चाँद

Q.6 निम्न में से किसका सम्बन्ध छायावादी युग से नहीं है?

A. जयशंकर प्रसाद **B.** महादेवी वर्मा

C. सूर्यकान्त त्रिपाठी **D.** मैथिलीशरण गुप्त

Q.7 किसी सीमित क्षेत्र में बोली जाने वाली स्थानीय भाषो को कहते हैं:

A. राष्ट्रीय भाषा **B.** राजभाषा

C. बोली **D.** उपभाषा

Q.8 सगुण भक्ति काव्य का सम्बन्ध काव्य के किस काल से है?

A. आदिकाल **B.** भक्तिकाल

C. रीतिकाल **D.** आधुनिक काल

Q.9 'नागरी प्रचारिणी सभा' की स्थापना की थी:

A. आचार्य रामचन्द्र शुक्ल **B.** श्यामसुन्दर दास

C. सम्पूर्णानन्द **D.** हजारीप्रसाद द्विवेदी

Q.10 खड़ी बोली गद्य का प्रारम्भ किस कृति से माना गया है?

A. चौरासी वैष्णवन की वार्ता

B. अष्टयाम

C. चन्द छन्द बरनन की महिमा

D. वर्ण रत्नाकर

Q.11 हिन्दी गद्य (खड़ी बोली) के जन्मदाता हैं:

A. प्रतापनारायण मिश्र **B.** भारतेन्दु हरिश्चन्द्र

C. श्यामसुन्दर दास **D.** जयशंकर प्रसाद

Q.12 'आनन्द कादम्बिनी' पत्रिका के सम्पादक थे:

A. प्रतापनारायण मिश्र

B. बालकृष्ण भट्ट

C. बदरीनारायण चौधरी 'प्रेमघन'

D. सरदार पूर्णसिंह

Q.13 हिन्दी की पहली मौलिक कहानी मानी गयी है:

A. इन्दुमती **B.** दुलाईवाली **C.** पंचपरमेश्वर **D.** रक्षाबन्धन

Q.14 एकांकी सम्राट किसको कहा जाता है?

A. जयशंकर प्रसाद **B.** भारतेन्दु हरिश्चन्द्र

C. डॉ. रामकुमार वर्मा **D.** उपेन्द्रनाथ 'अश्क'

Q.15 निम्न में से किस रचना के रचयिता रामधारी सिंह 'दिनकर' हैं:

A. मुकुल **B.** उर्वशी **C.** वीणा **D.** रश्मि

Q.16 निम्न में से कौन सी महादेवी वर्मा की रचना नहीं है?

A. नीहार **B.** रश्मि **C.** नीरजा **D.** अनामिका

Q.17 'अखरावट' के रचयिता हैं:

A. तुलसीदास **B.** कबीरदास

C. सूरदास **D.** मलिक मुहम्मद जायसी

Q.18 'त्रिशंकु' किसकी रचना है?

A. जयशंकर प्रसाद

B. श्यामसुन्दर दास

C. सच्चिदानन्द हीरानन्द वात्स्यायन 'अज्ञेय'

D. इनमें से कोई नहीं

Q.19 'विनय पत्रिका' के रचयिता कौन हैं?

A. सूरदास **B.** मीराबाई **C.** तुलसीदास **D.** बिहारी

Q.20 निम्न में से कौन सी सरदार पूर्णसिंह की रचना है?

A. आचरण की सभ्यता **B.** कन्यादान

C. पवित्रता **D.** उपरोक्त सभी

Q.21 'गेहूँ और गुलाब' किसकी रचना है?

A. यशपाल **B.** हजारीप्रसाद द्विवेदी

C. रामवृक्ष बेनीपुरी **D.** जैनेन्द्र

Q.22 'झांसी की रानी' किसकी कृति है?

A. महादेवी वर्मा **B.** सुभद्रा कुमारी चौहान

C. मीराबाई **D.** इनमें से कोई नहीं

Q.23 निम्न में से कौन सी हरिशंकर परसाई की रचना है?

A. तट की खोज **B.** भूत के पांव पीछे

C. बेईमानी की परत **D.** इनमें से सभी

Q.24 'अशोक के फूल' के रचनाकार हैं:

A. भारतेन्दु हरिश्चन्द्र

B. आचार्य हजारी प्रसाद द्विवेदी

C. महावीर प्रसाद द्विवेदी

D. इनमें से कोई नहीं

Q.25 'अंधा गुग' किसकी रचना है?

A. धर्मवीर भारती **B.** महादेवी वर्मा

C. जयशंकर प्रसाद **D.** इनमें से कोई नहीं

Ques (26-34):निर्देशः नीचे दिए गए शब्द युग्म के सही अर्थ भेद का चयन कीजिए।

Q.26 अन्तर - अन्तर

| A. भिन्नता-बाद में | B. दूरी-निकटता |
| C. मतभेद-मतैक्य | D. अन्तःकरण-ईर्ष्या |

Q.27 अम्बुज - अम्बुधि

| A. बादल - कमल | B. समुद्र - बादल |
| C. कमल - समुद्र | D. भ्रमर - मकरन्द |

Q.28 अगम - आगम

| A. दुर्लभ - उत्पत्ति | B. शास्त्र - शास्त्री |
| C. उत्पत्ति - दुर्लभ | D. स्वानुभूत - अनजान |

Q.29 अभियुक्त - अभ्युक्ति

| A. वादी - प्रतिवादी | B. टिप्पणी - अपराधी |
| C. अपराधी - टिप्पणी | D. अभ्यर्थी - नियोक्ता |

Q.30 अमित - अमीत

| A. बहुत - शत्रु | B. शत्रु - मित्र |
| C. पर्याप्त - अधिक | D. अधिक - न्यून |

Q.31 ईशा - ईषा

A. महान् - तपस्वी
B. परोपकरी - प्रभुत्व
C. त्याग - ऐश्वर्य
D. ऐश्वर्य - हल की लम्बी लकड़ी

Q.32 उपल - उत्पल

| A. ओला - कमल | B. ऊपरी - पानी |
| C. जवाब - वर्षा | D. कमल - शैवाल |

Q.33 ऋत - ऋतु

| A. मौसम - वर्षा | B. सत्य - मौसम |
| C. अनित्य - सर्दी | D. ईश्वर - गर्मी |

Q.34 उभय - अभय

| A. उदासीन - बलिष्ठ | B. निर्भय - दोनों |
| C. दोनों - निर्भय | D. एकता - निर्द्वन्द्व |

Q.35 'जो कहा न जा सके' वाक्य के लिए एक शब्द होगा:

| A. अकथनीय | B. अकरणीय |
| C. अकर्मक | D. इनमें से कोई नहीं |

Q.36 "अन्य माता से पैदा हुआ भाई" वाक्य के लिए एक शब्द है:

| A. अपरबल | B. अनावृत्त |
| C. अन्योदर | D. इनमें से कोई नहीं |

Q.37 'जिसका खण्डन न किया जा सके' वाक्य के लिए एक शब्द है:

| A. अखण्डनीय | B. अगणित |
| C. अग्रणी | D. इनमें से कोई नहीं |

Q.38 'वह स्त्री जिसका पति दूसरा विवाह कर ले' वाक्य के लिए एक शब्द है:

| A. अध्यूढ़ा | B. अनाक्रान्त |
| C. अनित्यवादी | D. इनमें से कोई नहीं |

Q.39 'पर्वत के पास की भूमि वाक्य के लिए एक शब्द है:

| A. उपकृत | B. उपत्यका |
| C. उदन्त | D. इनमें से कोई नहीं |

Q.40 'अनावृष्टि' का अर्थ होता है:

A. सिर से पैर तक
B. बरसात बिल्कुल न होना

C. जिसकी समस्त कामनाएँ पूरी हो गई हो
D. इनमें से कोई नहीं

Q.41 'औरस' का अर्थ होता है:

A. विवाहित स्त्री से उत्पन्न पुत्र
B. जो केवल कहने सुनने के लिए हो
C. जो कहा गया है
D. इनमें से कोई नहीं

Q.42 'जिसका हाथ बहुत तेज चलता हो' वाक्य के लिए एक शब्द है:

| A. क्षिप्रहस्त | B. क्षम्य |
| C. क्षणभंगुर | D. इनमें से कोई नहीं |

Q.43 निम्न में से कौन सा सर्वनाम से बनी भाववाचक संज्ञा है?

| A. कठोरता | B. पढ़ाई | C. निजत्व | D. वीरता |

Q.44 निम्न विकल्पो में से किस विकल्प के सभी शब्द व्यक्तिवाचक संज्ञाएं है?

A. ममता, बैल, राधेश्याम
B. राधेश्याम, पन्नालाल, हिमालय
C. आम, साधना, ऊंचाई
D. उदासी, शेर, चालाकी

Q.45 निम्न में से कौन सा शब्द पुल्लिंग है?

| A. सिलाई | B. गंगा | C. लिखावट | D. सोमवार |

Q.46 'दूध' क्या है?

| A. पुल्लिंग | B. स्त्रीलिंग |
| C. नपुंसकलिंग | D. इनमें से कोई नहीं |

Q.47 निम्न में से कौन सा शब्द स्त्रीलिंग नहीं है?

| A. चैत्र | B. चीनी | C. रुसी | D. अवधी |

Q.48 लिंग की दृष्टि से 'घबराहट' किस प्रकार का शब्द है?

| A. स्त्रीलिंग | B. पुल्लिंग |
| C. उभयलिंग | D. इनमें से कोई नहीं |

Q.49 हिन्दी भाषा में लिंग के कितने भेद हैं?

| A. तीन | B. दो | C. चार | D. पाँच |

Q.50 लिंग की दृष्टि से 'बचपन' किस प्रकार का शब्द है?

| A. पुल्लिंग | B. स्त्रीलिंग |
| C. नपुंसकलिंग | D. इनमें से कोई नहीं |

Q.51 निम्न में से पुल्लिंग शब्द कौन सा है?

| A. सोमवार | B. हिमालय |
| C. देश | D. इनमें से सभी |

Q.52 इनमें से एकवचन-बहुवचन का कौन-सा युग्म सही नहीं है?

| A. घोड़ा - घोड़े | B. आँसू - आँसुओं |
| C. गली - गलियाँ | D. चिड़िया - चिड़ियाँ |

Q.53 व्याकरण में 'वचन' का सही अर्थ क्या है?

| A. प्रतिज्ञा | B. बोली | C. भाषा | D. संख्या |

Q.54 'गुड़िया' का बहुवचन होगा:

| A. गुड़ियों | B. गुड़ियों | C. गुड़ियाँ | D. गुड़ियायें |

Q.55 'कथा' का बहुवचन होगा?

| A. कथाओं | B. कथाएँ | C. कथा | D. कथाए |

Q.56 'बाबा' का बहुवचन होगा:

A. बाबाए   B. बाबाओं   C. बाबा   D. बाबाएँ

Q.57 'सड़क' का बहुवचन होगा:
A. सड़क
B. सड़कों
C. सड़कें
D. इनमें से कोई नहीं

Q.58 कौन-सा शब्द हमेशा एकवचन में प्रयुक्त होता है?
A. माल   B. दर्शन   C. होश   D. हस्ताक्षर

Q.59 'बालक ने पुस्तक पढ़ी' वाक्य में कौन सा कारक है?
A. कर्ता कारक
B. कर्म कारक
C. अपादान कारक
D. सम्प्रदान कारक

Q.60 'भूखो को भोजन कराओ' वाक्य में कौन सा कारक है?
A. कर्ता कारक
B. कर्म कारक
C. करण कारक
D. सम्प्रदान कारक

Q.61 'उससे कोई अपराध नहीं हुआ' वाक्य में कौन सा कारक है?
A. कर्ता कारक
B. कर्म कारक
C. करण कारक
D. अपादान कारक

Q.62 'खुद से कहता हूँ' वाक्य में किस कारक का प्रयोग हुआ है?
A. कर्म कारक
B. करण कारक
C. अपादान कारक
D. सम्प्रदान कारक

Q.63 'अतिथि के लिए चाय लाओ' वाक्य में कौन सा कारक है?
A. करण कारक
B. सम्प्रदान कारक
C. अपादान कारक
D. कर्ता कारक

Q.64 किस वाक्य में अपादान कारक है?
A. राम ने रावण को तीर से मारा
B. मोहन से अब नहीं गाया जाता
C. हिमालय से गंगा निकलती है
D. चाकू से फल काटो

Q.65 'हे राम! रक्षा करो।' वाक्य में कौन-सा कारक है?
A. कर्ता   B. अपादान   C. सम्बोधन   D. अधिकरण

Q.66 'सामान्य' शब्द का विलोम है:
A. श्रेष्ठ   B. सर्वज्ञ   C. साधारण   D. विशिष्ट

Q.67 'अमर' शब्द का विलोम है:
A. मृतक   B. मृत्यु   C. मरण   D. मर्त्य

Q.68 'उपकार' शब्द का विलोम है:
A. विकार   B. अनुपकार   C. अपकार   D. तिरस्कार

Q.69 'आविर्भाव' शब्द का विलोम है:
A. अनाविर्भाव   B. विभाव   C. अविर्भाव   D. तिरोभाव

Q.70 'उक्त' शब्द का विलोम है:
A. अनुक्त   B. उपयुक्त   C. अनुपयुक्त   D. उपर्युक्त

Q.71 'निर्दय' शब्द का विलोम है:
A. सह्य   B. सहृदय   C. सदय   D. सभय

Q.72 'उन्मीलन' शब्द का विलोम है:
A. अनुमीलन   B. निमीलन   C. अवमीलन   D. मीलन

Q.73 'उत्कर्ष' शब्द का विलोम है:
A. अकर्ष   B. अनुत्कर्ष   C. अपकर्ष   D. आकर्ष

Q.74 'जीभ' का पर्याय है:

A. वचन   B. रसना   C. ध्वनि   D. जीव

Q.75 कौन सा शब्द 'अहि' का पर्यायवाची नहीं है:
A. उरग   B. सरीसृप   C. पवनाश   D. सिंधुर

Q.76 'चाँदनी' का पर्यायवाची शब्द नहीं है:
A. चन्द्रातप   B. कौमुदी   C. ज्योत्स्ना   D. मयंक

Q.77 'जनार्दन' किसका पर्यायवाची है?
A. गम   B. कृष्ण   C. विष्णु   D. ब्रह्मा

Q.78 निम्नलिखित में कौन सा शब्द 'समुद्र' का पर्यायवाची नहीं है?
A. पयोधि   B. जलद   C. जलधि   D. वारिधि

Q.79 निम्नलिखित में 'शिव' का पर्यायवाची शब्द है:
A. शिवालय   B. रुद्र   C. रुद्राक्ष   D. हरि

Q.80 इनमें एक 'लहर' का पर्यायवाची शब्द नहीं है:
A. वीचि   B. दुकूल   C. तरंग   D. हिलोर

Q.81 'चन्द्रोदय' में कौन-सी संधि है?
A. यण संधि   B. दीर्घ संधि   C. वृद्धि संधि   D. गुण संधि

Q.82 निम्नलिखित में से 'वृद्धि स्वर संधि' किस शब्द में है?
A. रजनीश   B. महौषध   C. यतीन्द्र   D. शोधार्थी

Q.83 'सदाशय' का सही संधि-विच्छेद होगा:
A. सद + आशय
B. सतत + आशय
C. सत् + आशय
D. सदा + आशय

Q.84 निम्नलिखित में यह संधि विच्छेद सही है:
A. परम + आत्मा
B. परम + आत्म
C. परमा + आत्मा
D. पर + मात्मा

Q.85 निम्नलिखित विकल्पों में यह शुद्ध है:
A. पर + अधीन
B. पर + आधीन
C. पर + अधीना
D. परा + आधीन

Q.86 'उच्चारण' का सही संधि विच्छेद है:
A. उच्च + चारण
B. उत + चारण
C. उच् + चारण
D. उत् + चारण

Q.87 'महाशय' शब्द का सही संधि विच्छेद है:
A. मह: + आशय
B. मह + आशय
C. महा + आशय
D. महाश् + अय

Q.88 'आँख के अंधे नाम नयनसुख' का सही अर्थ है:
A. गुणों के विरुद्ध नाम का होना
B. बुद्धिहीन किन्तु पर्याप्त धनवान
C. अंधा आदमी प्रायः गुणवान होता है
D. एक आँख के अंधे को भी सभी सुखद अनुभव हो सकते हैं

Q.89 'चिकना घड़ा होना' मुहावरा का सही अर्थ है:
A. चिकना चुपड़ा होना
B. समृद्ध होना
C. निर्लज्ज होना
D. मधुरभाषी होना

Q.90 "मुहावरे का प्रयोग वाक्य के अन्तर्गत होता है और लोकोक्ति पूर्ण वाक्य होती है"- यह कथन:
A. सही है
B. गलत है
C. कथन का प्रथम अंश सही है।
D. कथन का अंतिम अंश सही है।

Q.91 इस वाक्यांश में 'निर्मम' अर्थ समाहित है:
A. क्रूर हृदय वाला व्यक्ति
B. ममताशून्य हृदय वाला व्यक्ति
C. संवेदनशून्य व्यक्ति
D. दया रहित व्यक्ति

Q.92 'चाँद पर थूकना' मुहावरे का आशय है:
A. निर्दोष पर दोष लगाना
B. निरर्थक काम करना
C. सौंदर्य का अनादर करना
D. सम्माननीय का अनादर करना

Q.93 इनमें एक लोकोक्ति है:
A. अंगूठा दिखाना
B. अंधा होना
C. अपने पूत को कोई काम नहीं कहता
D. इनमें से कोई नहीं

Q.94 'कलम तोड़न' मुहावरे का अर्थ है:
A. सही लिखना
B. अच्छा लिखना
C. ज्यादा लिखना
D. बेकार लिखकग प्रायश्रित करना

Q.95 'जूतियों में दाल बाँटना' मुहावरे का सही अर्थ है:
A. दुःखी होना
B. अपमान करना
C. चापलूसी करना
D. लड़ाई-झगड़ा हो जाना

Q.96 श्रृंगार रस का स्थायी भाव क्या है?
A. उत्साह
B. शोक
C. हास
D. रति

Q.97 विस्मय स्थायी भाव किस रस में होता है?
A. हास्य रस
B. शांत रस
C. अद्भुत रस
D. वीभत्स रस

Q.98 किलक अरे मैं नेह निहारूँ।
इन दाँतों पर मोती वारूँ।
इन पंक्तियों मे कौन-सा रस है?
A. वीर रस
B. शांत रस
C. वात्सल्य रस
D. हास रस

Q.99 अति मलीन वृषभानुकुमारी।
अधोमुख रहति ऊरध नहिं
चितवति ज्यों गथ हारे थकित जुआरी।
छूटे, चिहुर, बदन कुम्हिलाने,
ज्यों नलिनी हिमकर की मारी।।
इन पंक्तियों में कौन-सा रस है?
A. हास्य रस
B. करुण रस
C. विप्रलंभ श्रृंगार रस
D. संयोग श्रृंगार रस

Q.100 सर्वश्रेष्ठ रस किसे माना जाता है?
A. रौद्र रस
B. श्रृंगार रस
C. करुण रस
D. वीर रस

Q.101 कवि बिहारी मुख्यत: किस रस के कवि हैं?
A. करुण रस
B. भक्ति रस
C. श्रृंगार रस
D. वीर रस

Q.102 मेरे तो गिरधर गोपाल दूसरो न कोई।
जाके सिर मोर मुकुट मेरो पति सोई॥
इन पंक्तियों में कौन-सा रस है?
A. शांत रस
B. श्रृंगार रस
C. करुण रस
D. हास्य रस

Q.103 किस शब्द की वर्तनी अशुद्ध है?
A. निरनुनासिक
B. छिद्रान्वेषी
C. गत्यर्थ
D. अन्तर्चेतना

Q.104 निम्नलिखित में शुद्ध वर्तनी वाला शब्द है:
A. उपर्युक्त
B. निरोग
C. कवियत्री
D. प्रथक

Q.105 निम्नलिखित में शुद्ध वर्तनी वाला शब्द है:
A. शुश्रूषा
B. सुश्रूषा
C. सुश्रुषा
D. श्रुशूषा

Q.106 शुद्ध वर्तनी वाला शब्द है:
A. ईशा
B. ईर्षा
C. इर्षा
D. ईर्ष्या

Q.107 निम्नलिखित में से अशुद्ध वर्तनी वाला शब्द है:
A. उल्लंघन
B. मनोरथ
C. उज्वल
D. वत्सल

Q.108 वर्तनी की दृष्टि से शब्द का शुद्ध रूप कोन है?
A. बन्दना
B. वंदना
C. बनदना
D. वन्दना

Q.109 निम्नलिखित में से शुद्ध वर्तनी का शब्द है:
A. वाँङ्मय
B. वांगमय
C. वाड्मय
D. बाँगमय

Q.110 इनमें से वर्तनी की दृष्टि से शुद्ध है:
A. अन्तर्धन
B. षष्ठम
C. सहसत
D. अनुषंगिक

Q.111 'पर्णकुटी' शब्द का समास है:
A. तत्पुरुष
B. द्वन्द
C. कर्मधारय
D. बहुब्रीहि

Q.112 'सिंह द्वार' शब्द में समास है:
A. तत्पुरुष
B. अव्ययीभाव
C. कर्मधारय
D. इनमें से कोई नहीं

Q.113 'नीलोत्पलम्' में कौन सा समास है:
A. कर्मधारय
B. बहुब्रीहि
C. अव्ययीभाव
D. तत्पुरुष

Q.114 'धनंजय' में समास है:
A. द्वन्द्व
B. कर्मधारय
C. बहुव्रीहि
D. अव्ययीभाव

Q.115 'मनमाना' में कौन-सा समास है:
A. अव्ययीभाव
B. कर्मधारय
C. तत्पुरुष
D. बहुव्रीहि

Q.116 'जय-पराजय' में कौन-सा समास है:
A. अव्ययी-भाव
B. बहुव्रीहि
C. द्वन्द्व
D. द्विगु

Q.117 'लंबोदर' उदाहरण है:
A. बहुव्रीहि समास का
B. द्वन्द्व समास का
C. द्विगु समास का
D. कर्मधारय का

Q.118 'तिरंगा' शब्द में समास है:
A. द्वंद्व समास
B. अव्ययीभाव समास
C. द्विगु समास
D. कर्मधारय समास

Q.119 काली घटा का घमण्ड घटा
नभ मण्डल तारक वृंद खिले।
प्रस्तुत पंक्तियों में कौन-सा अलंकार है?

A. लाटानुप्रास
B. यमक
C. श्लेष
D. वक्रोक्ति

Q.120 जो रहीम गति दीप की,
कुल कपूत गति सोय।
प्रस्तुत पंक्तियों में कौन-सा अलंकार है?
A. लाटानुप्रास
B. यमक
C. श्लेष
D. वक्रोक्ति

Q.121 को तुम? है घनश्याम हम,
तो बरसो कित जाय।
नहि, मनमोहन है प्रिये,
फिर क्यों पकरत पायैं।।
प्रस्तुत पंक्तियों में कौन-सा अलंकार है?
A. लाटानुप्रास
B. यमक
C. श्लेष
D. वक्रोक्ति

Q.122 बालों को खोलकर मत चला करो
दिन में रास्ता भूल जाएगा सूरज!
प्रस्तुत पंक्तियों में कौन-सा अलंकार है?
A. लाटानुप्रास
B. यमक
C. अतिशयोक्ति
D. वक्रोक्ति

Q.123 पीपर पात सरस मन डोला।।
प्रस्तुत पंक्तियों में कौन-सा अलंकार है?
A. लाटानुप्रास
B. उपमा
C. श्लेष
D. वक्रोक्ति

Q.124 सिर झुका तूने नियति की मान ली यह बात।
स्वयं ही मुर्झा गया तेरा हृदय-जलजात।।
प्रस्तुत पंक्तियों में कौन-सा अलंकार है?
A. लाटानुप्रास
B. रूपक
C. श्लेष
D. वक्रोक्ति

Q.125 शशि-मुख पर घूँघट डाले
अंचल में दीप छिपाए।
प्रस्तुत पंक्तियों में कौन-सा अलंकार है?
A. लाटानुप्रास
B. रूपक
C. श्लेष
D. वक्रोक्ति

// स्मार्ट उत्तर पुस्तिका //

सही उत्तर — उन छात्रों के प्रतिशत को इंगित करता है जिन्होंने प्रश्नों का सही उत्तर दिया था।

छोड़ दिया — उन छात्रों के प्रतिशत को इंगित करता है जिन्होंने प्रश्नों को छोड़ दिया था।

प्रश्न संख्या	उत्तर	सही उत्तर / छोड़ दिया
1	D	70.83 % / 0.0 %
2	B	75.0 % / 12.5 %
3	D	83.33 % / 12.5 %
4	C	66.67 % / 16.66 %
5	D	70.83 % / 16.67 %
6	D	83.33 % / 12.5 %
7	C	75.0 % / 16.67 %
8	B	79.17 % / 12.5 %
9	B	62.5 % / 16.67 %
10	C	70.83 % / 12.5 %
11	B	79.17 % / 12.5 %
12	C	66.67 % / 12.5 %
13	A	70.83 % / 12.5 %
14	C	66.67 % / 12.5 %
15	B	83.33 % / 12.5 %
16	D	79.17 % / 12.5 %
17	D	79.17 % / 16.66 %
18	C	62.5 % / 12.5 %
19	C	79.17 % / 16.66 %
20	D	62.5 % / 12.5 %
21	C	70.83 % / 12.5 %
22	B	87.5 % / 12.5 %
23	D	66.67 % / 12.5 %
24	B	70.83 % / 16.67 %
25	A	79.17 % / 16.66 %
26	A	58.33 % / 16.67 %
27	C	75.0 % / 16.67 %
28	A	70.83 % / 12.5 %
29	C	66.67 % / 16.66 %
30	A	50.0 % / 16.67 %
31	D	54.17 % / 16.66 %
32	A	75.0 % / 16.67 %
33	B	79.17 % / 16.66 %
34	C	75.0 % / 12.5 %
35	A	87.5 % / 12.5 %
36	C	70.83 % / 16.67 %
37	A	87.5 % / 12.5 %
38	A	79.17 % / 12.5 %
39	B	87.5 % / 12.5 %
40	B	41.67 % / 12.5 %
41	A	66.67 % / 12.5 %
42	A	79.17 % / 16.66 %
43	C	58.33 % / 12.5 %
44	B	83.33 % / 12.5 %
45	D	79.17 % / 16.66 %
46	A	79.17 % / 12.5 %
47	A	83.33 % / 16.67 %
48	A	75.0 % / 16.67 %
49	B	83.33 % / 12.5 %
50	A	83.33 % / 16.67 %
51	D	79.17 % / 12.5 %
52	B	70.83 % / 16.67 %
53	D	41.67 % / 12.5 %
54	C	50.0 % / 16.67 %
55	B	79.17 % / 12.5 %
56	C	50.0 % / 16.67 %
57	C	62.5 % / 16.67 %
58	A	37.5 % / 12.5 %
59	A	83.33 % / 12.5 %
60	B	58.33 % / 12.5 %
61	C	37.5 % / 16.67 %
62	B	79.17 % / 12.5 %
63	B	83.33 % / 12.5 %
64	C	75.0 % / 16.67 %
65	C	83.33 % / 16.67 %
66	D	83.33 % / 12.5 %
67	D	45.83 % / 12.5 %
68	C	75.0 % / 12.5 %
69	D	62.5 % / 16.67 %
70	A	87.5 % / 12.5 %
71	C	37.5 % / 12.5 %
72	B	33.33 % / 16.67 %
73	C	79.17 % / 16.66 %
74	B	87.5 % / 12.5 %
75	B	25.0 % / 16.67 %
76	D	62.5 % / 16.67 %
77	C	62.5 % / 16.67 %
78	B	70.83 % / 16.67 %
79	B	79.17 % / 12.5 %
80	B	54.17 % / 12.5 %

प्रश्न संख्या	उत्तर	सही उत्तर / छोड़ दिया		प्रश्न संख्या	उत्तर	सही उत्तर / छोड़ दिया		प्रश्न संख्या	उत्तर	सही उत्तर / छोड़ दिया		प्रश्न संख्या	उत्तर	सही उत्तर / छोड़ दिया		प्रश्न संख्या	उत्तर	सही उत्तर / छोड़ दिया
81	D	70.83 %	16.67 %	90	A	70.83 %	12.5 %	99	C	70.83 %	16.67 %	108	D	41.67 %	12.5 %	117	A	83.33 % / 12.5 %
82	B	87.5 %	12.5 %	91	B	37.5 %	16.67 %	100	B	79.17 %	16.66 %	109	C	50.0 %	16.67 %	118	C	83.33 % / 12.5 %
83	C	62.5 %	16.67 %	92	A	41.67 %	12.5 %	101	C	79.17 %	12.5 %	110	A	33.33 %	16.67 %	119	B	79.17 % / 12.5 %
84	A	83.33 %	12.5 %	93	C	58.33 %	16.67 %	102	B	75.0 %	16.67 %	111	A	54.17 %	16.66 %	120	C	41.67 % / 16.66 %
85	A	62.5 %	16.67 %	94	B	50.0 %	12.5 %	103	D	37.5 %	12.5 %	112	A	70.83 %	12.5 %	121	D	54.17 % / 12.5 %
86	D	87.5 %	12.5 %	95	D	37.5 %	16.67 %	104	A	87.5 %	12.5 %	113	A	70.83 %	16.67 %	122	C	79.17 % / 16.66 %
87	C	79.17 %	12.5 %	96	D	79.17 %	16.66 %	105	A	62.5 %	16.67 %	114	C	62.5 %	16.67 %	123	B	75.0 % / 12.5 %
88	A	79.17 %	12.5 %	97	C	79.17 %	16.66 %	106	D	83.33 %	12.5 %	115	C	50.0 %	12.5 %	124	B	54.17 % / 16.66 %
89	C	75.0 %	12.5 %	98	C	75.0 %	16.67 %	107	C	87.5 %	12.5 %	116	C	79.17 %	16.66 %	125	B	79.17 % / 12.5 %

कार्य विश्लेषण	
औसत अंक (%)	48.6%
टॉपर्स स्कोर (%)	99.2%
आपका स्कोर	

//संकेत और समाधान//

1. विकल्पो में दिए गए रचनाकार - रचना के सभी युग्म सही सुमेलित हैं।

अतः विकल्प (D) सही है।

2. हिन्दी का प्रथम महाकाव्य चन्दबरदाई द्वारा रचित "पृथ्वीराज रासो" है।

पद्मावत - हिन्दी का प्रथम बड़ा महाकाव्य है।

प्रिय प्रवास - हिन्दी खड़ी बोली का प्रथम महाकाव्य है।
अतः विकल्प (B) सही है।

3. अष्टछाप के कवियों में शामिल 8 कवि हैं-

सूरदास, कुम्भनदास, परमानन्द दास, कृष्णदास, गीत स्वामी, गोविन्द स्वामी, चतुर्भुज स्वामी, नन्ददास।
अतः विकल्प (D) सही है।

4. भारतेन्दु युग आधुनिक काव्य के युग से सम्बन्धित है जिसके प्रवर्तक भारतेन्दु हरिश्चन्द्र हैं।

भारतेन्दु युग के अन्य प्रमुख कवि हैंं-

बदरीनारायण चौधरी, प्रतापनारायण मिश्र, राधाकृष्ण दास, अम्बिका दत्त व्यास आदि।

महावीर प्रसाद द्विवेदी का सम्बन्ध द्विवेदी युग से है।
अतः विकल्प (C) सही है।

5. सुमित्रानंदन पंत हिंदी साहित्य में छायावादी युग के चार प्रमुख स्तंभों में से एक हैं। इनकी कृति "कला और बूढ़ा चाँद" को साहित्य अकादमी अवार्ड से सम्मानित किया गया था।

अन्य कृतियों के रचयिता हैं-

हिमतरंगिनी - माखनलाल चतुर्वेदी

संस्कृति के चार अध्याय - रामधारी सिंह 'दिनकर'

मिट्टी की बारात - शिवमंगल सिंह 'सुमन'
अतः विकल्प (D) सही है।

6. मैथिलीशरण गुप्त का सम्बन्ध द्विवेदी युग से है। अन्य तीनो का सम्बन्ध छायावादी युग से है।
अतः विकल्प (D) सही है।

7. किसी भी भाषा को क्षेत्रीय रूप में बोला जाता है वह बोली कहलाता है। बोली भाषा का ही एक रूप है। भाषा के सबसे छोटे व सीमित रूप को बोली कहा जाता है।
अतः विकल्प (C) सही है।

8. भक्ति काल में दो प्रमुख काव्यधाराएं थी - निर्गुण काव्यधारा और सगुण काव्यधारा।

निर्गुण काव्यधारा के प्रमुख कवि कबीरदास थे जबकि सगुण काव्यधारा के प्रमुख कवि तुलसीदास एवं सूरदास थे।
अतः विकल्प (B) सही है।

9. हिंदी भाषा और साहित्य के विकास और प्रसार में 'नागरी प्रचारिणी सभा, काशी' की केन्द्रीय भूमिका रही है. इसकी स्थापना बाबू श्यामसुन्दर दास ने की थी।
अतः विकल्प (B) सही है।

10. खड़ी बोली गद्य का आरम्भ खड़ी बोली गद्य की सबसे प्राचीन रचना अकबर के राजदरबारी कवि गंग द्वारा लिखित चन्द छंद बरनन की महिमा है।
अतः विकल्प (C) सही है।

11. हिन्दी गद्य (खड़ी बोली) के जन्मदाता भारतेन्दु हरिश्चन्द्र हैं।
अतः विकल्प (B) सही है।

12. आनन्द कादम्बिनी भारतेन्दु-युग की साहित्यिक पत्रिका है। आनन्द कादम्बिनी जुलाई 1881 में मिर्ज़ापुर से आरम्भ हुई थी। इसके सम्पादक 'बदरीनारायण चौधरी' 'प्रेमघन' थे।
अतः विकल्प (C) सही है।

13. हिन्दी की सर्वप्रथम कहानी समझी जाने वाली कड़ी के अन्तर्गत सैयद इंशाअल्ला खाँ की 'रानी केतकी की कहानी', राजा शिवप्रसाद सितारे हिंद की 'राजा भोज का सपना', किशोरी लाल गोस्वामी की 'इन्दुमती', माधवराव की 'एक टोकरी भर मिट्टी', आचार्य रामचंद्र शुक्ल की 'ग्यारह वर्ष का समय' और बंग महिला की 'दुलाई वाली' नामक कहानियाँ आती हैं। परन्तु किशोरी लाल गोस्वामी द्वारा कृत 'इन्दुमती' को मुख्यतः हिन्दी की प्रथम कहानी का दर्जा प्रदान किया जाता है।
अतः विकल्प (A) सही है।

14. रामकुमार वर्मा ने आधुनिक हिंदी में एकांकी विधा को को एक व्यवस्थित रूप दिया। इसलिये उन्हें 'एकांकी का सम्राट' माना जाता है। रामकुमार वर्मा हिंदी प्रसिद्ध व्यंग्यकार और हास्य कवि थे। वह एक उच्च कोटि के समीक्षक भी थे और उन्होंने हिंदी साहित्य के इतिहास लेखक के रूप में भी कार्य किया है।
अतः विकल्प (C) सही है।

15. रचना एवं उसके रचनाकार-

उर्वशी - रामधारी सिंह 'दिनकर'

मुकुल - सुभद्रा कुमारी चौहान

वीणा - सुमित्रानन्दन पन्त

रश्मि - महादेवी वर्मा
अतः विकल्प (B) सही है।

16. महादेवी वर्मा हिन्दी की सर्वाधिक प्रतिभावान कवयित्रियों में से थीं। वे हिन्दी साहित्य में छायावादी युग के चार प्रमुख स्तम्भों में से एक मानी जाती हैं। उनकी प्रमुख रचनाएं नीहार, रश्मि तथा नीरजा आदि हैं।

'अनामिका', सूर्यकान्त त्रिपाठी निराला की रचना है।
अतः विकल्प (D) सही है।

17. मलिक मुहम्मद जायसी हिन्दी साहित्य के भक्ति काल की निर्गुण प्रेमाश्रयी धारा के कवि थे। वे अत्यंत उच्चकोटि के सरल और उदार सूफ़ी महात्मा थे। जायसी मलिक वंश के थे। उनकी प्रमुख कृतियों में पद्मावत, अखरावट, आखिरी कलाम, कहरनामा, चित्ररेखा आदि प्रमुख हैं।
अतः विकल्प (D) सही है।

18. सच्चिदानंद हीरानंद वात्स्यायन 'अज्ञेय' को कवि, शैलीकार, कथा-साहित्य को एक महत्त्वपूर्ण मोड़ देने वाले कथाकार, ललित-निबन्धकार, सम्पादक और अध्यापक के रूप में जाना जाता है। इनकी प्रमुख रचनाएं आगन के पार द्वार, हरी घास पर क्षण भर, बावरा अहेरी, त्रिशंकु, अरे यायावर रहेगा याद, एक बूँद सहसा उछली, चिंता, पूर्वा आदि हैं।
अतः विकल्प (C) सही है।

19. गोस्वामी तुलसीदास हिन्दी साहित्य के महान सन्त कवि थे। रामचरितमानस इनका गौरव ग्रन्थ है। इन्हें आदि काव्य रामायण के रचयिता महर्षि वाल्मीकि का अवतार भी माना जाता है। इनकी प्रमुख कृतियाँ विनय पत्रिका, कवितावली, दोहावली, जानकी मंगल आदि हैं।
अतः विकल्प (C) सही है।

20. सरदार पूर्णसिंह द्विवेदी युगीन निबन्धकारों में विशिष्ट स्थान रखते हैं। भावात्मक निबन्धों के रचनाकार के रूप में पूर्णसिंह जी हिन्दी में अद्वितीय माने जा सकते हैं। इनकी प्रमुख कृतियाँ हैं- सच्ची वीरता, आचरण की सभ्यता, मजदूरी और प्रेम, अमेरिका का मस्त जोगी वाल्ट हिटमैन, कन्यादान, पवित्रता आदि।
अतः विकल्प (D) सही है।

21. गेहूँ और गुलाब की रचना रामवृक्ष बेनीपुरी द्वारा की गई है। इनकी अन्य रचनाओं में माटी की मूरतें, वन्दे वाणी विनायको प्रमुख है।
अतः विकल्प (C) सही है।

22. 'झांसी की रानी' सुभद्रा कुमारी चौहान की कृति है। इनकी अन्य कृतियाँ मुकुल, त्रिधारा, झंडे की इज्जत में, स्वदेश के प्रति, जलियांवाला बाग, आदि हैं।
अतः विकल्प (B) सही है।

23. हरिशंकर परसाई हिंदी के प्रसिद्ध लेखक और व्यंगकार थे। वे हिंदी के पहले रचनाकार हैं जिन्होंने व्यंग्य को विधा का दर्जा दिलाया और उसे हल्के–फुल्के मनोरंजन की परंपरागत परिधि से उबारकर समाज के व्यापक प्रश्नों से जोड़ा।

इनकी प्रमुख रचनाएँ जैसे उनके दिन फिरे, रानी नागफनी की कहानी, तट की खोज, भूत के पांव पीछे, सदाचार का ताबीज, शिकायत मुझे भी है, हंसते हैं रोते हैं, तब की बात और थी, बेईमानी की परत, पगडंडियों का जमाना, और अंत में, विकलांग श्रद्धा का दौर आदि हैं।
अतः विकल्प (D) सही है।

24. आचार्य हजारी प्रसाद द्विवेदी की प्रमुख रचनाएं अशोक के फूल, आलोक पर्व, विचार प्रवाह, कल्प लता, कबीर, कुटज, सूरदास, साहित्य का मर्म, अनामदास का पोथा, बाणभट्ट की आत्मकथा, हिंदी साहित्य की भूमिका, विचार और वितर्क, कालिदास की लालित्य योजना आदि हैं।
अतः विकल्प (B) सही है।

25. 'अंधा युग' धर्मवीर भारती की रचना है। इनकी अन्य रचनाएं कनुप्रिया ,ठंडा लोहा ,सात गीत वर्ष ,अंधा युग आदि हैं।
अतः विकल्प (A) सही है।

26. अन्तर का अर्थ होता है- भिन्नता

जबकि अनन्तर का अर्थ होता है - बाद में
अतः विकल्प (A) सही है।

27. अम्बुज का अर्थ होता है - कमल

जबकि अम्बुधि का अर्थ होता है - समुद्र
अतः विकल्प (C) सही है।

28. अगम तक अर्थ होता है - दुर्लभ

जबकि आगम का अर्थ होता है - उत्पत्ति
अतः विकल्प (A) सही है।

29. अभियुक्त का अर्थ होता है - अपराधी

जबकि अभ्युक्ति का अर्थ होता है - टिप्पणी
अतः विकल्प (C) सही है।

30. अमित का अर्थ होता है - बहुत

जबकि अमीत का अर्थ होता है - शत्रु
अतः विकल्प (A) सही है।

31. ईशा का अर्थ होता है - ऐश्वर्य

जबकि ईषा का अर्थ होता है - हल की लम्बी लकड़ी
अतः विकल्प (D) सही है।

32. उपल का अर्थ होता है - ओला

जबकि उत्पल का अर्थ होता है - कमल
अतः विकल्प (A) सही है।

33. ऋत का अर्थ होता है - सत्य

जबकि ऋतु का अर्थ होता है - मौसम
अतः विकल्प (B) सही है।

34. उभय का अर्थ होता है - दोनों

जबकि अभय का अर्थ होता है - निर्भय
अतः विकल्प (C) सही है।

35. अकथनीय - जो कहा न जा सके

अकरणीय - न करने योग्य

अकर्मक - जिस क्रिया का कर्म न हो
अतः विकल्प (A) सही है।

36. अन्योदर - अन्य माता से पैदा हुआ भाई

अपरबल - जो दूसरो के बलबूतो पर हो

अनावृत्त - जो बिना ढका हो
अतः विकल्प (C) सही है।

37. अखण्डनीय - जिसका खण्डन न किया जा सके

अगणित - जो गिना न जा सके

अग्रणी - जिसकी गिनती प्रमुख व्यक्तियों में हो
अतः विकल्प (A) सही है।

38. अध्यूढ़ा - वह स्त्री जिसका पति दूसरा विवाह कर ले

अनाक्रान्त - जिस पर आक्रमण न किया गया हो

अनित्यवादी - प्रत्येक पदार्थ को क्षणिक और नश्वर मानने वाला सिद्धान्त
अतः विकल्प (A) सही है।

39. उपत्यका - पर्वत के पास की भूमि

उपकृत - जिसका उपकार किया गया हो

उदन्त - जिसके दांत न जन्मे हो
अतः विकल्प (B) सही है।

40. बरसात बिल्कुल न होना — अनावृष्टि

अनेक शब्दों के स्थान पर केवल एक शब्द का प्रयोग किया जाता है तो उसे वाक्यांश के लिए एक शब्द कहा जाता है।

अतः विकल्प (B) सही है।

41. औरस - विवाहित स्त्री से उत्पन्न पुत्र

औपचारिक - जो केवल कहने सुनने के लिए हो

कथित - जो कहा गया है
अतः विकल्प (A) सही है।

42. क्षिप्रहस्त - 'जिसका हाथ बहुत तेज चलता हो

क्षम्य - जो क्षमा पाने योग्य हो

क्षणभंगुर - जिसका कुछ क्षणों में ही नाश हो जाए
अतः विकल्प (A) सही है।

43. 'निजत्व' सर्वनाम 'निज' से बनी भाववाचक संज्ञा है।

जबकि 'कठोरता' और 'वीरता' क्रमशः विशेषण 'कठोर' और 'वीर' से बनी भाववाचक संज्ञा है तथा 'पढ़ाई' क्रिया 'पढ़ना' से बनी भाववाचक संज्ञा है।
अतः विकल्प (C) सही है।

44. राधेश्याम, पन्नालाल, हिमालय व्यक्तिवाचक संज्ञा के उदाहरण हैं।

जिन संज्ञा शब्दो से किसी एक ही वस्तु, व्यक्ति या स्थान आदि का बोध होता है उसे व्यक्तिवाचक संज्ञा कहते हैं।
अतः विकल्प (B) सही है।

45. सोमवार पुल्लिंग शब्द है। दिनो के नाम पुल्लिंग होते हैं।

नदियों के नाम स्त्रीलिंग होते हैं जैसे- गंगा, यमुना, गोदावरी आदि।

जिन शब्दों के अन्त में आई, वट, हट आदि प्रत्यय हों वे प्राय: स्त्रीलिंग होते हैं; जैसे- सिलाई, बुनाई, कटाई, लिखावट, बनावट, घबराहट, चिल्लाहट इत्यादि।
अतः विकल्प (D) सही है।

46. द्रव्यवाचक शब्द प्राय: पुल्लिंग रूप में प्रयुक्त होते हैं, जैसे घी, तेल, मक्खन, दूध, पानी, हीरा, मोती, पन्ना, लोहा, ताँबा आदि।
अतः विकल्प (A) सही है।

47. भाषा, बोली और लिपि का नाम स्त्रीलिंग में होता है, जैसे- हिन्दी, अंग्रेज़ी, रूसी, चीनी, अरबी, फ़ारसी, अवधी, बघेली, छत्तीसगढ़ी, भोजपुरी, कुमाऊँनी, गढ़वाली, देवनागरी, रोमन, कैथी, मुड़िया, खरोष्ठी, ब्राह्मी इत्यादि।

जबकि महीनो के नाम पुल्लिंग होते हैं जैसे- चैत्र, बैशाख, जनवरी आदि।
अतः विकल्प (A) सही है।

48. जिन शब्दों के अन्त में आई, वट, हट आदि प्रत्यय हों वे प्राय: स्त्रीलिंग होते हैं; जैसे- सिलाई, बुनाई, कटाई, लिखावट, बनावट, घबराहट, चिल्लाहट इत्यादि।
अतः विकल्प (A) सही है।

49. संज्ञा के जिस रूप से पुरुषत्व या स्त्रीत्व का बोध हो उसे लिंग कहते हैं। हिन्दी में लिंग दो प्रकार के होते हैं- पुल्लिंग और स्त्रीलिंग।
अतः विकल्प (B) सही है।

50. जिन शब्दों के अन्त में आ, आव, पा, पन, न प्रत्यय हो; जैसे- छोटा, मोटा. पडाव, बढ़ापा, बचपन, लेन-देन आदि शब्द पुल्लिंग हैं।
अतः विकल्प (A) सही है।

51. देश शब्द पुल्लिंग है। पर्वतो तथा दिनो के नाम पुल्लिंग होते हैं इसलिए सोमवार और हिमालय भी पुल्लिंग होगा।
अतः विकल्प (D) सही है।

52. 'आँसू - आँसुओं' युग्म गलत है। आँसू हमेशा बहुवचन में ही प्रयोग होता है।

सदैव बहुवचन में प्रयुक्त होने वाले अन्य शब्द-प्राण, दर्शन, होश, बाल, हस्ताक्षर आदि हैं।
अतः विकल्प (B) सही है।

53. संज्ञा, सर्वनाम, विशेषण और क्रिया के जिस रूप से संख्या का बोध हो, उसे 'वचन' कहते हैं। दूसरे शब्दों में, शब्दों के संख्याबोधक विकारी रूप का नाम 'वचन' है। वचन के दो प्रकार हैं: एकवचन और बहुवचन।

अतः विकल्प (D) सही है।

54. 'गुड़िया' का बहुवचन **'गुड़ियाँ'** होगा।

नियम: 'इया' प्रत्यय से बने हुए एकवचन स्त्रीलिंग शब्दों का बहुवचन बनाने के लिए उनके अन्त में चन्द्रबिन्दु लगा देते हैं।

अन्य उदाहरण : बुढ़िया - बुढ़ियाँ, डिबिया - डिबियाँ, चिड़िया - चिड़ियाँ, चुहिया - चुहियाँ।

अतः विकल्प (C) सही है।

55. आकारान्त स्त्रीलिंग एकवचन संज्ञा शब्दों के अन्त में 'एँ' लगाने से बहुवचन बनता है, जैसे- कथा-कथाएँ, लता-लताएँ, कामना- कामनाएँ, अध्यापिका- अध्यापिकाएँ इत्यादि।
अतः विकल्प (B) सही है।

56. कुछ पुल्लिंग संज्ञाएँ ऐसी होती है जिनके रूप दोनों वचनों में एक समान रहते हैं, जैसे-बाबा, नाना, पिता, कर्ता, दाता, योद्धा, युवा, आत्मा, देवता इत्यादि।
अतः विकल्प (C) सही है।

57. अकारान्त स्त्रीलिंग शब्दों का बहुवचन संज्ञा के अन्तिम 'अ' को 'एँ' कर देने से बनता है, जैसे-बात-बातें, बहन-बहनें, रात-रातें, सड़क-सड़कें इत्यादि।
अतः विकल्प (C) सही है।

58. सदैव एकवचन में प्रयुक्त होने वाले शब्द-माल, जनता, सामान, सामग्री, सोना आदि हैं।
अतः विकल्प (A) सही है।

59. वाक्य में जिस शब्द द्वारा काम करने का बोध होता है, उसे कर्ता कारक कहते हैं; जैसे- बालक ने पुस्तक पढ़ी। इस वाक्य में बालक कर्ता है, क्योंकि पढ़ना क्रिया करने वाला 'बालक' ही है। इसका परसर्ग 'ने' है।
अतः विकल्प (A) सही है।

60. वाक्य में क्रिया का प्रभाव या फल जिस शब्द पर पड़ता है, उसे कर्म कारक कहते हैं।

जब विशेषण का प्रयोग संज्ञा के रूप में कर्म कारक की भाँति होता है, तब उसके साथ 'को' का प्रयोग होता है, जैसे- बुरों को कोई नहीं चाहता, भूखों को भोजन कराओ इत्यादि।
अतः विकल्प (B) सही है।

61. करण का अर्थ है - साधन। संज्ञा का वह रूप जिससे किसी क्रिया के साधन का बोध हो, उसे करण कारक कहते हैं, जैसे - शिकारी ने शेर को बन्दूक से मारा।

साधक के अर्थ में भी करण कारक का प्रयोग होता है, जैसे उससे कोई अपराध नहीं हुआ, मुझसे यह सहन नहीं होता इत्यादि।
अतः विकल्प (C) सही है।

62. भाववाचक संज्ञा से क्रिया विशेषण बनाते समय करण कारक का प्रयोग होता है, जैसे -

नम्रता से बात करो।

खुद से कहता हूँ।
अतः विकल्प (B) सही है।

63. जिसके लिए कुछ किया जाए या जिसको कुछ दिया जाए इसका बोध कराने वाले शब्द को सम्प्रदान कारक कहते हैं। जैसे-उसने विद्यार्थी को पुस्तक दी।

किसी वस्तु को दिए जाने के अर्थ में को, के लिए अथवा के वास्ते का प्रयोग होता है।

जैसे - उमेश को पुस्तकें दो, अतिथि के लिए चाय लाओ, बाढ़ पीड़ितों के वास्ते चन्दा दीजिए इत्यादि।
अतः विकल्प (B) सही है।

64. संज्ञा या सर्वनाम के जिस रूप से दूर होने, निकलने, डरने, रक्षा करने, सीखने, तुलना करने आदि का भाव प्रकट होता है, उसे अपादान कारक कहते हैं, इसका चिह्न 'से' है। जैसे - मैं अल्मोड़ा से आया हूँ, हिमालय से गंगा निकलती है, मैं जोशी जी से आशुलिपि सीखता हूँ, आपने मुझे हानि से बचाया आदि।
अतः विकल्प (C) सही है।

65. दिए गए वाक्य में सम्बोधन कारक है।

संज्ञा के जिस रूप से किसी को पुकारने, चेतावनी देने या संबोधित करने का बोध होता है, उसे सम्बोधन कारक कहते हैं। सम्बोधन कारक की कोई विभक्ति नहीं होती है। इसे प्रकट करने के लिए हे, अरे, अजी, रे आदि शब्दों का प्रयोग होता है।

जैसे- अरे मूर्ख! सूँभल जा।

ओ लड़को! खेलना बन्द करो।
अतः विकल्प (C) सही है।

66. सामान्य - मामूली, साधारण

श्रेष्ठ - अति उत्तम, उत्कृष्ट

सर्वज्ञ - सबकुछ जाननेवाला

साधारण - सब जगह पाया जानेवाला, आम, साधारण दृश्य, साधारण पहनावा, सामान्य, मामूली

विशिष्ट - विशेषता युक्त, असाधारण

अतः विकल्प (D) सही है।

67. अमर- न मरने वाला, अविनाशी

मृतक - मृत शरीर

मृत्यु - मौत, मरण

मरण - मरना, मृत्यु

मर्त्य - मरणशील

अतः विकल्प (D) सही है।

68. उपकार - भलाई, सहायता

विकार - रूप, धर्म आदि का स्वाभाविक परिवर्तन

अनुपकार - उपकार का अभाव, हानि

अपकार - उपकार का उल्टा, बुराई

तिरस्कार - अपमान, अनादर

अतः विकल्प (C) सही है।

69. आविर्भाव का अर्थ - प्रकट होना, उत्पत्ति

तिरोभाव का अर्थ - अदृश्य होने का भाव या अवस्था, अंतर्धान, लोप

अतः विकल्प (D) सही है।

70. उक्त का अर्थ - कहा हुआ, कथित

अनुक्त का अर्थ - जो उक्त अर्थित कहा हुआ न हो, बिना कहा हुआ, अकथित

अतः विकल्प (A) सही है।

71. निर्दय का अर्थ - दया–हीन, अत्यंत कठोर, निष्ठुर

सदय का अर्थ - दयालु

अतः विकल्प (C) सही है।

72. उन्मीलन का अर्थ - खुलना (आँख का), खिलना

निमीलन का अर्थ - पलक का गिरना, झपकना

अतः विकल्प (B) सही है।

73. उत्कर्ष का अर्थ - ऊपर खींचना, उन्नति

अपकर्ष का अर्थ - अवनति. उतार, ह्रास

अतः विकल्प (C) सही है।

74. दिए गए विकल्पो में जीभ का पर्याय रसना है।

जीभ के अन्य पर्याय है - रसज्ञा, जिह्वा, रसिका, वाणी, वाचा, जबान आदि।

अतः विकल्प (B) सही है।

75. 'अहि' का पर्यायवाची सरीसृप नहीं है।

अहि के पर्यायवाची शब्द साँप, नाग, फणी, फणधर, सर्प आदि है।

अतः विकल्प (B) सही है।

76. चाँदनी के पर्यायवाची शब्द है - चन्द्रिका, कौमुदी, ज्योत्स्ना, चन्द्रमरीचि, उजियारी, चन्द्रप्रभा, जुन्हाई आदि।

मयंक, चांद का पर्यायवाची है।

अतः विकल्प (D) सही है।

77. 'जनार्दन' के पर्यायवाची हैं -

विष्णु, माधव, नारायण, चक्रपाणि, गोविन्द, पीताम्बर, चतुर्भज, केशव, दामोदर, उपेन्द्र, विश्वम्भर, लक्ष्मीपति, मधुरिपु।

अतः विकल्प (C) सही है।

78. 'समुद्र' का पर्यायवाची है -

सागर, पयोधि, उदधि, पारावार, नदीश, नीरनिधि, अर्णव, पयोनिधि, अब्धि, वारीश, जलधाम, नीरधि, जलधि, सिंधु, रत्नाकर, वारिधि आदि।

अतः विकल्प (B) सही है।

79. 'शिव' के पर्यायवाची शब्द है -

महेश, महादेव, नीलकंठ, शंकर, गंगाधर, रूद्र, विश्वनाथ, भोलेनाथ, शम्भू, त्रिलोचन, चंद्रशेखर, गिरीश, पशुपति, गौरीनाथ आदि।

अतः विकल्प (B) सही है।

80. 'लहर' के पर्यायवाची हैं -

हिलोर, लहरी, तरंग, कल्लोल, वीचि आदि।

अतः विकल्प (B) सही है।

81. 'चन्द्रोदय' में गुण संधि है। इसका विच्छेद चन्द्र + उदय होता है।

यदि प्रथम शब्द के अंत में हस्व अथवा दीर्घ अ हो और दूसरे शब्द के आदि में हस्व अथवा दीर्घ इ, उ, ऋ में से कोई वर्ण हो तो अ+इ=ए, आ+उ=ओ, अ+ऋ=अर हो जाता है। यह गुण सन्धि कहलाती है।

अतः विकल्प (D) सही है।

82. जब 'अ' अथवा 'आ' के बाद 'ए' या 'ऐ' आये तब दोनो के स्थान पर 'ऐ' और जब 'ओ' अथवा 'औ' आये तब दोनो स्थान में 'औ' वृद्धि हो जाती है। इस किर्या को वृद्धि सन्धि कहते है।

महौषध, में 'वृद्धि स्वर संधि है। इसका सन्धि विच्छेद महा + औषधि है।

अतः विकल्प (B) सही है।

83. 'सदाशय' का सही संधि-विच्छेद है - सत् + आशय।

यदि क, च, ट, त, प के परे वर्गों का तृतीय अथवा चतुर्थ वर्ण (ग,घ, ज, झ, ड, ढ, द, ध, ब, भ,) अथवा य,र,ल,व, अथवा कोई स्वर हो, तो क, च ,ट ,त, प के स्थान पर उसी वर्ग के तीसरे अक्षर (ग,ज,ड, द,ब,) हो जाएगा।

अतः विकल्प (C) सही है।

84. "परम + आत्मा" का सन्धि विच्छेद सही है। इसका मेल होने पर परमात्मा शब्द होगा।

इसमें दीर्घ सन्धि है।

अतः विकल्प (A) सही है।

85. "गर + अधीन" शुद्ध सन्धि विच्छेद है। जिसके मेल होने पर पराधीन शब्द बनेगा।

इसमें 'अ + आ = आ' का सूत्र प्रयोग हुआ है। इसमें दीर्घ सन्धि है।

अतः विकल्प (A) सही है।

86. 'उच्चारण' का सही संधि विच्छेद है - उत् + चारण।

व्यंजन संधि के नियम में यदि त या द के बाद च अथवा छ हो तो त या द के स्थान पर च हो जाता है।

अतः विकल्प (D) सही है।

87. 'महाशय' शब्द का सही संधि विच्छेद है - महा + आशय

इसमें "अ + आ = आ" का प्रयोग हुआ है यह दीर्घ सन्धि का उदाहरण है।

अतः विकल्प (C) सही है।

88. 'आँख के अंधे नाम नयनसुख' का सही अर्थ है - गुणों के विरुद्ध नाम का होना।

एक डॉक्टर का नाम 'अफसर' खान है जो कि अच्छे चिकित्सक में गिने जाते हैं। नाम अफसर है काम चिकित्सक का। सच है ' आँख के अंधे नाम नयनसुख'।

अतः विकल्प (A) सही है।

89. 'चिकना घड़ा होना' मुहावरा का सही अर्थ है - निर्लज्ज होना।

अध्यापक के समझाने पर भी राहुल चिकना घड़ा निकला और गृह कार्य नहीं कर के लाया।

अतः विकल्प (C) सही है।

90. हावरे और लोकोक्तियाँ भाषा की शक्ति हैं। जबकि लोकोक्ति जन साधारण में प्रचलित उस कथन या उक्ति को कहते हैं,जिसका प्रयोग उपालम्भ देने ,व्यंग्य करने,चुटकी लेने आदि के लिए किया जाता है। मुहावरा वाक्यांश है, जबकि लोकोक्ति संपूर्ण वाक्य है।

अतः विकल्प (A) सही है।

91. 'निर्मम' का अर्थ है -

ममताशून्य हृदय वाला व्यक्ति। जो अपने मन की कोमल भावनाओं को नष्ट कर कोई कठोर आचरण करता हो।

अतः विकल्प (B) सही है।

92. 'चाँद पर थूकना' मुहावरे का आशय है - निर्दोश पर दोष लगाना।

जो लोग महात्मा गाँधी जी के विचारों की निंदा करते हैं यह उनके लिए चाँद पर थूकने के समान है।

अतः विकल्प (A) सही है।

93. अपने पूत को कोई काम नहीं कहता - एक प्रसिद्ध लोकोति है।

इसका अर्थ है - अपनी खराब चीज़ को कोई खराब नहीं कहता ज़रूरत से कम वस्तु का मिलना।

जब कोई पूरा कथन किसी प्रसंग विशेष में उद्धृत किया जाता है तो लोकोक्ति कहलाता है। इसी को कहावत कहते है। लोकोक्ति वाक्यांश न होकर स्वतंत्र वाक्य होते हैं।

अतः विकल्प (C) सही है।

94. 'कलम तोड़न' मुहावरे का अर्थ है - अच्छा लिखना।

अतः विकल्प (B) सही है।

95. 'जूतियों में दाल बाँटना' मुहावरे का सही अर्थ है - लड़ाई-झगड़ा हो जाना

अतः विकल्प (D) सही है।

96. श्रृंगार रस का स्थायी भाव रति है।

नायक और नायिका के मन में संस्कार रूप में स्थित रति या प्रेम जब रस की अवस्था को पहुँचकर आस्वादन के योग्य हो जाता है तो वह 'श्रृंगार रस' कहलाता है।

97. अदभुत रस, भारतीय काव्य शास्त्र के विभिन्न रसों में से एक है, इसका स्थायी भाव आश्चर्य होता है। जब व्यक्ति के मन में विचित्र अथवा आश्चर्यजनक वस्तुओं को देखकर जो विस्मय आदि के भाव उत्पन्न होता है उसे ही अदभुत रस कहा जाता है।

अतः विकल्प (C) सही है।

98. उपरोक्त पंक्तियों में वात्सल्य रस है क्योंकि इसमें प्रेम और स्नेह का उद्दीपन प्रकट हो रहा है।

अतः विकल्प (C) सही है।

99. उपरोक्त पंक्तियो में विप्रलंभ श्रृंगार रस है।

'जहाँ रति नामक भाव प्रकर्ष को प्राप्त करे, लेकिन अभीष्ट को न पा सके, वहाँ विप्रलंभ-श्रृंगार कहा जाता है'। भानुदत्त का कथन है-'युवा और युवती की परस्पर मुदित पंचेन्द्रियों के पारस्परिक सम्बन्ध का अभाव अथवा अभीष्ट अप्राप्ति विप्रलम्भ'।

अतः विकल्प (C) सही है।

100. श्रृंगार रस को रसराज या रसपति कहा गया है। इसे सर्वश्रेष्ठ रस माना जाता है।

अतः विकल्प (B) सही है।

101. 'बिहारीलाल' रीतिकाल के कवि हैं। यह संयोग श्रृंगार रस के कवि हैं। श्रृंगार रस का स्थायी भाव 'रति' है।

अतः विकल्प (C) सही है।

102. उपरोक्त पंक्तियो में श्रृंगार रस का प्रयोग हुआ है।

अतः विकल्प (B) सही है।

103. अन्तर्चेतना की वर्तनी अशुद्ध है। जिसका शुद्ध रुप होगा - अन्तश्चेतना

अतः विकल्प (D) सही है।

104. उपर्युक्त, यकी वर्तनी शुद्ध है।

अन्य शब्दो की शुद्ध वर्तनी होगा-

निरोग - नीरोग

कवियत्री - कवयित्री

प्रथक - पृथक

अतः विकल्प (A) सही है।

105. शुश्रूषा की वर्तनी शुद्ध है।

शुश्रूषा का अर्थ होता है -परिचर्या, सेवा, कर्तव्यपरायणता।

अतः विकल्प (A) सही है।

106. ईर्ष्या की वर्तनी शुद्ध है। जिसका अर्थ होता है- जलन, अनुकंठा, आदि।

अतः विकल्प (D) सही है।

107. उज्वल की वर्तनी अशुद्ध है।

इसका शुद्ध रुप होगा - उज्ज्वल

अतः विकल्प (C) सही है।

108. वन्दना की वर्तनी शुद्ध है।

वंदना का अर्थ है - स्तुति, पूजन

अतः विकल्प (D) सही है।

109. दिए गए विकल्पों में शुद्ध वर्तनी "वाड्मय" की है।

जिसका अर्थ है - जो वाक् या वचन के रुप में हो।

अतः विकल्प (C) सही है।

110. अन्तर्धान की वर्तनी शुद्ध है।

अन्य की शुद्ध वर्तनी है-

षष्टम - षष्ठ

सहसत - सहस्र

अनुषंगिक - अनुषंगिक

अतः विकल्प (A) सही है।

111. 'पर्णकुटी' शब्द का समास विग्रह है -पत्तों की कुटिया

इसमें तत्पुरुष समास है।

अतः विकल्प (A) सही है।

112. 'सिंह द्वार' में तत्पुरुष समास है।

इसका विग्रह है सिंह का द्वार।

अतः विकल्प (A) सही है।

113. 'नीलोत्पलग्' में कर्मधारय समास है।

जिसका पहला पद विशेषण और दूसरा पद विशेष्य अथवा एक पद उपमान तथा दूसरा पद उपमेय हो तो, वह 'कर्मधारय समास' कहलाता है।

अतः विकल्प (A) सही है।

114. 'धनंजय' में बहुव्रीहि समास है।

इसका विग्रह होगा - वह जो धन (पृथ्वी , भौतिक संपदा) का जय करता है।

अतः विकल्प (C) सही है।

115. 'मनमाना' में तत्पुरुष समास है।

इसका समास विग्रह है - मन से माना हुआ / मन के द्वारा माना हुआ

अतः विकल्प (C) सही है।

116. जिस समास में दोनों पद अथवा सभी पदों की प्रधानता होती है। जैसे -

जय-पराजय, जीत-हार आदि।

अतः विकल्प (C) सही है।

117. जिस समास में कोई पद प्रधान न होकर (दिए गए पदों में) किसी अन्य पद की प्रधानता होती है। यह अपने पदों से भिन्न किसी विशेष संज्ञा का विशेषण है। जैसे- लम्बोदर, विषधर आदि।

अतः विकल्प (A) सही है।

118. तिरंगा शब्द में द्विगु समास है।

जिस समास का पहला पद संख्यावाची विशेषण होता है तथा समस्तपद किसी समूह या फिर किसी समाहार का बोध करता है तो वह द्विगु समास कहलाता है।

अतः विकल्प (C) सही है।

119. प्रस्तुत पंक्तियों में यमक अलंकार है क्योंकि इसमें घटा शब्द की आवृत्ति दो बार हुई है।

अतः विकल्प (B) सही है।

120. पंक्ति में श्लेष अलंकार होता है। यहां बारे (लड़कपन में, जलाने पर) और बढ़े (बड़ा देने पर, बुझ जाने पर) के कारण सुन्दर शब्द श्लेष है।

'श्लेष' का अर्थ है 'चिपकना'। जहां एक शब्द एक ही बार प्रयुक्त होने पर दो अर्थ दें वहां श्लेष अलंकार होता है।

अतः विकल्प (C) सही है।

121. उपरोक्त पंक्तियों में वक्रोक्ति अलंकार है।

जहाँ बात किसी एक आशय से कही जाए और सुनने वाला उससे भिन्न दूसरा अर्थ लगा दे, वहाँ वक्रोक्ति अलंकार होता है।

अतः विकल्प (D) सही है।

122. उपरोक्त पंक्ति में अतिशयोक्ति अलंकार का प्रयोग हुआ है।

हाँ किसी वस्तु का इतना बढ़ा-चढ़ाकर वर्णन किया जाए कि सामान्य लोक सीमा का उल्लंघन हो जाए वहाँ अतिशयोक्ति अलंकार होता है।

अतः विकल्प (C) सही है।

123. पीपर पात सरिस मन डोला। इस वाक्य में 'सरिस' शब्द का प्रयोग हुआ है। अतः यह "उपमा अलंकार" है।

अगर किसी वाक्य में सरिस, सम, समान, -सा, -सी, जैसे इत्यादि का प्रयोग हो तो वह उपमा अलंकार होता है।

अतः विकल्प (B) सही है।

124. उपयुक्त काव्य पंक्ति में हृदय जल जात में हृदय उपमेय पर जलजात (कमल) उपमान का अभेद आरोप किया गया है। अतः यहां पर रूपक अलंकार होगा।

अतः विकल्प (B) सही है।

125. "शशि मुख पर घूँघट डाले अंचल में दीप छिपाए" में रूपक अलंकार है। रूपक अलंकार में जब गुण की अत्यंत समानता के कारण उपमेय को ही उपमान बता दिया जाए यानी उपमेय ओर उपमान में भिन्नता दर्शायी नहीं जाती वह एक समान होते है, तब वह रूपक अलंकार कहलाता है।

अतः विकल्प (B) सही है।

Q.1 चिश्ती संप्रदाय के भारत में प्रवर्तक निम्नलिखित में से कौन हैं?
A. बंदगी मोहम्मद गौस
B. मोहम्मद बाकी
C. जलालुद्दीन सुर्खपोश
D. मोइनुद्दीन चिश्ती

Q.2 गाथा सप्तशती निम्नलिखित में से किसकी रचना है?
A. अमरूक
B. हाल
C. गोवर्धन आचार्य
D. पदम सिंह शर्मा

Q.3 अपभ्रंश भाषा का प्रथम रास काव्य निम्नलिखित में से कौनसा है?
A. खुमान रासो
B. पृथ्वीराज रासो
C. उपदेश रसायन रास
D. विसलदेव रासो

Q.4 रचनाकाल के अनुसार निम्नलिखित कवियों का सही अनुक्रम है:
A. सरहपा, पुष्पदंत, अददहमाण, लुइपा
B. लुइपा, सरहपा, अददहमाण, पुष्पदंत
C. पुष्पदंत, सरहपा, लुइपा, अददहमाण
D. सरहपा, लुइपा, पुष्पदंत, अददहमाण

Q.5 'सखि पिया को जो मैं न देखूँ
तो कैसे काटूँ अंधेरी रितयाँ।'
उपर्युक्त काव्य पंक्तियाँ किस कवि की हैं?
A. विद्यापति
B. नरपति नाल्ह
C. अमीर खुसरो
D. भट्ट केदार

Q.6 'सिद्ध हेमचन्द्र शब्दानुशासन' किस तरह का ग्रंथ है?
A. व्याकरण सम्बन्धी
B. ज्योतिष सम्बन्धी
C. साहित्यिक
D. धार्मिक

Q.7 "महापुराण" किसकी रचना है?
A. हेमचन्द्र
B. पुष् दंत
C. देवसेन
D. शालिभद्र सूरी

Q.8 राउल वेल किसकी रचना है?
A. कवि रोड़ा
B. हेमचन्द्र
C. आसगु
D. शालिभद्र सूरी

Q.9 सन्देश रासक किस कवि की रचना है?
A. पुष्प दंत
B. अब्दुल रहमान
C. मुल्ला दाऊद
D. विद्यापति

Q.10 रामध्यानमंजरी किसकी रचना है?
A. नाभादास
B. अग्रदास
C. तुलसीदास
D. केशवदास

Q.11 रूद्र सम्प्रदाय का प्रवर्तक किसे माना जाता है?
A. रामानुजाचार्य
B. मध्वाचार्य
C. वल्लभाचार्य
D. विष्णु स्वामी

Q.12 तुलसीदास की प्रथम रचना कौन सी है?
A. विनयपत्रिका
B. कृष्णगीतावली
C. जानकी मंगल
D. वैराग्य संदीपनी

Q.13 इसमें से कौन सी रचना रहीमदास की नहीं है?
A. दोहावली
B. नगर शोभा
C. मदनाष्टक
D. अनेकार्थ मंजरी

Q.14 मीराबाई की भक्ति किस भाव की है?
A. माधुर्य
B. वात्सल्य
C. दास्य
D. सख्य

Q.15 कबीर की भाषा को पंचमेल खिचड़ी किस विद्वान ने कहा है ?
A. रामचंद्र शुक्ल
B. हज़ारी प्रसाद द्विवेदी
C. श्याम सुन्दर दास
D. रामस्वरूप चतुर्वेदी

Q.16 इनमें से कौन सी रचना ब्रजभाषा में नहीं है?
A. विनय पत्रिका
B. कवितावली
C. दोहावली
D. रामचरितमानस

Q.17 जायसी की किस रचना का सम्बन्ध क़यामत के वर्णन से है?
A. चित्ररेखा
B. अखरावट
C. आखिरी कलाम
D. पद्मावत

Q.18 निम्नलिखित में से कौन-सी रचना अग्रदास की नहीं है?

[UGC NET Hindi, 2019]

A. ध्यान मंजरी
B. कुंडलिया
C. रामध्यान मंजरी
D. रूप मंजरी

Q.19 "रूपमंजरी" के कवि है?
A. केशवदास
B. नंददास
C. सूरदास
D. भिखारी दास

Q.20 लाल चन्द्रिका टीका के रचनाकार है:
A. कृष्ण कवि
B. लल्लू लाल
C. बिहारी लाल
D. सदल मिश्र

Q.21 सन् 1595 किस कवि का जन्म वर्ष है?
A. केशवदास
B. कबीरदास
C. बिहारी लाल
D. कवि देव

Q.22 रस प्रबोध निम्नलिखित में से किसकी रचना है?
A. रसलीन
B. भीखारी दास
C. देव
D. मतिराम

Q.23 भूषण निम्नलिखित में से किस रस के कवि हैं?
A. वीभत्स रस
B. वीर रस
C. श्रृंगार रस
D. करुण रस

Q.24 शाहजहां निम्नलिखित में से किस रीतिकालीन कवि के आश्रयदाता थे?
A. चिंतामणि त्रिपाठी
B. देव
C. कुलपति मिश्र
D. बिहारी

Q.25 सारे इश्तेहार उतार लिए गए है, पंक्तियाँ है-
A. नक्सलबाड़ी
B. मोचीराम
C. अँधेरे में
D. ब्रह्मा राक्षस

Q.26 निम्नलिखित में से ज्ञानेंद्रपति की रचना कौनसी है?
A. संशयात्मा
B. कहीं नहीं वहीं
C. कोई दूसरा नहीं
D. मोहनदास

Q.27 'परिमल' रचना के कवि हैं-
A. माखनलाल चतुर्वेदी
B. सूर्यकांत त्रिपाठी निराला
C. महादेवी वर्मा
D. सुभद्राकुमारी चौहान

Q.28 निम्नलिखित में से कौन भारतीय ज्ञानपीठ पुरस्कार प्राप्त रचना नहीं है:

A. उर्वशी

B. चिदम्बरा

C. दीपशिखा

D. कितनी नावों में कितनी बार

Q.29 "अबला जीवन हाय तुम्हारी यही कहानी
आँचल में है दूध और आँखों में पानी।"
यह पंक्ति किस काव्यकृति की है?

A. कामायनी   **B.** साकेत

C. यशोधरा   **D.** वह तोड़ती पत्थर

Q.30 'प्रेमशतक' के रचनाकार है-

A. जगन्नाथदास रलाकर   **B.** दुलारेलाल भार्गव

C. वियोगी हरि   **D.** अंबिकादत्त व्यास

Q.31 'नयी कविता' के प्रथम अंक में 'निराला' की किस कविता का अनेक कविता का अनेक कवियों द्वारा सामूहिक रूपांतर प्रकाशित हुआ था?

[UGC NET Hindi, 2019]

A. वनवेला   **B.** यमुना के प्रति

C. वह तोड़ता पत्थर   **D.** जूही की कली

Q.32 'अकाल में सारस' किसकी रचना है?

A. अशोक बाजपेयी   **B.** केदारनाथ सिंह

C. विष्णु प्रभाकर   **D.** अमरकांत

Q.33 संवेदनाओं की तलाश के कवि के नाम से प्रसिद्ध कवि हैं:

A. लक्ष्मीनारायण मिश्र   **B.** लक्ष्मी नारायण लाल

C. केदारनाथ सिंह   **D.** केदारनाथ मिश्र

Q.34 पृथ्वी प्रदक्षिणा किसकी रचना है:

A. मौलवी महेश प्रसाद   **B.** राहुल सांकृत्यायन

C. शिव प्रसाद गुप्त   **D.** सत्यमेव परिव्राजक

Q.35 निम्न में से कौनसा सुरेन्द्र वर्मा द्वारा रचित नहीं है:

A. एक दूनी एक   **B.** मादा कैक्टस

C. सेतुबंध   **D.** कैद ए हयात

Q.36 निम्नलिखित में से रामकुमार वर्मा का महाकाव्य कौनसा है?

A. उत्तरायण   **B.** प्रिय प्रवास   **C.** आर्द्रा   **D.** मिलन

Q.37 भेजे मन भावन के ऊधव के आवन की _______ यह पंक्तियाँ किस काव्य-कृति की है?

A. गंगावतरण   **B.** उद्धव शतक

C. भ्रमर गीत   **D.** रसमंजरी

Q.38 प्रयोगवाद शब्द का प्रथम प्रयोग किस आलोचक ने किया था?

A. नगेन्द्र   **B.** नन्ददुलारे बाजपेई

C. शिवपूजन सहाय   **D.** अज्ञेय

Q.39 'अभिव्यक्ति का संघर्ष' किस रचनाकार की रचना है?

A. सर्वेश्वर दयाल सक्सेना   **B.** शमशेर बहादुर सिंह

C. कुँवर नारायण   **D.** कीर्ति चौधरी

Q.40 दिए गए विकल्पों में से रचना और रचनाकार के असंगत जोड़े की पहचान कीजिए।

A. सर्वेश्वर दयाल सक्सेना - कुआनो नदी

B. मंगरेश डबराल - पहाड़ की लालटेन

C. कुँवर नारायण - फूल नहीं रंग बोलते हैं

D. नरेंद्र शर्मा - प्रवासी के गीत

Q.41 निम्न में से भारतेंदु जी का नाटक कौनसा है?

A. दुर्लभ बन्धु   **B.** बकरी   **C.** महाभोज   **D.** स्कन्दगुप्त

Q.42 प्रकाशन काल की दृष्टी से भीष्म साहनी के नाटकों का सही अनुक्रम है:

A. हानूश, माधवी, रंग दे बसंती चोला, आलमगीर

B. माधवी, हानूश, रंग दे बसंती चोला, आलमगीर

C. रंग दे बसंती चोला, आलमगीर, हानूश, माधवी

D. आलमगीर, रंग दे बसंती चोला, माधवी, हानूश

Q.43 'भाषा ठीक करने से पहले मैं मनुष्यों को ठीक करना चाहता हूँ, समझे।
प्रस्तुत संवाद 'चन्द्रगुप्त' नाटक के किस पात्र का है?

A. वररुचि   **B.** चाणक्य   **C.** चन्द्रगुप्त   **D.** राक्षस

Q.44 निम्नलिखित में से कौन - सा नाटक उदयशंकर भट्ट का नहीं है?

A. विश्वामित्र   **B.** मत्स्यगंधा

C. राधा   **D.** नारद की वीणा

Q.45 यह कथा ज्योति की है, अन्धो के लिए- कथन है:

A. मुक्तिबोध   **B.** धर्मवीर भारती

C. दिनकर   **D.** महाप्राण निराला

Q.46 प्रसाद जी प्रथम कहानी है:

A. आकाशदीप   **B.** ग्राम

C. ग्रैन्ग्रीन   **D.** पंच परमेश्वर

Q.47 नयी कहानी आन्दोलन में प्रथम कहानी मानी जाती है:

A. उसने कहा था   **B.** एक टोकरी भर मिट्टी

C. दुलाईवाली   **D.** परिंदे

Q.48 "प्रिय नीलकंठी" नामक निबन्ध किस रचनाकार का है?

A. हजारीप्रसाद द्विवेदी   **B.** कुबेर नाथ राय

C. विद्या निवास मिश्र   **D.** रामचन्द्र शुक्ल

Q.49 'अशोक के फूल' निबन्ध रचित है:

A. महादेवी वर्मा द्वारा

B. डॉ. हजारी प्रसाद द्विवेदी

C. रामधारी सिंह 'दिनकर'

D. नागार्जुन

Q.50 यशपाल के उपन्यास 'झूठा सच' में दौलतराम आजाद किस राजनीतिक दल का सदस्य था?

[UGC NET Hindi, 2019]

A. कांग्रेस   **B.** कम्युनिस्ट पार्टी

C. मुस्लिम लीग   **D.** जनसंघ

Q.51 निम्नलिखित पात्रों को उनसे संबद्ध उपन्यासों से सुमेलित कीजिए।

सूची - 1	सूची - 2
A. महंत रामदास	I. तमस
B. मुराद अली	II. झूठा सच
C. कंचन	III. मानस का हंस
D. कैलासनाथ	IV. मैला आंचल

नीचे दिए गए विकल्पों में से सही उतर चुनिए:

A. A - IV, B - I, C - II, D - III

B. A - I, B - II, C - III, D - IV

C. A - II, B - III, C - IV, D - I

D. A - III, B - IV, C - II, D - I

Q.52 निम्नलिखित जीवनीपरक कृतियों में से कौन-सी कृति रोमां रोला की है?

[UGC NET Hindi, 2019]

A. बापू
B. बापू की झाँकियाँ
C. महात्मा गांधी: विश्व के अद्वितीय पुरुष
D. अकाल पुरुष गांधी

Q.53 रामविलास शर्मा की आत्मकथा 'अपनी धरती अपने लोग' कितने खण्डों में विभक्त है?

A. दो   B. तीन   C. एक   D. चार

Q.54 'कविकर्म और काव्यभाषा' किस आलोचक की समीक्षा कृति है?

A. मलयज
B. रामस्वरूप चतुर्वेदी
C. परमानन्द श्रीवास्तव
D. प्रभाकर श्रोत्रिय

Q.55 'एक साहित्यिक डायरी में' काल्पनिक संवाद पात्र का नाम-

A. केशव   B. मिलन   C. दिलीप   D. श्रीकांत

Q.56 किस पुस्तक का अंत एलोरा की गुफाओं में इतिहास खोजने की कोशिश से हुआ, पंक्तियाँ है-

A. मेरी तिब्बत यात्रा
B. अरे यायावर याद रहेगा
C. क्या भूलूं क्या याद करूं
D. मूर्दहिया

Q.57 अस्मितामूलक विमर्श को किस साहित्यिक पत्रिका ने सर्वाधिक संवर्द्धित किया?

A. वर्तमान साहित्य
B. वागर्थ
C. हंस
D. दस्तावेज़

Q.58 शेखर एक जीवनी भाग 1 का क्या नाम है?

A. उत्थान
B. संघर्ष
C. शशि और शेखर
D. उषा और ईश्वर

Q.59 सचेतन कहानी आन्दोलन के प्रवर्तक कौन थे?

A. महीप सिंह
B. कमलेश्वर
C. अमृत राय
D. गंगा प्रशाद विमल

Q.60 इनमें से किसको खड़ी बोली में गद्य के प्रतिष्ठापक माने जाते है?

A. लल्लू जी लाल
B. अमीर खुसरो
C. भारतेंदु
D. डॉ. सुनीति कुमार चटर्जी

Q.61 फोर्ट विलियम कॉलेज के हिन्दुस्तानी के प्रथम प्रोफेसर कौन थे?

A. गिलक्रिस्ट
B. पिनकॉट
C. विलियम जोन्स
D. ग्रियर्सन

Q.62 निम्न में से क्या एक लिपि नहीं है?

A. सांथाली   B. खरोष्ठी   C. ब्राह्मी   D. फ़ारसी

Q.63 किस नदी से 'हिंदी' शब्द का जन्म हुआ था?

A. ब्रह्मपुत्र   B. मेवाती   C. कृष्ण   D. सिंध

Q.64 देवनागरी लिपि का विकास किस लिपि से हुआ था?

A. ब्राह्मी लिपि
B. तमिल लिपि
C. गुरुमुखी लिपि
D. कानो लिपि

Q.65 राष्ट्रभाषा का क्या अर्थ है?

A. राज-काज की भाषा
B. राष्ट्रीय स्तर पर स्वीकार्य भाषा
C. बोली
D. भाषा

Q.66 'खड़ी बोली' का दूसरा नाम क्या है?

A. मगही
B. कौरवी
C. हिन्दुस्तानी
D. बघेली

Q.67 पश्चिमी हिन्दी की बोलियों की संख्या कितनी है?

A. दो   B. तीन   C. चार   D. पाँच

Q.68 संविधान सभा में हिन्दी को राजभाषा बनाने का प्रस्ताव किसने रखा?

A. गोपाल स्वामी आयंगर
B. सरदार वल्लभ भाई पटेल
C. डॉ. भीमराव अम्बेडकर
D. पं. जवाहरलाल नेहरु

Q.69 सूची I को सूची II से सुमेलित कीजिए।

सूची - I	सूची - II
A. शौरसेनी	a. पूर्वी हिंदी
B. पैशाची	b. असमिया
C. मागधी	c. लहँदा
D. अर्द्धमागधी	d. राजस्थानी
	e. सिन्धी

A. A-a, B-b, C-c, D-d
B. A-d, B-c, C-b, D-a
C. A-e, B-a, C-d, D-b
D. A-b, B-d, C-a, D-c

Q.70 हिंदी भाषा का प्रादुर्भाव किस से हुआ है?

A. अपभ्रंश
B. लौकिक संस्कृत
C. प्राकृत
D. वैदिक संस्कृत

Q.71 खड़ी बोली हिंदी का अन्य सही नाम क्या है?

A. भारती   B. कौरवी   C. हरियाणवी   D. हिंदी

Q.72 विद्यापति पदावली का प्रधान रस कौन-सा है?

A. शांत रस
B. वीर रस
C. श्रृंगार रस
D. वात्सल्य रस

Q.73 निम्नलिखित पंक्ति किस रस का उदाहरण है?

कहत, नटत, रीझत, खिझत, मिलत, खिलत, लजियात। भरे भौन मैं करत हैं नैननु हीं सब बात।

A. हास्य रस   B. श्रृंगार रस   C. अद्भुत रस   D. रौद्र रस

Q.74 निम्नलिखित काव्य पंक्ति में कौन-सा रस है?

अरे बता दो मुझे कहाँ प्रवासी है मेरा, इसी बावले से मिलने को डाल रही है हूँ मैं फेरा।

A. श्रृंगार रस
B. वीर रस
C. हास्य रस
D. भयानक रस

Q.75 निम्नलिखित काव्य पंक्ति में कौन-सा स्थायी भाव है?

'हे आर्य, रहा क्या भरत-अभीप्सित अब भी? मिल गया अकण्टक राज्य उसे जब, तब भी?'

A. क्रोध   B. जुगुप्सा   C. शोक   D. निर्वेद

Q.76 "जाकी रही भावना जैसी, प्रभु मूरत देखी तिन तैसी"

इन पंक्तियों में प्रयुक्त छंद का नाम बताइये?

A. सोरठा   B. मुक्त छंद   C. छप्पय   D. चौपाई छंद

Q.77 निम्नलिखित काव्य पंक्ति में कौन-सा छंद है?

करते है अभिषेक पयोद हैं, बलिहारी इस वेश की।
हे मातृभूमि! तू सत्य ही, सगुण-मूर्ति सर्वेश की।

A. चौपाई   B. सोरठा   C. बरवै   D. उल्लाला

Q.78 निम्नलिखित काव्य पंक्ति में कौन-सा छंद है?

हे शरण दायिनी देवि तू करती सबका त्राण है। हैं मातृ भूमि संतान हम, तू जननी तू प्राण है।

A. चौपाई　　B. सोरठा　　C. बरवै　　D. उल्लाला

Q.79 'अपलक नभ नील नयन विशाल' किस अलंकार का उदाहरण है?

A. उपमा अलंकार　　　　　　B. अनुप्रास अलंकार
C. रूपक अलंकार　　　　　　D. यमक अलंकार

Q.80 निम्नलिखित पंक्तियों में कौन सा अलंकार है?
'पापी मनुज भी आज मुख से, राम नाम निकालते'

A. विरोधाभास अलंकार　　　　B. उपमा अलंकार
C. अनुप्रास अलंकार　　　　　D. अतिशयोक्ति अलंकार

Q.81 'रीतिरात्मा काव्यस्य' उक्ति किस आचार्य की है?

A. वामन　　B. भामह　　C. मम्मट　　D. दण्डी

Q.82 दिए गए शब्द के पर्यायवाची शब्द का चयन करें।
पुलिन

A. कुलीन　　B. प्राचीन　　C. नवीन　　D. कगार

Q.83 नीचे दिये गए विकल्पों में से कौन सा विकल्प सही नहीं है?

A. बाण - शर, विशिख, आशुग
B. वृक्ष - तरु, द्रुम, पेड़
C. सिंह - शार्दुल, व्याघ्र, विटप
D. उत्कर्ष - समृद्धि, उन्नति, प्रगति

Q.84 प्रश्न के शब्द-युग्म के सही अर्थ-भेद का चयन कीजिए।
अपेक्षा-उपेक्षा

A. ग्रहण-त्याग　　　　　　B. निकट-दूर
C. तिरस्कार-आशा　　　　D. आशा-तिरस्कार

Q.85 'हे भगवान! ये क्या हो गया' वाक्य में कौन-सा कारक है?

A. कर्ता　　B. अपादान　　C. संबोधन　　D. अधिकरण

Q.86 'चूहा बिल से बाहर निकला।' वाक्य में कारक है–

A. सम्प्रदान कारक　　　　B. अपादान कारक
C. सम्बन्ध कारक　　　　　D. अधिकरण कारक

Q.87 निम्न में से कौन सा विकल्प 'दवाई' शब्द का बहुवचन है?

A. दवाईयाँ　　B. दवाइयाँ　　C. दवाईया　　D. दवाइया

Q.88 "याचना" शब्द का बहुवचन रूप क्या होगा?

A. याचनयी　　B. याचनाएँ　　C. याचनाओं　　D. याचना

Q.89 निम्नलिखित में से कौन-सा शब्द पुल्लिंग है?

A. समिति　　B. गुट　　C. कक्षा　　D. पार्टी

Q.90 निम्न में से कौन सा विकल्प पुल्लिंग है?

A. खोज　　B. घूस　　C. आइना　　D. चील

Q.91 दिए गए विकल्पों में से कौन सा विकल्प नीचे लिखे शब्द का सही सन्धि-विच्छेद है?
नायिका

A. ना + यिका　　　　　　B. नै + यिका
C. ने + इका　　　　　　　D. ना + इका

Q.92 'वागीश' शब्द में कौन सी संधि है?

A. व्यंजन संधि　　　　　　B. विसर्ग संधि
C. दीर्घ संधि　　　　　　　D. गुण संधि

Q.93 'लाल किले पर <u>तिरंगा</u> फहराया गया।' इसके रेखांकित शब्द में कौन-सा समास होगा?

A. द्विगु समास　　　　　　B. अव्ययीभाव समास
C. तत्पुरुष समास　　　　　D. कर्मधारय समास

Q.94 रातों-रात में कौन सा समास है?

A. कर्मधारय　　　　　　　B. तत्पुरुष
C. द्विगु　　　　　　　　　D. अव्ययीभाव

Q.95 निम्नलिखित वाक्य के किस भाग में त्रुटि है?
'वह सब भले लोग हैं।'

A. वह सब　　　　　　　　B. भले
C. लोग हैं　　　　　　　　D. कोई अशुद्धि नहीं

Q.96 दिए गए वाक्य का वह भाग ज्ञात करें जिसमें कोई त्रुटि है।
मंदिर जाने से पूर्व भक्त मानव एक फूलों की माला बाजार से लाया।

[SSC Constable (GD), 2019]

A. भक्त मानव　　　　　　B. बाजार से लाया
C. मंदिर जाने से पूर्व　　　D. एक फूलों की माला

Q.97 दिए गए विकल्पों में से कौन-सा वर्ण मूर्धन्य वर्ण है?

A. ठ　　B. ज　　C. ध　　D. म

Q.98 इनमें से तालव्य वर्ण कौन से हैं?

A. क, ख, ग　　B. प, फ, ब　　C. च, छ, ज　　D. त, ठ, द

Q.99 अमानक वर्ण (जो वर्णमाला में उपस्थित ध्वनियों में से नहीं हो) है-

A. ख　　B. घ　　C. ब्ह　　D. भ

Q.100 प, फ किस प्रकार के वर्ण हैं?

A. अघोष　　B. घोष　　C. संयुक्त　　D. द्वित्व

Q.101 निम्नलिखित में से कौन सा वर्ण महाप्राण का उदाहरण नहीं है

A. घ　　B. ध　　C. स　　D. द

Q.102 'खिसियानी बिल्ली खंभा नोचे' लोकोक्ति का क्या अर्थ है?

A. जैसा काम वैसा परिणाम
B. असंगत गठबंधन
C. असफलता पर क्षोभ प्रदर्शन
D. अधिक परिश्रम पर परिणाम कम

Q.103 'एक तो करेला दूजे नीम चढ़ा' कहावत का अर्थ निम्नलिखित में से कौन सा है?

A. अवगुणी में और अवगुणों का आ जाना
B. गलती करने पर भी उसे स्वीकार न करना
C. अधिक उधार से कम नकद अच्छा है
D. धीमी गति से कार्य करना

Q.104 'योगरूढ' शब्द कौन-सा है?

A. नीला　　B. धैर्यवान　　C. पीताम्बर　　D. आँख

Q.105 'कर्मवीर' में कौन सा तत्पुरुष समास होगा?

A. संबंध तत्पुरुष　　　　　B. करण तत्पुरुष
C. अपादान तत्पुरुष　　　　D. संप्रदान तत्पुरुष

Q.106 कमल नयन में कौनसा समास है?

A. अव्ययी भाव　　　　　　B. बहुव्रीहि
C. कर्म धारय　　　　　　　D. तत्पुरुष

Q.107 'अनुवाद करने वाला' के लिए उचित वाक्यांश का चयन कीजिए।

A. अनुदान　　B. अनूदित　　C. अनुवादक　　D. अनुमोदन

Q.108 शुद्ध वाक्य का चयन कीजिए-

A. उसका शिमला जाना है।   B. उसने शिमला जाना है।

C. उससे शिमला जाना है।   D. उसे शिमला जाना है।

Q.109 'उच्चारण' शब्द का संधि विग्रह है-

A. उत् + चारण   B. उच् + चारण

C. उच्च + आरण   D. उच्त + चारण

Q.110 'अन्तेऽपि' में सन्धि होता है-

A. अन्तः + अपि   B. अन्ते + अपि

C. अन्त + अपि   D. अन्तेः + अपि

Q.111 'रोगमुक्तः' पद में समास होता है-

A. बहुव्रीहिः   B. द्वन्द्वः

C. तत्पुरुषः   D. अव्ययीभावः

Q.112 भवभूति _______ की रचना का नाम है।

A. उत्तररामचरितम्   B. उत्तररामायण

C. रामचरित   D. हर्षचरितदर्शन

Q.113 नैषधीयचरितम् के रचनाकार है-

A. भवभूति   B. कालिदास   C. भारवी   D. श्री हर्ष

Q.114 महाकवि भारवी की एक मात्र रचना है-

A. कुमारसम्भव   B. किरातार्जुनीय

C. कादम्बरी   D. कोई नहीं

Q.115 शिशुपालवध के रचनाकार है-

A. कालिदास   B. भारवी   C. दण्डी   D. माघ

Q.116 कालिदास का मुक्तककाव्य है-

A. अभिज्ञानशाकुन्तलम्   B. कुमारसंभवम्

C. ऋतुसंहारम्   D. महावीरचरितम्

Q.117 'पदलालित्य' के विषय में कौन प्रसिद्ध है?

A. दण्डी   B. भारवि   C. हर्ष   D. कालिदास

Q.118 'भवत' क्रियापद में प्रयुक्त लकार, पुरुष और वचन है:

A. लुट्, प्रथम एकवचन   B. लोट्, प्रथम एकवचन

C. लोट्, प्रथम, बहुवचन   D. लोट्, मध्यम, बहुवचन

Q.119 'शिशवे क्रीडनकं रोचते।' में कौन-सा कारक है?

A. करण   B. सम्प्रदान   C. अपादान   D. अधिकरण

Q.120 'मोहनः पुस्तकं पठति।' इस वाक्य का हिन्दी अनुवाद कीजिये-

A. मोहन के द्वारा पुस्तक पढा गया।

B. मोहन पुस्तक पढ़ता है।

C. मोहन पुस्तकें पढ़ता है।

D. पुस्तक मोहन को पढता है।

Q.121 'राम दशरथ के पुत्र थे' का संस्कृत मूल है:

A. रामः दशरथस्य पुत्रः आसीत्

B. रामः दशरथस्य पुत्रः अस्मिन

C. दशरथ रामस्य जनक: आसीत्

D. रामस्य दशरथः जनक अस्मिन

Q.122 'गुरूणाम्' शब्द रूप में कौन-सी विभक्ति है?

A. द्वितीया   B. तृतीया   C. पञ्चमी   D. षष्ठी

Q.123 तुलसीकृत में कौन सा समास है?

A. कर्मधारय   B. तत्पुरुष   C. द्विगु   D. द्वन्द

Q.124 आत्मजयी रचना किस कवि की है?

A. कुँवर नारायण   B. धूमिल

C. निराला   D. दिनकर

Q.125 निम्नलिखित काव्यपंक्तियो को उनके रचनाकारों के साथ सुमेलित कीजिए:

सूची – I (काव्यपंक्तियाँ)	सूची – II (रचनाकार)
(a) कौन परी यह बानि अरी नित नीरभरी	(i) देव
(b) गुलगुली गिल में गलीचा हैं गुनी जन हैं चाँदनी हैं चिक हैं चिरागन की माला हैं	(ii) पदमाकर
(c) सेवर सिपाही हम उन राजपूतन के दान जुद्ध जुरिबे में नेकु जे न मुरके।	(iii) ठाकुर
(d) अभिधा उत्तम काव्य है, मध्य लक्षणा लीन। अधम व्यंजना रस विरस, उलटी कहत नवीन।	(iv) प्रताप साहि
	(v) भिकरीदास

निम्नलिखित में से सही विकल्प चुनिए:

A. (a) - (i), (b) - (ii), (c) - (iii), (d) - (iv)

B. (a) - (iv), (b) - (ii), (c) - (iii), (d) - (i)

C. (a) - (v), (b) - (i), (c) - (iv), (d) - (iii)

D. (a) - (iii), (b) - (iv), (c) - (i), (d) - (v)

// स्मार्ट उत्तर पुस्तिका //

सही उत्तर उन छात्रों के प्रतिशत को इंगित करता है जिन्होंने प्रश्नों का सही उत्तर दिया था।

छोड़ दिया उन छात्रों के प्रतिशत को इंगित करता है जिन्होंने प्रश्नों को छोड़ दिया था।

प्रश्न संख्या	उत्तर	सही उत्तर / छोड़ दिया	प्रश्न संख्या	उत्तर	सही उत्तर / छोड़ दिया	प्रश्न संख्या	उत्तर	सही उत्तर / छोड़ दिया	प्रश्न संख्या	उत्तर	सही उत्तर / छोड़ दिया	प्रश्न संख्या	उत्तर	सही उत्तर / छोड़ दिया
1	D	66.67 % / 0.0 %	17	C	56.67 % / 23.33 %	33	C	40.0 % / 23.33 %	49	B	70.0 % / 23.33 %	65	B	60.0 % / 23.33 %
2	B	50.0 % / 23.33 %	18	D	43.33 % / 23.34 %	34	C	43.33 % / 23.34 %	50	B	63.33 % / 23.34 %	66	B	73.33 % / 23.34 %
3	C	53.33 % / 23.34 %	19	B	53.33 % / 26.67 %	35	B	53.33 % / 23.34 %	51	A	50.0 % / 23.33 %	67	D	56.67 % / 23.33 %
4	D	50.0 % / 23.33 %	20	B	50.0 % / 23.33 %	36	A	56.67 % / 23.33 %	52	C	50.0 % / 23.33 %	68	A	63.33 % / 23.34 %
5	C	43.33 % / 23.34 %	21	C	40.0 % / 23.33 %	37	B	56.67 % / 23.33 %	53	B	53.33 % / 23.34 %	69	B	56.67 % / 23.33 %
6	A	66.67 % / 23.33 %	22	A	50.0 % / 23.33 %	38	B	40.0 % / 23.33 %	54	C	30.0 % / 23.33 %	70	A	66.67 % / 23.33 %
7	B	60.0 % / 23.33 %	23	B	76.67 % / 23.33 %	39	B	46.67 % / 23.33 %	55	A	30.0 % / 23.33 %	71	B	73.33 % / 23.34 %
8	A	70.0 % / 23.33 %	24	A	36.67 % / 23.33 %	40	C	66.67 % / 23.33 %	56	B	56.67 % / 23.33 %	72	C	63.33 % / 23.34 %
9	B	63.33 % / 23.34 %	25	A	50.0 % / 23.33 %	41	A	56.67 % / 23.33 %	57	C	33.33 % / 23.34 %	73	B	66.67 % / 23.33 %
10	B	56.67 % / 23.33 %	26	A	33.33 % / 23.34 %	42	A	50.0 % / 23.33 %	58	A	33.33 % / 23.34 %	74	A	70.0 % / 23.33 %
11	D	66.67 % / 23.33 %	27	B	63.33 % / 23.34 %	43	B	66.67 % / 23.33 %	59	A	60.0 % / 23.33 %	75	C	40.0 % / 23.33 %
12	D	43.33 % / 23.34 %	28	C	63.33 % / 23.34 %	44	D	40.0 % / 23.33 %	60	A	33.33 % / 23.34 %	76	D	70.0 % / 23.33 %
13	D	50.0 % / 23.33 %	29	C	56.67 % / 23.33 %	45	B	40.0 % / 23.33 %	61	A	70.0 % / 23.33 %	77	D	50.0 % / 23.33 %
14	A	50.0 % / 23.33 %	30	C	26.67 % / 23.33 %	46	B	50.0 % / 23.33 %	62	A	66.67 % / 23.33 %	78	D	60.0 % / 23.33 %
15	C	53.33 % / 23.34 %	31	D	53.33 % / 23.34 %	47	D	40.0 % / 23.33 %	63	D	73.33 % / 23.34 %	79	C	30.0 % / 23.33 %
16	D	73.33 % / 23.34 %	32	B	66.67 % / 23.33 %	48	B	33.33 % / 23.34 %	64	A	73.33 % / 23.34 %	80	A	63.33 % / 23.34 %

प्रश्न संख्या	उत्तर	सही उत्तर	छोड़ दिया
81	A	56.67 %	23.33 %
82	D	56.67 %	23.33 %
83	C	70.0 %	23.33 %
84	D	66.67 %	23.33 %
85	C	76.67 %	23.33 %
86	B	76.67 %	23.33 %
87	B	53.33 %	23.34 %
88	D	43.33 %	23.34 %
89	B	63.33 %	23.34 %

प्रश्न संख्या	उत्तर	सही उत्तर	छोड़ दिया
90	C	43.33 %	23.34 %
91	C	73.33 %	23.34 %
92	A	73.33 %	23.34 %
93	A	73.33 %	23.34 %
94	D	66.67 %	23.33 %
95	A	63.33 %	23.34 %
96	D	56.67 %	23.33 %
97	A	70.0 %	23.33 %
98	C	73.33 %	23.34 %

प्रश्न संख्या	उत्तर	सही उत्तर	छोड़ दिया
99	C	76.67 %	23.33 %
100	A	60.0 %	23.33 %
101	D	56.67 %	23.33 %
102	C	76.67 %	23.33 %
103	A	70.0 %	23.33 %
104	C	70.0 %	23.33 %
105	B	56.67 %	23.33 %
106	C	63.33 %	23.34 %
107	C	76.67 %	23.33 %

प्रश्न संख्या	उत्तर	सही उत्तर	छोड़ दिया
108	D	76.67 %	23.33 %
109	A	76.67 %	23.33 %
110	B	30.0 %	23.33 %
111	C	73.33 %	23.34 %
112	A	63.33 %	23.34 %
113	D	73.33 %	23.34 %
114	B	76.67 %	23.33 %
115	D	63.33 %	23.34 %
116	C	53.33 %	23.34 %

प्रश्न संख्या	उत्तर	सही उत्तर	छोड़ दिया
117	A	63.33 %	23.34 %
118	D	40.0 %	23.33 %
119	B	56.67 %	23.33 %
120	B	73.33 %	23.34 %
121	A	73.33 %	23.34 %
122	D	53.33 %	23.34 %
123	B	66.67 %	23.33 %
124	A	56.67 %	23.33 %
125	B	56.67 %	23.33 %

कार्य विश्लेषण	
औसत अंक (%)	43.4%
टॉपर्स स्कोर (%)	96.8%
आपका स्कोर	

//संकेत और समाधान//

1. "चिश्ती संप्रदाय" के भारत में प्रवर्तक "मोइनुद्दीन चिश्ती" थे। "आबू अब्दुल्लाह चिश्ती" चिश्ती संप्रदाय के आदि प्रवर्तक हैं। इनका समय काल 12 वीं शताब्दी का उत्तरार्ध है। 1192 ई. में मुहम्मद गोरी के साथ ख्वाजा मुईनुद्दीन चिश्ती भारत आए थे। उन्होंने यहाँ 'चिश्तिया परम्परा' की स्थापना की। उनकी गतिविधियों का मुख्य केन्द्र अजमेर था।

अतः विकल्प (D) सही है।

2. "गाथा सप्तशती", "हाल" की रचना है।

- गाथा सप्तशती प्राकृत भाषा में लिखी गई है।
- हाल को शालीवाहन नाम से भी जाना जाता है।
- गाहा सत्तसई (संस्कृत: गाथासप्तशती) प्राकृत भाषा में गीतिसाहित्य की अनमोल निधि है।
- इसमें 700 गाथाएँ हैं।
- यह प्रगतिवादी कविता का प्रथम उदाहरण कही जा सकती है।
- इसका समय बारहवीं शती मानी जाती है।
- हाल' के अतिरिक्त 'गाहा सत्तसई' के कर्ता का नाम भी पाया जाता है।

अतः विकल्प (B) सही है।

3. "अपभ्रंश भाषा" का "प्रथम रास काव्य" उपदेश रसायन रास है।

- रचनाकाल :- 1143 ईस्वी
- पद्य संख्या :- 80 पद्य
- उपदेश रसायन रास को हिन्दी के साथ साथ जैन रास काव्य परम्परा का प्रथम ग्रंथ माना जाता है।
- इसके रचयिता "श्री जिनदत्त सूरि" हैं।
- कवि की एक और कृति "कालस्वरुप कुलक" 1200 वि. के आसपास की रही होगी।

अतः विकल्प (C) सही है।

4. रचनाकाल के अनुसार कवियों का सही अनुक्रम- सरहपा, लुइपा, पुष्पदंत, अददहमाण है।

सरहपा के प्रथम कवि माने जाते हैं।

उनका मूल नाम 'राहुलभद्र' था और उनके 'सरोजवज्र', 'शरोरुहवज्र', 'पद्म' तथा 'पद्मवज्र' नाम भी मिलते हैं।

वे पालशासक धर्मपाल (770-810 ई.) के समकालीन थे।

लुइपा (773 ई. लगभग) ने लुइपादगीतिका की रचना की।

अतः विकल्प (D) सही है।

5. यह पंक्तियां अमीर खुसरो की हैं।

- अमीर खुसरो आदिकाल के कवि हैं।
- खड़ी बोली के आदि कवि
- गुरु - निजामुद्दीन औलिया
- ब्रज भाषा, खड़ी बोली आदि में रचना

अतः विकल्प (C) सही है।

6.

- यह व्याकरण ग्रंथ है।
- सिद्ध हेमचंद्र शब्दानुशासन - जैन आचार्य हेमचंद्र
- यह ग्रंथ सिद्ध हेम के नाम से प्रसिद्ध है।
- इसमें संस्कृत, प्राकृत और अपभ्रंश तीनों का समावेश है।

अतः विकल्प (A) सही है।

7. "महापुराण" "पुष्पदंत" की रचना है। महापुराण जैन धर्म से संबंधित दो भिन्न प्रकार के काव्य ग्रंथों का नाम है, जिनमें से एक की रचना संस्कृत में हुई है तथा दूसरे की अपभ्रंश में। संस्कृत में रचित 'महापुराण' के पूर्वार्ध (आदिपुराण) के रचयिता "आचार्य जिनसेन" हैं तथा उत्तरार्ध (उत्तरपुराण) के रचयिता "आचार्य गुणभद्र" है। अपभ्रंश में रचित बृहत् ग्रंथ 'महापुराण के रचयिता महाकवि पुष्पदन्त हैं। इसमें कुल 102 संधियाँ हैं जिनमें क्रमश: 24 जैन तीर्थकरों, 12 चक्रवर्तियों, 9 वासुदेवों, 9 प्रतिवासुदेवों और 9 बलदेवों, इस प्रकार 63 शलाकापुरुषों अर्थात् महापुरुषों का चरित्र सुंदर काव्य की रीति से वर्णित है।

अतः विकल्प (B) सही है।

8. "राउल वेल" रोड़ा की रचना है।

- इसकी रचना 10 वीं शताब्दी में की गई थी।
- यह एक शिलांकित कृति है जिन शिलाओं पर ,यह लिखी गई थी वह मध्यप्रदेश के(मालवा क्षेत्र) धार जिले से प्राप्त हुई है और वर्तमान में -मुम्बई के 'प्रिन्स ऑफ वेल्स संग्रहालय' में सुरक्षित रखी हुई है।
- यह एक चम्पू काव्य है यानि गद्य-पद्य मिश्रित रचना है।
- यह हिन्दी की प्राचीनतम चम्पू काव्य की कृति है यानि "हिन्दी का प्रथम चम्पू काव्य" ग्रंथ है।
- इसकी नायिका 'राउल' है, जिसके नख-शिख सौन्दर्य वर्णन मिलता है।

अतः विकल्प (A) सही है।

9. "संदेश रासक", "अब्दुल रहमान" की रचना है।

- 223 छंदों का छोटा सा विरह काव्य है।
- अब्दुल रहमान का संदेश रासक पहला धर्मेतर रास ग्रंथ है।
- रचना 1000-1100 ई के आसपास है।
- यह ग्रंथ उस अपभ्रंश में है जिससे लहन्दा, पंजाबी और सिन्धी आदि पश्चिमी भारतीय भाषाएँ जन्मी हैं।
- इस ग्रंथ की पाण्डुलिपियाँ मुनि जिनविजय ने जैन पुस्तकालयों से प्राप्त की थी।
- यह काव्य कालिदास द्वारा रचित मेघदूतम् से प्रेरित है।
- अपभ्रंश में किसी मुसलमान द्वारा रचित यह प्रथम और एकमात्र ग्रंथ है।
- इसकी हस्तलिखित प्रति पाटण के जैन भंडार में मिली है।

अतः विकल्प (B) सही है।

10.

- रामध्यानमंजरी अग्रदास की रचना है।
- अग्रदास ने रसिक सम्प्रदाय की स्थापना की।
- अग्रदास ने रामभक्ति परंपरा में रसिक भाव का समावेश किया।
- रसिक सम्प्रदाय में अग्रदास को अग्रअली भी कहा जाता है।

अतः विकल्प (B) सही है।

11. विष्णु स्वामी (1300 ई.) को रूद्र सम्प्रदाय का प्रवर्तक माना जाता है। विष्णु स्वामी वल्लभाचार्य के गुरु थे।

अतः विकल्प (D) सही है।

12. तुलसीदास की प्रथम रचना वैराग्य संदीपनी है। गोस्वामी तुलसीदास रामानुजाचार्य के श्री सम्प्रदाय से प्रभावित थे। तुलसीदास (1532 - 1623 ई.)

रामभक्ति शाखा के प्रतिनिधि कवि हैं। शुक्ल तुलसीदास को स्मार्त वैष्णव मानते हैं।

अतः विकल्प (D) सही है।

13. अनेकार्थ मंजरी रहीमदास की रचना नहीं है। अनेकार्थ मंजरी नंददास की रचना है। रहीमदास नीति काव्य के प्रमुख कवि हैं और नंददास वल्लभ संप्रदाय के प्रमुख कवि हैं।

अतः विकल्प (D) सही है।

14. मीराबाई की भक्ति माधुर्य भाव की थी। मीराबाई के गुरु का नाम रैदास था। मीराबाई की भाषा राजस्थानी मिश्रित ब्रजभाषा है। मीराबाई के स्फुट पद मीराबाई की पदावली नाम से प्रकाशित है।

अतः विकल्प (A) सही है।

15. कबीर की भाषा को पंचमेल खिचड़ी श्याम सुन्दर दास ने कहा है। कबीर (1398 - 1518 ई.) का संत कवियों में प्रमुख स्थान है।

अतः विकल्प (C) सही है।

16. रामचरितमानस अवधी भाषा में रचित है। यह रचना तुलसीदास (1532 - 1623 ई.) द्वारा रचित है।

विनय पत्रिका, कवितावली और दोहावली भी तुलसीदास द्वारा रचित हैं।तुलसी के कुल 12 प्रामाणिक ग्रंथ हैं जिनमें 5 बड़े व 7 छोटे हैं। तुलसीदास ने राम के सगुण रूप की भक्ति की है।

अतः विकल्प (D) सही है।

17. जायसी की रचना आखिरी कलाम में क़यामत का वर्णन है।

जायसी सूफ़ी (1446 - 1542 ई.) सम्प्रदाय के प्रमुख कवि हैं , वह शेरशाह के समकालीन कवि थे।

अतः विकल्प (C) सही है।

18. रुप मंजरी अग्रदास की रचना नहीं है।

- अग्रदास - भक्तिकाल की सगुण शाखा के रामभक्त कवि
- इनके शिष्य - नाभादास
- गद्दी - जयपुर के पास रैवास में
- रसिक संप्रदाय से संबंध
- रुप मंजरी कृष्णभक्त कवि नंददास की रचना है।

अतः विकल्प (D) सही है।

19. "रूप मंजरी", "नंददास" की लिखी गई है। रूपमंजरी में इसी नाम की एक भक्त महिला का चरित्र वर्णित है। नंददास ने अनेक काव्य-रूपों में रचना की है। वे काव्य शास्त्र से सुपरिचित कवि ज्ञात होते हैं। राधा और कृष्ण के रूप एवं श्रृंगार के साथ-साथ उनके चरित का गुणगान इन कवियों का विषय रहा है।

अतः विकल्प (B) सही है।

20. "लाल चंद्रिका" टीका के रचनाकार "लल्लू लाल" है।

लल्लू लाल ने "बिहारी सतसई" पर रचना की थी। लल्लू लाल (1763 - 1835) हिन्दी गद्य के चार प्रमुख स्तम्भों- (इंशा अल्ला खाँ, सदल मिश्र, मुंशी सदासुखलाल, लल्लू लाल) में से एक हैं।

अतः विकल्प (B) सही है।

21. "बिहारीलाल" का जन्म सन 1595 में हुआ था।

बिहारी ने अपनी बहुज्ञता अर्थात ज्योतिष, विज्ञान, आयुर्वेद, राजनीति, लोक संबंधी आदि विषय के ज्ञान को बिहारी सतसई में प्रस्तुत किया था। बिहारी सतसई कवि बिहारी की रचना है। यह एक मुक्तक काव्य है। इसमें नीति, भक्ति और श्रृंगार से संबंधित दोहों का संकलन है।

अतः विकल्प (C) सही है।

22. "रस प्रबोध", "रसलीन" की रचना है। रसलीन का पूरा नाम सैयद गुलाम नबी था। इनका जन्म सन् 1689 ई. माना जाता है। इनकी मृत्यु सन् 1750 ई. में हुई थी।

अतः विकल्प (A) सही है।

23. "भूषण", "वीर रस" के कवि हैं। भूषण (1613 -1705) रीतिकाल के तीन प्रमुख हिन्दी कवियों में से एक हैं, अन्य दो कवि हैं, बिहारी तथा केशव। 'भूषण' की उपाधि उन्हें चित्रकूट के राजा रूद्रसाह के पुत्र हृदयराम ने प्रदान की थी।

अतः विकल्प (B) सही है।

24. "शाहजहां", "चिंतामणि त्रिपाठी" के आश्रयदाता थे।

- चिंतामणि त्रिपाठी रीति काल के कवि थे।
- इनका "कविकुल कल्पतरु" नामक ग्रंथ संवत 1707 में लिखा गया था।
- चिंतामणि त्रिपाठी के तीन भाई थे - भूषण, मतिराम और जटाशंकर।
- इनकी भाषा 'ललित' और 'सानुप्रास' होती थी।

अतः विकल्प (A) सही है।

25. सारे इश्तेहार उतार लिए गए है, नक्सलबाड़ी, कविता से दी गई पंक्तियाँ है।

उक्त पंक्तियाँ धूमिल द्वारा रचित है।

अतः विकल्प (A) सही है।

26. "संशयात्मा " ज्ञानेंद्रपति द्वारा रचित प्रमुख कृति है।

ज्ञानेंद्रपति का जन्म 1 जनवरी 1950 को पथरगामा झारखंड में हुआ। ज्ञानेंद्रपति निराला की परम्परा के कवि है इनकी कविता रचनात्मक प्रतिरोध की कविता है।

अतः विकल्प (A) सही है।

27. परिमल के रचनाकार सूर्यकांत त्रिपाठी निराला हैं।

सूर्यकांत त्रिपाठी निराला - छायावाद के प्रमुख स्तंभों में से एक
परिमल (काव्य संग्रह) - 1929
अन्य काव्य संग्रह-

1. गीतिका
2. तुलसीदास
3. कुकुरमुत्ता
4. अणिमा
5. बेला
6. नए पत्ते आदि

अतः विकल्प (B) सही है।

28. दीपशिखा महादेवी वर्मा जी की रचना है जिसे ज्ञानपीठ से सम्मानित नही किया गया है। महादेवी जी की यामा पुस्तक को 1982 में ज्ञान पीठ पुरस्कार मिला हुआ है।

अतः विकल्प (C) सही है।

29. उक्त पंक्तियाँ 'यशोधरा' महाकाव्य से ली गई हैं।

यशोधरा मैथिलीशरण गुप्त रचित महाकाव्य का नाम है। इसका प्रथम प्रकाशन सन् 1933 में हुआ था।

'यशोधरा' महाकाव्य में गौतम बुद्ध के गृह त्याग की कहानी को केन्द्र में रखकर यह महाकाव्य लिखा गया है।

मैथिलीशरण गुप्त द्वारा रचित प्रसिद्ध प्रबंध काव्य है, जिसका प्रकाशन सन् 1933 ई. में हुआ। अपने छोटे भाई सियारामशरण गुप्त के अनुरोध करने पर मैथिलीशरण गुप्त ने यह पुस्तक लिखी थी।

अतः विकल्प (C) सही है।

30. प्रेमशतक के रचनाकार वियोगी हरि हैं। ये आधुनिक ब्रजभाषा के प्रमुख कवि हैं। वीर सतसई के लिए इन्हें मंगलाप्रसाद पारितोषिक मिला था।

अतः विकल्प (C) सही है।

31. जूही की कली, नयी कविता के प्रथम अंक में प्रकाशित हुई थी।

जूही की कली नयी कविता के प्रथम अंक में प्रकाशित हुई थी। जूही की काली कविता छायावादी कवि सूर्य कांत त्रिपाठी ' निराला ' द्वारा उद्धृत है। जूही की कली कविता परिमल में संकलित है।

अतः विकल्प (D) सही है।

32. 'अकाल में सारस' यह रचना उपरोक्त विकल्पों में से 'केदारनाथ सिंह' की है। उनकी इस रचना को 1989 में हिन्दी साहित्य सम्मान प्रदान किया गया था।

केदारनाथ सिंह हिंदी के सुप्रसिद्ध कवि व साहित्यकार थे। वे अज्ञेय द्वारा सम्पादित तीसरा सप्तक के कवि रहे हैं। भारतीय ज्ञानपीठ द्वारा उन्हें वर्ष 2013 का 49वां ज्ञानपीठ पुरस्कार प्रदान किया गया था।

अतः विकल्प (B) सही है।

33. संवेदनाओ की तलाश के कवि के नाम से प्रसिद्ध कवि केदारनाथ सिंह है। केदारनाथ सिंह का जीवन काल 1934-2018 है। इन्हें संवेदनाओ का और आस्था का भी कवि कहा जाता है।

अतः विकल्प (C) सही है।

34. पृथ्वी प्रदक्षिणा शिव प्रसाद गुप्त की रचना है। इसका रचना वर्ष 1914 ईस्वी है। विधा:- यात्रा वृतांत

अतः विकल्प (C) सही है।

35. मादा कैक्टस, सुरेंद्र वर्मा द्वारा रचित नहीं है। मादा कैक्टस लक्ष्मी नारायण लाल की रचना है। यह एक नाटक है।

अतः विकल्प (B) सही है।

36. "उत्तरायण, रामकुमार वर्मा" का महाकाव्य है। इसका रचना वर्ष 1967 ईस्वी है।

अतः विकल्प (A) सही है।

37. "भेजे मनभावन के उद्धव के आवन की" पंक्तियां उद्धव शतक की हैं। यह ब्रज भाषा में लिखी गई है। इसमें घनाक्षरी छंद का प्रयोग हुआ है।

अतः विकल्प (B) सही है।

38. प्रयोगवाद शब्द का प्रथम प्रयोग नन्ददुलारे बाजपेयी ने किया है। इन्होंने यह नाम अपने एक निबंध 'प्रयोगवादी रचनाएँ' में प्रदान किया था।

अतः विकल्प (B) सही है।

39. "अभिव्यक्ति का संघर्ष, शमशेर बहादुर सिंह" की रचना है। इसका रचना वर्ष 1980 ईस्वी है। यह एक कविता संग्रह है।

अतः विकल्प (B) सही है।

40. कुँवर नारायण - फूल नहीं रंग बोलते हैं ये विकल्प असंगत है। 'फूल नहीं रंग बोलते हैं ये काव्य संग्रह 'केदारनाथ अग्रवाल' की है। उनका कविता-संग्रह 'फूल नहीं, रंग बोलते हैं' सोवियतलैंड नेहरू पुरस्कार से सम्मानित हो चुका है। इनकी अन्य रचनाएँ हैं- गुलमेंहदी, हे मेरी तुम, जमुन जल तुम, जो शिलाएं तोड़ते हैं, कहें केदार खरी खरी, खुली आँखें खुले डैने, कुहकी कोयल खड़े पेड़ की देह, मार प्यार की थापें, फूल नहीं, रंग बोलते हैं, आग का आइना, पंख और पतवार, अपूर्वा, नींद के बादल, आत्म गंध, बम्बई का रक्त स्नान, युग-गंगा, बोले

बोल अबोल, लोक आलोक, चुनी हुयी कविताएँ, पुष्पदीप, वसंत में प्रसन्न पृथ्वी, अनहारी हरियाली।

अतः विकल्प (C) सही है।

41. "दुर्लभ बन्धु", "भारतेंदु जी" का नाटक है।

- दुर्लभ बन्धु नाटक का रचना वर्ष 1880 ईस्वी है।
- यह मूल नाटक मर्चेंट ऑफ वेनिस का अनुवाद है।
- इसके मूल नाटककार विलियम शेक्सपियर हैं।

अतः विकल्प (A) सही है।

42. प्रकाशन काल की दृष्टि से भीष्म साहनी के नाटकों का सही अनुक्रम-1) हानूश, माधवी, रंग दे बसंती चोला, आलमगीर है।

हानूश -1977
माधवी -1984
रंग दे बसंती चोला -1996
आलमगीर-1999

अतः विकल्प (A) सही है।

43. यह संवाद चन्द्रगुप्त नाटक में चाणक्य के द्वारा कहा गया है।

नाटक कार - जयशंकर प्रसाद
प्रकाशन वर्ष - 1931
प्रमुख पात्र - चन्द्रगुप्त, चाणक्य, शकटार, आंभीक, सेल्यूकस, कार्नेलिया, कल्याणी, मालविका आदि

अतः विकल्प (B) सही है।

44. नारद की वीणा नाटक उदयशंकर भट्ट का नहीं है। यह लक्ष्मी नारायण मिश्र द्वारा रचित है। यह नाटक 1946 में लिखा गया था।

उदयशंकर भट्ट के नाटक विश्वामित्र, मत्स्यगंधा और राधा हैं। इनके उपन्यास 'सागर, लहरें और मनुष्य', 'शेष-अशेष' भी लोकप्रिय हैं।

अतः विकल्प (D) सही है।

45. "यह कथा ज्योति की है, अंधों के लिए" कथन "धर्मवीर भारती" जी की है।

यह कथन अँधा युग की भूमिका में है। अंधा युग एक गीतिनाट्य है। इसका प्रकाशन वर्ष 1954 ईस्वी है। यह महाभारत के बाद की कथा है। धर्मवीर भारती जी को 1972 में पद्मश्री से सम्मानित किया गया था।

अतः विकल्प (B) सही है।

46. "ग्राम", "प्रसाद" जी की प्रथम कहानी है। ग्राम जयशंकर प्रसाद की कहानी है। इसका रचना वर्ष सन् 1911 ईस्वी है। यह इंदु पत्रिका में प्रकाशित हुई थी। यह जयशंकर प्रसाद की प्रथम कहानी है।

अतः विकल्प (B) सही है।

47. नयी कहानी आंदोलन में प्रथम कहानी "परिंदे" मानी जाती है। परिंदे कहानी निर्मल वर्मा की है। इसका रचना वर्ष 1956 ईस्वी है। इसी नाम से उनका कहानी संग्रह भी है जिसमें कुल 7 कहानियाँ हैं, अंधेर में, तीसरा गवाह, डायरी का खेल, माया का मर्म, पिक्चर पोस्टकार्ड, सितंबर की एक शाम और इस संग्रह की अंतिम कहानी परिंदे है।

अतः विकल्प (D) सही है।

48. "प्रिग नीलकंठी" नामक निबन्ध- कुबेर नाथ राय द्वारा रचित है। ज्ञानपीठ पुरस्कार से सम्मानित निबन्ध हैं। कुबेर नाथ राय के प्रमुख निबंध गंधमादन, कामधेनु, रामायण महातीर्थम, निषाद बांसुरी, हिन्दी साहित्य के प्रमुख :- ललित निबंधकार

अतः विकल्प (B) सही है।

49. अशोक के फूल एक निबन्ध डॉ. हजारी प्रसाद द्विवेदी द्वारा रचित है,

हजारी प्रसाद द्विवेदी के अन्य महत्वपूर्ण निबन्ध-

अशोक के फूल - 1948

विचार और वितर्क - 1957

कूटज - 1964

अलोक पर्व - 1972

अतः विकल्प (B) सही है।

50. यशपाल के उपन्यास 'झूठा सच' में दौलतराम आजाद-2 कम्युनिस्ट पार्टी का सदस्य था।

झूठा सच (1958-60) हिन्दी के सुप्रसिद्ध कथाकार यशपाल का सर्वोत्कृष्ट एवं वृहदकाय उपन्यास है।

यह उपन्यास दो भागों में विभाजित है।

पहला भाग 'वतन और देश' 1958 ई. में विप्लव कार्यालय, लखनऊ से प्रकाशित हुआ और दूसरे भाग 'देश का भविष्य' का प्रकाशन 1960 ई. में हुआ।

अतः विकल्प (B) सही है।

51.

सूची - 1	सूची - 2
A. महंत रामदास	I. मैला आंचल
B. मुराद अली	II. तमस
C. कंचन	III. झूठा सच
D. कैलासनाथ्	IV. मानस का हंस

फणीश्वरनाथ रेणु का मैला आंचल प्रतिनिधि उपन्यास है।

तमस को 1975 में साहित्य अकादमी पुरस्कार से भी सम्मानित किया गया था। झूठा सच भारत विभाजन (1947) की पृष्ठभूमि पर केंद्रित वृहत्तर एवं बहुआयामी फलक वाला उपन्यास है।

1972 में प्रकाशित मानस का हंस उपन्यास रामचरितमानस के रचनाकार गोस्वामी तुलसीदास के जीवन पर लिखा गया है।

अतः विकल्प (A) सही है।

52. जीवनीपरक कृतियों में से-3 महात्मा गांधी: विश्व के अद्वितीय पुरुष कृति रोमां रोला की है।

रोमां रोलां नोबेल पुरस्कार से सम्मानित फ्रांसीसी लेखक और नाटककार थे। 1987 में 'दी साइकिल ऑव रीवोल्यूशन' के क्रम का प्रथम नाटक दि वुल्बस और फिर दाँतों का अभिनय हुआ। उसने अपने "लाइफ़ ऑव बीथोवेन' का प्रकाशन 1987 में किया।

अतः विकल्प (C) सही है।

53. रामविलास शर्मा की आत्मकथा 'अपनी धरती अपने लोग' तीन खण्डों में विभक्त है।

रामविलास शर्मा की अन्य रचनाए-

कविता: रूप तरंग, सदियों के सोये जाग उठे, तार सप्तक
उपन्यास: चार दिन
निबंध: आस्था और सौंदर्य, विराम चिह्न

अतः विकल्प (B) सही है।

54. 'कविकर्म और काव्यभाषा'-3 परमानन्द श्रीवास्तव आलोचक की समीक्षा कृति है।

गोरखपुर विश्वविद्यालय में प्रेमचन्द पीठ की स्थापना में परमानन्द श्रीवास्तव का विशेष योगदान रहा।

कई पुस्तकों के लेखन के अतिरिक्त उन्होंने हिन्दी भाषा की साहित्यिक पत्रिका आलोचना का सम्पादन भी किया था।

आलोचना के क्षेत्र में उल्लेखनीय योगदान के लिये उन्हें व्यास सम्मान और भारत भारती पुरस्कार प्रदान किया गया।

अतः विकल्प (C) सही है।

55. एक साहित्यिक डायरी में केशव एक काल्पनिक संवाद पात्र का नाम है।

रचनाकार: गजानन माधव मुक्तिबोध

प्रकाशन वर्ष: 25 जून 2000

इसमें कुल 13 प्रकरणों का समावेश है।

अतः विकल्प (A) सही है।

56. "अरे यायावर याद रहेगा" का अंत एलोरा की गुफाओं में इतिहास खोजने की कोशिश से हुआ।

रचनाकार: अज्ञेय जी
रचना वर्ष: 1953
विधा: यात्रा साहित्य
"एक बूंद सहसा उछली" अज्ञेय जी का अन्य यात्रा वृतांत है।

अतः विकल्प (B) सही है।

57. अस्मितामूलक विमर्श को-3 हंस साहित्यिक पत्रिका ने सर्वाधिक संवर्द्धित किया। हंस उपन्यास सम्राट प्रेमचंद द्वारा स्थापित और सम्पादित पत्रिका रही है। वह दिल्ली से प्रकाशित होने वाली हिन्दी की कथा मासिक पत्रिका है जिसका पुनः प्रकाशन राजेन्द्र यादव ने 1986 से 2013 तक किया। सन् 2013 में राजेन्द्र यादव की मृत्यु के बाद हंस का प्रकाशन और प्रबंध निदेशन उनकी पुत्री रचना यादव द्वारा किया जा रहा है। हिंदी के प्रख्यात कहानीकार संजय सहाय अब हंस के संपादक हैं।

अतः विकल्प (C) सही है।

58. शेखर एक जीवनी भाग 1 का उत्थान नाम है। शेखर एक जीवनी सच्चिदानन्द हीरानन्द वात्स्यायन अज्ञेय का मनोविश्लेषणात्मक उपन्यास है। इसके दो भाग हैं। प्रथम भाग का प्रकाशन 1941 में तथा दूसरे भाग का प्रकाशन 1944 में हुआ। इसमें अज्ञेय ने बालमन पर पड़ने वाले काम, अहम और भय के प्रभाव तथा उसकी प्रकृति पर मनोवैज्ञानिक ढंग से विचार किया है।

अतः विकल्प (A) सही है।

59. सचेतन कहानी के प्रवर्तक महीप सिंह है। वे हिंदी प्रसिद्ध लेखक, स्तम्भकार और पत्रकार थे। उन्हें 2009 का भारत भारती सम्मान प्रदान किया गया था।

अतः विकल्प (A) सही है।

60. 'लल्लू जी लाल' खड़ी बोली की गद्य प्रतिष्ठापक माने जाते है। अन्य विकल्प असंगत है।

लल्लू जी लाल, सदल मिश्र, इंशाअल्लाहखाँ तथा मुंशी सदा सुखलाल खड़ी बोली गद्य के प्रतिष्ठापक कहे जाते है। प्रेमसागर इनके द्वारा लिखी गई पुस्तक है जो कि प्रारम्भिक हिन्दी खड़ी बोली का नमूना है।

अतः विकल्प (A) सही है।

61. गिलक्रिस्ट हिन्दुस्तानी विभाग के प्रथम प्रोफेसर थे। फोर्ट विलियम कॉलेज की स्थापना - 1800 ई. मर्किवस वेलेजली ने स्थापना की। गिलक्रिस्ट को हिन्दुस्तानी विभाग का अध्यक्ष नियुक्त किया।

अतः विकल्प (A) सही है।

62. संथाली एक भाषा है। यह संथाली 'ऑस्ट्रो-ऑस्टिक' परिवार की एक शाखा से जुड़ी भाषा है। जो 'हो' और 'मन्दारी' से संबंधित है। संथाली भाषा को लगभग

60 लाख लोग भारत, बांग्लादेश, नेपाल और भूटान में बोलते हैं। भारत में ज्यादातर संथाली भाषा का प्रयोग झारखंड, असम, बिहार, उड़ीसा, त्रिपुरा और पश्चिम बंगाल के राज्यों में होता है। इसकी अपनी "ओल चिकी" वर्णमाला है।

अतः विकल्प (A) सही है।

63. 'सिंध' नदी से हिंदी शब्द का जन्म हुआ था। ब्रह्मपुत्र, मेवाती और कृष्ण से किसी भी भाषा के शब्द का जन्म नहीं हुआ था।

हिन्दी शब्द का सम्बन्ध संस्कृत शब्द सिंधु से माना जाता है। 'सिंधु' सिंध नदी को कहते थे और उसी आधार पर उसके आस-
पास की भूमि को सिन्धु कहने लगे। यह सिंधु शब्द ईरानी में जाकर 'हिंदू' हिंदी और फिर 'हिंद' हो गया।

अतः विकल्प (D) सही है।

64. देवनागरी लिपि का विकास 'ब्राह्मी' लिपि से हुआ था।

अतः विकल्प (A) सही है।

65. राष्ट्रीय स्तर पर स्वीकार्य एवं विभिन्न राज्यों के लोगों द्वारा अपनाई जाने वाली समृद्ध भाषा राष्ट्रभाषा कहलाती है।

अतः विकल्प (B) सही है।

66. 'कौरवी' खड़ी बोली का दूसरा नाम है।

- मगही बिहार की एक बोली है।
- हिन्दुस्तानी हिन्दी और उर्दू मिश्रित भाषा को कहा जाता है।
- बघेली पूर्व क्षेत्र की एक बोली है।

अतः विकल्प (B) सही है।

67. पश्चिमी हिन्दी की कुल पाँच बोलियाँ हैं। यह एक तथ्य हैं।

अतः विकल्प (D) सही है।

68. गोपाल स्वामी आयंगर ने संविधान सभा में हिन्दी को राजसभा बनाने का प्रस्ताव रखा था। इस आधार पर सही विकल्प गोपाल स्वामी आयंगर है।

अतः विकल्प (A) सही है।

69. शौरसेनी से राजस्थानी, पैशाची से लहँदा, मागधी से असमिया तथा अर्द्धमागधी से पूर्वी हिंदी।

अतः विकल्प (B) सही है।

70. हिंदी भाषा का प्रादुर्भाव 'अपभ्रंश' से हुआ है। 'अपभ्रंश' अर्थात "भ्रष्ट हुई" या "बिगड़ी हुई" भाषा। हिन्दी भाषा का उद्भव, अपभ्रंश के शौरसेनी, अर्धमागधी और मागधी रूपों से हुआ है।

अतः विकल्प (A) सही है।

71. खड़ी बोली हिंदी का अन्य सही नाम 'कौरवी' है।

कौरवी बोली ही खड़ी बोली के नाम से भी जानी जाती है। 'खड़ी बोली' नाम का प्रयोग दो अर्थों में होता है -

1. एक तो 'मानक हिन्दी' के लिए जिसकी तीन शैलियाँ 'हिन्दी' , 'उर्दू' और 'हिन्दुस्तानी' हैं।

2. दूसरे, उस लोक बोली के लिए जो दिल्ली - मेरठ में तथा आस पास बोली जाती है।

अतः विकल्प (B) सही है।

72. विद्यापति पदावली का प्रधान रस 'श्रृंगार रस' है।

पदावली में कृष्ण-राधा विषयक श्रृंगार के पद हैं।

इनके आधार पर इन्हें हिंदी में राधा-कृष्ण-विषयक श्रृंगारी काव्य के जन्म दाता के रूप में जाना जाता है।

अतः विकल्प (C) सही है।

73. उपर्युक्त काव्य पंक्ति श्रृंगार रस का उदाहरण है। इसका स्थायी भाव रति होता है।

नायक और नायिका आँखों ही आँखों में रूठते हैं, मनाते हैं, मिलते हैं, खिल जाते हैं और कभी कभी शरमाते भी हैं और लोगों को पता भी नहीं चलता है।

इन पंक्तियों में कवि ने कम से कम शब्दों में अधिक से अधिक अर्थ भरने की कोशिश की है।

नायक और नायिका के मन में संस्कार रूप में स्थित रति या प्रेम जब रस कीअवस्था में पहुँच जाता है तो वह श्रृंगार रस कहलाता है।

इसके अंतर्गत सौन्दर्य, प्रकृति, सुन्दर वन, वसंत ऋतु, पक्षियों का चहचहाना आदि के बारे में वर्णन किया जाता है।

अतः विकल्प (B) सही है।

74. दी गई काव्य पंक्ति में श्रृंगार रस के भाव-अनुभावों का चित्रण है। यहाँ पर श्रृंगार रस' है।

जहां काव्य में 'रति' नामक स्थायी भाव, विभाव, अनुभाव और संचारी भावों से पुष्ट होकर रस में परिणत होता है वहां श्रृंगार रस होता है।

अतः विकल्प (A) सही है।

75. उपरोक्त काव्य पंक्ति में शोक रस है।

प्रिय वस्तु तथा व्यक्ति के नाश या अनिष्ट से हृदय में उत्पन्न क्षोभ से 'शोक' उत्पन्न होता है। यही शोक नामक स्थायी भाव जब विभाव, अनुभाव तथा संचारी भाव से पुष्ट हो जाता है।

अतः विकल्प (C) सही है।

76. इन पंक्तियों में चौपाई छंद है।

चौपाई छंद : चार चरण

प्रत्येक चरण में 16 मात्रा

प्रथम, द्वितीय और तृतीय, चतुर्थ चरण में तुक अनिवार्य

अतः विकल्प (D) सही है।

77. उपर्युक्त उदाहरण 'उल्लाला' छंद का उदाहरण है। यह मात्रिक अर्द्धसम छंद है। इसके प्रत्येक चरण में 13-13 मात्राओं के हिसाब से 26 मात्रायें तथा 15-13 के हिसाब से 28 मात्रायें होती हैं।

13 मात्राओं वाले छंद में लघु-गुरु का कोई विशेष नियम नहीं है लेकिन 11वीं मात्रा लघु ही होती है। 15 मात्राओं वाले उल्लाला छंद में 13 वीं मात्रा लघु होती है।

13 मात्राओं वाला उल्लाला बिल्कुल दोहे की तरह होता है,बस दूसरे चरण में केवल दो मात्रायें बढ़ जाती हैं।

अतः विकल्प (D) सही है।

78. उपर्युक्त उदाहरण 'उल्लाला' छंद का उदाहरण है।

यह मात्रिक अर्द्धसम छंद है।

इसके प्रत्येक चरण में 13 -13 मात्राओं के हिसाब से 26 मात्रायें तथा 15 -13 के हिसाब से 28 मात्रायें होती हैं।

13 मात्राओं वाले छन्द में लघु - गुरु का कोई विशेष नियम नहीं है लेकिन 11वीं मात्रा लघु ही होती है।

15 मात्राओं वाले उल्लाला छन्द में 13 वीं मात्रा लघु होती है।

13 मात्राओं वाला उल्लाला बिल्कुल दोहे की तरह होता है,बस दूसरे चरण में केवल दो मात्रायें बढ़ जाती हैं।

प्रथम चरण में लघु - दीर्घ से विशेष फर्क नहीं पड़ता।

उल्लाला छन्द को चन्द्रमणि भी कहा जाता है।

अतः विकल्प (D) सही है।

79. 'अपलक नभ नील नयन विशाल' यहाँ रूपक अलंकार है।

यहां खुले आकाश(उपमेय) पर अपलक नयन(उपमान) का आरोप है। जहां उपमेय को उपमान के रूप में बताया जाए वहां रूपक अलंकार होता है।

अतः विकल्प (C) सही है।

80. उपरोक्त दी गई काव्य पंक्तियों में 'विरोधाभास अलंकार' है।

'पापी मनुज भी आज मुख से, राम नाम निकालते' इस काव्य पंक्ति में विरोधाभास प्रतीत हो रहा है

यहाँ एक तरफ मनुष्य पापी है और दूसरी तरफ ईश्वर का नाम उच्चारित कर रहा।

अत: यहाँ विरोधाभास अलंकार होगा।

अतः विकल्प (A) सही है।

81. "रीतिरात्मा काव्यस्य" उक्ति वामन की है।

संस्कृत काव्य परंपरा में 'रीति' सिद्धांत" के प्रवर्तक आचार्य वामन माने जाते है।
रीति के सम्बन्ध में उन्होंने कहा है कि:-

'रीतिरात्मा काव्यस्य ; विशिष्टपदरचना रीतिः।'

अतः विकल्प (A) सही है।

82. दिए गए विकल्पों में से 'पुलीन' शब्द का पर्यायवाची कगार है।

विकल्प	पर्यायवाची
कुलीन	सुजात, विनय, शिष्ट
प्राचीन	पुराना, पुरातन
नवीन	नूतन, नया

अतः विकल्प (D) सही है।

83. दिये गए विकल्पों में से 'सिंह - शार्दुल, व्याघ्र, विटप' सही नहीं है।

'सिंह - शार्दुल, व्याघ्र, विटप' में से 'विटप' शब्द सिंह का पर्यायवाची नहीं है। इसलिए यह विकल्प इस प्रश्न का सही उत्तर है।

'विटप' शब्द 'वृक्ष' का पर्यायवाची शब्द है।

अतः विकल्प (C) सही है।

84. 'अपेक्षा' का अर्थ है 'आशा' तथा 'उपेक्षा' का अर्थ है 'तिरस्कार'। इस आधार पर शब्द युग्म 'अपेक्षा-उपेक्षा' का अर्थ है 'आशा-तिरस्कार'। अतः सही विकल्प आशा-तिरस्कार है।

अतः विकल्प (D) सही है।

85. दिए गये वाक्य 'हे भगवान! ये क्या हो गया' में 'हे भगवान!' में संबोधन है अर्थात यहाँ संबोधन कारक है।

संबोधन कारक अर्थात संज्ञा के जिस रूप से किसी के पुकारने या संकेत करने के भाव का बोध हो, इसकी विभक्ति 'अरे' और 'हे' है।

जैसे– हे श्याम! इधर आओ!

अतः विकल्प (C) सही है।

86. 'चूहा बिल से बाहर निकला।' इस वाक्य में अपादान कारक है।

जिससे किसी वस्तु का अलग होना पाया जाता है, उसे अपादान कारक कहते है।

जैसे- हिमालय से गंगा निकलती है।

मोहन ने घड़े से पानी ढाला।

बिल्ली छत से कूद पड़ी।

अतः विकल्प (B) सही है।

87. दिए गए विकल्पों में 'दवाइयाँ' शब्द की वर्तनी शुद्ध है। अन्य सभी विकल्पों के शब्दों की वर्तनी त्रुटिपूर्ण हैं।

वचन के नियमानुसार 'ई' से समाप्त होने वाले संज्ञाओं में 'ई' का रूपांतरण 'इ' हो जाता है। जैसे - ऊँचाई = ऊँचाइयाँ, लड़की = लड़कियाँ, सब्जी = सब्जियां, घड़ी = घड़ियाँ इत्यादि।

अतः विकल्प (B) सही है।

88. हिंदी व्याकरण में कुछ शब्दों को एकवचन तथा बहुवचन दोनों स्थितियों के लिए समान रूप से प्रयुक्त किया जाता है।

जैसे- मैने ईश्वर से कितनी याचना की?,

मेरे एक याचना पर अवश्य ध्यान दीजिये।

यहाँ दोनों वाक्यों में याचना शब्द को एक जैसे ही प्रयुक्त किया गया है।

अतः विकल्प (D) सही है।

89. उपरोक्त सभी विकल्पों में 'गुट' शब्द पुल्लिंग है जिसका अर्थ 'समूह, यूथ, दल' होगा। अन्य विकल्प स्त्रीलिंग है।

गुट- किसी उद्देश्य, मत या सिद्धांत विशेष के लिए कुछ लोगों का समूह।

जिन शब्दों के अंत में आ, आव, पा, न आदि आते हैं वे शब्द अधिकतर पुल्लिंग होते हैं। उदाहरण-बहाव, लोटा

जिन शब्दों के अंत में ई, आवट, इया, ता, आई, आहट आदि प्रत्यय लगे हों, स्त्रीलिंग होते हैं। उदाहरण-मित्रता, थकावट

अतः विकल्प (B) सही है।

90. दिए गए विकल्पों में 'आइना' शब्द पुल्लिंग है।

इस वाक्य में 'आइना आज साफ़ नज़र आ रही है' का प्रयोग करना उचित नहीं हैं। रही के स्थान पर रहा होगा। अतः स्पष्ट है कि 'आइना' एक पुल्लिंग शब्द है।

जैसे - आइना आज साफ़ नज़र आ रहा है।

अतः विकल्प (C) सही है।

91. 'नायिका' शब्द में अयादि संधि है तथा संधि विच्छेद 'नै + इका = नायिका' है।

अयादि स्वर संधि में ए, ऐ तथा ओ, औ का मेल किसी अन्य स्वर के साथ होने से क्रमशः ए का अय्, ऐ का आय्, ओ का अव् तथा औ का आव् हो जाता है। जैसे – नौ + इक (औ + इ) = नाविक।

अतः विकल्प (C) सही है।

92. यदि प्रथम वर्ण + घोष वर्ण (पंचम वर्ण को छोड़कर) आये तो प्रथम वर्ण अपने वर्ग के तृतीय वर्ण में रूपांतरित हो जाएगा। जैसे – वाक् + दान = वाग्दान, उत् + अय = उदय। व्यंजन संधि के नियम के अनुसार किसी भी वर्ग का पहला वर्ण (क, च, त आदि) + घोष वर्ण (तीसरा या चौथा वर्ण, स्वर तथा अन्तस्थ (य, र, ल, व) आये तो पहला वर्ण अपने वर्ग के तीसरे वर्ण में रूपांतरित हो जाता है।

अतः विकल्प (A) सही है।

93. दिए गए विकल्पों में सही उत्तर विकल्प A 'द्विगु समास' होगा।

वह समास जिसका पहला पद संख्यावाचक विशेषण होता है तथा समस्तपद किसी समूह या फिर किसी समाहार का बोध करता है तो वह द्विगु समास कहलाता है।

तिरंगा : तीन रंगों का समूह

अतः विकल्प (A) सही है।

94. 'रातों-रात' शब्द में अव्ययीभाव समास है जिसका समास विग्रह है 'रात ही रात में'।

जिस समास में पहला पद (पूर्वपद) अव्यय तथा प्रधान हो'।

अव्ययीभाव समास जैसे – जन्म से लेकर = आजन्म, मति के अनुसार = यथामति।

अतः विकल्प (D) सही है।

95. दिये गए विकल्पों में से वाक्य का 'वह सब' वाला भाग अशुद्ध है।

'वह सब भले लोग हैं।' अशुद्ध वाक्य है क्योंकि इसमें सर्वनाम संबंधी त्रुटि है।

वाक्य में 'वह सब' के भाग में उचित सर्वनाम का प्रयोग नहीं है, उसके स्थान पर 'वे सब' का प्रयोग उचित होगा।

अतः विकल्प (A) सही है।

96. दिए गए वाक्य का वह भाग एक फूलों की माला में त्रुटि है।

सही वाक्य "मंदिर जाने से पूर्व भक्त मानव फूलों की एक माला बाजार से लाया।"

अतः विकल्प (D) सही है।

97. वर्णमाला में ट, ठ, ड, ढ,ण मूर्धन्य वर्ण हैं।

कंठ्य वर्ण क, ख, ग, घ, ङ

तालव्य वर्ण च, छ, ज, झ, ञ

मूर्धन्य वर्ण ट, ठ, ड, ढ,ण

दंत्य वर्ण त, थ, द, ध, न

ओष्ठ्य वर्ण प, फ, ब, भ, म

अतः विकल्प (A) सही है।

98. विकल्प 3 'च, छ, ज' इसका सही उत्तर है क्योंकि ये तालव्य वर्ण हैं।

कंठ्य वर्ण- क, ख, ग, घ, ङ

तालव्य वर्ण- च, छ, ज, झ, ञ

मूर्धन्य वर्ण- ट, ठ, ड, ढ,ण

दंत्य वर्ण- त, थ, द, ध, न

ओष्ठ्य वर्ण- प, फ, ब, भ, म

अतः विकल्प (C) सही है।

99. उपरोक्त विकल्पों में से 'ब्ह' मानक वर्ण नहीं है।

'ब्ह' वर्णमाला में उपस्थित धनियों में से नहीं है। 'ब्ह'-'ब्', 'ह्' और 'अ' के योग से बना शब्द है।
अन्य सभी विकल्प (ख, घ, भ) मानक वर्ण हैं।

अतः विकल्प (C) सही है।

100. वह व्यंजन होते हैं जिनका उच्चारण करते समय स्वर तंत्रियाँ झंकृत नहीं होती हैं। जैसे- छ, च, ट, ठ आदि।

इनके उच्चारण में श्वास का उपयोग होता है।

अतः विकल्प (A) सही है।

101. दिए गए विकल्पों में से 'द' महाप्राण का उदाहरण नहीं है।

'द' वर्ण अल्पप्राण है, इसलिए यही इसका उचित उत्तर है।

जिन वर्णों के उच्चारण में कम श्वास निकले, उन्हें अल्पप्राण कहते हैं।

जिन वर्णों के उच्चारण में अधिक श्वास निकले, उन्हें 'महाप्राण' कहते हैं।

अतः विकल्प (D) सही है।

102. दिए गए विकल्पों में सही उत्तर विकल्प 3 'असफलता पर क्षोभ प्रदर्शन' है।

लोकोक्ति- 'खिसियानी बिल्ली खंभा नोचे' का अर्थ 'असफलता पर क्षोभ प्रदर्शन' होगा।

वाक्य- जब व्यक्ति बिना मेहनत के कुछ पाने की इच्छा रखता है और पा नहीं पाता तो दूसरों पर दोष थोप देता है। इसे ही कहते हैं खिसियानी बिल्ली खंभा नोचे।

अतः विकल्प (C) सही है।

103. 'एक तो करेला दूजे नीम चढ़ा' कहावत का अर्थ 'अवगुणी में और अवगुणों का आ जाना' होता है।

अवगुणी में और अवगुणों का आ जाना-एक तो करेला, दूसरे नीम चढ़ा वैसे ही नौकरी नहीं मिल रही थी, ऊपर से ये लॉकडाउन और आ गया बर्बाद करने। इसी को कहते हैं- एक तो करेला, दूसरे नीम चढ़ा।

अतः विकल्प (A) सही है।

104. दिए गए विकल्पों में 'पीताम्बर' शब्द योगरूढ़ है। योगरूढ़ अर्थात जो शब्द अन्य शब्दों के योग से बनते हो, परन्तु एक विशेष अर्थ के लिए प्रसिद्ध होते है। जैसे– लम्बोदर (लम्ब + उदर – लम्बे पेटवाला) = गणेश। यहाँ 'पीताम्बर' शब्द का अर्थ है पीला है अम्बर (वस्त्र) जिसका अर्थात कृष्णा अतः सही विकल्प पीताम्बर है।

नीला व आँख, रूढ़ शब्द की श्रेणी में आते हैं।

धैर्यवान एक यौगिक शब्द है।

अतः विकल्प (C) सही है।

105. चूंकि तत्पुरुष समास में उत्तर पद प्रधान होता है और विग्रह करने पर दो शब्दों के बीच करण कारक की विभक्ति 'से' का लोप हो जाता है।

तत्पुरुष समास: जिस समास में उत्तरपद प्रधान हो तथा समास करने के उपरांत विभक्ति (कारक चिन्ह) का लोप हो, तत्पुरुष समास कहलाता है।

जैसे: राम का अनुज= रामानुज,

धर्म का ग्रन्थ = धर्मग्रन्थ, तुलसीदास द्वारा कृत = तुलसीदासकृत आदि।

अतः विकल्प (B) सही है।

106. कर्म धारय यहाँ सही विकल्प है, अन्य विकल्प असंगत है| क्योंकि इस समास के दोनों शब्दों के बीच विशेषण-विशेष्य अथवा उपमान-उपमेय का सम्बन्ध होते है।

कमल नयन - कमल के समान है जिसके नयन

अतः विकल्प (C) सही है।

107. दिए गए विकल्पों में दिए गए वाक्यांश के लिए उचित शब्द 'अनुवादक' होगा।

अनुदान का अर्थ आर्थिक सहायता होता है।

अनूदित का अर्थ अनुवाद किया हुआ होगा।

अनुमोदन से तात्पर्य स्वीकृति या समर्थन होता है।

अतः विकल्प (C) सही है।

108. उसे शिमला जाना है। शुद्ध वाक्य है।

'वाक्य' भाषा की महत्त्वपूर्ण इकाई है, अत: वाक्य को बोलते व लिखते समय उसकी शुद्धता, स्पष्टता और सार्थकता का ध्यान रखना आवश्यक है।

यदि वाक्य में किसी तरह की अशुद्धि होती है तो आपके बोले गए वाक्य अर्थ भी बदल सकता है।

सामने वाले व्यक्ति को आसानी से और सही-सही समझ आ सके उसके लिए आवश्यक है कि व्याकरण के नियमों की दृष्टि से 'वाक्य' को शुद्ध हो।

अत: वाक्य को व्याकरण के नियमों के अनुसार शुद्ध करना ही 'वाक्य अशुद्धि शोधन' कहलाता है।

अतः विकल्प (D) सही है।

109. 'उच्चारण' का संधि विच्छेद करने पर 'उत्+चारण' होगा तथा यहाँ व्यंजन संधि है।

व्यंजन संधि में यदि त् + च या छ आये तो त् का च् हो जाएगा। जैसे– उत् + चारण = उच्चारण, महत् + छत्र = महच्छत्र।

स्वर संधि-स्वर वर्ण के साथ स्वर वर्ण के मेल से विकार उत्पन्न होता है, जैसे– विद्या + अर्थी = विद्यार्थी, महा + ईश = महेश।

व्यंजन संधि-एक व्यंजन से दूसरे व्यंजन या स्वर के मेल से विकार उत्पन्न होता है, जैसे - अहम् + कार = अहंकार, उत् + लास = उल्लास।

विसर्ग संधि-विसर्ग के साथ स्वर या व्यंजन के मेल से विकार उत्पन्न होता है, जैसे– दुः + आत्मा =दुरात्मा, निः + कपट =निष्कपट।

अतः विकल्प (A) सही है।

110. शब्द:- अन्तेऽपि

सन्धिविच्छेद:- अन्ते + अपि

स्पष्टीकरण - 'अन्तेऽपि' में 'अन्ते' पद के अन्त के 'ए' के सामने 'अपि' का 'अ' होने से यहाँ पूर्वरूप सन्धि होता है।

सूत्र:- 'एङ् पदान्तादति' अर्थात् पदान्त एङ् (ए, ओ) से परे अत् (ह्स्व अ) हो तो वहाँ पूर्वरूप सन्धि होता है।

नियम:-

ए + अ = एऽ

ओ + अ = ओऽ

उदाहरण -

- हरे + अव = हरेऽव
- वने + अपि = वनेऽपि
- अन्ते + अपि = अन्तेऽपि

अतः स्पष्ट है कि 'अन्तेऽपि' में 'अन्ते + अपि' इन पदों का सन्धि होता है।

अतः विकल्प (B) सही है।

111. 'रोगमुक्तः' का समासविग्रह होता है - रोगात् मुक्तः

'समसनं समासम्' संक्षिप्त करना ही समास होता है अर्थात् दो या दो से अधिक पदों के विभक्ति, समुच्चय बोधक च आदि को संक्षेप करके एक पद बनाने को समास कहते है- 'अनेकाषां पदानां एकपदी भवनं समासः।'

तत्पुरुष:- 'उत्तरपदार्थप्रधानस्तत्पुरुषः' अर्थात् जहाँ उत्तरपद प्रधान हो दोनों पद में अलग-अलग और कभी-कभी समान विभक्ति होती है तथा पूर्वपद के विभक्ति का लोप होता है।

अतः विकल्प (C) सही है।

112. उत्तररामचरितम् महाकवि भवभूति का प्रसिद्ध संस्कृत नाटक है, जिसके सात अंकों में राम के उत्तर जीवन की कथा है। भवभूति एक सफल नाटककार हैं। उत्तररामचरितम् में उन्होने ऐसे नायक से संबंधित इतिवृत्त का चयन किया है जो भारतीय संस्कृति की आत्मा है।

अतः विकल्प (A) सही है।

113. 'नैषधीयचरित' रचना के लेखक का नाम **श्री हर्ष** है। अन्य विकल्प असंगत है। अतः सही उत्तर विकल्प श्री हर्ष होगा। श्रीहर्ष 12वीं सदी के संस्कृत के प्रसिद्ध कवि तथा दार्शनिक थे।

- उनमें उच्चकोटि की काव्यात्मक प्रतिभा थी तथा वे अलंकृत शैली के सर्वश्रेष्ठ कवि थे। वे श्रृंगार के कला पक्ष के कवि थे।
- महान कवि होने के साथ-साथ वे बड़े दार्शनिक भी थे।
- श्रीहर्ष का 'नैषधीयचरित' 'बृहल्लयी' में बृहत्तम महाकाव्य है।
- परम प्रौढ़ शास्त्रीय वैदुष्य से ओतप्रोत, कविप्रोढ़ोक्तिसिद्ध कल्पना से वैदग्ध्यपूर्ण और अलंकृत काव्यशैली के उत्कृष्टतम महाकाव्य के रूप में 'नैषधीय चरित' का संस्कृत महाकाव्यों में अद्वितीय स्थान है।

अतः विकल्प (D) सही है।

114. भारवि संस्कृत के महान कवि है। भारवि का समय 6 शताब्दी है। उनकी एकमात्र रचना है किरातार्जुनीय। भारवि अर्थ की गौरव (भारवेर्थगौरवम्) के लिए प्रसिद्ध हैं।

अतः विकल्प (B) सही है।

115. 'शिशुपालवध' माघ की रचना है-

शिशुपालवध महाकवि माघ द्वारा रचित संस्कृत काव्य है। 20 सर्गों तथा 1800 अलंकारिक छन्दों में रचित यह ग्रन्थ संस्कृत के छः महाकाव्यों में गिना जाता है।
इसमें कृष्ण द्वारा शिशुपाल के वध की कथा का वर्णन है।
उनकी प्रसिद्ध रचना 'शिशुपालवध' नामक महाकाव्य है।
इसकी कथा भी महाभारत से ली गई है।
इस ग्रंथ में युधिष्ठिर के राजसूय यज्ञ के अवसर पर चेदि नरेश शिशुपाल को कृष्ण द्वारा वध करने की कथा का काव्यात्मक चित्रण किया गया है।
माघ वैष्णव मतानुयायी थे।
माघ- माघे सन्ति त्रयोगुणाः (उपमा, अर्थगौरव, एवं पदलालित्य)।

अतः विकल्प (D) सही है।

116. कालिदास संस्कृत भाषा के महान कवि और नाटककार थे। उन्होंने भारत की पौराणिक कथाओं को आधार बनाकर रचनाएं की, जिसमें भारतीय जीवन और दर्शन के विविध रूप और मूल तत्त्व निरूपित हैं। कालिदास अपनी इन्हीं विशेषताओं के कारण राष्ट्र की समग्र राष्ट्रीय चेतना को स्वर देने वाले कवि माने जाते हैं संस्कृत साहित्य में ही नहीं अपितु समग्र साहित्यिक संसार में उन्हें कविकुलश्रेष्ठ तथा कविशिरोमणि माना जाता है।

अतः विकल्प (C) सही है।

117. संस्कृत सहित्य में प्रत्येक कवियों को उनकी रचनाओं में पाये जाने वाली विशेषताओं के अनुसार कुछ पङ्क्तियों में गुणगान किया गया है-

विद्वानों में मान्यता है कि दण्डी कृत 'दशकुमारचरित' आदि काव्यों में नित्य नूतन शब्दों का प्रयोग हुआ है इसलिए 'दण्डिनः पदलालित्यं' कहा जाता है।

अतः स्पष्ट है कि 'पदलालित्य' के विषय में महाकवि दण्डी प्रसिद्ध है।

अतः विकल्प (A) सही है।

118. 'भवत' रूप– 'भू-भव (प.प.) धातु से लोट्लकार, मध्यम पुरुष, बहुवचन' में बनता है। 'भू' का अर्थ होता है 'होना'।

संस्कृत में धातुओं में तीन प्रकार होते है।

परस्मैपद (प.प.)- क्रिया के व्यापार का परिणाम जब कर्ता को प्राप्त न होकर किसी अन्य को प्राप्त होता है तब वहाँ क्रिया के परस्मैपदी रूप का प्रयोग होता है। जैसे- भू-भव, गम-गच्छ

आत्मनैपद (आ.प.)- जब क्रिया के व्यापार का परिणाम कर्ता तक ही सीमित रहता है, वहाँ क्रिया का आत्मनेपदी रूप प्रयुक्त होता है। जैसे- लभ्

उभयपद (उ.प.)- जिन धातुओं के 'परस्मैपदी' तथा 'आत्मनेपदी' दोनों रूप प्रसंगानुसार प्रयुक्त होते हैं, वे उभयपदी धातुएँ कहलाती हैं। जैसे- कृ, नी, जि

अतः विकल्प (D) सही है।

119. 'रुच्यार्थानां प्रीयमाणः' सूत्र से 'रुच्' तथा 'रुच्' के अर्थ वाली धातुओं के योग में प्रसन्न होने वाले की सम्प्रदान संज्ञा होती है और 'सम्प्रदाने चतुर्थी' से उसमें चतुर्थी विभक्ति होती है।

जैसे-

- शिशवे क्रीडनकं रोचते।
- मह्यं संस्कृतं रोचते।
- बालकाय मोदकं रोचते।
- छात्रेभ्यः परीक्षां न रोचते।

अतः स्पष्ट है कि 'शिशवे क्रीडनकं रोचते।' मे 'रुच्' धातु के योग में सम्प्रदान कारक होता है।

अतः विकल्प (B) सही है।

120. 'मोहनः पुस्तकं पठति।' इस वाक्य का कर्ता 'मोहन' है और 'पठति' क्रियापद से ज्ञात होता है कि यह एकवचन और वर्तमानकाल है। प्रस्तुत वाक्य कर्तृवाच्य में है-

मोहन कर्ता है और कर्ता में प्रथमा विभक्ति होती है। अतः अकारान्त छात्र से प्रथमा एकवचन में रूप **'मोहनः'** बनता है।

'पुस्तक' में कर्म कारक का बोध होता है और कर्म कारक में द्वितीया विभक्ति होती है। अतः **पुस्तकं** यह उचित रूप होगा।

'मोहनः' इस कर्ता के अनुसार क्रियापद **'पठति'** यह सही होगा।

अतः 'मोहनः पुस्तकं पठति।' इस वाक्य का हिन्दी अनुवाद 'मोहन पुस्तक पढ़ता है।' होता है।

अतः विकल्प (B) सही है।

121. 'राम दशरथ के पुत्र थे' यहाँ प्रस्तुत वाक्य में दशरथ पुत्र राम का वर्णन हुआ अतः दशरथ में संबन्ध सूचक षष्ठी विभक्ति होगी।

अतः 'राम दशरथ के पुत्र थे' का संस्कृत अनुवाद होगा - **'रामः दशरथस्य पुत्रः आसीत्'।**

अतः विकल्प (A) सही है।

122. 'गुरूणाम्' का अर्थ 'गुरु के' होता है, 'गुरु' शब्द रूप – उकारान्त पुल्लिङ्ग षष्ठी बहुवचन' है।

अतः विकल्प (D) सही है।

123. अतः स्पष्ट है कि तुलसीकृत में तत्पुरुष समास है जिसका विग्रह करने पर हमे 'तुलसी द्वारा रचित; शब्द प्राप्त होता है। विकल्प तत्पुरुष समास सटीक विकल्प है। अन्य विकल्प असंगत है।

इसमें करण कारक की विभक्ति 'से', 'के', 'द्वारा' का लोप हो जाता है। जैसे– रेखा की, रेखा से अंकित।

सूररचित– सूर द्वारा रचित, तुलसीकृत – तुलसी द्वारा रचित ।अतः स्पष्ट है कि उपयुक्त विकल्प में तत्पुरुष समास है क्योंकि यहां पर विभक्ति का प्रयोग हुआ ।

अतः विकल्प (B) सही है।

124. कुँवर नारायण यहाँ उचित विकल्प है।
आत्मजयी रचना, कुँवर नारायण की रचना है।
व्यास सम्मान - सन् 1995

अतः विकल्प (A) सही है।

125.

सूची – I (काव्यपंक्तियाँ)	सूची – II (रचनाकार)
(a) कौन परी यह बानि अरी नित नीरभरी	(i) प्रताप साहि
(b) गुलगुली गिल मैं गलीचा हैं गुनी जन हैं चाँदुनी है चिक हैं चिरागन की माला हैं	(ii) पदमाकर
(c) सेवर सिपाही हम उन राजपूतन के दान जुद्ध जुरिबे में नेकु जे न मुरके	(iii) ठाकुर
(d) अभिधा उत्तम काव्य है, मध्य लक्षणा लीन। अधम व्यंजना रस विरस, उलटी कहत नवीन।	(iv) देव
	(v) भिकरीदास

अतः विकल्प (B) सही है।

Q.1 'अध्यात्मिक रंग के चश्में आजकल बहुत सस्ते हो गये है।' आचार्य रामचन्द्र शुक्ल ने यह टिप्पणी किस कवि के सन्दर्भ में की है?

A. बिहारी **B.** विद्यापति **C.** रसखान **D.** मलूकदास

Q.2 'बहुत दिनों के बाद' कविता किस युग की कविता है?

A. भारतेन्दु युग **B.** द्विवेदी युग
C. छायावाद **D.** प्रगतिवाद

Q.3 निम्न में से छायावादी से जुड़नेवाले रचनाकार कौन हैं?

A. राजा लक्ष्मण सिंह **B.** भारतेंदु हरिश्चंद्र
C. श्याम सुन्दर दास **D.** महादेवी वर्मा

Q.4 भारतेन्दु द्वारा सम्पादित पत्रिका 'कविवचनसुधा' किस वर्ष में आरंभ हुई?

A. 1868 **B.** 1873 **C.** 1880 **D.** 1871

Q.5 जयपुर नरेश प्रताप सिंह ने किस रीतिकालीन कवि को कविराज शिरोमणि की उपाधि दी थी?

A. पद्माकर **B.** सेनापति **C.** रसलीन **D.** भूषण

Q.6 निम्नलिखित कवियों को उनकी रचनाओ के साथ सुमेलित कीजिए:

सूची - 1	सूची - 2
A. चिंतामणि त्रिपाठी	I. छत्र प्रकाश
B. भूषण	II. काव्य प्रकाश
C. देव	III. छत्रसालदशक
D. लाल कवि	IV. रसविलास

नीचे दिए गए विकल्पों में से सही उतर चुनिए:

A. A - I, B - II, C - III, D - IV
B. A - II, B - III, C - IV, D - I
C. A -III, B - IV, C - I, D - II
D. A - IV, B - I, C - II, D - III

Q.7 निम्नलिखित में से रीतिकाल के कवि हैं-

A. तुलसीदास **B.** कबीरदास **C.** वृंद **D.** सूरदास

Q.8 इनमें से कौन सी रचना तुलसीदास की नहीं है?

A. रामाज्ञा प्रश्न **B.** रतन बावनी
C. जानकी मंगल **D.** कृष्ण गीतवाली

Q.9 'उसने कुछ नहीं कहा' में कौन सा कारक है?

A. कर्म **B.** अपादान **C.** कर्ता **D.** करण

Q.10 "साहित्य देवता" किसकी रचना है-

A. मैथिली शरण गुप्त **B.** दिनकर
C. माखन लाल चतुर्वेदी **D.** विष्णु प्रभाकर

Q.11 पश्चिमी हिन्दी की सर्वाधिक प्रमुख बोली इनमें से कौन-सी है?

A. ब्रजभाषा **B.** खड़ी बोली **C.** बुन्देली **D.** बाँगरू

Q.12 भारतीय संविधान में हिन्दी को मान्यता कब मिली?

A. 26 जनवरी, 1950 **B.** 14 सितम्बर, 1949
C. 15 अगस्त, 1947 **D.** 14 सितम्बर, 1955

Q.13 निम्नलिखित में से वाक्य का चयन करें। उसने कहा कि मैं घर जाऊँगा-

A. सरल वाक्य **B.** मिश्र वाक्य
C. संयुक्त वाक्य **D.** प्रश्नवाचक वाक्य

Q.14 'रामचरितमानस' किस भाषा में लिखी गयी है?

A. ब्रज **B.** अवधी **C.** भोजपुरी **D.** मागधी

Q.15 निम्नलिखित में कौन सा विकल्प पूर्वी हिन्दी की बोलियाँ हैं?

A. अवधी, बघेली एवं छत्तीसगढ़ी
B. ब्रज, अवधी और कन्नौजी
C. भोजपुरी, बघेली, छत्तीसगढ़ी
D. मैथिली, ब्रज और कन्नौजी

Q.16 'विपथगा' कहानी में कौन सी कहानी है?

A. तीसरी कसम **B.** दुलाई वाली
C. ग्रैन्ग्रीन **D.** सिक्का बदल गया

Q.17 हिन्दी के सफलतम उपन्यासों से गिना जाने वाला 'आपका बंटी' की उपन्यासकार कौन हैं?

[UP Police Sub Inspector, 2017]

A. मन्नू भंडारी **B.** कृष्णा सोबती
C. मृदुला गर्ग **D.** चित्रा मुदगल

Q.18 'नाच्यो बहुत गोपाल' किसका उपन्यास है?

A. हज़ारीप्रसाद द्विवेदी **B.** अमृतलाल नागर
C. चतुरसेन शास्त्री **D.** लक्ष्मीनारायण लाल

Q.19 'एक चिथड़ा सुख' उपन्यास किस उपन्यासकार का है-

A. निर्मल वर्मा **B.** नरेश मेहता
C. लक्ष्मी कान्त वर्मा **D.** कमलेश्वर

Q.20 'अज्ञेय' का उपन्यास नहीं है-

A. नदी के दीप **B.** अपने-अपने अजनबी
C. असाध्य वीणा **D.** शेखर एक जीवनी

Q.21 "धरती धन न अपना" उपन्यास है:

A. सुरेन्द्र वर्मा **B.** मन्नू भंडारी
C. जगदीश चन्द्र माथुर **D.** मुक्तिबोध

Q.22 यशपाल के उपन्यास है-

A. दादा कॉमरेड **B.** दिव्या
C. देशद्रोही **D.** उपरोक्त सभी

Q.23 हिंदी कहानी विकास में मील का पत्थर कही जाने वाली कहानी है?

A. उसने कहा था **B.** परिंदे
C. चीफ की दावत **D.** अमृतसर आ गया

Q.24 'ग्रैन्ग्रीन' कहानी का अन्य नाम है-

A. त्रिशंकु **B.** रोज **C.** दिन **D.** श्रांत

Q.25 भीष्म साहनी की विभाजन की त्रासदी पर आधारित कहानी कौन सी है?

A. कोसी का घटवार **B.** राजा निरबंसिया
C. चीफ की दावत **D.** अम्रतसर आ गया

Q.26 'सीताराम' शब्द में निम्न में से कौन सा समास है?

A. तत्पुरुष समास **B.** बहुव्रीहि समास

C. द्वन्द्व समास	D. अव्ययीभाव समास

Q.27 'चार दिन की चाँदनी फिर अँधेरी रात' - लोकोक्ति का अर्थ है-
A. थोड़े दिन का सुख
B. चाँद ना दिखाई देना
C. चार दिन चाँद दिखना
D. सुख ही सुख होना

Q.28 'गंगा' का पर्यायवाची शब्द है-
A. कालिन्दी
B. सरिता
C. नदी
D. मंदाकिनी

Q.29 दिए गए शब्द का विलोम चुनें।
साध्य
A. असाध्य
B. रोगी
C. वैद्य
D. संध्या

Q.30 मुनीश का सही संधि विच्छेद क्या होगा?
A. मुनि + ईश
B. मुनी + इष
C. मुनी + ईश
D. मूनी + ईश

Q.31 "जाने अनजाने" किसकी रचना है-
A. नरेश मेहता
B. निर्मल वर्मा
C. पन्त
D. विष्णु प्रभाकर

Q.32 "सागर पार का संसार" किस विधा की रचना है-
A. आत्मकथा
B. उपन्यास
C. यात्रा
D. रेखाचित्र

Q.33 "सृजन सुख दुःख का" किसका संस्मरण है-
A. अमृतलाल नागर
B. कृष्णा सोबती
C. प्रतिभा अग्रवाल
D. मृदुला

Q.34 'गीत फरोश' में कवि क्या कहना चाहता है?
A. कवि के लिए सुनहरे अवसर बहुत हैं
B. दूसरों के मनमाफिक कविता लिखने और बेचने के लिए कवि विवश है
C. कवि पैसे के लिए गीत लिखता है
D. कवि ज्ञान और संवेदना से हीन होता जा रहा है

Q.35 प्रकाशन वर्ष की दृष्टि से निम्नलिखित काव्यकृतियों का सही अनुक्रम है:
A. स्वप्न, साकेत, पल्लव, आँसू
B. साकेत, स्वप्न, पल्लव, आँसू
C. आँसू, पल्लव, स्वप्न, साकेत
D. पल्लव, स्वप्न, आँसू, साकेत

Q.36 निम्न में से किसमें अनुस्वार का प्रयोग नहीं हुआ है-
A. गंगा
B. चंचल
C. ठंडा
D. नहीं

Q.37 अरविन्द दर्शन से प्रभावित कौनसी रचना सुमित्रा नंदन पन्त की है:
A. चिदम्बरा
B. परिवर्तन
C. कला और बूढ़ा चाँद
D. युगांत

Q.38 महादेवी वर्मा का प्रथम काव्य संकलन है:
A. रश्मि
B. निहार
C. वाणी
D. यामा

Q.39 निम्नलिखित में से हजारी प्रसाद द्विवेदी का निबन्ध कौनसा है?
A. कविता क्या है
B. नाखून क्यों बढ़ते है
C. दिल्ली दरबार दर्पण
D. मजदूरी और प्रेम

Q.40 रामचन्द्र शुक्ल का निबन्ध कौनसा है?
A. मेरे राम का मुकुट भीग रहा है
B. तुम चन्दन हम पानी
C. सदाचार का ताबीज
D. उत्साह

Q.41 दिए गए विकल्पों में 'परीक्षा गुरु' किसका उपन्यास है?

A. श्रद्धाराम फुल्लौरी	B. श्रीनिवासदास
C. जगमोहन सिंह	D. बालकृष्ण भट्ट

Q.42 निम्न में से गीति नाट्य कौनसा है?
A. सिंदूर की होली
B. महाभोज
C. अंधा योग
D. कामना

Q.43 निम्नलिखित में से सही जोड़ा कौनसा है:-
A. भीष्म साहनी - अपना -अपना भाग्य
B. जयशंकर प्रसाद - राजा निरबंसिया
C. हरिशंकर परसाई - भोलाराम का जीव
D. निर्मल वर्मा - चीफ की दावत

Q.44 सपूत मातृभूमि के, रुको न शूर साहसी।
अराति सैन्य सिन्धु में, सुबाड़वाग्नि से जलो।
प्रवीर हो जयी बनो, बढ़े चलो बढ़े चलो।
इन पंक्तियों में प्रयुक्त छंद का नाम बताइये?
A. सोरठा छन्द
B. दोहा छन्द
C. उल्लाल छन्द
D. दिग्पाल छन्द

Q.45 उस काल मारे क्रोध के तन काँपने उसका लगा।
मानो हवा के जोर से सोता हुआ सागर जगा।
इन पंक्तियों में निम्न में से कौन सा रस है?
A. रौद्र रस
B. करुण रस
C. वात्सल्य रस
D. भयानक रस

Q.46 वीर रस का स्थायी भाव क्या है?
A. उत्साह
B. विस्मय
C. हास
D. रति

Q.47 काव्य पंक्ति और अलंकार के सही युग्म को पहचानिए।
A. पायो जी मैंने राम रत्न धन पायो - अनुप्रास अलंकार
B. समझ समझ के समझ को समझो - यमक अलंकार
C. मुनि पद कमल बंदि दोउ भ्राता - अतिश्योक्ति अलंकार
D. मंगन को देखि पट देत बार-बार हैं - श्लेष अलंकार

Q.48 जहां पर किसी एक शब्द का प्रयोग अनेक अर्थों में हो, वहाँ कौन सा अलंकार होता है।
A. उपमा अलंकार
B. उत्प्रेक्षाअलंकार
C. अतिश्योक्ति अलंकार
D. श्लेष अलंकार

Q.49 निम्न में से कौन-सा छंद वार्णिक है?
A. वसंततालिका
B. गीतिका
C. वीर
D. बरवै

Q.50 'पिउ सो कहेव संदेसड़ा, हे भौंरा हे काग। सो धनि विरही जरिमुई, तेहिक धुवाँ हम लाग।' यहाँ कौन सा अलंकार होगा?
A. उपमा अलंकार
B. श्लेष अलंकार
C. उत्प्रेक्षा अलंकार
D. यमक अलंकार

Q.51 महाकवि कालिदास द्वारा विरचित नाटक है:
A. रघुवंशम्
B. कुमारसंभवम्
C. मालविकाग्निमित्रम्
D. मेघदूत

Q.52 विसर्ग सन्धि का उदाहरण है:
A. तल्लयः
B. महौषधिः
C. सन्मित्रम्
D. नमस्ते

Q.53 अव्ययीभाव समास है-
A. देशान्तरम्
B. यूपदारु
C. सुखार्थम्
D. प्रत्यक्षम्

Q.54 भवभूति की रचना नहीं है-
A. महावीरचरितम्
B. मालतीमाधवम्

C. उत्तररामचरितम्   D. दशकुमारचरितं

Q.55 संस्कृत व्याकरण में कितने प्रकार के आधार का उल्लेख हुआ है?

A. दो   B. चार   C. एक   D. तीन

Q.56 'गोकुल दुर्जनों से त्रस्त है' इस वाक्य का संस्कृत अनुवाद करें-

A. गोकुलः दुर्जनाय त्रस्तः।
B. गोकुलः दुर्जनात् त्रस्तः।
C. गोकुलः दुर्जनेभ्यः त्रस्तः।
D. गोकुलः दुर्जनं त्रस्तः।

Q.57 महाकवि कालिदास का महाकाव्य कौनसा है?

A. कर्णभारम्   B. कुमारसंभवम्
C. शिशुपालवधम्   D. किरातार्जुनीयम्

Q.58 इनमें से कौन-सी रचना दण्डी की है?

A. दशकुमार चरित   B. शिवराज विजय
C. मेघदूत   D. हर्षचरित

Q.59 'मोहन पुस्तक पढ़ता है।' इस का संस्कृत में अनुवाद करें-

A. मोहनं पुस्तकः पठति।   B. मोहनः पुस्तकं पठति।
C. मोहनेन पुस्तकं पठति।   D. मोहनः पुस्तकं पठसि।

Q.60 निम्नलिखित में से कौन सी रचना बृहदत्रयी के अन्तर्गत नहीं आती है?

A. किरातार्जुनीयम्   B. शिशुपालवधम्
C. नैषधीयचरितम्   D. रघुवंशम्

Q.61 'पंकज' किस प्रकार का शब्द है?

A. यौगिक   B. योगरूढ़
C. रूढ़   D. उपर्युक्त में से कोई नहीं।

Q.62 निम्नलिखित में से वाक्य का चयन करें।
'मैं उस मकान में रहता हूँ जिसमें कभी गुरु जी पढ़ाते थे' वाक्य है-

A. सरल वाक्य   B. संयुक्त वाक्य
C. मिश्र वाक्य   D. कोई भी नहीं

Q.63 कौनसा विलोम - युग्म गलत है?

[Rajasthan Police Sub Inspector, 2016]

A. मूक - वाचाल   B. सम्पन्न - विपन्न
C. मितव्ययी - अल्पव्ययी   D. सम्मुख - विमुख

Q.64 निम्नलिखित में से कौन सा शब्द 'बादल' का पर्यायवाची है?

A. जलद   B. जलज   C. नीरज   D. नीरव

Q.65 'दीपक' शब्द के उचित पर्यायवाची युग्म को बताइए।

A. प्रदीप, दीया, दीप   B. दिन, वासर, अहः
C. खल, पामर, दुष्ट   D. सुर, देव, अमर

Q.66 निम्नलिखित विकल्पों में से कौन सा शब्द स्त्रीलिंग है?

A. चिकित्सालय   B. अमावस्या
C. गुलाब   D. बैल

Q.67 निम्नलिखित में से कौन सा शब्द बहुवचन है?

A. पाठक   B. कलम   C. दवात   D. प्राण

Q.68 पुजारी शब्द का स्त्रीलिंग दिए गए विकल्पों में से कौन-सा है?

A. पुजारिन   B. पूजाराइन   C. पूजारिन   D. पूजारीन

Q.69 'हँसना' शब्द में प्रत्यय है-

A. ना   B. अना   C. आ   D. सना

Q.70 निम्नलिखित में दंत्य वर्ण हैं:

A. 'ड'
B. 'ढ'
C. 'द'
D. 'ध'

नीचे दिए गए विकल्पों मे से सही उत्तर चुनिए:

A. केवल A, B, C   B. केवल B, C, D
C. केवल A, B, D   D. केवल C, D

Q.71 'अधोगति' का उपयुक्त संधि-विच्छेद क्या होगा?

A. अधो + गति   B. अध + गति
C. अधः + गति   D. अधोग + गति

Q.72 निम्नलिखित में से किस शब्द में 'अप' उपसर्ग प्रयुक्त नहीं हुआ है?

A. अपकर्ष   B. अपमान   C. अपराध   D. अनुबंध

Q.73 किस शब्द में उपसर्ग का प्रयोग हुआ है?

A. उपकार   B. लाभदायक   C. पढ़ाई   D. अपनापन

Q.74 'कर्म में तत्पर रहने वाला' इस वाक्यांश के लिए एक शब्द होगा:

A. कर्मठ   B. कल्पनातीत
C. कदन्न   D. कलभ

Q.75 श्रावकाचार किस कवि की रचना है?

A. देवसेन   B. स्वयम्भू
C. सरहपा   D. भास्कराचार्य

Q.76 पउमचरिउ किसकी रचना है?

A. सरहपा   B. स्वयम्भू   C. देवसेन   D. पुष्य दंत

Q.77 भरतेश्वर बाहुबली रास, किस कवि की रचना है?

A. चंदवरदाई   B. पुष्य दंत
C. शालिभद्र सूरी   D. देवसेन

Q.78 खड़ी बोली के आदि कवि के नाम से निम्नलिखित में से किसे जाना जाता है?

A. जगनिक   B. विद्यापति
C. अमीर खुसरो   D. श्रीधर

Q.79 'प्रत्युत्पन्नमति' शब्द में कौन सा उपसर्ग है?

A. प्र   B. प्रति   C. प्रत्यु   D. प्रत

Q.80 हरिवंश राय बच्चन की आत्मकथा है-

A. क्या भूलूँ क्या याद करूं   B. नीड़ का निर्माण फिर
C. बसेरे से दूर   D. उपरोक्त सभी

Q.81 अमृत राय द्वारा लिखी हुई जीवनी है-

A. अकाल पुरुष गांधी   B. कलम का सिपाही
C. कलम का मजदूर   D. आवारा मसीहा

Q.82 आवारा मसीहा किस साहित्यकार पर लिखी हुई जीवनी है-

A. प्रेमचन्द   B. गाँधी   C. निराला   D. शरतचंद्र

Q.83 'क्या भूलूं क्या याद करूं' हरिवंशराय बच्चन की आत्मकथा श्रृंखला का कौन सा भाग है?

A. चौथा   B. तीसरा   C. दूसरा   D. पहला

Q.84 'जलोर्मि' में कौन सी संधि है?

A. दीर्घ संधि   B. गुण संधि
C. वृद्धि संधि   D. अयादि संधि

Q.85 "दुःख के डर से तुम अज्ञात जटिलताओं का कर अनुमान,
काम से झिझक रहे हो आज भविष्यत से बन कर अनजान |"
उपरोक्त पंक्तियाँ कामायनी के कौन-से सर्ग से उद्धत है?

A. चिंता सर्ग **B.** आशा सर्ग **C.** श्रद्धा सर्ग **D.** इड़ा सर्ग

Q.86 छायावाद को 'स्थूल के प्रति सूक्ष्म का विद्रोह' किसने कहा?

A. रामचन्द्र शुक्ल **B.** डॉ. नागेन्द्र
C. रामविलास शर्मा **D.** हजारी प्रसाद द्विवेदी

Q.87 'अयादि संधि' का सम्बन्ध किस सन्धि विशेष से है:

A. विसर्ग सन्धि **B.** दीर्घ सन्धि
C. व्यंजन सन्धि **D.** स्वर सन्धि

Q.88 छायावाद की पहली रचना मानी जाती है:

A. पल्लव **B.** लहर **C.** कामायनी **D.** झरना

Q.89 निम्नलिखित शब्दों में किसमें विसर्ग संधि है?

A. दुर्गम **B.** राजेंद्र **C.** निश्चल **D.** उज्ज्वल

Q.90 कौन-सा पुरस्कार साहित्य अकादमी द्वारा नहीं दिया जाता है?

A. अनुवाद पुरस्कार **B.** युवा लेखन पुरस्कार
C. बाल साहित्य पुरस्कार **D.** खेलकूद पुरस्कार

Q.91 2019 का साहित्य अकादमी पुरस्कार किस रचनाकर को दिया गया?

A. रामदरश गिश्र **B.** काशीनाथ सिंह
C. नंदकिशोर आचार्य **D.** रमेश कुंतल मेघ

Q.92 नासिरा शर्मा को उनके किस उपनायास के लिए साहित्य अकादमी
पुरस्कार से सम्मानित किया गया था?

A. जीरो रोड **B.** शाल्मलि
C. जिंदा मुहावरे **D.** पारिजात

Q.93 भारतीय भाषा परिषद, कोलकाता द्वारा प्रकाशित पत्रिका है:

A. वसुधा **B.** आलोचना **C.** साहित्य **D.** वागर्थ

Q.94 'आनन्द कादम्बिनी' का सम्पादक कौन था?

A. बालकृष्ण भट्ट
B. भारतेन्दु हरिश्चन्द्र
C. बद्रीनारायण चौधरी 'प्रेमघन'
D. प्रताप नारायण मिश्र

Q.95 हिन्दी ग्रंथ अकादमी किस मानक पत्रिका का प्रकाशन करता है?

A. भारत भ्राता **B.** रचना
C. पूर्वग्रह **D.** इनमें से कोई नहीं

Q.96 'अंचल' किस साहित्यकार का उपनाम है?

[UP Police Sub Inspector, 2017]

A. हरिवंश राय **B.** बालकृष्ण शर्मा
C. बद्रीनाथ भट्ट **D.** रामेश्वर शुक्ल

Q.97 सुमित्रानंदन पंत को उनकी किस रचना के लिए ज्ञानपीठ पुरस्कार
मिला था?

A. पल्लव **B.** चिदंबरा
C. युगांत **D.** लोकायतन

Q.98 कौन सी फैलोशिप साहित्य अकादमी नहीं प्रदान करता है?

A. प्रेमचंद फैलोशिप
B. साहित्य अकादमी फैलोशिप
C. आनंद कुमारस्वामी फैलोशिप
D. जूनियर रिसर्च फैलोशिप

Q.99 2017 में ज्ञानपीठ पुरस्कार किसे दिया गया था?

A. भीष्म साहनी **B.** मृदुला गर्ग
C. कृष्णा सोबती **D.** शेखर जोशी

Q.100 रामधारी सिंह दिनकर को उनकी रचना 'उर्वशी' के लिए कौन सा
पुरस्कार मिला था?

A. ज्ञानपीठ पुरस्कार
B. साहित्य अकादमी पुरस्कार
C. युवा पुरस्कार
D. इनमें से कोई नहीं

Q.101 निम्नलिखित में से प्रचलित व्याकरण ग्रंथ है:

A. कुवलयमाला **B.** उक्ति-व्यक्ति प्रकरण
C. राउल वेल **D.** वर्ण रत्नाकर

Q.102 सींगा ने किस भाषा का प्रयोग किया?

A. सरल ब्रजभाषा **B.** निमाड़ी
C. अवधी **D.** खड़ी बोली

Q.103 शोभित कर नवनीत लिए घुटरुनि चलत रेनु तन मण्डित मुख दधि
लेप किए। इन पंक्तियों में कौन सा रस है?

A. करुण रस **B.** हास्य रस
C. वात्सलय रस **D.** इनमें से कोई नहीं

Q.104 बिहारी सतसई के दोहों का रोला छंद में पल्लवन निम्नलिखित में से
किस टीकाकार ने किया है?

A. प्रभु दयाल पांडे **B.** आनंदीलाल शर्मा
C. अंबिकादत्त व्यास **D.** लल्लू लाल

Q.105 प्रस्तुत पंक्तियों में कौन-सा छंद है?
मुनि पद कमल बंदि दोउ भ्राता ।
चले लोक लोचन सुख दाता । ।
बालक वृन्द देखि अति सोभा ।
चले संग लोचन मनु लोभा । ।

A. दोहा **B.** सोरठा **C.** चौपाई **D.** बरवै

Q.106 निम्न में से किसमें व्यंजन संधि है?

A. सप्तर्षि **B.** निराधार **C.** सत्कार **D.** हिमालय

Q.107 भारतीय संविधान के अनुच्छेद 344 के तहत प्रथम 'राजकीय भाषा
आयोग' का गठन कब हुआ था?

A. 7 जून 1955 **B.** 5 जून 1955
C. 7 जुलाई 1955 **D.** 5 जुलाई 1955

Q.108 प्रथम 'राजकीय भाषा आयोग' का गठन किसकी अध्यक्षता में किया
गया था?

A. महात्मा गांधी **B.** बी. जी. खेर
C. के. एम. मुंशी **D.** एम. सी. छागला

Q.109 दिए गए विकल्पों में से आगरा और अलीगढ़ में बोली जाने वाली
बोली कौन-सी है?

A. मारवाड़ी **B.** कौरवी **C.** कन्नौजी **D.** ब्रजभाषा

Q.110 निम्नलिखित में से कौन सा शब्द "पवन" का पर्यायवाची नहीं है?

A. तुहिन **B.** मारुत **C.** अनिल **D.** वात

Q.111 अशोक के ब्राह्मी लिपि अभिलेखों को सर्वप्रथम किसने पढ़ा था?

A. एलेक्सेंडर कनिंघम **B.** जॉन मार्शल
C. जेम्स प्रिन्सेप **D.** बी. एन. मिश्रा

Q.112 इनमें से किस विकल्प में सही विलोम-युग्म है?

A. चिर-मूढ़　　　　　　　**B.** जड़ता- सुकर

C. अवनि- अम्बर　　　　　**D.** द्वेष-स्थूल

Q.113 'अल्पज्ञ' का विलोम शब्द है-

A. अभिज्ञ　　　**B.** बहुज्ञ　　　**C.** अवज्ञ　　　**D.** कृतज्ञ

Q.114 "कहते हुए यों उत्तरा के नेत्र जल से भर गए।
हिम के कणों से पूर्ण मानो हो गए पंकज नए।।
इन पंक्तियों में प्रयुक्त छंद का नाम बताइये?

A. चौपाई　　　**B.** छप्पय　　　**C.** गीतिका　　　**D.** सोरठा

Q.115 इनमें से कौन सा विलोम-युग्म सही नहीं है?

A. तिमिर-तम　　　　　　**B.** स्थावर-जंगम

C. मृदुल-रुक्ष　　　　　　**D.** आमिष-निरामिष

Q.116 दिए गए शब्द के पर्यायवाची शब्द का चयन करें।
विभूति

A. प्रतिभूति　　　**B.** सुंदरता　　　**C.** अनुभूति　　　**D.** ऐश्वर्य

Q.117 इनमें से 'दामिनी' किसका पर्यायवाची शब्द है?

A. नवनीत　　　**B.** चमक　　　**C.** बिजली　　　**D.** ऊर्जा

Q.118 'अंकुश लगाना' मुहावरे का अर्थ है:

A. आलिंगनबद्ध करना

B. बिना विरोध के बात मान लेना

C. पाबन्दी या रोक लगाना

D. कुछ समझ में न आना

Q.119 'से' किस कारक का चिह्न है?

A. कर्म कारक　　　　　　**B.** करण कारक

C. संबंध कारक　　　　　**D.** कर्ता कारक

Q.120 देवासुर में कौन सा समास है?

A. बहूव्रीहि　　　**B.** द्वंद्व　　　**C.** बत्तीया　　　**D.** तत्पुरुष

Q.121 निम्नलिखित में से कौन सा शब्द 'स्त्रीलिंग' है?

A. घोड़ा　　　**B.** गला　　　**C.** चीता　　　**D.** अवस्था

Q.122 अनुज शब्द को स्त्रीवाचक बनाने के लिए किस प्रत्यय का प्रयोग
करेंगे?

A. आ　　　**B.** ईय　　　**C.** इक　　　**D.** ई

Q.123 'दुश्चरित्र' के लिए सही संधि-विच्छेद कौन सा है?

A. दुश + चरित्र　　　　　**B.** दु + चरित्र

C. दुश: + चरित्र　　　　　**D.** दु: + चरित्र

Q.124 निम्नलिखित विकल्पो मे विसर्ग संधि का उदाहरण है-

A. हरिश्चन्द्र　　　**B.** हृदयानन्द　　　**C.** ज्ञानोपदेश　　　**D.** महीश

Q.125 निम्नलिखित में से शुद्ध वाक्य का चयन कीजिये।

A. मेरे से कोई मतलब नहीं है।

B. तीन लड़की एक पुरुष से भिड़ गईं।

C. जाने वाले को कोई नहीं रोक सकते हैं।

D. आयुर्वेद प्रतिरोधक क्षमता बढ़ाता है।

// स्मार्ट उत्तर पुस्तिका //

सही उत्तर — उन छात्रों के प्रतिशत को इंगित करता है जिन्होंने प्रश्नों का सही उत्तर दिया था।

छोड़ दिया — उन छात्रों के प्रतिशत को इंगित करता है जिन्होंने प्रश्नों को छोड़ दिया था।

प्रश्न संख्या	उत्तर	सही उत्तर / छोड़ दिया	प्रश्न संख्या	उत्तर	सही उत्तर / छोड़ दिया	प्रश्न संख्या	उत्तर	सही उत्तर / छोड़ दिया	प्रश्न संख्या	उत्तर	सही उत्तर / छोड़ दिया	प्रश्न संख्या	उत्तर	सही उत्तर / छोड़ दिया
1	B	43.33 % / 0.0 %	17	A	53.33 % / 33.34 %	33	C	23.33 % / 30.0 %	49	A	43.33 % / 33.34 %	65	A	60.0 % / 33.33 %
2	D	43.33 % / 33.34 %	18	B	33.33 % / 33.34 %	34	B	53.33 % / 33.34 %	50	C	23.33 % / 33.34 %	66	B	60.0 % / 33.33 %
3	D	46.67 % / 30.0 %	19	A	30.0 % / 30.0 %	35	C	23.33 % / 30.0 %	51	C	53.33 % / 30.0 %	67	D	63.33 % / 33.34 %
4	A	43.33 % / 33.34 %	20	C	36.67 % / 30.0 %	36	D	66.67 % / 30.0 %	52	D	56.67 % / 30.0 %	68	A	53.33 % / 33.34 %
5	A	20.0 % / 33.33 %	21	C	50.0 % / 30.0 %	37	A	23.33 % / 33.34 %	53	D	56.67 % / 33.33 %	69	A	50.0 % / 33.33 %
6	B	60.0 % / 33.33 %	22	D	60.0 % / 33.33 %	38	B	46.67 % / 33.33 %	54	D	53.33 % / 33.34 %	70	D	63.33 % / 33.34 %
7	C	56.67 % / 33.33 %	23	A	43.33 % / 30.0 %	39	B	56.67 % / 33.33 %	55	D	23.33 % / 30.0 %	71	C	46.67 % / 30.0 %
8	B	56.67 % / 33.33 %	24	B	33.33 % / 33.34 %	40	D	46.67 % / 33.33 %	56	C	16.67 % / 33.33 %	72	D	56.67 % / 30.0 %
9	C	46.67 % / 33.33 %	25	D	40.0 % / 33.33 %	41	B	63.33 % / 30.0 %	57	B	56.67 % / 33.33 %	73	A	50.0 % / 33.33 %
10	C	30.0 % / 33.33 %	26	C	63.33 % / 33.34 %	42	C	43.33 % / 33.34 %	58	A	60.0 % / 33.33 %	74	A	63.33 % / 33.34 %
11	A	30.0 % / 30.0 %	27	A	66.67 % / 30.0 %	43	C	50.0 % / 30.0 %	59	B	36.67 % / 30.0 %	75	A	60.0 % / 33.33 %
12	B	63.33 % / 33.34 %	28	D	50.0 % / 33.33 %	44	D	20.0 % / 33.33 %	60	D	40.0 % / 30.0 %	76	B	60.0 % / 33.33 %
13	B	36.67 % / 30.0 %	29	A	63.33 % / 30.0 %	45	A	46.67 % / 30.0 %	61	B	46.67 % / 33.33 %	77	C	56.67 % / 33.33 %
14	B	63.33 % / 33.34 %	30	A	60.0 % / 33.33 %	46	A	60.0 % / 33.33 %	62	C	56.67 % / 33.33 %	78	C	60.0 % / 33.33 %
15	A	60.0 % / 30.0 %	31	D	30.0 % / 30.0 %	47	D	30.0 % / 30.0 %	63	C	56.67 % / 33.33 %	79	B	60.0 % / 30.0 %
16	C	33.33 % / 30.0 %	32	C	60.0 % / 30.0 %	48	D	60.0 % / 33.33 %	64	A	60.0 % / 33.33 %	80	D	63.33 % / 30.0 %

प्रश्न संख्या	उत्तर	सही उत्तर / छोड़ दिया
81	B	53.33 % / 30.0 %
82	D	53.33 % / 33.34 %
83	D	43.33 % / 33.34 %
84	B	43.33 % / 33.34 %
85	C	30.0 % / 33.33 %
86	B	60.0 % / 33.33 %
87	D	63.33 % / 33.34 %
88	D	33.33 % / 33.34 %
89	A	16.67 % / 33.33 %

प्रश्न संख्या	उत्तर	सही उत्तर / छोड़ दिया
90	D	50.0 % / 33.33 %
91	C	36.67 % / 33.33 %
92	D	33.33 % / 33.34 %
93	D	56.67 % / 30.0 %
94	C	50.0 % / 33.33 %
95	B	16.67 % / 33.33 %
96	D	53.33 % / 33.34 %
97	B	63.33 % / 33.34 %
98	D	43.33 % / 33.34 %

प्रश्न संख्या	उत्तर	सही उत्तर / छोड़ दिया
99	C	43.33 % / 33.34 %
100	A	60.0 % / 30.0 %
101	B	63.33 % / 33.34 %
102	B	50.0 % / 33.33 %
103	C	63.33 % / 33.34 %
104	C	23.33 % / 33.34 %
105	C	53.33 % / 33.34 %
106	C	50.0 % / 33.33 %
107	A	46.67 % / 30.0 %

प्रश्न संख्या	उत्तर	सही उत्तर / छोड़ दिया
108	B	60.0 % / 33.33 %
109	D	63.33 % / 30.0 %
110	A	46.67 % / 33.33 %
111	C	43.33 % / 30.0 %
112	C	46.67 % / 33.33 %
113	B	63.33 % / 30.0 %
114	C	40.0 % / 33.33 %
115	A	56.67 % / 33.33 %
116	D	50.0 % / 33.33 %

प्रश्न संख्या	उत्तर	सही उत्तर / छोड़ दिया
117	C	66.67 % / 30.0 %
118	C	50.0 % / 33.33 %
119	B	66.67 % / 30.0 %
120	B	40.0 % / 30.0 %
121	D	60.0 % / 30.0 %
122	A	63.33 % / 33.34 %
123	D	60.0 % / 30.0 %
124	A	60.0 % / 33.33 %
125	D	60.0 % / 33.33 %

कार्य विश्लेषण	
औसत अंक (%)	42.6%
टॉपर्स स्कोर (%)	99.2%
आपका स्कोर	

//संकेत और समाधान//

1. यह टिप्पणी विद्यापति के संदर्भ में आचार्य रामचन्द्र शुक्ल ने अपनी पुस्तक हिंदी साहित्य का इतिहास में लिखी है। विद्यापति हिंदी साहित्य के आदिकाल के कवि हैं। श्रृंगार रस के प्रमुख कवि हैं। मैथिली, संस्कृत, अवहट्ट इनकी रचना हैं। हिन्दी साहित्य में कृष्णगीति परम्परा के प्रवर्तक हैं।

अतः विकल्प (B) सही है।

2. एक साहित्यिक आंदोलन के रूप में प्रगतिवाद का समय 1936 ई. से लेकर 1956 ई. तक है। जिसके प्रमुख कवि हैं- केदारनाथ अग्रवाल, नागार्जुन, राम विलास शर्मा, रांगेय राघव, शिव मंगल सिंह 'सुमन', त्रिलोचन आदि। 'बहुत दिनों के बाद' घुमक्कड़ कवि नागार्जुन की देशज प्रकृति और घरेलू संवेदना का एक दुलभ साक्ष्य प्रस्तुत करती है। यह प्रगतिवादी कविता है।

अतः विकल्प (D) सही है।

3. 'महादेवी वर्मा' छायावादी युग के कवयित्री थीं।

महादेवी वर्मा ने खड़ी बोली हिन्दी को कोमलता और मधुरता से संसिक्त कर सहज मानवीय संवेदनाओं की अभिव्यक्ति का द्वार खोला, विरह को दीपशिखा का गौरव दिया, व्यष्टिमूलक मानवतावादी काव्य के चिंतन को प्रतिष्ठापित किया।

अतः विकल्प (D) सही है।

4. कविवचनसुधा भारतेन्दु हरिशचंद्र द्वारा सम्पादित एक हिन्दी समाचारपत्र था। इसका प्रकाशन 1868 को वाराणसी में आरम्भ हुआ जो एक क्रांतिकारी घटना थी। यह कविता-केन्द्रित पत्र था। इस पत्र ने हिन्दी साहित्य और हिन्दी पत्रकारिता को नये आयाम प्रदान किए।

अतः विकल्प (A) सही है।

5. "जयपुर नरेश प्रताप सिंह" ने "पद्माकर भट्ट" को "कविराज शिरोमणि" की उपाधि दी थी।

पद्माकर भट्ट ने होली ,फाग और त्योहारों का वर्णन पूरी तल्लीनता से किया है। पद्माकर की भाषा सरस, काव्यमय, सुव्यवस्थित और प्रवाहपूर्ण है। अनुप्रास द्वारा ध्वनिचित्र खड़ा करने में वे सिद्धहस्त हैं। काव्य-गुणों का पूरा निर्वाह उनके छंदों में हुआ है। छंदानुशासन और काव्य-प्रवाह की दृष्टि से दोहा, सवैया और कवित्त पर असाधारण अधिकार पद्माकर का था।

अतः विकल्प (A) सही है।

6.

सूची -1	सूची - 2
A. चिंतामणि त्रिपाठी	I. काव्य प्रकाश
B. भूषण	II. छत्रसालदशक
C. देव	III. रस विलास
D. लाल कवि	IV. छत्र प्रकाश

अतः विकल्प (B) सही है।

7. 'वृंद' रीतिकाल के कवि हैं।

रीतिकालीन परंपरा के अन्तर्गत वृंद जी का नाम बड़े आदर और सम्मान के साथ लिया जाता है। इनका पूरा नाम वृन्दावनदास था। वृंद जी को कविताओं के माध्यम से कई बार सम्मानित पुरस्कारों से नवाजा गया। इसके चलते वृंद जी का कविता के विषय में मनोवल बढ़ता गया और वृंद जी श्रेष्ठ कवि के रूप में पहिचाने जाने लगे। 'वृंद-सतसई कवि वृंद जी की सबसे प्रसिद्धि रचनाओं में से एक है जिसमें 700 दोहे हैं।

अतः विकल्प (C) सही है।

8. उपरोक्त सभी विकल्पों में 'रतन बावनी' तुलसीदास की रचना नहीं है। यह रचना 'केशवदास' की है। अन्य सभी रचनाएँ तुलसीदास की हैं।

केशवदास- केशवदास हिंदी साहित्य के रीतिकाल की कवि-त्रयी के एक प्रमुख स्तंभ हैं। वे संस्कृत काव्यशास्त्र का सम्यक परिचय कराने वाले हिंदी के प्राचीन आचार्य और कवि थे।

तुलसीदास- गोस्वामी तुलसीदास हिंदी साहित्य के महान कवि थे। इन्हें आदि काव्य रामायण के रचयिता महर्षि वाल्मीकि का अवतार भी माना जाता है। इन्होंने श्रीरामचरितमानस' नामक ग्रंथ की रचना की थी जिसका कथानक रामायण से लिया गया है। रामचरितमानस लोक ग्रंथ है और इसे उत्तर भारत में बड़े भक्तिभाव से पढ़ा जाता है।

अतः विकल्प (B) सही है।

9. 'उसने कुछ नहीं कहा' में कर्ता कारक है।

संज्ञा या सर्वनाम का क्रिया से संबंध बताने वाले को कारक कहते हैं अर्थात संज्ञा या सर्वनाम के जिस रूप से वाक्य की क्रिया के साथ उनके संबंध का बोध होता है उसे कारक कहते हैं।

अतः विकल्प (C) सही है।

10. "साहित्य देवता", "माखनलाल चतुर्वेदी" की रचना है। साहित्य और कला को माखनलालजी मनुष्य के उस मनोमय रूप का व्याख्याता मानते हैं जिसके इंगित पर उसका स्थूल शरीर काम करता है।

अतः विकल्प (C) सही है।

11. दिए गये सभी विकल्पों में से ब्रजभाषा वह बोली है जो कि पश्चिमी हिन्दी की सर्वाधिक प्रमुख बोली है। ब्रज वास्तव में एक बोली है मगर साहित्य में अत्याधिक प्रयोग के कारण इसका प्रयोग भाषा के रूप में होने लगा।

अतः विकल्प (A) सही है।

12. हिन्दी को 14 सितम्बर, 1949 को भारतीय संविधान में मान्यता मिली थी। 14 सितंबर 1949 को संविधान सभा में हिंदी को राजभाषा का दर्जा दिया गया था। हिंदी के महत्व को बताने और इसके प्रचार प्रसार के लिए राष्ट्रभाषा प्रचार समिति के अनुरोध पर 1953 से प्रतिवर्ष 14 सितंबर को हिंदी दिवस के तौर पर मनाया जाता है।

अतः विकल्प (B) सही है।

13. 'उसने कहा कि मैं घर जाऊँगा' एक मिश्रवाक्य है। यहाँ पर 'उसने कहा' मुख्य उपवाक्य है और 'मैं घर जाऊँगा' एक आश्रित उपवाक्य है। मिश्र वाक्य में आश्रित उपवाक्य एक से अधिक भी हो सकते हैं।

अतः विकल्प (B) सही है।

14. 'रामचरितमानस' के रचनाकार तुलसीदास हैं। यह रचना अवधी भाषा में की गयी है।श्री रामचरितमानस अवधी भाषा में गोस्वामी तुलसीदास द्वारा रचित एक महाकाव्य है। इस ग्रंथ को अवधी साहित्य (हिंदी साहित्य) की एक महान कृति माना जाता है।

अतः विकल्प (B) सही है।

15. पूर्वी हिन्दी की बोलियाँ हैं– अवधी, बघेली और छत्तीसगढ़ी।

अतः विकल्प (A) सही है।

16. ग्रैन्रीन कहानी विपथगा कहानी संग्रह में शामिल कहानी है।

प्रकाशन वर्ष- सन 1937 (प्रथम संस्करण- रोज), सन 1990 (पाँचवे संस्करण - ग्रैन्रीन)

लेखक - अज्ञेय

अतः विकल्प (C) सही है।

17. 'आपका बंटी' उपन्यास की उपन्यासकार मन्नू भंडारी है।

आपका बंटी उपन्यास (1970) शादीशुदा पति-पत्नी के झगड़े पर आधारित और उनके बीच में उनके बेटे का झगड़े के बीच में फंसना ही इस उपन्यास का सार है।

अतः विकल्प (A) सही है।

18. 'नाच्यो बहुत गोपाल' अमृतलाल नागर का प्रसिद्ध उपन्यास है।

अमृतलाल नागर के उपन्यासों को रामविलास शर्मा ने 'हिंदी के गैर मानक रूपों का पिटारा' कहा है। अमृतलाल नागर प्रेमचंदोत्तर युग के उपन्यासकार हैं।

अमृतलाल नागर के अन्य प्रमुख उपन्यास हैं - सुहाग के नूपुर, अमृत और विष, अग्निगर्भा, खंजन नयन, महाकाल आदि।

अतः विकल्प (B) सही है।

19. 'एक चिथड़ा सुख' उपन्यास निर्मल वर्मा का है।

निर्मल वर्मा के उपन्यास-

वे दिन- 1964 ई.

लाल टिन की छत - 1974 ई.

एक चिथड़ा सुख - 1979 ई.

रात का रिपोर्टर - 1989 ई.

अंतिम अरण्य - 2000 ई.

अतः विकल्प (A) सही है।

20. असाध्य वीणा रचना भी अज्ञेय की रचना है, परन्तु यह उपन्यास की श्रेणी में नहीं आती, बल्कि कविता की श्रेणी में आती है।

अतः प्रश्नानुसार जो उपन्यास नहीं है वो असाध्या वीणा ही सही विकल्प होगा।

अतः विकल्प (C) सही है।

21. "धरती धन न अपना" "जगदीश चंद्र माथुर" का उपन्यास है।

- प्रकाशन वर्ष- 1972 ई.
- पंजाब क्षेत्र में दलितों पर आधारित उपन्यास
- मुख्य पात्र- काली, ज्ञानो, प्रीतो, मंगू आदि।
- जगदीश चंद्र माथुर हिंदी और भारतीय भाषाओं के तमाम बड़े लेखकों को रेडियो में लेकर आए थे।

अतः विकल्प (C) सही है।

22. उपरोक्त सभी उपन्यास यशपाल के है।

यशपाल के उपन्यास-

दादा कॉमरेड- 1941 ई.

दिव्या- 1945 ई.

देशद्रोही- 1943 ई.

पार्टी कॉमरेड- 1946 ई.

अतः विकल्प (D) सही है।

23. उसने कहा था यहाँ सही विकल्प है| उसने कहा था हिंदी कहानी विकास में मील का पत्थर कही जाने वाली कहानी है।

प्रकाशन वर्ष- 1915 ई.

लेखिका- चन्द्रधर शर्मा गुलेरी

अतः विकल्प (A) सही है।

24. 'ग्रैन्ग्रिन' कहानी का अन्य नाम 'रोज' भी है।

प्रकाशन वर्ष- 19 ई.

लेखक - अज्ञेय

अतः विकल्प (B) सही है।

25. अम्रतसर आ गया कहानी भीष्म साहनी की विभाजन की त्रासदी पर आधारित कहानी है।

अम्रतसर आ गया- भीष्म साहनी

प्रकाशन वर्ष- सन 1971

1973 में पटरियाँ संग्रह में संकलित

अतः विकल्प (D) सही है।

26. जिस समास में दोनों पद प्रधान हो तथा विग्रह करने पर उनके बीच 'तथा', 'या', 'अथवा', 'एवं' या 'और' का प्रयोग होता हो। जैसे– अन्न और जल = अन्न-जल, अपना और पराया = अपना - पराया।

अतः विकल्प (C) सही है।

27. 'चार दिन की चाँदनी फिर अँधेरी रात' - लोकोक्ति का अर्थ है- "थोड़े दिन का सुख"

जब हमें मालूम होता है कि कोई खुशी सीमित समय के लिए है तो इस सामयिक खुशी के लिए उपरोक्त लोकोक्ति को प्रयोग किया जाता है। चार दिन की चाँदनी फिर अँधेरी रात लोकोक्ति का अर्थ होता है सीमित अवधि के लिए आया अच्छा समय।

अतः विकल्प (A) सही है।

28. दिये गये 'गंगा' का पर्यायवाची शब्द विकल्प 4 'मंदाकिनी' है।

'गंगा' के अन्य पर्यायवाची शब्द - देवनदी, मंदाकनी, भगीरथी, विश्रुपगा, देवपगा, ध्रुवनंदा, सुरसरि, त्रिपथगा, जाह्ववी, सुरसरिता, सुरधुनी।

अतः विकल्प (D) सही है।

29. साध्य शब्द का विलोम असाध्य होता है।

विलोम शब्द- जो शब्द किसी दूसरे शब्द का उल्टा अर्थ बताते हैं, उन्हें विलोम शब्द या विपरीतार्थक शब्द कहते है। जैसे- आय - व्यय, आजादी - गुलाम, नवीन - प्राचीन

अतः विकल्प (A) सही है।

30. 'मुनीश' का सही संधि विच्छेद 'मुनि + ईश' होगा। शेष विकल्प त्रुटिपूर्ण हैं।

'मुनीश' में दीर्घ स्वर संधि है। मुनि + ईश = मुनीश (इ + ई = ई), यहाँ 'इ' और 'ई' के मेल से 'ई' बना है।

'दीर्घ स्वर संधि' में हस्व या दीर्घ अ, इ, उ के साथ हस्व या दीर्घ अ, इ, उ का मेल होने पर आ, ई, ऊ हो जाता है।

अतः विकल्प (A) सही है।

31. "जाने अनजाने", "विष्णु प्रभाकर" की रचना है।

विष्णु प्रभाकरजी ने कहानी, उपन्यास, नाटक, जीवनी, निबंध, एकांकी, यात्रा-वृत्तांत आदि प्रमुख विद्याओं में लगभग सौ कृतियाँ हिंदी को दीं। उनकी 'आवारा मसीहा' सर्वाधिक चर्चित जीवनी है, जिस पर उन्हें 'पाब्लो नेरूदा सम्मान', 'सोवियत लैंड नेहरू पुरस्कार' सदृश्य अनेक देशी-विदेशी पुरस्कार मिल चुके हैं।

अतः विकल्प (D) सही है।

32. "सागर पार का संसार" "यात्रा विधा" की रचना है।

यात्रा में किए गए अनुभव को यात्रा वृतांत में लिखा जाता है।

यात्रा वृतांत लिखने की परंपरा का सूत्रपात "भारतेंदु" से माना जाता है।

अतः विकल्प (C) सही है।

33. "सृजन सुख-दुख का", "प्रतिभा अग्रवाल" का संस्मरण है।

1940 के उत्तरार्द्ध से 1950 के प्रारंभ तक हिंदी रंगमंच की एक बड़ी नायिका के रूप में उभरी इस समय काल में 'तरुण संघ और बाद में अनामिका' के ध्वज तले अपनी प्रतिभा को नई ख्याति प्रदान की।

बंगला भाषा से हिंदी में महत्त्वपूर्ण रचनाओं के अनुवाद, समीक्षा, जीवनी आदि में उनका योगदान अत्यंत महत्त्वपूर्ण है।

अतः विकल्प (C) सही है।

34. कवि दूसरों के मनमाफिक कविता लिखने और बेचने के लिए विवश है।

महत्वपूर्ण काव्य कृतियां-
गीत फरोश
चकित है दुख
अंधेरी कविताएं
गांधी पंचशती
बुनी हुई रस्सी
खुशबू के शिलालेख
व्यक्तिगत

अतः विकल्प (B) सही है।

35. प्रकाशन वर्ष की दृष्टी से काव्यकृतियों का सही अनुक्रम-3 आँसू, पल्लव, स्वप्न, साकेत है।

आँसू- 1925 ई. में जयशंकर प्रसाद द्वारा रचित काव्य। पल्लव सुमित्रानंदन पन्त का तीसरा कविता संग्रह है जो 1928 में प्रकाशित हुआ था। स्वप्न 1929 में रामनरेश त्रिपाठी द्वारा रचित काव्य। साकेत मैथिलिशरण गुप्त द्वारा रचित महाकाव्य का नाम है। इसका प्रथम प्रकाशन सन् 1931 में हुआ था।

अतः विकल्प (C) सही है।

36. उपरोक्त में से 'नहीं' शब्द में अनुस्वार का प्रयोग नहीं हुआ है। अनुस्वार स्वर के बाद आने वाला व्यंजन है। इसकी ध्वनि नाक से निकलती है। हिंदी भाषा में बिंदु अनुस्वार (ं) का प्रयोग होता है। अनुस्वार (ं) का प्रयोग पंचम वर्ण (ङ, ञ, ण, न, म् - ये पंचमाक्षर कहलाते हैं) के स्थान पर किया जाता है। जैसे - गड्.गा - गंगा, चञ्चल - चंचल आदि।

अतः विकल्प (D) सही है।

37. अरविन्द दर्शन से प्रभावित-1) चिदम्बरा रचना सुमित्रानंदन पन्त की है। अरविंद दर्शन से प्रभावित होकर पंत की चेतना प्रत्यावर्तित होकर (पुनः वापस लौटकर) अपने प्रथम चरण की चेतना से जुड़ जाती है। इनके इस तीसरे चरण के विकास को आलोचकों ने 'स्वर्ण काव्य' की संज्ञा दी है। इसके अंतर्गत स्वर्ण-किरण, स्वर्ण-धूलि, उत्तरा, अतिमा, रजतशिखर, शिल्पी, सौवर्ण, वाणी और किरण-वीणा जैसी काव्य कृतियाँ आती हैं। 1937 से लेकर 'स्वर्ण काव्य' के सभी संग्रहों की प्रतिनिधि रचनाएँ 'चिदम्बरा' शीर्षक से 1958 में प्रकाशित हुई।

अतः विकल्प (A) सही है।

38. महादेवी वर्मा का प्रथम काव्य संकलन-2 नीहार है। छायावादी युग के चार प्रमुख स्तंभों में से एक महादेवी वर्मा मानी जाती हैं। आधुनिक हिन्दी की सबसे सशक्त कवयित्रियों में से एक होने के कारण उन्हें आधुनिक मीरा के नाम से भी जाना जाता है। नीहार काव्य संकलन 1930 में रचा गया।

अतः विकल्प (B) सही है।

39. नाखून क्यों बढ़ते है' हजारी प्रसाद द्विवेदी का प्रसिद्ध निबन्ध है। नाखून मनुष्य आदिम हिंसक मनोवृत्ति का परिचायक है। नाखून बार-बार बढ़ते हैं और मनुष्य उन्हें बार-बार काट देता है तथा हिंसा से मुक्त होने और सभ्य बनने का प्रयत्न करता है।

अतः विकल्प (B) सही है।

40. '"उत्साह", "रामचंद्र शुक्ल" का निबंध है।

यह निबंध आचार्य रामचंद्र शुक्ल के निबंध- संग्रह 'चिंतामणि-भाग-1' में है।

अतः विकल्प (D) सही है।

41. दिए गए वियकल्पों में सही उत्तर विकल्प 2 'श्रीनिवासदास' हैं।

परीक्षा गुरु हिन्दी का प्रथम उपन्यास था, जिसकी रचना भारतेन्दु युग के प्रसिद्ध नाटककार लाला श्रीनिवास दास ने 25 नवम्बर, 1882 को की थी। उपन्यास 41 छोटे-छोटे प्रकरणों में विभक्त है। पूरा उपन्यास नीतिपरक और उपदेशात्मक है। उसमें जगह-जगह इंग्लैंड और यूनान के इतिहास से दृष्टांत दिए गए हैं।

अतः विकल्प (B) सही है।

42. "अंधायुग" एक गीतिनाट्य है। अंधा युग नाटक धर्मवीर भारती का नाटक है। इसका रचना वर्ष 1955 ईस्वी है।

प्रमुख पात्र- अश्वत्थामा, धृतराष्ट्र, कृतवर्मा, संजय, वृद्धयाचक, व्यास, कृष्ण, युधिष्ठिर, विदुर, कृपाचार्य, युयुत्सु, गूंगा, भिखारी, बलराम।

अतः विकल्प (C) सही है।

43. "भोलाराम का जीव", "हरिशंकर परसाई" की रचना है। यह भ्रष्टाचार पर आधारित कहानी है।

अतः विकल्प (C) सही है।

44. दिए गए विकल्पों में से उक्त पंक्तियों में दिगपाल छंद है।

द्विगपाल छंद- 24 मात्रिक छन्द, 12, 24 पर यति अनिवार्य।

अतः विकल्प (D) सही है।

45. उक्त पंक्तियों में चूँकि क्रोध अथवा रौद्र की भाषा झलक रही है। इसलिए यहां पर रौद्र रस है।

किसी व्यक्ति के द्वारा क्रोध में किए गए अपमान आदि के उत्पन्न भाव की परिपक्व अवस्था को रौद्र रस कहते हैं। इसका स्थायी भाव क्रोध होता है।

अतः विकल्प (A) सही है।

46. वीर रस का स्थायी भाव 'उत्साह' है।

किसी रचना या वाक्य से वीरता जैसे स्थायी भाव की उत्पत्ति होती है, तो उसे वीर रस कहा जाता है।

अतः विकल्प (A) सही है।

47. 'मंगन को देखि पट देत बार-बार हैं' इस पंक्ति में श्लेष अलंकार है।

पंक्तियों में पट शब्द के दो अर्थ है। पट-वस्त्र एवं पट-किवाड़। इसलिए यहां पर श्लेष अलंकार हैं। जहां एक शब्द एक बार आए परंतु उसके अर्थ कई हों, वहाँ श्लेष अलंकार होता है।

अतः विकल्प (D) सही है।

48. जहां पर किसी एक शब्द का अनेक अर्थों में प्रयोग हो, वहाँ 'श्लेष अलंकार' होता है।

जैसे-'रहिमन पानी राखिए, बिन पानी सब सून। पानी गए न ऊबरै, मोती मानुष चून।' यहाँ पानी का प्रयोग तीन बार किया गया है किन्तु दूसरी पंक्ति में प्रयुक्त पानी शब्द के तीन अर्थ हैं; मोती के सन्दर्भ में पानी का अर्थ चमक या कान्ति, मनुष्य के सन्दर्भ में पानी का अर्थ इज्जत (सम्मान), चूने के सन्दर्भ में पानी का अर्थ साधारण पानी (जल) है।

अतः विकल्प (D) सही है।

49. यह वार्णिक छंद है। इस छंद के प्रत्येक चरण में चौदह वर्ण होते हैं। वर्णों के क्रम में तगण (SSI), भगण (SSI), दो जगण (ISI, ISI) तथा दो गुरु (SS) रहते हैं।

अतः विकल्प (A) सही है।

50. 'पिउ सो कहेव सन्देसड़ा, हे भौंरा हे काग। सो धनि विरही जरिमुई, तेहिक धुवाँ हम लाग।' यहाँ कौआ और भ्रमर के काले होने का वास्तविक कारण विरहिणी के विरहाग्नि में जल कर मरने का धुवाँ नहीं हो सकता है फिर भी उसे कारण माना गया है। अत: यहाँ उत्प्रेक्षा अलंकार है।

जहाँ उपमेय में उपमान की सम्भावना व्यक्त की जाए वहाँ 'उत्प्रेक्षा अलंकार' होता है।

अतः विकल्प (C) सही है।

51. कालिदास विरचित कृतियों की तालिका:–

रचना	विधा
रघुवंशम्, कुमारसंभवम्	महाकाव्य
मेघदूतम्	खण्डकाव्य
ऋतुसंहारम्	मुक्तककाव्य
मालविकाग्निमित्रम्, विक्रमोर्वशीयम्, अभिज्ञानशाकुन्तलम्	नाटक

अतः विकल्प (C) सही है।

52. शब्द- नमस्ते

सन्धि विच्छेद- नमः + ते

सूत्र- विसर्जनीयस्य सः सूत्र से खर प्रत्याहार के वर्ण परे रहते विसर्ग को स् हो जाता है।

उदाहरण- नमः + ते = नमस्ते

नमस्ते का सन्धिविच्छेद नमः + ते होता है। जिससे स्पष्ट होता है कि नमः के पश्चात् आये विसर्ग में परिवर्तन हुआ है। जो विसर्ग सन्धि के लक्षण से युक्त है। अतः यहाँ विसर्गसन्धि होगी।

अतः विकल्प (D) सही है।

53. जहाँ पूर्वपद अव्यय हो उसे अव्ययीभाव समास कहते हैं। जैसे- 'प्रत्यक्षम्' में प्रति उपसर्ग के साथ 'अक्षणोः' का समास होता है।

सूत्र:- 'अव्ययं विभक्ति-समीप-समृद्धि-व्यद्धि-अर्थाभाव-अत्यय-असम्प्रति-शब्दप्रादुर्भाव-पश्चात्-यथा-आनुपूर्व्य-यौगपद्य-सादृश्य-सम्पत्ति-साकल्य-अन्तवचनेषु इस सूत्र से प्रतिगतम्' अर्थ में अव्यय 'प्रति' के साथ 'अक्षणोः' का 'अव्ययीभाव समास' होता है और समस्त पद 'प्रत्यक्षम्' प्राप्त होता है जो एक अव्यय होगा।

अतः विकल्प (D) सही है।

54. भवभूति ने अपने जीवन में 'महावीरचरितम्, मालतीमाधवम्, उत्तररामचरितम्' इन तीन नाटकों की रचना की है।

अतः विकल्प (D) सही है।

55. 'आधारोऽधिकरणम्' सूत्र से अधिकरण कारक होता है। इस सूत्र के अनुसार कर्ता और क्रियापद के संबध को अधिकरण कहते हैं। अधिकरण साक्षात् क्रिया का आधार नही होता परन्तु कर्ता या कर्म के द्वारा क्रिया का आधार होता है।संस्कृत व्याकरण में पाणिनि आदि मुनियों ने आधार तीन प्रकार का बताये हैं -

औपश्लेषिक आधार- जहाँ किञ्चित् क्षण के लिए संयोग हो। जैसे- वयं कक्षायां तिष्ठामः। (हम कक्षा में बैठते हैं।)
अभिव्यापक आधार- जहाँ हमेशा का संयोग हो। जैसे- सर्वस्मिन् आत्मा अस्ति। (सबमें आत्मा रहती है।)

वैषयिक आधार- किसी विषय विशेष का उल्लेख होने पर। जैसे- मम गणिते रुचिः अस्ति। (मेरी गणित में रुचि है।)

अतः विकल्प (D) सही है।

56. 'भीत्रार्थानां भयहेतुः' सूत्र से 'भी', 'त्रा', 'त्रस' धातु अथवा 'भय' के अर्थ में प्रयुक्त होने वाले धातुओं के योग में भयभीत करने वाले व्यक्ति की आपादान संज्ञा होती है जिसमें 'अपादाने पञ्चमी' से पञ्चमी विभक्ति होती है।

जैसे- 'चोराद् बिभेति।' यहाँ 'भी' धातु का प्रयोग हुआ है।

'गोकुल दुर्जनों से त्रस्त है' इस वाक्य में त्रस का योग होने के कारण 'दुर्जनों' की अपादानसंज्ञा होकर पञ्चमी विभक्ति होगी और क्योंकि 'दुर्जनों से' बहुवचन है तो यहाँ पद भी पञ्चमी बहुवचन प्रयुक्त होकर वाक्य हो जाएगा 'गोकुलः दुर्जनेभ्यः त्रस्तः।'

अतः विकल्प (C) सही है।

57. कालिदास संस्कृत भाषा के महान कवि और नाटककार थे। उन्होंने भारत की पौराणिक कथाओं को आधार बनाकर रचनाएं की, जिसमें भारतीय जीवन और दर्शन के विविध रूप और मूल तत्त्व निरूपित हैं। कालिदास अपनी इन्हीं विशेषताओं के कारण राष्ट्र की समग्र राष्ट्रीय चेतना को स्वर देने वाले कवि माने जाते हैं संस्कृत साहित्य में ही नहीं अपितु समग्र साहित्यिक संसार में उन्हें कविकुलश्रेष्ठ तथा कविशिरोमणि माना जाता है।

प्रस्तुत विकल्पों में से 'कुमारसंभवम्' यह कालिदास का महाकाव्य है।

अतः विकल्प (B) सही है।

58. दशकुमार चरित रचना दण्डी की है।

दशकुमारचरित, दण्डी (षष्ठ या सप्तम शताब्दी ई.) द्वारा प्रणीत संस्कृत गद्यकाव्य है। इसमें दस कुमारों का चरित वर्णित होने के कारण इसका नाम "दशकुमारचरित" है।

अतः विकल्प (A) सही है।

59. 'मोहन पुस्तक पढ़ता है।' इस वाक्य का कर्ता 'मोहन' है और 'पढ़ता है' क्रियापद से ज्ञात होता है कि यह एकवचन और वर्तमानकाल। प्रस्तुत वाक्य कर्तृवाच्य में है-

मोहन कर्ता है और कर्ता में प्रथमा विभक्ति होती है। अतः अकारान्त छात्र से प्रथमा एकवचन में रूप 'मोहनः' बनता है।

'पुस्तक' में कर्म कारक का बोध होता है और कर्म कारक में द्वितीया विभक्ति होती है। अतः पुस्तकं यह उचित रूप होगा।

'मोहनः' इस कर्ता के अनुसार क्रियापद 'पठति' यह सही होगा।

अतः 'मोहन पुस्तक पढ़ता है।' इस का संस्कृत में अनुवाद 'मोहनः पुस्तकं पठति।' होता है।

अतः विकल्प (B) सही है।

60. संस्कृत साहित्य मे 'किरातार्जुनीयम् ,शिशुपालवधम् और नैषधीयचरितम्' इनको 'बृहदत्रयी' कहा जाता है।

इसलिए 'रघुवंशम्' यह ' बृहदतत्रयी' मे समाविष्ट नहीं है, किन्तु इसकी लघुत्रयी मे गणना होती है।

अतः विकल्प (D) सही है।

61. 'पंक +ज' अर्थ है कीचड़ से (में) उत्पत्र; पर इससे केवल 'कमल' का अर्थ लिया जायेगा, अतः 'पंकज 'योगरूढ़ है।

अतः विकल्प (B) सही है।

62. 'मैं उस मकान में रहता हूँ जिसमें कभी गुरु जी पढ़ाते थे' एक मिश्र वाक्य है।

अतः विकल्प (C) सही है।

63. मितव्ययी - अल्पव्ययी , विलोम - युग्म गलत है।

अतः विकल्प (C) सही है।

64. दिए गए विकल्पों में 'बादल' का उचित पर्यायवाची शब्द 'जलद' है।

बादल के पर्यायवाची शब्द हैं - मेघ, घन , जलधर, वारिद, नीरद, पयोद, अंबुद, धराधार, पयोधर, वारीधर, वारिवाह आदि।

अतः विकल्प (A) सही है।

65. 'दीपक' शब्द का अर्थ होता है- प्रकाश करने वाला।

'दीपक' पुल्लिंग शब्द और एक संज्ञा है।

अतः विकल्प (A) सही है।

66. अमावस्या भाववाचक स्त्रीलिंग शब्द है।

अमावस्या का अर्थ - भारतीय पंचांग में कृष्णपक्ष की प्रतिपदा से 15वीं तिथि को अमावस्या के नाम से जाना जाता है।

अतः विकल्प (B) सही है।

67. दिए गए विकल्पों में से प्राण शब्द सदा बहुवचन में ही प्रयोग किया जाता है।

एकवचन - बहुवचन
पाठक - पाठकगण
कलम - कलमें
दवात - दवातें

अतः विकल्प (D) सही है।

68. उपर्युक्त विकल्पों में से विकल्प 1 'पुजारिन' इसका सही उत्तर है।

लिंग संस्कृत का शब्द होता है जिसका अर्थ होता है निशान।
पुरुष जाति में = बैल , बकरा , मोर
स्त्री जाति में = गाय , बकरी , मोरनी

अतः विकल्प (A) सही है।

69. 'हँसना' शब्द में 'ना' प्रत्यय लगा है। 'ना' प्रत्यय से बने शब्द - सूँघना ,ओढ़ना, पढ़ना,खाना अदि।

अतः विकल्प (A) सही है।

70. "ध" और "द" दंत्य वर्ण है।

दन्त्य वर्ण- जिन वर्णों का उच्चारण ऊपर के दांतों पर जीभ के लगने से होता है, उसे दन्त्य वर्ण कहते हैं। जैसे- त, थ, द, ध, न, ल, और दन्त्य स।

अतः विकल्प (D) सही है।

71. 'अधोगति' का संधि-विच्छेद 'अधः + गति' होगा। इसलिए इसका सही उत्तर 'अधः + गति' होगा।

विसर्ग के साथ स्वर या व्यंजन के मेल से विकार उत्पन्न होता है। जैसे- दुः + आत्मा =दुरात्मा, निः + कपट =निष्कपट आदि।

'अधः + गति' में विसर्ग के बाद व्यंजन के मेल से विकार उत्पन्न हुआ और विसर्ग तथा व्यंजन से मिलकर 'ओ' और इसके द्वारा 'अधोगति' शब्द की उत्पत्ति हुई, इसलिए यहा पर विसर्ग संधि होगी।

अतः विकल्प (C) सही है।

72. 'अनुबंध' शब्द में 'अनु' उपसर्ग का प्रयोग किया गया है। और शेष सभी में 'अप' उपसर्ग का प्रयोग हुआ है।

अतः विकल्प (D) सही है।

73. 'उपकार' शब्द में 'उप' उपसर्ग का प्रयोग हुआ है, जबकि शेष सभी में उपसर्ग का प्रयोग नहीं हुआ है।

अतः विकल्प (A) सही है।

74. दिए गए विकल्पों में 'कर्मठ' उपरोक्त वाक्यांश के लिए उचित शब्द है।

इसका पर्यायवाची- उद्यमी, कर्मण्य, कर्मनिष्ठ, कर्मशील, दत्तचित, परिश्रमी आदि हैं।

'कर्मठ' का विलोम - आलसी होगा।

'दुराग्रह' का विलोम 'आग्रह' होता है।

अतः विकल्प (A) सही है।

75. "श्रावकाचार", "देवसेन" की रचना है। देवसेन ने 933 ईसवी में श्रावकाचार की रचना की है। श्रावकाचार में 250 दोहों में श्रावक धर्म का प्रतिपादन किया गया है।

अतः विकल्प (A) सही है।

76. "पउमचरिउ", "स्वयंभू" की रचना है।

पउमचरिउ को पूरा स्वयंभू के पुत्र त्रिभुवन ने किया था। पउमचरिउ, रामकथा पर आधारित अपभ्रंश का एक महाकाव्य है। बारह हजार पद हैं। मूलरूप से इस रामायण में कुल 92 सर्ग थे, जिनमें स्वयंभू के पुत्र त्रिभुवन ने अपनी ओर से 16 सर्ग और जोड़े। गोस्वामी तुलसीदास के 'रामचरित मानस' पर महाकवि स्वयंभू रचित 'पउम चरिउ' का प्रभाव स्पष्ट दिखता है।

अतः विकल्प (B) सही है।

77. "भरतेश्वर बाहुबली रास" की रचना "शाली भद्र सूरी" ने की है

रचनाकाल सं. 1231 वि. है। इसकी छन्द संख्या 203 है।

इसमें जैन तीर्थंकर ऋषभदेव के पुत्रों भरतेश्वर और बाहुबलि में राजगद्दी के लिए हुए संघर्ष का वर्णन है। इस रचना के दो संस्करण मिलते हैं। पहला प्राच्य विद्या मन्दिर बड़ौदा से प्रकाशित किया गया है तथा दूसरा "रास" और "रासान्वयी काव्य" में प्रकाशित हुआ है। डॉ. गणपति चन्द्र गुप्त ने अपने ग्रन्थ "हिन्दी साहित्य का वैज्ञानिक इतिहास" में शालिभद्र सूरि को "हिन्दी का प्रथम कवि" माना है।

अतः विकल्प (C) सही है।

78. "अमीर खुसरो" को "खड़ी बोली के आदि कवि" के नाम से जाना जाता है।

अमीर ख़ुसरो (1253-1325) चौदहवीं सदी के लगभग दिल्ली के निकट रहने वाले एक प्रमुख कवि, शायर, गायक और संगीतकार थे। अमीर खुसरो के ग्रंथों की संख्या 100 बताई जाती है। आमिर खुसरो "निजामुद्दीन औलिया" के शिष्य थे। सबसे पहले उन्हीं ने अपनी भाषा के लिए हिन्दवी का उल्लेख किया था। अमीर खुसरो को "हिन्द का तोता" कहा जाता है।

अतः विकल्प (C) सही है।

79. 'प्रत्युत्पन्नमति' शब्द में 'प्रति' उपसर्ग किया जाता है। 'प्रति' का अर्थ 'विरुद्ध' या 'बदले में प्रत्येक' होता है। इससे बनने वाले अन्य शब्द प्रतिदिन, प्रत्युपकार, प्रतिक्रिया इत्यादि हैं।

अतः विकल्प (B) सही है।

80. बच्चन की आत्मकथा हरिवंश राय बच्चन द्वारा चार खण्डों में लिखी गई आत्मकथात्मक कृतियां-क्या भूलूं क्या याद करूं (1969), 'नीड़ का निर्माण फिर' (1970), 'बसेरे से दूर' (1977), 'दशद्वार से सोपान तक' (1985), का संक्षिप्त संस्करण है।

अतः विकल्प (D) सही है।

81. अमृत राय द्वारा लिखी हुई जीवनी- 2 कलम का सिपाही है।

"कलम का सिपाही" में अमृतराय ने प्रेमचंद की जीवनी लिखी है।

अतः विकल्प (B) सही है।

82. "आवारा मसीहा", "शरत चंद्र" पर लिखी हुई जीवनी है। आवारा मसीहा "विष्णु प्रभाकर" की रचना है।

अतः विकल्प (D) सही है।

83. 'क्या भूलूं क्या याद करूं' हरिवंशराय बच्चन की आत्मकथा श्रृंखला का - 4 पहला भाग है।

'क्या भूलूं क्या याद करूं'1969 में हरिवंश राय बच्चन जी द्वारा रचित आत्मकथा है। इस आत्मकथा के लिए उन्हें सरस्वती सम्मान दिया था।हरिवंश राय बच्चन जी का जन्म 27 नवम्बर 1907 को इलाहाबाद में एक कायस्थ परिवार मे हुआ था।

अतः विकल्प (D) सही है।

84. 'जलोर्मि' में गुण संधि है। 'जलोर्मि' का संधि विच्छेद 'जल + ऊर्मि' होगा।

गुण संधि में अ, आ के आगे इ, ई हो तो ए; उ, ऊ हो तो ओ तथा ऋ हो तो अर् हो जाता है।

अतः विकल्प (B) सही है।

85. उपरोक्त पंक्तियां "कामायनी" के "श्रद्धा सर्ग" से है।

कामायनी "जयशंकर प्रसाद" की सर्वश्रेष्ठ रचनाओं में से एक है। इसमें "15 सर्ग" हैं। इसमें "श्रद्धा सर्ग" सबसे महत्वपूर्ण माना जाता है।

उपरोक्त पंक्तियों में श्रद्धा मनु से कह रही है कि वह व्यर्थ ही जीवन की जटिलताओं से भयभीत होकर काम से झिझक रहे हो इस तरह भविष्य से अनजान बन रहे हो 'प्रसाद' जी की यह अंतिम काव्य रचना 1936 ई. में प्रकाशित हुई। कला की दृष्टि से कामायनी छायावादी काव्यकला का सर्वोत्तम प्रतीक माना जा सकता है।

अतः विकल्प (C) सही है।

86. "डॉ नगेंद्र" ने छायावाद को "स्थूल के प्रति सूक्ष्म का विद्रोह" कहा है।

छायावाद हिंदी साहित्य के रोमांटिक उत्थान की वह काव्य-धारा है जो लगभग ई.स. 1917 से 1936 तक की प्रमुख युगवाणी रही। छायावाद नामकरण का श्रेय "मुकुटधर पाण्डेय" को जाता है। इसे "साहित्यिक खड़ीबोली का स्वर्णयुग" कहा जाता है।

अतः विकल्प (B) सही है।

87. अयादि संधि का सम्बन्ध स्वर संधि से होता है। स्वर संधि के पाँच भेद होते हैं- (1) दीर्घ स्वर संधि, (2) गुण स्वर संधि, (3) यण स्वर संधि, (4) वृद्धि स्वर संधि तथा (5) अयादि स्वर संधि।

अतः विकल्प (D) सही है।

88. झरना छायावाद की प्रथम रचना मानी जाती है।

झरना रचना छायावादी कवि जयशंकर प्रसाद द्वारा रचित है। जयशंकर प्रसाद जी के अन्य रचनाओं में "कामायनी" सबसे प्रमुख रचना है। कामायनी छायावाद की आत्मा है। कामायनी प्रसाद की अन्तिम और सर्वश्रेष्ठ रचना है। यह कृति मानव सभ्यता के विकास की मनोवैज्ञानिक कथा प्रस्तुत करती है।

अतः विकल्प (D) सही है।

89. यदि विसर्ग के पहले अ, आ को छोड़कर कोई स्वर हो और बाद में पांचों वर्गों का तीसरा, चौथा, पांचवां वर्ण या य, र, ल, व, ह या कोई स्वर हो तो विसर्ग के स्थान पर र् हो जाता है जैसे दुः + गुण = दुर्गुण, दुः + जन = दुर्जन। इसी प्रकार दुः + गम = दुर्गम।

अतः विकल्प (A) सही है।

90. दिए गए विकल्पों में सही उत्तर विकल्प 4 'खेलकूद पुरस्कार' होगा।

साहित्य अकादमी पुरस्कार, सन् 1955 ई. से प्रत्येक वर्ष भारतीय भाषाओं की श्रेष्ठ कृतियों को दिया जाता है, जिसमें एक ताम्रपत्र के साथ नक़द राशि दी जाती

है। नक़द राशि इस समय एक लाख रुपए हैं। साहित्य अकादेमी द्वारा अनुवाद पुरस्कार, बाल साहित्य पुरस्कार एवं युवा लेखन पुरस्कार भी प्रतिवर्ष विभिन्न भारतीय भाषाओं में दिए जाते हैं, इन तीनों पुरस्कारों के अंतर्गत सम्मान राशि पचास हजार नियत है।

अतः विकल्प (D) सही है।

91. 2019 का साहित्य अकादमी पुरस्कार 'नंदकिशोर आचार्य' को दिया गया था। यह पुरस्कार उनकी रचना 'छिलते हुए अपने को' कविता को मिला है।

अतः विकल्प (C) सही है।

92. 2016 का साहित्य अकादमी पुरस्कार 'नासिरा शर्मा' को उनके उपन्यास 'पारिजात' के लिए दिया गया था। पारिजात एक विराट कैनवास का उपन्यास है। इस उपन्यास में पारिजात एक रूपक नहीं बल्कि नए-पुराने रिश्तों की दास्तान है।

अतः विकल्प (D) सही है।

93. भारतीय भाषा परिषद, कोलकाता द्वारा प्रकाशित पत्रिका - वागर्थ है।

भारतीय भाषा परिषद की मासिक पत्रिका वागर्थ हिंदी की सर्वश्रेष्ठ पत्रिकाओं में एक है। इसका प्रकाशन 1995 से नियमित रूप से हो रहा है।इसके प्रधान सम्पादक - प्रभाकर श्रोत्रिय थे।

अतः विकल्प (D) सही है।

94. बद्रीनारायण चौधरी 'प्रेमघन' जी द्वारा सम्पादित पत्रिका का नाम 'आनन्द कादम्बनी' है।

बाल कृष्ण भट्ट - प्रदीप पत्रिका
हरिश्चन्द्र - हरिश्चन्द्र चन्द्रिका, बालबोधिनी , कविवचन सुधा
प्रताप नारायण मिश्र - प्रताप लहरी

अतः विकल्प (C) सही है।

95. 'रचना' मानक पत्रिका का प्रकाशन हिन्दी ग्रंथ अकादमी करती है।

विभिन्न 32 विषयों में लगभग 850 ग्रंथ प्रकाशित कर चुकी है। इनमें लगभग 225 पुस्तकें विज्ञान विषयों की एवं शेष अन्य विषयों की है। राज्य के विभिन्न विश्वविद्यालय के स्नातक एवं स्नातकोत्तर के पाठ्यक्रम में 550 पुस्तकों को स्थान मिल चुका है। हिन्दी में अध्ययन-अध्यापन ग्रंथ लेखन के प्रोत्साहन के लिये अकादमी ने ''डॉ. शंकर दयाल शर्मा सृजन सम्मान'' सन् 2005 में प्रारंभ कर वर्ष 2012 तक विभिन्न विषयों के लेखकों को सम्मान राशि रुपये 51,000/- से सम्मानित करती आ रही है। इस श्रृंखला में आज तक कुल 46 लेखकों को सम्मानित किया जा चुका है।

अतः विकल्प (B) सही है।

96. 'अंचल' रामेश्वर शुक्ल का उपनाम है। रामेश्वर शुक्ल का उपनाम अंचल तथा मांसलवादी था।

अतः विकल्प (D) सही है।

97. सुमित्रानंदन पंत को उनकी रचना 'चिदंबरा' के लिए 1968 में ज्ञानपीठ पुरस्कार मिला था। यह संग्रह उनकी काव्य-चेतना के द्वितीय उत्थान की परिचायिका है। 'चिदंबरा' का प्रकाशन राजकमल प्रकाशन द्वारा किया गया था। इसमें युगवाणी से लेकर अतिमा तक की रचनाओं का संचयन है।

अतः विकल्प (B) सही है।

98. दिए गए विकल्पों में से जूनियर रिसर्च फैलोशिप साहित्य अकादमी नहीं प्रदान करता है।

विश्वविद्यालय अनुदान आयोग (यूजीसी) यह फैलोशिप प्रदान करता है। यूजीसी शिक्षा की गुणवत्ता और मानक को बेहतर बनाने का प्रयास करता है और विश्वविद्यालय के शिक्षकों के बीच शोध अध्ययन के लिए शिक्षक फैलोशिप प्रदान करता है।

अतः विकल्प (D) सही है।

99. ज्ञानपीठ पुरस्कार 2017 'कृष्णा सोबती' को दिया गया।

कृष्णा सोबती को वर्ष 2017 का ज्ञानपीठ पुरस्कार दिया गया। यस साहित्य के क्षेत्र में दिया जाने वाला भारत का सर्वोच्च सम्मान है। कृष्णा सोबती को उनके उपन्यास 'जिंदगीनामा' के लिए वर्ष 1980 का साहित्य अकादमी पुरस्कार मिला था।

अतः विकल्प (C) सही है।

100. दिए गए सभी विकल्पों में इसका सही उत्तर विकल्प 1 'ज्ञानपीठ' होगा।

उर्वशी रामधारी सिंह 'दिनकर' द्वारा रचित काव्य नाटक है। 1961 ई. में प्रकाशित इस काव्य में दिनकर ने उर्वशी और पुरुरवा के प्राचीन आख्यान को एक नये अर्थ से जोड़ना चाहा। अन्य रचनाओं से इतर उर्वशी राष्ट्रवाद और वीर रस प्रधान रचना है। इसके लिए 1972 में उन्हें ज्ञानपीठ पुरस्कार प्रदान किया गया। उर्वशी प्रेम और सौन्दर्य का काव्य है। प्रेम और सौन्दर्य की मूल धारा में जीवन दर्शन सम्बन्धी अन्य छोटी-छोटी धाराएँ आकर मिल जाती हैं। प्रेम और सुन्दर का विधान कवि ने बहुत व्यापक धरातल पर किया है। कवि ने प्रेम की छवियों को मनोवैज्ञानिक धरातल पर पहचाना है।

अतः विकल्प (A) सही है।

101. "उक्ति व्यक्ति प्रकरण" प्रचलित व्याकरण ग्रंथ है।

उक्ति-व्यक्ति-प्रकरण, दामोदर शर्मा द्वारा रचित हिंदी व्याकरण का पहला ग्रंथ है। हिन्दी व्याकरण के इतिहास में इसका महत्त्वपूर्ण स्थान है। इसका रचना काल 12वीं शती का पूर्वार्द्ध माना जाता है।

अतः विकल्प (B) सही है।

102. सींगा ने निमाड़ी भाषा का प्रयोग किया।सींगा (1519 - 1659 ई.) प्रमुख संत कवि हैं। उनके गुरु का नाम मनरंगीर है। अन्य संत कवि - रैदास, कबीरदास, हरिदास निरंजनी, गुरुनानक, लालादास, दादू दयाल आदि।

अतः विकल्प (B) सही है।

103. शोभित कर नवनीत लिए घुटरुनि चलत रेनु तन मण्डित मुख दधि लेप किए। इन पंक्तियों में वात्सल्य रस है। वात्सल्य रस की परिभाषा अनुसार- माता-पिता का संतान के प्रति जो स्नेह होता है, उसे 'वात्सल्य' कहते हैं, यही 'वात्सल्य' स्थायी भाव जब विभाव, अनुभाव और संचारी भावों में संयुक्त होकर रस रूप में परिणत हो जाता है, तब 'वात्सल्य रस' कहलाता है।

अतः विकल्प (C) सही है।

104. "अंबिकादत्त व्यास" ने बिहारी सतसई के दोहों का रोला छंद में पल्लवन किया है।

अंबिकादत्त व्यास ने "बिहारी बिहार" नाम से टीका लिखी है जो कि बिहारी सतसई पर की गई है। बिहारी ने अपनी बहुझता अर्थात ज्योतिष, विज्ञान ,आयुर्वेद ,राजनीति ,लोक संबंधी आदि विषय के ज्ञान को बिहारी सतसई में प्रस्तुत किया है।

अतः विकल्प (C) सही है।

105. प्रस्तुत पंक्तियों में चौपाई छंद है।

भावार्थ-

सब लोकों के नेत्रों को सुख देनेवाले दोनों भाई मुनि के चरणकमलों की वंदना करके चले। बालकों के झुंड इन (के सौंदर्य) की अत्यंत शोभा देखकर साथ लग गए। उनके नेत्र और मन (इनकी माधुरी पर) लुभा गए।

चौपाई की परिभाषा- यह सम मात्रिक छंद होता है इसमें 4 चरण होते हैं हर चरण में 16,16 मात्राएं होती है।

अतः विकल्प (C) सही है।

106. सत्कार में व्यंजन संधि है।

व्यंजन संधि की परिभाषा- जब संधि करते समय व्यंजन के साथ स्वर या कोई व्यंजन के मिलने से जो रूप में परिवर्तन होता है, उसे ही व्यंजन संधि कहते हैं। यानी जब दो वर्णों में संधि होती है तो उनमे से पहला यदि व्यंजन होता है और दूसरा स्वर या व्यंजन होता है तो उसे हम व्यंजन संधि कहते हैं।

त् का द् में परिवर्तन : सद् + कार = सत्कार।

अतः विकल्प (C) सही है।

107. राजभाषा का उपयोग किस तरह से किया जाए इसके लिए राजभाषा आयोग का गठन 7 जून 1955 को किया गया था। यह संगठन बी. जे. खेर की अध्यक्षता में बनाया गया था और इसकी रिपोर्ट राष्ट्रपति को दी जाती है।

अतः विकल्प (A) सही है।

108. भारत के राष्ट्रपति ने भारत के संविधान के अनुच्छेद 344 (1) में प्रदत्त शक्तियों का प्रयोग करते हुए 7 जून 1955 को श्री बी.जी. खेर की अध्यक्षता में निम्नांकित विषयों पर सिफारिशें करने के लिए राजभाषा आयोग का गठन किया–

(1) संघ के सरकारी कामकाज के लिए हिंदी भाषा का क्रमशः अधिक से अधिक से प्रयोग,

(2) संघ के सभी या कुछ सरकारी कामों के लिए अंग्रेजी भाषा के प्रयोग की मनाही,

(3) संविधान के अनुच्छेद 348 में वर्णित सभी अथवा कुछ कार्यों के लिए किस भाषा का प्रयोग किया जाए,

(4) एक समग्र अनुसूची तैयार करना जिसमें ये बताया जाए कि कब और किस प्रकार संघ की राजभाषा तथा संघ एवं राज्यों के बीच और एक राज्य और दूसरे राज्यों के बीच संचार की भाषा के रूप में अंग्रेजी का स्थान धीरे-धीरे हिंदी को मिले।

अतः विकल्प (B) सही है।

109. दिए गए विकल्पों में से आगरा और अलीगढ़ में बोली जाने वाली बोली ब्रजभाषा है।

ब्रजभाषा- मथुरा, आगरा, अलीगढ़, बरेली, बंदायूं, एटा, मैनपुरी, गुड़गावां, भरतपुर, करौली।

अतः विकल्प (D) सही है।

110. मारुत, अनिल, वात, 'पवन' के पर्यायवाची शब्द हैं। तुहिन के पर्यायवाची शब्द हैं - ओस, हिम, तुषार।

अतः विकल्प (A) सही है।

111. 'जेम्स प्रिंसेप' ईस्ट इण्डिया कंपनी में एक अधिकारी के पद पर नियुक्त थे। उन्होंने 1837 ई. में सर्वप्रथम ब्राह्मी और खरोष्ठी लिपियों को पढ़ने में सफलता प्राप्त की। इन लिपियों का उपयोग सबसे आरम्भिक अभिलेखों और सिक्कों में किया गया है। प्रिंसेप को यह जानकारी प्राप्त हुई कि अभिलेखों और सिक्कों पर पियदस्सी (प्रियदर्शी) अर्थात सुन्दर मुखाकृति वाले राजा का नाम लिखा गया था। कुछ अभिलेखों पर राजा का नाम सम्राट अशोक भी लिखा हुआ था। अतः सही विकल्प जेम्स प्रिन्सेप है।

अतः विकल्प (C) सही है।

112. सही विलोम युग्म है, अवनि-अम्बर। अवनि, पृथ्वी का पर्यायवाची है तथा अम्बर, आकाश का पर्यायवाची शब्द है। चिर का विलोम अचिर है। जड़ता का विलोम चेतनता है। द्वेष का विलोम सद्भावना है।

अतः विकल्प (C) सही है।

113. 'अल्पज्ञ' का विलोम शब्द 'बहुज्ञ' है। अल्पज्ञ का अर्थ है- कम जानने वाला । बहुज्ञ का अर्थ है- बहुत-सी बातों का ज्ञान रखने वाला।

अतः विकल्प (B) सही है।

114. उक्त पँक्तियों में गीतिका छन्द का प्रयोग किया गया है।

प्रत्येक चरण में 14 और12 की यति से 26 मात्राएँ होती हैं

प्रत्येक चरण के अंत में लघु और गुरु होता है।

अतः विकल्प (C) सही है।

115. तिमिर का विलोम शब्द आलोक है। तिमिर, अंधकार का पर्यायवाची शब्द है तथा आलोक, प्रकाश का पर्यायवाची शब्द है।

अतः विकल्प (A) सही है।

116. दिए गए विकल्पों में से 'विभूति' शब्द का पर्यायवाची शब्द ऐश्वर्य है।

अतः विकल्प (D) सही है।

117. दिए गए विकल्पों में 'बिजली' शब्द दामिनी का पर्यायवाची शब्द है।

अतः विकल्प (C) सही है।

118. 'अंकुश लगाना' मुहावरे का अर्थः पाबन्दी या रोक लगाना

वाक्य प्रयोग – अब उसके पिता ने उसका जेब खर्च बन्द करके उसकी फ़िज़ूलखर्ची पर अंकुश लगा दिया है।

अतः विकल्प (C) सही है।

119. दिए गए विकल्पों में सही उत्तर विकल्प 2 'करण कारक' है।

संज्ञा या सर्वनाम के जिस रूप की सहायता से क्रिया सम्पन्न होती हैं, उसे करण कारक कहते हैं। जैसे- रामा ने मोहन को डंडे से मारा।

अतः विकल्प (B) सही है।

120. देवासुर में द्वंद्व समास है।

जिस समास में समस्तपद के दोनों पद प्रधान हों या दोनों पद सामान हों एवं दोनों पदों को मिलाते समय 'और', 'अथवा', 'या', 'एवं' आदि योजक लुप्त हो जाएँ, वह समास द्वंद्व समास कहलाता है। दोनों पद एक दूसरे के विलोम शब्द होते है (हमेशा नहीं)। देव और असुर एक दूसरे के विलोम शब्द है।

अतः विकल्प (B) सही है।

121. दिए गए विकल्पों में सही उत्तर विकल्प 4 'अवस्था' है।

उपरोक्त सभी विकल्पों में 'अवस्था' शब्द स्त्रीलिंग है जिसका अर्थ 'हालत या दशा या उम्र या स्थिति' होगा।

मनुष्य संसार में चार अवस्थाओं के द्वारा अपना जीवन व्यतीत करता है। ये हैं जागृत, स्वप्न, सुसुप्ति व तुरीय।

अतः विकल्प (D) सही है।

122. अनुज शब्द का स्त्री वाचक बनाने के लिए हम आ प्रत्यय का उपयोग करेंगे। जिससे 'अनुजा' शब्द बनेगा।

अतः विकल्प (A) सही है।

123. 'दुश्चरित्र' का उचित संधि-विच्छेद 'दुः + चरित्र' है। (विसर्ग के बाद यदि च, छ हो, तो विसर्ग का 'श' हो जाता है) यहाँ विसर्ग संधि है।

अतः विकल्प (D) सही है।

124. 'हरिश्चन्द्र' विसर्ग संधि का उदाहरण है।

जहाँ विसर्ग के साथ स्वर या व्यंजन के मेल से विकार उत्पन्न होता है। वहाँ विसर्ग संधि होती है।

'हरिश्चन्द्र' विसर्ग संधि का उदाहरण है।

हरिश्चन्द्र= हरिः + चन्द्र

अतः विकल्प (A) सही है।

125. 'आयुर्वेद प्रतिरोधक क्षमता बढ़ाता है' वाक्य शुद्ध है। 'आयुर्वेद प्रतिरोधक क्षमता बढ़ाता है' वर्तनीगत एवं व्याकरणिक रूप से शुद्ध है इसलिए ये सही उत्तर है। 'मेरे से कोई मतलब नहीं है।' वाक्य में सर्वनाम संबंधी त्रुटि है। यहाँ पर 'मेरे से' के स्थान पर 'मुझसे' उचित होगा।

'तीन लड़की एक पुरुष से भिड़ गईं।' वाक्य में वचन संबंधी त्रुटि है। यहाँ पर 'लड़की' के स्थान पर 'लड़कियां' उचित होगा।

'जाने वाले को कोई नहीं रोक सकते।' वाक्य में क्रिया संबंधी त्रुटि है। यहाँ पर 'सकते हैं।' के स्थान पर 'सकता है' उचित होगा।

अतः विकल्प (D) सही है।

Q.1 उत्थान का विलोम शब्द है:

A. अभ्युदय   B. वृद्धि   C. विकास   D. पतन

Q.2 उद्यमी का विलोम शब्द है:

A. क्रियाशील   B. यत्नशील   C. उद्योगी   D. आलसी

Q.3 उत्कृष्ट का विलोम शब्द है:

A. उत्तम   B. श्रेष्ठ   C. अच्छा   D. निकृष्ट

Q.4 आदर्श का विलोम शब्द है:

A. प्रतिरूप   B. नमूना   C. मानक   D. यथार्थ

Q.5 आय का विलोम शब्द है:

A. आमदनी   B. कमाई   C. मुनाफा   D. व्यय

Q.6 प्रत्यक्ष का विलोम शब्द है:

A. साक्षात्   B. स्पष्ट   C. यकीन   D. परोक्ष

Q.7 कृतज्ञ का विलोम शब्द है:

[UPPSC Staff Nurse, 2017]

A. अनुगृहीत   B. शुक्रगुज़ार   C. आभारी   D. कृतघ्न

Q.8 नूतन का विलोम शब्द है:

A. पुरातन   B. नवीन   C. नव   D. नवल

Q.9 आस्था का विलोम शब्द है:

A. अनास्था   B. विश्वास   C. ऐतबार   D. भरोसा

Q.10 औलाद का विलोम शब्द है:

A. वालिद   B. संतान   C. वंश   D. पुत्र

Q.11 'अमृत' शब्द का पर्यायवाची है:

A. अचल   B. सोम   C. अनादर   D. जंगल

Q.12 'अकाल' शब्द का पर्यायवाची है:

A. भुखमरी   B. असुर   C. दानव   D. अन्य

Q.13 'बेमिसाल' शब्द का पर्यायवाची है:

A. अद्भुत   B. आचार्य   C. यतीम   D. योग्य

Q.14 'अभिप्राय' शब्द का पर्यायवाची है:

A. अपराजित   B. तात्पर्य   C. कानन   D. निरादर

Q.15 'जातुधान' शब्द का पर्यायवाची है:

A. अभूतपूर्व   B. अडिग   C. राक्षस   D. अनूप

Q.16 'अजेय' शब्द का पर्यायवाची है:

A. अदम्य   B. अविचल   C. अर्थ   D. आशय

Q.17 'पृथक' शब्द का पर्यायवाची है:

A. मगरूर   B. यतीम   C. गिन्न   D. अटती

Q.18 'अप्सरा' शब्द का पर्यायवाची है:

A. अरुणप्रिया   B. नेत्र   C. चक्रवात   D. पकब

Q.19 'आत्मा' शब्द का पर्यायवाची है:

A. दर्प   B. प्रतिज्ञा

C. आभूषण   D. अन्तःकरण

Q.20 'लालसा' शब्द का पर्यायवाची है:

A. अभिलाषा   B. उत्तम   C. ईर्ष्या   D. जलन

Q.21 निर्देश: दिए गए वाक्यांश के लिए एक शब्द बताएं।
अण्डे से जन्म लेने वाला

A. अण्डज   B. अछूत   C. अछूता   D. अटल

Q.22 निर्देश: दिए गए वाक्यांश के लिए एक शब्द बताएं।
जिसका भाषा द्वारा वर्णन असंभव हो

A. अनिर्वचनीय   B. अग्रणी

C. अच्युत   D. अष्टाध्यायी

Q.23 निर्देश: दिए गए वाक्यांश के लिए एक शब्द बताएं।
दूसरे की विवाहित स्त्री

A. अनशन   B. अवरोहण   C. अछूता   D. अन्योढ़ा

Q.24 निर्देश: दिए गए वाक्यांश के लिए एक शब्द बताएं।
गुरु के पास रहकर पढ़ने वाला

A. अतुल   B. अदम्य   C. अन्तेवासी   D. छात्रावास

Q.25 निर्देश: दिए गए वाक्यांश के लिए एक शब्द बताएं।
जिसको भेदा न जा सके

A. अभेद्य   B. अलौकिक   C. ग्रामीण   D. छावनी

Q.26 निर्देश: दिए गए वाक्यांश के लिए एक शब्द बताएं।
जो चीज इस संसार मेँ न हो

A. अलौकिक   B. अतुलनीय   C. ईशान   D. ऐच्छिक

Q.27 निर्देश: दिए गए वाक्यांश के लिए एक शब्द बताएं।
जिसकी सबसे पहले गणना की जाये

A. आँधी   B. अनिकेत   C. अज्ञेय   D. अग्रगण

Q.28 निर्देश: दिए गए वाक्यांश के लिए एक शब्द बताएं।
जिसका खंडन न किया जा सके

A. अगाध   B. अनुपम   C. अखंडनीय   D. गोपनीय

Q.29 निर्देश: दिए गए वाक्यांश के लिए एक शब्द बताएं।
जिसका किसी में लगाव या प्रेम हो

A. अनुरक्त   B. अनन्तर   C. अंतःकथा   D. अत्याज्य

Q.30 निर्देश: दिए गए वाक्यांश के लिए एक शब्द बताएं।
जो कभी मरता न हो

A. अमर   B. अश्रव्य   C. अनादि   D. क्षणिक

Q.31 निर्देश: दिए गए वाक्यांश के लिए एक शब्द बताएं।
जो बिना वेतन के कार्य करता हो

A. अवैतनिक   B. अस्पृश्य

C. अनश्वर   D. इनमें से कोई नहीं

Q.32 निर्देश: दिए गए वाक्यांश के लिए एक शब्द बताएं।
जो व्यक्ति विदेश में रहता हो

A. अप्रवासी   B. अनुरक्त

C. अनामिका   D. इनमे से कोई नहीं

Q.33 सुगंध का विलोम शब्द है:

A. दुर्गन्ध   **B.** महक   **C.** सुगंधि   **D.** खुशबू

Q.34 सज्जन का विलोम शब्द है:

A. भला   **B.** शरीफ

C. दुर्जन   **D.** इनमे से कोई नहीं

Q.35 उत्सव शब्द का पर्यायवाची है:

A. समारोह   **B.** उदास

C. उद्यम   **D.** इनमे से कोई नहीं

Q.36 एकान्त शब्द का पर्यायवाची है:

A. सूना   **B.** उदर

C. कमल   **D.** इनमे से कोई नहीं

Q.37 निर्देश: निम्नलिखित शब्द के विकल्पों में से कौन दिए गए शब्द का सही समास है?

सुखप्राप्त

A. अधिकरण तत्पुरूष समास

B. कर्म तत्पुरूष समास

C. अपादान तत्पुरूष समास

D. संबंध तत्पुरूष समास

Q.38 निर्देश: निम्नलिखित शब्द के विकल्पों में से कौन दिए गए शब्द का सही समास है?

गगनचुम्बी

A. संप्रदान तत्पुरूष समास

B. करण तत्पुरूष समास

C. कर्म तत्पुरूष समास

D. अपादान तत्पुरूष समास

Q.39 निर्देश: निम्नलिखित शब्द के विकल्पों में से कौन दिए गए शब्द का सही समास है?

अकाल पीड़ित

A. संप्रदान तत्पुरूष समास

B. करण तत्पुरूष समास

C. अपादान तत्पुरूष समास

D. संबंध तत्पुरूष समास

Q.40 निर्देश: निम्नलिखित शब्द के विकल्पों में से कौन दिए गए शब्द का सही समास है?

शाकाहारी

A. अधिकरण तत्पुरूष समास

B. संबंध तत्पुरूष समास

C. अपादान तत्पुरूष समास

D. कर्म तत्पुरूष समास

Q.41 निर्देश: निम्नलिखित शब्द के विकल्पों में से कौन दिए गए शब्द का सही समास है?

प्रयोगशाला

A. संबंध तत्पुरूष समास

B. संप्रदान तत्पुरूष समास

C. अपादान तत्पुरूष समास

D. कर्म तत्पुरूष समास

Q.42 निर्देश: निम्नलिखित शब्द के विकल्पों में से कौन दिए गए शब्द का सही समास है?

यथाशक्ति

A. अव्ययीभाव समास   **B.** द्विगु समास

C. कर्मधारय समास   **D.** बहुब्रीहि समास

Q.43 निर्देश: निम्नलिखित शब्द के विकल्पों में से कौन दिए गए शब्द का सही समास है?

गंगाजल

A. अव्ययीभाव समास   **B.** तत्पुरूष समास

C. द्विगु समास   **D.** बहुब्रीहि समास

Q.44 निर्देश: निम्नलिखित शब्द के विकल्पों में से कौन दिए गए शब्द का सही समास है?

कमलनयन

A. द्विगु समास   **B.** तत्पुरूष समास

C. अव्ययीभाव समास   **D.** कर्मधारय समास

Q.45 निर्देश: निम्नलिखित शब्द के विकल्पों में से कौन दिए गए शब्द का सही समास है?

पंचानन

A. तत्पुरूष समास   **B.** द्विगु समास

C. बहुब्रीहि समास   **D.** इनमे से कोई नही

Q.46 निर्देश: निम्नलिखित शब्द के विकल्पों में से कौन दिए गए शब्द का सही समास है?

चौराह

A. बहुब्रीहि समास   **B.** द्विगु समास

C. तत्पुरूष समास   **D.** अव्ययीभाव समास

Q.47 इनमें से कौन-सा दीर्घ संधि का प्रकार नहीं है?

A. धर्मार्थ   **B.** मतानुसार   **C.** सत्याग्रह   **D.** अत्यधिक

Q.48 शब्द "दिग्गज" का विच्छेद क्या होगा?

A. दिग + गज   **B.** दिक् + गज

C. दिग् + गज   **D.** दीः + गज

Q.49 दिए गए विकल्पों में से कौन-सा शब्द व्यंजन संधि का एक प्रकार नहीं है ?

A. परिणाम   **B.** भूषण   **C.** मतानुसार   **D.** संविधान

Q.50 शब्द "यद्यपि" में प्रयुक्त संधि का नाम बताये?

A. गुण संधि   **B.** अयादि संधि

C. यण संधि   **D.** दीर्घ संधि

Q.51 शब्द "अन्वय "का संधि-विच्छेद क्या होगा?

A. अन + व्यय   **B.** अनु + अय

C. अनु + आय   **D.** अनु + व्यय

Q.52 दिए गये शब्दों में शुद्ध वर्तनी वाला शब्द है:

A. सुसुप्ति   **B.** सुस्ती   **C.** सुश्पति   **D.** सुषुप्ति

Q.53 दिए गये शब्दों में शुद्ध वर्तनी वाला शब्द है:

A. सचिदानन्द   **B.** सच्चीदानंद

C. सच्चिदानंद   **D.** सचितानंद

Q.54 निर्देश: नीचे दिए गए विकल्पों में से इस वाक्य में रेखांकित शब्द की वर्तनी शुद्ध कीजिये।

विज्ञान की देन है विशलेषण, <u>निव्यक्रिकता</u> तथा तटसता

A. निव्यक्रिकता   **B.** निर्वैयक्तिकता

C. निव्यक्रिकता   **D.** निर्वेयक्तिकता

Q.55 निर्देश: नीचे दिए गए विकल्पों में से निम्नलिखित वाक्य में रेखांकित शब्द की वर्तनी शुद्ध कीजिये।

मनुष्य जिसको <u>सामान्य</u> समझता है उसकी सेवा में उसे आनंद प्राप्त होता है।

A. सामान
B. सम्मान्य
C. समान्य
D. इनमें से कोई नहीं

Q.56 निर्देश: नीचे दिए गए विकल्पों में से इस वाक्य में रेखांकित शब्द की वर्तनी शुद्ध कीजिये।

दिनकर राष्ट्रीय भावधारा के ओजस्वी कवियों में <u>अगरगन्य</u> है।

A. अग्रगन्य
B. अग्रगण्य
C. अगर्गन्य
D. अर्गम्य

Q.57 देवनागरी लिपि को राष्ट्रलिपि के रूप में कब स्वीकार किया गया था?

A. 14 सितम्बर, 1949
B. 21 सितम्बर, 1949
C. 23 सितम्बर, 1949
D. 25 सितम्बर, 1949

Q.58 वीर रस का स्थायी भाव क्या होता है?

A. रति
B. उत्साह
C. हास्य
D. परिहास

Q.59 'हरिश्चन्द्री हिन्दी' शब्द का प्रयोग किस इतिहासकार ने अपने इतिहास ग्रंथ में किया है?

A. मिश्रबंधु
B. शिवसिंह 'सेंगर'
C. रामचन्द्र शुक्ल
D. रामविलास शर्मा

Q.60 अमीर ख़ुसरो ने किसके विकास में अग्रणी भूमिका निभाई?

A. ब्रज भाषा
B. अवधी
C. खड़ी बोली
D. भोजपुरी

Q.61 त्रिपुरा की राजभाषा है?

A. हिन्दी
B. नागा
C. संस्कृत
D. बंगाली

Q.62 'श्रद्धा' किस कृति की नायिका है?

A. कामायनी
B. कुरुक्षेत्र
C. रामायण
D. साकेत

Q.63 तरुवर फल नहिं खात है, सरवर पियहिं न पान। प्रस्तुत पंक्ति के रचयिता हैं -

A. रहीम
B. कबीरदास
C. रसखान
D. बिहारी

Q.64 तरनि तनूजा तट तमाल तरुवर छाए। प्रस्तुत पंक्ति के रचयिता हैं -

A. भारतेंदु हरिश्चन्द्र
B. रामधारी सिंह दिनकर
C. माखनलाल चतुर्वेदी
D. राम नरेश त्रिपाठी

Q.65 'देखन जौ पाऊँ तौ पठाऊँ जमलोक हाथ, दूजौ न लगाऊँ, वार करौ एक करको।' ये पंक्तियाँ किस कवि द्वारा सृजित हैं?

A. हृदयराम
B. अग्रदास
C. तुलसीदास
D. नाभादास

Q.66 आचार्य रामचन्द्र शुक्ल ने 'त्रिवेणी' में किन तीन महाकवियों की समीक्षाएँ प्रस्तुत की हैं?

A. कबीर, जायसी, सूर
B. कबीर, जायसी, तुलसी
C. सूर, तुलसी, जायसी
D. कबीर, सूर, तुलसी

Q.67 'सुन्दर परम किसोर बयक्रम चंचल नयन बिसाल। कर मुरली सिर मोरपंख पीतांबर उर बनमाल॥ ये पंक्तियाँ किस रचनाकार की हैं?

A. बिहारी
B. केशवदास
C. तुलसीदास
D. सूरदास

Q.68 बुँदेलो हरबोलो के मूह हमने सुनी कहानी थी। खूब लड़ी मर्दानी वह तो झांसी वाली रानी थी॥ इन पंक्तियों के रचयिता हैं -

A. सत्यनारायण पाण्डेय
B. मैथिलीशरण गुप्त
C. सुभद्रा कुमारी चौहान
D. महादेवी वर्मा

Q.69 मुझे तोड़ लेना वनमाली उस पथ में देना तुम फेंक मातृभूमि पर शीश चढ़ाने जिस पथ जावे वीर अनेक॥ प्रस्तुत पंक्तियों के रचयिता हैं -

A. सत्यनारायण पाण्डेय
B. सोहन लाल द्विवेदी
C. बालकृष्ण शर्मा 'नवीन'
D. माखन लाल चतुर्वेदी

Q.70 तरनि तनूजा तट तमाल तरुवर बहु छाए। उपयुक्त पंक्तियों में अलंकार है:

A. अनुप्रास
B. यमक
C. उत्प्रेक्षा
D. उपमा

Q.71 हिन्दी के सर्वप्रथम प्रकाशित पत्र का नाम है -

A. सम्मेलन पत्रिका
B. उतंड मार्तण्ड
C. सरस्वती
D. नागरी प्रचारिणी पत्रिका

Q.72 छायावाद के प्रवर्तक का नाम है -

A. सुमित्रानंदन पन्त
B. श्रीधर पाठक
C. मुकुटधर पाण्डेय
D. जयशंकर प्रसाद

Q.73 प्रेमचंद के अधूरे उपन्यास का नाम है?

A. गवन
B. रंगभूमि
C. मंगलसूत्र
D. सेवासदन

Q.74 संज्ञा के जिस रूप से वस्तु की जाति का बोध होता है, उसे कहते हैं?

A. वचन
B. कारक
C. लिंग
D. संधि

Q.75 दही स्त्रीलिंग है या पुल्लिंग-

A. पुल्लिंग
B. स्त्रीलिंग
C. नपुंसक लिंग
D. उभय लिंग

Q.76 प्राणियों के समुदाय वाचक नाम व्यवहार के अनुसार कैसे होते हैं?

A. पुल्लिंग
B. स्त्रीलिंग
C. नपुसकलिंग
D. दोनो (A) और (B)

Q.77 'नेत्र' शब्द कैसा है?

A. पुल्लिंग
B. स्त्रीलिंग
C. नपुसकलिंग
D. पुल्लिंग व स्त्रीलिंग

Q.78 अल्पायु का संधि विच्छेद बताईये:

A. अल्प + आयु
B. अल्प + आय
C. अल्प + यु
D. अल् + आयु

Q.79 निर्देश: निम्नलिखित मुहावरे का अर्थ बताइये।

अपने मुँह मियाँ मिट्ठू बनना

A. अपनी बड़ाई आप करना
B. अत्यधिक अभिमान करना
C. बहुत शोर करना
D. इनमे से कोई नहीं

Q.80 निर्देश: निम्नलिखित मुहावरे का अर्थ बताइये।

आँख का काजल चुराना

A. सफाई के साथ चोरी करना
B. अत्यधिक प्रशंसा करना
C. धोखा देना
D. इनमे से कोई नहीं

Q.81 निर्देश: निम्नलिखित मुहावरे का अर्थ बताइये।

आँखों में खून उतरना

A. अत्यधिक क्रोध होना
B. बहुत प्रिय होना
C. कष्टदायक होना
D. क्रोध करना

Q.82 निर्देश: निम्नलिखित मुहावरे का अर्थ बताइये।

खून-पसीना एक करना

A. बहुत कठिन परिश्रम करना
B. मुद्राएं बनाना
C. बहुत प्रिय होना
D. मरने के लिए तैयार होना

Q.83 निर्देश: निम्नलिखित मुहावरे का अर्थ बताइये।
खोटा पैसा

A. अयोग्य पुत्र
B. खोपड़ी खाली होना
C. खोपड़ी पर लादना
D. इनमे से कोई नहीं

Q.84 निर्देश: निम्नलिखित मुहावरे का अर्थ बताइये।
गर्दन पर छुरी चलाना

A. नुकसान पहुचाना
B. वीरता का प्रदर्शन करना
C. रंग बदलना
D. इनमे से कोई नहीं

Q.85 निर्देश: निम्नलिखित मुहावरे का अर्थ बताइये।
गड़े मुर्दें उखाड़ना

A. दबी हुई बात फिर से उभारना
B. एक रंग -ढंग पर न रहना
C. लापता होना
D. इनमे से कोई नहीं

Q.86 निर्देश: निम्नलिखित मुहावरे का अर्थ बताइये।
गिरगिट की तरह रंग बदलना

A. जगह न बदलना
B. काम न करना
C. बातें बदलना
D. काम समाप्त करना

Q.87 निर्देश: निम्नलिखित मुहावरे का अर्थ बताइये।
गुड़ गोबर करना

A. गुरू घंटाल
B. बनाया काम बिगाड़ना
C. धोखा खाना
D. कमाल करना

Q.88 निर्देश: निम्नलिखित मुहावरे का अर्थ बताइये।
गर्दन ऐंठी रहना

A. झंझट या परेशानी में फँसना
B. क्रोधित होना
C. घमंड या अकड़ में रहना
D. किसी की ठगना

Q.89 निर्देश: निम्नलिखित मुहावरे का अर्थ बताइये।
डंके की चोट पर

A. खुल्लमखुल्ला
B. मुनादी या ऐलान करना
C. प्रभाव जमाना
D. कम तोलना

Q.90 निर्देश: निम्नलिखित मुहावरे का अर्थ बताइये।
डूबती नैया को पार लगाना

A. संकट से छुड़ाना
B. प्रभाव जमाना
C. खोपड़ी पर लादना
D. समझ का अभाव होना
E. इनमे से कोई नहीं

Q.91 निर्देश: निम्नलिखित मुहावरे का अर्थ बताइये।
ढाई दिन की बादशाहत होना या मिलना

A. थोड़े दिनों की शान-शौकत या हुकूमत होना
B. अपनी बड़ाई आप करना
C. धोखा देना
D. इनमे से कोई नहीं

Q.92 सुंदर शब्द का स्त्रीलिंग क्या है?

A. सौंदर्य
B. सौंदर्यता
C. सुंदरी
D. सौंदर्यीकरण

Q.93 आत्मोत्सर्ग का संधि विच्छेद बताइये:

A. आत्मा + उत्सर्ग
B. आत्मा + त्सर्ग
C. आत्म + उत्सर्ग
D. आत्मा + उत्सर्

Q.94 उज्झटिका का संधि विच्छेद बताइये:

A. उत + झटिका
B. उत् + झटिका
C. उत् + झटिक
D. उत् + झटका

Q.95 धनैषणा का संधि विच्छेद बताइये:

A. धन + एषणा
B. धन + षणा
C. धन + एषण
D. धन + एणा

Q.96 वनौषधि का संधि विच्छेद बताइये:

A. वने + औषधि
B. वन + औषध
C. वन + षधि
D. वन + औषधि

Q.97 "मुनीन्द्र" शब्द में संधि बताइये:

A. स्वर संधि
B. अयादि संधि
C. गुण संधि
D. यण संधि

Q.98 " ज्ञानोपदेश" शब्द में संधि बताइये:

A. स्वर संधि
B. दीर्घ संधि
C. गुण संधि
D. यण संधि

Q.99 "अत्यावश्यक" शब्द में संधि बताईये:

A. स्वर संधि
B. दीर्घ संधि
C. गुण संधि
D. यण संधि

Q.100 दिगम्बर का संधि विच्छेद बताइये:

A. दिक + अम्बर
B. दिक् + अम्बर
C. दिक् + अग्र
D. दि + अम्बर

Q.101 किस कारक में `से ` विभक्ति का प्रयोग साधन के अर्थ में होता है?

A. अपादान
B. कर्ता
C. करण
D. सम्प्रदान

Q.102 "दूल्हा घोड़े से गिर पड़ा।" में कौन सा कारक है?

A. अधिकरण
B. कर्म
C. करण
D. अपादान

Q.103 :"मोहन मैदान में खेल रहा है।" में कौन सा कारक है?

A. करण
B. सम्प्रदान
C. अधिकरण
D. कर्ता

Q.104 "हे श्याम! इधर आओ। अरे! तुम क्या कर रहे हो?" में कौन सा कारक है?

A. संबोधन
B. कर्म
C. करण
D. अपादान

Q.105 "मनमोहन छत पर खेल रहा है।" में कौन सा कारक है?

A. अधिकरण
B. कर्म
C. करण
D. अपादान

Q.106 "सीता का भाई आया है।" में कौन सा कारक है?

A. सम्बन्ध
B. कर्म
C. करण
D. अपादान

Q.107 "चूहा बिल से बाहर निकला।" में कौन सा कारक है?

A. सम्बन्ध
B. कर्म
C. करण
D. अपादान

Q.108 "वह अरुण के लिए मिठाई लाया।" में कौन सा कारक है?

A. सम्बन्ध
B. कर्म
C. करण
D. सम्प्रदान

Q.109 "वह कुल्हाड़ी से वृक्ष काटता है।" में कौन सा कारक है?

A. सम्बन्ध
B. कर्म
C. करण
D. सम्प्रदान

Q.110 कारक चिन्हों को कहा जाता है?

A. अव्यय
B. संज्ञा चिन्ह
C. परसर्ग
D. सयोजक

Q.111 सम्प्रदान कारक में `को ` का प्रयोग किस अर्थ में होता है?

A. के लिए
B. पर
C. से
D. की अपेक्षा

Q.112 पूत कपूत तो क्यों धन संचय। पूत सपूत तो क्यों धन संचय ।। प्रस्तुत पंक्तियों में कौन-सा अलंकार है ?

A. छेकानुप्रास   **B.** लाटानुप्रास
C. वृत्यनुप्रास   **D.** अन्त्यानुप्रास

Q.113 उसी तपस्वी से लंबे थे, देवदार दो चार खड़े। इस पंक्ति में कौन-सा अलंकार है?

A. अनुप्रास   **B.** प्रतीप   **C.** रूपक   **D.** यमक

Q.114 बिनु पद चलइ सुनइ बिनु काना। कर बिनु करम करइ बिधि नाना॥ इस चौपाई में अलंकार है :

A. विषम   **B.** विभावना   **C.** असंगति   **D.** तद्गुण

Q.115 जहाँ उपमेय का निषेध करने उपमान का आरोप किया जाता है वहां होता है :

A. रूपक अलंकार   **B.** उत्प्रेक्षा अलंकार
C. अपह्नुति अलंकार   **D.** उपमा अलंकार

Q.116 किस पंक्ति में अपह्नुति अलंकार है?
A. इसका मुख चन्द्र के समान है
B. चंद्र इसके मुख के समान है
C. इसका मुख ही चंद्र है
D. यह चित्र नहीं मुख है

Q.117 निम्नलिखित में कौन-सा शब्दालंकार नहीं है?
A. श्लेष   **B.** वीणा   **C.** उपमा   **D.** वक्रोक्ति

Q.118 "चरर मरर खुल गए अरर रवस्फुटों से" में कौन-सा अलंकार है?
A. अनुप्रास   **B.** श्लेष   **C.** यमक   **D.** उत्प्रेक्षा

Q.119 "बड़े न हुजे गुनन बिनु विरद बड़ाई पाय। कहत धतूरे सों कनक, गहनो गढो न जाय।।" प्रस्तुत पंक्तियों में कौन-सा अलंकार है?
A. अतिश्योक्ति   **B.** प्रतिवस्तूपमा
C. अर्थान्तरन्यास   **D.** विरोधाभास

Q.120 प्रश्न "विक्रम बिकानेरी भुजिया पसंद करता है।", वाक्य में विशेषण है:
A. विक्रम   **B.** बिकानेरी   **C.** पसंद   **D.** भुजीया

Q.121 किस वाक्य में क्रिया विशेषण का प्रयोग हुआ है:
A. शिना गाना गाती है।   **B.** पेड़ पर पक्षी बैठा है।
C. मोहन सुन्दर लिखता है।   **D.** राम अच्छा लड़का है।

Q.122 निम्न में से कौन सा शब्द व्यक्तिवाचक संज्ञा है:
A. गाय   **B.** पहाड़   **C.** यमुना   **D.** आम

Q.123 जातिवाचक संज्ञा बताएं:
A. लड़का   **B.** सेना   **C.** श्याम   **D.** दुःख

Q.124 कौन सा शब्द भाववाचक संज्ञा नहीं है:
A. मिठाई   **B.** चतुराई   **C.** लड़ाई   **D.** उतराई

Q.125 चरण कमल बंदौ हरिराई में कौन सा अलंकार है?
A. श्लेष   **B.** उपमा
C. रूपक   **D.** अतिश्योक्ति

// स्मार्ट उत्तर पुस्तिका //

सही उत्तर — उन छात्रों के प्रतिशत को इंगित करता है जिन्होंने प्रश्नों का सही उत्तर दिया था।

छोड़ दिया — उन छात्रों के प्रतिशत को इंगित करता है जिन्होंने प्रश्नों को छोड़ दिया था।

प्रश्न संख्या	उत्तर	सही उत्तर / छोड़ दिया	प्रश्न संख्या	उत्तर	सही उत्तर / छोड़ दिया	प्रश्न संख्या	उत्तर	सही उत्तर / छोड़ दिया	प्रश्न संख्या	उत्तर	सही उत्तर / छोड़ दिया	प्रश्न संख्या	उत्तर	सही उत्तर / छोड़ दिया
1	D	61.77 % / 1.01 %	17	C	60.28 % / 1.11 %	33	A	43.97 % / 1.85 %	49	C	47.54 % / 1.61 %	65	D	45.68 % / 1.69 %
2	D	86.68 % / 0.0 %	18	A	59.07 % / 1.17 %	34	C	46.14 % / 1.59 %	50	C	57.12 % / 1.85 %	66	C	77.24 % / 0.0 %
3	D	44.22 % / 1.14 %	19	D	41.38 % / 1.48 %	35	A	68.03 % / 1.09 %	51	B	67.21 % / 1.37 %	67	D	57.75 % / 1.01 %
4	D	59.49 % / 1.96 %	20	A	60.71 % / 1.88 %	36	A	59.72 % / 1.55 %	52	D	45.13 % / 1.79 %	68	C	59.75 % / 1.15 %
5	D	63.91 % / 1.12 %	21	A	43.58 % / 1.45 %	37	B	69.05 % / 1.98 %	53	C	50.67 % / 1.64 %	69	D	19.17 % / 4.54 %
6	D	80.91 % / 0.0 %	22	A	57.18 % / 1.22 %	38	C	48.49 % / 1.07 %	54	B	68.62 % / 1.18 %	70	A	63.49 % / 1.82 %
7	D	47.16 % / 1.73 %	23	D	87.46 % / 0.0 %	39	B	50.29 % / 1.36 %	55	B	85.43 % / 0.0 %	71	B	50.71 % / 1.99 %
8	A	68.9 % / 1.72 %	24	C	78.3 % / 0.0 %	40	D	49.46 % / 1.0 %	56	B	40.96 % / 1.35 %	72	D	53.66 % / 1.68 %
9	A	41.61 % / 1.65 %	25	A	65.53 % / 1.22 %	41	B	57.88 % / 1.89 %	57	A	26.42 % / 3.07 %	73	C	56.21 % / 1.72 %
10	A	49.3 % / 1.3 %	26	A	41.4 % / 1.39 %	42	A	63.02 % / 1.23 %	58	B	44.94 % / 1.46 %	74	C	41.81 % / 1.73 %
11	B	45.41 % / 1.72 %	27	D	49.76 % / 1.7 %	43	B	86.58 % / 0.0 %	59	C	46.35 % / 1.14 %	75	A	40.48 % / 1.14 %
12	A	53.93 % / 1.38 %	28	C	58.8 % / 1.87 %	44	D	50.99 % / 1.48 %	60	C	45.65 % / 1.48 %	76	D	41.44 % / 1.51 %
13	A	57.33 % / 1.63 %	29	A	65.35 % / 1.12 %	45	C	41.59 % / 1.16 %	61	D	76.13 % / 0.0 %	77	A	43.36 % / 1.8 %
14	B	62.79 % / 1.09 %	30	A	50.21 % / 1.07 %	46	B	55.61 % / 1.05 %	62	A	61.97 % / 1.9 %	78	A	56.21 % / 1.82 %
15	C	41.7 % / 1.15 %	31	A	68.25 % / 1.39 %	47	D	40.85 % / 1.49 %	63	A	27.77 % / 4.69 %	79	A	62.81 % / 1.37 %
16	A	56.27 % / 1.33 %	32	A	53.22 % / 1.51 %	48	B	67.77 % / 1.9 %	64	A	42.68 % / 1.52 %	80	A	48.46 % / 1.79 %

प्रश्न संख्या	उत्तर	सही उत्तर / छोड़ दिया
81	A	40.23 % / 1.69 %
82	A	68.52 % / 1.81 %
83	A	89.76 % / 0.0 %
84	A	61.09 % / 1.03 %
85	A	60.03 % / 1.94 %
86	C	66.0 % / 1.36 %
87	B	47.74 % / 1.95 %
88	C	50.77 % / 1.48 %
89	A	69.03 % / 1.52 %

प्रश्न संख्या	उत्तर	सही उत्तर / छोड़ दिया
90	A	68.41 % / 1.62 %
91	A	42.25 % / 1.46 %
92	C	50.1 % / 1.52 %
93	A	61.01 % / 1.22 %
94	B	41.01 % / 1.3 %
95	A	68.62 % / 1.59 %
96	D	41.1 % / 1.97 %
97	A	50.87 % / 1.91 %
98	C	56.67 % / 1.78 %

प्रश्न संख्या	उत्तर	सही उत्तर / छोड़ दिया
99	D	40.77 % / 1.8 %
100	A	68.15 % / 1.25 %
101	C	56.63 % / 1.74 %
102	D	66.96 % / 1.76 %
103	C	67.98 % / 1.1 %
104	A	57.43 % / 1.39 %
105	A	61.2 % / 1.03 %
106	A	61.73 % / 1.85 %
107	D	57.4 % / 1.18 %

प्रश्न संख्या	उत्तर	सही उत्तर / छोड़ दिया
108	D	56.41 % / 1.89 %
109	C	41.51 % / 1.47 %
110	C	42.19 % / 1.01 %
111	A	56.98 % / 1.07 %
112	B	55.07 % / 1.21 %
113	B	48.87 % / 1.72 %
114	B	53.05 % / 1.97 %
115	D	48.07 % / 1.38 %
116	D	46.84 % / 1.18 %

प्रश्न संख्या	उत्तर	सही उत्तर / छोड़ दिया
117	C	44.86 % / 1.64 %
118	A	69.28 % / 1.32 %
119	C	66.73 % / 2.0 %
120	B	66.88 % / 1.22 %
121	C	59.7 % / 1.86 %
122	C	46.86 % / 1.14 %
123	A	42.53 % / 1.58 %
124	A	65.73 % / 1.83 %
125	C	68.14 % / 1.04 %

कार्य विश्लेषण	
औसत अंक (%)	43.4%
टॉपर्स स्कोर (%)	64.0%
आपका स्कोर	

//संकेत और समाधान//

1. उत्थान का विलोम शब्द पतन होगा, और अन्य सभी 'उत्थान' के पर्यायवाची शब्द है।

'विलोम' शब्द का अर्थ है-उल्टा या विपरीत। अत: किसी शब्द का उल्टा अर्थ व्यक्त करने वाला शब्द विलोमार्थक शब्द कहलाता है।

अत: विकल्प (D) सही है।

2. उद्यमी का विलोम शब्द आलसी होगा, और अन्य सभी उद्यमी के पर्यायवाची शब्द है।

'विलोम' शब्द का अर्थ है-उल्टा या विपरीत। अत: किसी शब्द का उल्टा अर्थ व्यक्त करने वाला शब्द विलोमार्थक शब्द कहलाता है।

अत: विकल्प (D) सही है।

3. उत्कृष्ट का विलोम शब्द निकृष्ट होगा, और अन्य सभी उत्कृष्ट के पर्यायवाची शब्द है।

'विलोम' शब्द का अर्थ है-उल्टा या विपरीत। अत: किसी शब्द का उल्टा अर्थ व्यक्त करने वाला शब्द विलोमार्थक शब्द कहलाता है।

अत: विकल्प (D) सही है।

4. आदर्श का विलोम शब्द यथार्थ होगा, और अन्य सभी आदर्श के पर्यायवाची शब्द है।

'विलोम' शब्द का अर्थ है-उल्टा या विपरीत। अत: किसी शब्द का उल्टा अर्थ व्यक्त करने वाला शब्द विलोमार्थक शब्द कहलाता है।

अत: विकल्प (D) सही है।

5. आय का विलोम शब्द व्यय होगा, और अन्य सभी आय के पर्यायवाची शब्द है।

'विलोम' शब्द का अर्थ है-उल्टा या विपरीत। अत: किसी शब्द का उल्टा अर्थ व्यक्त करने वाला शब्द विलोमार्थक शब्द कहलाता है।

अत: विकल्प (D) सही है।

6. प्रत्यक्ष का विलोम शब्द परोक्ष होगा, और अन्य सभी प्रत्यक्ष के पर्यायवाची शब्द है।

'विलोम' शब्द का अर्थ है-उल्टा या विपरीत। अत: किसी शब्द का उल्टा अर्थ व्यक्त करने वाला शब्द विलोमार्थक शब्द कहलाता है।

अत: विकल्प (D) सही है।

7. कृतज्ञ का विलोम शब्द कृतघ्न होगा, और अन्य सभी कृतज्ञ के पर्यायवाची शब्द है।

'विलोम' शब्द का अर्थ है-उल्टा या विपरीत। अत: किसी शब्द का उल्टा अर्थ व्यक्त करने वाला शब्द विलोमार्थक शब्द कहलाता है।

अत: विकल्प (D) सही है।

8. नूतन का विलोम शब्द पुरातन होगा, और अन्य सभी नूतन के पर्यायवाची शब्द है।

'विलोम' शब्द का अर्थ है-उल्टा या विपरीत। अत: किसी शब्द का उल्टा अर्थ व्यक्त करने वाला शब्द विलोमार्थक शब्द कहलाता है।

अत: विकल्प (A) सही है।

9. आस्था का विलोम शब्द अनास्था होगा, और अन्य सभी आस्था के पर्यायवाची शब्द है।

'विलोम' शब्द का अर्थ है-उल्टा या विपरीत। अत: किसी शब्द का उल्टा अर्थ व्यक्त करने वाला शब्द विलोमार्थक शब्द कहलाता है।

अत: विकल्प (A) सही है।

10. औलाद का विलोम शब्द वालिद होगा, और अन्य सभी औलाद के पर्यायवाची शब्द है।

'विलोम' शब्द का अर्थ है-उल्टा या विपरीत। अत: किसी शब्द का उल्टा अर्थ व्यक्त करने वाला शब्द विलोमार्थक शब्द कहलाता है।

अत: विकल्प (A) सही है।

11. 'अमृत' शब्द का पर्यायवाची 'सोम' है।

अनादर - अपमान

जंगल - अरण्य

अटल - अचल

अत: विकल्प (B) सही है।

12. 'अकाल' शब्द का पर्यायवाची 'भुखमरी' है।

असुर - दैत्य

दानव - दनुज

अन्य - भिन्न

अत: विकल्प (A) सही है।

13. 'बेमिसाल' शब्द का पर्यायवाची अद्भुत है।

आचार्य - शिक्षक

यतीम - बेसहारा

योग्य - श्रेष्ठ

अत: विकल्प (A) सही है।

14. 'अभिप्राय' शब्द का पर्यायवाची तात्पर्य है।

अपराजित - अजित

निरादर - तिरस्कार

कानन - वन

अत: विकल्प (B) सही है।

15. 'जातुधान' शब्द का पर्यायवाची 'राक्षस' है।

अनूप - अनन्य

अडिग - दृढ़

अभूतपूर्व - अनूठा

अत: विकल्प (C) सही है।

16. 'अजेय' शब्द का पर्यायवाची अदम्य है।

अविचल - स्थिर

आशय - अर्थ

अर्थ - तात्पर्य

अत: विकल्प (A) सही है।

17. 'पृथक' शब्द का पर्यायवाची भिन्न है।

अटवी - विपिन

यतीम - निराश्रित

मगरूर - अहंकारी

अत: विकल्प (C) सही है।

18. 'अप्सरा' शब्द का पर्यायवाची अरुणप्रिया है।

नेत्र - नयन

चक्रवात - बवंडर

पकब - समर्थ बनना

अत: विकल्प (A) सही है।

19. 'आत्मा' शब्द का पर्यायवाची अन्तःकरण है।

आभूषण - जेवर

प्रतिज्ञा - घोषणा

दर्प - अभिमान

अत: विकल्प (D) सही है।

20. 'लालसा' शब्द का पर्यायवाची अभिलाषा है।

ईर्ष्या - जलन

जलन - खार

उत्तम - प्रवर

अत: विकल्प (A) सही है।

21. अण्डज : अण्डे से जन्म लेने वाला

अछूत : जो छूने योग्य न हो

अछूता : जो छुआ न गया हो

अटल : जो अपनी बात से टले नहीँ

अत: विकल्प (A) सही है।

22. अनिर्वचनीय : जिसका भाषा द्वारा वर्णन असंभव हो

अग्रणी : सबसे आगे रहने वाला

अच्युत : जो अपने स्थान या स्थिति से अलग न किया जा सके

अष्टाध्यायी : जिस पुस्तक मेँ आठ अध्याय होँ

अत: विकल्प (A) सही है।

23. अन्योढ़ा: दूसरे की विवाहित स्त्री

अनशन: भोजन ग्रहण न करना

अवरोहण: नीचे उतरने की क्रिया

अछूता: जो छुआ न गया हो

अत: विकल्प (D) सही है।

24. अन्तेवासी: गुरु के पास रहकर पढ़ने वाला

अतुल: जिसकी तौल-माप न हो सके

अदम्य: जो दबाया न जा सके

छात्रावास: जहां छात्र निवास करते हैं

अत: विकल्प (C) सही है।

25. अभेद्य: जिसको भेदा न जा सके

अलौकिक: जो चीज इस संसार मेँ न हो

ग्रामीण: जो गाँव में रहता हो

छावनी: सेना के रहने का स्थान

अत: विकल्प (A) सही है।

26. अलौकिक: जो चीज इस संसार मेँ न हो

अतुलनीय: जिसकी तुलना न हो सके

ईशान: पुर्व और उत्तर के बीच की दिशा

ऐच्छिक: जिसा करना इच्छा पर निर्भर हो

अत: विकल्प (A) सही है।

27. अग्रगण: जिसकी सबसे पहले गणना की जाये

अज्ञेय: जिसे जाना न जा सके

अनिकेत: जिसका कोई घर (निकेत) न हो

आँधी: धूलभरी जोर की हवा

अत: विकल्प (D) सही है।

28. अखंडनीय: जिसका खंडन न किया जा सके

अगाध: जो बहुत गहरा हो

अनुपम: जिसकी कोई उपमा न हो

गोपनीय: छिपाने के योग्य

अत: विकल्प (C) सही है।

29. अनुरक्त: जिसका किसी में लगाव या प्रेम हो

अनन्तर: जो बिना अन्तर के घटित हो

अंतःकथा: मूलकथा मेँ आने वाला प्रसंग, लघु कथा

अत्याज्य: जिसको त्यागा न जा सके

अत: विकल्प (A) सही है।

30. अमर: जो कभी मरता न हो

अश्रव्य: जो सुना हुआ न हो

अनादि: जिसके आदि (प्रारम्भ) का पता न हो

क्षणिक: क्षण में नष्ट होने वाला

अत: विकल्प (A) सही है।

31. अवैतनिक: जो बिना वेतन के कार्य करता हो

अस्पृश्य: जिसका स्पर्श करना वर्जित हो

अनश्वर: जो कभी नष्ट न होने वाला हो

अत: विकल्प (A) सही है।

32. अप्रवासी: जो व्यक्ति विदेश में रहता हो

अनुरक्त: जिसका किसी में लगाव या प्रेम हो

अनामिका: कनिष्ठा (सबसे छोटी) और मध्यमा के बीच की उँगली

अत: विकल्प (A) सही है।

33. सुगंध का विलोम शब्द दुर्गन्धि होगा, और अन्य सभी सुगंध के पर्यायवाची शब्द है।

'विलोम' शब्द का अर्थ है-उल्टा या विपरीत। अत: किसी शब्द का उल्टा अर्थ व्यक्त करने वाला शब्द विलोमार्थक शब्द कहलाता है।

अत: विकल्प (A) सही है।

34. सज्जन का विलोम शब्द दुर्जन होगा, और अन्य सभी सज्जन के पर्यायवाची शब्द है।

'विलोम' शब्द का अर्थ है-उल्टा या विपरीत। अत: किसी शब्द का उल्टा अर्थ व्यक्त करने वाला शब्द विलोमार्थक शब्द कहलाता है।

अत: विकल्प (A) सही है।

35. उत्सव शब्द का पर्यायवाची समारोह है।

उद्यम : साहस

उदास : दुखी

अत: विकल्प (A) सही है।

36. एकान्त शब्द का पर्यायवाची सूना है।

कमल : नलिन

उदर : पेट

अत: विकल्प (A) सही है।

37. 'सुखप्राप्त' अर्थात सुख को प्राप्त करने वाला।

जिस समास मे को यह पद का लोप होता है, उसे कर्म तत्पुरूष समास कहते है।

अत: यह कर्म तत्पुरूष समास का उदाहरण है।

उदाहरण: 'जेबकतरा' अर्थात जेब को कतरने वाला।

अत: विकल्प (B) सही है।

38. 'गगनचुम्बी' अर्थात गगन को चूमने वाला। जिस समास मे को यह पद का लोप होता है, उसे कर्म तत्पुरूष समास कहते है । अत: यह कर्म तत्पुरूष समास का उदाहरण है।

उदाहरण: 'माखनचोर' अर्थात माखन को चुराने वाला।

अत: विकल्प (C) सही है।

39. 'अकाल पीड़ित' अर्थात अकाल से पीड़ित। जिस समास मे से यह पद का लोप होता है, उसे करण तत्पुरूष समास कहते है। अत: यह करण तत्पुरूष समास का उदाहरण है।

उदाहरण: 'तारोंभरी' अर्थात तारो से भरी

अत: विकल्प (B) सही है।

40. 'शाकाहारी' अर्थात शाक को खाने वाला। (कर्म तत्पुरूष) जिस समास मे को यह पद का जहाँ लोप होता है, उसे कर्म तत्पुरूष समास कहते है। अत: यह कर्म तत्पुरूष समास का उदाहरण है।

उदाहरण: 'रचनाकार' अर्थात रचना को करने वाला।

अत: विकल्प (D) सही है।

41. 'प्रयोगशाला' अर्थात प्रयोग के लिए शाला। जिस समास मे के लिए इस पद का जहाँ लोप होता है उसे संप्रदान तत्पुरूष समास कहते है। अत: यह संप्रदान तत्पुरूष समास का उदाहरण है।

उदाहरण: 'गौशाला' अर्थात गौ के लिए शाला।

अत: विकल्प (B) सही है।

42. 'यथाशक्ति' अर्थत शक्ति के अनुसार। जिस समास का प्रथम पद अव्यय हो, और उसी का अर्थ प्रधान हो, उसे अव्ययीभाव समास कहते है। अत: यह अव्ययीभाव समास का उदाहरण है।

उदाहरण: प्रतिकूल = प्रति + कूल

अत: विकल्प (A) सही है।

43. 'गंगाजल' अर्थत गंगा का जल। दो पदो के बीच कारक चिन्हों का लोप हो जाता है। अत: यह तत्पुरूष समास का उदाहरण है।

उदाहरण: राजपुत्र = राजा का पुत्र

अत: विकल्प (B) सही है।

44. 'कमलनयन' अर्थत कमल के समान नयन। जो समास विशेषण- उपमेय-उपमान से मिलकर बनते है, उन्हें कर्मधारय समास कहते है। अत: यह कर्मधारय समास का उदाहरण है।

उदाहरण: महापुरूष= महान है जो पुरूष

अत: विकल्प (D) सही है।

45. 'पंचानन' अर्थत पांच हैं मुख जिनके (शंकर जी)। इसमे दोनों पद किसी अन्य अर्थ को व्यक्त करते है। अत: यह बहुब्रीहि समास का उदाहरण है। विग्रह करने पर तीसरा अर्थ निकलता है।

उदाहरण: दशानन = दस है आनन (सिर) जिसके अर्थत रावण।

नीलकंठ = नीला है कंठ जिसका (शंकर जी)

अत: विकल्प (C) सही है।

46. 'चौराह' अर्थत चार रास्तों का समाहार। इस समास का पहला पद संख्यावाचक होता है। अत: यह द्विगु समास का उदाहरण है।

उदाहरण: त्रिकोण = तीन कोणों का समूह

तिरंगा= तीन रंगो का समूह

अत: विकल्प (B) सही है।

47. "दीर्घ संधि" स्वर-संधि का एक प्रकार है, यदि हस्व या दीर्घ "अ", "इ", "उ" के पश्चात हस्व या दीर्घ "अ", "इ", "उ"आये तो, दोनों को मिलाकर दीर्घ हो जाता है।

जैसे : धर्म + अर्थ = धर्मार्थ

मत + अनुसार = मतानुसार

सत्य + आग्रह = सत्याग्रह

परन्तु, अत्यधिक का विच्छेद "अति + अधिक "होगा, जो कि दीर्घ संधि नहीं अपितु गुण संधि का प्रकार है।

अत: विकल्प (D) सही है।

48. शब्द "दिग्गज" एक व्यंजन संधि का प्रकार है। यदि पहले वर्ण में "क्" के बाद दूसरे वर्ण में "ग" आये तो दोनों मिलकर "ग् ग" हो जाते है। अत: दिग्गज का संधि-विच्छेद "दिक् + गज" होगा।

अत: विकल्प (B) सही है।

49. विच्छेद के समय किसी व्यंजन के बाद स्वर या व्यंजन आने से जो परिवर्तन होता है उसे व्यंजन संधि कहते है। जैसे सत् + जन = सज्जन (यहाँ "त्" के बाद "ज" आ जाने के कारण दोनों से "ज्ज" की प्राप्ति होती है)

परिणाम = परि + नाम

भूषण = भूष + अ न

मतानुसार = मत + अनुसार (यह स्वर संधि है)

संविधान = सम + विधान

अत: विकल्प (C) सही है।

50. शब्द "यद्यपि" का विच्छेद होता है "यदि + अपि", यहाँ "इ" और "अ" मिलकर "य" हो जाता है, अतः यह एक यण संधि का उदाहरण है।

अत: विकल्प (C) सही है।

51. शब्द "अन्वय" का संधि-विच्छेद "अनु + अय" होता है। यहाँ "उ" और "अ" मिलकर "य" हो जाता है, अतः यह एक यण संधि का उदाहरण है।

अत: विकल्प (B) सही है।

52. इन सभी विकल्पों में से सही वर्तनी है - सुषुप्ति

सुषुप्ति का अर्थ गहरी नींद में सोए हुए होने की अवस्था या भाव होता है।

अत: विकल्प (D) सही है।

53. इन सभी विकल्पों में से सही वर्तनी है - सच्चिदानंद

सच्चिदानंद का अर्थ सत्, चित् और आनन्द से युक्त परमात्मा का एक नाम है।

अत: विकल्प (C) सही है।

54. इन सभी विकल्पों में से सही वर्तनी है- निर्वैयक्तिकता

वाक्य - विज्ञान की देन है विश्लेषण, निर्वैयक्तिकता तथा तटस्ता

निर्वैयक्तिकता का अर्थ: व्यक्तिगत न होने की स्थिति या भाव

अत: विकल्प (B) सही है।

55. दिए गए वाक्य में रेखांकित शब्द की शुद्ध वर्तनी है: सम्मान्य

शुद्ध वाक्य - मनुष्य जिसको सम्मान्य समझता है उसकी सेवा में उसे आनंद प्राप्त होता है।

अत: विकल्प (B) सही है।

56. इन सभी विकल्पों में से सही वर्तनी है- अग्रगण्य

वाक्य - दिनकर राष्ट्रीय भावधारा के ओजस्वी कवियों में अग्रगण्य है।

अग्रगण्य का अर्थ प्रमुख है।

अत: विकल्प (B) सही है।

57. 'देवनागरी' भारत में सर्वाधिक प्रचलित लिपि है, जिसमें संस्कृत, हिन्दी और मराठी भाषाएँ लिखी जाती हैं। इस शब्द का सबसे पहला उल्लेख 453 ई. में जैन ग्रंथों में मिलता है। यह अपने आरंभिक रूप में ब्राह्मी लिपि के नाम से जानी जाती थी। देवनागरी लिपि को 14 सितम्बर, 1949 को राष्ट्रलिपि के रूप में स्वीकार किया गया था।

अत: विकल्प (A) सही है।

58. जिस प्रसंग अथवा काव्य में वीरता युक्त भाव प्रकट , जिसके माध्यम से उत्साह का प्रदर्शन किया गया हो वहां वीर रस होता है। वीर रस का स्थाई भाव उत्साह होता है। इसके माध्यम से योद्धा अथवा पराक्रमी व्यक्ति का उत्साहवर्धन किया जाता है। उस व्यक्ति विशेष के विशेषताओं को बताते हुए स्तुति गायन किया जाता है।

अत: विकल्प (B) सही है।

59. रामचन्द्र शुक्ल ने 'हरिश्चन्द्री हिन्दी' शब्द का प्रयोग अपने इतिहारा ग्रंथ गें किया। रामचन्द्र शुक्ल जी का जन्म बस्ती ज़िले के अगोना नामक गाँव में सन् 1884 ई. में हुआ था। इनकी मुख्य रचनाएँ 'हिन्दी साहित्य का इतिहास', 'चिंतामणि', 'हिन्दी शब्द सागर' और 'नागरी प्रचारिणी पत्रिका'।

अत: विकल्प (C) सही है।

60. अमीर खुसरो ने 'खड़ी बोली' के विकास में अग्रगामी भूमिका निभाई है। इन्हें खड़ी बोली का प्रथम कवि माना जाता है ।अमीर खुसरो ने सितार का आविष्कार किया था। अमीर खुसरो का मूल नाम मोहम्मद हसन था।

अतः विकल्प (C) सही है।

61. त्रिपुरा उत्तर-पूर्वी सीमा पर स्थित भारत का एक राज्य है। यह भारत का तीसरा सबसे छोटा राज्य है जिसका क्षेत्रफल 10491 वर्ग किमी। बंगाली और त्रिपुरी भाषा (कोक बोरोक) यहां मुख्य रूप से बोली जाती हैं। यह हिन्दू धर्म की 51 शक्ति पीठों में से एक है। इस राज्य के इतिहास को 'राजमाला' गाथाओं और मुसलमान इतिहासकारों के वर्णनों से जाना जा सकता है।

अत: विकल्प (D) सही है।

62. जयशंकर प्रसाद जी की कामायनी का एक सर्ग श्रद्धा है, उसी की नायिका है श्रद्धा। कामायनी में कुल 15 सर्ग है। कामायनी श्रद्धा सर्ग में मनु व श्रद्धा को चित्रित किया गया है। काम की पुत्री होने के कारण श्रद्धा का दूसरा नाम कामायनी है। कामायनी महाकाव्य में शांत, श्रृंगार और वीर रस का प्रयोग हुआ है।

अत: विकल्प (A) सही है।

63. पूर्ण दोहा:

तरुवर फल नहिं खात है, सरवर पियहिं न पान।

कहि रहीम पर काज हित, संपति संचहि सुजान।।

यह दोहा रहीम द्वारा रचित किया एक दोहा है। जिसका अर्थ "वृक्ष अपने फल स्वयं नहीं खाते हैं और सरोवर (तालाब) भी अपना पानी स्वयं नहीं पीती है। इसी तरह अच्छे और सज्जन व्यक्ति वो हैं जो दूसरों के कार्य के लिए संपत्ति को संचित करते हैं।" होता है।

अत: विकल्प (A) सही है।

64. तरनि तनूजा तट तमाल तरुवर छाए | प्रस्तुत पंक्ति के रचयिता भारतेंदु हरिश्चन्द्र हैं। भारतेन्दु हरिश्चन्द्र आधुनिक हिंदी साहित्य के पितामह कहे जाते हैं। वे हिन्दी में आधुनिकता के पहले रचनाकार थे। इनका मूल नाम 'हरिश्चन्द्र' था, 'भारतेन्दु' उनकी उपाधि थी। उन्होंने 'हरिश्चंद्र चन्द्रिका', 'कविवचनसुधा' और 'बाला बोधिनी' पत्रिकाओं का संपादन भी किया।

अत: विकल्प (A) सही है।

65. 'देखन जौ पाउँ तौ पठाऊँ जमलोक हाथ, दूजौ न लगाऊँ, वार करौं एक करको।' ये पंक्तियाँ नाभादास द्वारा सृजित हैं। नाभादास अग्रदास जी के शिष्य, बड़े भक्त और साधुसेवी थे। अपने गुरु अग्रदास के समान इन्होंने भी रामभक्ति संबंधी कविता की है। ब्रजभाषा पर इनका अच्छा अधिकार था और पद्य रचना में अच्छी निपुणता थी।

अत: विकल्प (D) सही है।

66. आचार्य रामचन्द्र शुक्ल ने 'त्रिवेणी' में सूर, तुलसी, जायसी, महाकवियों की समीक्षाएँ प्रस्तुत की हैं। हिन्दी आलोचना के शिखर-पुरुष आचार्य रामचन्द्र शुक्ल ने मध्यकाल के तीन कवियों सूर, तुलसी, और जायसी पर विस्तार से आलोचना लिखी थी।

अतः विकल्प (C) सही है।

67. हिन्दी साहित्य में भक्तिकाल में कृष्ण भक्ति के भक्त कवियों में महाकवि सूरदास का नाम अग्रणी है। सूरदास जी वात्सल्य रस के सम्राट माने जाते हैं। 'सुन्दर परम किसोर बयक्रम चंचल नयन बिसाल। कर मुरली सिर मोरपंख पीताबर उर बनमाल॥ ये पंक्तियाँ सूरदास की हैं। इन पंक्तियों गें कृष्ण के बारे में बताया गया है।

अतः विकल्प (D) सही है।

68. सुभद्रा कुमारी चौहान द्वारा रचित "बुंदेलो हरबोलो के मूँह हमने सुनी कहानी थी | खूब लड़ी मर्दानी वह तो झांसी वाली रानी थी || " ये पंक्तियाँ

है। इन पंक्तियों में रानी लक्ष्मीबाई के बारे में बताया गया है। जो झांसी की रानी थी।

अतः विकल्प (C) सही है।

69. मुझे तोड़ लेना वनमाली उस पथ में देना तुम फेंक मातृभूमि पर शीश चढ़ाने जिस पथ जावे वीर अनेक || प्रस्तुत पंक्तियों के रचयिता माखन लाल चतुर्वेदी हैं। माखनलाल चतुर्वेदी का नाम छायावाद की उन हस्तियों में से है जिनके कारण वह युग विशेष हो गया। उस युग के कवि कुदरत को स्वयं के करीब महसूस कर लिखा करते थे।

अतः विकल्प (D) सही है।

70. 'तरनि तनूजा तट तमाल तरुवर बहु छाए।' उपयुक्त पंक्तियों में अनुप्रास अलंकार है क्योंकि यहां 'त' की आवृत्ति कई बार हुई है। जब किसी वर्ण की बार – बार आवर्ती हो तब उसे अनुप्रास अलंकार कहते है। यह अलंकार शब्दालंकार के 6 भेदों में से एक हैं।

अतः विकल्प (A) सही है।

71. हिन्दी के सर्वप्रथम प्रकाशित पत्र उतंड मार्तण्ड है। इसका प्रकाशन 30 मई, 1826 ई. में कलकत्ता से एक साप्ताहिक पत्र के रूप में शुरू हुआ था। कलकता के कोलू टोला नामक मोहल्ले की 36 नंबर आमड़तल्ला गली से जुगलकिशोर सुकुल ने सन् 1823 ई. में उदंतमार्तंड नामक एक हिंदी साप्ताहिक पत्र निकालने का आयोजन किया।

अतः विकल्प (B) सही है।

72. छायावाद हिंदी साहित्य के रोमांटिक उत्थान की वह काव्य-धारा है जो लगभग ई. स. 1918 से 1936 तक की प्रमुख युगवाणी रही। जयशंकर प्रसाद, सूर्यकान्त त्रिपाठी 'निराला', सुमित्रानंदन पंत, महादेवी वर्मा इस काव्य धारा के प्रतिनिधि कवि माने जाते हैं। और इसके प्रवर्तक जयशंकर प्रसाद है।

अतः विकल्प (D) सही है।

73. मंगलसूत्र - यह प्रेमचंद का अधूरा उपन्यास है जिसे उनके पुत्र अमृतराय ने पूरा किया। इसके प्रकाशन के संदर्भ में अमृतराय प्रेमचंद की जीवनी में लिखते हैं कि इसका-"प्रकाशन लेखक के देहान्त के अनेक वर्ष बाद 1948 में हुआ।" प्रेमचंद हिन्दी और उर्दू के सर्वाधिक लोकप्रिय उपन्यासकार, कहानीकार एवं विचारक थे। उन्होंने सेवासदन, प्रेमाश्रम, रंगभूमि, निर्मला, गवन, कर्मभूमि, गोदान आदि लगभग डेढ़ दर्जन उपन्यास तथा कफन, पूस की रात, पंच परमेश्वर, बड़े घर की बेटी, बूढ़ी काकी, दो बैलों की कथा आदि तीन सौ से अधिक कहानियाँ लिखीं।

अतः विकल्प (C) सही है।

74. संज्ञा के जिस रूप से वस्तु की जाति का बोध होता है, उसे लिंग कहते हैं। इससे यह पता चलता है की वह पुरुष जाति का है या स्त्री जाति का है।

उदाहरण के लिए :

पुरुष जाति में = बैल, बकरा , मोर , मोहन, लड़का , हाथी , शेर, घोडा , दरवाजा, पंखा, भवन , पिता , भाई आदि।

स्त्री जाति में = गाय , बकरी , मोरनी , मोहिनी , लडकी, हथनी , शेरनी , घोड़ी, खिड़की, माता, बहन आदि।

अतः विकल्प (C) सही है।

75. दही शब्द पुल्लिंग है। ईकारांत संज्ञाएँ जैसे- नदी, चिट्ठी, रोटी, टोपी, उदासी इत्यादि स्त्रीलिंग होते हैं। जैसे नदी, रोटी, पाती, टोपी, मिठाई, सगाई, उदासी, चिट्ठी आदि। लेकिन घी, जी मोती, दही इत्यादि अपवाद है जो कि पुल्लिंग शब्द है।

अतः विकल्प (A) सही है।

76. प्राणियों के समुदाय वाचक नाम व्यवहार के अनुसार पुल्लिंग और स्त्रीलिंग दोनों होते हैं।

प्राणियों के समुदाय वाचक नाम - परिवार, विद्यालय, राज्य, देश, कबीला, राष्ट्र, प्रशासन, विद्यालय, मंडल, समूह, गिरोह, दल, संघ, प्राधिकरण, झुण्ड, मंत्रिमंडल, नगरनिगम, अधिवेशन, आदि।

अतः विकल्प (D) सही है।

77. संस्कृत के तत्सम पुल्लिंग शब्दों का लिंग-निर्धारण के लिए जिन शब्दों के अंत में 'त्र' हो, वे पुल्लिंग शब्द होते हैं। जैसे- नेत्र, चित्र, चरित्र, शास्त्र, शस्त्र, क्षेत्र इत्यादि।

अतः विकल्प (A) सही है।

78. दो शब्दों या शब्दांशों के मिलने से नया शब्द बनने पर उनके निकटवर्ती वर्णों में होने वाले परिवर्तन या विकार को संधि कहते हैं।

अल्पायु का संधि विच्छेद अल्प + आयु होता है।

अतः विकल्प (A) सही है।

79. मुहावरा: अपने मुँह मियाँ मिट्ठू बनना

अर्थ: अपनी बड़ाई आप करना

वाक्य प्रयोग: अपने मुँह मियाँ मिट्ठू बननेवाले को समाज में इज्जत नहीं मिलती।

अतः विकल्प (A) सही है।

80. मुहावरा: आँख का काजल चुराना

अर्थ: सफाई के साथ चोरी करना

वाक्य प्रयोग: इतने लोगों के बीच से घड़ी गायब ! चोर ने तो जैसे आँखों का काजल ही चुरा लिया है।

अतः विकल्प (A) सही है।

81. मुहावरा: आँखों में खून उतरना

अर्थ: अत्यधिक क्रोध होना

वाक्य प्रयोग: जयचंद को देखते ही महाराज पृथ्वीराज की आँखों में खून उतर आया।

अतः विकल्प (A) सही है।

82. मुहावरा: खून-पसीना एक करना

अर्थ: बहुत कठिन परिश्रम करना

वाक्य प्रयोग: रामू खून-पसीना एक करके दो पैसे कमाता हैं।

अतः विकल्प (A) सही है।

83. मुहावरा: खोटा पैसा

अर्थ: अयोग्य पुत्र

वाक्य प्रयोग: कभी-कभी खोटा पैसा भी काम आ जाता हैं।

अतः विकल्प (A) सही है।

84. मुहावरा: गर्दन पर छुरी चलाना

अर्थ: नुकसान पहुचाना

वाक्य प्रयोग: मुझे पता चल गया कि विरोधियों से मिलकर किस तरह मेरे गले पर छुरी चला रहे थे।

अतः विकल्प (A) सही है।

85. मुहावरा: गड़े मुर्दे उखाड़ना

अर्थ: दबी हुई बात फिर से उभारना

वाक्य प्रयोग: जो हुआ सो हुआ, अब गड़े मुर्दे उखारने से क्या लाभ ?

अत: विकल्प (A) सही है।

86. मुहावरा: गिरगिट की तरह रंग बदलना

अर्थ: बातें बदलना

वाक्य प्रयोग: गिरगिट की तरह रंग बदलने से तुम्हारी कोई इज्जत नहीं करेगा।

अत: विकल्प (C) सही है।

87. मुहावरा: गुड़ गोबर करना

अर्थ: बनाया काम बिगाड़ना

वाक्य प्रयोग: वीरू ने जरा-सा बोलकर सब गुड़-गोबर कर दिया।

अत: विकल्प (B) सही है।

88. मुहावरा: गर्दन ऐंठी रहना

अर्थ: घमंड या अकड़ में रहना

वाक्य प्रयोग: सरकारी नौकरी लगने के बाद तो उसकी गर्दन ऐंठी ही रहती हैं।

अत: विकल्प (C) सही है।

89. मुहावरा: डंके की चोट पर

अर्थ: खुल्लमखुल्ला

वाक्य प्रयोग: शेरसिंह जो भी काम करता है, डंके की चोट पर करता है।

अत: विकल्प (A) सही है।

90. मुहावरा: डूबती नैया को पार लगाना

अर्थ: संकट से छुड़ाना

वाक्य प्रयोग: ईश्वर की कृपा होगी तभी तुम्हारी डूबती नैया पार लगेगी।

अत: विकल्प (A) सही है।

91. मुहावरा: ढाई दिन की बादशाहत होना या मिलना

अर्थ: थोड़े दिनों की शान-शौकत या हुकूमत होना

वाक्य प्रयोग: मैनेजर के बाहर जाने पर मोहन को ढाई दिन की बादशाहत मिल गई है।

अत: विकल्प (A) सही है।

92. जिन संज्ञा शब्दों से स्त्री जाति का पता चलता है कि उसे स्त्रीलिंग कहते हैं।

जैसे : पार्वती, लक्ष्मी, सरस्वती, गंगा, जमुना, गाय, सीता, राधा, रुक्मणी, माता

सुंदर शब्द का स्त्रीलिंग सुंदरी होता है।

अत: विकल्प (C) सही है।

93. दो शब्दों या शब्दांशों के मिलने से नया शब्द बनने पर उनके निकटवर्ती वर्णों में होने वाले परिवर्तन या विकार को संधि कहते हैं।

आत्मोत्सर्ग का संधि विच्छेद आत्मा + उत्सर्ग होता है।

अत: विकल्प (A) सही है।

94. दो शब्दों या शब्दांशों के मिलने से नया शब्द बनने पर उनके निकटवर्ती वर्णों में होने वाले परिवर्तन या विकार को संधि कहते हैं।

उज्झटिका का संधि विच्छेद उत् + झटिका होता है।

अत: विकल्प (B) सही है।

95. दो शब्दों या शब्दांशों के मिलने से नया शब्द बनने पर उनके निकटवर्ती वर्णों में होने वाले परिवर्तन या विकार को संधि कहते हैं।

धनैषणा का संधि विच्छेद धन + एषणा होता है।

अत: विकल्प (A) सही है।

96. दो शब्दों या शब्दांशों के मिलने से नया शब्द बनने पर उनके निकटवर्ती वर्णों में होने वाले परिवर्तन या विकार को संधि कहते हैं।

वनौषधि का संधि विच्छेद वन + औषधि होता है।

अत: विकल्प (D) सही है।

97. जब स्वर के साथ स्वर का मेल होता है तब जो परिवर्तन होता है उसे स्वर संधि कहते हैं। हिंदी में स्वरों की संख्या ग्यारह होती है। बाकी के अक्षर व्यंजन होते हैं। जब दो स्वर मिलते हैं जब उससे जो तीसरा स्वर बनता है उसे स्वर संधि कहते हैं।

मुनि + इन्द्र = मुनीन्द्र

स्वर संधि के उदहारण:

सुर + ईश = सुरेश

राज + ऋषि = राजर्षि

अत: विकल्प (A) सही है।

98. अ, आ के साथ इ, ई का मेल होने पर 'ए'; उ, ऊ का मेल होने पर 'ओ'; तथा ऋ का मेल होने पर 'अर्' हो जाने का नाम गुण संधि है।

अ + इ = ए

अ + ई = ए

आ + इ = ए

गुण संधि के उदहारण:

ज्ञान + उपदेश = ज्ञानोपदेश

भारत + इंदु = भारतेन्दु

अत: विकल्प (C) सही है।

99. जब इ , ई के साथ कोई अन्य स्वर हो तो ' य ' बन जाता है , जब उ , ऊ के साथ कोई अन्य स्वर हो तो ' व् ' बन जाता है , जब (ऋ) के साथ कोई अन्य स्वर हो तो ' र ' बन जाता है।

इ + अ = य

इ + आ = या

इ + उ = यु

इ + ऊ = यू

उ + अ = व

यण संधि के उदहारण:

अति + आवश्यक = अत्यावश्यक

गुरु + ओदन = गुर्वोदन

गुरु। ओदन = गुर्वोदन

अत: विकल्प (D) सही है।

100. जब किसी वर्ग के पहले वर्ण क्, च्, ट्, त्, प् का मिलन किसी वर्ग के तीसरे या चौथे वर्ण से या य्, र्, ल्, व्, ह से या किसी स्वर से हो जाये तो क् को ग्, च् को ज्, ट् को ड्, त् को द्, और प् को ब में बदल दिया जाता है अगर

स्वर मिलता है तो जो स्वर की मात्रा होगी वो हलन्त वर्ण में लग जाएगी लेकिन अगर व्यंजन का मिलन होता है तो वे हलन्त ही रहेंगे।

उदहारण –

क् के ग् में बदलने के उदहारण:

दिक् + अम्बर = दिगम्बर

दिक् + गज = दिग्गज

वाक् + ईश = वागीश

अतः विकल्प (A) सही है।

101. जिस वस्तु की सहायता से या जिसके द्वारा कोई काम किया जाता है, उसे करण कारक कहते है।

दूसरे शब्दों में- वाक्य में जिस शब्द से क्रिया के सम्बन्ध का बोध हो, उसे करण कारक कहते है।

इसकी विभक्ति 'से' है।

जैसे- "हम आँखों से देखते है।"

अतः विकल्प (C) सही है।

102. जिससे किसी वस्तु का अलग होना पाया जाता है, उसे अपादान कारक कहते है।

दिया गया वाक्य,

"दूल्हा घोड़े से गिर पड़ा।"

इस वाक्य में 'गिरने' की क्रिया 'घोड़े से' हुई अथवा गिरकर दूल्हा घोड़े से अलग हो गया। इसलिए 'घोड़े से' अपादान कारक है।

अतः विकल्प (D) सही है।

103. शब्द के जिस रूप से क्रिया के आधार का ज्ञान होता है, उसे अधिकरण कारक कहते है। इसकी विभक्ति 'में' और 'पर' हैं।

दिया गया वाक्य,

मोहन मैदान में खेल रहा है।

इस वाक्य में 'खेलने' की क्रिया मैदान पर हो रही है। इसलिए मैदान पर अधिकरण कारक है।

अतः विकल्प (C) सही है।

104. जिन शब्दों का प्रयोग किसी को बुलाने या पुकारने में किया जाता है, उसे संबोधन कारक कहते है। इसकी विभक्ति 'अरे', 'हे' आदि है।

दिया गया वाक्य,

"हे श्याम! इधर आओ। अरे! तुम क्या कर रहे हो?"

वाक्य में 'हे श्याम!, अरे!' संबोधन कारक है।

अतः विकल्प (A) सही है।

105. शब्द के जिस रूप से क्रिया के आधार का ज्ञान होता है, उसे अधिकरण कारक कहते है। इसकी विभक्ति 'में' और 'पर' हैं।

दिया गया वाक्य,

मनमोहन छत पर खेल रहा है।

इस वाक्य में 'खेलने' की क्रिया छत पर हो रही है। इसलिए छत पर अधिकरण कारक है।

अतः विकल्प (A) सही है।

106. शब्द के जिस रूप से संज्ञा या सर्वनाम के संबंध का ज्ञान हो, उसे सम्बन्ध कारक कहते है। इसकी विभक्ति 'का', 'की', और 'के' हैं।

दिया गया वाक्य,

"सीता का भाई आया है।"

इस वाक्य में गीता तथा भाई दोनों शब्द संज्ञा है। भाई से गीता का संबंध दिखाया गया है। वह किसका भाई है ? गीता का। इसलिए गीता का संबंध कारक है।

अतः विकल्प (A) सही है।

107. जिससे किसी वस्तु का अलग होना पाया जाता है, उसे अपादान कारक कहते है।

दिया गया वाक्य,

"चूहा बिल से बाहर निकला।"

इस वाक्य में चूहा बिल से अलग हो रहा है। इसलिए 'बिल से' अपादान कारक है।

अतः विकल्प (D) सही है।

108. जिसके लिए कोई क्रिया (काम)की जाती है, उसे सम्प्रदान कारक कहते है।

दिया गया वाक्य,

"वह अरुण के लिए मिठाई लाया।"

इस वाक्य में लाने का काम 'अरुण के लिए' हुआ। इसलिए 'अरुण के लिए' सम्प्रदान कारक है।

अतः विकल्प (D) सही है।

109. जिस वस्तु की सहायता से या जिसके द्वारा कोई काम किया जाता है, उसे करण कारक कहते है। इसकी विभक्ति 'से' है।

दिया गया वाक्य,

वह कुल्हाड़ी से वृक्ष काटता है।

इस वाक्य में काटने की क्रिया करने के लिए कुल्हाड़ी की सहायता ली गयी है। इसलिए कुल्हाड़ी से करण कारक है।

अतः विकल्प (C) सही है।

110. वह शब्द जो किसी शब्द के बाद जोड़ा जाय, उसे परसर्ग कहते हैं।

परसर्ग उन्हे कहतें हैं जो शब्दों के साथ जुड़कर अर्थपूर्ण वाक्य बनातें हैं .जैसे - ने , से ,के लिए, पर आदि

ने , से , के लिए, पर आदि कारक के चिन्ह है।

अतः विकल्प (C) सही है।

111. सम्प्रदान का अर्थ 'देना' होता है। जब वाक्य में किसी को कुछ दिया जाए या किसी के लिए कुछ किया जाए तो वहां पर सम्प्रदान कारक होता है। सम्प्रदान कारक के विभक्ति चिन्ह के लिए या को हैं। सम्प्रदान कारक में 'को' का प्रयोग 'के लिए' में होता है।

अतः विकल्प (A) सही है।

112. पूत कपूत तो क्यों धन संचय। पूत सपूत तो क्यों धन संचय ।। प्रस्तुत पंक्तियों में लाटानुप्रास अलंकार है।

लाटानुप्रास अलंकार - जब एक शब्द या वाक्यखण्ड की आवृत्ति उसी अर्थ में हो, पर तात्पर्य या अन्वय में भेद हो, तो वहाँ 'लाटानुप्रास अलंकार' होता है।

उदाहरण-

तेगबहादुर, हाँ, वे ही थे गुरु-पदवी के पात्र समर्थ,

तेगबहादुर, हाँ, वे ही थे गुरु-पदवी थी जिनके अर्थ।

113. उसी तपस्वी से लंबे थे, देवदार दो चार खड़े। इस पंक्ति में प्रतीप अलंकार है।

प्रतीप' का अर्थ होता है- 'उल्टा' या 'विपरीत'। यह उपमा अलंकार के विपरीत होता है। क्योंकि इस अलंकार में उपमान को लज्जित, पराजित या हीन दिखाकर उपमेय की श्रेष्ठता बताई जाती है।

अत: विकल्प (B) सही है।

114. जहाँ कारण के न होते हुए भी कार्य का होना पाया जाता है, वहाँ विभावना अलंकार होता है।

उदाहरण -. बिनु पग चलै सुनै बिनु काना। कर बिनु कर्म करै विधि नाना॥

अत: विकल्प (B) सही है।

115. जहाँ उपमेय का निषेध करने उपमान का आरोप किया जाता है वहां उपमा अलंकार होता है।

शब्द का अर्थ होता है – तुलना।, जब किसी व्यक्ति या वस्तु की तुलना किसी दूसरे यक्ति या वस्तु से की जाए वहाँ पर उपमा अलंकार होता है। अर्थित जब किन्ही दो वस्तुओं के गुण, आकृति, स्वभाव आदि में समानता दिखाई जाए या दो भिन्न वस्तुओं कि तुलना कि जाए, तब वहां उपमा अलंकर होता है।

अत: विकल्प (D) सही है।

116. 'यह चित्र नहीं मुख है' पंक्ति में अपह्नति अलंकार है।

अपह्नति का अर्थ होता है छिपाव। जब किसी सत्य बात या वस्तु को छिपाकर उसके स्थान पर किसी झूठी वस्तु की स्थापना की जाती है वहाँ अपह्नति अलंकार होता है। यह अलंकार उभयालंकार का भी एक अंग है।

अत: विकल्प (D) सही है।

117. उपमा अलंकार शब्दालंकार नहीं है। यह अर्थालंकार का भेद है।

अत: विकल्प (C) सही है।

118. "चरर मरर खुल गए अरर रवस्फुटों से" में अनुप्रास अलंकार है।

अनुप्रास शब्द दो शब्दों से मिलकर बना है – अनु + प्रास। यहाँ पर अनु का अर्थ है- बार -बार और प्रास का अर्थ होता है – वर्ण। जब किसी वर्ण की बार – बार आवर्ती हो तब जो चमत्कार होता है उसे अनुप्रास अलंकार कहते है।

अत: विकल्प (A) सही है।

119. "बड़े न हुजे गुनन बिनु विरद बड़ाई पाय। कहत धतूरे सों कनक, गहनो गढो न जाय।।" प्रस्तुत पंक्तियों में अर्थान्तरन्यास अलंकार है।

अर्थांतरन्यास में सामान्य से विशेष या विशेष से सामान्य का समर्थन होता है।

उदाहरण-

जो रहीम उत्तम प्रकृति का करि सकत कुसंग ।

चन्दन विष व्यापत नहीं लपटे रहत भुजंग ।।

अत: विकल्प (C) सही है।

120. जब किसी वाक्य में वस्तु, व्यक्ति, स्थान, के रंग आकार- प्रकार, गुण दोष संख्या आदि का ज्ञान होता है। उसे विशेषण कहते हैं। दिए गए वाक्य में बिकानेरी, भुजिया की विशेषता। इसीलिए बिकानेरी विशेषण है।

अत: विकल्प (B) सही है।

121. जिन शब्दों से क्रिया की विशेषता का पता चलता है उन्हें क्रिया विशेषण कहते हैं।

जैसे - वह धीरे-धीरे चलता है।

दिए गए वाक्य में "मोहन सुन्दर लिखता है।" क्रिया विशेषण का प्रयोग हुआ है।

अत: विकल्प (C) सही है।

122. यमुना व्यक्तिवाचक संज्ञा है।

किसी भी विशेष व्यक्ति, वस्तु या स्थान के नाम का बोध कराने वाली संज्ञा ही व्यक्तिवाचक संज्ञा कहलाती हैं। वस्तु- कुरान

अत: विकल्प (C) सही है।

123. जो शब्द किसी व्यक्ति, वस्तु या स्थान की संपूर्ण जाति का बोध कराते हैं, उन शब्दों को जातिवाचक संज्ञा कहते हैं।

 उदाहरण: आदमी, जानवर, पशु, पक्षी, गाय, लड़का आदि।

अत: विकल्प (A) सही है।

124. मिठाई शब्द भाववाचक संज्ञा नहीं है।

जो शब्द किसी चीज़ या पदार्थ की अवस्था, दशा या भाव का बोध कराते हैं, उन शब्दों को भाववाचक संज्ञा कहते हैं। जैसे- बचपन, बुढ़ापा, मोटापा, मिठास, उमंग, चढ़ाई, थकावट, मानवता, चतुराई आदि।

अत: विकल्प (A) सही है।

125. चरण कमल बंदौ हरिराई में रूपक अलंकार है।

जहाँ पर उपमेय और उपमान में कोई अंतर न दिखाई दे वहाँ रूपक अलंकार होता है।

अत: विकल्प (C) सही है।

Q.1 "बढ़त-बढ़त सम्पत्ति सलिल मन-सरोज बढ़ जाए। घटत-घटत फिर ना घटै करु सामूल कुम्हिलाय।।" में कौन-सा अलंकार है?

A. यमक

B. विरोधाभास

C. श्लेष

D. रूपक

Q.2 "कबिरा सोई पीर है, जे जाने पर पीर। जे पर पीर न जानई, सो काफिर बेपीर।।" इसमें कौन-सा अलंकार है?

A. यमक

B. रूपक

C. पुनरुक्ति

D. श्लेष

Q.3 "गर्व करउ रघुनन्दन जिन मन माँहा, देखउ आपन मूरति सिय के छाँह।।" इसमें कौन-सा अलंकार है?

A. व्यतिरेक

B. रूपक

C. अतिशयोक्ति

D. प्रतीप

Q.4 रहिमन जो गति दीप की, कुल कपूत गति सोय। बारे उजियारे लगे, बढ़ै अंधेरो होय।।" इसमें कौन-सा अलंकार है?

A. उपमा

B. रूपक

C. यमक

D. श्लेष

Q.5 "वाम अंग शिव शोभित, शिवा उदार।
सरद सुवारिद में जनु, तड़ित बिहार।।"
उपर्युक्त पंक्तियों में कौन-सा छंद है?

A. सोरठा

B. घनाक्षरी

C. रोला

D. बरवै

Q.6 "रहिमन पानी राखिए, बिन पानी सब सून।
पानी गए न ऊबरे, मोती मानुष चून।।"
उपर्युक्त पद में कौन-सा छंद है?

A. दोहा

B. मंजरी

C. चौपाई

D. काकली

Q.7 "मुनि पद कमल बंदि दोउ भ्राता। चले लोक लोचन सुख दाता।।
बालक बृंदि देखि अति सोभा । लगे संग लोचन मनु लोभा।।"
उपर्युक्त पद में कौन-सा छंद है?

A. दोहा

B. चौपाई

C. सोरठा

D. बरवै

Q.8 रस उत्पत्ति को सबसे पहले परिभाषित करने का श्रेय किन्हें जाता है?

A. भरत मुनि

B. नारद मुनि

C. वाल्मीकि

D. तुलसीदास

Q.9 दी गई पंक्तियों में कौन सा रस है?
"उस काल मारे क्रोध के तन काँपने उसका लगा,
मानों हवा के वेग से सोता हुआ सागर जगा।"

A. शांत

B. रौद्र

C. श्रृंगार

D. वात्सल्य

Q.10 "शोभित कर नवनीत घुटरूनि चलन रेनु तन मण्डित मुख दीध लेप किए।" इन पंक्तियों में कौन-सा रस है?

A. श्रृंगार

B. हास्य

C. करुण

D. वात्सल्य

Q.11 'मूर्ख के समक्ष ज्ञान की वार्ता करना व्यर्थ है' हेतु उपयुक्त लोकोक्ति है-

A. भैंस के आगे बीन बजावे भैंस बैठी पगुराई

B. दीवार के भी कान होते हैं

C. थोथा चना बजे घना

D. अकल बड़ी कि भैंस

Q.12 'बालू से तेल निकालना' मुहावरे का अर्थ है-

A. शीघ्र नष्ट होने वाली वस्तु

B. असंभव काम करना

C. पूर्णतः स्वस्थ होना

D. बहुत साधन संपन्न होना

Q.13 'नए शौक को पूरा करने के लिए अजीब तरह का व्यवहार करना' अभिप्राय की वाचक लोकोक्ति है-

A. नई नाइन बाँस का नेहन्रा

B. न नौ मन तेल होगा न राधा नाचेगी

C. आपु न जावै सासुरे औरन कूँ सिख देत

D. अपना दाम खोटा तो परखैया को क्या दोष

Q.14 'अशर्फी की लूट और कोयले पर छाप' मुहावरे का अर्थ है-

A. मूल्यवान वस्तु की रक्षा करना और तुच्छ वस्तु को नष्ट करना

B. मूल्यवान वस्तु को नष्ट होने देना और तुच्छ वस्तु की रक्षा करना

C. मूल्यवान वस्तु की चोरी करना और तुच्छ वस्तु को छोड़ देना

D. तुच्छ वस्तु की चोरी और मूल्यवान वस्तु को छोड़ना

Q.15 ''राम कलम से लिखता है'' वाक्य में किस कारक का प्रयोग किया गया है?

A. करण

B. कर्म

C. कर्ता

D. अपादान

Q.16 'देवेन्द्र मैदान में खेल रहा है', पंक्ति में कौन-सा कारक है?

A. कर्म कारक

B. सम्बन्ध कारक

C. अपादान कारक

D. अधिकरण कारक

Q.17 'आयुषी पढ़ती है।' इस वाक्य में कौन-सा कारक है?

A. कर्म

B. अपादान

C. कर्ता

D. करण

Q.18 'रघुवीर की बहन अभिनय करती है।' यहाँ 'रघुवीर की' है:

A. कर्ता कारक

B. अपादान कारक

C. संबंध कारक

D. सम्प्रदान कारक

Q.19 अपादान कारक के संबंध में कौन-सा उदहारण सही नहीं है?

A. मैं जयपुर से चला आ रहा हूँ।

B. सूर्य पृथ्वी से दूर है।

C. राजीव छत से कूद पड़ा।

D. सब प्राणी आँखों से देखतें हैं।

Q.20 किस नदी का नाम स्त्रीलिंग में प्रयुक्त नहीं होता?

A. नर्मदा

B. ताप्ती

C. सिन्धु

D. तांदुला

Q.21 निम्नलिखित में पुल्लिंग शब्द है-

A. मकई

B. मूँग

C. सरसों

D. सारस

Q.22 निम्नलिखित में से कौन-सा शब्द स्त्रीलिंग नहीं है?

A. सुबह

B. दोपहर

C. सांझ

D. दिन

Q.23 अध्यक्ष शब्द का स्त्रीलिंग रूप क्या होगा?

A. अध्यक्षा

B. अध्यक्षता

C. अधिकारिता

D. अधिरूपा

Q.24 निम्नलिखित में से कौन सा शब्द स्त्रीलिंग है?

A. वेदना

B. वेद

C. ब्रह

D. चित्र

Q.25 निम्न में से कौन-सा शब्द हमेशा बहुवचन में प्रयुक्त होता है?

A. हस्ताक्षर

B. समाचारपत्र

C. चिड़िया

D. तिजोरी

Q.26 'भारतीय' शब्द का बहुवचन क्या है?
A. भारतीयों   B. भारतिओ
C. भारतियो   D. इनमें से कोई नहीं

Q.27 निम्न में से कौन-सा शब्द बहुवचन है?
[UP Police Sub Inspector, 2017]
A. माता   B. गुरुजन   C. लड़का   D. किताब

Ques (28-31):निर्देश: निम्नलिखित प्रश्न में दिए गये शब्द के लिए उसके नीचे दिए गए विकल्पों में से पर्यायवाची शब्द चुनिए।

Q.28 मनीषी
A. प्राज्ञ   B. विभूति   C. चिड़िया   D. मत्स्य

Q.29 गेह
A. गुफा   B. घर   C. पर्वत   D. सरोवर

Q.30 चतुरानन
A. ब्रह्मा   B. इन्द्र   C. विष्णु   D. देवता

Q.31 अतिथि
A. अंबुधि   B. अंबुज   C. पयोधि   D. पाहुन

Q.32 'महात्मा' शब्द का सही विलोम होगा:
A. दुर्बल   B. दुर्जन   C. दुष्ट   D. दुरात्मा

Q.33 'कृतज्ञ' का विलोम है:
A. कीर्तिवान   B. अकृतज्ञ   C. कृतघ्न   D. कृतज्ञशून्य

Q.34 'क्षुधा' शब्द का विलोम है-
A. तृषा   B. तृष्ण   C. तृप्त   D. मृगतृष्णा

Q.35 "अनायास" शब्द का विलोम है-
A. सायास   B. प्रयास   C. विपर्यास   D. आभास

Q.36 'तपोधन' शब्द जिस संधि नियम से बना है उसी नियम से बना इन शब्दों में से कौन-सा शब्द नहीं है?
A. यशोधन   B. मनोयोग   C. गोधन   D. तपोवन

Q.37 'मतैक्य' में किस प्रकार की संधि है?
A. दीर्घ संधि   B. गुण संधि   C. वृद्धि संधि   D. यण संधि

Q.38 व्यंजन संधि से निर्मित शब्द नहीं है-
A. सच्चिदानन्द   B. तल्लीन
C. सन्तोष   D. निश्चल

Q.39 व्यंजन संधि से निर्मित शब्द नहीं है-
A. सन्मान   B. तल्लीन   C. सन्तोष   D. वारीश

Q.40 'गायक' शब्द का संधि-विच्छेद होगा-
A. ग + यक   B. गै + अक
C. ग + आयक   D. गे + अक

Q.41 निम्नलिखित में से कौन-सा शब्द विदेशज शब्द है?
A. डिबिया   B. लोटा   C. खिचड़ी   D. तौलिया

Q.42 सन् 1954 में प्रकाशित "नयी कविता" पत्रिका के सम्पादक थेः
A. अज्ञेय   B. धर्मवीर भारती
C. श्री नरेश मेहता   D. जगदीश गुप्त

Q.43 "जयद्रथ वध" किस लेखक/लेखिका की कृति है?
A. जयशंकर प्रसाद   B. सुमित्रानंदन पंत
C. महादेवी वर्मा   D. मैथिलीशरण गुप्त

Q.44 'विदाई' में कौन सा प्रत्यय है?
A. आई   B. ई   C. इ   D. अइ

Q.45 मुंशी प्रेमचन्द की रचना है-
A. गोदान   B. लहर   C. तितली   D. कामायनी

Q.46 'ज्ञानपीठ' पुरस्कार से सम्मानित रचना "चिदम्बरा" किस कवि की रचना है?
A. जयशंकर प्रसाद
B. सुमित्रा नंदन पन्त
C. सुर्य कांत त्रिपाठी 'निराला'
D. मैथिली शरण गुप्त ।

Q.47 हिंदी किस भाषा परिवार की भाषा है:
A. भारोपीय   B. द्रविड़
C. आस्ट्रिक   D. चीनी-तिब्बती

Q.48 निम्न में से कौन सी बोली हिंदी के अंतर्गत नहीं आती है?
A. कन्नौजी   B. बुंदेली   C. अवधी   D. तेलुगु

Q.49 ढूंढाड़ी बोली है:
A. पश्चिमी राजस्थान की   B. पूर्वी राजस्थान की
C. दक्षिणी राजस्थान की   D. उतरी राजस्थान की

Q.50 निम्न में से कौन सी भाषा देवनागरी लिपि में लिखी जाती है?
A. गुजराती   B. उड़िया   C. मराठी   D. सिन्धी

Q.51 हिन्दी भाषा की बोलियों के वर्गीकरण के आधार पर छतीसगढ़ी बोली है-
A. पूर्वी हिन्दी   B. पश्चिम हिन्दी
C. पहाड़ी हिन्दी   D. राजस्थानी हिन्दी

Q.52 'ध्रुवस्वामिनी नाटक' के रचनाकार का नाम क्या है?
A. जयशंकर प्रसाद
B. महादेवी वर्मा
C. रामवृक्ष बेनीपुरी
D. सच्चिदानंद हीरानंद वात्स्यायन "अज्ञेय"

Q.53 'संस्कृति के चार अध्याय' के रचनाकार है?
A. रामधारी सिंह दिनकर   B. श्री लाल शुक्ल
C. गोविंद मिश्रा   D. सुदामा पाण्डेय 'धूमिल'

Q.54 सूरदास की कौन सी रचना उनकी प्रसिद्धि का मूल आधार है?
A. साहित्य लहरी   B. सूरसागर
C. गीता   D. सूररामायण

Q.55 'संदेश रासक' के रचयिता कौन है?
A. सैय्यद इब्राहीम 'रसखान'
B. रामधारी सिंह दिनकर
C. अब्दुल रहमान
D. अमीर खुसरो

Q.56 'आनंद कादम्बिनी' के संपादक कौन थे?
A. बाबू महादेव   B. चंद्रधर शर्मा 'गुलेरी'
C. बदरीनारायण चौधरी   D. अम्बिका प्रसाद व्यास

Q.57 खड़ीबोली के सर्वप्रथम लोकप्रिय कवि हैं:
A. रामधारी सिंह दिनकर
B. सूर्यकांत त्रिपाठी निराला
C. मैथिली शरण गुप्त

D. अयोध्या सिंह उपाध्याय हरिऔध

Q.58 फणीश्वर नाथ 'रेणु' किसके लेखक हैं?
A. गबन
B. गीतांजलि
C. मैला आंचल
D. कामायनी

Q.59 'कस्तूरी कुंडल बसे' किसकी आत्मकथा है?
A. शीला झुनझुनवाला
B. मैत्रेयी पुष्पा
C. कुसुम अंचल
D. गोपाल प्रसाद व्यास

Q.60 भूसन बिनु न विराजई कविता वनिता मित। यह कथन किसका है?
A. तुलसीदास
B. भिखारी दास
C. केशवदास
D. मतिराम

Q.61 बिहारी किस धारा के कवि है-
A. रीति सिद्ध
B. रीति मुक्त
C. रीति बद्ध
D. स्वछन्द

Q.62 यह कविता माखनलाल चतुर्वेदी की है-
A. पुष्प की अभिलाषा
B. हम विषपायी जन्म के
C. आत्मोसर्ग
D. नीम के पत्ते

Q.63 क्रिया के जिस रूप द्वारा कर्ता, कर्म या भाव का विधान हो उसे क्या कहते हैं?
A. मिश्र वाक्य
B. रस
C. तद्भव-तत्सम
D. वाच्य

Q.64 निम्न में से प्रेमचन्द की कहानी कौनसी नही है-
A. कफ़न
B. सद्गति
C. पूस की रात
D. ग्राम

Q.65 'शेखर एक जीवनी' किसका प्रसिद्ध उपन्यास है?
A. यशपाल
B. अज्ञेय
C. नागार्जुन
D. फणीश्वर नाथ 'रेणु'

Q.66 निम्नलिखित में से कौन-सा शब्द 'रूढ़' है?
A. विचारधारा
B. सड़क
C. दूरभाष
D. चित्रकार

Q.67 प्रेमचन्द की प्रतिबन्ध होने वाली रचना थी?
A. गोदान
B. गबन
C. सेवासदन
D. सोजे वतन

Q.68 इनमें से 'मधुशाला' के रचनाकर कौन हैं?
A. माखनलाल चतुर्वेदी
B. हरिवंश राय बच्चन
C. रामधारी सिंह दिनकर
D. सुमित्रानंदन पंत

Q.69 हिन्दी में 'घुमक्कड़-शास्त्र' के प्रणेता हैं?
A. मुंशी प्रेमचन्द
B. आचार्य रामचन्द्र शुक्ल
C. महर्षि दयानन्द
D. राहुल सांकृत्यायन

Q.70 निम्नलिखित में से योगरूढ़ शब्द का उदाहरण बताइए?
A. पीताम्बर
B. सेनापति
C. आदमी
D. अपमान

Q.71 किस शब्द में तत्पुरुष समास है?
A. दिन-रात
B. हथकड़ी
C. प्राणप्रिय
D. आजन्म

Q.72 निम्नलिखित में से कौन-सा शब्द 'यौगिक' है?
A. रवि
B. घर
C. राष्ट्रपति
D. गाय

Q.73 'उच्चारण' का संधि-विच्छेद है:
A. उच्च + आरण
B. उच् + चारण
C. उच्चा + रण
D. उत् + चारण

Q.74 'कछुआ धीरे-धीरे चलता है।' इस वाक्य में क्रिया-विशेषण छाँटे-
A. धीरे-धीरे
B. कछुआ
C. चलता
D. इनमें से कोई नहीं

Q.75 वधूत्सव शब्द में कौन सी सन्धि है?
A. गुण सन्धि
B. वृद्धि सन्धि
C. दीर्घ सन्धि
D. यण सन्धि

Q.76 जिसमें पहला पद संख्यावाचक हो और जो किसी समूह विशेष का बोध कराये उसे कहते हैं:
A. कर्मधारय समास
B. द्वन्द्व समास
C. अव्ययीभाव समास
D. द्विगु समास

Q.77 'परमेश्वर' शब्द में समास है-
A. तत्पुरुष
B. अव्ययीभाव
C. द्विगु
D. कर्मधारय

Q.78 किस शब्द में 'ऐ' स्वर नहीं है?
A. वैदिक
B. ऐक्य
C. पैतृक
D. स्नेह

Q.79 निर्भय शब्द में उपसर्ग है-
A. निर्
B. ना
C. उप
D. अभि

Q.80 मानव शब्द में प्रत्यय है-
A. अ
B. व
C. अव
D. नव

Q.81 'कृत्' प्रत्यय किन शब्दों के साथ जुड़ते है?
A. क्रिया
B. संज्ञा
C. सर्वनाम
D. विशेषण

Q.82 'शतरंज के खिलाड़ी' किस लेखक/लेखिका की कृति है?
A. सुमित्रानंदन पंत
B. महादेवी वर्मा
C. प्रेमचंद
D. जयशंकर प्रसाद

Q.83 जैनेंद्र का उपन्यास कौनसा नहीं है?
A. कल्याणी
B. परख
C. सुनीता
D. नदी के द्वीप

Q.84 'दशानन' निम्नलिखित में से कौन-सा शब्द है?
A. रूढ़
B. योगरूढ़
C. यौगिक
D. इनमें से कोई नहीं

Q.85 'चौराहा' में कौन-सा समास है?
[UPTET Social Studies, 2018], [UPTET Science and Maths, 2018]
A. तत्पुरुष
B. बहुव्रीहि
C. द्विगु
D. कर्मधारय

Q.86 निम्नलिखित में से 'देवासुर' में कौन-सा समास है?
A. तत्पुरुष समास
B. द्वंद्व समास
C. बहुव्रीहि समास
D. द्विगु समास

Q.87 क्षीर का तद्भव शब्द चुनें।
A. भविष्य
B. खीर
C. गली
D. गेहूँ

Q.88 'किसी बात के मर्म को जानने वाला' वाक्यांश के लिए सही शब्द है -
A. मार्मिक
B. मर्मज्ञ
C. सर्मस्पर्शी
D. मर्मज्ञानी

Q.89 'मिताहारी' शब्द के लिए वाक्यांश छांटिए -
A. उपवास करने वाला
B. कम भोजन करने वाला
C. कम खर्च करने वाला
D. कंजूसी बरतने वाला

Q.90 'अगोचर' शब्द के लिए उचित वाक्यांश क्या होगा -
A. जिसका अनुभव इंद्रियों को न हो
B. जिसका अनुभव हृदय को न हो
C. जिसका अनुभव शरीर को न हो

D. जिसका अनुभव बुद्धि को न हो

Q.91 'जो किये गये उपकारों को मानता है' वाक्यांश के लिए सही शब्द है -
A. कृतघ्न   **B.** कृतज्ञ   **C.** अल्पज्ञ   **D.** बहुज्ञ

Q.92 'कम या नला-तुला खर्च करने वाला' वाक्यांश के लिए सार्थक शब्द है-
A. मिति   **B.** मितव्ययी   **C.** अल्पखर्ची   **D.** न्यूनी

Q.93 'आवश्यकता से अधिक धनसम्पत्ति एकत्र न करना' वाक्यांश के लिए सार्थक शब्द है-
A. अस्तेय   **B.** अपरिग्रह   **C.** कृपणता   **D.** सदाचार

Q.94 दिए गये शब्दों में शुद्ध वर्तनी वाला शब्द है-
A. परविक्षा   **B.** परीक्षा   **C.** पिरीक्षा   **D.** प्रिरिक्षा

Q.95 वर्तनी की दृष्टि से शुद्ध शब्द है -
A. परियाय   **B.** परसाद   **C.** परिवर्तन   **D.** प्रादुरभाव

Q.96 दिए गये शब्दों में शुद्ध वर्तनी वाला शब्द है-
A. संर्पूण   **B.** संपूर्ण   **C.** सपूर्ण   **D.** स्म्पूर्ण

Q.97 दिए गये शब्दों में शुद्ध वर्तनी वाला शब्द है-
A. अनिभिज्ञ   **B.** अनभिग्य   **C.** अनभीज्ञ   **D.** अनभिज्ञ

Q.98 दिए गये शब्दों में शुद्ध वर्तनी वाला शब्द है-
A. पुनरुत्थान
B. पुनरुथान
C. पुनरोतथान
D. पुनरोथ्यान

Q.99 इनमें से सरल वाक्य कौन सा है?
A. यहाँ मत आना वरना गिर जाओगे
B. धोनी ने सन्यास ले लिया
C. कब से खड़ा हूँ, आ ही नहीं रहे हो
D. जब आओगे तब ही निकलूँगा

Q.100 निम्नलिखित में कौन सा विकल्प सरल वाक्य का है?
A. श्रमिक श्रम करता है किन्तु उसके फल से वंचित रहता है।
B. राम और सीता जाते हैं।
C. चाहे सुबह हो जाए, मुझे यह काम पूरा करना है।
D. जो करे सो भरे।

Q.101 जिस वाक्य में एक सरल वाक्य के अलावा अन्य उपवाक्य आश्रित होकर आएँ, उसे क्या कहते हैं?
A. संयुक्त वाक्य   **B.** साधारण वाक्य
C. मिश्र वाक्य   **D.** सरल वाक्य

Q.102 'राम आया, भाई से मिला और तुरंत लौट गया।' किस प्रकार का वाक्य है?
A. मिश्र वाक्य   **B.** संयुक्त वाक्य
C. सरल वाक्य   **D.** जटिल वाक्य

Q.103 'डॉक्टर ने मरीज को देखा और उसे दवा दी।'
यह वाक्य किस वाक्य-भेद का उदाहरण है? सही विकल्प को चिह्नित कीजिए:
A. संयुक्त – मिश्र वाक्य   **B.** सरल वाक्य
C. मिश्र तात्य   **D.** संयुक्त वाक्य

Q.104 मैं उस लड़की से मिला था जिसकी किताब खो गई थी।" – यह किस प्रकार का वाक्य है?
A. सरल वाक्य   **B.** मिश्र वाक्य
C. संयुक्त वाक्य   **D.** कर्तृवाच्य वाक्य

Q.105 इनमें से मिश्र वाक्य कौन सा है?

A. तुम जाओ।
B. मैं चाहता हूँ कि तुम्हारे साथ मिलकर व्यापार करूँ।
C. मैं घर जाना चाहता हूँ।
D. एक बात सुनो।

Q.106 'अगर तुम परिश्रम करते तो आज सफल हो जाते।' किस प्रकार का वाक्य है?
A. संदेहवाचक वाक्य   **B.** संकेतवाचक वाक्य
C. विस्मयादिबोधक वाक्य   **D.** इच्छावाचक वाक्य

Q.107 जिन वाक्यों में आश्चर्य, शोक, घृणा, खुशी, स्तब्धता होती है, वे कौन से वाक्य होते हैं?
A. प्रश्नवाचक वाक्य   **B.** निषेधवाचक वाक्य
C. विधानवाचक वाक्य   **D.** विस्मयादिबोधक वाक्य

Q.108 'मधुर-मधुर मुस्कान मनोहर, मनुज वेश का उजियारा' यह किस अलंकार का उचित उदाहरण है?
A. अनुप्रास अलंकार   **B.** उपमा अलंकार
C. उत्प्रेक्षा अलंकार   **D.** यमक अलंकार

Q.109 "मीठा" शब्द का भाववाचक संज्ञा रूप कया है?
A. मिठाई   **B.** मिठास   **C.** मिठापन   **D.** मिठाइयाँ

Q.110 निम्नलिखित में से यौगिक शब्द का उदाहरण बताइए?
A. तन   **B.** रसोईघर   **C.** पेड़   **D.** सोना

Q.111 'गंगा हिमालय से निकलती है'।
उपर्युक्त वाक्य है -
A. काल वाचक क्रिया-विशेषण
B. स्थान वाचक क्रिया-विशेषण
C. रीति वाचक क्रिया-विशेषण
D. परिणाम वाचक क्रिया-विशेषण

Q.112 इनमें से कौन-सा उपन्यास प्रेमचन्द का नहीं है?
A. गोदान   **B.** सेवासदन
C. कर्मभूमि   **D.** शेखर एक जीवनी

Q.113 'बढ़ा चढ़ाकर बात करना' वाक्यांश के लिए उचित मुहावरा होगा:
A. चार चाँद   **B.** नमक मिर्च लगाना
C. ज़हर उगलना   **D.** नानी याद

Q.114 सही युग्म पहचानिए-
A. काले - टोपी   **B.** सुनहरी - पत्ता
C. दुबला-पतला - लड़का   **D.** उड़ता हुआ - चिड़िया

Q.115 "धिक जीवन जिसके लिए किया सदा शोध" पंक्ति है-
A. निराला   **B.** पन्त   **C.** दिनकर   **D.** प्रसाद

Q.116 दिनकर के किस काव्य को ज्ञानपीठ पुरस्कार मिला हुआ है?
A. रश्मिरथी   **B.** कुरुक्षेत्र   **C.** हुँकार   **D.** उर्वशी

Q.117 'कार्यार्थम्' में सन्धि होता है-
A. दीर्घ सन्धि   **B.** गुण सन्धि
C. वृद्धि सन्धि   **D.** अयादि सन्धि

Q.118 अकथितं च सूत्र से किस विभक्ति की योजना होती है -
A. सप्तमी   **B.** पंचमी   **C.** तृतीया   **D.** द्वितीया

Q.119 चतुरानन कौन सा समास है?
A. द्विगु   **B.** बहुव्रीहि   **C.** तत्पुरुष   **D.** द्वंद्व

Q.120 ढीठ पर्यायवाची शब्द का अर्थ क्या होगा?

A. काया   **B.** बाट   **C.** अविनीत   **D.** शिविर

Q.121 'विशाल' का विलोम शब्द क्या होगा?

A. तत्क्षण   **B.** बहुधा

C. चिरकालिक   **D.** लघु

Q.122 गगनचुम्बी शब्द में कौनसा समास है?

A. अव्ययी भाव   **B.** द्विगु

C. द्वंद्व   **D.** तत्पुरुष

Q.123 संविधान के अनुच्छेद 351 में किस विषय का वर्णन है?

A. संघ की राजभाषा

B. उच्चतम न्यायालय की भाषा

C. पत्राचार की भाषा

D. हिन्दी के विकास के लिए निर्देश

Q.124 हिन्दी भाषा के विकास का सही अनुक्रम कौन-सा है?

A. पालि-प्राकृत-अपभ्रंश -हिन्दी

B. प्राकृत-अपभ्रंश-हिन्दी-पालि

C. अपभ्रंश-पालि-प्राकृत-हिन्दी

D. हिन्दी-पालि-अपभ्रंश-प्राकृत

Q.125 भारतीय संविधान में किन अनुच्छेदों में राजभाषा संबंधी प्रावधानों का उल्लेख है?

A. 343-352 तक   **B.** 434-315 तक

C. 443-135 तक   **D.** 334-153 तक

// स्मार्ट उत्तर पुस्तिका //

सही उत्तर — उन छात्रों के प्रतिशत को इंगित करता है जिन्होंने प्रश्नों का सही उत्तर दिया था।

छोड़ दिया — उन छात्रों के प्रतिशत को इंगित करता है जिन्होंने प्रश्नों को छोड़ दिया था।

प्रश्न संख्या	उत्तर	सही उत्तर / छोड़ दिया
1	D	32.0 % / 12.0 %
2	A	44.0 % / 32.0 %
3	D	24.0 % / 32.0 %
4	D	32.0 % / 32.0 %
5	D	44.0 % / 32.0 %
6	A	56.0 % / 32.0 %
7	B	68.0 % / 32.0 %
8	A	64.0 % / 32.0 %
9	B	68.0 % / 32.0 %
10	D	60.0 % / 32.0 %
11	A	68.0 % / 32.0 %
12	B	64.0 % / 32.0 %
13	A	52.0 % / 32.0 %
14	B	52.0 % / 32.0 %
15	A	68.0 % / 32.0 %
16	D	56.0 % / 32.0 %
17	C	40.0 % / 32.0 %
18	C	64.0 % / 32.0 %
19	D	60.0 % / 20.0 %
20	C	32.0 % / 32.0 %
21	D	56.0 % / 32.0 %
22	D	56.0 % / 32.0 %
23	A	64.0 % / 32.0 %
24	A	68.0 % / 32.0 %
25	A	56.0 % / 32.0 %
26	A	56.0 % / 32.0 %
27	B	56.0 % / 32.0 %
28	A	56.0 % / 32.0 %
29	B	44.0 % / 32.0 %
30	A	60.0 % / 32.0 %
31	D	64.0 % / 32.0 %
32	D	60.0 % / 32.0 %
33	C	64.0 % / 32.0 %
34	C	52.0 % / 32.0 %
35	A	56.0 % / 32.0 %
36	C	40.0 % / 32.0 %
37	C	60.0 % / 32.0 %
38	D	48.0 % / 32.0 %
39	D	64.0 % / 32.0 %
40	B	68.0 % / 32.0 %
41	D	60.0 % / 32.0 %
42	D	40.0 % / 32.0 %
43	D	60.0 % / 32.0 %
44	B	32.0 % / 32.0 %
45	A	68.0 % / 32.0 %
46	B	56.0 % / 32.0 %
47	A	68.0 % / 32.0 %
48	D	64.0 % / 32.0 %
49	B	48.0 % / 32.0 %
50	C	32.0 % / 32.0 %
51	A	56.0 % / 32.0 %
52	A	56.0 % / 32.0 %
53	A	68.0 % / 32.0 %
54	B	48.0 % / 32.0 %
55	C	64.0 % / 32.0 %
56	C	68.0 % / 32.0 %
57	D	40.0 % / 32.0 %
58	C	64.0 % / 32.0 %
59	B	64.0 % / 32.0 %
60	C	60.0 % / 32.0 %
61	A	60.0 % / 32.0 %
62	A	68.0 % / 32.0 %
63	D	40.0 % / 32.0 %
64	D	52.0 % / 32.0 %
65	B	60.0 % / 32.0 %
66	B	60.0 % / 32.0 %
67	D	64.0 % / 32.0 %
68	B	56.0 % / 32.0 %
69	D	60.0 % / 32.0 %
70	A	56.0 % / 32.0 %
71	B	52.0 % / 32.0 %
72	C	64.0 % / 32.0 %
73	D	68.0 % / 32.0 %
74	A	64.0 % / 32.0 %
75	C	64.0 % / 32.0 %
76	D	64.0 % / 32.0 %
77	D	64.0 % / 32.0 %
78	D	56.0 % / 32.0 %
79	A	68.0 % / 32.0 %
80	C	44.0 % / 32.0 %

प्रश्न संख्या	उत्तर	सही उत्तर / छोड़ दिया
81	A	52.0 % / 32.0 %
82	C	60.0 % / 32.0 %
83	D	60.0 % / 32.0 %
84	B	60.0 % / 32.0 %
85	C	68.0 % / 32.0 %
86	B	48.0 % / 32.0 %
87	B	68.0 % / 32.0 %
88	B	60.0 % / 32.0 %
89	B	64.0 % / 32.0 %

प्रश्न संख्या	उत्तर	सही उत्तर / छोड़ दिया
90	A	60.0 % / 32.0 %
91	B	60.0 % / 32.0 %
92	B	60.0 % / 32.0 %
93	B	56.0 % / 32.0 %
94	B	68.0 % / 32.0 %
95	C	68.0 % / 32.0 %
96	B	64.0 % / 32.0 %
97	D	64.0 % / 32.0 %
98	B	52.0 % / 32.0 %

प्रश्न संख्या	उत्तर	सही उत्तर / छोड़ दिया
99	B	64.0 % / 32.0 %
100	B	44.0 % / 32.0 %
101	C	60.0 % / 32.0 %
102	B	48.0 % / 32.0 %
103	D	52.0 % / 32.0 %
104	B	48.0 % / 32.0 %
105	B	68.0 % / 32.0 %
106	B	52.0 % / 32.0 %
107	D	60.0 % / 32.0 %

प्रश्न संख्या	उत्तर	सही उत्तर / छोड़ दिया
108	A	56.0 % / 32.0 %
109	B	56.0 % / 28.0 %
110	B	64.0 % / 32.0 %
111	B	60.0 % / 32.0 %
112	D	68.0 % / 32.0 %
113	B	64.0 % / 32.0 %
114	C	68.0 % / 32.0 %
115	A	48.0 % / 32.0 %
116	D	64.0 % / 32.0 %

प्रश्न संख्या	उत्तर	सही उत्तर / छोड़ दिया
117	A	60.0 % / 32.0 %
118	D	24.0 % / 32.0 %
119	B	60.0 % / 32.0 %
120	C	48.0 % / 32.0 %
121	D	60.0 % / 32.0 %
122	D	64.0 % / 32.0 %
123	D	44.0 % / 32.0 %
124	A	64.0 % / 32.0 %
125	A	64.0 % / 32.0 %

कार्य विश्लेषण	
औसत अंक (%)	60.6%
टॉपर्स स्कोर (%)	96.8%
आपका स्कोर	

//संकेत और समाधान//

1. "बढ़त-बढ़त सम्पत्ति सलिल मन-सरोज बढ़ जाए। घटत-घटत फिर ना घटै करु सामूल कुम्हिलाय।।" में रूपक अलंकार है। इसमें उपमेय (सम्पत्ति एवं मन) का उपमान (सलिल एवं सरोज) के रूप में दिखाने/कहने के कारण यहाँ रूपक का प्रयोग हुआ है।

जब गुण की अत्यंत समानता के कारण उपमेय को ही उपमान बता दिया जाए यानी उपमेय और उपमान में अभिन्नता दर्शायी जाए तब वह रूपक अलंकार कहलाता है।

अतः विकल्प (D) सही है।

2. "कबिरा सोई पीर है, जे जाने पर पीर। जे पर पीर न जानई, सो काफिर बेपीर।।" इसमें यमक अलंकार है। यहाँ पर पीर शब्द के भिन्न भिन्न अर्थ हैं। दोहे के अनुसार, वही पीर (महान) है जो दूसरों की पीर (पीड़ा) को समझता हो। किंतु जो दूसरों की पीड़ा को समझने में असमर्थ है, वह तो काफिर है, बेपीर है अर्थात वह महान नहीं हो सकता।

यमक शब्द का अर्थ होता है – दो। जब एक ही शब्द ज्यादा बार प्रयोग हो पर हर बार अर्थ अलग-अलग आये वहाँ पर यमक अलंकार होता है।

अतः विकल्प (A) सही है।

3. "गर्व करउ रघुनन्दन जिन मन माँहा, देखउ आपन मूरति सिय के छाँह।।" इसमें प्रतीप अलंकार है।

'प्रतीप' का अर्थ होता है - 'उल्टा' या 'विपरीत'। यह उपमा अलंकार के विपरीत होता है। क्योंकि इस अलंकार में उपमान को लज्जित, पराजित या हीन दिखाकर उपमेय की श्रेष्ठता बताई जाती है।

अतः विकल्प (D) सही है।

4. "रहिमन जो गति दीप की, कुल कपूत गति सोय। बारे उजियारे लगै, बढ़ै अंधेरो होय।।" इस पद में श्लेष अलंकार है। यहाँ पर 'बारे' का अर्थ 'लड़कपन' और 'जलाने' से है और 'बढ़ै' का अर्थ 'बड़ा होने' और 'बुझ जाने' से है।

श्लेष का अर्थ होता है चिपका हुआ या मिला हुआ। जब एक ही शब्द से हमें विभिन्न अर्थ मिलते हों तो उस समय श्लेष अलंकार होता है।

अतः विकल्प (D) सही है।

5. दी गयी पंक्तियों में 'बरवै' छंद है।

बरवै अर्ध सम मात्रिक छंद है। जिसके विषम चरणों में 12 और सम चरणों में 7 मात्राएँ होती हैं। यति प्रत्येक चरण के अन्त में होती है। सम चरणों के अन्त में जगण या तगण होने से बरवै की मिठास बढ़ जाती है।

अतः विकल्प (D) सही है।

6. उपर्युक्त पंक्तियों में 'दोहा" छंद है।

दोहे के चार चरण होते हैं। इसके विषम चरणों (प्रथम तथा तृतीय) में 13-13 मात्राएँ और सम चरणों (द्वितीय तथा चतुर्थ) में 11-11 मात्राएँ होती हैं।

अतः विकल्प (A) सही है।

7. दी गयी पंक्तियों में 'चौपाई' छंद है।

चौपाई सम मात्रिक छंद है। इसके प्रत्येक चरण में 16 मात्राएँ होती हैं। पहले चरण की तुक दूसरे चरण से तथा तीसरे चरण की तुक चौथे चरण से मिलती है इसके चरणान्त में प्राय: दीर्घ मात्रा होती है।

अतः विकल्प (B) सही है।

8. भरत मुनि ने नाट्य शास्त्र की रचना की। इसमें सर्वप्रथम रस सिद्धांत की चर्चा तथा इसके प्रसिद्ध सूत्र -'विभावानुभाव संचारीभाव संयोगद्रस निष्पति:" की स्थापना की गयी थी।

अतः विकल्प (A) सही है।

9. "उस काल मारे क्रोध के तन काँपने उसका लगा,

मानों हवा के वेग से सोता हुआ सागर जगा।"

इन पंक्तियों से रौद्र रस का बोध होता है।

रौद्र रस काव्य का एक रस है जिसमें 'स्थायी भाव' अथवा 'क्रोध' का भाव होता है। धार्मिक महत्व के आधार पर इसका वर्ण रक्त एवं देवता रुद्र है।

अतः विकल्प (B) सही है।

10. "शोभित कर नवनीत घुटरूनि चलन रेनु तन मण्डित मुख दीध लेप किए।" कविवर सूरदास की इन पंक्तियों में वात्सल्य रस प्रदर्शित होता है।

वात्सल्य रस का स्थायी भाव वात्सल्यता (अनुराग) होता है माता का पुत्र के प्रति प्रेम, बड़ों का बच्चों के प्रति प्रेम, गुरुओं का शिष्य के प्रति प्रेम, बड़े भाई का छोटे भाई के प्रति प्रेम आदि का भाव स्नेह कहलाता है यही स्नेह का भाव परिपुष्ट होकर वात्सल्य रस कहलाता है।

अतः विकल्प (D) सही है।

11. 'भैंस के आगे बीन बजावे भैंस बैठी पगुराई' लोकोक्ति का अर्थ 'मूर्ख के समक्ष ज्ञान की वार्ता करना व्यर्थ है' होता है।

किसी विशेष स्थान पर प्रसिद्ध हो जाने वाले कथन को 'लोकोक्ति' कहते हैं। दूसरे शब्दों में- जब कोई पूरा कथन किसी प्रसंग विशेष में उद्धृत किया जाता है तो लोकोक्ति कहलाता है। इसी को कहावत कहते है।

अतः विकल्प (A) सही है।

12. 'बालू से तेल निकालना' मुहावरे का अर्थ है- 'असंभव काम करना'।

बालू से तेल निकालना मुहावरे का वाक्य मे प्रयोग-

बालू से तेल निकालना हर किसी के बस की बात नही है।

अतः विकल्प (B) सही है।

13. 'नए शौक को पूरा करने के लिए अजीब तरह का व्यवहार करना' अभिप्राय की वाचक लोकोक्ति है- 'नई नाइन बाँस का नेहन्ना'।

किसी विशेष स्थान पर प्रसिद्ध हो जाने वाले कथन को 'लोकोक्ति' कहते हैं। दूसरे शब्दों में- जब कोई पूरा कथन किसी प्रसंग विशेष में उद्धत किया जाता है तो लोकोक्ति कहलाता है। इसी को कहावत कहते है।

अतः विकल्प (A) सही है।

14. 'अशर्फी की लूट और कोयले पर छाप' मुहावरे का अर्थ है- मूल्यवान वस्तु को नष्ट होने देना और तुच्छ वस्तु की रक्षा करना

अशर्फी की लूट और कोयले पर छाप मुहावरे का वाक्य मे प्रयोग-

क्या भोला तुम भी अजीब हो एक तरफ सरसों पानी में बही जा रही है और तुम इस भूसे को सम्भाल रहे हो, तुमने कर दी न अशर्फी की लूट और कोयले पर छापा वाली बात।

अतः विकल्प (B) सही है।

15. ''राम कलम से लिखता है'' वाक्य में करण कारक का प्रयोग किया गया है।

वह साधन जिससे क्रिया होती है, वह करण कहलाता है। यानि, जिसकी सहायता से किसी काम को अंजाम दिया जाता वह करण कारक कहलाता है। करण कारक के विभक्ति चिह्न (परसर्ग) हैं - से, के राथ, के द्वारा।

अतः विकल्प (A) सही है।

16. 'देवेन्द्र मैदान में खेल रहा है', पंक्ति में अधिकरण कारक है।

शब्द के जिस रूप से क्रिया के आधार का बोध होता है उसे अधिकरण कारक कहते हैं। इसके विभक्ति-चिह्न 'में', 'पर' हैं। जैसे- भँवरा फूलों पर मँडरा रहा है। 'फूलों पर' में अधिकरण कारक है।

अतः विकल्प (D) सही है।

17. 'आयुषी पढ़ती है।' इस वाक्य में कर्ता कारक है।

जिस रूप से क्रिया (कार्य) के करने वाले का बोध होता है वह 'कर्ता' कारक कहलाता है।

अतः विकल्प (C) सही है।

18. 'रघुवीर की बहन अभिनय करती है।' यहाँ 'रघुवीर की' में संबंध कारक है।

शब्द के जिस रूप से किसी एक वस्तु का दूसरी वस्तु से संबंध प्रकट हो वह संबंध कारक कहलाता है। इसका विभक्ति चिह्न 'का', 'के', 'की', 'रा', 'रे', 'री' है। जैसे- यह मनोज का बेटा है।

अतः विकल्प (C) सही है।

19. अपादान कारक के संबंध में 'सब प्राणी आँखों से देखतें हैं।' उदहारण सही नहीं है।

संज्ञा के जिस रूप से एक वस्तु का दूसरी से अलग होना पाया जाए वह अपादान कारक कहलाता है।

अतः विकल्प (D) सही है।

20. सिन्धु नदी का नाम स्त्रीलिंग में प्रयुक्त नहीं होता है।

ऋग्वेद के नदीस्तुति सूक्त में सिंधु नदी का लिंग निर्धारण तो नहीं है, लेकिन बाकी की नदियां स्त्रीलिंग ही हैं. दांडेकर लिखती हैं, पश्तो भाषा में सिंधु अबासिन या पितृ नदी है जिसे लद्दाखी भाषा में सेंगे छू या शेर नदी भी कहते हैं।

अतः विकल्प (C) सही है।

21. सारस पुल्लिंग शब्द है।

वे संज्ञा शब्द जो हमें पुरुष जाति के व्यक्ति, वस्तु आदि का बोध कराते हैं, वे पुल्लिंग शब्द कहलाते हैं। जैसे:

बकरा, घोड़ा, लड़का, आदमी, शेर, हाथी, भेड़िया, खटमल, बन्दर, कुत्ता, बालक, शिशु, पत्रकार, राजा, राजकुमार, सारस आदि।

अतः विकल्प (D) सही है।

22. 'दिन' शब्द पुल्लिंग है। अन्य सभी स्त्रीलिंग शब्द हैं।

दिन शब्द पुल्लिंग है। समय सूचक नाम सदैव पुल्लिंग होते हैं, जैसे- क्षण, सेकंड, मिनट, घंटा, दिन, सप्ताह, पक्ष, माह आदि। इसमें अपवाद है-रात, सायं, संध्या, दोपहर।

अतः विकल्प (D) सही है।

23. अध्यक्ष शब्द का स्त्रीलिंग रूप 'अध्यक्षा' होगा।

अध्यक्ष एक संगठन, दल, सभा, पंचायत, बोर्ड या किसी विशेष कार्यक्रम का स्वामी होता है। अध्यक्ष को संगठन में सर्वोपरि सदस्य माना जाता है। अगर संगठन में सर्वोपरि कोई महिला है तो उसके लिए अध्यक्षा(शब्द) का प्रयोग होता है।

अतः विकल्प (A) सही है।

24. वेदना शब्द स्त्रीलिंग है।

वेदना का अर्थ है दुख पर विशेष रूप से वेदना शब्द को प्रयोग उस समय किया जाता हे जब कोई प्रेमी अपने प्रियतम की चाहत में तरसता है और उस समय दुख का वर्णन करने के लिये वेदना शब्द का प्रयोग करते है।

वह संज्ञा शब्द जो हमें स्त्री जाति का बोध कराते हैं, वे शब्द स्त्रीलिंग संज्ञा शब्द कहलाते हैं।

अतः विकल्प (A) सही है।

25. प्राण, दर्शन और हस्ताक्षर हिंदी में वे गिने-चुने शब्द हैं जो सदैव बहुवचन रूप में प्रयोग किए जाते हैं।

यानि संज्ञा, सर्वनाम, विशेषण एवं क्रिया के जिस रूप से किसी व्यक्ति, वस्तु आदि के एक से ज्यादा होने का बोध होता है, वह रूप वचन कहलाता है।

जब संज्ञा का कोई रूप किसी एक ही व्यक्ति या वस्तु के होने का बोध कराते हैं, वे शब्द एकवचन कहलाते हैं।

जैसे: मछली, पुस्तक, लड़का, लड़की, कपड़ा, गाय, भैंस, सिपाही, बच्चा, कपड़ा, माता, पिता, माला, पुस्तक, स्त्री, टोपी, बन्दर, मोर, बेटी, घोडा, नदी , कमरा , घड़ी, घर आदि।

जो संज्ञा शब्द संबंधों को दर्शाति हैं जैसे: नाना, नानी, मामा, मामी दादा , दादी आदि शब्द एकवचन एवं बहुवचन में एक सामान रहते हैं। बदलते हुए वचन के साथ ये परिवर्तित नहीं होते हैं।

जो द्रव्यसुचक संज्ञाएँ होती हैं वे एकवचन में ही प्रयोग की जाती हैं। जैसे: पानी शब्द का कुछ बहुवचन नहीं हो सकता उसी प्रकार तेल शब्द का भी कोई बहुवचन नहीं हो सकता।

अतः विकल्प (A) सही है।

26. 'भारतीय' शब्द का बहुवचन 'भारतीयों' है।

भारत देश के निवासियों को भारतीय कहा जाता है। भारत को हिन्दुस्तान नाम से भी पुकारा जाता है और इसीलिये भारतीयों को हिन्दुस्तानी भी कहतें है।

अतः विकल्प (A) सही है।

27. 'गुरुजन' शब्द बहुवचन है।

कई भाषाओं में बहुवचन, व्याकरणिक श्रेणी की संख्या के मूल्यों में से एक है। संज्ञाओं का बहुवचन आमतौर पर संज्ञा द्वारा प्रतिनिधित्व की गई डिफ़ॉल्ट मात्रा जो आम तौर पर एक होता है, (वह रूप जो इस डिफ़ॉल्ट मात्रा का प्रतिनिधित्व करता है उसे एकवचन संख्या कहा जाता है) के अलावा मात्रा को इंगित करता है। आमतौर पर, इसलिए, बहुवचन का उपयोग दो या दो से अधिक चीज़ों को दर्शाने के लिए किया जाता है।

अतः विकल्प (B) सही है।

28. ऐसे शब्द जिनके अर्थ समान हों, पर्यायवाची शब्द कहलाते हैं।

मनीषी शब्द के पर्यायवाची बोधान, मनीष, अंशुल, प्राज्ञ, विद्वान, संजीदा, सुधी, मेधावी, विचक्षण हैं।

अतः विकल्प (A) सही है।

29. ऐसे शब्द जिनके अर्थ समान हों, पर्यायवाची शब्द कहलाते हैं।

गेह के पर्यायवाची शब्द भवन, धाम, निकेतन, निवास, आलय, गृह, घर, सदन हैं।

अतः विकल्प (B) सही है।

30. ऐसे शब्द जिनके अर्थ समान हों, पर्यायवाची शब्द कहलाते हैं।

ब्रह्मा के पर्यायवाची शब्द प्रजापति, विरंचि, विधि, अज, लोकेश, स्वयंभू, पितामह, आत्मभू विधाता, चतुरानन, कर्तार, कमलासन, नाभिजन्म, हिरण्यगर्भ हैं।

अतः विकल्प (A) सही है।

31. ऐसे शब्द जिनके अर्थ समान हों, पर्यायवाची शब्द कहलाते हैं।

अतिथि का पर्यायवाची -मेहमान, अभ्यागत, आगन्तुक, पाहुन है।

अतः विकल्प (D) सही है।

32. 'महात्मा' शब्द का सही विलोम 'दुरात्मा' होगा।

महात्मा का अर्थ उच्च विचारोंवाला व्यक्ति है जबकि दुरात्मा का अर्थ दुष्ट प्रकृतिवाला, नीच है।

अतः विकल्प (D) सही है।

33. 'कृतज्ञ' का विलोम "कृतघ्न" है।

कृतज्ञ का अर्थ उपकार माननेवाला, एहसानमंद है जबकि कृतघ्न का अर्थ किए हुए उपकार को न माननेवाला है।

अतः विकल्प (C) सही है।

34. 'क्षुधा' शब्द का विलोम 'तृप्त' है।

क्षुधा का अर्थ भूख या अतृप्ति है जबकि तृप्त का अर्थ अघाया हुआ या संतुष्ट हो चुका हो है।

अतः विकल्प (C) सही है।

35. "अनायास" शब्द का विलोम "सायास" है।

अनायास का अर्थ बिना प्रयत्न के या सरलता है जबकि सायास का अर्थ प्रयत्नपूर्वक है।

अतः विकल्प (A) सही है।

36. यशोधन, मनोयोग तथा तपोवन में विसर्ग संधि है। यहां पर अ और विसर्ग का ओ हो जाता है। गोधन इसके अंतर्गत नहीं आता है।

अतः विकल्प (C) सही है।

37. 'मतैक्य' में वृद्धि संधि है। जोकि स्वर संधि का एक भेद है। अ + ऐ = ऐ; मत + ऐक्य = मतैक्य

जब संधि करते समय अ , आ के साथ ए , ऐ हो तो ' ऐ ' बनता है और जब अ , आ के साथ ओ , औ हो तो ' औ ' बनता है। उसे वृधि संधि कहते हैं।

अतः विकल्प (C) सही है।

38. 'निश्चल' व्यंजन संधि से निर्मित शब्द नहीं है, इसमें विसर्ग संधि है। इसका संधि-विच्छेद 'निः + चल = निश्चल' होता है। विसर्ग के बाद तालव्य व्यंजन च, छ आए तो विसर्ग तालव्य श् में, ट, ठ आए तो विसर्ग मूर्धन्य ष् में तथा दन्त्य व्यंजन त, द आए तो विसर्ग दन्त्य स् में बदल जाता है। शेष सभी में व्यंजन संधि हैं, जिनके संधि-विच्छेद निम्न प्रकार हैं-

सत् + चिदानन्द = सच्चिदानन्द (त् + च = च्च)

तत् + लीन = तल्लीन (त् + ल = ल्ल)

सम् + तोष = सन्तोष (म् + त = न्त)

अतः विकल्प (D) सही है।

39. वारि + ईश = वारीश (समुद्र) में दीर्घ संधि है। शेष सभी में व्यंजन संधि हैं, जिनके संधि-विच्छेद निम्न प्रकार हैं-

सत् + मान = सन्मान (त् + म = न्म)

तत् + लीन = तल्लीन (त् + ल = ल्ल)

सम् + तोष = सन्तोष (म् + त = न्त)

अतः विकल्प (D) सही है।

40. 'गायक' शब्द का संधि-विच्छेद 'गै + अक' है। यह अयादि संधि का उदाहरण है। ए, ऐ, ओ, औ के बाद कोई भिन्न स्वर हो तो इनके स्थान पर क्रमशः अय्, आय्, अव, आव हो जाता है।

अतः विकल्प (B) सही है।

41. 'तौलिया' शब्द पुर्तगाली शब्द है जबकि अन्य विकल्प देशज शब्द होंगे।

विदेशज शब्द: अन्य देश की भाषा से आए हुए शब्द जो हिंदी भाषा में सम्मिलित हुए। इन विदेशी भाषाओं में मुख्यतः अरबी, फारसी, तुर्की, उर्दू, अंग्रेजी व पुर्तगाली शामिल हैं।

अतः विकल्प (D) सही है।

42. सन् 1954 में प्रकाशित "नयी कविता" पत्रिका के सम्पादक जगदीश गुप्त थे।

बाल कृष्ण भट्ट - प्रदीप पत्रिका

हरिश्चन्द्र - हरिश्चन्द्र चन्द्रिका, बालबोधिनी , कविवचन सुधा

प्रताप नारायण मिश्र - प्रताप लहरी

अतः विकल्प (D) सही है।

43. "जयद्रथ वध" महाभारत के एक पात्र पर आधारित एक अदभुत रचना है, जिसके लेखक राष्ट्रीय कवि 'मैथिलीशरण गुप्त' है।

यह महाभारत पर आधारित खंडकाव्य है। हरिगीतिका छंद में रचा गया है। मैथिलीशरण गुप्त खड़ी बोली के महत्वपूर्ण कवियों में से है।

अतः विकल्प (D) सही है।

44. 'विदाई' में 'ई' प्रत्यय है। अन्य विकल्प उचित प्रत्यय नहीं हैं।

'आई' प्रलाग से बने अन्य शब्द- पिटाई, ठकुराई, आदि हैं।

अतः विकल्प (B) सही है।

45. 'गोदान' प्रेमचंद द्वारा रचित उपन्यास है।

गोदान, प्रेमचन्द का अंतिम और सबसे महत्वपूर्ण उपन्यास माना जाता है। कुछ लोग इसे उनकी सर्वोत्तम कृति भी मानते हैं। इसका प्रकाशन 1936 ई० में हिन्दी ग्रन्थ रत्नाकर कार्यालय, बम्बई द्वारा किया गया था। इसमें भारतीय ग्राम समाज एवं परिवेश का सजीव चित्रण है। गोदान ग्राम्य जीवन और कृषि संस्कृति का महाकाव्य है। इसमें प्रगतिवाद, गांधीवाद और मार्क्सवाद (साम्यवाद) का पूर्ण परिप्रेक्ष्य में चित्रण हुआ है।

अतः विकल्प (A) सही है।

46. 'ज्ञानपीठ' पुरस्कार से सम्मानित रचना "चिदम्बरा" सुमित्रा नंदन पन्त की रचना है।

सुमित्रा नंदन पन्त की अन्य रचनाएं- युगवाणी, वीणा, लोकायतन, पल्लव है।

अतः विकल्प (B) सही है।

47. यह समूह भाषाओं का सबसे बड़ा परिवार है और सबसे महत्वपूर्ण भी है क्योंकि अंग्रेज़ी, रूसी, प्राचीन फारसी, हिन्दी, पंजाबी, जर्मन, नेपाली - ये तमाम भाषाएँ इसी समूह से संबंध रखती हैं। इसे 'भारोपीय भाषा-परिवार' भी कहते हैं।

अतः विकल्प (A) सही है।

48. हिन्दी की अनेक बोलियाँ (उपभाषाएँ) हैं, भारत में कुल 18 बोलियाँ हैं, जिनमें अवधी, ब्रजभाषा, कन्नौजी, बुंदेली, बघेली, हड़ौती,भोजपुरी, हरयाणवी, राजस्थानी, छत्तीसगढ़ी, मालवी, नागपुरी, खोरठा, पंचपरगनिया, कुमाउँनी, मगही आदि प्रमुख हैं। इनमें से कुछ में अत्यंत उच्च श्रेणी के साहित्य की रचना हुई है। ऐसी बोलियों में ब्रजभाषा और अवधी प्रमुख हैं। यह बोलियाँ हिन्दी की विविधता हैं और उराकी शक्ति भी। वे हिन्दी की जड़ों को गहरा बनाती हैं। हिन्दी की बोलियाँ और उन बोलियों की उपबोलियाँ हैं जो न केवल अपने में एक बड़ी परंपरा, इतिहास, सभ्यता को समेटे हुए हैं वरन स्वतंत्रता संग्राम, जनसंघर्ष, वर्तमान के बाजारवाद के खिलाफ भी उसका रचना संसार सचेत है।

अतः विकल्प (D) सही है।

49. ढूंढाड़ी एक इंडो-आर्यन भाषा है जो पूर्वोत्तर राजस्थान के ढूंढाड़ क्षेत्र में बोली जाती है। ढूंढाड़ी बोलने वाले मुख्य रूप से तीन जिलों – जयपुर, करौली, डीग, सवाई माधोपुर, दौसाऔर टोंक में रहतें है।

अतः विकल्प (B) सही है।

50. संस्कृत, पालि, हिन्दी, मराठी, कोंकणी, सिन्धी, कश्मीरी, हरियाणवी, बुंदेली भाषा, डोगरी, खस, नेपाल भाषा (तथा अन्य नेपाली भाषाएँ), तमांग भाषा, गढ़वाली, बोडो, अंगिका, मगही, भोजपुरी, नागपुरी, मैथिली, संताली, राजस्थानी भाषा, बघेली आदि भाषाएँ और स्थानीय बोलियाँ भी देवनागरी में लिखी जाती हैं।

अतः विकल्प (C) सही है।

51. हिन्दी की पाँच उपभाषाएँ हैं-

1. पश्चिमी हिन्दी
2. पूर्वी हिन्दी
3. राजस्थानी
4. पहाड़ी
5. बिहारी

'पूर्वी हिन्दी' उपभाषा के अन्तर्गत अवधी, बघेली और छत्तीसगढ़ी बोलियाँ आती है।

अतः विकल्प (A) सही है।

52. धुवस्वामिनी जयशंकर प्रसाद द्वारा रचित प्रसिद्ध हिन्दी नाटक है। यह प्रसाद की अंतिम और श्रेष्ठ नाट्य-कृति है।

इसका कथानक गुप्तकाल से सम्बद्ध और शोध द्वारा इतिहाससम्मत है। यह नाटक इतिहास की प्राचीनता में वर्तमान काल की समस्या को प्रस्तुत करता है। प्रसाद ने इतिहास को अपनी नाट्याभिव्यक्ति का माध्यम बनाकर शाश्वत मानव-जीवन का स्वरुप दिखाया है, युग-समस्याओं के हल दिए हैं, वर्तमान के धुंधलके में एक ज्योति दी है, राष्ट्रीयता के साथ-साथ विश्व-प्रेम का सन्देश दिया है। इसलिए उन्होंने इतिहास में कल्पना का संयोजन कर इतिहास को वर्तमान से जोड़ने का प्रयास किया है।

अतः विकल्प (A) सही है।

53. संस्कृति के चार अध्याय हिन्दी के विख्यात साहित्यकार रामधारी सिंह दिनकर द्वारा रचित एक भारतीय संस्कृति का सर्वेक्षण है जिसके लिये उन्हें सन् 1959 में साहित्य अकादमी पुरस्कार से सम्मानित किया गया।

अतः विकल्प (A) सही है।

54. सूरदास की सर्वसम्मत प्रामाणिक रचना 'सूरसागर' है। एक प्रकार से 'सूरसागर' जैसा कि उसके नाम से सूचित होता है, उनकी सम्पूर्ण रचनाओं का संकलन कहा जा सकता है। 'सूरसागर' के अतिरिक्त 'साहित्य लहरी' और 'सूरसागर सारावली' को भी कुछ विद्वान् उनकी प्रामाणिक रचनाएँ मानते हैं परन्तु इनकी प्रामाणिकता सन्दिग्ध है।

अतः विकल्प (B) सही है।

55. सन्देश रासक, अपभ्रंश में रचित एक एक काव्य है जिसकी रचना 1000-1100 ई के आसपास मुल्तान के कवि अब्दुल रहमान ने किया था। यह ग्रन्थ उस अपभ्रंश में है जिससे लहन्दा, पंजाबी और सिन्धी आदि पश्चिमी भारतीय भाषाएँ जन्मी हैं।

अतः विकल्प (C) सही है।

56. आनन्द कादम्बिनी भारतेन्दु-युग की साहित्यिक पत्रिका है। आनन्द कादम्बिनी जुलाई 1881 में मिर्ज़ापुर से आरम्भ हुई थी। इसके सम्पादक 'बदरीनारायण चौधरी' 'प्रेमघन' थे।

अतः विकल्प (C) सही है।

57. अयोध्या सिंह उपाध्याय हरिऔध जी की यह एक सबसे बड़ी विशेषता है कि वह हिन्दी के सार्वभौम कवि हैं। उन्होंने खड़ी बोली, उर्दू के मुहावरे, ब्रजभाषा, कठिन-सरल सब प्रकार की कविताओं की रचना की।

अतः विकल्प (D) सही है।

58. फणीश्वर नाथ 'रेणु' (4 मार्च 1921 औराही हिंगना, फारबिसगंज - 11 अप्रैल 1944) एक हिन्दी भाषा के साहित्यकार थे। इनके पहले उपन्यास मैला आंचल को बहुत ख्याति मिली थी जिसके लिए उन्हें पद्मश्री पुरस्कार से सम्मानित किया गया था।

अतः विकल्प (C) सही है।

59. मैत्रेयी पुष्पा की सद्यःप्रकाशित आत्मकथा 'कस्तूरी कुंडल बसै' में यह सच्चाई हालांकि आत्मकथा का मुख्य उद्देश्य नहीं है। मुख्य मुद्दा तो पुरूषवादी व्यवस्था द्वारा स्री पर सदियों से लादी गई गुलामी से मुक्ति और स्री सशक्तिकरण ही है।

अतः विकल्प (B) सही है।

60. भूषण बिनु न विराजई कविता वनिता मीत कथन केशवदास का है। यह उक्ति काव्य में अलंकार के महत्व पर आचार्य केशवदास की है। केशवदास की रचना 'कविप्रिया' इस युक्ति को चरितार्थ करती है। यही कारण है कि कविवर बिहारी ने 'कविप्रिया' का इतना विशिष्ट अध्ययन किया था कि इस कृति का प्रभाव उनके कवि मानस पटल पर कई प्रकार से पड़ा है। यह भी कहना असंगत तथ्य नहीं होगा कि 'कवि प्रिया' के भाव, शब्द और प्रयोजन सभी कुछ कविवर बिहारी की सतसई पर विस्तृत रूप में दिखाई देते हैं।

अतः विकल्प (C) सही है।

61. बिहारी एक मात्र ऐसे कवि हैं जो रीति सिद्ध की सूचि में आते है। बिहारी की एकमात्र रचना बिहारी सतसई है जिसमें 719 दोहे है। बिहारी का जन्म 1595 ई. माना गया है।

अतः विकल्प (A) सही है।

62. 'पुष्प की अभिलाषा' यह कविता माखनलाल चतुर्वेदी की है। माखनलाल चतुर्वेदी की 'पुष्प की अभिलाषा' उनके निजी जीवन का सार है। इनकी अन्य रचनाएँ हैं- हिमकिरीटिनी, हिमतरंगिनी, मटा, समर्पण, वेणु लो गूँजे धरा, युगचरण, मरण ज्वार आदि।

अतः विकल्प (A) सही है।

63. क्रिया के जिस रूप द्वारा कर्ता, कर्म या भाव का विधान हो या निर्धारण हो तो उसे वाच्य कहते हैं।

वाच्य के तीन भेद-

1. कर्तृवाच्य
2. कर्मवाच्य
3. भाववाच्य

अतः विकल्प (D) सही है।

64. "ग्राम", जयशंकर प्रसाद" की कहानी है। इसका रचना वर्ष सन् 1911 ईस्वी है। यह इंदु पत्रिका में प्रकाशित हुई थी। यह जयशंकर प्रसाद की प्रथम कहानी है।

अतः विकल्प (D) सही है।

65. सच्चिदानंद हीरानंद वात्स्यायन 'अज्ञेय' को कवि, शैलीकार, कथा-साहित्य को एक महत्त्वपूर्ण मोड़ देने वाले कथाकार, ललित-निबन्धकार, सम्पादक और अध्यापक के रूप में जाना जाता है। 'शेखर एक जीवनी' अज्ञेय की प्रसिद्ध रचना है। इनके अन्य उपन्यास हैं- नदी के द्वीप, अपने-अपने अजनबी आदि।

अतः विकल्प (B) सही है।

66. 'सड़क' एक रूढ़ शब्द है। इसका खंड करने पर कोई सार्थक शब्द नहीं बनेगा। अतिरिक्त शब्द 'विचारधारा', 'दूरभाष' और 'चित्रकार' यौगिक शब्द हैं।

जो शब्द हमेशा किसी विशेष अर्थ को प्रकट करते हो तथा जिनके खण्डों का कोई अर्थ न निकले, उन्हें 'रूढ़' कहते है।

अतः विकल्प (B) सही है।

67. सोज़े वतन नामक कहानी संग्रह के रचनाकार नवाबराय (प्रेमचन्द) हैं। इसका प्रकाशन 1908 में हुआ। इस संग्रह के कारण प्रेमचन्द को सरकार का कोपभाजन बनना पड़ा। सोज़े वतन का अर्थ है देश का मातम। इस संग्रह में पाँच कहानियाँ थीं। पाँचों कहानियाँ उर्दू भाषा में थीं। हमीरपुर के जिला कलेक्टर ने इसे देशद्रोही करार दिया और इसकी सारी प्रतियाँ जलवाकर नष्ट कर दीं। इसके बाद नवाबराय से वे प्रेमचन्द हो गए।

अतः विकल्प (D) सही है।

68. 'मधुशाला' के रचनाकार 'हरिवंश राय बच्चन' हैं। जो उमर ख़ैयाम की रुबाइयों का अनुवाद है। इनकी अन्य रचनाएँ हैं- निशा- निमंत्रण, तेरा हार, मधुकलश, आकुल अंतर, आत्म-परिचय आदि।

अतः विकल्प (B) सही है।

69. राहुल सांकृत्यायन ज्ञानार्जन के लिए जीवन-भर भ्रमण करते रहे। 'मेरी जीवन यात्रा(आत्मकथा)','वोल्गा से गंगा' और 'कनैला की कथा' उनकी सर्वोत्तम कृति हैं। राहुल जी लगभग 35 भाषाओं में लिख-पढ़ सकते थे।

अतः विकल्प (D) सही है।

70. जो शब्द अन्य शब्दों के योग से बनते हैं, परन्तु एक विशेष अर्थ के लिए प्रसिद्ध होते हैं, उन्हें योगरूढ़ शब्द कहते हैं।

पीताम्बर शब्द यौगिक तो है परन्तु इसका अर्थ रूढ़ होने की वजह से इसका अर्थ विशेष हो जाता है। जैसे- जो पीला वस्त्र धारण करते हैं अर्थात भगवान् कृष्ण।

अतः विकल्प (A) सही है।

71. 'हथकड़ी' का समास विग्रह करने पर 'हाथ की कड़ी' होगा, इसमें 'की' चिह्न आने पर 'संबंध तत्पुरुष समास' है। 'संबंध तत्पुरुष समास' का परसर्ग 'का/के/की' होता है।

तत्पुरुष समासः जिस समास में उत्तरपद प्रधान हो तथा समास करने के उपरांत विभक्ति (कारक चिन्ह) का लोप हो।

अतः विकल्प (B) सही है।

72. जो शब्द अन्य शब्दों के योग से बने हो तथा जिनके प्रत्येक खण्ड का कोई अर्थ हो, उन्हें यौगिक शब्द कहते है।

'राष्ट्रपति' शब्द यौगिक है अर्थात उसका सार्थक खंड किया जा सकता है, 'राष्ट्र+पति'।

अतः विकल्प (C) सही है।

73. उच्चारण' का सन्धि-विच्छेद 'उत् + चारण' है।

'उच्चारण' में व्यंजन संधि है। जब 'त्' के बाद 'च' या 'छ' हो 'त्' का 'च्' हो जाता है जैसे - 'सत् + चरित्र = सच्चरित्र'।

अतः विकल्प (D) सही है।

74. 'कछुआ धीरे-धीरे चलता है।' इस वाक्य में क्रिया-विशेषण धीरे-धीरे है।

जिन शब्दों से क्रिया, विशेषण या दूसरे क्रियाविशेषण की विशेषता प्रकट हो, उन्हें 'क्रियाविशेषण' कहते हैं।

जैसे- राम धीरे-धीरे टहलता है।

अतः विकल्प (A) सही है।

75. वधूत्सव शब्द में दीर्घ सन्धि है वधू+उत्सव।

जब दो शब्दों की संधि करते समय (अ, आ) के साथ (अ, आ) हो तो 'आ' बनता है, जब (इ, ई) के साथ (इ, ई) हो तो 'ई' बनता है, जब (उ, ऊ) के साथ (उ, ऊ) हो तो 'ऊ' बनता है, तो वहां दीर्घ सन्धि होती है।

अतः विकल्प (C) सही है।

76. जिसमें पहला पद संख्यावाचक हो और जो किसी समूह विशेष का बोध कराए उसे द्विगु समास कहते हैं।

जैसे - सप्ताह - सात दिनों का समूह, नवग्रह - नौ ग्रहों का समूह।

अतः विकल्प (D) सही है।

77. कर्मधारय समास :-जिस समास का उत्तरपद प्रधान हो और पूर्वपद व उत्तरपद में विशेषण-विशेष्य अथवा उपमान-उपमेय का संबंध हो वह कर्मधारय समास कहलाता है।

जैसे - परमेश्वर- परम है जो ईश्वर, कर्मधारय समास है।

अतः विकल्प (D) सही है।

78. स्नेह को छोड़कर, सभी में 'ऐ' स्वर है। जिन स्वरों के उच्चारण में ह्रस्व स्वरों से दुगुना समय लगता है उन्हें दीर्घ स्वर कहते हैं। ये हिन्दी में सात हैं- आ, ई, ऊ, ए, ऐ, ओ, औ।

अतः विकल्प (D) सही है।

79. निर्भय शब्द में निर् उपसर्ग है। निर् का अर्थ है। बाहर तथा भय का अर्थ है। डर जबकि निर्भय का अर्थ है निडर।

निर्भय = निर् + भय

उपसर्ग ऐसे शब्द होते हैं जो शब्दों के आगे लगकर शब्दों का अर्थ बदल देते है उपसर्ग कहलाते है।

उपसर्ग शब्द + अन्य शब्द = परिवर्तित शब्द

अतः विकल्प (A) सही है।

80. जो शब्दांश शब्दों के अंत में विशेषता या परिवर्तन ला देते हैं, वे प्रत्यय कहलाते हैं।

जैसे: मानव में अव प्रत्यय है।

अतः विकल्प (C) सही है।

81. जो शब्दांश शब्दों के अंत में लगकर उनके अर्थ को बदल देते हैं वे प्रत्यय कहलाते हैं। कृत् प्रत्यय क्रिया शब्दों के साथ जुड़ते हैं। वे प्रत्यय जो धातु में जोड़े जाते हैं, कृत प्रत्यय कहलाते हैं। कृत् प्रत्यय से बने शब्द कृदंत (कृत्+अंत) शब्द कहलाते हैं। जैसे- लेख् + अक = लेखक। यहाँ अक कृत् प्रत्यय है, तथा लेखक कृदंत शब्द है।

अतः विकल्प (A) सही है।

82. शतरंज के खिलाड़ी' प्रेमचंद की कृति है। इनकी अन्य रचनाएँ- गोदान, गबन, पूस की रात आदि हैं।

अतः विकल्प (C) सही है।

83. सच्चिदानंद हीरानंद वात्स्यायन 'अज्ञेय' (7 मार्च, 1911 - 4 अप्रैल, 1987) अज्ञेय प्रयोगवाद एवं नई कविता को साहित्य जगत में प्रतिष्ठित करने वाले कवि हैं। अनेक जापानी हाइकु कविताओं को अज्ञेय ने अनूदित किया। 1936-37 में सैनिक और विशाल भारत नामक पत्रिकाओं का संपादन किया। दिनमान सापाहिक, नवभारत टाइम्रा, अंग्रेजी पत्र वाक् और एनरीमैंस जैसी प्रसिद्ध पत्र-पत्रिकाओं का संपादन किया।

अतः विकल्प (D) सही है।

84. जो शब्द अन्य शब्दों के योग से बनते हो, परन्तु एक विशेष अर्थ के लिए प्रसिद्ध होते है, उन्हें योगरूढ़ शब्द कहते है।

जैसे- लम्बोदर, पंकज, दशानन, जलज इत्यादि।

लम्बोदर = लम्ब +उदर

(बड़े पेट वाला)= गणेश जी

दशानन = दश +आनन

दस मुखों वाला = रावण

'पंक +ज' अर्थ है कीचड़ से (में) उत्पत्र; पर इससे केवल 'कमल' का अर्थ लिया जायेगा, अतः 'पंकज 'योगरूढ़ है।

अतः विकल्प (B) सही है।

85. 'चौराहा' में 'द्विगु' समास है क्योंकि इसमें पहला पद संख्यावाचक है।

जिस समास में पूर्वपद (पहला पद) संख्यावाचक विशेषण हो वह द्विगु समास होता है। जैसे – दो पहरों का समूह = दोपहर, तीनों लोकों का समाहार = त्रिलोक।

अतः विकल्प (C) सही है।

86. 'देवासुर' अर्थात देव और असुर।

द्वंद्व समास - जिस समास में दोनों पद प्रधान हों तथा विग्रह करने पर उनके बीच 'तथा', 'या', 'अथवा', 'एवं', 'और' का प्रयोग होता है। वहाँ द्वंद्व समास होता है।

अतः विकल्प (B) सही है।

87. क्षीर का तद्भव खीर है।

ऐसे शब्द जो संस्कृत से हिंदी में आने पर उनका रूप बदल गया। जैसे - आग, खीर, छत आदि।

अतः विकल्प (B) सही है।

88. 'किसी बात के मर्म को जानने वाला' वाक्यांश के लिए सही शब्द है - मर्मझ

मर्मझ का अर्थ - गूढ़ अर्थ, रहस्य को जाननेवाला

अतः विकल्प (B) सही है।

89. कम भोजन करने वाला - मिताहारी

मिताहारी का अर्थ - थोड़ा या कम भोजन करने वाला, कम खाने वाला, अल्पाहारी, मितभोजी

अतः विकल्प (B) सही है।

90. जिसका अनुभव इंद्रियों को न हो - अगोचर

अगोचर का अर्थ - इंद्रियातीत, अप्रकट है।

अतः विकल्प (A) सही है।

91. जो किये गये उपकारों को मानता है - कृतज्ञ

कृतज्ञ का अर्थ - उपकार माननेवाला, एहसानमंद है।

अतः विकल्प (B) सही है।

92. कम या नला-तुला खर्च करने वाला - मितव्ययी

मितव्ययी का अर्थ - कम ख़र्च करनेवाला है।

अतः विकल्प (B) सही है।

93. आवश्यकता से अधिक धनसम्पत्ति एकत्र न करना - अपरिग्रह

अपरिग्रह का अर्थ - दान का अस्वीकार, आवश्यकता से अधिक दान न लेना है।

अतः विकल्प (B) सही है।

94. परीक्षा शुद्ध वर्तनी है।

किसी वस्तु, व्यक्ति या घटना की विस्तृत जाँच कहलाती है। शैक्षिक एवं व्यावसायिक सन्दर्भ में किसी छात्र या भावी प्रक्टिशनर की क्षमता की जाँच को परीक्षा कहते हैं।

अतः विकल्प (B) सही है।

95. परिवर्तन शुद्ध वर्तनी है।

शेष विकल्प असंगत है।

परिवर्तन- बदलाव, हेरफेर, तबदीली, फेरबदल इत्यादि इसके पर्यायवाची है।

अतः विकल्प (C) सही है।

96. संपूर्ण शुद्ध वर्तनी है।

संपूर्ण का अर्थ अच्छी तरह भरा हुआ, सारा, पूरा (जैसे—संपूर्ण जगत्) है।

अतः विकल्प (B) सही है।

97. अनभिज्ञ शुद्ध वर्तनी है।

अनभिज्ञ का अर्थ मूर्ख, अनजान, अपरिचित है।

अतः विकल्प (D) सही है।

98. पुनरुत्थान शुद्ध वर्तनी है।

पुनरुत्थान का अर्थ फिर से उठना, पुनः उन्नति करना है।

अतः विकल्प (B) सही है।

99. 'धोनी ने सन्यास ले लिया', यह वाक्य सरल वाक्य है।

ऐसे वाक्य जिनमें एक ही क्रिया एवं एक ही कर्ता होता है या जिस वाक्य में एक ही उद्देश्य एवं एक ही विधेय होता है, वे वाक्य सरल वाक्य कहलाते हैं। इसमें कर्ता एक से अधिक हो सकते हैं लेकिन मुख्य क्रिया एक ही होगी।

अतः विकल्प (B) सही है।

100. 'राम और सीता जाते हैं' एक सरल वाक्य है।

ऐसे वाक्य जिनमें एक ही क्रिया एवं एक ही कर्ता होता है या जिस वाक्य में एक ही उद्देश्य एवं एक ही विधेय होता है, वे वाक्य सरल वाक्य कहलाते हैं। इसमें कर्ता एक से अधिक हो सकते हैं लेकिन मुख्य क्रिया एक ही होगी।

अतः विकल्प (B) सही है।

101. 'मिश्र वाक्य' में एक सरल वाक्य के अलावा अन्य उपवाक्य आश्रित होकर आते हैं। जैसे - मेरा वृढ़ विश्वास है कि भारत जीतेगा। यहाँ 'मेरा वृढ़ विश्वास है कि' मुख्य उपवाक्य है और 'भारत जीतेगा' गौण उपवाक्य।

जिस वाक्य में एक से अधिक वाक्य मिले हों, किन्तु एक प्रधान उपवाक्य तथा शेष आश्रित उपवाक्य हों, मिश्रित वाक्य कहलाता है।

अतः विकल्प (C) सही है।

102. 'राम आया, भाई से मिला और तुरंत लौट गया।' यह 'संयुक्त वाक्य' है।

जिस वाक्य में दो या दो से अधिक उपवाक्य मिले हों, परन्तु सभी वाक्य प्रधान हो तो ऐसे वाक्य को संयुक्त वाक्य कहते है।

अतः विकल्प (B) सही है।

103. उपर्युक्त वाक्य संयुक्त वाक्य का उदाहरण है।

जब दो या दो से अधिक वाक्यों को किसी संयोजक से जोड़ा गया हो, तो नए वाक्य को सयुंक्त वाक्य कहते है। जैसे - और, तो, इसलिए, क्योंकि आदि।

अतः विकल्प (D) सही है।

104. मैं उस लड़की से मिला था जिसकी किताब खो गई थी।" मिश्र वाक्य का उदाहरण है।

जिस वाक्य में एक से अधिक वाक्य मिले हों, किन्तु एक प्रधान उपवाक्य तथा शेष आश्रित उपवाक्य हों, मिश्रित वाक्य कहलाता है।

प्रधान उपवाक्य - 'मैं उस लड़की से मिला था।'

आश्रित उपवाक्य - 'जिसकी किताब खो गयी थी।'

अतः विकल्प (B) सही है।

105. जिस वाक्य में एक से अधिक वाक्य मिले हों, किन्तु एक प्रधान उपवाक्य तथा शेष आश्रित उपवाक्य हों, मिश्रित वाक्य कहलाता है।

मिश्र वाक्य का उदाहरण- 'मैं चाहता हूँ कि तुम्हारे साथ मिलकर व्यापार करूँ।' है।

अतः विकल्प (B) सही है।

106. 'अगर तुम परिश्रम करते तो आज सफल हो जाते।, संकेतवाचक वाक्य है।

जिन वाक्यों में क्रिया एक दूसरे पर निर्भर हो या किसी संकेत का बोध होता है वे वाक्य संकेत वाचक होते हैं।

अतः विकल्प (B) सही है।

107. जिन वाक्यों में आश्चर्य, शोक, घृणा, ख़ुशी, स्तब्धता होती है वे विस्मयादिबोधक वाक्य होते हैं।

जिन वाक्यों में आश्चर्य, शोक, घृणा, ख़ुशी, स्तब्धता होती है वे विस्मयादिबोधक वाक्य होते हैं।

अतः विकल्प (D) सही है।

108. मधुर-मधुर मुस्कान मनोहर, मनुज वेश का उजियारा' इस काव्य पंक्ति में 'म' वर्ण की आवृत्ति कई बार होने के कारण अनुप्रास अलंकार है। जहां एक ही वर्ण की आवृत्ति एक से अधिक बार हो, वहाँ अनुप्रास अलंकार होता है।

अतः विकल्प (A) सही है।

109. मिठास एक 'भाववाचक' संज्ञा है।

किसी भाव, अवस्था, गुण अथवा दशा के नाम को भाववाचक संज्ञा कहते है। जैसे - सुख, बचपन, सुन्दरता, मिठास।

मिठास - मीठा विशेषण में आस प्रत्यय लगाने से बना है।

अतः विकल्प (B) सही है।

110. रसोईघर यौगिक शब्द है क्योंकि यह दो शब्दों के योग से बना है। वह शब्द जो दो शब्दों के योग से मिलकर बने होते है योगिक शब्द कहलाते है।

जैसे रसोई + घर इसीलिए ऐसे शब्दों को यौगिक शब्द कहते है।

अतः विकल्प (B) सही है।

111. 'गंगा हिमालय से निकलती है" में 'स्थानवाचक' क्रिया-विशेषण है।

ऐसे अविकारी शब्द जो क्रियाओं के होने के स्थान का बोध कराते हैं स्थानवाचक क्रियाविशेषण कहलाते हैं।

अतः विकल्प (B) सही है।

112. 'शेखर एक जीवनी' उपन्यास प्रेमचन्द का नहीं है।

'शेखर एक जीवनी' महज एक उपन्यास नहीं है और न ही कथानायक शेखर की जीवनी का लेखा-जोखा, वरन् स्नेह और वेदना का जीवन-दर्शन भी है, जिसे लेखक ने अपने जीवनानुभवों के विस्तृत दायरे के सूत्र में पिरोया है। सच्चिदानन्द हीरानन्द वात्स्यायन 'अज्ञेय' की यह अमर कृति हिन्दी साहित्य में मील का पत्थर है।

अतः विकल्प (D) सही है।

113. 'बढ़ा चढ़ाकर बात करना' वाक्यांश के लिए उचित मुहावरा "नमक मिर्च लगाना" होगा।

नमक मिर्च लगाना का वाक्य प्रयोग-

तुमने उसे क्या कहा था और उसने तो पुरे गाव मे उसे नमक मिर्च लगाकर फैला दिया।

अतः विकल्प (B) सही है।

114. दुबला-पतला - लड़का युग्म में लिंग की शुद्धता है।

अन्य शुद्ध युग्म:-

टोपी - काली

सुनहरा - पत्ता

उड़ती हुई - चिड़िया

अतः विकल्प (C) सही है।

115. 'धिक जीवन को जो पाता ही आया विरोध, धिक साधन जिसका सदा ही किया शोध।' ऐसी निराशा के बाद ही 'वह एक और मन रहा राम का जो न थका' सरीखा संकल्प आता है।

राम की शक्ति पूजा - 1936

लेखक- सूर्यकांत त्रिपाठी निराला

नव वेदान्त पर आधारित

अतः विकल्प (A) सही है।

116. उर्वशी यहाँ उचित विकल्प है, दिनकर की उर्वशी रचना को ज्ञानपीठ पुरूस्कार प्राप्त हुआ है।

इसकी प्रकाश तिथि 1961 है तथा सन 1972 में इसे ज्ञानपीठ की प्राप्ति हुई थी।

अतः विकल्प (D) सही है।

117. शब्द - कार्यर्थम्

संधि - विच्छेद - कार्य + अर्थम्

सूत्र - 'अकः सवर्णे दीर्घः' सूत्र के अनुसार दो सवर्ण ह्रस्व दीर्घ स्वरों के संयोग से दीर्घ स्वर प्राप्त होता है।

'कार्य + अर्थम्' में 'कार्य' पद के 'अ' के पश्चाद् सवर्ण स्वर 'अ' आया है, अतः उसके स्थान पर 'आ' होकर 'कार्यर्थम्' पद बनता है।

अतः विकल्प (A) सही है।

118. अकथितं च' सूत्र के अनुसार अकथित को गौण कर्म की संज्ञा प्राप्त होती है तथा उसमें द्वितीया विभक्ति होती है। इस सूत्र में 16 धातुओं का उल्लेख है जिनके योग में ऐसा होता है और इन धातुओं को द्विकर्मक धातु कहा जाता है।

अतः विकल्प (D) सही है।

119. 'चतुरानन' बहुव्रीहि समास है।

समास में आये पदों को छोड़कर जब किसी अन्य पदार्थ की प्रधानता हो, तब उसे बहुव्रीहि समास कहते है। इस समास के पदों में कोई भी पद प्रधान नहीं होती बल्कि पूरा पद ही किसी अन्य पद का विशेषण होता है। चतुरानन- चार आनन अथवा मस्तिष्क हो जिसके, ब्रह्मा।

जैसे – नीलाम्बर, वीणापाणि आदि।

अतः विकल्प (B) सही है।

120. 'ढीठ' पर्यायवाची शब्द का अर्थ अविनीत है।

ढीठ का पर्यायवाची धृष्ट, उद्दंड, दुस्साहसी हैं।

अतः विकल्प (C) सही है।

121. 'लघु' शब्द 'विशाल' का उचित विलोम है।

'विशाल' का अर्थ: बहुत बड़ा।

'लघु' का अर्थ: छोटा।

अतः विकल्प (D) सही है।

122. गगनचुम्बी का समास विग्रह - गगन को चूमने वाला, 'को' चिह्न आने पर यहाँ "कर्म तत्पुरुष" समास का प्रयोग हुआ है।

जिस समास में उत्तर पद के अर्थ की प्रधानता हो तथा पूर्व पद में द्वितीया से सप्तमी विभक्ति तक का लोप हो, उसे तत्पुरूष समास कहते है।

अतः विकल्प (D) सही है।

123. भारतीय संविधान का अनुच्छेद 351 राजभाषा हिंदी की संवैधानिक और प्रचार प्रसार की दृष्टि से अत्यंत महत्वपूर्ण है। इसके अनुसार राजभाषा हिंदी के प्रसार वृद्धि करना भारत सरकार का उत्तरदायित्व है। इस अनुच्छेद में सरकार को दिशा-निर्देश दिया गया है कि वह राजभाषा हिंदी का विकास और प्रसार किस प्रकार से करें।

अनुच्छेद 351 कहता है कि राजभाषा हिंदी का विकास व प्रसार इस प्रकार से किया जाए कि वह भारत की सामाजिक संस्कृति के सब तत्वों की अभिव्यक्ति का माध्यम बन सके। भाषा अभिव्यक्ति का माध्यम है।

अतः विकल्प (D) सही है।

124. हिन्दी भाषा के विकास का सही अनुक्रम पालि-प्राकृत-अपभ्रंश हिन्दी है।

पालि प्राचीन उत्तर भारत के लोगों की भाषा थी जो पूर्व में बिहार से पश्चिम में हरियाणा-राजस्थान तक और उत्तर में नेपाल-उत्तरप्रदेश से दक्षिण में मध्यप्रदेश तक बोली जाती थी। भगवान बुद्ध भी इन्हीं प्रदेशों में विहरण करते हुए लोगों को धर्म समझाते रहे। आज इन्ही प्रदेशों में हिन्दी बोली जाती है। इसलिए, पाली प्राचीन हिन्दी है।

भारतीय आर्यभाषा के मध्ययुग में जो अनेक प्रादेशिक भाषाएँ विकसित हुई उनका सामान्य नाम प्राकृत है और उन भाषाओं में जो ग्रंथ रचे गए उन सबको समुच्चय रूप से प्राकृत साहित्य कहा जाता है। विकास की दृष्टि से भाषावैज्ञानिकों ने भारत में आर्यभाषा के तीन स्तर नियत किए हैं - प्राचीन, मध्यकालीन और अर्वाचीन।

अपभ्रंश, आधुनिक भाषाओं के उदय से पहले उत्तर भारत में बोलचाल और साहित्य रचना की सबसे जीवन्त और प्रमुख भाषा (समय लगभग छठी से १२वीं शताब्दी)। भाषावैज्ञानिक दृष्टि से अपभ्रंश भारतीय आर्यभाषा के मध्यकाल की अंतिम अवस्था है जो प्राकृत और आधुनिक भाषाओं के बीच की स्थिति है।

अतः विकल्प (A) सही है।

125. संविधान में राजभाषा के सम्बन्ध में धारा 343 से 352 तक की व्यवस्था की गयी। इसकी स्मृति को ताजा रखने के लिये 14 सितम्बर का दिन प्रतिवर्ष हिन्दी दिवस के रूप में मनाया जाता है। धारा 343(1) के अनुसार भारतीय संघ की राजभाषा हिन्दी एवं लिपि देवनागरी होगी।

अतः विकल्प (A) सही है।

Q.1 "अरे भैया! क्यों रो रहे हो?" वाक्य में कौन सा कारक है?

A. कर्म **B.** संबंध **C.** सम्बोधन **D.** अपादान

Q.2 हिन्दी में 'कारक' होते हैं—

A. आठ **B.** पाँच **C.** चार **D.** सात

Q.3 "गरीबों को वस्त्र दो।" वाक्य में कारक है-

A. करण कारक **B.** अपादान कारक
C. कर्म कारक **D.** सम्प्रदान कारक

Q.4 'चारपाई पर भाई साहब बैठे है।' इस वाक्य में चारपाई शब्द किस कारक में है?

A. करण कारक **B.** सम्प्रदान कारक
C. संबंध कारक **D.** अधिकरण कारक

Q.5 "हे प्रभो! मेरी इच्छा पूर्ण करो।" इस वाक्य में कौन सा कारक है?

A. अधिकरण कारक **B.** संबंध कारक
C. संबोधन कारक **D.** अपादान कारक

Q.6 "बच्चे बस से पाठशाला जाते हैं।" इस वाक्य में कौन सा कारक हैं?

A. कर्म **B.** करण **C.** अपादान **D.** सम्प्रदान

Q.7 अशुद्ध शब्द है:

A. घोषणा **B.** आरोग्य **C.** कुशाशन **D.** जगदीश

Q.8 सही वर्तनी वाला शब्द है:

A. उन्नती **B.** इकलौता **C.** गोपित **D.** छुधा

Q.9 अशुद्ध शब्द है:

A. आध्यास्मिक **B.** गर्भभ
C. छत्तिस **D.** चतुरता

Q.10 दिए गए विकल्पों में अशुद्ध शब्द है:

A. फाल्गुन **B.** ब्रिटिश **C.** बाहुल्य **D.** तरकश

Q.11 सही वर्तनी वाला शब्द है:

A. भाष्कर **B.** लक्ष्मन **C.** नीरस **D.** भष्म

Q.12 सही वर्तनी वाला शब्द है:

A. नीर्दय **B.** ब्यापार **C.** माहात्म्य **D.** भिच्छु

Q.13 इनमें से कौन सी रचना सुमित्रानंदन पंत की नहीं है?

A. कुकुरमुत्ता **B.** ग्राम्या
C. युगांत **D.** रजत-रश्मि

Q.14 दिए गए विकल्पों में जयशंकर प्रसाद का प्रथम नाटक कौन सा है?

A. सज्जन **B.** एक घूंट
C. ध्रुवस्वामिनी **D.** कल्याणी

Q.15 आचार्य रामचन्द्र शुक्ल ने किस उपन्यास को हिन्दी की प्रथम कहानी माना है?

A. परीक्षा गुरु **B.** इंशा अल्ला खां
C. नूतन ब्रह्मचारी **D.** चंद्रकांता

Q.16 दिए गए विकल्पों कौन सा निबंध हजारी प्रसाद द्विवेदी का नहीं है?

A. आचरण की सभ्यता **B.** कुटज
C. अशोक के फूल **D.** कल्पलता

Q.17 माखनलाल चतुर्वेदी की किस रचना को साहित्य अकादमी पुरस्कार मिला था?

A. हिमकिरीटिनी **B.** वेणु लो गूंजे धरा
C. हिमतरंगिनी **D.** मरण ज्वार

Q.18 दिए गए विकल्पों में से 'पुरस्कार' कहानी है:

A. सूर्यकांत त्रिपाठी 'निराला'
B. जयशंकर प्रसाद
C. प्रेमचंद
D. जैनेन्द्र

Q.19 'मधुशाला' किसकी रचना है?

A. हरिवंश राय बच्चन **B.** नागार्जुन
C. रामधारी सिंह 'दिनकर' **D.** महादेवी वर्मा

Q.20 दिए गए विकल्पों में कौन-सी कृति 'भारतेन्दु हरिश्चंद्र' द्वारा रचित है?

A. भारत-दुर्दशा **B.** तितली
C. कर्बला **D.** अर्द्ध-नारीश्वर

Q.21 दिए गए विकल्पों में 'गोदान' किसका उपन्यास है?

A. हरिऔध **B.** प्रेमचंद **C.** निराला **D.** अज्ञेय

Q.22 कौन सा युग्म सुमेलित नहीं है?

A. कुकुरमुत्ता- निराला **B.** कानन-कुसुम- प्रसाद
C. ग्राम्या- पंत **D.** दीपशिखा-दिनकर

Q.23 निम्नलिखित में से 'पद्मावत' रचना है:

A. सूरदास **B.** तुलसीदास **C.** जायसी **D.** बिहारी

Q.24 दिए गए विकल्पों में 'उर्वशी' किसकी कृति है?

A. रामधारी सिंह 'दिनकर'
B. सूर्यकांत त्रिपाठी 'निराला'
C. महादेवी वर्मा
D. मुकुटधर पाण्डेय

Q.25 निम्नलिखित में से 'ईदगाह' किसकी प्रसिद्ध कहानी है?

A. रामचंद्र शुक्ल
B. प्रेमचंद
C. जयशंकर प्रसाद
D. सूर्यकांत त्रिपाठी 'निराला'

Q.26 'अंधेर नगरी' किसकी रचना है?

A. भारतेन्दु हरिश्चंद्र **B.** प्रेमचंद
C. जयशंकर प्रसाद **D.** अज्ञेय

Q.27 'बीजक' किसकी रचना है?

A. सूरदास **B.** तुलसीदास
C. कबीरदास **D.** अग्रदास

Q.28 रजत का पर्यायवाची शब्द है:

A. रत **B.** रौप्य **C.** लड़का **D.** लगाव

Q.29 निम्नलिखित शब्दों में 'दामिनी' का पर्यायवाची शब्द नहीं है:

A. सौदामिनी **B.** घनप्रिया **C.** ताडित **D.** निदाघ

Q.30 अचला का पर्यायवाची शब्द है:

A. मही　　　B. अचल　　　C. जरा　　　D. निशा

Q.31 अनुरोध का पर्यायवाची शब्द है:
A. सदृश　　　B. निवेदन　　　C. अहित　　　D. बुराई

Q.32 वारिधि का पर्यायवाची शब्द है:
A. समुद्र　　　B. मेघ　　　C. नीरद　　　D. जलद

Q.33 निम्नलिखित शब्दों में 'मयूख' का पर्यायवाची शब्द नहीं है:
A. प्रकाश　　　B. अंशु　　　C. रश्मि　　　D. किरण

Q.34 निम्नलिखित में वाग्देवी का पर्यायवाची शब्द नहीं है:
A. ज्ञानदा　　　B. शारदा　　　C. केशी　　　D. भारती

Q.35 'सुधार करना' के लिए मुहावरा है:
A. रास्ते पर लाना　　　B. रास्ता देखना
C. रंग लाना　　　D. रंग बदलना

Q.36 'विष उगलना' मुहावरा का अर्थ है:
A. शान घटना　　　B. उपद्रवी
C. जहर उगलना　　　D. दुःख सह लेना

Q.37 'प्रभावहीन धमकी' के लिए मुहावरा है:
A. बट्टा लगना　　　B. बंदर घुड़की
C. पाँव उखड़ना　　　D. पौ बारह होना

Q.38 'ऐसी की तैसी करना' मुहावरे का अर्थ है:
A. जोखिम मोल लेना　　　B. दुर्दशा करना
C. झगड़ा होना　　　D. संकट में डालना

Q.39 'गायब हो जाना' के लिए मुहावरा है:
A. काम आना　　　B. काफूर होना
C. किरकिरा हो जाना　　　D. काम तमाम करना

Q.40 'पित्रिच्छा' किस संधि का उदाहरण है?
A. यण् संधि　　　B. वृद्धि संधि　　　C. गुण संधि　　　D. दीर्घ संधि

Q.41 वृद्धि संधि है:
A. अति + उत्तम　　　B. महा + उर्मि
C. सदा + एव　　　D. माया + अधीन

Q.42 कौन से शब्द में विसर्ग संधि नहीं है?
A. निष्फल　　　B. लम्बोष्ठ　　　C. यशोदा　　　D. निर्मम

Q.43 व्यंजन संधि है:
A. उन्नयन　　　B. मनोबल　　　C. आत्मानंद　　　D. परमेश्वर

Q.44 'पूर्णेंद्र' का संधि-विच्छेद होगा:
A. पूर्णे + न्द्र　　　B. पू + र्णेंद्र　　　C. पूर्ण + इंद्र　　　D. पूर्णे + द्र

Q.45 'थोड़ा-बहुत' का समास है:
A. द्विगु समास　　　B. बहुब्रीहि समास
C. अव्ययीभाव समास　　　D. द्वंद्व समास

Q.46 तत्पुरुष समास का उदाहरण नहीं है:
A. पशुशाला　　　B. विद्यालय
C. करुणासागर　　　D. देहलता

Q.47 आजकल तो कहीं भी अठन्नी नहीं चलती है।
उक्त वाक्य में द्विगु समास कौन से शब्द पद में हैं?
A. आजकल　　　B. अठन्नी
C. कहीं भी　　　D. इनमें से कोई नहीं

Q.48 'निधड़क' में समास है:
A. तत्पुरुष समास　　　B. अव्ययीभाव समास
C. बहुब्रीहि समास　　　D. द्वंद्व समास

Q.49 बहुब्रीहि समास का उदाहरण है:
A. महात्मा　　　B. कंदमूल　　　C. पंचवटी　　　D. सुखप्रद

Q.50 संवृत स्वर है:
A. ऊ　　　B. आ　　　C. ओ　　　D. ए

Q.51 जिह्वा की स्थिति के आधार पर मध्य स्वर है:
A. अ　　　B. उ　　　C. ए　　　D. औ

Q.52 जिह्वा के जिस उच्चारण स्थान को स्पर्श करते समय वायु मुखविवर में अवरुद्ध होकर झटक से बाहर निकलती है, वे वर्ण क्या कहलाते हैं?
A. अंतस्थ व्यंजन　　　B. ऊष्म व्यंजन
C. स्पर्श व्यंजन　　　D. इनमें से कोई नहीं

Q.53 'स' का विवरण है:
A. संघर्षी, ऊष्म, दंत्य, महाप्राण
B. संघर्षी, ऊष्म, दंत्य, अल्पप्राण
C. पार्श्विक, ऊष्म, दंत्य, महाप्राण
D. पार्श्विक, ऊष्म, दंत्य, अल्पप्राण

Q.54 'ई' का उच्चारण स्थान है:
A. कंठ्य　　　B. तालव्य　　　C. दंत्य　　　D. ओष्ठ्य

Q.55 'व' का उच्चारण स्थान है:
A. कंठोष्ठ्य　　　B. कंठ तालव्य
C. दंत्योष्ठ्य　　　D. मूर्धन्य

Q.56 द्वयोष्ठ्य वर्ण कौन सा नहीं है?
A. भ　　　B. म　　　C. ह　　　D. प

Q.57 स्पृष्ट संघर्षी व्यंजन है:
A. ज्　　　B. न्　　　C. ड़　　　D. र

Ques (58-64):निर्देश: दिए गए समश्रुत भित्रार्थक शब्द का उचित अर्थ ज्ञात कीजिए।

Q.58 पाश-पास
A. मुक्ति-बन्धन　　　B. पहरेदार-उत्तीर्ण
C. शिकंजा-सफल　　　D. बन्धन-समीप

Q.59 लक्ष-लक्ष्य
A. गाड़ी-आभूषण　　　B. लाख-उद्देश्य
C. समूह-इरादा　　　D. उद्देश्य-सहस्र

Q.60 निर्जर-निर्झर
A. झरना-देवता　　　B. एकान्त-समर्थ
C. देवता-झरना　　　D. स्वस्थ-असक्त

Q.61 प्रवाह-परवाह
A. रास्ता-निर्वाह　　　B. फिक्र-बहाव
C. बहाव-फिक्र　　　D. इनमें से कोई नहीं

Q.62 दाई-दायी
A. दादी-जवाबदेह　　　B. दाहिना-दैवीय
C. साध्वी-नौकरानी　　　D. दासी-दाता

Q.63 अभिहत-अभिहित
A. पीटा गया-पुकारा गया　　　B. पुकारा गया-पीटा गया

C. थका हुआ-सावधान   **D.** दुःखी-पीडित

Q.64 कादम्बरी-कादम्बनी
A. नायिका-पत्रिका   **B.** मेघमाला-मदिरा
C. रागिनी-कोकिला   **D.** मदना-मेघमाला

Q.65 'रघुकुल रीति सदा चली आई, प्राण जाए पर वचन न जाए' में अलंकार बताइए।
A. अनुप्रास अलंकार   **B.** उपमा अलंकार
C. यमक अलंकार   **D.** उत्प्रेक्षा अलंकार

Q.66 'नीरज-सरिस नयन रघुवर के, लगहिं कमल कर द्वै हिमकर के।' में अलंकार बताइए:
A. यमक अलंकार   **B.** रूपक अलंकार
C. उपमा अलंकार   **D.** उत्प्रेक्षा अलंकार

Q.67 'घिर रहे थे घुँघराले बाल अंस अवलंबित मुख के पास, नील घन शावक से सुकुमार, सुधा भरने को विधु के पास।'
इसमे अलंकार पहचानिए-
A. उपमा अलंकार   **B.** श्लेष अलंकार
C. उत्प्रेक्षा अलंकार   **D.** अनुप्रास अलंकार

Q.68 'नगन जड़ाती थी वे नगन जड़ाती है।' में कौन सा अलंकार है?
A. यमक   **B.** श्लेष   **C.** रूपक   **D.** उपमा

Q.69 'मधुबन की छाती को देखो, सूखी इसकी कितनी कलियाँ।' इस काव्य पंक्ति में अलंकार की पहचान कीजिए।
A. अनुप्रास अलंकर   **B.** श्लेष अलंकार
C. यमक अलंकार   **D.** रूपक अलंकार

Q.70 'बंदउँ कोमल कमल से जग जननी के पाँव।' में कौन सा अलंकार है?
A. उत्प्रेक्षा   **B.** रूपक   **C.** श्लेष   **D.** उपमा

Q.71 'देखि रूप लोचन ललचाने। हरषे जनु निजनिधि पहिचाने।' में अलंकार पहचानिए।
A. अतिश्योक्ति अलंकार   **B.** रूपक अलंकार
C. उत्प्रेक्षा अलंकार   **D.** अनुप्रास अलंकार

Q.72 'कढ़त साथ ही म्यान तें, असि रिपु तन ते प्रान।' में कौन सा अलंकार है?
A. उत्प्रेक्षा अलंकार   **B.** यमक अलंकार
C. अतिश्योक्ति अलंकार   **D.** उपमा अलंकार

Q.73 24-24 मात्राओं की दो पंक्तियों वाला छंद होगा-
A. दोहा   **B.** चौपाई   **C.** बरवै   **D.** इंद्रव्रजा

Q.74 13-11 की मात्राओं पर यति और चार चरण युक्त छंद कौन सा है?
A. रोला   **B.** चौपाई
C. दोहा   **D.** कुण्डलिया

Q.75 'शोक' किस रस का स्थायी भाव है?
A. हास्य रस   **B.** करुण रस   **C.** रौद्र रस   **D.** वीर रस

Q.76 'अंखियां हरि-दरसन की भूखी। कैसे रहैं रूप-रस रांची ये बतियां सुनि रूखी।'
इसमें कौन सा रस है?
A. करुण रस   **B.** वीर रस
C. वीभत्स रस   **D.** श्रृंगार रस

Q.77 'रति' किस रस का स्थायी भाव है?
A. वीर रस   **B.** श्रृंगार रस   **C.** हास्य रस   **D.** शांत रस

Q.78 'एक और अजगरहि लखि , एक ओर मृगराय।
विकल बटोही बीच ही परयो मूर्छा खाए।'
इस काव्य पंक्ति में कौन सा रस है?
A. रौद्र रस   **B.** अद्भुत रस
C. भयानक रस   **D.** वीभत्स रस

Q.79 'वीभत्स रस' का स्थायी भाव क्या है?
A. भय   **B.** जुगुप्सा   **C.** विस्मय   **D.** उत्साह

Q.80 बहुवचन शब्द है:
A. भीड़   **B.** सोना   **C.** जनता   **D.** दर्शन

Q.81 व्याकरण वचन का सही अर्थ क्या है?
A. प्रतिज्ञा   **B.** बोली   **C.** भाषा   **D.** संख्या

Q.82 भक्त का बहुवचन होगा:
A. भक्तों   **B.** भक्त
C. भक्तजन   **D.** उपरोक्त में से कोई नहीं

Q.83 'भोगी' का विलोम शब्द है:
A. भद्र   **B.** अभोक्ता   **C.** योगी   **D.** भोग्य

Q.84 'भाग्य' का विलोम शब्द है:
A. हतभाग्य   **B.** दुर्भाग्य   **C.** अभागा   **D.** भयभीत

Q.85 निम्नलिखित में से 'अल्प' का उचित विलोम शब्द नहीं है:
A. प्रचुर   **B.** अधिक   **C.** अपार   **D.** अयोग्य

Q.86 दिए गए विकल्पों में से 'प्रखर' का विलोम शब्द है?
A. अल्प   **B.** मंद   **C.** निवृत्ति   **D.** पापी

Q.87 'म्लान' का विलोम शब्द है:
A. नुकसान   **B.** फैलना   **C.** मुक्त   **D.** प्रफुल्ल

Q.88 'ग्रामीण' का विलोम है:
A. नागर   **B.** नगर   **C.** देशी   **D.** विदेश

Q.89 'रीझना' शब्द का विलोम है:
A. खुश   **B.** खीझना   **C.** खेचर   **D.** खिला

Q.90 'तिमिर' का विलोम शब्द है:
A. आकार   **B.** आर्ति   **C.** आलोक   **D.** आहत

Q.91 'खिन्न' का विलोम शब्द है:
A. निराश   **B.** मुदित   **C.** वेदना   **D.** समर्थ

Q.92 'सदय' का विलोम शब्द है:
A. कोमल   **B.** प्रेमी   **C.** क्रूर   **D.** निर्दय

Q.93 "आजीवन ब्रह्मचर्य का व्रत लेनेवाला" वाक्यांश के लिए एक शब्द होगा?
A. नैतिक   **B.** नेपथ्य   **C.** नैष्ठिक   **D.** निष्ठुर

Q.94 "आगे का विचार न कर सकनेवाला" वाक्यांश के लिए एक शब्द होगा?
A. अदृष्टपूर्व   **B.** अदूरदर्शी   **C.** अथाह   **D.** अदम्य

Q.95 "जो अपने स्थान या स्थिति से अलग न किया जा सके" वाक्यांश के लिए एक शब्द होगा?
A. अटल   **B.** अकाट्य   **C.** अच्युत   **D.** अनिश्चित

Q.96 "अनुचित बात के लिए आग्रह करना" वाक्यांश के लिए एक शब्द होगा?

| A. दुर्ज़ेय | B. दुर्बोध | C. दुराग्रह | D. दुर्गम |

Q.97 "जिसे कठिनाई से जाना जा सके" वाक्यांश के लिए एक शब्द होगा?

A. दुर्बोध   B. दुस्साध्य   C. दुरभिग्रह   D. दुर्ज़ेय

Q.98 "हाथ से लिखी हुई पुस्तक" वाक्यांश के लिए एक शब्द होगा?

A. पाशविक   B. पांडुलिपि   C. परकीया   D. प्रणतपाल

Q.99 पश्चिमी हिन्दी का विकास किस अपभ्रंश से माना जाता है?

A. मागधी   B. अर्धमागधी   C. शौरसेनी   D. ब्राचड

Q.100 खड़ी बोली या कौरवी का सम्बन्ध किस उपभाषा से है?

A. पूर्वी हिन्दी   B. पहाड़ी हिन्दी
C. राजस्थानी हिन्दी   D. पश्चिमी हिन्दी

Q.101 हिन्दी की कितनी उपभाषाएँ हैं?

A. दो   B. चार   C. पाँच   D. सात

Q.102 भारतेन्दु हरिश्चन्द्र, रामचन्द्र शुक्ल, जयशंकर प्रसाद, प्रेमचन्द और रामधारी सिंह दिनकर का सम्बन्ध किस बोली क्षेत्र से है?

A. अवधी   B. भोजपुरी   C. बघेली   D. खड़ी बोली

Q.103 ब्रजभाषा के आधुनिक कवि हैं:

A. मैथलीशरण गुप्त   B. जगन्नाथ दास रत्नाकर
C. बालकृष्ण शर्मा नवीन   D. सुमित्रानंदन पंत

Q.104 'कीर्तिलता' की रचना किस भाषा में हुई है?

A. ब्रजबुली   B. भोजपुरी   C. अवहट्ट   D. अवधी

Q.105 भारतवर्ष में हिन्दी को आप किस वर्ग में रखेंगे?

A. राजभाषा   B. राष्ट्र भाषा
C. विभाषा   D. तकनीकी भाषा

Q.106 'बघेली' बोली का सम्बन्ध किस उपभाषा से है?

A. राजस्थानी   B. पूर्वी हिन्दी
C. बिहारी   D. पश्चिमी हिन्दी

Q.107 वर्ष 1955 ई. में गठित प्रथम राजभाषा आयोग के अध्यक्ष कौन थे?

A. बी. जी. खेर   B. सुनीति किमर चटर्जी
C. जी. बी. पंत   D. पी. सुब्बोरोपन

Q.108 भारतीय संविधान की 8वीं अनुसूची में शामिल भाषाओं की संख्या है:

A. 14   B. 15   C. 18   D. 22

Q.109 'ब्रजबुली' नाम से जानी जाती है:

A. पंजाबी   B. मराठी
C. गुजराती   D. पुरानी बांग्ला

Q.110 'मगही' किस उपभाषा की बोली है?

A. राजस्थानी   B. पश्चिमी हिन्दी
C. पूर्वी हिन्दी   D. बिहारी

Q.111 प्रयोग की दृष्टि से सूक्ष्म अंतर व्यक्त करने वाले शब्द क्या कहलाते है?

A. प्रयोगात्मक   B. समानार्थक
C. अनेकार्थक   D. विपरीतार्थक

Q.112 चवर्ग का उच्चारण स्थान है:

A. तालु   B. ओष्ठ
C. कण्ठ   D. इनमें से कोई नहीं

Q.113 'उष्म और संयुक्त' किसके प्रकार है?

A. स्वर   B. व्यंजन
C. दोनों   D. इनमें से कोई नहीं

Q.114 'बरस पड़ना' मुहावरे का अर्थ निम्न में से कौन सा है?

A. पानी बरसना   B. क्रोध में आना
C. गिर पडना   D. इज्जत बचाना

Q.115 निम्नलिखित में से उस विकल्प का चयन करें जो 'कलेजे पर पत्थर रखना' मुहावरे का अर्थ व्यक्त करता है।

A. भारी पत्थर कलेजे पर रखना
B. जी कड़ा करना
C. कलेजे को पत्थर पर रखना
D. दिल बड़ा करना

Q.116 "कनक-कनक से सौगुनी, मादकता अधिकाय, वाखाय बौराय जग, या पाय बौराय।।" में कौनसा अलंकार है? सही विकल्प चुनिए-

A. यमक अलंकार   B. संदेह अलंकार
C. श्लेष अलंकार   D. उपमा अलंकार

Q.117 दिए गए विकल्पों में से 'अर्थ' का विलोम क्या होगा?

A. धन   B. अनर्थ   C. आय   D. अनेक

Q.118 'वृद्धि' शब्द का उचित विलोम है?

A. बुद्धि   B. क्षय   C. अल्प   D. बड़ा

Q.119 'जिसका वर्णन नहीं किया जा सके', इसके लिए कोई एक उचित शब्द बताइए।

A. वर्णनीय   B. अवर्णनीय
C. अनुवर्णनीय   D. कथनीय

Q.120 'दावानल' इस एक शब्द के लिए उचित अनेक शब्द चुनिए।

A. पेट की आग   B. जंगल की आग
C. पानी की आग   D. समुद्र की आग

Q.121 'घर-आँगन' शब्द में निम्न में से कौन सा समास है?

A. तत्पुरुष समास   B. द्वंद समास
C. कर्मधारय समास   D. बहुव्रीहि समास

Q.122 'देवेन्द्र' का संधि विच्छेद निम्न में से कौन सा हैं?

A. दवे + इंद्र   B. देव + इंद्र   C. देवा + इंद्र   D. देव + इंद्रा

Q.123 निः + रोग संधि विच्छेद का सही शब्द होगा?

A. निरोग   B. नीरोग   C. निःरोग   D. निस्रोग

Q.124 कौन -सा शब्द तत्सम नहीं है?

A. घृत   B. अतिन   C. दुग्ध   D. आँसू

Q.125 वकील किस भाषा का शब्द है –

A. अरबी   B. फारसी   C. फ्रेंच   D. तुर्की

// स्मार्ट उत्तर पुस्तिका //

| सही उत्तर | उन छात्रों के प्रतिशत को इंगित करता है जिन्होंने प्रश्नों का सही उत्तर दिया था। |
| छोड़ दिया | उन छात्रों के प्रतिशत को इंगित करता है जिन्होंने प्रश्नों को छोड़ दिया था। |

प्रश्न संख्या	उत्तर	सही उत्तर / छोड़ दिया	प्रश्न संख्या	उत्तर	सही उत्तर / छोड़ दिया	प्रश्न संख्या	उत्तर	सही उत्तर / छोड़ दिया	प्रश्न संख्या	उत्तर	सही उत्तर / छोड़ दिया	प्रश्न संख्या	उत्तर	सही उत्तर / छोड़ दिया
1	C	77.78 % / 0.0 %	17	C	48.15 % / 25.92 %	33	A	40.74 % / 22.22 %	49	A	40.74 % / 25.93 %	65	A	44.44 % / 22.23 %
2	A	62.96 % / 22.23 %	18	B	70.37 % / 25.93 %	34	C	59.26 % / 25.93 %	50	A	44.44 % / 22.23 %	66	C	48.15 % / 22.22 %
3	C	51.85 % / 22.22 %	19	A	70.37 % / 22.22 %	35	A	77.78 % / 22.22 %	51	A	37.04 % / 22.22 %	67	C	25.93 % / 25.92 %
4	D	59.26 % / 25.93 %	20	A	74.07 % / 22.23 %	36	C	51.85 % / 22.22 %	52	C	25.93 % / 22.22 %	68	A	62.96 % / 22.23 %
5	C	70.37 % / 25.93 %	21	B	77.78 % / 22.22 %	37	B	62.96 % / 25.93 %	53	A	37.04 % / 25.92 %	69	B	44.44 % / 22.23 %
6	B	70.37 % / 22.22 %	22	D	55.56 % / 25.92 %	38	B	66.67 % / 22.22 %	54	B	59.26 % / 22.22 %	70	D	44.44 % / 25.93 %
7	C	74.07 % / 25.93 %	23	C	74.07 % / 22.23 %	39	B	62.96 % / 25.93 %	55	C	59.26 % / 22.22 %	71	C	44.44 % / 25.93 %
8	B	62.96 % / 22.23 %	24	A	66.67 % / 25.92 %	40	A	40.74 % / 25.93 %	56	C	51.85 % / 25.93 %	72	C	62.96 % / 22.23 %
9	C	51.85 % / 25.93 %	25	B	66.67 % / 25.92 %	41	C	55.56 % / 22.22 %	57	A	37.04 % / 25.92 %	73	A	33.33 % / 25.93 %
10	A	59.26 % / 22.22 %	26	A	66.67 % / 25.92 %	42	B	59.26 % / 25.93 %	58	D	66.67 % / 22.22 %	74	C	59.26 % / 25.93 %
11	C	66.67 % / 22.22 %	27	C	74.07 % / 22.23 %	43	A	77.78 % / 22.22 %	59	B	66.67 % / 22.22 %	75	B	74.07 % / 25.93 %
12	C	62.96 % / 22.23 %	28	B	48.15 % / 25.92 %	44	C	74.07 % / 25.93 %	60	C	70.37 % / 22.22 %	76	D	33.33 % / 25.93 %
13	A	55.56 % / 22.22 %	29	D	48.15 % / 22.22 %	45	D	77.78 % / 22.22 %	61	C	77.78 % / 22.22 %	77	B	70.37 % / 22.22 %
14	A	44.44 % / 25.93 %	30	A	51.85 % / 22.22 %	46	D	44.44 % / 25.93 %	62	D	59.26 % / 22.22 %	78	C	70.37 % / 22.22 %
15	A	70.37 % / 22.22 %	31	B	74.07 % / 22.23 %	47	B	77.78 % / 22.22 %	63	A	37.04 % / 22.22 %	79	B	70.37 % / 25.93 %
16	A	62.96 % / 22.23 %	32	A	62.96 % / 22.23 %	48	B	59.26 % / 25.93 %	64	D	22.22 % / 22.22 %	80	D	48.15 % / 22.22 %

प्रश्न संख्या	उत्तर	सही उत्तर / छोड़ दिया	प्रश्न संख्या	उत्तर	सही उत्तर / छोड़ दिया	प्रश्न संख्या	उत्तर	सही उत्तर / छोड़ दिया	प्रश्न संख्या	उत्तर	सही उत्तर / छोड़ दिया	प्रश्न संख्या	उत्तर	सही उत्तर / छोड़ दिया
81	D	40.74 % / 25.93 %	90	C	74.07 % / 22.23 %	99	C	62.96 % / 22.23 %	108	D	62.96 % / 25.93 %	117	B	74.07 % / 22.23 %
82	C	37.04 % / 22.22 %	91	B	40.74 % / 25.93 %	100	D	66.67 % / 25.92 %	109	D	55.56 % / 25.92 %	118	B	51.85 % / 25.93 %
83	C	74.07 % / 25.93 %	92	D	74.07 % / 22.23 %	101	C	62.96 % / 22.23 %	110	D	70.37 % / 22.22 %	119	B	77.78 % / 22.22 %
84	B	77.78 % / 22.22 %	93	C	55.56 % / 25.92 %	102	B	25.93 % / 22.22 %	111	B	48.15 % / 25.92 %	120	B	55.56 % / 25.92 %
85	D	37.04 % / 22.22 %	94	B	62.96 % / 25.93 %	103	B	44.44 % / 25.93 %	112	A	74.07 % / 25.93 %	121	B	62.96 % / 22.23 %
86	B	59.26 % / 22.22 %	95	C	18.52 % / 25.92 %	104	C	62.96 % / 22.23 %	113	B	70.37 % / 22.22 %	122	B	74.07 % / 25.93 %
87	D	55.56 % / 22.22 %	96	C	62.96 % / 25.93 %	105	A	59.26 % / 22.22 %	114	B	74.07 % / 25.93 %	123	B	55.56 % / 22.22 %
88	A	40.74 % / 22.22 %	97	D	33.33 % / 25.93 %	106	B	74.07 % / 22.23 %	115	B	74.07 % / 22.23 %	124	D	62.96 % / 22.23 %
89	B	70.37 % / 25.93 %	98	B	70.37 % / 25.93 %	107	A	70.37 % / 25.93 %	116	A	70.37 % / 22.22 %	125	A	40.74 % / 22.22 %

कार्य विश्लेषण

औसत अंक (%)	55.4%
टॉपर्स स्कोर (%)	99.2%
आपका स्कोर	

//संकेत और समाधान//

1. "अरे भैया! क्यों रो रहे हो?" वाक्य में सम्बोधन कारक है।

जिससे किसी को बुलाने अथवा सचेत करने का भाव प्रकट हो उसे सम्बोधन कारक कहते है और सम्बोधन चिह्न (!) लगाया जाता है। इसीलिए उपरोक्त वाक्य में सम्बोधन कारक है।

अतः विकल्प (C) सही है।

2. हिन्दी में आठ कारक होते हैं-

1. कर्ता - ने

2. कर्म - को

3. करण - से, के साथ, के द्वारा

4. संप्रदान - के लिए, को

5. अपादान - से (पृथक)

6. संबंध - का, के, की, रा, रे, री

7. अधिकरण - में, पर

8. संबोधन - हे ! अरे ! ओ!

अतः विकल्प (A) सही है।

3. "गरीबों को वस्त्र दो।" वाक्य में कर्म कारक है।

क्रिया के कार्य का फल जिस पर पड़ता है, वह कर्म कारक कहलाता है। इसका विभक्ति-चिह्न 'को' है।

अतः विकल्प (C) सही है।

4. 'चारपाई पर भाई साहब बैठे है।' इस वाक्य में चारपाई शब्द अधिकरण कारक में है।

जिस शब्द से क्रिया के आधार का बोध हो, उसे अधिकरण कारक कहते हैं। अथवा - शब्द के जिस रूप से क्रिया के आधार का बोध होता है उसे अधिकरण कारक कहते हैं। इसके विभक्ति-चिह्न 'में', 'पर' हैं।

अतः विकल्प (D) सही है।

5. "हे प्रभो! मेरी इच्छा पूर्ण करो।" इस वाक्य में संबोधन कारक है।

"जिस संज्ञापद से किसी को पुकारने, सावधान करने अथवा संबोधित करने का बोध हो, 'संबोधन' कारक कहते हैं।"

संबोधन प्रायः कर्ता का ही होता है, इसीलिए संस्कृत में स्वतंत्र कारक नहीं माना गया है। संबोधित संज्ञाओं में बहुवचन का नियम लागू नहीं होता और सर्वनामों का कोई संबोधन नहीं होता, सिर्फ संज्ञा पदों का ही होता है।

अतः विकल्प (C) सही है।

6. "बच्चे बस से पाठशाला जाते है।" में करण कारक है।

संज्ञा आदि शब्दों के जिस रूप से क्रिया के करने के साधन का बोध हो अर्थात् जिसकी सहायता से कार्य संपन्न हो वह करण कारक कहलाता है। इसके हिन्दी पर्याय 'से' के 'द्वारा' है। जिसकी सहायता से कोई कार्य किया जाए, उसे करण कारक कहते हैं। जैसे – वह कलम से लिखता है। इस वाक्य में 'कलम' करण है, क्योंकि लिखने का काम कलम से किया गया है।

अतः विकल्प (B) सही है।

7. दिए गए विकल्पों में अशुद्ध शब्द 'कुशाशन' है। इसका शुद्ध रूप 'कुशासन' होगा।

कुशासन का अर्थ होता है बुरा राज्य।

इसके अलावा इसका एक अर्थ 'कुश की चटाई' भी होता है।

अतः विकल्प (C) सही है।

8. दिए गए विकल्पों में 'इकलौता' शब्द शुद्ध है।

वह बच्चा जिसके अन्य भाई-बहिन न हों, उसे इकलौता कहते हैं।

अतः विकल्प (B) सही है।

9. दिए गए सभी विकल्पों में से 'छत्तिस' शब्द अशुद्ध है इसका शुद्ध रूप है - छत्तीस।

छत्तीस संख्या है, जो तीस से छः अधिक हो।

अतः विकल्प (C) सही है।

10. दिए गए विकल्पों में 'फाल्गुण' शब्द अशुद्ध है, इसका शुद्ध रूप 'फाल्गुन' है।

हिंदू पंचांग के अनुसार चैत्र माह से प्रारंभ होने वाले वर्ष का बारहवाँ तथा अंतिम महीना जो ईस्वी कलेंडर के मार्च माह में पड़ता है।

अतः विकल्प (A) सही है।

11. उपर्युक्त विकल्पों में से 'शुद्ध वर्तनी वाला शब्द 'नीरस' है।

नीरस के पर्यायवाची शब्द हैं - फीका, बेरस, बेजायका, अस्वाद।

अतः विकल्प (C) सही है।

12. 'माहात्म्य' का अर्थ है 'महिमा या गौरव'।

माहात्म्य के पर्यायवाची शब्द हैं - महिमा, महत्त्व, बड़ाई, गरिमा, महानता।

अतः विकल्प (C) सही है।

13. कुकुरमुत्ता सूर्यकांत त्रिपाठी "निराला" जी की रचना हैं।

सुमित्रानंदन पंत की रचनाएँ- वीणा, पल्लव, गुंजन, युगांत, युगवाणी, उत्तरा, लोकायतन, कला और बूढ़ा चाँद, चितम्बरा, स्वर्णधूलि, युगपथ, युगांत, नौका-विहार आदि।

हिंदी साहित्य सेवा के लिए उन्हें पद्मभूषण (1961), ज्ञानपीठ (1968), साहित्य अकादमी, तथा सोवियत लैंड नेहरू पुरस्कार जैसे उच्च श्रेणी के सम्मानों से अलंकृत किया गया।

छायावादी युग के ख्याति-प्राप्त कवि सुमित्रानन्दन पन्त सात वर्ष को अल्पायु से ही कविताओं की रचना करने लगे थे।

उनकी प्रथम रचना सन् 1916 ई. में सामने आई। 'गिरजे का घण्टा' नामक इस रचना के पश्चात् वे निरन्तर काव्य- साधना में तल्लीन रहे।

अतः विकल्प (A) सही है।

14. 'सज्जन' जयशंकर प्रसाद का प्रथम नाटक है।

यह नाटक महाभारत के पात्र युधिष्ठिर की धर्मनिष्ठा और सज्जनता को एक मूल्य के रूप में प्रस्तुत किया है।

1. नाटक और उनके वर्ष-

2. सज्जन (1911 ई.)

3. कल्याणी परिणय (1912 ई.)

4. करूणालय (1913 ई.)

5. प्रायश्चित 1914

6. राज्यश्री 1920

7. अजातशत्रु (1922 ई.)

8. कामना (1924 ई.)

9. जनमेजय का नागयज्ञ (1926 ई.)

10. स्कंदगुप्त विक्रमादित्य (1928 ई.)

11. एक घूंट (1929-30 ई.)

12. चन्द्रगुप्त (1931 ई.)

13. ध्रुवस्वामिनी (1933 ई.)

14. अग्निमित्र (1944)

अतः विकल्प (A) सही है।

15. आचार्य रामचंद्र शुक्ल ने लाला श्रीनिवास दास कृत 'परीक्षा गुरु' को माना है।

जिसकी रचना भारतेन्दु युग के प्रसिद्ध नाटककार लाला श्रीनिवास दास ने 25 नवम्बर,1882 को की थी।

अतः विकल्प (A) सही है।

16. 'आचरण की सभ्यता' निबंध 'सरदार पूर्ण सिंह' द्वारा रचित है।

इनके अन्य निबंध हैं - सच्ची वीरता, कन्यादान, मजदूरी और प्रेम, पवित्रता आदि।

हजारी प्रसाद द्विवेदी - द्विवेदी जी की रचनाएँ दो प्रकार की हैं, मौलिक और अनूदित। उनकी मौलिक रचनाओं में सूर साहित्य हिंदी साहित्य की भूमिका, कबीर, विचार और वितर्क अशोक के फूल, वाण भट्ट की आत्म–कथा आदि मुख्य हैं। प्रबंध चिंतामणि, पुरातन प्रबंध–संग्रह, विश्व परिचय, लाल कनेर आदि द्विवेदी जी की अनूदित रचनाएँ हैं।

अतः विकल्प (A) सही है।

17. माखनलाल चतुर्वेदी की रचना 'हिमतरंगिनी' को 1955 में प्रथम साहित्य अकादमी पुरस्कार मिला था।

हिमकिरीटिनी, हिम तरंगिनी, युग चरण, समर्पण, मरण ज्वार, माता, वेणु लो गूंजे धरा, बीजुरी काजल आँज रही आदि इनकी प्रसिद्ध काव्य कृतियाँ हैं।

कृष्णार्जुन युद्ध, साहित्य के देवता, समय के पांव, अमीर इरादे :गरीब इरादे आदि इनकी प्रसिद्ध गद्यात्मक कृतियाँ हैं।

अतः विकल्प (C) सही है।

18. 'पुरस्कार' कहानी जयशंकर प्रसाद की है।

जयशंकर प्रसाद की अन्य कहानियाँ हैं - आकाशदीप, आँधी।

जयशंकर प्रसाद की अन्य रचनाएँ हैं - कामायनी, आँसू, लहर, झरना, प्रेमपथिक, चित्राधार, कानन-कुसुम।

जयशंकर प्रसाद के निबंध - रहस्यवाद, रस, काव्यकला, यथार्थवाद और छायावाद आदि है।

अतः विकल्प (B) सही है।

19. 'मधुशाला' हरिवंश राय बच्चन' की रचना है।

हरिवंश राय बच्चन की अन्य रचनाएँ हैं- मिलन यामिनी, मधुबाला, निशा निमंत्रण, एकांत संगीत, सतरंगिनी आदि।

अतः विकल्प (A) सही है।

20. 'भारत-दुर्दशा' कृति 'भारतेन्दु हरिश्चंद्र' द्वारा रचित है।

उनकी अन्य कृतियाँ- वैदिक हिंसा हिंसा न भवति, नीलदेवी, अंधेर नगरी, सत्य हरिश्चंद्र, चंद्रावली, प्रेम योगिनी, धनजय विजय, मुद्रा राक्षस आदि।

अतः विकल्प (A) सही है।

21. 'गोदान' मुंशी प्रेमचंद का प्रसिद्ध उपन्यास है।

इन्हें उपन्यास सम्राट भी कहा जाता है।

प्रेमचंद के अन्य उपन्यास हैं - सेवासदन, प्रेमाश्रम, रंगभूमि, कर्मभूमि, कायाकल्प आदि।

अतः विकल्प (B) सही है।

22. दीपशिखा कृति महादेवी वर्मा की है।

महादेवी वर्मा की अन्य कृति हैं - निहार, नीरजा, रश्मि, यामा, सांध्यगीत, प्रथम अध्याय, सप्तपर्णा आदि।

इनके निबंध हैं - शृंखला की कड़ियाँ, क्षणदा।

अतः विकल्प (D) सही है।

23. 'पद्मावत' जायसी की रचना है।

हिन्दी साहित्य के भक्ति काल की निर्गुण प्रेमाश्रयी धारा के कवि थे।

जायसी की अन्य रचनाएँ हैं - अखरावट, आखिरी कलाम, कहरनामा, मटकावट, मसलनामा चित्ररेखा आदि।

अतः विकल्प (C) सही है।

24. 'उर्वशी' काव्य 'रामधारी सिंह दिनकर' द्वारा रचित है।

'दिनकर' स्वतन्त्रता पूर्व एक विद्रोही कवि के रूप में स्थापित हुए और स्वतन्त्रता के बाद 'राष्ट्रकवि' के नाम से जाने गये। वे छायावादोत्तर कवियों की पहली पीढ़ी के कवि थे।

दिनकर की अन्य काव्य रचनाएँ हैं - रेणुका, हुंकार, कुरुक्षेत्र, रश्मिरथि, इतिहास के आँसू परशुराम की प्रतीक्षा, नीम के पत्ते, नीलकुसुम आदि।

अतः विकल्प (A) सही है।

25. 'ईदगाह' मुंशी प्रेमचंद की प्रसिद्ध कहानी है।

इस कहानी में प्रेमचंद ने एक बालक की मनोदशा का बहुत ही मार्मिक चित्रण किया है।

इनकी अन्य कहानियाँ हैं- पूस की रात, शतरंज के खिलाड़ी, बूढ़ी काकी, ठाकुर का कुआं, बड़े घर की बेटी, कफन, सौत, सवा सेर गेहूं आदि।

अतः विकल्प (B) सही है।

26. 'अंधेर नगरी' प्रहसन 'भारतेन्दु हरिश्चंद्र' द्वारा रचित है।

वे हिन्दी में आधुनिकता के पहले रचनाकार थे। इनका मूल नाम 'हरिश्चन्द्र' था, 'भारतेन्दु' उनकी उपाधि थी।

वैदिकी हिंसा हिंसा न भवति, सत्य हरिश्चन्द्र, श्री चंद्रावली, विषस्य विषमौषधम्, भारत दुर्दशा, नीलदेवी, अंधेर नगरी, प्रेमजोगिनी, सती प्रताप उनकी प्रमुख कृतियाँ हैं।

अतः विकल्प (A) सही है।

27. 'बीजक' कबीरदास की रचना है।

बीजक भगत कबीर की मुख्य प्रामाणिक कृति है, इस कृति को कबीर पंथ की पवित्र पुस्तक माना जाता है।

उनके शिष्य धर्मदास ने उनकी वाणियों का संग्रह इसी 'बीजक' नाम के ग्रंथ में किया, जिसके तीन मुख्य भाग हैं: साखी, सबद (पद), रमैनी।

अतः विकल्प (C) सही है।

28. रजत का पर्यायवाची शब्द 'रौप्य' है।

रजत के अन्य पर्यायवाची शब्द हैं - सौध, रूपा, रूपक, चन्द्रहास, रौप्य।

अतः विकल्प (B) सही है।

29. 'दामिनी' का अनुचित पर्यायवाची शब्द 'निदाघ' है।

दामिनी के अन्य पर्यायवाची शब्द हैं- विद्युत, चंचला, बिजली, इन्द्रवज्र, चपला आदि।

निदाघ के पर्यायवाची शब्द हैं- ऊष्मा, गरमी, ग्रीष्म, ताप आदि।

अतः विकल्प (D) सही है।

30. 'अचला' का सही पर्यायवाची शब्द 'मही' है।

अचला के अन्य पर्यायवाची शब्द हैं - धरती, पृथ्वी, भू, धरणी, वसुंधरा, धरा, जमीन, रत्नगर्भा, वसुधा, धरित्री, क्षिति, उर्वी आदि।

अतः विकल्प (A) सही है।

31. 'अनुरोध' का पर्यायवाची शब्द 'निवेदन, अभ्यर्थना' है।

अभ्यर्थना के अन्य पर्यायवाची शब्द हैं - विनती, प्रार्थना, अनुरोध, याचना आदि।

अतः विकल्प (B) सही है।

32. 'वारिधि' का पर्यायवाची शब्द 'समुद्र' है।

वारिधि के अन्य पर्यायवाची शब्द हैं - नीरनिधि, अर्णव, जलधाम, अकूपाद, नदीश, सागर, पयोधि, समुद्र, उदधि, पारावार, जलधि आदि।

अतः विकल्प (A) सही है।

33. 'मयूख' का पर्यायवाची शब्द 'प्रकाश' नहीं है।

मयूख के अन्य पर्यायवाची शब्द हैं - कर, मयूख, मरीचि, प्रभा, अर्चि आदि।

प्रकाश के पर्यायवाची शब्द हैं - दीप्ति, प्रभा, ज्योति, उजाला, रोशनी आदि।

अतः विकल्प (A) सही है।

34. 'वाग्देवी' का सही पर्यायवाची शब्द 'केशी' नहीं है।

केशी के पर्यायवाची शब्द हैं - पशुराज, सिंह, मृगराज, शेर, वनराज, शार्दूल, केसरी, केहरी।

वाग्देवी के अन्य पर्यायवाची शब्द हैं - वीणापाणी, महाश्वेता, हंसवाहिनी, वागीश्वरी, सरस्वती, वागेश्वरी।

अतः विकल्प (C) सही है।

35. सुधार करना

मुहावरा - रास्ते पर लाना

वाक्य - इस बिगड़े बच्चे को कोई कोई रास्ते पर ला दे तो एहसान मानूँगी।

अतः विकल्प (A) सही है।

36. मुहावरा - विष उगलना

अर्थ - जहर उगलना

वाक्य - मेरी दादी स्वभाव से बहुत तेज है उन्हें जो अच्छा नहीं लगता वो उसके खिलाफ हमेशा विष ही उगलती हैं।

अतः विकल्प (C) सही है।

37. मुहावरा - बंदर घुड़की

अर्थ - प्रभावहीन धमकी

वाक्य - शैतान बच्चों पर माँ की बंदर घुड़कियों से कोई प्रभाव नहीं होता।

अतः विकल्प (B) सही है।

38. मुहावरा - ऐसी की तैसी करना

अर्थ - दुर्दशा करना

वाक्य - पुलिस ने चोर की ऐसी की तैसी कर दी।

अतः विकल्प (B) सही है।

39. मुहावरा - काफूर होना

अर्थ - गायब हो जाना

वाक्य - विदेश से घर वापस आने के बाद बेटे का दुःख काफूर हो गया।

अतः विकल्प (B) सही है।

40. 'पित्रिच्छा' शब्द का संधि विच्छेद है। 'पितृ + इच्छा' (ऋ + इ = रि)।

यह यण संधि का उदाहरण है।

इ, ई के आगे कोई विजातीय स्वर होने पर इ, ई का य हो जाता है।

उ, ऊ के के आगे किसी विजातीय स्वर के आने पर उ, ऊ का व हो जाता है।

ऋ के आगे किसी विजातीय स्वर के आने पर ऋ का र हो जाता है। तो वहाँ 'यण संधि' होती है।

अतः विकल्प (A) सही है।

41. 'सदा + एव = सदैव' शब्द वृद्धि संधि का उदाहरण है।

अ, आ का ए, ऐ से मेल होने पर ऐ तथा अ, आ का ओ, औ से मेल होने पर औ हो जाता है। इसे वृद्धि संधि कहते हैं।

अतः विकल्प (C) सही है।

42. 'लम्बोष्ठ' शब्द विसर्ग संधि का उदाहरण नहीं है।

लम्बोष्ठ शब्द व्यंजन संधि का उदाहरण है। लंब + ओष्ठ = लम्बोष्ठ।

व्यंजन के बाद कोई स्वर हो तो वह स्वर पूर्ववर्ती व्यंजन की मात्रा बन जाता है।

कभी कभी कुछ अपवाद भी होते हैं।

अतः विकल्प (B) सही है।

43. 'उन्नयन' शब्द का संधि विच्छेद 'उत् + नयन' (त् + न = न्) होगा।

यह व्यंजन संधि का उचित उदाहरण है।

यदि किसी वर्ग के पहले वर्ण (क्, च्, ट्, त्, प्) का मेल न् या म् वर्ण से हो तो उसके स्थान पर उसी वर्ग का पाँचवाँ वर्ण हो जाता है।

व्यंजन का व्यंजन से अथवा किसी स्वर से मेल होने पर जो परिवर्तन होता है उसे व्यंजन संधि कहते हैं। जैसे-शरत् + चंद्र = शरच्चंद्र।

अतः विकल्प (A) सही है।

44. 'पूर्णेंद्र' का संधि-विच्छेद 'पूर्ण + इंद्र' (अ + इ = ए) होगा।

यह गुण संधि का उदाहरण है।

जब संधि करते समय (अ, आ) के साथ इ, ई) हो, तो 'ए' बनता है, जब (अ, आ) के साथ (उ, ऊ) हो तो 'ओ' बनता है, जब (अ, आ) के साथ (ऋ) हो तो 'अर्' बनता है तो यह गुण संधि कहलाती है।

यह स्वर संधि का एक भेद है।

दो स्वरों के मेल से होने वाले विकार (परिवर्तन) को स्वर-संधि कहते हैं।

जैसे - विद्या + आलय = विद्यालय।

अतः विकल्प (C) सही है।

45. 'थोड़ा-बहुत' में द्वंद्व समास है।

थोड़ा-बहुत अर्थात थोड़ा या बहुत, यह द्वंद्व समास का उदाहरण है।

जिस समास में दोनों पद प्रधान हों तथा विग्रह करने पर उनके बीच 'तथा', 'या', 'अथवा', 'एवं', 'और' का प्रयोग होता है।

अतः विकल्प (D) सही है।

46. 'देहलता' शब्द तत्पुरुष समास का उदाहरण नहीं है।

देहलता अर्थात देह रूपी लता, यह कर्मधारय समास का उदाहरण है।

पहला पद विशेषण और दूसरा पद विशेष्य होता है अथवा इसके पूर्वपद और उत्तर पद में उपमान और उपमेय का संबंध होता है।

अतः विकल्प (D) सही है।

47. 'अठन्नी' जिसका समास विग्रह 'आठ आनों का समूह' होगा।

यह द्विगु समास का उदाहरण है।

जिस समास में पूर्वपद (पहला पद) संख्यावाचक विशेषण हो। इससे समूह अथवा समाहार का बोध होता है, द्विगु समास कहलता है।

अतः विकल्प (B) सही है।

48. निधड़क का समास विग्रह है बिना धड़क के (निर्भय) होगा।

यह अव्ययीभाव समास का उदाहरण है।

जिसका पहला पद अव्यय होता है और उसका अर्थ प्रधान होता है, (उसमें कोई परिवर्तन नहीं किया जा सकता) अव्ययीभाव समास कहलता है।

अतः विकल्प (B) सही है।

49. 'महात्मा' शब्द बहुब्रीहि समास का उदाहरण है।

महात्मा का समास विग्रह है - महान आत्मा है जिसकी।

जिस समास में दोनों पद प्रधान नहीं होते हैं और दोनों पद मिलकर किसी अन्य विशेष अर्थ की ओर संकेत कर रहे होते हैं, बहुब्रीहि समास कहलता है।

अतः विकल्प (A) सही है।

50. जिन स्वरों के उच्चारण में मुख द्वार लगभग बंद रहता है, उन्हें संवृत सवर कहते हैं।

जैसे - इ, ई, उ, ऊ

विवृत - जिन स्वरों के उच्चारण में मुख-द्वार पूरा खुलता है, वे विवृत कहलाते हैं। जैसे - आ

अर्ध - विवृत - जिन स्वरों के उच्चारण में मुख-द्वार आधा खुलता है, वे अर्ध-विवृत कहलाते हैं।

जैसे - अ, ऐ, औ, ऑ

अर्ध संवृत - जिन स्वरों के उच्चारण में मुख द्वार आधा बंद रहता है, वे अर्ध संवृत कहलाते हैं।

जैसे - ए, ओ

अतः विकल्प (A) सही है।

51. जिन स्वरों के उच्चारण में जिह्वा का मध्य भाग सक्रिय होता है, ऐसे उच्चरित स्वर को मध्य स्वर कहते हैं।

हिंदी में 'अ' मध्य स्वर है।

अतः विकल्प (A) सही है।

52. व्यंजन ध्वनियों के उच्चारण में जिह्वा उच्चारण स्थान को स्पर्श करती है।

जिह्वा के उच्चारण स्थान को स्पर्श करते समय वायु मुखविवर में अवरुद्ध होकर झटक से बाहर निकलती है, ऐसे प्रयत्न से उत्पन्न व्यंजन ध्वनि को स्पर्श ध्वनि कहते हैं।

इनके अंतर्गत कण्ठ्य, मूर्धन्य, दंत्य, वर्त्स्य और ओष्ठ्य ध्वनियाँ सम्मिलित हैं।

क, ख, ग, घ, ट, ठ, ड, ढ, त, थ, द, ध, प, फ, वे, भ स्पर्श ध्वनियाँ हैं।

अतः विकल्प (C) सही है।

53. 'स' वर्ण संघर्षी वर्ण, ऊष्म वर्ण, दंत्य वर्ण, और महाप्राण वर्ण हैं।

जिन व्यंजन ध्वनियों का उच्चारण करते समय मुखविवर में वायु सँकरे मार्ग से निकलती है, जिससे मुखविवर में घर्षण होता है। ऐसी ध्वनियाँ संघर्षी कहलाती है। जैसे-श, ष, स, ह।

जिन व्यंजनों के उच्चारण के समय वायु मुख से रगड़ खाकर ऊष्मा पैदा करती है यानी उच्चारण के समय मुख से गरम हवा निकलती है। ये चार हैं-श, ष, स, ह।

दंत्य वर्ण- त, थ, द, ध, न, ल, स।

जिन वर्णों के उच्चारण में अधिक श्वास निकले, उन्हें 'महाप्राण' कहते हैं। ये हैं - ख, घ, छ, झ, ठ, ढ, थ, ध, फ, भ, श,ष,स, ह।

अतः विकल्प (A) सही है।

54. 'ई' का उच्चारण स्थान तालव्य है।

वह वर्ण जिसका उच्चारण तालु से किया जाता हो, तालव्य वर्ण कहलाते हैं।

तालव्य वर्ण- इ, ई, च, छ, ज, झ, ञ, य, श

अतः विकल्प (B) सही है।

55. किसी भी वर्ण के उच्चारण के लिए मुख के विभिन्न भागों का सहारा लेना पड़ता है।

दिए गए विकल्पों में से 'व' वर्ण का उच्चारण स्थान दंत्योष्ठ्य है।

जिन वर्णों का उच्चारण दाँत और ओठ से हो, दंतोष्ठ्य कहलाते हैं।

वह वर्ण 'व' है।

अतः विकल्प (C) सही है।

56. 'ह' कंठ्य वर्ण है।

कंठ्य वर्ण – जिनका उच्चारण कंठ से हो, कंठ्य वर्ण कहलाते हैं।

जैसे – अ, आ , कवर्ग , विसर्ग तथा ह।

जिन व्यंजन ध्वनियों का उच्चारण दोनों होठो के स्पर्श से होता है उन ध्वनियों को द्वयोष्ठ्य ध्वनि कहते हैं।

हिन्दी में प फ, ब, भ, म, व द्वयोष्ठ्य व्यंजन हैं।

अतः विकल्प (C) सही है।

57. स्पृष्ट संघर्षी व्यंजन – च वर्ग के बोलने में साँस कुछ घर्षण के साथ निकलती है इसलिए च छ ज झ ञ को स्पृष्ट संघर्षी कहते हैं।

अतः विकल्प (A) सही है।

58. पाश के समानार्थी शब्द बन्धन, जाल, फंदा आदि हैं।

पास के समानार्थी शब्द तरफ, दिशा, निकटता, निकट, समीप, नजदीक, करीब, आस-पास आदि हैं।

अतः विकल्प (D) सही है।

59. लक्ष के समानार्थी शब्द लाख, मटमैला आदि हैं।

लक्ष्य के समानार्थी शब्द निशान, उद्देश्य, निर्दिष्ट स्थान, ठिकाना, मंजिल आदि हैं।

अतः विकल्प (B) सही है।

60. निर्जर के समानार्थी शब्द देव, अमर, देवता, अमर्त्य, आदित्य आदि हैं।

निर्झर के समानार्थी शब्द सोता, श्रोत, झरना, प्रताप, उत्स आदि हैं।

अतः विकल्प (C) सही है।

61. प्रवाह के समानार्थी शब्द परिवर्तन, धारा, वर्तमान, मोशन, बीतने, ज्वार, विविधता, अस्थिरता, अशांति, पाली, बहाव आदि हैं।

परवाह के समानार्थी शब्द चिंता, आशंका, ध्यान, ख्याल, आसरा, भरोसा, सेवा, फिक्र आदि हैं।

अतः विकल्प (C) सही है।

62. दाई के समानार्थी शब्द धात्री, धाय, उपमाता, आया, दासी आदि हैं।

दायी के समानार्थी शब्द दाता, दानी, परोपकारी आदि हैं।

अतः विकल्प (D) सही है।

63. अभिहत के समानार्थी शब्द जिसका अभिघात हुआ हो, घायल, जो पीटा गया हो आदि हैं।

अभिहित के समानार्थी शब्द उक्त, कथित, कहा हुआ, पुकारा गया आदि हैं।

अतः विकल्प (A) सही है।

64. कादम्बरी के समानार्थी शब्द मैना, सारिका, मदना, सारी, चित्राक्षी, चित्रनेत्रा, मदनशलाका आदि हैं।

कादम्बनी के समानार्थी शब्द घटा, घनमाला, बादल, मेघमाला, मेघावली, वारिदावली, बादलों की पंक्ति, बादलों का समूह आदि हैं।

अतः विकल्प (D) सही है।

65. 'रघुकुल रीति सदा चली आई, प्राण जाए पर वचन न जाए' इसमें अनुप्रास अलंकार है।

जिस काव्य पंक्ति के चरणांत में समान वर्णों की आवृत्ति होने के कारण यह अंत्यानुप्रास अलंकार है जो अनुप्रास अलंकार का एक भेद है।

अतः विकल्प (A) सही है।

66. 'नीरज-सरिस नयन रघुवर के, लगहिं कमल कर द्वै हिमकर के।' में उपमा अलंकार है।

इस काव्य पंक्ति में आँखों की तुलना कमल से दी गई है इसलिए यह उपमा अलंकार का भेद है।

जहां एक वस्तु या प्राणी की तुलना किसी दूसरी वस्तु या प्राणी से की जाए, वहाँ उपमा अलंकार होता है।

अतः विकल्प (C) सही है।

67. उपर्युक्त काव्य पंक्ति उत्प्रेक्षा अलंकार का उचित उदाहरण है।

श्रद्धा के घुंघराले बाल उसके मुख तथा कंधे तक फैले हुए थे, जिनको देखकर ऐसा लगता था मानो नीलमेघ के बालक अमृतपान करने के लिए चन्द्रमा के पास आ गये हों।

यहाँ भी जो कारण बतलाया गया है, उसमें कोई वास्तविकता नहीं होकर कल्पना मात्र है।

अतः विकल्प (C) सही है।

68. 'नगन जड़ाती थी वे नगन जड़ाती है।' इसमें यमक अलंकार है।

यहाँ नगन का अर्थ है – वस्त्रों के बिना, नग्न और दूसरे का अर्थ है हीरा-मोती आदि रत्न।

जब काव्य में कोई शब्द एक से अधिक बार आए और उनके अर्थ अलग-अलग हों तो वहाँ यमक अलंकार होता है।

अतः विकल्प (A) सही है।

69. 'मधुबन की छाती को देखो, सूखी इसकी कितनी कलियाँ।' यह श्लेष अलंकार का उदाहरण है।

यहाँ कलियाँ शब्द एक बार आया है पर इसके दो अर्थ हैं- फूल खिलने से पूर्व की अवस्था और यौवन आने से पहले की अवस्था। इसलिए यह काव्य पंक्ति श्लेष अलंकार का उदाहरण है।

जहां पर किसी एक शब्द का अनेक अर्थों में प्रयोग हो, वहाँ श्लेष अलंकार होता है।

अतः विकल्प (B) सही है।

70. 'बंदउँ कोमल कमल से जग जननी के पाँव।' में उपमा अलंकार है।

इसमें उपमेय – जगजननी के पैर, उपमान – कमल, साधारण धर्म – कोमल होना, वाचक शब्द – से, होने के कारण उपमा अलंकार होगा।

जहां एक वस्तु या प्राणी की तुलना किसी दूसरी वस्तु या प्राणी से की जाए, वहाँ उपमा अलंकार होता है।

अतः विकल्प (D) सही है।

71. 'देखि रूप लोचन ललचाने। हरषे जनु निजनिधि पहिचाने।' में उत्प्रेक्षा अलंकार है।

दी गई काव्य पंक्ति में राम के रूप सौंदर्य (उपमेय) में निधियाँ (उपमान) की संभावना प्रकट की गई है, इसलिए यहाँ उत्प्रेक्षा अलंकार होगा।

उपमान के न होने पर उपमेय को ही उपमान मान लिया जाए वहाँ उत्प्रेक्षा अलंकार होता है।

अतः विकल्प (C) सही है।

72. 'कढ़त साथ ही म्यान तें, असि रिपु तन ते प्रान।' में अतिशयोक्ति अलंकार है।

इस पंक्ति में म्यान से निकलते ही शत्रुओं के प्राणों का निकलना अतिशयोक्ति है।

जब किसी वस्तु का बहुत अधिक बढ़ा-चढ़ाकर वर्णन किया जाये तो वहां पर अतिशयोक्ति अलंकार होता है।

अतः विकल्प (C) सही है।

73. दोहा अर्द्धसममात्रिक छन्द है।

इसमें 24-24 मात्राओं की दो पंक्तियाँ होती हैं।

इसके विषम चरण (प्रथम व तृतीय) में 13-13 तथा सम चरण (द्वितीय व चतुर्थ) में 11-11 मात्राएँ होती हैं।

उदाहरण-

"मेरी भव बाधा हरौ, राधा नागरि सोय।

जा तन की झाँईं परे, स्याम हरित दुति होय।।"

अतः विकल्प (A) सही है।

74. 13-11 की मात्राओं पर यति और चार चरण युक्त छंद 'दोहा' है।

यह अर्द्धसममात्रिक छन्द है।

इसमें 24 मात्राएँ होती हैं।

इसके विषम चरण (प्रथम व तृतीय) में 13-13 तथा सम चरण (द्वितीय व चतुर्थ) में 11-11 मात्राएँ होती हैं।

उदाहरण-

"मेरी भव बाधा हरौ, राधा नागरि सोय।

जा तन की झाँईं परे, स्याम हरित दुति होय।।"

अतः विकल्प (C) सही है।

75. 'शोक' करुण रस का स्थायी भाव है।

किसी प्रिय व्यक्ति या वस्तु के विनाश या अनिष्ट की आशंका से जो भाव मन में पुष्ट होते हैं, वहाँ करुण रस होता है।

उदाहरण - करि विलाप सब रोबहिं रानी, महाविपति कीमि जय बखानी।

अतः विकल्प (B) सही है।

76. 'अखियां हरि-दरसन की भूखी। कैसे रहैं रूप-रस रांची ये बतियां सुनि रूखी।' यह काव्य पंक्ति शृंगार रस के भेद 'वियोग' शृंगार का विकल्प है।

नायक और नायिका के मन में संस्कार रूप में स्थित रति या प्रेम जब रस की अवस्था को पहुँचकर आस्वादन के योग्य हो जाता है तो वह 'शृंगार रस' कहलाता है।

अतः विकल्प (D) सही है।

77. 'रति' शृंगार रस का स्थायी भाव है।

शृंगार रस को रसराज या रसपति कहा गया है।

शृंगार रस के अंतर्गत नायिकालंकार, ऋतु तथा प्रकृति का भी वर्णन किया जाता है।

नायक और नायिका के मन में संस्कार रूप में स्थित रति या प्रेम जब रस की अवस्था को पहुँचकर आस्वादन के योग्य हो जाता है तो वह 'शृंगार रस' कहलाता है।

अतः विकल्प (B) सही है।

78. उपरोक्त काव्य पंक्ति में 'भयानक रस' है।

दिए गए उदाहरण में एक मुसाफिर अजगर और सिंह के मध्य फसने एवं उससे जो भय उत्पन्न हो रहा है का वर्णन किया गया है।

किसी बलवान शत्रु या भयानक वस्तु को देखने पर उत्पन्न भय ही भयानक रस है।

भय नामक स्थाई भाव जब अपने अनुरूप आलंबन, उद्दीपन एवं संचारी भावों का सहयोग प्राप्त कर आस्वाद का रूप धारण कर लेता है तो इसे भयानक कहा जाता है।

अतः विकल्प (C) सही है।

79. वीभत्स रस का स्थाईभाव 'जुगुप्सा' है।

वीभत्स घृणा के भाव को प्रकट करने वाला रस है।

घृणास्पद व्यक्ति या वस्तुएं इसका आलंबन है।

घृणित चेष्टाएं एवं ऐसी वस्तुओं की स्मृति उद्दीपन विभाव है। झुकना , मुंह फेरना , आंखें मूंद लेना इसके अनुभाव हैं, जबकि इसके अंतर्गत मोह , अपस्मार , आवेद , व्याधि , मरण , मूर्छा आदि संचारी भाव है।

अतः विकल्प (B) सही है।

80. आंसू, दर्शन, हस्ताक्षर, प्राण, भाग्य, समाचार आदि शब्द सदैव बहुवचन में होते हैं।

'दर्शन' शब्द संस्कृत के 'दृश्' धातु से बना है, जिसका अर्थ है 'देखना।' इसलिए 'दर्शन' का अर्थ हुआ 'जिसके द्वारा देखा जाये।' ध्यान रहे, यहाँ देखने का मतलब आँखों से देखना नहीं है। अपितु, तार्किक एवं अंतर्दृष्टि से देखना है।

अतः विकल्प (D) सही है।

81. शब्द के जिस रूप में एक अथवा अनेक होने का बोध होता है उसे वचन कहते है। हिंदी में वचन दो है-

1. एक वचन

2. बहुवचन

एकवचन - जो एक संख्या का ज्ञान कराता है उसे एक वचन कहते हैं। जैसे लड़का, घोड़ा, नदी, पर्वत, गाय, बैल आदि।

बहुवचन - एक से अधिक संख्या का ज्ञान कराता है उसे बहुवचन कहते हैं। जैसे- लड़के, गायें, घोड़े, कुत्ते, नदियां आदि।

अतः विकल्प (D) सही है।

82. भक्त का बहुवचन भक्तजन होगा।

भक्त का अर्थ अनुरागी, अनुगत हैं।

अतः विकल्प (C) सही है।

83. 'भोगी' का उचित विलोम शब्द 'योगी' होगा।

भोगी विशेषण शब्द है जिसका अर्थ होता है - भोगनेवाला, इंद्रिय सुखभोग की इच्छा करनेवाला, विषयासक्त, विषयी, व्यसनी।

योगी का अर्थ है आत्मज्ञानी, योग साधना करने वाला व्यक्ति।

अतः विकल्प (C) सही है।

84. 'भाग्य' का विलोम शब्द 'दुर्भाग्य' होगा।

भाग्य के पर्यायवाची शब्द 'किस्मत, होनी, विधि, नियति।

'दुर्भाग्य' शब्द में विसर्ग संधि है 'दुः + भाग्य',जिसका अर्थ होता है बदकिस्मत।

अतः विकल्प (B) सही है।

85. 'अल्प' का उचित विलोम शब्द 'अयोग्य' नहीं है।

अयोग्य का विलोम शब्द 'योग्य होता है।

अन्य सभी शब्द इसके उचित विलोम होंगे।

'अयोग्य' में 'अ' उपसर्ग है और 'योग्य' मूल शब्द है।

अल्प के अन्य विलोम शब्द हैं- अनल्प, महा, बहु, अति आदि।

अतः विकल्प (D) सही है।

86. 'प्रखर' का उचित विलोम शब्द 'मंद' है।

प्रखर के पर्यायवाची शब्द हैं- उत्तुंग, उत्कृष्ट, ऊँचा, उत्तम, श्रेष्ठ, बुलंद, उन्नत।

मंद के पर्यायवाची शब्द हैं - धीमा, सुस्त, ढीला।

प्रखर दो शब्दों के योग से अर्थात 'प्र + खर' से बना है।

अतः विकल्प (B) सही है।

87. 'म्लान' का उचित विलोम शब्द 'प्रफुल्ल' होता है।

म्लान के पर्यायवाची शब्द हैं - मलिन, मैला, गंदा, दूषित।

प्रफुल्ल विशेषण शब्द है जिसका अर्थ है - खिला हुआ, विकसित, जिसमें फूल लगे हों, प्रसन्न।

अतः विकल्प (D) सही है।

88. 'ग्रामीण' का उचित विलोम शब्द 'नागर' होगा।

नागर का अर्थ 'नगर का या नगर में रहने वाला' होता है।

ग्रामीण के पर्यायवाची शब्द - ग्राम्य, ग्रामवासी, देहाती होता है।

'ग्रामीण' शब्द तद्धित प्रत्यय का उदाहरण है।

इसका मूल शब्द 'ग्राम' है अर्थात 'ग्राम + ईन = ग्रामीण' ।

शब्दों के पश्चात जो अक्षर या अक्षर समूह लगाया जाता है उसे प्रत्यय कहते है।

अतः विकल्प (A) सही है।

89. 'रीझना' शब्द का उचित विलोम शब्द 'खीझना' है।

'रीझना' अकर्मक क्रिया है जिसका अर्थ है - मुग्ध होना या प्रसन्न होना।

'खीझना' शब्द भी अकर्मक क्रिया है, जिसका अर्थ है -झुँझलाना, चिढ़ना, कुढ़ना।

अतः विकल्प (B) सही है।

90. 'तिमिर' शब्द का उचित विलोम शब्द 'आलोक' होगा।

आलोक के पर्यायवाची शब्द हैं - आभा, नूर, कांति, तेज, प्रकाश।

'लोक'शब्द में 'आ' उपसर्ग के योग से 'आलोक' शब्द बना है।

तिमिर के पर्यायवाची शब्द हैं - अँधेरा, तम, अंधकार।

अतः विकल्प (C) सही है।

91. 'खिन्न' का उचित विलोम शब्द 'मुदित' है।

मुदित के पर्यायवाची हैं - प्रसन्न, प्रफुल्लित, हर्षित, ख़ुश।

खिन्न के पर्यायवाची शब्द हैं - व्यथित, चिंतित, विकल, व्यग्र, व्याकुल, आकुल, दुःखी, उदास, निरानंद, विषण्ण, म्लान, अन्यमनस्क, अप्रसन्न।

अतः विकल्प (B) सही है।

92. 'सदय' का विलोम शब्द 'निर्दय' है।

सदय के पर्यायवाची शब्द हैं- दयावान, दयालु, दयापूर्ण।

निर्दय के पर्यायवाची शब्द हैं- निष्ठुर, दयाहीन, क्रूर, बेदर्द, बेरहम, संगदिल, अविनीत, जल्लाद।

अतः विकल्प (D) सही है।

93. "आजीवन ब्रह्मचर्य का व्रत लेनेवाला" वाक्यांश के लिए एक शब्द नैष्ठिक है।

नैष्ठिक को निष्ठावान, निष्ठायुक्त, निश्चित, दृढ़, निश्चयात्मक भी कहते हैं।

अतः विकल्प (C) सही है।

94. "आगे का विचार न कर सकनेवाला" वाक्यांश के लिए एक शब्द अदूरदर्शी है।

अदूरदर्शी को अविचारी, नासमझ, अविवेकी, अदूरदर्शितापूर्ण भी कहते हैं।

अतः विकल्प (B) सही है।

95. "जो अपने स्थान या स्थिति से अलग न किया जा सके" वाक्यांश के लिए एक शब्द अच्युत है।

अच्युत को अटल, नासमझ, शाश्वत, स्थिर, नित्य भी कहते हैं।

अतः विकल्प (C) सही है।

96. "अनुचित बात के लिए आग्रह करना" वाक्यांश के लिए एक शब्द दुराग्रह है।

दुराग्रह को अविचारी, स्थूलबुद्धि, नासमझ भी कहते हैं।

अतः विकल्प (C) सही है।

97. "जिसे कठिनाई से जाना जा सके" वाक्यांश के लिए एक शब्द दुर्ज्ञेय है।

दुर्ज्ञेय को दुर्बोध, जिसे जानना अत्यंत कठिन हो, जिसे सरलता से जाना न जा सके भी कहते हैं।

अतः विकल्प (D) सही है।

98. "हाथ से लिखी हुई पुस्तक" वाक्यांश के लिए एक शब्द पांडुलिपि है।

पांडुलिपि उस दस्तावेज को कहते हैं जो एक व्यक्ति या अनेक व्यक्तियों द्वारा हाथ से लिखी गयी हो। जैसे हस्तलिखित पत्र। मुद्रित किया हुआ या किसी अन्य विधि से, किसी दूसरे दस्तावेज से (यांत्रिक/वैद्युत रीति से) नकल करके तैयार सामग्री को पांडुलिपि नहीं कहते हैं।

अतः विकल्प (B) सही है।

99. पश्चिमी हिंदी की बोलियाँ दिल्ली, हरियाणा, पश्चिमी उत्तर प्रदेश तथा पंजाब के कुछ भागों में बोली जाती हैं। इस उपभाषा खंड की बोलियों का विकास मध्य शौरसेनी अपभ्रंश से हुआ है। पश्चिमी हिंदी की पाँच प्रमुख बोलियाँ है- खड़ी बोली या कौरवी, हरियाणवी या बाँगरू, ब्रज, बुंदेली, और कन्नौजी।

अतः विकल्प (C) सही है।

100. इस उपभाषा खंड की बोलियों का विकास मध्य शौरसेनी अपभ्रंश से हुआ है। पश्चिमी हिंदी की पाँच प्रमुख बोलियाँ है- खड़ी बोली या कौरवी, हरियाणवी या बाँगरू, ब्रज, बुंदेली, और कन्नौजी। इनमें से ब्रज आदिकाल से ही साहित्य की भाषा के रूप में प्रयुक्त होती रही है।

अतः विकल्प (D) सही है।

101. हिंदी भाषा की 5 उपभाषाएँ है।

1. पश्चिमी हिंदी- खड़ी बोली , ब्रज भाषा, बांगरू, बुंदेली, कन्नौजी

2. पूर्वी हिंदी – अवधि , बघेली, छत्तीसगढ़ी

3. राजस्थानी – मारवाड़ी, मेवाड़ी, ढूढाडी,हाड़ोती,मेवाती,वागड़ी, मालवी

4. पहाड़ी- गढ़वाली, कुमायूंनी,पश्चिमी पहाड़ी

5. बिहारी – भोजपुरी, मैथिली, मगही

अतः विकल्प (C) सही है।

102. भारतेन्दु हरिश्चन्द्र, रामचन्द्र शुक्ल, जयशंकर प्रसाद, प्रेमचन्द और रामधारी सिंह दिनकर का सम्बन्ध भोजपुरी बोली क्षेत्र से है।

बिहारी की तीन शाखाएँ हैं - भोजपुरी, मगही और मैथिली। बिहार के एक कस्बे भोजपुर के नाम पर भोजपुरी बोली का नामकरण हुआ। पर भोजपुरी का प्रसार बिहार से अधिक उत्तर प्रदेश में है। बिहार के शाहाबाद, चंपारन और सारन जिले से लेकर गोरखपुर तक का क्षेत्र भोजपुरी का है। भोजपुरी पूर्वी हिंदी के अधिक निकट है। हिंदी प्रदेश की बोलियों में भोजपुरी बोलने वालों की संख्या सबसे अधिक है।

अतः विकल्प (B) सही है।

103. जगन्नाथ दास रत्नाकरआधुनिक काल के ब्रजभाषा के सर्वश्रेष्ठ कवि हैं। इनकी प्रतिभा बहुआयामी थी, लेकिन इनका गरिमामय रूप काव्य के क्षेत्र में ही प्रकट हुआ। इन्होंने अपने काव्य में मध्ययुगीन काव्य परम्परा के साथ-साथ भक्तियुग के भाव और रीतिकाल की कला सम्पदा का समन्वय किया, जो अत्यन्त मनोहारी बन पड़ा है।

अतः विकल्प (B) सही है।

104. विद्यापति के काव्य का रूप (काव्यरूप) प्रबंध प्रकार का है। इनकी तीनों महत्त्वपूर्ण रचनाएँ खंडकाव्य प्रकृति की हैं। भाषा के स्तर पर देखें तो विद्यापति के यहाँ भाषायी विविधता दिखाई देती है। कीर्तिलता की रचना अवहट्ट में हुई है, वहीं पदावली की रचना मैथिली भाषा में की गई है।

अतः विकल्प (C) सही है।

105. संविधान सभा ने लम्बी चर्चा के बाद 14 सितम्बर सन् 1949 को हिन्दी को भारत की राजभाषा स्वीकारा गया। इसके बाद संविधान में अनुच्छेद 343 से 351 तक राजभाषा के सम्बन्ध में व्यवस्था की गयी।

अतः विकल्प (A) सही है।

106. 'बघेली' बोली का सम्बन्ध पूर्वी हिन्दी से है।

बघेली या बाघेली, हिन्दी की एक बोली है जो भारत के बघेलखण्ड क्षेत्र में बोली जाती है। यह मध्य प्रदेश के रीवा, सतना, सीधी, उमरिया, एवं शहडोल,अनूपपुर में; उत्तर प्रदेश के इलाहाबाद एवं मिर्जापुर जिलों में तथा छत्तीसगढ़ के बिलासपुर एवं कोरिया जनपदों में बोली जाती है। इसे "बघेलखण्डी", "रिमही" और "रिवई" भी कहा जाता है।

अतः विकल्प (B) सही है।

107. भारत के राष्ट्रपति ने भारत के संविधान के अनुच्छेद 344 (1) में प्रदत्त शक्तियों का प्रयोग करते हुए 7 जून 1955 को श्री बी.जी. खेर की अध्यक्षता में निम्नांकित विषयों पर सिफारिशें करने के लिए राजभाषा आयोग का गठन किया।

अतः विकल्प (A) सही है।

108. 8वीं अनुसूची में 22 भारतीय भाषाओं को शामिल किया गया है। इसके बाद, कोंकणी भाषा, मणिपुरी भाषा, और नेपाली भाषा को 1992 ई. में जोड़ा गया। हाल में 2003 में बोड़ो भाषा, डोगरी भाषा, मैथिली भाषा, और संथाली भाषा शामिल किए गए।

अतः विकल्प (D) सही है।

109. 'ब्रजबुली' पुरानी बांग्ला नाम से जानी जाती है।

ब्रजबुलि उस काव्यभाषा का नाम है जिसका उपयोग उत्तर भारत के पूर्वी प्रदेशों अर्थात् मिथिला, बंगाल, आसाम तथा उड़ीसा के भक्त कवि प्रधान रूप से कृष्ण की लीलाओं के वर्णन के लिए करते रहे हैं। नेपाल में भी ब्रजबुलि में लिखे कुछ काव्य तथा नाटकग्रंथ मिले हैं।

अतः विकल्प (D) सही है।

110. मगही बिहारी हिंदी की महत्वपूर्ण बोली है। यह बोली पूर्वी बिहार के अंतर्गत आती है। मगही बोली की लिपि मुख्य रूप से कैथी तथा नागरी है। पूर्वी मगही कहीं-कहीं बंगला तथा उड़िया लिपि में भी लिखी जाती है।

अतः विकल्प (D) सही है।

111. प्रयोग की दृष्टि से सूक्ष्म अंतर व्यक्त करने वाले शब्द 'समानार्थक' शब्द कहलाते हैं।

पर्याय' का अर्थ है 'समान' तथा 'वाची' का अर्थ है 'बोले जाने वाले' अर्थात सामान बोले जाने वाले शब्दों को हम पर्यायवाची शब्द या सामनार्थी शब्द कहते है।

अतः विकल्प (B) सही है।

112. जिस ध्वनियों के उच्चारण में जिह्वा का मध्य भाग तालु से स्पर्श करता है, उन्हें तालव्य कहते हैं। इ, ई (स्वर); च, छ, ज, झ, ञ, श, य (व्यंजन)।

अतः विकल्प (A) सही है।

113. व्यंजन चार प्रकार होते हैं, स्पर्श, अन्तस्थ, उष्म और संयुक्त व्यंजन।

ऊष्म व्यंजन – 'श, ष, स' – इन चार वर्णों के उच्चारण में मुख से विशेष प्रकार की गर्म (ऊष्म) वायु निकलती है, इसलिए इन्हें ऊष्म व्यंजन कहते हैं।

संयुक्त व्यंजन - जो व्यंजन 2 या 2 से अधिक व्यंजनों के मिलने से बनते हैं उन्हें संयुक्त व्यंजन कहा जाता है। संयुक्त व्यंजन एक तरह से व्यंजन का ही एक प्रकार है। संयुक्त व्यंजन में जो पहला व्यंजन होता है वो हमेशा स्वर रहित होता है और इसके विपरीत दूसरा व्यंजन हमेशा स्वर सहित होता है।

अतः विकल्प (B) सही है।

114. 'बरस पड़ना' मुहावरे का अर्थ है- क्रोध में आना

'बरस पड़ना' मुहावरे का वाक्य प्रयोग-

जब पिताजी को उनके बेटे विवेक ने परीक्षा में फेल होने की खबर सुनाई,तब पिताजी उस पर बरस पड़े।

अतः विकल्प (B) सही है।

115. कलेजे पर पत्थर रखना- जी कड़ा करना

वाक्य प्रयोग- कलेजे पर पत्थर रखकर माँ बाप बेटी को विदा करते हैं।

अतः विकल्प (B) सही है।

116. यमक अलंकार - जहाँ एक ही शब्द जितनी बार आए उतने ही अलग-अलग अर्थ दे।

जैसे - काली 'घटा' का घमंड 'घटा'।

यहाँ कनक-कनक का अर्थ है:- सोना (स्वर्ण) और धतुरा।

अतः विकल्प (A) सही है।

117. 'अर्थ' का उचित विलोम शब्द 'अनर्थ' है।

अर्थ के पर्यायवाची शब्द है- तात्पर्य, मायने, मतलब, अभिप्राय, आशय।

अतः विकल्प (B) सही है।

118. 'वृद्धि' शब्द का उचित विलोम शब्द 'क्षय' होगा।

'वृद्धि' शब्द का अर्थ है 'अभ्युदय, समृद्धि।' और 'क्षय' का अर्थ है 'नाश' या क्षय रोग।

अतः विकल्प (B) सही है।

119. 'जिसका वर्णन नहीं किया जा सके', उसे 'अवर्णनीय' कहते है।

भाषा को सुंदर, आकर्षक और प्रभावशाली बनाने के लिए अनेक शब्दों के स्थान पर एक शब्द का प्रयोग किया जाता है तो वह वाक्यांश के लिए एक शब्द कहलाता है।

अतः विकल्प (B) सही है।

120. दावानल या जंगल की आग उस दुर्घटना को कहते हैं जब किसी वन के एक भाग में या पूरे वन में ही आग लग जाती है और उस वन के सभी पेड़-पौधे, जीव-जन्तु इत्यादि जलने लगते हैं।

दावानल के लिए स्थिति तब उत्पन्न होती है जब वनस्पतियां और मिट्टी सूख जाते हैं और आर्द्रता भी बहुत कम होती है।

अतः विकल्प (B) सही है।

121. 'घर-आँगन' शब्द में 'द्वंद समास' है।

जिस समास में दोनों पद प्रधान हो तथा विग्रह करने पर उनके बीच 'तथा', 'या', 'अथवा', 'एवं' या 'और' का प्रयोग होता हो। जैसे – अन्न और जल = अन्न-जल, अपना और पराया = अपना-पराया।

अतः विकल्प (B) सही है।

122. देवेन्द्र का सही संधि विच्छेद देव + इंद्र है, जिसमें गुण संधि विद्यमान है।

गुण संधि - अ, आ के साथ इ, ई का मेल होने पर 'ए'; उ, ऊ का मेल होने पर 'ओ'; तथा ऋ का मेल होने पर 'अर्' हो जाता है।

जैसे – देव + इन्द्र (अ + इ) = देवेन्द्र, देव + ऋषि (अ + ऋ) = देवर्षि।

अतः विकल्प (B) सही है।

123. 'निः + रोग' संधि विच्छेद का सही शब्द नीरोग है।

विसर्ग संधि के नियम के अनुसार यदि विसर्ग के बाद 'र' हो तो विसर्ग का लोप हो जाता है और विसर्ग से पहले का स्वर दीर्घ हो जाता है। जैसे – नीरस = निः + रस।

अतः विकल्प (B) सही है।

124. आँसू शब्द तत्सम शब्द नहीं है।

हिन्दी में जो शब्द संस्कृत से ज्यों के त्यों ग्रहण कर लिए गए हैं तथा जिसमें कोई ध्वनि परिवर्तन नहीं हुआ है, तत्सम शब्द कहलाते हैं। तत्सम (तत् + सम) शब्द का अर्थ है – उसके समान अर्थात् संस्कृत के समान।

अतः विकल्प (D) सही है।

125. दिए गए विकल्पों के अनुसार वकील अरबी भाषा का शब्द है।

अरबी भाषा सामी भाषा परिवार की एक भाषा है। ये हिन्द यूरोपीय परिवार की भाषाओं से मुख़्तलिफ़ है, यहाँ तक कि फ़ारसी से भी। ये इब्रानी भाषा से सम्बन्धित है। अरबी इस्लाम धर्म की धर्मभाषा है, जिसमें कुरान-ए-शरीफ़ लिखी गयी है।

अतः विकल्प (A) सही है।

Q.1 'साखी' किस कवि का काव्य-संग्रह है?
A. केदारनाथ सिंह
B. कुंवर नारायण
C. मलयज
D. विजयदेव नारायण साही

Q.2 "अथवा" व्याकरण की दृष्टि है:
A. संधि
B. उपसर्ग
C. अन्वय
D. अव्यय

Q.3 'सम्पतिशास्त्र' के लेखक का नाम है:
A. आचार्य महावीर प्रसाद द्विवेदी
B. आचार्य हजारी प्रसाद द्विवेदी
C. आचार्य रामचन्द्र शुक्ल
D. बाबू श्याम सुन्दर दास

Q.4 'राधावल्लभ सम्प्रदाय' का प्रवर्तन किसने किया?
A. वल्लभाचार्य
B. मध्वाचार्य
C. हितहरिवंश
D. सूरदास

Q.5 'अरूण यह मधुमय देश हमारा' यह किसने कहा?
A. ध्रुवस्वामिनी
B. देवसेना
C. कार्नेलिया
D. मधुलिका

Q.6 निम्न में से कौन किसके लिए प्रसिद्ध नहीं है?
A. उपमा के लिए कालिदास
B. करूणा के लिए भवभूति
C. अलंकार के लिए भामह
D. वक्रोक्ति के लिए क्षेमेन्द्र

Q.7 'गोकुलनाथ' की रचना का नाम है:
A. चौरासी वैष्णवन की वार्ता
B. भक्तमाल
C. छिताईवार्ता
D. गोसाईंचरित

Q.8 'छायावाद' को 'स्थूल के प्रति सूक्ष्म का विद्रोह' किसने कहा है?
A. जयशंकर प्रसाद
B. महादेवी वर्मा
C. नंददुलोर बाजपाई
D. डॉ. नगेन्द्र

Q.9 'नटों के जीवन संघर्ष का उल्लेख किस उपन्यास में है?
A. कब तक पुकारूँ
B. शैलूष
C. झूलानट
D. सेवासदन

Q.10 निम्न में से 'हिन्दी साहित्य का अतीत' किसने लिखा?
A. डॉ. विश्वनाथ तिवारी
B. आचार्य विश्वनाथ प्रसाद मिश्र
C. डॉ. रामकुमार वर्मा
D. राहुल सांकृत्यायन

Q.11 किस शब्द में 'अ' उपसर्ग है?
A. अभिमान
B. अनजान
C. अभाव
D. अवमान

Q.12 अहेतुकी का शुद्ध रूप है:
A. अहितकी
B. अहैतुकी
C. वेतुकी
D. अभितुकी

Q.13 निम्नलिखित में द्वन्द्व समास बताइए।
A. शोकाकुल
B. सर्वोत्तम
C. वीरपुरूष
D. पाप-पुण्य

Q.14 'रुद्र सम्प्रदाय' की स्थापना किसने की?
A. रूद्र स्वामी
B. श्रीस्वामी
C. विष्णुस्वामी
D. निम्बार्काचार्य

Q.15 रामानुजाचार्य ने किस दर्शन का प्रतिपादन किया?
A. अद्वैतवाद
B. शुद्धाद्वैतवाद
C. विशिष्टाद्वैतवाद
D. द्वैतवाद

Q.16 प्रत्येक का सन्धि विच्छेद होगा:
A. प्रत्य + एक
B. प्रति + एक
C. प्रति + ऐक
D. प्रत्ये + एक

Q.17 निम्न में से कौन-सी रचना व्याकरण ग्रंथ है?
A. कीर्तिपताका
B. चर्यापद
C. उक्तिव्यक्त प्रकरण
D. वर्णरत्नाकर

Q.18 साम्प्रदायिक समस्या पर लिखा गया उपन्यास कौन है?
A. तमस
B. बलचनमा
C. अपने अपने अजनबी
D. बंदू और समुद्र

Q.19 ब्रजभाषा का क्षेत्र नहीं है?
A. धौलपुर
B. सरगुजा
C. मथुरा
D. आगरा

Q.20 'शिवराजभूषण' ग्रंथ में किसका विवेचन मिलता है?
A. रस
B. ध्वनि
C. अलंकार
D. औचित्य

Q.21 फणीश्वरनाथ रेणु कौन-सी कहानी है?
A. रसप्रिया
B. रसआखेटक
C. रसिकप्रिया
D. प्रियानीकलण्ठी

Q.22 साकेत महाकाव्य का सर्वाधिक मार्मिक सर्ग है:
A. षष्ठ
B. सप्तम
C. अष्टम
D. नवम्

Q.23 भारत-भारती का प्रकाशन किस वर्ष हुआ?
A. 1912 ई.
B. 1914 ई.
C. 1914 ई.
D. 1918 ई.

Q.24 निम्न में से कौन रेखाचित्र विद्या की रचना नहीं है?
A. कठगुलाब
B. क्षण बोले कण मुस्काए
C. पुरानी स्मृतियाँ
D. रेखाएं बोल उठीं

Q.25 समस्त पृथ्वी से सम्बन्ध रखने वाला कहलाता है:
A. सार्वभौमिक
B. सार्वकालिक
C. सार्वदेशिक
D. सर्वज्ञ

Q.26 'पहला गिरमिटिया' उपन्यास विशेषकर किस पर केन्द्रित है?
A. पं. जवाहरलाल नेहरू
B. महात्मा गांधी
C. लालबहादुर शास्त्री
D. विनोवा भावे

Q.27 रीतिकाल को 'अलंकृत काल' नाम किसने दिया?
A. रमाशंकर शुक्ल रसाल
B. विश्वनाथ मिश्र
C. मिश्रबन्धु
D. रामचन्द्र शुक्ल

Q.28 'वागर्थ' पत्रिका कहां से प्रकाशित होती है?
A. मुम्बई
B. वाराणसी
C. नई दिल्ली
D. कोलकाता

Q.29 'सूर्य की अंतिम किरण से सूर्य की पहली किरण तक' किसकी नाट्य कृति है?

A. सुरेन्द्र वर्मा
B. रामकुमार वर्मा
C. महादेवी वर्मा
D. भगवती चरण वर्मा

Q.30 महाप्राण ध्वनियाँ व्यंजन-वर्ग में किससे सम्बन्धित है?
A. पहला, दूसरा
B. दूसरा, तीसरा
C. दूसरा, चौथा
D. पहला, चौथा

Q.31 'जो मापा न जा सके', इसका सही अर्थ है:
A. अमानक
B. अपरिग्रह
C. अपरिमेय
D. अतुल्य

Q.32 निम्न में कौन-सी रचना एवं रचनाकार का युग्म सही नहीं है?
A. काव्यनिर्णय - भिखारीदास
B. रसरहस्य - कुलपतिमिश्र
C. रसविलास - चिंतामणि
D. भावविलास - केशवदास

Q.33 भारतेन्दु ने यात्रावृत्त सम्बन्धी कौन-सी रचना लिखी?
A. गया यात्रा
B. इलाहाबाद की यात्रा
C. गंगा पार की यात्रा
D. सरयू पार की यात्रा

Q.34 बिहारी हिन्दी की बोली का नाम है:
A. मगही
B. बधेली
C. छत्तीसगढ़ी
D. बुंदेली

Q.35 'दुक्खम-सुक्खम' उपन्यास की लेखिका है:
A. चित्रा मुदगल
B. प्रभा खेतान
C. ममता कालिया
D. नासिरा शर्मा

Q.36 'आर्द्र' विलोम शब्द है:
A. नम
B. शुष्क
C. गीला
D. लचीला

Q.37 निम्न में से किस को 'अपभ्रंश का वाल्मीकि' कहा जाता है?
A. सरहपा
B. पुष्पदंत
C. स्वयम्भू
D. हेमचंद

Q.38 'जगन्नाथ' में कौन-सी सन्धि है?
A. वृद्धि सन्धि
B. यण सन्धि
C. स्वर सन्धि
D. व्यंजन सन्धि

Q.39 भक्ति आंदोलन भारतीय चिंताधारा का स्वाभाविक विकास है। यह कथन किसका है?
A. आचार्य रामचन्द्र शुक्ल
B. आचार्य हजारी प्रसाद द्विवेदी
C. डॉ. रामस्वरूप चतुर्वेदी
D. डॉ. भगीरथ मिश्र

Q.40 प्रत्यय रहित शब्द बताइए।
A. मर्मज्ञ
B. वैज्ञानिक
C. कृपालु
D. अनुवाद

Q.41 'स्वप्न' का विलोम है:
A. दिवास्वप्न
B. खुमारी
C. निद्रा
D. जागरण

Q.42 'कुटिल' का विलोम है:
A. जटिल
B. रूढ़
C. ऋजु
D. वक्र

Q.43 'पुरूष' शब्द का विलोम है:
A. अपौरुष
B. सरल
C. कठोर
D. स्त्री

Q.44 'ओछे की प्रति बालु की भीति' का भाव है:
A. बालु की दीवार कमजोर होती है।
B. ओछे लोग बालु की दीवार बनकर रहते है।
C. बालु की दीवार की भांति ओछे लोगों का प्रेम अस्थायी होता है।
D. बालु ओछा पदार्थ होता है।

Q.45 'आवाहन' का विलोम है:
A. अवगाहन
B. तिरोभाव
C. विसर्जन
D. धन्यवाद

Q.46 'खेट कौतुकम' किसकी रचना है?
A. रहीमदास
B. रसखान
C. कवि गंग
D. दादूदयाल

Q.47 निम्न में से किस पत्रिका से सम्बन्धित साहित्यकार नहीं हैं?
A. नया ज्ञानोदय - रवीन्द्र कालिया
B. पहल - ज्ञानरंजन
C. तद्भव - अखिलेश
D. दस्तावेज - रामचन्द्र तिवारी

Q.48 उपजाऊ का विलोम है:
A. सिंचित
B. खाद
C. ऊसर
D. उर्वर

Q.49 देश विभाजन की त्रासदी किस उपन्यास में वर्णित हे?
A. राग दरबारी
B. गबन
C. झूठा सच
D. इन्हीं हथियारों से

Q.50 'घोटक' का तद्भव रूप क्या है?
A. हय
B. अश्व
C. घोड़ा
D. तुरंग

Q.51 निम्न में से 'मनोवैज्ञानिक उपन्यासकार' किसे कहा जा सकता है?
A. इलाचन्द्र जोशी
B. जैनेन्द्र
C. अज्ञेय
D. मनोहरश्याम जोशी

Q.52 भाषा की सार्थक लघुत्तम इकाई है:
A. शब्द
B. पद
C. ध्वनि
D. वाक्य

Q.53 'जिसने मृत्यु को जीत लिया है' कहलाता है:
A. अमरत्व
B. मृत्युंजय
C. अभयदान
D. अभयमुद्रा

Q.54 मध्यवर्ग की परिवारिक समस्या को दर्शाने वाला नाटक है:
A. जनमेजय का नागयज्ञ
B. अंधायुग
C. आधे -अधूरे
D. तमस

Q.55 'दूसरी परम्परा की खोज' किस विधा की रचना है?
A. आलोचना
B. खोज एवं सर्वेक्षण
C. कहानी
D. ललित निबन्ध

Q.56 'अल्मोड़े का बाजार' किस विधा की रचना है?
A. जीवनी
B. रिपोर्ताज
C. प्रगीत
D. यात्रावृत्त

Q.57 अन्यमनस्क शब्द का आशय है:
A. जिसका मन अपनी ओर हो
B. जिसका मन किसी दूसरी ओर हो
C. जिसका मन निर्मल हो
D. जिसका मन केन्द्रित हो

Q.58 निम्न में से दलित आत्मकथा नहीं है?
A. अपने-अपने पिंजरे
B. जूठन
C. तिरस्कृत
D. मेरी असफलताएँ

Q.59 'परमानन्द' शब्द में कौन-सा समास है?
A. तत्पुरूष
B. द्विगु
C. कर्मधारय
D. अव्ययीभाव

Q.60 निम्न में से कौन अर्थालंकार है?
A. श्लेष
B. यमक
C. वक्रोक्ति
D. रूपक

Q.61 निम्न में से कौन उपन्यास एवं उपन्यासकार का सही युगम नहीं है?
A. महाभोज - मन्नू भंडारी

B. आवां - चित्रामुद्गल
C. तत्सम - राजी सेठ
D. मुझे सूरज चाहिए - सुरेन्द्र वर्मा

Q.62 'केशव, कहि न जाइ का कहिये'। यह पंक्ति किस कवि की है?

A. केशवदास **B.** कबीरदास **C.** तुलसीदास **D.** नरहरिदास

Q.63 'अंजो दीदी' किस विधा की रचना है?

A. कविता **B.** नाटक **C.** कहानी **D.** उपन्यास

Q.64 'उपदेश रसायन' के रचयिता कौन है?

A. जिनदत्त सूरी **B.** निनधर्म सूरी
C. शालिभद्र सूरी **D.** धनपाल

Q.65 'अंगदपैज' की रचना किसने की है?

A. नाभादास **B.** धरणीदास **C.** ईश्वरदास **D.** मलूकदास

Q.66 संविधान के किस अनुच्छेद के अन्तर्गत हिन्दी को संघ की राजभाषा का दर्जा मिला?

A. अनुच्छेद 343 **B.** अनुच्छेद 344
C. अनुच्छेद 345 **D.** अनुच्छेद 346

Q.67 'अपने मुँह मिया मिट्ठू बनना' मुहावरा है:

A. अपनी बातें छिपाना
B. अपनी निंदा स्वयं करना
C. अपनी प्रशंसा स्वयं करना
D. अपना चर्चा स्वयं करना

Q.68 'उद्योग' का संधि होगा:

A. उत् + योग **B.** उद् + योग
C. उध + योग **D.** उत् + उपयोग

Q.69 राजभाषा आयोग के प्रथम अध्यक्ष कौन थे?

A. बालगंगाधर तिलक **B.** मुंशी आयंगर
C. बालगंगाधर खेर **D.** काका साहब कालेलकर

Q.70 पश्चिमी हिन्दी में कौन बोली है?

A. मगही **B.** कन्नौजी **C.** मैथिली **D.** अवधी

Q.71 निम्न में से कौन वार्णिक छंद है?

A. दोहा **B.** चौपाई **C.** सवैया **D.** रोला

Q.72 निम्न में से कौन - सी रचना के रचनाकार का नाम सही नहीं है?

A. फूल नहीं रंग बोलते हैं - केदारनाथ अग्रवाल
B. उस जनपद का कवि हूँ - त्रिलोचन शास्त्री
C. सीढ़ियों पर धूप में - शमशेर बहादूर सिंह
D. संसद से सड़क तक - सुदामा पांडेय धूमिल

Q.73 'प्रबन्ध चिंतामणि' के रचयिता का नाम है:

A. दामोदर पंडित **B.** कवि आसुग
C. रोडा कवि **D.** मेरुतुंग

Q.74 पंचवटी शब्द में कौन सा समास है?

A. कर्मधारय **B.** द्विगु
C. अव्ययीभाव **D.** तत्पुरुष

Q.75 पाप और पुण्य के चिरंतन नैतिक प्रश्न को किस उपन्यास में प्रस्तुत किया गया है?

A. सामर्थ और सीमा **B.** चित्रलेखा
C. भूले बिसरे चित्र **D.** आखिरी दाँव

Q.76 उदयप्रकाश द्वारा कौन - सी कहानी नहीं है?

A. तिरिछ **B.** पाल गोमरा का स्कूटर
C. पीली आंधी **D.** दरियाई घोड़ा

Q.77 सर्वेश्वर दयाल सक्सेना की नाट्य कृति का नाम है:

A. बिलचट्टा **B.** शुतुरमुर्ग
C. अंधों का हाथी **D.** बकरी

Q.78 किस कवि को 'अभिनव जयदेव' नाम से जाना जाता है?

A. विद्यापति **B.** भवभूति
C. नरसी मेहता **D.** रविदास

Q.79 'कलश' का पर्यायवाची है:

A. जल **B.** कुम्भ **C.** पात्र **D.** उपस्कर

Q.80 कामायनी में श्रद्धा किसका प्रतीक है?

A. तन का **B.** मन का **C.** हृदय का **D.** बुद्धि का

Q.81 निम्न में अर्द्धस्वर कहलाता है:

A. य **B.** म **C.** र **D.** ल

Q.82 किस शब्द में 'आ' उपसर्ग नहीं है:

A. आजन्म **B.** आगमन **C.** आकर्षक **D.** आदरणीया

Q.83 'प्रबोधपचासा' ग्रंथ के रचयिता कौन है?

A. रामानंद **B.** कबीर **C.** मतिराम **D.** पद्माकर

Q.84 'अतीन्द्रिय' शब्द का आशय है?

A. इन्द्रियों की पहुँच से बाहर
B. इन्द्रियों की रखवाली करने वाला
C. इन्द्रियों का स्वामी
D. इन्द्रियों के वश में रहने वाला

Q.85 'झीनी-झीना बीनी चदरिया' किस उपन्यासकार की कृति है?

A. राही मासूम रजा **B.** अब्दुल बिस्मिल्लाह
C. असगर वजाहत **D.** मुद्राराक्षस

Q.86 'जो अधिक बोलता है' उसे कहते है:

A. मितभाषी **B.** मृदुभाषी **C.** वक्ता **D.** वाचाल

Q.87 निम्न में से कौन - सी रचना एवं उसके रचनाकार का युग्म सही नहीं है?

A. कविता कौमुदी - रामनरेश त्रिपाठी
B. हिमकिरीटिना - माखनलाल चतुर्वेदी
C. हल्दीघाटी - श्यामनारायण पांडेय
D. रसवंती - सियारामशरण गुप्त

Q.88 अमीर खुसरो किस नाम से जाने जाते थे?

A. तूती - ए - हिन्द **B.** तोता-ए-हिन्द
C. सितारे हिन्द **D.** सरहिन्द

Q.89 'धन्य भारत भूमि सब रतनानि की उपजावनि' इस पंक्ति के लेखक हैं:

A. प्रताप नारायण मिश्र
B. बद्रीनारायण चौधरी प्रेमघन
C. भारतेन्दु हरिश्चन्द्र
D. मैथिलीशरण गुप्त

Q.90 'नाटक के लिए रंगमंच होना चाहिए, रंगमंच के लिए नाटक नही' यह कथन किसका है?

A. मोहन राकेश **B.** मुद्राराक्षस
C. डॉ. रामकुमार वर्मा **D.** जयशंकर प्रसाद

Q.91 निराला किस पत्रिका से सम्बन्धित नहीं थे?

A. सुधा   **B.** इंदु   **C.** समन्वय   **D.** मतवाला

Q.92 'जो शीघ्र ही किसी बात या युक्ति को सोच ले' उसे कहेंगे:

A. सहमति   **B.** व्युत्पन्नमति

C. प्रत्यपन्नमति   **D.** सम्मति

Q.93 वीभत्स रस का स्थायी भाव है:

A. शोक   **B.** विस्मय   **C.** जुगुप्सा   **D.** अद्भुत

Q.94 'सूरदास' किस उपन्यास का चर्चित पात्र है?

A. गोदान   **B.** कर्मभूमि   **C.** रंगभूमि   **D.** कायाकल्प

Q.95 'कड़ाही से गिरा चूल्हे में आ पड़ा' का भाव है:

A. एक विपत्ति से छूटकर दूसरी में आ पड़ना।

B. कड़ाही और चूल्हा पास - पास होता है।

C. एक बार भूल होती है तो बार - बार होती है।

D. कड़ाही चूल्हे में गिर गई।

Q.96 सायें में धूप ग़ज़ल संग्रह किस रचनाकार का है-

A. रघुवीर सहाय   **B.** दुष्यंत कुमार

C. नरेश मेहता   **D.** धर्मवीर भारती

Q.97 'आसक्त' का विलोम है:

A. विरक्त   **B.** अनुरक्त   **C.** संसक्ति   **D.** विभक्त

Q.98 'वह पथ बंधु था' उपन्यास के लेखक है:

A. नरेश मेहता   **B.** प्रभाकर माचवे

C. भैरव प्रसाद गुप्त   **D.** रांगेय राघव

Q.99 'तदीय समाज' से किसका सम्बन्ध था?

A. केशवचन्द्र सेन   **B.** भारतेन्दु हरिश्चंद्र

C. राजा राममोहन राय   **D.** ईश्वरचन्द्र विद्यासागर

Q.100 'विज्ञानगीता' की रचना किसने की?

A. व्यास जी   **B.** बालगंगाधर तिलक

C. केशवदास   **D.** चिंतामणि

Q.101 आदिकाल को 'बीजवपन काल' नाम किसने दिया?

A. आचार्य विश्वनाथ प्रसाद मिश्र

B. आचार्य रामचन्द्र शुक्ल

C. आचार्य महावीर प्रसाद द्विवेदी

D. आचार्य भगीरथ मिश्र

Q.102 'लक्ष्मीपुरा' किस विधा की रचना है?

A. यात्रावृत्त   **B.** निबन्ध   **C.** रिपोतार्ज   **D.** डायरी

Q.103 रामवृक्ष बेनीपुरी की कौन - सी कृति यात्रावृत्त है?

A. सागर की लहरों पर   **B.** अप्रवासी की यात्राएँ

C. पैरों में पंख बांधकर   **D.** पैरों में पंख बांधकर

Q.104 'बिनु पग चलै सुनै बिनु काना' इसमे कौन - सा अलंकार है?

A. विभावना   **B.** श्लेष   **C.** रुपक   **D.** वक्रोक्ति

Q.105 निम्न में से किस कवि ने 'सतसई' की रचना नहीं की है?

A. मतिराम   **B.** सेनापति   **C.** बिहारी   **D.** वृंद

Q.106 'प्रभु जी तुम चंदन हम पानी' इस पंक्ति के रचनाकार है?

A. चंदनदास   **B.** मलूकदास   **C.** नानक   **D.** संत रैदास

Q.107 'देसिल बअना सबजन मिट्ठा' यह प्रसिद्ध उक्ति किसने कही?

A. विद्यापति   **B.** अमीर खुसरो

C. अब्दुर्रहमान   **D.** कवि गंग

Q.108 'अकाल पुरुष गांधी' किसने इस जीवनी की रचना की है?

A. जैनेन्द्र   **B.** अज्ञेय

C. डॉ. देवराज   **D.** प्रभाकर माचवे

Q.109 कौन देशज प्रत्यय का उदाहरण नहीं है?

A. फर्राटा   **B.** अड़ियल   **C.** उच्चतर   **D.** घुमम्कड़

Q.110 कबीर किस शासक के समकालीन थे?

A. हुमायूं   **B.** अकबर

C. सिकन्दर लोदी   **D.** बहादुरशाह जफर

Q.111 निम्न में से कौन 'शिलांकित' कृति है?

A. पाहुडदोहा   **B.** राउलवेल

C. प्राकृतपैंगलम   **D.** वर्णरत्नाकर

Q.112 आदिकाल को 'प्रारंभिक काल' नाम किसने दिया?

A. डॉ. ग्रियर्सन   **B.** मिश्रबन्धु

C. महावीर प्रसाद द्विवेदी   **D.** हजारी प्रसाद द्विवेदी

Q.113 'प्रेम का पंथ कराल महा, तरवारि का धार पै धावनों है।' इस पंक्ति के रचयिता है:

A. आलम   **B.** मतिराम   **C.** घनानंद   **D.** बोधा

Q.114 वीर रस का स्थायी भाव है:

A. शोक   **B.** भय   **C.** उत्साह   **D.** निर्वेद

Q.115 'अर्धकथानक' किस विधा की रचना है?

A. जीवनी   **B.** उपन्यास   **C.** आत्मकथा   **D.** नाटक

Q.116 निम्न में से प्रत्यय रहित शब्द है:

A. दर्शनीय   **B.** दुर्गुण   **C.** भिक्षुक   **D.** कर्तव्य

Q.117 हिन्दी में "स्वच्छंदतावाद का कवि" किसे कहा जाता है?

A. हरिऔध   **B.** रामनरेश त्रिपाठी

C. श्रीधर पाठक   **D.** राधाकृष्ण दास

Q.118 चंद्रिका का पर्यायवाची है:

A. चन्द्रहास   **B.** रजत   **C.** कौमुदी   **D.** स्वर्णकिरण

Q.119 समरस थे जड़ या चेतन सुन्दर साकार बना था।
चेतनता एक विलसती आनन्द अखंड घना था।
इन पंक्तियों में कौन सा रस है?

A. श्रृंगार रस   **B.** करुण रस

C. शांत रस   **D.** भयानक रस

Q.120 अधिकार खोकर बैठना यह महादुष्कर्म है।
इस पंक्ति के रचयिता है:

A. रामधारी सिंह दिनकर   **B.** मैथिलीशरण गुप्त

C. निराला   **D.** सुभद्रा कुमारी चौहान

Q.121 'न बहुत गर्म न बहुत ठण्डा' कहलाता है:

A. समशीत   **B.** समउष्ण

C. उष्णकटिबन्ध   **D.** समशीतोष्ण

Q.122 शालिभद्र सूरि की रचना का नाम है:

A. नेमिनाथ रास   **B.** भरतेश्वर बाहुबली रास

C. सुमितिगण दास   **D.** जयमयंक जसचंद्रिका

Q.123 'हम विषपायी जनम के' इस काव्यकृति के रचनाकार है:

A. सुभद्रा कुमारी चौहान   **B.** रामनरेश त्रिपाठी

C. बालकृष्ण शर्मा नवीन   **D.** गोपाल सिंह नेपाली

Q.124 वल्लभाचार्य द्वारा रचित ग्रंथ का नाम हैः

A. सिद्धान्त संग्रह

B. अध्यात्म रामायण

C. महाभाष्य

D. अणुभाष्य

Q.125 निम्न में कौन सा कथन सत्य नहीं है?

A. संस्कृत में तीन वचन होते हैं।

B. हिन्दी में दो वचन होते हैं।

C. हिन्दी में दो लिंग होते है।

D. संस्कृत में हिन्दी की तरह दो लिंग होते है।

// स्मार्ट उत्तर पुस्तिका //

सही उत्तर — उन छात्रों के प्रतिशत को इंगित करता है जिन्होंने प्रश्नों का सही उत्तर दिया था।

छोड़ दिया — उन छात्रों के प्रतिशत को इंगित करता है जिन्होंने प्रश्नों को छोड़ दिया था।

प्रश्न संख्या	उत्तर	सही उत्तर / छोड़ दिया	प्रश्न संख्या	उत्तर	सही उत्तर / छोड़ दिया	प्रश्न संख्या	उत्तर	सही उत्तर / छोड़ दिया	प्रश्न संख्या	उत्तर	सही उत्तर / छोड़ दिया	प्रश्न संख्या	उत्तर	सही उत्तर / छोड़ दिया
1	D	72.09 % / -0.0 %	17	C	74.42 % / 18.6 %	33	D	74.42 % / 11.63 %	49	C	60.47 % / 18.6 %	65	C	48.84 % / 18.6 %
2	D	69.77 % / 13.95 %	18	A	48.84 % / 18.6 %	34	A	67.44 % / 18.61 %	50	C	69.77 % / 16.28 %	66	A	79.07 % / 13.95 %
3	A	58.14 % / 11.63 %	19	B	67.44 % / 13.96 %	35	C	53.49 % / 13.95 %	51	B	51.16 % / 11.63 %	67	C	79.07 % / 18.6 %
4	C	60.47 % / 18.6 %	20	C	60.47 % / 11.62 %	36	B	79.07 % / 13.95 %	52	A	65.12 % / 11.62 %	68	A	69.77 % / 18.6 %
5	C	62.79 % / 18.61 %	21	A	46.51 % / 11.63 %	37	C	62.79 % / 18.61 %	53	B	74.42 % / 18.6 %	69	C	72.09 % / 18.61 %
6	D	58.14 % / 13.95 %	22	D	51.16 % / 18.61 %	38	D	76.74 % / 13.96 %	54	C	58.14 % / 13.95 %	70	B	69.77 % / 18.6 %
7	A	74.42 % / 18.6 %	23	A	62.79 % / 11.63 %	39	B	53.49 % / 18.6 %	55	A	53.49 % / 13.95 %	71	C	79.07 % / 11.63 %
8	D	67.44 % / 18.61 %	24	A	60.47 % / 18.6 %	40	D	58.14 % / 18.6 %	56	B	67.44 % / 18.61 %	72	C	60.47 % / 11.62 %
9	A	39.53 % / 18.61 %	25	A	76.74 % / 18.61 %	41	D	65.12 % / 11.62 %	57	B	76.74 % / 18.61 %	73	D	34.88 % / 18.61 %
10	B	53.49 % / 13.95 %	26	B	62.79 % / 18.61 %	42	C	65.12 % / 18.6 %	58	D	72.09 % / 13.96 %	74	B	76.74 % / 16.28 %
11	C	79.07 % / 13.95 %	27	C	58.14 % / 11.63 %	43	D	74.42 % / 11.63 %	59	C	79.07 % / 13.95 %	75	B	39.53 % / 18.61 %
12	B	69.77 % / 18.6 %	28	D	62.79 % / 18.61 %	44	C	76.74 % / 18.61 %	60	D	58.14 % / 11.63 %	76	C	48.84 % / 13.95 %
13	D	81.4 % / 11.62 %	29	A	62.79 % / 11.63 %	45	C	81.4 % / 11.62 %	61	D	51.16 % / 18.61 %	77	D	55.81 % / 18.61 %
14	C	65.12 % / 18.6 %	30	C	72.09 % / 13.96 %	46	A	51.16 % / 18.61 %	62	C	58.14 % / 16.28 %	78	A	72.09 % / 16.28 %
15	C	67.44 % / 13.96 %	31	C	72.09 % / 13.96 %	47	D	58.14 % / 13.95 %	63	B	48.84 % / 13.95 %	79	B	72.09 % / 11.63 %
16	B	76.74 % / 13.96 %	32	D	46.51 % / 13.96 %	48	C	76.74 % / 18.61 %	64	A	65.12 % / 18.6 %	80	C	62.79 % / 11.63 %

प्रश्न संख्या	उत्तर	सही उत्तर / छोड़ दिया	प्रश्न संख्या	उत्तर	सही उत्तर / छोड़ दिया	प्रश्न संख्या	उत्तर	सही उत्तर / छोड़ दिया	प्रश्न संख्या	उत्तर	सही उत्तर / छोड़ दिया	प्रश्न संख्या	उत्तर	सही उत्तर / छोड़ दिया
81	A	60.47 % / 11.62 %	90	D	65.12 % / 18.6 %	99	B	48.84 % / 13.95 %	108	A	67.44 % / 18.61 %	117	C	53.49 % / 11.63 %
82	D	72.09 % / 13.96 %	91	B	44.19 % / 18.6 %	100	C	69.77 % / 13.95 %	109	C	65.12 % / 11.62 %	118	C	62.79 % / 16.28 %
83	D	39.53 % / 18.61 %	92	C	67.44 % / 18.61 %	101	C	74.42 % / 18.6 %	110	C	69.77 % / 16.28 %	119	C	55.81 % / 11.63 %
84	A	58.14 % / 13.95 %	93	C	83.72 % / 11.63 %	102	C	65.12 % / 18.6 %	111	B	69.77 % / 11.63 %	120	B	48.84 % / 11.63 %
85	B	55.81 % / 18.61 %	94	C	51.16 % / 18.61 %	103	C	65.12 % / 18.6 %	112	B	51.16 % / 18.61 %	121	D	51.16 % / 11.63 %
86	D	76.74 % / 16.28 %	95	A	81.4 % / 13.95 %	104	A	65.12 % / 13.95 %	113	D	48.84 % / 11.63 %	122	B	72.09 % / 18.61 %
87	D	58.14 % / 18.6 %	96	B	55.81 % / 13.96 %	105	B	51.16 % / 18.61 %	114	C	76.74 % / 18.61 %	123	C	62.79 % / 11.63 %
88	A	62.79 % / 18.61 %	97	A	76.74 % / 18.61 %	106	D	67.44 % / 18.61 %	115	C	69.77 % / 13.95 %	124	D	41.86 % / 18.61 %
89	B	46.51 % / 18.61 %	98	A	44.19 % / 16.28 %	107	A	65.12 % / 11.62 %	116	B	62.79 % / 18.61 %	125	D	76.74 % / 18.61 %

कार्य विश्लेषण	
औसत अंक (%)	40.0%
टॉपर्स स्कोर (%)	99.2%
आपका स्कोर	

//संकेत और समाधान//

1. 'साखी', "विजय देवनारायण साही" की रचना है।

'साखी' का प्रकाशन वर्ष 1982 है। यह विजयदेव नारायण साही के मरणोपरांत प्रकाशित हुई थी। जो कविता "तीसरा सप्तक" और 'साखी' में ना आ पाई उन कविताओं को "संवाद तुमसे" में शामिल कर प्रकाशित किया गया।

अतः विकल्प (D) सही है।

2. "अथवा" एक अव्यय शब्द है।

अव्यय का शाब्दिक अर्थ होता है- जो व्यय न हो।

अतः विकल्प (D) सही है।

3. 'सम्पत्तिशास्त्र' के लेखक का नाम "आचार्य महावीर प्रसाद द्विवेदी" है।

इसका पुस्तक रूप में प्रकाशन सन् 1908 में हुआ। इसके पूर्व 1907 की सरस्वती के विभिन्न अंकों में 'सम्पत्तिशास्त्र' के अंश प्रकाशित हो चुके थे। 'सम्पत्तिशास्त्र' अर्थशास्त्र संबंधी हिंदी की पहली पुस्तक है।

अतः विकल्प (A) सही है।

4. 'हितहरिवंश' ने 'राधावल्लभ सम्प्रदाय' का प्रवर्तन किया है। इनके गुरु का नाम गोपाल भट्ट। इनके पिता का नाम व्यास मिश्र और माता का नाम तारारानी था। गोस्वामी जी ने सन् 1525 ई. में श्री राधावल्लभ जी की मूर्ति वृंदावन में स्थापित की और वहीं विरक्त भाव से रहने लगे। इनकी रचनाएं निम्नलिखित हैं-

राधासुधानिधि (संस्कृत भाषा में राधाप्रशस्ति)
स्फुट पदावली (ब्रजभाषा में)
हित चौरासी (ब्रजभाषा में)

अतः विकल्प (C) सही है।

5. 'अरुण यह मधुमय देश हमारा', 'कार्नेलिया' ने कहा है।

'कार्नेलिया' भारत भूमि की महिमा का बखान कर रही है। 'कार्नेलिया का गीत' प्रसाद के प्रसिद्ध नाटक 'चन्द्रगुप्त' का एक प्रसिद्ध गीत है। यह नाटक मौर्य साम्राज्य के संस्थापक 'चन्द्रगुप्त मौर्य' के उत्थान की कथा नाट्य रूप में कहता है। चन्द्रगुप्त सन् 1931 में रचित है।

अतः विकल्प (C) सही है।

6. 'क्षेमेन्द्र' वक्रोक्ति के लिए प्रसिद्ध नहीं है।

क्षेमेन्द्र संस्कृत में परिहासकथा (सटायर) के लिए प्रसिद्ध हैं। क्षेमेन्द्र (जन्म लगभग 1025-1066) संस्कृत के प्रतिभासंपन्न कश्मीरी महाकवि थे।

अतः विकल्प (D) सही है।

7. 'गोकुलनाथ' की रचना का नाम "चौरासी वैष्णवन की वार्ता" है।

चौरासी वैष्णवन की वार्ता, ब्रजभाषा में लिखित गद्य ग्रंथ है। इसमें महाप्रभु वल्लभाचार्य जी के पुष्टि सम्प्रदाय के शिष्यों की कथाएँ (जीवन चरित) संकलित हैं।

अतः विकल्प (A) सही है।

8. डॉ. नगेन्द्र छायावाद को स्थूल के प्रति सूक्ष्म का विद्रोह मानते हैं और साथ ही यह भी स्वीकार करते हैं कि छायावाद एक विशेष प्रकार की भाव-पद्धति है।

अतः विकल्प (D) सही है।

9. 'नटो के जीवन संघर्ष का उल्लेख 'कब तक पुकारूँ' उपन्यास में है।

'कब तक पुकारूँ' प्रसिद्ध साहित्यकार, कहानीकार और उपन्यासकार रांगेय राघव द्वारा लिखा गया उपन्यास है। तत्कालीन जरायम पेशा करनटों की संस्कृति पर आधारित एक सफल आँचलिक उपन्यास है।

10. 'आचार्य विश्वनाथ प्रसाद मिश्र' ने 'हिंदी साहित्य का अतीत' लिखा है।

आचार्य विश्वनाथ प्रसाद मिश्र अपनी पुस्तक हिंदी साहित्य का अतीत: दूसरा भाग में उल्लेख करते हैं कि 'रीतिकाल' नाम ग्रहण करने का दुष्परिणाम यह हुआ कि उस काल के अच्छे-अच्छे शृंगारी कवियों को छाँटकर पृथक करना पड़ा।

अतः विकल्प (B) सही है।

11. अभाव शब्द में 'अ' उपसर्ग है।

अ+भाव = अभाव (कमी)

उपसर्ग ऐसे शब्दांश जो किसी शब्द के पूर्व जुड़ कर उसके अर्थ में परिवर्तन कर देते हैं या उसके अर्थ में विशेषता ला देते हैं। हिंदी में 22 उपसर्ग है। कुछ शब्दों के पूर्व एक से अधिक उपसर्ग भी लग सकते हैं।

अतः विकल्प (C) सही है।

12. अहेतुकी का शुद्ध रूप अहैतुकी है।

अहैतुकी का अर्थ 'बिना किसी हेतु' या 'बिना किसी छिपे हुए स्वार्थ' के होता है।"

अतः विकल्प (B) सही है।

13. पाप-पुण्य में द्वन्द्व समास है।

जिस समास में पूर्वपद और उत्तरपद दोनों ही प्रधान हों अर्थात् अर्थ की दृष्टि से दोनों का स्वतन्त्र अस्तित्व हो और उनके मध्य संयोजक शब्द का लोप हो तो द्वन्द्व समास कहलाता है।

अतः विकल्प (D) सही है।

14. 'रुद्र सम्प्रदाय' की स्थापना 'विष्णुस्वामी' ने की है।

'रुद्र सम्प्रदाय' के आद्य प्रवर्तक देवादिदेव महादेव और प्रमुख आचार्य 'वल्लभाचार्य' हुए जो वर्तमान में 'वल्लभसम्प्रदाय' के नाम से जाना जाता है।

अतः विकल्प (C) सही है।

15. रामानुजाचार्य ने 'विशिष्टाद्वैतवाद सिद्धांत' का प्रतिपादन किया है।

विशिष्टाद्वैत (विशिष्ट+अद्वैत) आचार्य रामानुज का प्रतिपादित किया हुआ यह दार्शनिक मत है। इसके अनुसार यद्यपि जगत् और जीवात्मा दोनों कार्यतः ब्रह्म से भिन्न हैं फिर भी वे ब्रह्म से ही उद्भूत हैं और ब्रह्म से उसका उसी प्रकार का संबंध है जैसा कि किरणों का सूर्य से है, अतः ब्रह्म एक होने पर भी अनेक हैं। इस सिद्धांत में आदि शंकराचार्य के मायावाद का खंडन है। रामानुज ने अपने सिद्धांत में यह स्थापित किया है कि जगत भी ब्रह्म ने ही बनाया है।

अतः विकल्प (C) सही है।

16. प्रत्येक का सन्धि विच्छेद प्रति + एक है।

सन्धि (सम् + धि) शब्द का अर्थ है 'मेल' या जोड़।

दो निकटवर्ती वर्णों के परस्पर मेल से जो विकार (परिवर्तन) होता है वह सन्धि कहलाता है।

अतः विकल्प (B) सही है।

17. उक्तिव्यक्त प्रकरण व्याकरण ग्रंथ है।

महाराज गोविंदचंद के सभा पंडित दामोदर शर्मा ने 12वीं शताब्दी में उक्ति व्यक्त प्रकरण की रचना की। इस ग्रंथ से गद्य और पद्य दोनों शैलियों की हिंदी भाषा में तत्सम शब्दावली के प्रयोग की बढ़ती हुई प्रवृत्ति का पता चला है। यह रचना व्याकरण ग्रंथ है।

अतः विकल्प (C) सही है।

18. 'तमस' सांप्रदायिक समस्या पर लिखा गया उपन्यास है।

'तमस' की कथा परिधि में अप्रैल 1947 के समय में पंजाब के जिले को परिवेश के रूप में लिया गया है। 'तमस' कुल पांच दिनों की कहानी को लेकर बुना गया उपन्यास है। संपूर्ण कथावस्तु दो खंडों में विभाजित है। पहले खंड में कुल तेरह प्रकरण हैं। दूसरा खंड गांव पर केंद्रित है।

अतः विकल्प (A) सही है।

19. 'सरगुजा', ब्रजभाषा का क्षेत्र नहीं है।

ब्रजभाषा अपने विशुद्ध रूप में आज भी आगरा, धौलपुर, मथुरा और अलीगढ़ जिलों में बोली जाती है जिसे हम 'केन्द्रीय ब्रजभाषा' भी कह सकते हैं। 19वीं शताब्दी में हिन्दी/हिन्दुस्तानी के आने के पहले ब्रजभाषा और अवधी ही उत्तर-मध्य भारत की दो प्रमुख साहित्यिक भाषाएँ थीं। अन्य भारतीय भाषाओं की तरह ये भी संस्कृत से जन्मी है। ब्रजभाषा में ही अनेक भक्त कवियों ने अपनी रचनाएं की हैं जिनमें प्रमुख हैं सूरदास, रहीम, रसखान, केशव, घनानंद, बिहारी इत्यादि। ब्रजभाषा व्याकरण पर सबसे पुराना काम फारसी में लिखा मिरजा खाँ का 'तुहफत-उल-हिंद' (अर्थः 'भारत का उपहार') नामक ग्रंथ है।

अतः विकल्प (B) सही है।

20. 'शिवराजभूषण' ग्रंथ में अलंकार का विवेचन मिलता है।

शिवराज भूषण में अलंकारों की संख्या 105 है। 105 अलंकारों में से 99 अलंकार अर्थलंकार है। इन सभी अलंकारों के लक्षण दोहो में तथा उदाहरण शक्ति, सवैया, छप्पय, अथवा दोहा छंद के दिए गए हैं। इसमें कुल 385 पद्य हैं। शिवराज भूषण की रचना "कवि भूषण" ने की है।

अतः विकल्प (C) सही है।

21. रसप्रियाफणीश्वर नाथ रेणु की कहानी है।

इनके पहले उपन्यास मैला आंचल के लिए उन्हें "पद्मश्री" पुरस्कार से सम्मानित किया गया था।

अतः विकल्प (A) सही है।

22. साकेत महाकाव्य में सर्वाधिक मार्मिक सर्ग नवम् सर्ग है।

साकेत मैथिलीशरण गुप्त रचित महाकाव्य का नाम है। इसका प्रथम प्रकाशन सन् 1931 में हुआ था। इस कृति में राम के भाई लक्ष्मण की पत्नी उर्मिला के विरह का जो चित्रण गुप्त जी ने किया है वह अत्यधिक मार्मिक और गहरी मानवीय संवेदनाओं और भावनाओं से ओत-प्रोत है।साकेत रामकथा पर आधारित है, किन्तु इसके केन्द्र में लक्ष्मण की पत्नी उर्मिला है।

अतः विकल्प (D) सही है।

23. भारत-भारती का प्रकाशन वर्ष 1912 ई. है।

भारत -भारती, मैथिलीशरण गुप्तजी की प्रसिद्ध काव्यकृति है। यह काव्य 1912 ई. में रचा गया और संशोधनों के साथ 1914 ई. में प्रकाशित हुआ। यह अपूर्व काव्य मौलाना हाली के 'मुसद्दस' के ढंग का है। राजा रामपाल सिंह और रायकृष्णदास इसकी प्रेरणा में हैं।

अतः विकल्प (A) सही है

24. 'कठगुलाब', 'रेखाचित्र' विधा की रचना नहीं है।

कठगुलाब एक उपन्यास है। यह मृदुला गर्ग की रचना है।

अतः विकल्प (A) सही है।

25. समस्त पृथ्वी से सम्बन्ध रखने वाले को 'सार्वभौमिक' कहते हैं।

वाक्यांश को संक्षेप में सामासिक पद का भी रूप दिया जाता है। कुछ ऐसे लाक्षणिक पद या शब्द भी है, जो अपने में पूरे एक वाक्य या वाक्यांश का अर्थ रखते है। भाषा में कई शब्दों के स्थान पर एक शब्द बोल कर हम भाषा को प्रभावशाली एवं आकर्षक बनाते है।

अतः विकल्प (A) सही है।

26. 'पहला गिरमिटिया' उपन्यास विशेषकर महात्मा गांधी पर केंद्रित है।

पहला गिरमिटिया, गिरिराज किशोर द्वारा रचित एक हिन्दी उपन्यास है जो महात्मा गांधी पर आधारित है। इसके नायक "मोहनदास" हैं अर्थात गांधीजी का आरम्भिक रूप। पहला गिरमिटिया नामक उपन्यास महात्मा गाँधी के अफ्रीका प्रवास पर आधारित था।

अतः विकल्प (B) सही है।

27. रीतिकाल को 'अलंकृत काल' नाम 'मिश्रबन्धु' ने दिया है।

मिश्रबन्धु के अनुसार अलंकृत काल को दो भागों में बांटा गया है-

पूर्वालंकृत काल (1681-1790)

उत्तरालंकृत काल (1781-1889)

अतः विकल्प (C) सही है।

28. 'वागर्थ' पत्रिका कोलकाता से प्रकाशित होती है।

वागर्थ हिन्दी की एक साहित्यिक पत्रिका है। यह भारतीय भाषा परिषद कोलकाता से प्रकाशित होती है।

अतः विकल्प (D) सही है।

29. 'सूर्य की अंतिम किरण से सूर्य की पहली किरण तक', 'सुरेंद्र वर्मा' का नाटक है।

'सूर्य की अंतिम किरण से सूर्य की पहली किरण तक' में राजाप्रांगण में एवं उत्सव के वातावरण में मंगलवाद्य-ध्वनि सुनने को मिलता है।

अतः विकल्प (A) सही है।

30. महाप्राण ध्वनियाँ व्यंजन वर्ग में दूसरा, चौथा वर्ग से संबंधित है।

महाप्राण ध्वनियाँ व्यंजन उन्हें कहते हैं जिनके उच्चारण में मुख से अधिक हवा निकलती है। जैसे- ह, ध, भ, थ।

हिंदी भाषा में कवर्ग आदि पाँचों वर्गों के दूसरे और चौथे वर्ण महाप्राण हैं तथा ऊष्म वर्ण भी महाप्राण हैं। अर्थात् ख्, घ्, छ, झ, ठ, ढ़, थ, ध, फ, भ, श, ष, स, ह महाप्राण ध्वनियाँ हैं।

अतः विकल्प (C) सही है।

31. 'जो मापा न जा सके' इसका सही अर्थ अपरिमेय है।

वाक्यांश को संक्षेप में सामासिक पद का भी रूप दिया जाता है। कुछ ऐसे लाक्षणिक पद या शब्द भी है, जो अपने में पूरे एक वाक्य या वाक्यांश का अर्थ रखते है। भाषा में कई शब्दों के स्थान पर एक शब्द बोल कर हम भाषा को प्रभावशाली एवं आकर्षक बनाते है।

अतः विकल्प (C) सही है।

32. भावविलास केशवदास की रचना नहीं है।

भावविलास कविदेव की रचना है।

केशव या केशवदास (1555-1617) हिन्दी साहित्य के रीतिकाल की कवि-त्रयी के एक प्रमुख स्तंभ हैं। वे संस्कृत काव्यशास्त्र का सम्यक परिचय कराने वाले हिंदी के प्राचीन आचार्य और कवि हैं। रामचंद्रिका उनका सर्वाधिक प्रसिद्ध महाकाव्य है जिसकी रचना में प्रसन्नराघव, हनुमन्नाटक, कादंबरी आदि कई ग्रंथो से सामग्री ग्रहण की गई हैं।

अतः विकल्प (D) सही है।

33. "सरयू पार की यात्रा" भारतेंदु यात्रावृत संबंधी रचना है।

लखनऊ भारतेंदु जी का एक अन्य यात्रा वृतांत है।

अतः विकल्प (D) सही है।

34. बिहारी हिंदी की बोली का नाम 'मगही' है।

मगही बिहारी हिंदी की महत्वपूर्ण बोली है। यह बोली पूर्व बिहारी के अंतर्गत आती है। मगही बोली की लिपि मुख्य रूप से कैथी तथा नागरी है। मुख्य रूप से यह बिहार के गया, पटना, राजगीर,नालंदा, जहानाबाद, अरवल, नवादा, शेखपुरा, लखीसराय, जमुई, मुंगेर, औरंगाबाद के इलाकों में बोली जाती है।

अतः विकल्प (A) सही है।

35. 'दुःखम-सुःखम' उपन्यास ममता कालिया का है।

लगभग आधी सदी के काल खण्ड में उन्होंने 200 से अधिक कहानियों की रचना की है।

अतः विकल्प (C) सही है।

36. 'आर्द्र' शब्द शुष्क शब्द का विलोम शब्द है।

आर्द्र शब्द का अर्थ गीला होता है तथा शुष्क शब्द का अर्थ सूखा होता है जो कि आर्द्र शब्द का विलोम है।

अतः विकल्प (B) सही है।

37. 'स्वयम्भू' को 'अपभ्रंश का वाल्मीकि' कहा जाता है।

स्वयम्भू अपभ्रंश भाषा के महाकवि थे। स्वयम्भू ने स्वयं अपने से पूर्ववर्ती चउमुह (चतुर्मुख) नामक कवि का उल्लेख किया है, जिनके पद्धड़िया, छंदनी, दुबई तथा ध्रुवक छंदों को उन्होंने अपनाया है। स्वयम्भू को जैन परंपरा का भी प्रथम कवि कहा जाता है। स्वयम्भू को अपभ्रंश भाषा का व्यास भी कहा जाता है।

अतः विकल्प (C) सही है।

38. 'जगन्नाथ' में व्यंजन सन्धि है।

यदि किसी वर्ग के पहले वर्ण (क्, च्, ट्, त्, प्) का मेल न् या म् वर्ण से हो तो उसके स्थान पर उसी वर्ग का पाँचवाँ वर्ण हो जाता है।

जगत्+नाथ- जगन्नाथ

अतः विकल्प (D) सही है।

39. उपर्युक्त कथन आचार्य हजारी प्रसाद द्विवेदी का है।

हिंदी साहित्य का भक्तिकाल 1375 वि.सं से 1700 वि.सं तक माना जाता है। यह हिंदी साहित्य का श्रेष्ठ युग है। समस्त हिंदी साहित्य के श्रेष्ठ कवि और उत्तम रचनाएं इस युग में प्राप्त होती हैं।

अतः विकल्प (B) सही है।

40. अनुवाद शब्द में प्रत्यय नहीं है।

अनुवाद शब्द में अनु उपसर्ग है।

अनु + वाद- अनुवाद

प्रत्यय वे शब्द हैं जो दूसरे शब्दों के अन्त में जुड़कर, अपनी प्रकृति के अनुसार, शब्द के अर्थ में परिवर्तन कर देते हैं। प्रत्यय लगने पर शब्द में संधि नहीं होती बल्कि अंतिम वर्ण में मिलने वाले प्रत्यय में स्वर की मात्रा लग जाएगी लेकिन व्यंजन होने पर वह यथावत रहता है।

अतः विकल्प (D) सही है।

41. 'स्वप्न' का विलोम- जागरण है।

दिवास्वप्न का अर्थ- बैठे-बैठे ख़्वाब देखना, तरह-तरह की असंभव कल्पनाएँ करना, हवाई किले बनाना।

अतः विकल्प (D) सही है।

42. "कुटिल" का विलोम ऋजु है।

जटिल शब्द का अर्थ- उलझा हुआ, कठिन, दुर्बोध,जो आसानी से सुलझ न सके।

रूढ़ शब्द का अर्थ-परंपरा से लोक प्रचलित एवं मान्य, जो प्रचलन में हो, जिसकी प्रकृति कोमल न हो।

ऋजु शब्द का अर्थ- सीधा, सरल, सरलहृदय, कुटिलता से रहित। वक्र शब्द का अर्थ-टेढ़ा, तिरछा, झुका हुआ, कुटिल, धूर्त।

अतः विकल्प (C) सही है।

43. 'पुरुष' शब्द का विलोम-स्त्री है।

पुरुष का विलोम स्त्री होगा। अपौरुष शब्द का अर्थ-पुरुषत्व रहित। सरल शब्द का अर्थ- सीधा, ऋजु जो टेढ़ा न हो, जिसके मन में छल-कपट न हो, सच्चा, भोला, ईमानदार, आसान, सहज।

कठोर शब्द का अर्थ-कड़ा, ठोस, सख़्त, निष्ठुर, दयाहीन, जिसका अनुसरण या पालन करना कठिन हो।

अतः विकल्प (D) सही है।

44. 'ओछे की प्रति बालू की भीति' का भाव- बालू की दीवार की भांति ओछे लोगों का प्रेम अस्थायी होता है।

ओछे की प्रीत बालू की भीत हिन्दी का एक प्रसिद्ध लोकोक्ति है जिसका प्रयोग अक्सर हिन्दी के लेख, निबंध आदि में किया जाता है।

अतः विकल्प (C) सही है।

45. 'आवाहन' का विलोम-विसर्जन है।

आवाहन शब्द का अर्थ- पुकारना, बुलाना, आमंत्रित करना, मंत्र द्वारा देवता को बुलाना, सामूहिक आमंत्रण।

अतः विकल्प (C) सही है।

46. 'खेट कौतुकम' रहीमदास जी रचना है।

रहीमदास अकबर के नवरत्नों में से एक कवि थे। रहीम दस जी की रचनाएँ- श्रृंगार सतसई, रास पंचाध्यायी और रहीम रत्नावली हैं। इसके अलावा रहीमदास जी ने रहीम सतसई और बरवै नायिका की भी रचना की है।

अतः विकल्प (A) सही है।

47. 'दस्तावेज' - 'रामचन्द्र तिवारी' यह सही विकल्प है।

दस्तावेज के सम्पादक- डॉ. विश्वनाथ प्रसाद तिवारी

हिंदी की साहित्यिक पत्रिकाएँ, हिंदी साहित्य की विभिन्न विधाओं के विकास और संवर्धन में उल्लेखनीय भूमिका निभाती रहीं हैं।

अतः विकल्प (D) सही है।

48. उपजाऊ का विलोम- ऊसर है।

उपजाऊ शब्द का अर्थ- उर्वर, अधिक अनाज पैदा करने वाली जमीन।

अतः विकल्प (C) सही है।

49. देश विभाजन की त्रासदी- झूठा सच उपन्यास में वर्णित है।

झूठा सच भारत विभाजन (1947) की पृष्ठभूमि पर केंद्रित वृहत्तर एवं बहुआयामी फलक वाला उपन्यास है। झूठा सच (1958-60) हिन्दी के सुप्रसिद्ध कथाकार यशपाल का सर्वोत्कृष्ट एवं वृहदकाय उपन्यास है। यह उपन्यास दो भागों में विभाजित है। इसका पहला भाग 'वतन और देश' 1958 ई. में विप्लव कार्यालय, लखनऊ से प्रकाशित हुआ और दूसरे भाग 'देश का भविष्य' का प्रकाशन 1960 ई. में हुआ।

अतः विकल्प (C) सही है।

50. 'घोटक' का तद्भव रूप- घोड़ा है।

घोड़ा शब्द का अर्थ- बहुत तेज़ दौड़ने के लिए चार पैरों वाला प्रसिद्ध जानवर, अश्व, शतरंज का एक मोहरा।

अतः विकल्प (C) सही है।

51. जैनेन्द्र को 'मनोवैज्ञानिक उपन्यासकार' कहा जाता है।

प्रेमचंदोत्तर उपन्यासकारों में जैनेन्द्र कुमार (2 जनवरी, 1905- 24 दिसंबर, 1988) का विशिष्ट स्थान है। वह हिंदी उपन्यास के इतिहास में मनोविश्लेषणात्मक परंपरा के प्रवर्तक के रूप में मान्य हैं। जैनेन्द्र अपने पात्रों की सामान्यगति में सूक्ष्म संकेतों की निहिति की खोज करके उन्हें बड़े कौशल से प्रस्तुत करते हैं।

अतः विकल्प (B) सही है।

52. भाषा की सार्थक इकाई 'शब्द' को माना जाता है।

- शब्दों के एक सार्थक समूह को वाक्य कहते हैं। जैसे- रोहन खेलता है, मोहन पढ़ाई करता है।

- वाक्य से छोटी इकाई 'उपवाक्य', उपवाक्य से छोटी इकाई 'पदबंध', पदबंध से छोटी इकाई 'पद', पद से छोटी इकाई अक्षर और अक्षर से छोटी इकाई 'ध्वनि' या 'वर्ण' है।

अतः विकल्प (A) सही है।

53. 'जिसने मृत्यु को जीत लिया है' उसे 'मृत्युंजय' कहा जाता है।

अतः विकल्प (B) सही है।

54. मोहन राकेश 'आधे-अधूरे' नाटक के रचनाकार हैं।

इस नाटक में उन्होंने पारिवारिक विघटन तथा दो पीढ़ियों के बीच के अंतर को प्रस्तुत किया है।

अतः विकल्प (C) सही है।

55. 'दूसरी परंपरा की खोज', 'आलोचना विधा' की रचना है।

आलोचना या समालोचना किसी वस्तु/विषय की, उसके लक्ष्य को ध्यान में रखते हुए, उसके गुण-दोषों एवं उपयुक्तता का विवेचन करने वाली साहित्यिक विधा है। हिंदी आलोचना की शुरुआत 19वीं सदी के उत्तरार्ध में भारतेन्दु युग से ही मानी जाती है।

अतः विकल्प (A) सही है।

56. 'अल्मोड़े का बाजार', 'रिपोतार्ज विधा' की रचना है।

रिपोतार्ज गद्य-लेखन की एक विधा है। रिपोतार्ज फ्रांसीसी भाषा का शब्द है।

रिपोर्ट अंग्रेजी भाषा का शब्द है। रिपोर्ट किसी घटना के यथातथ्य वर्णन को कहते हैं। रिपोर्ट सामान्य रूप से समाचारपत्र के लिये लिखी जाती है और उसमें साहित्यिकता नहीं होती है। रिपोर्ट के कलात्मक तथा साहित्यिक रूप को रिपोतार्ज कहते हैं।

अतः विकल्प (B) सही है।

57. जिसका चित्त अथवा मन नही लग रहा हो या दूसरी ओर हो उसे 'अन्यमनस्क' कहा जाता है।

जिसका मन अपनी ओर हो- आकर्षण

अतः विकल्प (B) सही है।

58. मेरी असफलताएँ, दलित आत्मकथा नही है।

मेरी असफलताएँ- बाबू गुलाब राय का निबन्ध है।

अतः विकल्प (D) सही है।

59. 'परमानन्द' शब्द में 'कर्मधारय समास' है तथा इसका समास विग्रह होगा - परम है जो आनंद।

कर्मधारय समास- जिस समास के दोनों शब्दों के बीच विशेषण-विशेष्य अथवा उपमान-उपमेय का सम्बन्ध हो। जैसे- कमल के समान नयन = कमलनयन, चन्द्र जैसे मुख = चंद्रमुख आदि।

पहचान विग्रह करने पर दोनों पद के मध्य में 'है जो', 'के समान' आदि आते हैं।

अतः विकल्प (C) सही है।

60. रूपक साहित्य में एक प्रकार का अर्थालंकार है जिसमें बहुत अधिक साम्य के आधार पर प्रस्तुत में अप्रस्तुत का आरोप करके अर्थात् उपमेय या उपमान के साधर्म्य का आरोप करके और दोनों भेदों का अभाव दिखाते हुए उपमेय या उपमान के रूप में ही वर्णित किया जाता है। इसके सांग रूपक, अभेद रुपक, तद्रूप रूपक, न्यून रूपक, परम्परित रूपक आदि अनेक भेद हैं।

अतः विकल्प (D) सही है।

61. 'मुझे सूरज चाहिए' - 'सुरेन्द्र वर्मा' युग्म सही नहीं है।

सुरेंद्र वर्मा की रचना "मुझे चांद चाहिए" है। इसका रचना वर्ष 1993 ई. है। जिसके लिये उन्हें सन् 1996 में "साहित्य अकादमी पुरस्कार" से सम्मानित किया गया।

अतः विकल्प (D) सही है।

62. उपर्युक्त पंक्ति तुलसीदास की है।

'केशव, कहि न जाइ का कहिये'। पंक्तियां तुलसीदास ने विनय पत्रिका में कही हैं। विनय पत्रिका का रचना वर्ष 1585 ई. है।

गोस्वामी तुलसीदास (1511 - 1623) हिंदी साहित्य के महान कवि थे। इन्हें आदि काव्य रामायण के रचयिता महर्षि वाल्मीकि का अवतार भी माना जाता है।

अतः विकल्प (C) सही है।

63. 'अंजो दीदी', 'नाटक विधा' की रचना है।

नाटक काव्य और गध्य का एक रूप है। जो रचना श्रवण द्वारा ही नहीं अपितु दृष्टि द्वारा भी दर्शकों के हृदय में रसानुभूति कराती है उसे नाटक या दृश्य-काव्य कहते हैं।

अतः विकल्प (B) सही है।

64. 'उपदेश रसायन' के रचयिता जिनदत्त सूरी है।

उपदेश रसायन रास की रचना जिनदत्त सूरी ने 1143 ई. में की है। यह आदिकालीन अपभ्रंश रचना है।

अतः विकल्प (A) सही है।

65. 'अंगदपैज' की रचना ईश्वरदास ने की है।

अंगदपैज का रचना वर्ष 1444 इ. है। भरत मिलाप (1444), ईश्वरदास की अन्य रचना है। ईश्वरदास (1480-1550) राम भक्ति काव्य के प्रमुख कवि हैं।

अतः विकल्प (C) सही है।

66. 'संविधान के अनुच्छेद 343' के अंतर्गत हिंदी को संघ की राजभाषा का दर्जा दिया गया है।

संघ की राजभाषा हिंदी और लिपि देवनागरी है। संघ के शासकीय प्रयोजनों के लिए प्रयोग होने वाले अंकों का रूप भारतीय अंकों का अंतराष्ट्रीय रूप है संविधान का अनुच्छेद 343, परन्तु हिंदी के अतिरिक्त अंग्रेजी भाषा का प्रयोग भी सरकारी कामकाज में किया जा सकता है (राजभाषा अधिनियम की धारा 3)।

अतः विकल्प (A) सही है।

67. 'अपने मुँह मिया मिट्ठू बनना' मुहावरे का अर्थ अपनी प्रशंसा स्वयं करना है।

रमेश से पूछ लिया की तुम क्या करते हो तो वह तो अपने मुँह मियाँ मिट्ठू बनने लगा ।

अतः विकल्प (C) सही है।

68. 'उद्योग' का संधि विच्छेद उत्+योग होगा।

उत्+योग = व्यंजन संधि

त् का मेल ग, घ, द, ध, ब, भ, य, र, व या किसी स्वर से हो जाए तो द् हो जाता है।

अतः विकल्प (A) सही है।

69. राजभाषा आयोग के प्रथम अध्यक्ष 'बालगंगाधर खेर' हैं।

भारत के राष्ट्रपति (राजेंद्र प्रसाद) ने भारत के संविधान के अनुच्छेद 344 में प्रदत्त शक्तियों का प्रयोग करते हुए 7 जून 1955 को श्री बी.जी. खेर की अध्यक्षता में आयोग का गठन किया। इस आयोग में 21 सदस्य थे।

अतः विकल्प (C) सही है।

70. कन्नौजी, पश्चिमी हिंदी की बोली है।

कन्नौज और उसके आस-पास बोली जाने वाली भाषा को कन्नौजी या कनउजी भाषा कहते हैं। कन्नौजी का विकास शौरसेनी प्राकृत की भाषा पांचाली प्राकृत से हुआ। कन्नौजी उत्तर प्रदेश के कन्नौज, औरैया, मैनपुरी, इटावा, फर्रुखाबाद, हरदोई, शाहजहांपुर, कानपुर, पीलीभीत जिलों के ग्रामीण अंचल में बहुतायत से बोली जाती है। कन्नौजी भाषा/ कनउजी, पश्चिमी हिन्दी के अन्तर्गत आती है।

अतः विकल्प (B) सही है।

71. सवैया, वर्णिक छंद है।

सवैया एक वर्णिक छन्द है। यह चार चरणों का समपाद वर्णछंद है। वर्णिक वृत्तों में 22 से 26 अक्षर के चरण वाले जाति छन्दों को सामूहिक रूप से हिन्दी में सवैया कहने की परम्परा है।

अतः विकल्प (C) सही है।

72. 'सीढ़ियों पर धूप में' - 'शमशेर बहादूर सिंह' की रचना नहीं है।

सीढ़ियों पर धूप में रघुवीर सहाय की रचना है। इसका रचना वर्ष 1960 ई. है।

अतः विकल्प (C) सही है।

73. 'प्रबन्ध चिंतामणि' के रचयिता 'मेरुतंग' है।

प्रबंध चिंतामणि जैन साहित्य का एक महत्त्वपूर्ण ग्रंथ है। इस पुस्तक की रचना 1305 ई. में मेरुतुंगाचार्य द्वारा की गई थी।

यह ग्रंथ पांच खण्डों में विभाजित है और इन खण्डों से क्रमशः विक्रमांक, सातवाहन मूलराज, मुंज, नृपति भोज, सिद्धराज जयसिंह, कुमार पाल, लक्ष्मण सेन, जयचन्द्र आदि के विषय में जानकारी मिलती है।

अतः विकल्प (D) सही है।

74. पंचवटी शब्द में 'द्विगु समास' है।

पंचवटी (पांच वटों का समाहार) में 'समाहार द्विगु समास' है। समूह का अर्थ प्रकट हो तो समाहार द्विगु होता है।

द्विगु समास की परिभाषा- वह समास जिसका पहला पद संख्यावाचक विशेषण होता है तथा समस्तपद किसी समूह या फिर किसी समाहार का बोध करता है तो वह द्विगु समास कहलाता है।

जैसे- दोपहर: दो पहरों का समाहार

अतः विकल्प (B) सही है।

75. 'पाप और पुण्य के चिरंतन नैतिक प्रश्न को चित्रलेखा में प्रदर्शित किया गया है।

चित्रलेखा, "भगवती चरण वर्मा" द्वारा रचित हिन्दी उपन्यास है। इसका रचना वर्ष 1934 ई. है।

अतः विकल्प (B) सही है।

76. उदयप्रकाश द्वारा 'पीली आंधी' कहानी नहीं है।

पीली आंधी, प्रभा खेतान का उपन्यास है। इसका रचना वर्ष 2001 ई. है।

अतः विकल्प (C) सही है।

77. 'बकरी' नाटक 'सर्वेश्वर दयाल सक्सेना' की रचना है। इसका रचना वर्ष 1974 ई. है।

प्रमुख पात्र- नट, नटी, भिश्ति, दुर्जन सिंह, कर्मवीर, सत्य वीर, सिपाही, विपति, युवक, ग्रामीण जन काका काकी, चाचा, रामा, एक ग्रामीण, दूसरा ग्रामीण।

अतः विकल्प (D) सही है।

78. 'विद्यापति' को 'अभिनव जयदेव' के नाम से जाना जाता है।

कीर्तिलता, कीर्तिपताका से राजा शिवसिंह ने बहुत प्रसन्न होकर विद्यापति को 'अभिनव जयदेव' की उपाधि और "विसपी" नामक ग्राम उपहार में दिया।

अतः विकल्प (A) सही है।

79. 'कलश' का पर्यायवाची 'कुम्भ' है।

कलश के पर्यायवाची शब्द- कुम्भ, करवा, गगरा, गगरी, कलस, कलसा, घट, घड़ा, चैला, कंगूरा, शिखर, चोटी, सिरा।

अतः विकल्प (B) सही है।

80. 'कामायनी' में श्रद्धा, हृदय का प्रतीक है।

कामायनी हिंदी भाषा का एक महाकाव्य है। यह आधुनिक छायावादी युग का सर्वोत्तम और प्रतिनिधि हिंदी महाकाव्य है। 'प्रसाद' जी की यह अंतिम काव्य रचना 1936 ई. में प्रकाशित हुई। कामायनी एक प्रतीकात्मक काव्य है जिसमें॰ मनु, श्रद्धा, इड़ा,किलात-आकुलि, श्वेत वृषभ आदि क्रमशः मन, बुद्धि, मानव, आसुरी भाव, धर्म के प्रतीक हैं।

अतः विकल्प (C) सही है।

81. निम्नलिखित में से "य" अर्ध स्वर है।

अर्ध स्वर- इन ध्वनियों के उच्चारण में उच्चारण अवयवों में कहीं भी पूर्ण स्पर्श नहीं होता तथा श्वासवायु अनवरोधित रहती है। हिन्दी में (य, व) अर्धस्वर हैं।

अतः विकल्प (A) सही है।

82. आदरणीय शब्द में 'आ' उपसर्ग" नहीं है।

आदरणीय शब्द में 'नीय' प्रत्यय है।

आदर+ नीय = आदरणीय

प्रत्यय- प्रत्यय वे शब्द हैं जो दूसरे शब्दों के अन्त में जुड़कर, अपनी प्रकृति के अनुसार, शब्द के अर्थ में परिवर्तन कर देते हैं।

अतः विकल्प (D) सही है।

83. 'प्रबोधपचासा' ग्रंथ के रचयिता 'पद्माकर' है।

प्रबोधपचासा एक भक्ति निरूपण ग्रंथ है। रीति काल के ब्रजभाषा कवियों में पद्माकर (1753-1833) का महत्त्वपूर्ण स्थान है।

अतः विकल्प (D) सही है।

84. 'अतीन्द्रिय' शब्द का आशय इंद्रियों की पहुंच से बाहर होना है।

अतीन्द्रिय- जो इंद्रियों से परे हो या जिसका ज्ञान या अनुभव इंद्रियों से न हो सके। जिसका ज्ञान इंद्रियों से न हो सकता हो। जो इंद्रियों की पहुँच से बाहर हो।

अतः विकल्प (A) सही है।

85. 'झीनी झीनी बीनी चदरिया' ,"अब्दुल बिस्मिल्लाह" की रचना है।

यह अब्दुल बिस्मिल्लाह की प्रसिद्ध रचना है। इसको सन 1987 में सोवियत लैंड नेहरू पुरस्कार मिला था। अब्दुल बिस्मिल्लाह (जन्म-5 जुलाई 1949) हिन्दी साहित्य जगत के प्रसिद्ध उपन्यासकार हैं।

अतः विकल्प (B) सही है।

86. 'जो अधिक बोलता है' उसे "वाचाल" कहते हैं।

अतः विकल्प (D) सही है।

87. 'रसवंती' - 'सियारामशरण गुप्त' की रचना नहीं है।

रसवंती रामधारी सिंह दिनकर की कविता है। इसका रचना वर्ष 1939 ई. है।

अतः विकल्प (D) सही है।

88. अमीर खुसरो तूती - ए - हिन्द नाम से जाने जाते थे।

अमीर खुसरो आदिकाल के कवि हैं। पहेलियां, मुकरियां, लोकगीत आदि की रचना की। हिन्दी, उर्दू, फ़ारसी, बृज भाषा आदि का ज्ञान। खड़ी बोली हिंदी को पहचान दिलाने वाले कवि है।

अतः विकल्प (A) सही है।

89. 'धन्य भारत भूमि सब रत्नानी की उपजावनी' इस पंक्ति के लेखक 'बद्रीनारायण चौधरी प्रेमघन' हैं।

उपर्युक्त कविता में प्रेमघन जी ने भारत की महिमा का वर्णन किया है। प्रेमघन की कविताओं में भारतेंदु जी की कविताओं की प्रवृतियां मिलती है।

अतः विकल्प (B) सही है।

90. 'नाटक के लिए रंगमंच होना चाहिए, रंगमंच के लिए नाटक नही' यह कथन- जयशंकर प्रसाद।

जयशंकर प्रसाद की रचनाएँ हैं-

काव्य: झरना, आँसू लहर, कामायनी, प्रेम पथिक।

नाटक: स्कंदगुप्त, चंद्रगुप्त, ध्रुवस्वामिनी, जन्मेजय का नाग यज्ञ, राज्यश्री, अजातशत्रु, विशाख, एक घूँट, कामना, करुणालय, कल्याणी परिणय, अग्निमित्र, प्रायश्चित, सज्जन।

कहानी संग्रह: छाया, प्रतिध्वनि, आकाशदीप, आँधी, इंद्रजाल।

उपन्यास: कंकाल, तितली और इरावती।

अतः विकल्प (D) सही है।

91. सूर्यकांत त्रिपाठी निराला की पत्रिका- इंदु नही है।

इंदु के सम्पादक- जयशंकर प्रसाद जी थे।

हिंदी की साहित्यिक पत्रिकाएँ, हिंदी साहित्य की विभिन्न विधाओं के विकास और संवर्धन में उल्लेखनीय भूमिका निभाती रहीं हैं।

कविता, कहानी, उपन्यास, निबंध, नाटक, आलोचना, यात्रावृत्तांत, जीवनी, आत्मकथा तथा शोध से संबंधित आलेखों का नियमित तौर पर प्रकाशन इनका मूल उद्देश्य है। अधिकांश पत्रिकाओं का संपादन कार्य अवैतनिक होता है।

अतः विकल्प (B) सही है।

92. 'जो शीघ्र ही किसी बात या युक्ति को सोच ले' उसे- प्रत्यपन्नमति कहा जाता है।

प्रत्यपन्नमति = प्रति + उन्मती

अतः विकल्प (C) सही है।

93. वीभत्स रस का स्थायी भाव जुगुप्सा होता है।

इसका स्थायी भाव जुगुप्सा होता है घृणित वस्तुओं, घृणित चीजो या घृणित व्यक्ति को देखकर या उनके संबंध में विचार करके या उनके सम्बन्ध में सुनकर मन में उत्पन्न होने वाली घृणा या ग्लानि ही वीभत्स रस कि पुष्टि करती है दूसरे शब्दों में वीभत्स रस के लिए घृणा और जुगुप्सा का होना आवश्यक होता है।

अतः विकल्प (C) सही है।

94. 'सूरदास' - 'रंगभूमि' उपन्यास का है।

"प्रेमचंद जी" का अंतिम पूर्ण उपन्यास "गोदान" है।

इसका प्रकाशन 1936 ई. में हिन्दी ग्रन्थ रत्नाकर कार्यालय, बम्बई द्वारा किया गया था। गोदान ग्राम्य जीवन और कृषि संस्कृति का महाकाव्य है। इसमें प्रगतिवाद, गांधीवाद और मार्क्सवाद (साम्यवाद) का पूर्ण परिप्रेक्ष्य में चित्रण हुआ है।

अतः विकल्प (C) सही है।

95. एक विपत्ति से छूटकर दूसरी में आ पड़ना:- 'कड़ाही से गिरा चूल्हे में आ पड़ा' का उचित भाव है।

अतः विकल्प (A) सही है।

96. 'सायें में धूप' काव्य कृति दुष्यंत कुमार की है।

सायें में धूप दुष्यंत कुमार की रचना है। इसका रचना वर्ष 1975 ई. है।

अतः विकल्प (B) सही है।

97. 'आसक्त' (अनुरागयुक्त, अनुरक्त, प्रसन्न) शब्द का विलोम शब्द 'विरक्त' (उदासीन, विमुख) है।

आसक्त (अनुरक्त, मोहित) का विलोम अनासक्त (निर्लिप्त, उदासीन, वीतराग) है।

अतः विकल्प (A) सही है।

98. 'वह पथ बंधु था', 'नरेश मेहता' का उपन्यास है।

वह पत्र बंधु था नरेश मेहता का उपन्यास है। इसका रचना वर्ष 1962 ई. है। विषय वस्तु- आदर्शवादी दंपति श्रीधर और सरस्वती के जीवन संघर्ष का अंकन है।

अतः विकल्प (A) सही है।

99. 'तदीय समाज' से भारतेन्दु हरिश्चंद्र का सम्बन्ध था।

वैष्णव भक्ति के प्रचार के लिए भारतेन्दु हरिश्चंद्र ने 'तदीय समाज' की स्थापना की थी। इसकी स्थापना सन् 1930 में की थी।

अतः विकल्प (B) सही है।

100. 'विज्ञानगीता' केशवदास की रचना है।

केशवदास रचित प्रामाणिक ग्रंथ नौ हैं- रसिकप्रिया, कविप्रिया, नखशिख, छंदमाला, रामचन्द्रिका, वीरसिंहदेव चरित, रतनबावनी, विज्ञानगीता और जहाँगीर जसचंद्रिका।

अतः विकल्प (C) सही है।

101. आदिकाल को 'बीजवपन काल' नाम- आचार्य महावीर प्रसाद द्विवेदी

अतः विकल्प (C) सही है।

102. 'लक्ष्मीपुरा' - रिपोर्ताज विधा की रचना है।

भारतेंदु ने स्वयं जनवरी, 1877 की 'हरिश्चंद्र चंद्रिका' में दिल्ली दरबार का वर्णन किया है, जिसमें रिपोर्ताज की झलक देखी जा सकती है। रिपोर्ताज लेखन का

प्रथम सायास प्रयास शिवदान सिंह चौहान द्वारा लिखित 'लक्ष्मीपुरा' को मान जा सकता है। यह सन् 1938 में 'रूपाभ' पत्रिका में प्रकाशित हुआ।

अतः विकल्प (C) सही है।

103. "पैरों में पंख बांधकर", "रामवृक्ष बेनीपुरी" की यात्रा वृत्त है।

पैरों में पंख बांधकर, रामवृक्ष बेनीपुरी की रचना है। इसका रचना वर्ष 1952 ई. है। उड़ते चलो उड़ते चलो (1954) रामवृक्ष बेनीपुरी का अन्य यात्रा वृतांत है।

अतः विकल्प (C) सही है।

104. विभावना अलंकार यहाँ उचित विकल्प है।

विभावना अलंकार मे कार्य की आशा न होने पर भी कार्य के होने की स्थिति होती है।

जैसे- बिनु पग चलै सुनै बिनु काना

असंगत अलंकार- इसमें कारण और इसका अर्थ भिन्न भिन्न होता है। जैसे- हृदय घाव मेरे, पीरे रघुवीरे (घाव लक्ष्मण को हुआ है पीर रघुवर जी को)

अतः विकल्प (A) सही है।

105. "सेनापति" ने 'सतसई' की रचना नहीं की है।

सेनापति ने रितिकालीन कवित रत्नाकर की रचना की है। यह एक रीतिकालीन मुक्तक काव्य है। 'कवित्तरत्नाकर' संवत् 1706 में लिखा गया और यह एक प्रौढ़ काव्य है।

अतः विकल्प (B) सही है।

106. "संत रैदास", यहाँ उचित विकल्प है।

रैदास यहाँ दासी, दास, चकोर किसी की भक्ति नहीं करना चाहते है। "प्रभु जी, तुम स्वामी हम दासा, ऐसी भक्ति करै रैदासा"

रैदास सिर्फ राम को स्वामी मानकर और स्वयं को दास मानकर भक्ति करना चाहता है।

अतः विकल्प (D) सही है।

107. 'देसिल बअना सबजन मिट्ठा' प्रस्तुत पंक्तियाँ- विद्यापति द्वारा रचित है।

"बच्चन सिंह" ने "विद्यापति" को जातीय कवि कहा है। विद्यापति शैव संप्रदाय के कवि थे। विद्यापति के गुरु का नाम "पंडित हरि मिश्र" था। विद्यापति भारतीय साहित्य की "श्रृंगार-परम्परा" के साथ-साथ 'भक्ति-परम्परा' के प्रमुख स्तंभों मे से एक और मैथिली के सर्वोपरि कवि के रूप में जाने जाते हैं।

अतः विकल्प (A) सही है।

108. 'अकाल पुरुष गांधी' इस जीवनी की रचना 'जैनेन्द्र' ने की है।

अतः विकल्प (A) सही है।

109. "उच्चतर" देशज का उदाहरण नहीं है।

उच्चतर एक तत्सम शब्द है।

वे शब्द जिनकी उत्पत्ति के स्रोत अज्ञात होते हैं। उन्हें देशज शब्द कहते हैं।

देशज शब्द- लोटा, कटोरा, डोंगा, डिबिया, खिचड़ी, खिड़की, पगड़ी, अंटा, चसक, चिड़िया, जूता, ठेठ, ठुमरी, तेंदुआ, फुनगी, कलाई

अतः विकल्प (C) सही है।

110. महान संत कबीर, सिकन्दर लोदी के समकालीन कवि और संत थे।

"आचार्य हजारी प्रसाद द्विवेदी" जी ने कबीर दास जी को "भाषा का डिक्टेटर" कहा। कबीरदास की भाषा को पंचमेल खिचड़ी, सधुक्कडी आदि नाम से अभिहित किया जाता है। कबीर की वाणी का संग्रह उनके शिष्य धर्मदास ने बीजक नाम से सन 1464 में किया।

अतः विकल्प (C) सही है।

111. "राउलवेल", 'शिलांकित' कृती है।

राउलवेल का अर्थ- राजकुल का विलास

यह एक शिलांकित कृति है जिन शिलाओं पर, यह लिखी गई थी वह मध्यप्रदेश के (मालवा क्षेत्र) धार जिले से प्राप्त हुई है और वर्तमान में -मुम्बई के 'प्रिन्स ऑफ वेल्स संग्रहालय' में सुरक्षित रखी हुई है। यह एक चम्पू काव्य है यानि गद्य-पद्य मिश्रित रचना है।

अतः विकल्प (B) सही है।

112. आदिकाल को 'प्रारंभिक काल' नाम- मिश्रबन्धु ने दिया।

मिश्र बन्धु तीन भाई और साहित्यकार थे, जिन्होंने हिंदी साहित्य का इतिहास 'मिश्र बन्धु विनोद नाम से लिखा था।

अतः विकल्प (B) सही है।

113. उपर्युक्त पंक्ति के रचयिता कवि बोधा हैं।

बोधा (जन्म: 1767, मृत्यु: 1806) हिन्दी साहित्य के रीतिकालीन कवि थे। उन्हें विप्रलम्भ (वियोग) श्रृंगार रस की कविताओं के लिये जाना जाता है। कवि बोधा का पूरा नाम बुद्धिसेन था। पन्ना नरेश खेत सिंह ने बुद्धि सेन का उपनाम बोधा किया था।

अतः विकल्प (D) सही है।

114. वीर रस का स्थायी भाव 'उत्साह' है। किसी रचना या वाक्य से वीरता जैसे स्थायी भाव की उत्पत्ति होती है, तो उसे वीर रस कहा जाता है।

अतः विकल्प (C) सही है।

115. 'अर्द्धकथानक' एक आत्मकथा है।

'अर्धकथानक' हिंदी भाषा की पहली आत्मकथा है। यह आत्मकथा सन् 1641 ई. में 'बनारसी दास जैन' द्वारा लिखी गई है। ये संवत् 1643 वि. में उत्पन्न हुए थे। इन्होंने संवत 1698 वि. तक का अपना जीवन-वृत्त अपनी आत्मकथा में बहुत ही व्यवस्थित तरीके से प्रस्तुत किया है। यह आत्मकथा ब्रजभाषा में है इस संबंध में हिंदी साहित्य के मूर्धन्य इतिहासकार आचार्य रामचंद्र शुक्ल की टिप्पणी उद्धरणीय है- "ये जौनपुर के रहने वाले एक जैन जौहरी थे, जो आमेर में भी रहा करते थे।"

अतः विकल्प (C) सही है।

116. दुर्गुण, प्रत्यय रहित शब्द है।

दुर्गुण शब्द में उपसर्ग है।

दुर + गुण = दुर्गुण

अतः विकल्प (B) सही है।

117. "श्रीधर पाठक" को "हिंदी में स्वच्छंदतावाद का कवि" कहा जाता है।

श्री धर पाठक को हिंदी में स्वच्छंदतावाद का कवि कहते है।स्वच्छन्दतावाद कला, साहित्य तथा बौद्धिक क्षेत्र का एक आन्दोलन था जो यूरोप में अट्ठारहवीं शताब्दी के अन्त में आरम्भ हुआ। 1800 से 1850 तक के काल में यह आन्दोलन अपने चरमोत्कर्ष पर था।

अतः विकल्प (C) सही है।

118. 'कौमुदी शब्द 'चंद्रिका' का पर्यायवाची शब्द है। इसको कुमुदनी या चाँदनी भी कहा जाता है। इसके अन्य पर्यायवाची शब्द होंगे- चन्द्रिका, चाँदनी, ज्योत्सना, चन्द्रमरीचि, उजियारी, चन्द्रप्रभा, जुन्हा आदि।

अतः विकल्प (C) सही है।

119. उक्त पंक्तियों में 'शांत रस' है, जिसका स्थायी भाव 'निर्वेद' है।

शांत रस- शांति रस का विषय वैराग्य है। जहां संसार की अनिश्चित एवं दु:ख की अधिकता को देखकर हृदय में विरक्ति उत्पन्न हो।

अतः विकल्प (C) सही है।

120. उपर्युक्त पंक्तियां "मैथिलीशरण गुप्त" की है।

जयद्रथ वध- उक्त पंक्तियाँ ली गयी है।

राष्ट्रकवि मैथिलीशरण गुप्त (3 अगस्त 18886 – 12 दिसम्बर 1964)

उन्हें साहित्य जगत में "दद्दा" नाम से सम्बोधित किया जाता था। उनकी जयन्ती 3 अगस्त को हर वर्ष "कवि दिवस" के रूप में मनाया जाता है।सन् 1954 में भारत सरकार ने उन्हें "पद्मभूषण" से सम्मानित किया।महात्मा गांधी ने उन्हें "राष्ट्रकवि" की पदवी भी दी थी।

अतः विकल्प (B) सही है।

121. 'न बहुत गर्म न बहुत ठण्डा' समशीतोष्ण कहलाता है। यह एक भौगोलिक शब्द है।

अतः विकल्प (D) सही है।

122. "भरतेश्वर बाहुबली रास" की रचना "शालीभद्र सूरी" ने की है।

रचनाकाल सं. 1231 वि. है। इसकी छन्द संख्या 203 है। इसमें जैन तीर्थंकर ऋषभदेव के पुत्रों भरतेश्वर और बाहुबलि में राजगद्दी के लिए हुए संघर्ष का वर्णन है। इस रचना के दो संस्करण मिलते हैं। पहला प्राच्य विद्या मन्दिर बड़ौदा से प्रकाशित किया गया है तथा दूसरा "रास" और "रासान्वयी काव्य" में प्रकाशित हुआ है। डॉ. गणपति चन्द्र गुप्त ने अपने ग्रन्थ "हिन्दी साहित्य का वैज्ञानिक इतिहास" में शालीभद्र सूरी सूरि को "हिन्दी का प्रथम कवि" माना है।

अतः विकल्प (B) सही है।

123. 'हम विषपायी जनम के' बालकृष्ण शर्मा 'नवीन' कृत काव्य है।

बालकृष्ण शर्मा नवीन के साहित्यिक जीवन की पहली रचना 'सन्टू' नामक एक कहानी थी। इसे उन्होंने छपने के लिए सरस्वती में भेजा था। इसके बाद वे कविता की तरफ मुड़े।

'जीव ईश्वर वार्तालाप' शीर्षक की कविता से हिन्दी जगत इन्हें पहचानने लगा।

इनके महत्वपूर्ण काव्यग्रंथ हैं- कुमकुम, रश्मिरेखा, अपलक, क्वासि, उर्मिला, विनोबा स्तवन, प्राणार्पण तथा हम विषपायी जन्म के। पहली जेलयात्रा के दौरान उर्मिला की शुरूआत की।

अतः विकल्प (C) सही है।

124. अणुभाष्य वल्लभाचार्य द्वारा रचित ग्रंथ है

अणुभाष्य- शुद्धाद्वैत का प्रतिपादक प्रधान दार्शनिक ग्रन्थ है।

ब्रह्मसूत्र भाष्य अथवा उत्तरमीमांसा नाम से भी जाना जाता है।

इनके अतिरिक्त अन्य ग्रन्थ, जैसे- 'तत्वार्थदीपनिबन्ध', 'पुरुषोत्तम सहस्रनाम', 'पत्रावलम्बन', 'पंचश्लोकी', पूर्वमीमांसाभाष्य, भागवत पर सुबोधिनी टीका आदि भी प्रसिद्ध हैं।

अतः विकल्प (D) सही है।

125. "संस्कृत में हिंदी की तरह दो लिंग होते हैं" सत्य नहीं है।

हिन्दी में दो लिंग होते हैं (पुल्लिंग तथा स्त्रीलिंग) जबकि संस्कृत में तीन लिंग होते हैं- पुल्लिंग, स्त्रीलिंग तथा नपुंसक लिंग।

व्याकरण के सन्दर्भ में लिंग से तात्पर्य भाषा के ऐसे प्रावधानों से है जो वाक्य के कर्ता के स्त्री/पुरुष/निर्जीव होने के अनुसार बदल जाते हैं।

अतः विकल्प (D) सही है।

Q.1 निसिदिन बरसत नैन हमारे,
सदा रहत पावस ऋतु हम पर जब ते स्याम सिधारे।
उपर्युक्त पंक्ति में कौन-सा रस है?
A. करुण रस
B. वियोग श्रृंगार रस
C. शान्त रस
D. हास्य रस

Q.2 'जसोदा हरि पालनै झुलावै।
हलरावै, दुलराय मल्हाबै जाई-सोई कछु गावै।'
उपर्युक्त पंक्ति में कौन-सा रस है?
A. अद्भूत रस
B. वात्सल्य रस
C. रौद्र रस
D. भयानक रस

Q.3 इनमें से किस बोली का "अहारी हिन्दी" से संबंध नहीं है?
A. अवधी
B. मगही
C. भोजपुरी
D. मैथिली

Q.4 'मगही' किस प्रदेश की बोली है?
A. मध्य प्रदेश
B. बिहार
C. राजस्थान
D. छत्तीसगढ़

Q.5 सिंधी भाषा का विकास अपभ्रंश की किस बोली से माना गया है?
A. व्राचड
B. पैशाच
C. मागधी
D. अर्धमागधी

Q.6 हिन्दु मग पर पांव न राखेउ॥
का बहुतैं जो हिन्दी भाखेउ॥
ये काव्य पंक्तियाँ किस बोली में हैं?
A. ब्रज
B. भोजपुरी
C. अवधी
D. बुंदेली

Q.7 इनमें से कौन-सा पश्च स्वर है?
A. आ
B. इ
C. ई
D. अ

Q.8 निम्नलिखित में से कौन सा शब्द 'देशज' है?
A. खिड़की
B. मित्र
C. कालीन
D. रेल

Q.9 निम्नलिखित में से कौन तालव्य ध्वनि है?
A. च
B. प
C. ल
D. ह

Q.10 इसमें से कौन-सी लिपि नहीं है?
A. अरबी
B. गुरुमुखी
C. देवनागरी
D. अंग्रेजी

Q.11 'छ' ध्वनि का उच्चरण स्थान है?
A. दन्त्य
B. ओष्ठय
C. तालव्य
D. वत्स

Q.12 'उसके प्राण सूख गए।' इस वाक्य में 'प्राण' का वचन निर्धारित कीजिए।
A. एकवचन
B. बहुवचन
C. द्विवचन
D. इनमें से कोई नहीं

Q.13 'सज्जन' का संधि-विच्छेद क्या होगा?
A. सद् + जन
B. सत् + जन
C. सत् । जान
D. सज् + जन

Q.14 'ऋणमुक्त' शब्द में कौन-सा समास है?
A. संबंध तत्पुरुष
B. संप्रदान तत्पुरुष
C. अधिकरण तत्पुरुष
D. अपादान तत्पुरुष

Q.15 इनमें एक 'मोक्ष' का पर्यायवाची शब्द है?
A. निर्वाण
B. दशा
C. गति
D. चाल

Q.16 'खाक में मिलाना' मुहावरे का सही अर्थ क्या है?
A. सब तोड़ देना
B. कीचड़ में मिला देना
C. नष्ट कर देना
D. हानि पहुँचाना

Q.17 इनमें से कौन-सी कालिदास की दूसरी रचना है?
A. रघुवंशम्
B. अभिज्ञानशाकुन्तलम्
C. दशरूपक
D. प्रतिभानाटकम्

Q.18 'मालतीमाधव' किसकी रचना है?
A. भट्टगोपाल
B. भवभूति
C. श्रीहर्ष
D. दण्डी

Q.19 'दशकुमारचरित' किसकी रचना है?
A. कालिदास
B. दण्डी
C. भवभूति
D. मास

Q.20 'रामू घर से निकला।' इस वाक्य में 'घर से' में कौन-सा कारक है?
A. करण
B. अपादान
C. कर्ता
D. संप्रदान

Q.21 'गठरी' शब्द है?
A. स्त्रीलिंग
B. पुल्लिंग
C. विधिलिंग
D. नपुंसकलिंग

Q.22 'अत्याचार' शब्द में कौन-सी संधि है?
A. दीर्घ
B. यण्
C. गुण
D. वृद्धि

Q.23 'उत्तर-दक्षिण' में कौन-सा समास है?
A. बहुव्रीहि
B. द्वंद्व
C. अव्यीभाव
D. द्विगु

Q.24 'राम: रावणं ममार।' में कौन-सा लकार है?
A. लिट् लकार
B. लङ् लकार
C. लृट् लकार
D. लट् लकार

Q.25 'मति:' शब्द रूप में कौन-सी विभक्ति है?
A. प्रथमा
B. सप्तमी
C. तृतीया
D. चतुर्थी

Q.26 'इदं रमेशस्य पुस्तकम् अस्ति।' का हिन्दी अनुवाद कीजिए।
A. यह रमेश की पुस्तक है।
B. वह रमेश की पुस्तक है।
C. ये रमेश की पुस्तक होगी।
D. वो रमेश की पुस्तक होगी।

Q.27 'बालिका गच्छन्ती अस्ति।' का हिन्दी अनुवाद है?
A. बालिका जादगी।
B. बालिका जाती होगी।
C. बालिका जा रह थी।
D. बालिका जा रही है।

Q.28 सूफी साधन के चार पड़ावों में इनमें से कौन-सा नहीं है?
A. शरीअत
B. तरीकत
C. मलकत
D. मारिफत

Q.29 'कुआनो नदी' इनमें से किस कवि की कृति है?
A. सर्वेश्वर दयाल सक्सेना
B. शमशेरबहादुर सिंह
C. कुँवर नारायण
D. कीर्ति चौधरी

Q.30 नाथ संप्रदाय के प्रवर्तक इनमें कौन थे?
A. गोरखनाथ
B. महानाथ
C. चर्पटनाथ
D. नेमिनाथ

Q.31 महापुराण के रचनाकार कौन है?
A. अब्दुर्रहमान
B. पुष्पदन्त

C. धनपाल   **D.** स्वयंभू

Q.32 'रसमंजरी' किस कवि की कृति है?
A. केशवदास   **B.** भूषण   **C.** नंददास   **D.** छीतस्वामी

Q.33 मृगावती के रचानाकार हैं?
A. मंझन
C. कुतुबन
B. आलम
D. मुल्ला दाऊद

Q.34 भ्रमरगीत का उपजीव्य ग्रंथ कौन-सा है?
A. श्रीमद्भागवत महा पुराण   **B.** विष्णु पुराणं
C. हरिवंश पुराण   **D.** शिवपुराण

Q.35 'चर्म' शब्द का समभिन्नार्थक क्या है?
A. चरम   **B.** चमड़ा   **C.** चित्र   **D.** अंतिम

Q.36 विनयपत्रिका की रचना किस भाषा में हुई है?
A. अवधी   **B.** ब्रजभाषा   **C.** मैथिली   **D.** हिन्दी

Q.37 इनमें से कौन संत कवि नहीं है?
A. कबीरदास   **B.** तुलसीदास   **C.** सुन्दरदास   **D.** मलूकदास

Q.38 'राघव चेतन' इनमें से किस सूफी काव्य का पात्र है?
A. मधुमालती   **B.** मृगावती   **C.** पद्मावत   **D.** चंदायन

Q.39 कुतुबन द्वारा रचित ग्रंथ का नाम है?
A. मृगावती
C. हंस जवहिर
B. मधुमालती
D. चंदायन

Q.40 रामभक्ति शाखा में रसिक भावना का समावेश किसने किया?
A. केशवदास   **B.** अग्रदास   **C.** लालदास   **D.** नाभदास

Q.41 'मदनाष्टक' के रचयिता का नाम क्या है?
A. केशवदास
C. रहीम
B. रसखान
D. नरोत्तमदास

Q.42 केशवदास को किस वर्ग में रखना समीचीन है?
A. रीतिबद्ध कवि
C. रीतिसिद्ध कवि
B. रीतिमुक्त कवि
D. स्वच्छंदतावादी कवि

Q.43 शिवा बावनी के रचयिता का नाम है?
A. जसवंत सिंह
C. भूषण
B. केशव
D. पद्माकर

Q.44 भारतेंदु युग का एक अन्य नाम है?
A. प्रगति प्रयोग काल
C. पुनर्जागरण काल
B. जागरण सुधार काल
D. नव सामंत काल

Q.45 इनमें से भारतेन्दु युगीन लेखक कौन है?
A. पं. प्रतापनारायण मिश्र
C. विद्यानिवास मिश्र
B. हरिऔध
D. रायकृष्णदास

Q.46 'तारसप्तक' का प्रकाशन किस सन् में हुआ?
A. 1930 ई.   **B.** 1940 ई.   **C.** 1935 ई.   **D.** 1943 ई

Q.47 इनमें से कौन-सा उपन्यास यशपाल का नहीं है?
A. दादा कामरेड
C. दिव्या
B. कब तक पुकारूँ
D. झूठा सच

Q.48 तीसरा सप्तक कब प्रकाशित हुआ?
A. 1960 ई.   **B.** 1959 ई.   **C.** 1951 ई.   **D.** 1970 ई.

Q.49 'पुष्प की अभिलाषा' नामक प्रसिद्ध कविता के रचयिता कौन हैं?

A. बालकृष्ण शर्मा नवीन   **B.** रामधारी सिंह दिनकर
C. माखनलाल चतुर्वेदी   **D.** रामनरेश त्रिपाठी

Q.50 आधुनिक युग मीरा किसे कहा जाता है?
A. सुभद्रा कुमारी चौहान   **B.** मन्नू भण्डारी
C. महादेवी वर्मा   **D.** महादेवी वर्मा

Q.51 'प्रकृति का सुकुमार राजकुमार' किसे कहा जाता है?
A. प्रसाद   **B.** पंत   **C.** निराला   **D.** बच्चन

Q.52 हिन्दी खड़ीबोली का प्रथम महाकाव्य कौन-सा है?
A. साकेत   **B.** सामधेनी   **C.** हल्दीघाटी   **D.** प्रियप्रवास

Q.53 'कलम का सिपाही' का लेखक कौन है?
A. प्रेमचंद
C. रामविलास शर्मा
B. अमृतराय
D. शिवरानी देवी

Q.54 'मुझे चांद चाहिए' किस विधा की कृति है?
A. कविता   **B.** नाटक   **C.** कहानी   **D.** उपन्यास

Q.55 'सारा आकाश' किसकी कृति है?
A. मन्नू भंडारी
C. कमलेश्वर
B. राजेंद्र यादव
D. अज्ञेय

Q.56 'संशय की एक रात' किस कवि की कृति है?
A. अज्ञेय
C. नरेश मेहता
B. नरेन्द्र शर्मा
D. केसरी कुमार

Q.57 'आषाढ का एक दिन' नामक नाटक के रचयिता हैं?
A. जयशंकर प्रसाद
C. लक्ष्मीनारायण मिश्र
B. सुरेन्द्र वर्मा
D. मोहन राकेश

Q.58 'कवित्त रत्नाकर' के रचयिता हैं?
A. जगन्नाथदास रत्नाकर
C. मतिराम
B. सेनापति
D. बोधा

Q.59 इनमें से कौन-सा जोड़ा सही है?
A. श्री संप्रदाय - मध्वाचार्य
B. रूद्र संप्रदाय - विष्णु स्वामी
C. सनकादि संप्रदाय - श्री हितजी
D. राधा वल्लभ संप्रदाय - निम्बार्काचार्य

Q.60 500 ई. से 1100 ई. तक के संस्कृत काव्यशास्त्र को कहा जाता है?
A. प्रवर्तन काल
C. व्याख्या काल
B. प्रतिपादन काल
D. भाष्य का

Q.61 'निर्धन के धन-सी तुम आई' में कौन-सा अलंकार है?
A. उपमा   **B.** रूपक   **C.** उत्प्रेक्षा   **D.** अनुप्रास

Q.62 'रहिमन पानी राखिए, बिनु पानी सब सुन ।
पानी गये न ऊबरै, मोती मानुष चुन ।'
इन पंक्तियों में किस छंद का प्रयोग हुआ है?
A. दोहा   **B.** गीतिका   **C.** चौपाई   **D.** कवित्त

Q.63 करते अभिषेक पयोद हैं, बलिहारी इस देश की हे मातृभूमि! तू सत्य ही, सगुण मूर्ति सर्वेश की इन पंक्तियों में कौन-सा छंद है?
A. दोहा   **B.** चौपाई   **C.** उल्लाला   **D.** गीतिका

Q.64 "कहा-कैकेयी ने सक्रोध
दूर-हट ! दूर अरी निर्बोध ।"
उपर्युक्त पंक्ति में कौन-सा रस है?

A. वात्सल्य रस B. वीभत्स रस
C. हास्य रस D. रौद्र रस

Q.65 "पायो जी मैने राम रतन धन पायो
वस्तु अमोलिक दी मेरे सतगुरु,
किरपा कर अपनायो"
उपर्युक्त पंक्ति में कौन-सा रस है?

A. वीर रस B. करुण रस C. भक्ति रस D. रौद्र रस

Q.66 ब्रजभाषा का विकास इनमें किस प्राकृत/अपभ्रंश से हुआ?

A. मागधी B. पैशाची C. शौरसेनी D. अर्धमागधी

Q.67 आगरा किस बोली का क्षेत्र है?

A. अवधी B. खड़ीबोली C. ब्रज भाषा D. छत्तीसगढ़ी

Q.68 इनमें से कौन-सी ध्वनि संयुक्त व्यंजन है?

A. क्य B. च्च C. ट D. क्ष

Q.69 इनमें से कौन-सा युग्म अघोष ध्वनि है?

A. ग, घ B. ड, ढ C. प, फ D. द, ध

Q.70 मुंडा भाषा परिवार का क्षेत्र कौन-सा है?

A. राजस्थान B. मध्यप्रदेश
C. तमिलनाडु D. छोटा नागपुर

Q.71 निम्नलिखित में से 'नीलकंठ' कौन-सा शब्द है?

A. रूढ़ B. यौगिक
C. योगरूढ़ D. इनमें से कोई नहीं

Q.72 निम्नलिखित में से कौन महाप्राण ध्वनि नहीं है?

A. ख B. ठ C. ज D. ट

Q.73 हिन्दी की राजभाषा के रूप में सांविधानिक मान्यता कब मिली?

A. 26 जनवरी 1950 B. 14 सितम्बर 1949
C. 15 अगस्त 1947 D. 14 सितंबर 1955

Q.74 'अशोक ने पत्र पढ़ा।' इस वाक्य में कौन-सा कारक है?

A. कर्ता B. अधिकरण C. कर्म D. करण

Q.75 इनमें से कौन-सा शब्द पुल्लिंग है?

A. डिबिया B. दात्री C. खटमल D. जीभ

Q.76 'चंद्रमुख' में कौन-सा समास है?

A. द्विगु B. अव्ययीभाव
C. कर्मधारय D. तत्पुरुष

Q.77 'मैं आदर सहित नमस्कार करता हूँ।' वाक्य का शुद्ध रूप क्या होगा?

A. मैं नमस्कार आदर सहित करता हूँ
B. सादर मैं प्रणाम करता हूँ
C. मैं आदर पूर्ण नमस्कार करता हूँ
D. मैं सादर नमस्कार करता हूँ

Q.78 'हर्ष' शब्द का विलोम क्या है?

A. विषाद B. प्रहर्ष C. खुशी D. नीरव

Q.79 'जो समाचार भेजता हो' के लिए एक शब्द क्या होगा?

A. संवाददाता B. सूचक C. प्रेषक D. दूत

Q.80 'एक तो दोष था ही उस पर दूसरा दोष लग जाना' की सही कहावत होगी?

A. अधजल गगरी छलकत जाए
B. हाथ कंगन को आरसी क्या
C. एक तो करेला दूजे नीम चढ़ा
D. छोटा मुँह बड़ी बात

Q.81 'नैषधीयचरित' किसकी रचना है?

A. भास B. कालिदास C. श्रीहर्ष D. भारवि

Q.82 इनमें से कौन-सी रचना माघ की है?

A. किरातार्जुनीय B. मेघदूत
C. दशकुमारचरितम् D. शिशुपालवध

Q.83 'गागर में सागर भरना' मुहावरे का अर्थ है?

A. थोड़ा काम करना B. बहुत ज्यादा कहना
C. थोड़े में बहुत कहना D. ज्यादा में थोड़ा कहना

Q.84 'कविता' का बहुवचन क्या है?

A. कवीताएँ B. कविताएँ C. कविताइयाँ D. कविताए

Q.85 'जीवैषणा' का सही संधि-विच्छेद कीजिए।

A. जीव + ऐषना B. जीव + एषणा
C. जीवे + षणा D. जीव + ऐषणा

Q.86 'प्रेमातुर' शब्द में इनमें कौन-सा समास है?

A. द्विगु B. अव्ययीभाव
C. तत्पुरुष D. बहुव्रीहि

Q.87 'स: हस्तेन खादति।' में कौन-सा कारक है?

A. कर्त्ता B. संबंध C. कर्म D. करण

Q.88 'कविता का मर्म' में कौन-कौन सी विभक्ति है?

A. षष्ठी B. प्रथमा C. तृतीया D. सप्तमी

Q.89 'रामकृष्ण' में कौन-सा समास है?

A. अव्ययीभाव B. द्वन्द्व समास
C. तत्पुरुष D. बहुव्रीहि

Q.90 'सज्जनः पापाद् जुगुप्स्ते' का हिन्दी अनुवाद कीजिए।

A. सज्जन पाप से घृणा करता है।
B. सज्जन पाप करेगा।
C. सज्जन पाप से घृणा करेगा।
D. सज्जन घृणा से पाप करता था।

Q.91 'रामेण सह सीता वनं गच्छति।' का हिन्दी अनुवाद है?

A. राम के साथ सीता वन गई थी।
B. राम के साथ सीता वन जाती होगी।
C. राम के साथ सीता वन जाती है।
D. राम के साथ सीता वन जाएगी।

Q.92 'सुबह, दोपहर, शाम' किस प्रसिद्ध उपन्यासकार की रचना है?

A. प्रेमचंद B. वृन्दावनलाल वर्मा
C. उपेंद्रनाथ 'अश्क' D. कमलेश्वर

Q.93 राहुल सांकृत्यायन ने हिन्दी का पहला कवि किसे माना है?

A. लुईपा B. शबरपा C. सरहपा D. चंदबरदाई

Q.94 किस इतिहास लेखक ने अपने इतिहास-ग्रंथ में लगभग 5000 कवियों का विवरण दिया है?

A. मिश्रबंधु B. शिवसिंह सेंगर
C. आचार्य रामचंद्र शुक्ल D. सर जार्ज ग्रियर्सन

Q.95 गौड़ीय सम्प्रदाय के प्रवर्तक आचार्य थे?

A. वल्लभाचार्य B. मधवाचार्य
C. चैतन्य महाप्रभु D. स्वामी हरिदास

Q.96 अष्टछाप में कवियों की संख्या कितनी थी?

A. 10   B. 8   C. 12   D. 15

Q.97 सूफी कवि नूर मुहम्मद की रचना का नाम है?

A. मधुमालती   B. अनुराग बाँसुरी
C. चन्द्रावती   D. इन्द्रावती

Q.98 संत कवि गुरुनानक देव का जन्म कहाँ हुआ था?

A. अमृतसर   B. तलवंडी   C. नादेड़   D. ननकाना

Q.99 श्रृंगार और वात्सल्य रस का सम्राट किस कवि को कहा जाता है?

A. तुलसीदास   B. सूरदास   C. नंददास   D. कृष्णदास

Q.100 भक्ति का प्रारंभ कहाँ से हुआ?

A. पूर्वी भारत   B. दक्षिण भारत
C. पश्चिमी भारत   D. उत्तरी भारत

Q.101 'ज्ञानदीप' के रचयिता का नाम है?

A. मंझन   B. कुतुबन   C. उसमान   D. शेख नबी

Q.102 सूरदास के दृष्टकूट पद किस काव्य-ग्रंथ में संकलित हैं?

A. सूरसागर   B. साहित्य लहरी
C. सूर सारावली   D. इनमें से कोई नहीं

Q.103 इनमें से कौन-सी कृति केशवदास की नहीं है?

A. रामचंद्रिका   B. रसिकप्रिया
C. अनेकार्थमंजरी   D. विज्ञान गीता

Q.104 आचार्य रामचंद्र शुक्ल ने रीतिकाल का समय माना है?

A. 1600 - 1800 वि.   B. 1700 - 1900 वि.
C. 1500 - 1750 वि.   D. 1600 - 1850 वि.

Q.105 रीतिकाल में किस रस की प्रधानता काव्य में रही है?

A. श्रृंगार   B. भक्ति   C. शान्त   D. रौद्र

Q.106 इनमें से रीतिकाल का कौन-सा कवि अपने प्रकृति-चित्रण के लिए विख्यात है?

A. घनानंद   B. मतिराम   C. सेनापति   D. ग्वाल

Q.107 'ब्राह्मण' पत्र के संस्थापक-संपादक का नाम है?

A. भारतेन्दु   B. प्रतापनारायण मिश्र
C. बालकृष्ण भट्ट   D. मदनमोहन मालवीय

Q.108 इनमें छायावादी कवि कौन नहीं है?

A. सूर्यकांत त्रिपाठी निराला   B. सुमित्रानंदन पंत
C. जयशंकर प्रसाद   D. शिवमंगल सिंह सुमन

Q.109 'कुरु कुरु स्वाहा' उपन्यास के लेखक इनमें से कौन हैं?

A. उषा प्रियंवदा   B. धर्मवीर भारती
C. राही मासूम रजा   D. मनोहर श्याम जोशी

Q.110 'आवारा मसीहा' के लेखक हैं?

A. अमृतराय   B. विष्णु प्रभाकर
C. रामविलास शर्मा   D. मोहन राकेश

Q.111 कामायनी में कुल कितने सर्ग हैं?

A. 8   B. 10   C. 12   D. 15

Q.112 'रत्नाकर' कृत 'उद्धव शतक' किस भाषा में लिखा गया काव्य ग्रंथ है?

A. अवधी   B. ब्रजभाषा   C. खड़ीबोली   D. अपभ्रंश

Q.113 इनमें से किस नाटक में नारी के पुनर्लग्न की समस्या उठाई गई है?

A. स्कंदगुप्त   B. ध्रुवस्वामिनी
C. अजातशत्रु   D. चन्द्रगुप्त

Q.114 इनमें से किसने सर्वाधिक ऐतिहासिक नाटक लिखे हैं?

A. मोहन राकेश   B. जयशंकर प्रसाद
C. लक्ष्मीनारायण लाल   D. सुरेन्द्र वर्मा

Q.115 सन् 1975 के बाद की कविता को इनमें से क्या नाम दिया गया?

A. नयी कविता   B. समकालीन कविता
C. अकविता   D. नवगीत

Q.116 'राग दरबारी' नामक उपन्यास के लेखक हैं?

A. निर्मल वर्मा   B. नरेश मेहता
C. विवेकी राय   D. श्रीलाल शुक्ल

Q.117 'सचेतन कहानी' का प्रवर्तक इनमें से कौन है?

A. जैनेन्द्र   B. महीप सिंह   C. कमलेश्वर   D. निर्मल वर्मा

Q.118 इनमें से कौन-सी कृति अज्ञेय की है?

A. संसद से सड़क तक   B. मछली घर
C. हरी घास पर क्षण भर   D. साये में धूप

Q.119 बालकृष्ण शर्मा 'नवीन' कृत काव्य इनमें से कौन है?

A. रेणुका   B. हम विषपायी जनम के
C. हिमकिरीटिनी   D. मिलन

Q.120 'आठवाँ सर्ग' किस विधा की पुस्तक है?

A. उपन्यास   B. नाटक
C. आत्मकथा   D. काव्य संकलन

Q.121 इनमें से कौन-सा जोड़ा सही है?

A. चिंतामणि - काव्य   B. मतिराम - रस
C. भूषण - अंगद   D. रसलीन - शिवा

Q.122 मैला आँचल के लेखक हैं?

A. फणीश्वरनाथ रेणु   B. नागार्जुन
C. रामेश्वर शुक्ल 'अंचल'   D. मोहन राकेश

Q.123 कहती हुई यों उत्तरा के, नेत्र जल से भर गए।
हिस के कणों से पूर्ण मानो, हो गए पंकज नए।'
इन पंक्तियों में किस अलंकार का प्रयोग हुआ है?

A. उत्प्रेक्षा   B. रूपक   C. यमक   D. उपमा

Q.124 'चरण कमल बंदौ हरिराई।' में कौन-सा अलंकार है?

A. उत्प्रेक्षा   B. अनुप्रास   C. रूपक   D. उपमा

Q.125 रघुकुल रीति सदा चलि आई।
प्राण जाई पर बचन न जाई।।
इन पंक्तियों में किस छंद का प्रयोग हुआ।

A. उल्लाला   B. चौपाई   C. सोरठा   D. दोहा

// स्मार्ट उत्तर पुस्तिका //

सही उत्तर — उन छात्रों के प्रतिशत को इंगित करता है जिन्होंने प्रश्नों का सही उत्तर दिया था।

छोड़ दिया — उन छात्रों के प्रतिशत को इंगित करता है जिन्होंने प्रश्नों को छोड़ दिया था।

प्रश्न संख्या	उत्तर	सही उत्तर / छोड़ दिया	प्रश्न संख्या	उत्तर	सही उत्तर / छोड़ दिया	प्रश्न संख्या	उत्तर	सही उत्तर / छोड़ दिया	प्रश्न संख्या	उत्तर	सही उत्तर / छोड़ दिया	प्रश्न संख्या	उत्तर	सही उत्तर / छोड़ दिया
1	B	82.86 % / 0.0 %	17	B	57.14 % / 17.15 %	33	C	71.43 % / 14.28 %	49	C	71.43 % / 17.14 %	65	C	22.86 % / 17.14 %
2	B	80.0 % / 17.14 %	18	B	71.43 % / 17.14 %	34	A	65.71 % / 17.15 %	50	C	77.14 % / 17.15 %	66	C	62.86 % / 17.14 %
3	B	34.29 % / 17.14 %	19	B	82.86 % / 17.14 %	35	A	54.29 % / 17.14 %	51	B	80.0 % / 17.14 %	67	C	77.14 % / 17.15 %
4	B	80.0 % / 17.14 %	20	B	71.43 % / 17.14 %	36	B	68.57 % / 17.14 %	52	D	74.29 % / 17.14 %	68	D	65.71 % / 17.15 %
5	A	60.0 % / 17.14 %	21	A	82.86 % / 14.28 %	37	B	71.43 % / 17.14 %	53	B	68.57 % / 17.14 %	69	C	77.14 % / 17.15 %
6	C	60.0 % / 17.14 %	22	B	68.57 % / 17.14 %	38	C	60.0 % / 17.14 %	54	D	54.29 % / 17.14 %	70	D	62.86 % / 17.14 %
7	A	65.71 % / 17.15 %	23	B	85.71 % / 14.29 %	39	A	74.29 % / 17.14 %	55	B	65.71 % / 17.15 %	71	C	77.14 % / 14.29 %
8	A	65.71 % / 17.15 %	24	A	37.14 % / 17.15 %	40	B	37.14 % / 17.15 %	56	C	71.43 % / 17.14 %	72	D	60.0 % / 17.14 %
9	A	82.86 % / 17.14 %	25	A	60.0 % / 17.14 %	41	C	62.86 % / 14.28 %	57	D	71.43 % / 17.14 %	73	B	77.14 % / 17.15 %
10	D	74.29 % / 17.14 %	26	A	77.14 % / 17.15 %	42	A	57.14 % / 17.15 %	58	B	45.71 % / 17.15 %	74	A	77.14 % / 17.15 %
11	C	80.0 % / 17.14 %	27	D	74.29 % / 14.28 %	43	C	80.0 % / 17.14 %	59	B	62.86 % / 17.14 %	75	C	77.14 % / 17.15 %
12	B	68.57 % / 17.14 %	28	C	68.57 % / 17.14 %	44	C	60.0 % / 17.14 %	60	D	34.29 % / 17.14 %	76	C	68.57 % / 17.14 %
13	B	77.14 % / 17.15 %	29	A	65.71 % / 14.29 %	45	A	71.43 % / 14.28 %	61	A	74.29 % / 17.14 %	77	D	80.0 % / 17.14 %
14	D	71.43 % / 17.14 %	30	A	82.86 % / 17.14 %	46	D	74.29 % / 17.14 %	62	A	77.14 % / 17.15 %	78	A	77.14 % / 17.15 %
15	A	80.0 % / 17.14 %	31	B	65.71 % / 17.15 %	47	B	68.57 % / 17.14 %	63	C	57.14 % / 17.15 %	79	A	51.43 % / 14.28 %
16	C	82.86 % / 17.14 %	32	C	60.0 % / 17.14 %	48	B	71.43 % / 17.14 %	64	D	82.86 % / 17.14 %	80	C	80.0 % / 17.14 %

प्रश्न संख्या	उत्तर	सही उत्तर / छोड़ दिया
81	C	74.29 % / 14.28 %
82	D	65.71 % / 17.15 %
83	C	82.86 % / 17.14 %
84	B	80.0 % / 17.14 %
85	B	51.43 % / 17.14 %
86	C	74.29 % / 17.14 %
87	D	71.43 % / 17.14 %
88	A	54.29 % / 17.14 %
89	B	82.86 % / 17.14 %

प्रश्न संख्या	उत्तर	सही उत्तर / छोड़ दिया
90	A	77.14 % / 17.15 %
91	C	77.14 % / 17.15 %
92	D	62.86 % / 17.14 %
93	C	82.86 % / 17.14 %
94	A	74.29 % / 17.14 %
95	C	68.57 % / 17.14 %
96	B	82.86 % / 17.14 %
97	B	71.43 % / 17.14 %
98	B	71.43 % / 17.14 %

प्रश्न संख्या	उत्तर	सही उत्तर / छोड़ दिया
99	B	82.86 % / 17.14 %
100	B	68.57 % / 17.14 %
101	D	60.0 % / 17.14 %
102	B	48.57 % / 17.14 %
103	C	74.29 % / 17.14 %
104	B	77.14 % / 17.15 %
105	A	77.14 % / 17.15 %
106	C	57.14 % / 17.15 %
107	B	74.29 % / 17.14 %

प्रश्न संख्या	उत्तर	सही उत्तर / छोड़ दिया
108	D	71.43 % / 17.14 %
109	D	68.57 % / 14.29 %
110	B	68.57 % / 17.14 %
111	D	77.14 % / 14.29 %
112	B	77.14 % / 17.15 %
113	B	74.29 % / 14.28 %
114	B	65.71 % / 17.15 %
115	B	45.71 % / 17.15 %
116	D	60.0 % / 17.14 %

प्रश्न संख्या	उत्तर	सही उत्तर / छोड़ दिया
117	B	68.57 % / 14.29 %
118	C	74.29 % / 17.14 %
119	B	65.71 % / 14.29 %
120	B	60.0 % / 17.14 %
121	B	37.14 % / 17.15 %
122	A	82.86 % / 17.14 %
123	A	77.14 % / 17.15 %
124	C	71.43 % / 17.14 %
125	B	74.29 % / 17.14 %

कार्य विश्लेषण	
औसत अंक (%)	50.8%
टॉपर्स स्कोर (%)	100.0%
आपका स्कोर	

//संकेत और समाधान//

1. उपर्युक्त पंक्ति में वियोग श्रृंगार रस है, प्रवियोग श्रृंगार को विप्रलंभ श्रृंगार भी माना गया है। वियोग श्रृंगार की अवस्था वहां होती है, जहां नायक नायिका पति-पत्नी का वियोग होता है। प्रस्तुत पंक्तियो में गोपिया श्री कृष्ण से कहती है कि हे प्रभु जब से आप गए है तब से हमारी आंखो में वर्षा ऋतु ही रहती है,हमारी आंखो में सदैव आंसू ही रहते है।

अतः विकल्प (B) सही है।

2. उपरोक्त पंक्ति में वात्सल्य रस है। इसका स्थायी भाव वात्सल्यता (अनुराग) होता है माता का पुत्र के प्रति प्रेम, बड़ों का बच्चों के प्रति प्रेम, गुरुओं का शिष्य के प्रति प्रेम, बड़े भाई का छोटे भाई के प्रति प्रेम आदि का भाव स्नेह कहलाता है यही स्नेह का भाव परिपुष्ट होकर वात्सल्य रस कहलाता है।

अतः विकल्प (B) सही है।

3. मगही बोली का "अहारी हिन्दी" से संबंध नहीं है, मगही या मागधी भाषा भारत के मध्य पूर्व में बोली जाने वाली एक प्रमुख भाषा है। इसका निकट का संबंध अवधी भोजपुरी और मैथिली भाषा से है और अक्सर ये भाषाएँ एक ही साथ बिहारी भाषा के रूप में रख दी जाती हैं। इसे देवनागरी अथवा कयथी लिपि में लिखा जाता है।

अतः विकल्प (B) सही है।

4. मगही बोली 'बिहार' में बोली जाती है, इसे देवनागरी लिपि में लिखा जाता है। मुख्य रूप से यह बिहार के गया, पटना, राजगीर, नालंदा, जहानाबाद, अरवल, नवादा, शेखपुरा, लखीसराय, जमुई और औरंगाबाद के इलाकों में बोली जाती है।

अतः विकल्प (B) सही है।

5. सिंधी भाषा का विकास व्राचड अपभ्रंश बोली से माना गया है, सिंधी भाषा सिंध प्रदेश की आधुनिक भारतीय-आर्य भाषा है, जिसका सम्बन्ध पैशाची नाम की प्राकृत और व्राचड नाम की अपभ्रंश से जोड़ा जाता है।

अतः विकल्प (A) सही है।

6. उपरोक्त काव्य पंक्तियाँ अवधी बोली में हैं। अवधी हिंदी क्षेत्र की एक उपभाषा है। यह उत्तर प्रदेश के "अवध क्षेत्र" में बोली जाती है।

अतः विकल्प (C) सही है।

7. उपरोक्त विकल्पो में 'आ' पश्च स्वर है, जिन स्वरों के उच्चारण में जिह्वा का पिछला भाग सक्रिय रहता है, उन्हें 'पश्च स्वर' कहते हैं। जैसे– आ, उ, ऊ, ओ, औ, ऑ।

अतः विकल्प (A) सही है।

8. उपरोक्त विकल्पो में 'खिड़की' शब्द 'देशज' शब्द है, शब्द जिनकी उत्पत्ति के मूल का पता न हो परन्तु वे प्रचलन में हों। ऐसे शब्द 'देशज शब्द' कहलाते हैं। ये शब्द आम तौर पर क्षेत्रीय भाषा में प्रयोग किये जाते हैं।

अतः विकल्प (A) सही है।

9. उपरोक्त विकल्पो में 'च' तालव्य ध्वनि है, वैदिक संस्कृत में 'च' वर्ग के समस्त अक्षर इसी निसर्ग के हैं। जैसे- 'च' 'छ' 'ज' 'झ' 'ञ'। हिन्दी में इन अक्षरों को पश्चत्स्य स्पर्शसंघर्षी व्यंजनों के लिए प्रयोग किया जाता है जोकि पूर्ण रूप से तालव्य नहीं हैं।

अतः विकल्प (A) सही है।

10. 'अंग्रेजी' एक लिपि नहीं है, अंग्रेजी भाषा हिन्द-यूरोपीय भाषा-परिवार में आती है और इस दृष्टि से हिंदी, उर्दू, फ़ारसी आदि के साथ इसका दूर का संबंध बनता है।

अतः विकल्प (D) सही है।

11. 'छ' ध्वनि का उच्चरण स्थान तालव्य है, अंग्रेजी भाषा हिन्द-यूरोपीय भाषा-परिवार में आती है और इस दृष्टि से हिंदी, उर्दू, फ़ारसी आदि के साथ इसका दूर का संबंध बनता है।

अतः विकल्प (C) सही है।

12. 'उसके प्राण सूख गए।' इस वाक्य में 'प्राण' बहुवचन है, प्राण कुल दस होते हैं, जिन्हें सम्मिलित रूप से संक्षेप में भी प्राण कह देते हैं। इसलिए प्राण शब्द बहुवचन है।

अतः विकल्प (B) सही है।

13. 'सज्जन' का संधि-विच्छेद सत् + जन होगा। संधि में पदों को मूल रूप में पृथक् कर देना संधि विच्छेद है जैसे- धनादेश = धन + आदेश।

अतः विकल्प (B) सही है।

14. 'ऋणमुक्त' शब्द में अपादान तत्पुरुष है, इसमें दो पदों के बीच में अपादान कारक छिपा होता है। अपादान कारक का चिन्ह या विभक्ति 'से अलग' होता है। उसे अपादान तत्पुरुष समास कहते हैं।

अतः विकल्प (D) सही है।

15. उपरोक्त विकल्पो में 'मोक्ष' का पर्यायवाची शब्द निर्वाण है।

'मोक्ष' का अर्थ- मुक्ति

मोक्ष' का पर्यायवाची- मुक्ति, परधाम, निर्वाण, कैवल्य, सद्गति, निर्वाण, परमपद, अपवर्ग।

अतः विकल्प (A) सही है।

16. वाक्य प्रयोग- राहुल अपना काम शुरू करने वाला था की उसके बड़े भाई का एक्सीडेंट होने के कारण उसके सारे सपने खाक मे मिल गए।

अतः विकल्प (C) सही है।

17. कालिदास संस्कृत भाषा के महान कवि और नाटककार थे। उन्होंने भारत की पौराणिक कथाओं को आधार बनाकर रचनाएं की, जिसमें भारतीय जीवन और दर्शन के विविध रूप और मूल तत्त्व निरूपित हैं। कालिदास अपनी इन्हीं विशेषताओं के कारण राष्ट्र की समग्र राष्ट्रीय चेतना को स्वर देने वाले कवि माने जाते हैं संस्कृत साहित्य में ही नहीं अपितु समग्र साहित्यिक संसार में उन्हें कविकुलश्रेष्ठ तथा कविशिरोमणि माना जाता है।

अतः विकल्प (B) सही है।

18. मालतीमाधव 10 अंकों का प्रकरण है जिसमें मालती और माधव की कल्पनाप्रसूत प्रणयकथा है। मालतीमाधव में 'भट्ट श्री कुमारिल शिष्येण विरचित मिंद प्रकरणम्' तथा 'भट्ट श्री कुमारिल प्रसादात्राप्त वाग्वैभवस्य उम्बेकाचार्यस्येयं कृति' उल्लेख प्राप्त होता है जिससे स्पष्ट है कि श्रीकंठ के गुरु कुमारिल थे जिनका 'ज्ञाननिधि' भी नाम था और भवभूति ही मीमांसक उम्बेकाचार्य थे जिनका उल्लेख दर्शन ग्रंथों में प्राप्त होता है और इन्होंने कुमारिल के श्लोकवार्तिक की टीका भी की थी।

अतः विकल्प (B) सही है।

19. 'दशकुमारचरित' दण्डी की रचना है, दशकुमार चरित गद्यकाव्य है। इसमें दस कुमारों ने अपनी-अपनी यात्राओं के विचित्र अनुभवों तथा पराक्रमों का मनोरंजक वर्णन किया है। विनोद और व्यंग्य के माध्यम से इसमें तत्कालीन समाज का भी चित्रण किया गया है।

अतः विकल्प (B) सही है।

20. 'रामू घर से निकला।' इस वाक्य में 'घर से' में अपादान कारक है, संज्ञा या सर्वनाम के जिस रूप से अलग होने, निकलने, डरने, रक्षा करने, सीखने, लजाने अथवा दो मैं से तुलना करने का भाव प्रकट हो तो उसे अपादान कारक कहते है।

अतः विकल्प (B) सही है।

21. 'गठरी' शब्द स्त्रीलिंग है, स्त्रीलिंग- जो संज्ञापद स्त्री वर्ग के वाचक होते हैं, उन्हें स्त्रीलिंग कहते हैं। जैसे, लड़की, औरत, घोड़ी, शेरनी, बकरी, रानी आदि।

अतः विकल्प (A) सही है।

22. अत्याचार शब्द में यण् संधि है। अत्याचार का शुद्ध संधि विच्छेद है = अति + आचार

यण संधि (इकोयणचि)- हस्व अथवा दीर्घ इ, उ, ऋ के बाद यदि कोई असवर्ण (इनसे भिन्न) स्वर आता है तो इ अथवा ई के बदले य्, उ अथवा ऊ के बदले व्, ऋ के बदले र् हो जाता है। इसे यण संधि कहते हैं। जैसे- इति + आदि = इत्यादि, अति + आचार = अत्याचार और अति + आवश्यक = अत्यावश्यक।

अतः विकल्प (B) सही है।

23. 'उत्तर-दक्षिण' में द्वंद्व समास है, द्वन्द्व समास में समस्तपद के दोनों पद प्रधान हों या दोनों पद सामान हों एवं दोनों पदों को मिलाते समय "और, अथवा, या, एवं" आदि योजक लुप्त हो जाएँ, वह समास द्वंद्व समास कहलाता है।

अतः विकल्प (B) सही है।

24. 'रामः रावणं ममार।' में लिट् लकार है। लिट् लकार (अन्द्यतन परोक्ष भूतकाल) जो अपने साथ न घटित होकर किसी इतिहास का विषय हो। 'रामः रावणं ममार' अर्थात् राम ने रावण को मारा।

अतः विकल्प (A) सही है।

25. 'मतिः' शब्द रूप- इकारान्त स्त्रीलिङ्ग 'मति' शब्द से प्रथमा विभक्ति, एकवचन में प्राप्त होता है।

अतः विकल्प (A) सही है।

26. वाक्य - 'इदं रमेशस्य पुस्तकम् अस्ति।'

इदं - 'इदम्' सर्वनाम (नपु.) का प्रथमा एकवचन है, जिसका अर्थ 'यह' होता है।

रमेशस्य पुस्तकम् - 'रमेशस्य' में षष्ठी होने से यहाँ 'रमेश की पुस्तक' ऐसा अर्थ होता है।

अस्ति - 'अस्' धातु, लट्लकार का प्रथम पुरुष, एकवचन है, जिसका अर्थ 'है' होता है।

अतः 'यह रमेश की पुस्तक है।' यह उचित अनुवाद है।

अतः विकल्प (A) सही है।

27. वाक्य - 'बालिका गच्छन्ती अस्ति।'

गच्छन्ती - 'गम्-गच्छ' को 'शतृ' प्रत्यय लगकर "गच्छन्" पद बनता है, जिससे स्त्रीलिङ्ग प्रथमा एकवचन रूप 'गच्छन्ती' प्राप्त होता है, इसका अर्थ जाने की क्रिया का शुरू रहना सूचित करता है।

अस्ति - 'अस्' धातु, लट्लकार का प्रथम पुरुष, एकवचन है, जिसका अर्थ 'है' ऐसा होता है।

अतः 'बालिका गच्छन्ती अस्ति।' का हिन्दी अनुवाद होगा - 'बालिका जा रही है'।

अतः विकल्प (D) सही है।

28. मलकत सूफी साधन के चार पड़ावों में से नहीं है, सूफी संतों की साधना में चार मकाम बहुत महत्वपूर्ण माने जाते हैं-

- शरीअत
- तरी-कत
- मारि-फत
- हकीकत

अतः विकल्प (C) सही है।

29. 'कुआनो नदी' इनमें से सर्वेश्वर दयाल सक्सेना की कृति है, 'कुआनो नदी' संग्रह में सर्वेश्वर की एक कविता 'पथराव' सृजन और परिवर्तन के अंतर्संबंधों पर बड़ी मार्के की कविता है।

अतः विकल्प (A) सही है।

30. नाथ संप्रदाय के प्रवर्तक गोरखनाथ थे, नाथ सम्प्रदाय भारत का एक हिंदू धार्मिक पन्थ है। मध्ययुग में उत्पन्न इस सम्प्रदाय में बौद्ध, शैव तथा योग की परम्पराओं का समन्वय दिखायी देता है। यह हठयोग की साधना पद्धति पर आधारित पंथ है।

अतः विकल्प (A) सही है।

31. महापुराण के रचनाकार पुष्पदन्त है, महापुराण के रचनाकार पुष्पदन्त है। अपभ्रंश भाषा में रचित महान ग्रंथ 'महापुराण' महाकवि पुष्पदंत की लेखनी से प्रसूत अमर काव्य है।

अतः विकल्प (B) सही है।

32. 'रसमंजरी' नंददास की कृति है, नंददास की अन्य रचनाएँ- अनेकार्थमंजरी, भागवत्-दशम स्कंध, श्याम सगाई, गोवर्द्धन लीला, सुदामा चरित, विरहमंजरी, रूप मंजरी, रुक्मिणी मंगल, रासपंचाध्यायी, भँवर गीत, सिद्धांत पंचाध्यायी, नंददास पदावली हैं।

अतः विकल्प (C) सही है।

33. मृगावती के रचानाकार कुतुबन हैं, कुतबन हिन्दी के प्रसिद्ध सूफ़ी कवि थे, जिन्होंने मौलाना दाऊद के 'चन्दायन' की परम्परा में सन 1503 ई. में 'मृगावती' नामक प्रेमाख्यानक काव्य की रचना की। 'मृगावती' किसी पूर्व प्रचलित कथा के आधार पर लिखा गया है।

अतः विकल्प (C) सही है।

34. भ्रमरगीत का उपजीव्य ग्रंथ श्रीमद्भागवत महा पुराण है, सूरसागर सूरदासजी का प्रधान एवं महत्त्वपूर्ण ग्रन्थ है। इसमें प्रथम नौ अध्याय संक्षिप्त है, पर दशम स्कन्ध का बहुत विस्तार हो गया है। इसमें भक्ति की प्रधानता है। इसके दो प्रसंग 'कृष्ण की बाल-लीला' और 'भ्रमरगीत-प्रसंग' अत्यधिक महत्त्वपूर्ण हैं।

अतः विकल्प (A) सही है।

35. 'चर्म' शब्द का समभिन्नार्थक 'चरम' होता है, 'चर्म' शब्द का अर्थ- शरीर पर की खाल। चरम शब्द का अर्थ- अंतिम सीमा को प्राप्त।

अतः विकल्प (A) सही है।

36. विनयपत्रिका की रचना ब्रजभाषा में हुई है, ब्रजभाषा की रचनाएं- कृष्णगीतावली, राम गीतावली, दोहावली, विनयपत्रिका, कवितावली, वैराग्य संदीपनी।

ये कृतियां प्रामाणिक मानी जाती हैं- 1. दोहावली 2. कवितावली 3. गीतावली 4. रामचरितमानस 5. रामाज्ञा प्रश्न 6. विनयपत्रिका 7. रामलला नहछू 8. पार्वती मंगल 9. जानकी मंगल 10. बरवै रामायण 11. वैराग्य संदीपिनी 12. श्रीकृष्ण गीतावली।

अतः विकल्प (B) सही है।

37. उपरोक्त विकल्पो में 'तुलसीदास' जी संत कवि नहीं है, कबीरदास, सुन्दर दास, मलूकदास यह निर्गुण धारा के संत कवि है।

तुलसीदास, कृष्ण दास, सूरदास, छीत स्वामी:- यह सभी सगुण धारा के भक्ति रस के कवि है।

अतः विकल्प (B) सही है।

38. 'राघव चेतन' पद्मावत सूफी काव्य का पात्र है, राघव चेतन' का वर्णन पद्मावत काव्य में० किया गया है। पद्मावत काव्य में राघव चेतन नाम का **शैतान** था।

अतः विकल्प (C) सही है।

39. कुतुबन द्वारा रचित ग्रंथ का नाम है-'मृगावती', कुतबन हिन्दी के प्रसिद्ध सूफ़ी कवि थे, जिन्होंने मौलाना दाऊद के 'चन्दायन' की परम्परा में सन 1503 ई. में 'मृगावती' नामक प्रेमाख्यानक काव्य की रचना की। 'मृगावती' किसी पूर्व प्रचलित कथा के आधार पर लिखा गया है।

अतः विकल्प (A) सही है।

40. रामभक्ति शाखा में रसिक भावना का समावेष अग्रदास ने किया था। ये कृष्ण पयहारी के शिष्य थे ओर नाभादास के गुरू थे। इन्होनें स्वयं को 'अग्रकली' (जानकी की सखी) मानकर काव्य रचना की। अग्रदास "रसिक संप्रदाय" के संस्थापक आचार्य थे। उनका जन्म १६वी शती का उत्तरार्द्ध बताया जाता हैं।

अतः विकल्प (B) सही है।

41. 'मदनाष्टक' के रचयिता का नाम रहीम है। यह संस्कृत और हिन्दी खड़ी बोली की मिश्रित शैली में रचित है। इसका वर्ण्य-विषय भगवान श्रीकृष्ण की रासलीला है।

अतः विकल्प (C) सही है।

42. केशवदास रीतिबद्ध कवि है, रीतिबद्ध काव्यधारा में केशवदास, चिंतामणि त्रिपाठी, कुलपति मिश्र, देव, भिखारीदास, पद्माकर और मतिराम आदि महत्वपूर्ण कवियों को रखा गया है।

अतः विकल्प (A) राही है।

43. शिवा बावनी भूषण द्वारा रचित बावन (52) छन्दों का काव्य है जिसमें छत्रपति शिवाजी महाराज के शौर्य, पराक्रम आदि का ओजपूर्ण वर्णन है।

अतः विकल्प (C) सही है।

44. भारतेंदु युग का एक अन्य नाम पुनर्जागरण काल है, भारतेंदु युग में जनचेतना पुनर्जागरण की भावना से अनुप्राणित थी पुनर्जागरण की भावना के कारण सामाजिक, सांस्कृतिक और राजनीतिक क्षेत्रों में गहरे आंतरिक संबंध विद्यमान थे। भारतेंदु युगीन कवियों पर इसका प्रभाव पड़ना स्वाभाविक था।

अतः विकल्प (C) सही है।

45. उपरोक्त विकल्पो में 'पं. प्रतापनारायण मिश्र' भारतेन्दु युगीन लेखक है, पं. प्रतापनारायण मिश्र भारतेन्दु मंडल के प्रमुख लेखक, कवि और पत्रकार थे। पं. प्रतापनारायण मिश्र भारतेंदु निर्मित एवं प्रेरित हिंदी लेखकों की सेना के महारथी, उनके आदर्शो के अनुगामी और आधुनिक हिंदी भाषा तथा साहित्य के निर्माणक्रम में उनके सहयोगी थे।

अतः विकल्प (A) सही है।

46. 'तारसप्तक' का प्रकाशन 1943 ई. में हुआ है। प्रथम तार सप्तक में 7 कवियो की कविताएँ संकलित है। इसी क्रम में अज्ञेय ने दूसरा सप्तक तथा तीसरा सप्तक प्रकाशित किया। बाद में नामवर सिंह ने चौथा सप्तक भी प्रकाशित किया गया।

अतः विकल्प (D) सही है।

47. उपरोक्त विकल्पो में 'कब तक पुकारूँ उपन्यास यशपाल का नहीं है, कब तक पुकारूँ प्रसिद्ध साहित्यकार, कहानीकार और उपन्यासकार रांगेय राघव द्वारा लिखा गया उपन्यास है। राजस्थान और उत्तर प्रदेश की सीमा से जुड़ा 'बैर' एक ग्रामीण क्षेत्र है। वहाँ नटों की भी बस्ती है। तत्कालीन जरायम पेशा करनटों की संस्कृति पर आधारित एक सफल आँचलिक उपन्यास है।

अतः विकल्प (B) सही है।

48. तीसरा सप्तक 1959 ई. में प्रकाशित हुआ, तीसरा सप्तक अज्ञेय द्वारा संपादित नई कविता के सात कवियों की कविताओं का संग्रह है। इसमें कुँवर नारायण, कीर्ति चौधरी, सर्वेश्वर दयाल सक्सेना, मदन वात्स्यायन, प्रयाग नारायण त्रिपाठी, केदारनाथ सिंह और विजयदेवनरायण साही की रचनाएँ संकलित हैं।

अतः विकल्प (B) सही है।

49. 'पुष्प की अभिलाषा' नामक प्रसिद्ध कविता के रचयिता माखनलाल चतुर्वेदी हैं, माखनलाल चतुर्वेदी जी की विश्व प्रसिद्ध कविता पुष्प की अभिलाषा हर उस व्यक्ति के जुबान पर रहता है जो हिन्दी साहित्य में थोड़ी भी रूचि लेते हैं। पुष्प की अभिलाषा कविता माखन लाल चतुर्वेदी जी की कलम यानी हिन्दी साहित्य के प्रति समर्पण की पराकाष्ठा है।

अतः विकल्प (C) सही है।

50. आधुनिक युग मीरा महादेवी वर्मा को कहा जाता है, प्रख्यात कवयित्री महादेवी वर्मा की गिनती हिंदी कविता के छायावादी युग के चार प्रमुख स्तंभ सुमित्रानंदन पंत, जयशंकर प्रसाद और सूर्यकांत त्रिपाठी निराला के साथ की जाती है।

अतः विकल्प (C) सही है।

51. 'प्रकृति का सुकुमार राजकुमार' "सुमित्रानंदन पन्त" को कहा जाता है, छायावादी युग के महान कवि सुमित्रानंदन पंत जी को प्रकृति के सुकुमार कवि के नाम से हिंदी साहित्य में जाना जाता है। पंत जी की आधी से ज्यादा कविता ही प्रकृति पर आधारित है।

अतः विकल्प (B) सही है।

52. हिन्दी खड़ीबोली का प्रथम महाकाव्य प्रियप्रवास है, प्रियप्रवास अयोध्यासिंह उपाध्याय "हरिऔध" की हिन्दी काव्य रचना है यदि 'प्रियप्रवास' खड़ी बोली का प्रथम महाकाव्य है तो 'हरिऔध' खड़ी बोली के प्रथम महाकवि। इसका रचनाकाल सन् 1909 से सन् 1913 है। कृष्णकाव्य की परंपरा में होते हुए भी, उससे भिन्न है। प्रियप्रवास" विरहकाव्य है।

अतः विकल्प (D) सही है।

53. 'कलम का सिपाही' के लेखक अमृतराय है, कलम का सिपाही भारत के प्रसिद्ध किताबों में से एक है, पुस्तक में प्रेमचंद की जीवन के बारे में बताया गया है। कलम का सिपाही पुस्तक हिंदी भाषा में लिखा गया है।

अतः विकल्प (B) सही है।

54. 'मुझे चांद चाहिए' उपन्यास है, मुझे चाँद चाहिए हिन्दी के विख्यात साहित्यकार सुरेन्द्र वर्मा द्वारा रचित एक उपन्यास है। सुरेन्द्र वर्मा ने इस उपन्यास में अभिनय कला के लिए किए जाने वाले कलाकार के संघर्ष का गहरे पीड़ा - बोध और कलात्मक संयम के साथ अंकन किया है।

अतः विकल्प (D) सही है।

55. 'सारा आकाश' राजेंद्र यादव की कृति है, आज़ादी के पचास वर्षों में सारा आकाश ऐतिहासिक उपन्यास भी है और समकालीन भी। साराआकाश, राजेन्द्र यादव जी द्वारा लिखित एक सामाजिक यथार्थवादी उपन्यास है। सारा आकाश की कथा मध्यवर्गी परिवार की है।

अतः विकल्प (B) सही है।

56. 'संशय की एक रात' नरेश मेहता की कृति है, 'संशय की एक रात' में कवि ने राम के भीतर युद्ध के प्रति संशय पैदा कर एक आधुनिक मनुष्य की चिन्ता प्रकट की है, राम के चरित्र की पुनर्रचना की है, जिसकी सम्भावना राम के चरित्र में है और निश्चय ही यह कृति हिन्दी साहित्य की उपलब्धि है।

अतः विकल्प (C) सही है।

57. 'आषाढ का एक दिन' नामक नाटक के रचयिता मोहन राकेश हैं, आषाढ का एक दिन सन 1956 में प्रकाशित और नाटककार मोहन राकेश द्वारा रचित एक हिंदी नाटक है। इसे कभी-कभी हिंदी नाटक के आधुनिक युग का प्रथम नाटक कहा जाता है।

अतः विकल्प (D) सही है।

58. 'कवित्त रत्नाकर' के रचयिता सेनापति हैं, कवित्त रत्नाकर सेनापति कवि का प्राप्त एक मात्र ग्रंथ है। कवित्त रत्नाकर का रचनाकाल सं. 1706 वि. (सन 1649 ई.) है। यह कवि की स्फुट रचनाओं का संकलन ग्रंथ है। इसमें पाँच शीर्षक

अथवा अध्याय हैं, जिन्हें 'तरंग' की संज्ञा दी गयी है। पहली तरंग में 96, दूसरी में 74, तीसरी में 62, चौथी में 76 तथा पाँचवीं में 86 और सब मिलाकर पूरे ग्रंथ में 394 छन्द हैं। इनमें से कुछ छन्द ऐसे भी हैं जो दो तरंगों में समान रीति प्राप्त होते हैं। 10 पुनरावृति वाले छन्दों को छोड़कर 'कवित्त-रत्नाकर' में परिशिष्ट रूप में पृथक् दिये हुए मिलते हैं।

अतः विकल्प (B) सही है।

59. हिंदू धर्म में, रुद्र सम्प्रदाय चार वैष्णव संप्रदायों में से एक है, जो धर्म में शिष्य उत्तराधिकार की परंपरा है।

वैष्णववाद हिंदू धर्म के अन्य विद्यालयों से विष्णु और / या कृष्ण और भगवान के सर्वोच्च रूपों के रूप में उनके अवतारों की प्राथमिक पूजा द्वारा प्रतिष्ठित है।

विष्णुस्वामी दक्षिण भारत के प्रसिद्ध आचार्यों में से एक थे।

बाल्यकाल से ही उनके हृदय में धार्मिक संस्कार दृढ़ हो गये थे।

अतः विकल्प (B) सही है।

60. 500 ई. से 1100 ई. तक के संस्कृत काव्यशास्त्र को भाष्य काल कहा जाता है। भाष्य काल का अर्थ है- संस्कृत साहित्य के प्रमुख ग्रन्थ संस्कृत साहित्य की परम्परा में उन ग्रन्थों को भाष्य (शाब्दिक अर्थ - व्याख्या के योग्य), कहते हैं जो दूसरे ग्रन्थों के अर्थ की वृहद व्याख्या या टीका प्रस्तुत करते हैं। मुख्य रूप से सूत्र ग्रन्थों पर भाष्य लिखे गये हैं।

अतः विकल्प (D) सही है।

61. 'निर्धर के धन-सी तुम आई।' में उपमा अलंकार है, उपमा अलंकार में किसी वस्तु की तुलना किसी प्रसिद्ध वस्तु से की जाए, वहाँ उपमा अलंकार होता है।

अतः विकल्प (A) सही है।

62. उपरोक्त पंक्ति में 'दोहा' छंद का प्रयोग हुआ है,

रहिमन पानी राखिये, बिन पानी सब सून।
पानी गये न ऊबरे, मोती, मानुष, चून॥

उपरोक्त पंक्ति में रहीम का कहना है कि जिस तरह आटे का अस्तित्व पानी के बिना नम्र नहीं हो सकता और मोती का मूल्य उसकी आभा के बिना नहीं हो सकता, उसी तरह मनुष्य को भी अपने व्यवहार में हमेशा पानी (विनम्रता) रखना चाहिए जिसके बिना उसका मूल्यह्रास होता है।

अतः विकल्प (A) सही है।

63. उल्लाला छन्द हिन्दी छन्दशास्त्र का एक पुरातन छंद है।

इसकी स्वतंत्र रूप से कम ही रचना की गई है। वीरगाथा काल में उल्लाला तथा रोले को मिलाकर छप्पय की रचना किये जाने से इसकी प्राचीनता प्रमाणित है।

इसका एक उदाहरण निम्न है- यों किधर जा रहे हैं बिखर, कुछ बनता इससे कहीं। संगठित ऐटमी रूप धर, शक्ति पूर्ण जीतो मही।

अतः विकल्प (C) सही है।

64. "कहा-कैकेयी ने सक्रोध
दूर-हट ! दूर अरी निर्बोध।"

उपर्युक्त पंक्ति में रौद्र रस है, इसका स्थायी भाव क्रोध होता है जब किसी एक पक्ष या व्यक्ति द्वारा दूसरे पक्ष या दूसरे व्यक्ति का अपमान करने अथवा अपने गुरुजन आदि कि निन्दा से जो क्रोध उत्पन्न होता है उसे रौद्र रस कहते हैं इसमें क्रोध के कारण मुख लाल हो जाना, दाँत पिसना, शास्त्र चलाना, भौंहे चढ़ाना आदि के भाव उत्पन्न होते हैं।

अतः विकल्प (D) सही है।

65. उपर्युक्त पंक्ति में **भक्ति रस** है, क्योंकि पंक्तियों में भगवद्-अनुरक्ति और प्रेम का वर्णन हो रहा है। भक्ति रस की अन्य जानकारी निम्न है:

- भक्ति रस, जहाँ ईश्वर के प्रति प्रेम या अनुराग का वर्णन होता है, वहाँ भक्ति रस होता है।

- भक्ति रस का स्थाई भाव विद्वानों के अनुसार रति/प्रेम है। कुछ आचार्यों ने भगवान के प्रति श्रद्धा तथा प्रेम के अतिरिक्त पूज्य तथा श्रद्धेय व्यक्ति को भी इसका आलंबन माना है।

अतः विकल्प (C) सही है।

66. ब्रजभाषा का विकास शौरसेनी अपभ्रंश से हुआ, भारतीय आर्यभाषाओं की परंपरा में विकसित होनेवाली "ब्रजभाषा" शौरसेनी अपभ्रंश की कोख से जन्मी है।

ब्रजभाषा एक धार्मिक भाषा है, जो पश्चिमी उत्तर प्रदेश एवं उत्तराखंड में बोली जाती है।

इसके अलावा यह भाषा हरियाणा, राजस्थान और मध्यप्रदेश के कुछ जनपदों में भी बोली जाती है।

अन्य भारतीय भाषाओं की तरह ये भी संस्कृत से जन्मी है।

अतः विकल्प (C) सही है।

67. आगरा ब्रज भाषा बोली का क्षेत्र है, डा. धीरेंद्र वर्मा ने ग्रियर्सन द्वारा निर्दिष्ट कन्नौजी क्षेत्र को ब्रजी के क्षेत्र से अलग नहीं माना है। अपने सर्वेक्षण के आधार पर उन्होंने कानपुर तक, ब्रजभाषी क्षेत्र ही कहा है।

अतः विकल्प (C) सही है।

68. उपरोक्त विकल्पो में 'क्ष' ध्वनि संयुक्त व्यंजन है।

संयुक्त व्यंजन- जो व्यंजन दो या दो से अधिक व्यंजनों के मिलने से बनते हैं उन्हें संयुक्त व्यंजन कहा जाता है।

संयुक्त व्यंजन एक तरह से व्यंजन का ही एक प्रकार है।

अतः विकल्प (D) सही है।

69. उपरोक्त विकल्पो में प, फ अघोष ध्वनि है, नाद की दृष्टि से जिन व्यंजन वर्णों के उच्चारण में स्वर-तन्त्रियाँ झंकृत नहीं होती हैं, वे अघोष कहलाते हैं।

अघोष वर्णों के उच्चारण में स्वर-तंत्रियाँ परस्पर नहीं मिलतीं। फलतः, वायु आसानी से निकल जाती है।

इस वर्ग में वर्गों के प्रथम और द्वितीय वर्ण और तीनों स (श, ष, स) आते हैं।

अतः विकल्प (C) सही है।

70. मुंडा भारत की एक जनजाति है, जो मुख्य रूप से झारखण्ड के छोटा नागपुर क्षेत्र में निवास करता है।

झारखण्ड के अलावा ये बिहार, पश्चिम बंगाल, ओड़िसा आदि भारतीय राज्यों में भी रहते हैं।

इनकी भाषा मुंडारी आस्ट्रो-एशियाटिक परिवार की एक प्रमुख भाषा है।

उनका भोजन मुख्य रूप से धान, मडुआ, मक्का, जंगल के फल-फूल और कंद-मूल हैं।

अतः विकल्प (D) सही है।

71. 'नीलकंठ' योगरूढ़ शब्द है। रचना के आधार पर वर्णों के तीन भेद हैं- रूढ़ ,यौगिक एवं योगरूढ़ 'नीलकंठ ' शब्द योगरूढ़ है।

नीलकंठ का अर्थ शिवजी होता है।

अतः विकल्प (C) सही है।

72. उपरोक्त में से महाप्राण ध्वनि 'ट' नहीं है, भाषाविज्ञान में महाप्राण व्यंजन वह व्यंजन होते हैं जिन्हें मुख से वायु-प्रवाह के साथ बोला जाता है।

जैसे की 'ख', 'घ', 'झ' और 'फ'।

अतः विकल्प (D) सही है।

73. हिन्दी की राजभाषा के रूप में सांविधानिक मान्यता 14 सितम्बर 1949 मिली, हिन्दी को भारत की राजभाषा के रूप में 14 सितम्बर सन् 1949 को स्वीकार किया गया। इसके बाद संविधान में राजभाषा के सम्बन्ध में धारा 343 से 352 तक की व्यवस्था की गयी।

अतः विकल्प (B) सही है।

74. 'अशोक ने पत्र पढ़ा।' इस वाक्य में कर्ता कारक है, कर्ता कारक- वाक्य में जो शब्द काम करने वाले के अर्थ में आता है, इसकी विभक्ति 'ने' है।

जैसे- मनोज ने पत्र लिखा, मोहन खाता है।

अतः विकल्प (A) सही है।

75. खटमल शब्द पुल्लिंग है। जिन संज्ञा शब्दों से पुरूष जाति का बोध होता है, उसे पुलिंग कहते है।

जैसे- कि सजीव चीजों में- कुत्ता, बालक, खटमल, पिता, राजा, घोड़ा, बन्दर, हंस, बकरा, लड़का इत्यादि।

अतः विकल्प (C) सही है।

76. 'चंद्रमुख' में कर्मधारय समास है, जिस समास में पहला पद संख्यावाची हो, वह कर्मधारय समास कहलाता है।

उदाहरण- त्रिलोचन- तीन आखों का समाहार।

अतः विकल्प (C) सही है।

77. 'मैं आदर सहित नमस्कार करता हूँ।' वाक्य का शुद्ध रूप होगा- 'मैं सादर नमस्कार करता हूँ।'

सादर का अर्थ होता है- आदर सहित

अतः वाक्य का शुद्ध रूप होगा- मैं सादर नमस्कार करता हूँ।

अतः विकल्प (D) सही है।

78. 'हर्ष' शब्द का विलोम शब्द विषाद है, 'हर्ष' शब्द का अर्थ- खुशी, उत्साह

'विषाद' शब्द का अर्थ- दुःख, निराशा

अतः विकल्प (A) सही है।

79. जो समाचार भेजता हो,उसे 'संवाददाता' कहते है। जो समाचार भेजता हो, उसके लिए एक शब्द प्रेषक को सही उत्तर बोर्ड ने माना है, जबकि सही उत्तर संवाददाता। प्रेषक उसे कहते हैं, जो प्रेषित करता है।

अतः विकल्प (A) सही है।

80. 'एक तो दोष था ही उस पर दूसरा दोष लग जाना' की सही कहावत होगी- "एक तो करेला दूजे नीम चढ़ा"

एक तो करेला दूजे नीम चढ़ा का अर्थ- 'पहले से ही दोष होने पर दूसरा दोष भी आ मिलना' होता है।

अतः विकल्प (C) सही है।

81. 'नैषधीयचरित' श्रीहर्ष की रचना है, यह वृहत्त्रयी नाम से प्रसिद्ध तीन महाकाव्यों में से एक है। महाभारत का नलोपाख्यान इस महाकाव्य का मूल आधार है।

अतः विकल्प (C) सही है।

82. माघ की रचना 'शिशुपालवध' है, इसमें कृष्ण द्वारा शिशुपाल के वध की कथा का वर्णन है।

अतः विकल्प (D) सही है।

83. 'गागर में सागर भरना' मुहावरे का अर्थ थोड़े में बहुत कहना है, वाक्य प्रयोग- कबीर के दोहों की क्या बात है, बस दो ही पंक्तियों में गागर में सागर भर दिया है।

गागर का अर्थ - गगरी

अतः विकल्प (C) सही है।

84. ''कविता'' शब्द का बहुवचन शब्द है- "कविताएं"।

"कविता" शब्द का वाक्य में प्रयोग: मेरी दोस्त रीमा को कविता लिखना और सुनना बहुत पसंद है।

अतः विकल्प (B) सही है।

85. 'जीवैषणा' का सही संधि-विच्छेद- "जीव + एषणा", जीवैषणा का अर्थ है- मरने से कुछ भी बेहतर है।

अतः विकल्प (B) सही है।

86. 'प्रेमातुर' शब्द में तत्पुरुष समास है। जिस समास में उत्तरपद प्रधान हो तथा समास करने के उपरांत विभक्ति (कारक चिन्ह) का लोप हो।

अतः विकल्प (C) सही है।

87. 'साधकतमं कर्म' सूत्रानुसार कर्म के पूर्णता में जो साधन होता है, उसकी करण संज्ञा होती है। यहाँ 'खादति' क्रिया का साधन स्वरूप 'हस्त' है। अतः उसकी करण संज्ञा होगी। इसप्रकार स्पष्ट है कि 'स: हस्तेन खादति।' में 'हस्तेन' करण कारक है। जिसमें 'कर्तृकरणयोस्तृतीया' से तृतीया विभक्ति होती है।

अतः विकल्प (D) सही है।

88. कविता का मर्म में षष्ठी विभक्ति है। जो एक शब्द का दूसरे से सम्बन्ध जोड़े।

अतः विकल्प (A) सही है।

89. 'रामकृष्ण' में द्वन्द्व समास है। द्वन्द्व समास में समस्तपद के दोनों पद प्रधान हों या दोनों पद सामान हों एवं दोनों पदों को मिलाते समय "और, अथवा, या, एवं" आदि योजक लुप्त हो जाएँ, वह समास द्वन्द्व समास कहलाता है।

अतः विकल्प (B) सही है।

90. 'जुगुप्साविरामप्रमादार्थानामुपसंख्यानम्' सूत्र के अनुसार जुगुप्सा (घृणा), विराम (रुकावट, हटना), और प्रमाद (आलस्य, असावधानी) अर्थ वाले शब्दों के योग में जुगुप्सा आदि के विषय में पंचमी विभक्ति होती है।

इसलिये 'सज्जन: पापाद् जुगुप्स्ते' का हिन्दी अनुवाद होगा- सज्जन पाप से घृणा करता है।

अतः विकल्प (A) सही है।

91. 'सहयुक्तेऽप्रधाने' सूत्र के अनुसार वाक्य में 'साथ' को अर्थ रखने वाले 'सह, साकम्, समम्' और 'सार्धम्' शब्दों के योग में अप्रधान शब्दों में तृतीया विभक्ति होती है।

उदाहरण- पुत्रेण सह आगतः पिता। यहाँ आगतः क्रिया का कर्ता 'पिता' है और क्रिया से संबन्ध न होने के कारण पुत्र अप्रधान शब्द है।

अतः विकल्प (C) सही है।

92. 'सुबह, दोपहर, शाम' कमलेश्वर की रचना है। कमलेश्वर द्वारा रचित रचना: 'मांस का दरिया', 'राजा निरबंसिया', 'नीली झील' है।

अतः विकल्प (D) सही है।

93. राहुल सांकृत्यायन ने हिंदी का प्रथम कवि जैन साहित्य के रचयिता सरहपा को माना है जिनका जन्मकाल 7 सती माना जाता है। परन्तु हजारीप्रसाद द्विवेदी ने हिंदी का प्रथम कवि अब्दुलरहमान को माना है। ये मुलतान के निवासी और जाति के जुलाहे थे।

अतः विकल्प (C) सही है।

94. मिश्रबंधु ने अपने इतिहास-ग्रंथ में लगभग 5000 कवियों का विवरण दिया है।

अतः विकल्प (A) सही है।

95. गौड़ीय सम्प्रदाय के प्रवर्तक आचार्य चैतन्य महाप्रभु थे। चैतन्य महाप्रभु वैष्णव धर्म के भक्ति योग के परम प्रचारक एवं भक्तिकाल के प्रमुख कवियों में से एक हैं। इन्होंने वैष्णवों के गौड़ीय संप्रदाय की आधारशिला रखी, भजन गायकी की एक नयी शैली को जन्म दिया।

अतः विकल्प (C) सही है।

96. अष्टछाप में कवियों की संख्या 8 थी। अष्टछाप, महाप्रभु श्री वल्लभाचार्य जी एवं उनके पुत्र श्री विट्ठलनाथ जी द्वारा संस्थापित 8 भक्तिकालीन कवियों का एक समूह था, जिन्होंने अपने विभिन्न पद एवं कीर्तनों के माध्यम से भगवान श्री कृष्ण की विभिन्न लीलाओं का गुणगान किया। अष्टछाप की स्थापना 1565 ई. में हुई थी।

अतः विकल्प (B) सही है।

97. सूफी कवि नूर मुहम्मद की रचना का नाम अनुराग बाँसुरी है।

अतः विकल्प (B) सही है।

98. संत कवि गुरुनानक देव का जन्म तलवंडी में हुआ था। गुरुनानक देव जी सिखों के प्रथम गुरु थे। इनके जन्म दिवस को गुरुनानक जयंती के रूप में मनाया जाता है। नानक जी का जन्म 1469 में कार्तिक पूर्णिमा को पंजाब (पाकिस्तान) क्षेत्र में रावी नदी के किनारे स्थित तलवंडी नाम गांव में हुआ। नानक जी का जन्म एक हिंदू परिवार में हुआ था।

अतः विकल्प (B) सही है।

99. श्रृंगार और वात्सल्य रस का सम्राट सूरदास को कहा जाता है। सूरदास की रचनाएँ- सूरसागर, साहित्य-लहरी और सूर सारावली।

अतः विकल्प (B) सही है।

100. भक्ति का प्रारंभ दक्षिण भारत से हुआ। भक्ति आन्दोलन का आरम्भ दक्षिण भारत में आलवारों एवं नायनारों से हुआ जो कालान्तर में (800 ई से 1700 ई के बीच) उत्तर भारत सहित सम्पूर्ण दक्षिण एशिया में फैल गया।

अतः विकल्प (B) सही है।

101. 'ज्ञानदीप' के रचयिता का नाम शेख नबी है।

अतः विकल्प (D) सही है।

102. सूरदास के दृष्टकूट पद साहित्य लहरी काव्य-ग्रंथ में संकलित हैं। साहित्यलहरी 117 पदों की एक लघु रचना है। इसके अन्तिम पद में सूरदास का वंशवृक्ष दिया है, जिसके अनुसार सूरदास का नाम 'सूरजदास' है और वे चन्दबरदायी के वंशज सिद्ध होते हैं।

अतः विकल्प (B) सही है।

103. अनेकार्थमंजरी कृति केशवदास की नहीं है। केशवदास रचित प्रामाणिक ग्रंथ नौ हैं: रसिकप्रिया, कविप्रिया, नखशिख, छंदमाला, रामचंद्रिका, वीरसिंहदेव चरित, रतनबावनी, विज्ञानगीता और जहाँगीर जसचंद्रिका।

अतः विकल्प (C) सही है।

104. आचार्य रामचंद्र शुक्ल ने रीतिकाल का समय 1700 - 1900 वि. माना है। रीतिकाल यानि उत्तर मध्यकाल (संवत् 1700 से 1900) के संबंध में उन्होंने जो व्याख्या की है वह किसी से छिपी नहीं है। उनके अनुसार रीति का अर्थ

काव्य रीति है। इसके अंतर्गत उन्होंने लक्षण-ग्रंथों का समावेश किया है और इस तरह की रचनाओं को उन्होंने रीतिबद्ध रचनाएँ माना है।

अतः विकल्प (B) सही है।

105. रीतिकाल में श्रृंगार रस की प्रधानता काव्य में रही है। रीतिकाव्य मुख्यत: मांसल श्रृंगार का काव्य है। इसमें नर-नारीजीवन के रमणीय पक्षों का सुंदर उद्घाटन हुआ है। अधिक काव्य मुक्तक शैली में है, पर प्रबंधकाव्य भी हैं।

इन दो सौ वर्षों में श्रृंगारकाव्य का अपूर्व उत्कर्ष हुआ। पर धीरे धीरे रीति की जकड़ बढ़ती गई और हिंदी काव्य का भावक्षेत्र संकीर्ण होता गया।

अतः विकल्प (A) सही है।

106. रीतिकाल का सेनापति कवि अपने प्रकृति-चित्रण के लिए विख्यात है।

सेनापति- ऋतु वर्णन , तुम करतार, जन-रच्छा के करनहार, फूलन सों बाल की, बनाई गुही बेनी लाल

अतः विकल्प (C) सही है।

107. ब्राह्मण' पत्र के संस्थापक-संपादक का नाम प्रतापनारायण मिश्र है। यह एक मासिक पत्रिका है। इसका प्रकाशन 1880 में हुआ था।

अतः विकल्प (B) सही है।

108. शिवमंगल सिंह सुमन छायावादी कवि नहीं है। शिवमंगल सिंह 'सुमन' (1915-2002) एक प्रसिद्ध हिंदी कवि और शिक्षाविद थे। उनकी मृत्यु के बाद, भारत के तत्कालीन प्रधान मंत्री ने कहा, "डॉ. शिव मंगल सिंह 'सुमन' केवल हिंदी कविता के क्षेत्र में एक शक्तिशाली चिह्न ही नहीं थे, बल्कि वह अपने समय की सामूहिक चेतना के संरक्षक भी थे।

अतः विकल्प (D) सही है।

109. 'कुरु कुरु स्वाहा' उपन्यास के लेखक मनोहर श्याम जोशी हैं। मनोहर श्याम जोशी कुशल प्रवक्ता तथा स्तंभ-लेखक थे।उनका जन्म 09 अगस्त १९३३ को राजस्थान के अजमेर के एक प्रतिष्ठित एवं सुशिक्षित परिवार में हुआ था। उन्होंने स्नातक की शिक्षा विज्ञान में लखनऊ विश्वविद्यालय से पूरी की। परिवार में पीढ़ी दर पीढी शास्त्र-साधना एवं पठन-पाठन व विद्या-ग्रहण का क्रम पहले से चला आ रहा था।

अतः विकल्प (D) सही है।

110. 'आवारा मसीहा' के लेखक विष्णु प्रभाकर हैं। विष्णु प्रभाकर का जन्म उत्तरप्रदेश के मुजफ्फरनगर जिले के गांव मीरापुर में हुआ था। उनके पिता दुर्गा प्रसाद धार्मिक विचारों वाले व्यक्ति थे और उनकी माता महादेवी पढ़ी-लिखी महिला थीं जिन्होंने अपने समय में पर्दा प्रथा का विरोध किया था।

अतः विकल्प (B) सही है।

111. कामायनी में कुल 15 सर्ग हैं। कामायनी हिंदी भाषा का एक महाकाव्य है। इसके रचयिता जयशंकर प्रसाद हैं। यह आधुनिक छायावादी युग का सर्वोत्तम और प्रतिनिधि हिंदी महाकाव्य है। 'प्रसाद' जी की यह अंतिम काव्य रचना 1936 ई. में प्रकाशित हुई, परंतु इसका प्रणयन प्राय: 7-8 वर्ष पूर्व ही प्रारंभ हो गया था।

अतः विकल्प (D) सही है।

112. रत्नाकर' कृत 'उद्धव शतक' ब्रजभाषा में लिखा गया काव्य ग्रंथ है। जगन्नाथदास रत्नाकर आधुनिक युग के श्रेष्ठ ब्रजभाषा कवि थे। इनका जन्म सं. 1923 (सन् 1866 ई.) के भाद्रपद शुक्ल पंचमी के दिन हुआ था। भारतेंदु बाबू हरिश्चंद्र की भी यही जन्मतिथि थी और वे रत्नाकर जी से 16 वर्ष बड़े थे। उनके पिता का नाम पुरुषोत्तमदास और पितामह का नाम संगमलाल अग्रवाल था जो काशी के धनीमानी व्यक्ति थे।

अतः विकल्प (B) सही है।

113. ध्रुवस्वामिनी नाटक में नारी के पुनर्लग्न की समस्या उठाई गई है। सामाजिक रूढ़िवाद के विरुद्ध इस नाटक में स्त्री जाति का सशक्तिकरण

किया गया है। आधुनिक समाज के हितार्थ शौर्यवान शासक की आवश्यकता है। नपुंसक एवं भोग-विलास में लिप्त शासक देश को डूबो देता है। "ध्रुवस्वामिनी" नाटक की कथा मिश्रित है।

अतः विकल्प (B) सही है।

114. जयशंकर प्रसाद ने सर्वाधिक ऐतिहासिक नाटक लिखे हैं। यह इस युग की सर्वाधिक महत्वपूर्ण प्रवृत्ति है। प्रसाद ने "राज्यश्री", "विशाख", "अजातशत्रु", "स्कंदगुप्त", "चंद्रगुप्त" आदि ऐतिहासिक नाटक लिखे।

अतः विकल्प (B) सही है।

115. सन् 1975 के बाद की कविता को समकालीन कविता नाम दिया गया। हुकुमचंद राजपाल के अनुसार समकालीन कविता का प्रारंभ सन् 1964 के बाद माना जा सकता है।

अतः विकल्प (B) सही है।

116. 'राग दरबारी' नामक उपन्यास के लेखक श्रीलाल शुक्ल हैं। श्रीलाल शुक्ल- 'सूनी घाटी का सूरज' (1957), 'अज्ञातवास', 'रागदरबारी', 'आदमी का ज़हर', 'सीमाएँ टूटती हैं'।

अतः विकल्प (D) सही है।

117. 'सचेतन कहानी' का प्रवर्तक महीप सिंह है। सचेतन कहानी व्यक्ति को संघर्षों से पलायनवादी न बनाकर जागरूक व सक्रिय बनाती है।

अतः विकल्प (B) सही है।

118. हरी घास पर क्षण भर कृति अज्ञेय की है।

अतः विकल्प (C) सही है।

119. हम विषपायी जनम के बालकृष्ण शर्मा 'नवीन' कृत काव्य है। शर्माजी के साहित्यिक जीवन की पहली रचना 'सन्तू' नामक एक कहानी थी। इसे उन्होंने छपने के लिए सरस्वती में भेजा था।

अतः विकल्प (B) सही है।

120. 'आठवाँ सर्ग' नाटक विधा की पुस्तक है। अभिनव थियेटर में मंचित सुरेंद्र वर्मा के नाटक 'आठवां सर्ग' के माध्यम से दर्शाया गया कि कालीदास सात सर्ग लिख चुके हैं। आठवें सर्ग में लिखते हैं कि शिव पार्वती का पुत्र कार्तिकेय कैसे हुआ।

अतः विकल्प (B) सही है।

121. उपरोक्त विकल्पो में विकल्प 2 'मतिराम - रस' सही जोड़ा है। आचार्य मतिराम 1604 ई में का प्रयोग करते हुए नायिका के सौंदर्य का वर्णन किया है। पिता विश्वनाथ त्रिपाठी भी साहित्यिक प्रेमी थे। इन्होंने श्रृंगार रस जाको वर्णन कीजिए सो, उपमेय प्रमान, को रसराज मानकर उसका सांगो पांग विवेचन किया।

अतः विकल्प (B) सही है।

122. मैला आँचल के लेखक फणीश्वरनाथ रेणु हैं। मैला आँचल फणीश्वरनाथ रेणु का प्रतिनिधि उपन्यास है। यह हिन्दी का श्रेष्ठ और सशक्त आंचलिक उपन्यास है। नेपाल की सीमा से सटे उत्तर-पूर्वी बिहार के एक पिछड़े ग्रामीण अंचल को पृष्ठभूमि बनाकर रेणु ने इसमें वहाँ के जीवन का, जिससे वह स्वयं ही घनिष्ट रूप से जुड़े हुए थे, अत्यन्त जीवन्त और मुखर चित्रण किया है।

अतः विकल्प (A) सही है।

123. उपरोक्त पंक्तियो में 'उत्प्रेक्षा' अलंकार का प्रयोग हुआ है।

कहती हुई यों उत्तरा के, नेत्र जल से भर गए।
हिस के कणों से पूर्ण मानो, हो गए पंकज नए।।

पंक्ति में उत्प्रेक्षा अलंकार होता है। इन पंक्तियों में उतरा के अश्रुपूर्ण नेत्रों (उपमेय) में ओस जल-कण युक्त पंकज (उपमान) की सम्भावना की गयी है। 'मानो' वाचक शब्द प्रयुक्त हुआ है।

अतः विकल्प (A) सही है।

124. 'चरण कमल बंदौ हरिराई।' में रूपक अलंकार है। इसमे रूपक अलंकार इसलिए है क्योंकि चरणों की तुलना कमल से की गयी है। यहां पर चरणों को कमल के समान ना बताकर उन्हे कमल की एकरूपता दे दी है।

अतः विकल्प (C) सही है।

125. रघुकुल रीति सदा चलि आई।
प्राण जाई पर बचन न जाई।।

इन पंक्तियों में चौपाई छंद का प्रयोग हुआ है।

1. यह मात्रिक सम छंद होता है।

2. इसके प्रत्येक चरण में 16 मात्राएँ होती है।

3. प्रत्येक चरण के अन्त में जगण या तगण आना वर्जित माना जाता है।

4. यति प्रत्येक चरण के अन्त में होती है।

5. तुक सदैव पहले चरण की दूसरे चरण के साथ व तीसरे की चैथे चरण के साथ मिलती है।

अतः विकल्प (B) सही है।

Q.1 'देवनागरी लिपि' के विषय में क्या सत्य नहीं है?
A. यह दायें से बायें लिखी जाती है।
B. इसकी उत्पत्ति नागर ब्राह्मणों से मानी जाती है।
C. यह वर्णात्मक लिपि है।
D. इसमें शिखेरेखा का प्रयोग किया जाता हे।

Q.2 'तोता डाली पर बैठा है' इस वाक्य में कौन-सा कारक है?
A. करण कारक
B. सम्बन्ध कारक
C. अधिकरण कारक
D. अपादान कारक

Q.3 'साधु आ रहे हैं' वाक्य में साधु' का वचन निर्धारित कीजिये।
A. एकवचन
B. बहुवचन
C. द्विवचन
D. इनमें से कोई नहीं

Q.4 निम्न में से कौन-सा शब्द स्त्रीलिंग है?
A. चना
B. अरहर
C. बाजरा
D. उड़द

Q.5 'विद्याभ्यास' का सन्धि विच्छेद क्या होगा?
A. विद्या + अभ्यास
B. विद्य + अभ्यास
C. विद्या + अभ्यास
D. विद्या + भ्यास

Q.6 'नीलगाय' में कौन-सा समास है?
A. तत्पुरुष
B. अव्ययीभाव
C. कर्मधारय
D. द्वंद्व

Q.7 'त्रिभुज' शब्द में कौन-सा समास है?
A. षष्ठी तत्पुरुष
B. द्विगु समास
C. द्वंद्व समास
D. कर्मधारय

Q.8 'अपने हाथ से स्वयं काम करो' वाक्य का शुद्ध रूप क्या होगा?
A. अपना काम स्वयं करो।
B. अपने से अपना काम करो
C. स्वयं से काम करो
D. हाथ से अपना काम करो।

Q.9 'रामेण' शब्द रूप में कौन-सी विभक्ति है?
A. प्रथमा
B. द्वितीया
C. तृतीया
D. पंचमी

Q.10 'बादल' का पर्यायवाची शब्द नहीं है?
A. अभ्र
B. जीमूत
C. वारिद
D. भर्कट

Q.11 'अर्वाचीन' शब्द का विलोम शब्द क्या है?
A. नवीन
B. प्राचीन
C. आदिकालीन
D. पाषण कालीन

Q.12 'आकृति' शब्द का समभिन्नार्थक क्या है?
A. आकर
B. वस्त
C. चित्र
D. समरूप

Q.13 'छाती के बल चलने वाला' के लिये एक शब्द क्या होगा?
A. ऊरग
B. भुजंग
C. कुरंग
D. तुरंग

Q.14 "बरस पड़ना" मुहावरे का सही अर्थ है?
A. अत्याधिक क्रोधित होना
B. वर्षा का होना
C. प्रेम करना
D. सम्मान देना

Q.15 'छठी का दूध याद आना' का सही अर्थ क्या है?
A. बुरा हाल होना
B. पराजित होना
C. बचपन की याद करना
D. भूख लगना

Q.16 'मालविकाग्निमित्रम्' नाटक के लेखक का नाम बताइये?
A. कालिदास
B. भवभुति
C. भास
D. भारवि

Q.17 इनमें से कौन-सी रचना कालिदास की नहीं है?
A. अभिज्ञान शाकुन्तलम्
B. मालविकाग्निमित्रम्
C. विक्रमोर्वशीयम्
D. प्रतिमा नाटकम्

Q.18 ''मालती माधव' रचना के लेखक का नाम बताइये।
A. भवभूति
B. कालिदास
C. भास
D. श्री हर्ष

Q.19 इनमें से कौन-सी रचना भारवि की है?
A. अभिज्ञानशाकुन्तलम्
B. रघुवंश महाकाव्यम्
C. दशकुमार चरितम्
D. किरातार्जुनीयम्

Q.20 'शिशुपालवध' के लेखक का नाम बताइये?
A. माघ
B. कालिदास
C. हर्ष
D. भास

Q.21 इनमें से कौन-सी रचना दण्डी की है?
A. दशकुमार चरित
B. शिवराज विजय
C. मेघदूत
D. हर्षचरित

Q.22 'नैषधीयचरित' रचना के लेखक का नाम बताइये?
A. श्री हर्ष
B. दण्डी
C. भास
D. भवभूति

Q.23 'विद्यालय' का सही सन्धि विच्छेद कीजिये?
A. विद्या + आलय
B. विद्य + आलय
C. विद्य + ओलय
D. विद्याया + आलय

Q.24 महोत्सव शब्द में कौन-सी सन्धि है?
A. दीर्घ
B. गुण
C. यण
D. वृद्धि

Q.25 'सच्चित्' शब्द में कौन-सी सन्धि है?
A. वृद्धि सन्धि
B. गुण सन्धि
C. यण सन्धि
D. व्यंजन सन्धि

Q.26 गृहंगच्छति शब्द का सन्धि विच्छेद कीजिये?
A. गृहम् + गच्छति
B. गृह + गच्छति
C. गृहय + गच्छति
D. गृह + आगच्छति

Q.27 'महात्मा' शब्द में कौन-सा समास है?
A. तत्पुरुष
B. अव्ययी भाव
C. कर्मधारय
D. बहुब्रीहि

Q.28 'प्रतिदिनम्' शब्द का समास विग्रह कीजिये?
A. दिनं दिनं च
B. दिनं दिनं प्रति
C. दिनम् दिनम्
D. दिनं च दिनं

Q.29 'सरिते' शब्द रूप में कौन-सी विभक्ति है?
A. प्रथमा
B. द्वितीया
C. तृतीया
D. चतुर्थी

Q.30 जगतः शब्द रूप में कौन-सा वचन है?
A. एकवचन
B. द्विवचन
C. बहुवचन
D. सभी सही हैं

Q.31 'तिष्ठति' धातु रूप में कौन-सा लकार है?

A. लट् लकार	**B.** लोट् लकार
C. लङ् लकार	**D.** विधिलिङ्

Q.32 'अपिबत्' धातुरूप में कौन-सा लकार है?

A. लङ् लकार   **B.** लट् लकार
C. लोट् लकार   **D.** लुट् लकार

Q.33 'प्रजाभ्यः स्वस्ति' शब्द में कौन-सा कारक है?

A. करण   **B.** सम्प्रदान   **C.** अपादान   **D.** कर्ता

Q.34 'सहयुक्तेप्रधाने' में कौन-सा कारक है?

A. कर्त्ता   **B.** कर्म   **C.** करण   **D.** अपादान

Q.35 'रामः गृहं गच्छति' शब्द का हिन्दी अनुवाद कीजिए?

A. राम घर जाता है।   **B.** राम घर से आता है।
C. राम घर पर आता है।   **D.** राम घर को जाता है।

Q.36 'चौरासी वैष्णवन की वार्ता' किस लेखक की रचना है?

A. नामदास   **B.** वल्लभाचार्य
C. नन्ददास   **D.** गोस्वामी गोकुलनाथ

Q.37 'रानी केती की कहानी' के रचनाकार कौन थे?

A. लल्लू लाल   **B.** सदा सुख लाल
C. इंशा अल्ला खाँ   **D.** सदल मिश्र

Q.38 इनमें से 'सदल मिश्र' की रचना कौन-सी है?

A. रानी केतकी की कहानी   **B.** प्रेम सागर
C. सुख सागर   **D.** नासिकेतो - पाख्यान

Q.39 "सरहपा" का सम्बन्ध निम्न में से किससे है?

A. सिद्ध साहित्य   **B.** रासो काव्य
C. नाथ साहित्य   **D.** जैन साहित्य

Q.40 'सत्यार्थ प्रकाश' के लेखक का नाम क्या है?

A. स्वामी दयानन्द   **B.** स्वामी श्रद्धानन्द
C. स्वामी विवेकानन्द   **D.** केशव चन्द सेन

Q.41 आदिकाल को वीरगाथाकाल किसने कहा है?

A. हजारी प्रसाद द्विवेदी   **B.** राहुल सांकृत्यान
C. रामचन्द्र शुक्ल   **D.** महादेवी वर्मा

Q.42 'पृथ्वीराज रासो' के रचयिता का नाम बताइये?

A. चंदबरदाई राव   **B.** अमीर खुसरो
C. जगनिक   **D.** नरपति - नान्ह

Q.43 कबीर दास किस काव्यधारा का प्रतिनिधित्व करते हैं?

A. सन्त काव्य   **B.** सुफी काव्य
C. राम काव्य   **D.** कृष्ण काव्य

Q.44 "खुमान रासो" किसकी रचना हैं?

A. दलपत विजय   **B.** जगनिक
C. चंदबरदाई   **D.** विद्यापति

Q.45 इनमें से कौन-सा सुफी काव्यधारा के कवि है?

A. कबीरदास   **B.** कुतुबन   **C.** गुरु नानक   **D.** तुलसीदास

Q.46 इनमें से सुफी काव्यधारा के कवि कौन-सा नहीं हैं?

A. मुल्ला दाउद   **B.** जायसी
C. नामदास   **D.** कुतुबन

Q.47 निर्गुण काव्यधारा की प्रवृत्ति है?

A. वात्सल्य रस की प्रधानता

B. प्रकृति पर चेतन सत्ता का आरोप
C. रुढ़ियों एवं बाह्याडम्बरों का विरोध
D. आश्रयदाता की प्रशंसा

Q.48 "पद्मावत" के रचयिता कौन हैं?

A. मुल्ला दाउद   **B.** जायसी   **C.** कुतुबन   **D.** मंझन

Q.49 "पद्मावत" किस भाषा में लिखा गया है?

A. अवधी   **B.** ब्रज भाषा   **C.** खड़ी बोली   **D.** फारसी

Q.50 "अष्टयाम" के रचयिता कौन हैं?

A. सूरदास   **B.** गोकुल नाथ
C. नाभादास   **D.** वल्लभाचार्य

Q.51 "दो सौ बावन वैष्णवन की वार्ता" के लेखक कोन हैं?

A. सूरदास   **B.** नन्ददास   **C.** नामदास   **D.** गोकुलनाथ

Q.52 "नन्ददास" किस काव्यधारा से सम्बन्धित हैं?

A. सन्त काव्यधारा   **B.** सुफी काव्यधारा
C. कृष्ण काव्यधारा   **D.** रामभक्ति काव्यधारा

Q.53 "सूरसागर" किस भाषा की कृति है?

A. खड़ी बोली   **B.** ब्रज भाषा   **C.** अवधी   **D.** पंजाबी

Q.54 इनमें से सूर की रचना कौन-सी नहीं है?

A. सूर सागर   **B.** सूर सारावली
C. साहित्य लहरी   **D.** रास पंचाध्यायी

Q.55 इनमें से कृष्णभक्त कवि कौन-सा नहीं है?

A. सूरदास   **B.** रसखान   **C.** कृष्णदास   **D.** तुलसीदास

Q.56 तुलसी की भक्ति का स्वरूप क्या था?

A. दास्य   **B.** सख्य   **C.** वात्सल्य   **D.** मातृ

Q.57 इनमें से कौन-सा ग्रन्थ तुलसी द्वारा रचित नहीं है?

A. गीतावली   **B.** दोहावली
C. विनय पत्रिका   **D.** रसमंजरी

Q.58 इनमें से कौन-सा महाकाव्य अवधी में लिखा गया है?

A. प्रियप्रवास   **B.** साकेत
C. रामचरित मानस   **D.** रामचन्द्रिका

Q.59 रीतिकालीन कवियों की काव्य भाषा क्या थी?

A. अवधी   **B.** खड़ी बोली   **C.** ब्रज भाषा   **D.** बुन्देली

Q.60 रीतिकाल के उस कवि का नाम बताइये जिसने वीर रस में कविता लिखी है?

A. पद्माकर   **B.** भूषण   **C.** बिहारी   **D.** धनानन्द

Q.61 "बिहारी सतसई" किस भाषा का काव्य ग्रन्थ है?

A. ब्रज भाषा   **B.** खड़ी बोली   **C.** अवधी   **D.** भोजपुरी

Q.62 "सुजान" शब्द का प्रयोग किस कवि की कविता में सर्वाधिक हुआ है?

A. बिहारी   **B.** भूषण   **C.** घनानन्द   **D.** ठाकुर

Q.63 इनमें से कौन-सा कवि रीतिमुक्त नहीं है?

A. घनानन्द   **B.** आलम   **C.** बोधा   **D.** केशवदास

Q.64 "कविप्रिया" के रचनाकार का नाम बताइये-

A. देव   **B.** केशवदास   **C.** पद्माकर   **D.** घनानन्द

Q.65 इनमें से कौन-सी भारतेन्दु की रचना नहीं है?

A. वैदिका हिंसा न भवति   **B.** विषस्य विषभीषधम

C. वादशाह दर्पण   **D.** पद्मावती

Q.66 इनमें से कौन-सा नाटक भारतेन्दु जी का नहीं है?

A. भारत दुर्दशा   **B.** नीलदेवी

C. प्रेम जोगिनी   **D.** रणधीर प्रेम मोहिनी

Q.67 हिन्दी समालोचना के सूत्रपात के लिये भारतेन्दु युग की कौन-सी पत्रिका उल्लेखनीय है?

A. कवि वचन सुधा   **B.** हरिश्चन्द्र पत्रिका

C. ब्राम्हण   **D.** आनन्द कादम्बिनी

Q.68 इनमें से सरस्वती पत्रिका के सम्पादक का नाम क्या है?

A. हजारी प्रसाद द्विवेदी   **B.** अयोध्यासिंह उपाध्याय

C. बालकृष्ण भट्ट   **D.** महावीर प्रसाद द्विवेदी

Q.69 छायावाद को "स्थूल" के प्रति सूक्ष्म का "विद्रोह" किसने कहा है?

A. सुमित्रा नंदनपन्त   **B.** डॉ. नगेन्द्र

C. रामचन्द्र शुक्ला   **D.** जयशंकर प्रसाद

Q.70 कौन-सा कवि छायावादी नहीं है?

A. सूर्यकांत त्रिपाठी निराला   **B.** सुमित्रानन्दन पन्त

C. जयशंकर प्रसाद   **D.** मलिक मुहम्मद जायसी

Q.71 छायावाद के प्रमुख कवियों में किसमें गीतों की मधुर वेदना की मर्माभिव्यक्ति अधिक है?

A. प्रसाद   **B.** पन्त   **C.** महादेवी   **D.** निराला

Q.72 प्रगतिवादी काव्य सृष्टि है?

A. दार्शनिक   **B.** वर्ग चेतना प्रधान

C. वैयक्तिक यथार्थ   **D.** यथास्थितीवादी

Q.73 इनमें से कौन-सी रचना केदारनाथ अग्रवाल की नहीं है?

A. युग - गंगा   **B.** नींद के बादल

C. आग का आईना   **D.** युगधारा

Q.74 प्रयोगवाद के प्रवर्तक के अनुसार प्रयोगवादी कवि का मुख्य तथ्य क्या था?

A. नये काव्य उपकरगों का प्रयोग

B. भावुकता के स्थान पर बौद्धिकता की प्रतिष्ठा

C. नई राहों का अन्वेशण

D. काव्य की पूर्व परम्परा का निषेध

Q.75 निम्नलिखित में से कौन "तारसप्तक" का कवि नहीं है?

A. शमशेर बहादुर सिंह   **B.** गिरिजा कुमार माथुर

C. मुक्तिबोध   **D.** प्रभाकर माचवे

Q.76 अज्ञेय कौन-से वाद के कवि है?

A. प्रगतिवाद   **B.** प्रयोगवाद

C. छायावाद   **D.** इनमें से कोई नहीं

Q.77 हिन्दी की पहली कहानी लेखिका है?

A. चन्द्रकिरण सौनरेखा   **B.** बंगमहिला

C. होमवंती देवी   **D.** चन्द्रमुखी औझा

Q.78 "गुलाबी बन्नो" कहानी के लेखक हैं?

A. त्रिलोचन   **B.** धर्मवीर भारती

C. शमशेर बहादुर सिंह   **D.** कुँवर नारायण

Q.79 "अलका" जयशंकर प्रसाद के किस नाटक की पात्र है?

A. धुवस्वामिनी   **B.** विशाखा

C. स्कन्दगुप्त   **D.** चन्द्रगुप्त

Q.80 "अशोक के फूल" निबन्ध के रचयिता है?

A. हजारी प्रसाद द्विवेदी   **B.** गिरिजाकुमार माथुर

C. रामचन्द्र शुक्ल   **D.** कुबेरनाथ राय

Q.81 इनमें से कौन-सी स्वीकृति आत्मकथा है?

A. कलम का सिपाही

B. चींडो पर चाँदनी

C. अर्द्धकथानक

D. बाणभट्ट की आत्मकथा

Q.82 अर्द्धकथानक किस विधा की रचना है?

A. उपन्यास   **B.** जीवनी   **C.** नाटक   **D.** आत्मकथा

Q.83 प्रसाद द्वारा रचित इरावती कैसा उपन्यास है?

A. सामाजिक   **B.** ऐतिहासिक

C. पौराणिक   **D.** यथार्थवादी

Q.84 इनमें से कौन-सा उपन्यास प्रेमचन्द्र का नहीं है?

A. गोदान   **B.** सेवासदन

C. कर्मभूमि   **D.** शेखर एक जीवनी

Q.85 हिन्दी में रिपोर्ताज का आरम्भ किस युग में हुआ था?

A. द्विवेदी युग

B. भारतेन्दु युग

C. प्रसाद युग

D. प्रसादोत्तर युग/छायावादोत्तर युग

Q.86 "हमारी यात्रा" __________ के यात्रा वृतांत हैं।

A. भगवान दास वर्मा   **B.** कल्याण चन्द्र

C. लोचन प्रसाद पाण्डेय   **D.** यशपाल जैन

Q.87 बनारसी दास चतुर्वेदी की रचना है-

A. रेखाचित्र   **B.** सेतुबन्ध

C. स्मारिका   **D.** इनमें से कोई नहीं

Q.88 "अमिट रेखाये" के संस्मरण रेखा चित्रकार हैं:

A. विष्णु प्रभाकर   **B.** सत्यवती मल्लिका

C. देवेन्द्र सत्यार्थी   **D.** शिवपूजन सहाय

Q.89 "गणेश शंकर विद्यार्थी" रचित गाँधी की जीवनी है-

A. बापू   **B.** श्री गाँधी

C. कर्मवीर गाँधी   **D.** अकाल पुरूष गाँधी

Q.90 इनमें से जगन्नाथदास "रत्नाकर" की कृति छाँटिये-

A. उध्दव शतक   **B.** भ्रमरगीत

C. गीतावली   **D.** रश्मिरथी

Q.91 "नीहार" की रचना किसने की है?

A. महादेवी वर्मा   **B.** अज्ञेय

C. दिनकर   **D.** पन्त

Q.92 "शिवराज भूषण" के रचयिता कवि कौन है?

A. घनानन्द   **B.** बिहारी   **C.** पद्माकर   **D.** भूषण

Q.93 इनमें से सूरदास की कृति कौन-सी है?

A. कवितावली   **B.** साहित्य लहरी

C. गीतावली   **D.** गंगालहरी

Q.94 इनमें से कौन-सी रचना तुलसीदास की नहीं है?

A. रामचरित मानस   **B.** कवितावली

C. गीतावली   **D.** साकेत

Q.95 इनमें से कौन-सा जोडा सही है?

A. महादेवी वर्मा - नीहार

B. मैथिलीशरणगुप्त - कामायनी

C. पन्त - तोडती पत्थर

D. निराला - साकेत

Q.96 प्रियप्रवास - हरिऔध

A. प्रियप्रवास - हरिऔध

B. सांध्यगीत - प्रसाद

C. आँसू - निराला

D. साकेत - तुलसीदास

Q.97 महाकवि भूषण की रचना है-

A. रेणुका

B. चिदम्बरा

C. दीपशिखा

D. छत्रसाल दशक

Q.98 भरतमुनि ने "रस सूत्र" का वेचन अपने किस ग्रन्थ में किया है?

A. नाट्यदर्पण

B. नाट्यशास्त्र

C. हृदयदर्पण

D. उपरोक्त में से कोई नहीं

Q.99 अनुभावों के कितने भेद होते हैं?

A. 2

B. 3

C. 4

D. 6

Q.100 "वीरो का कैसा हो बसन्त" में किस रस की सृष्टि हुई है?

A. वीर रस

B. श्रृंगार रस

C. अदभुत रस

D. वीभत्स रस

Q.101 दुख ही जीवन की कथा रही,

क्या कहूँ आज जो नहीं कहीं।

उपर्युक्त पंक्ति में कौन-सा रस है?

A. करुण रस

B. श्रृंगार रस

C. अदभुत रस

D. वीभत्स रस

Q.102 "मेरे तो गिरिधर गोपाल दूसरो न कोई,

जा के सिर मौर मुकुट मेरो पति सोई।"

उपर्युक्त पंक्ति में कौन-सा रस है?

A. श्रंगार रस

B. हास्य रस

C. कृष्ण रस

D. शान्त रस

Q.103 "मेरी भव बाधा हरो, राधा नागरि सोई

जा तन की साँई परे स्याम हरित दुति होई।"

उपर्युक्त पंक्ति में कौन-सा रस है?

A. भक्ति रस

B. श्रृंगार रस

C. अदभुत रस

D. वीर रस

Q.104 निम्न में कौन मात्रिक छन्द है?

A. दोहा

B. चौपाई

C. रोला

D. ये सभी

Q.105 'छन्दशास्त्र' के प्रणेता आचार्य माने जाते हैं?

A. पतंजलि

B. पिंगल

C. पाणिनि

D. मनु

Q.106 मंगल भवन अमंगल हारी।

द्रवहु सो दशरथ आर्जर बिहारी।।

इन पंक्तियों में किस छन्द का प्रयोग हुआ है?

A. दोहा

B. चौपाई

C. सोरठा

D. सवैया

Q.107 निज भाषा उन्नति अहे, सब उन्नति को मूल।

बिन निज भाषा ज्ञान के, मिटे न हिय की शूल।।

इन पंक्तियों में कौन-सा छन्द है?

A. दोहा

B. रोला

C. चौपाई

D. बरवै

Q.108 "सूर-सूर तुलसी शशि उडगन केशवदास और कवि खदयोत सम

जेहं तेहं करे प्रकास।।"

इन पंक्तियों में किस अलंकार का प्रयोग हुआ है?

A. अनुप्रास

B. यमक

C. उत्प्रेक्षा

D. विरोधाभास

Q.109 "नील परिधान वीच सुकुमार,

खुल रहा मृदुल अधखुला अंग।

खला हो ज्यों बिजली का फूल

मेघ बन बीच गुलाबी रंग"।

इन पंक्तियों में कौन-सा अलंकार है?

A. उत्प्रेक्षा

B. श्लेष

C. रूपक

D. उपमा

Q.110 'चरण कमल बन्दौ हरिराई' में कौन-सा अलंकार है?

A. यमक

B. रूपक

C. श्लेश

D. अनुप्रास

Q.111 बिहार की राजधानी 'पटना' किस बिहारी बोली क्षेत्र में स्थित है-

A. मैथिली

B. भोजपुरी

C. मगही

D. अंगिका

Q.112 खड़ी बोली की पहली रचना है?

A. प्रेम सागर

B. नासिकेतोपाख्यान

C. ढोला मारू रा दूहा

D. आशिय

Q.113 पश्चिमी हिन्दी के अन्तर्गत कौन-सी बोली नहीं आती है?

A. छत्तीसगढ़ी

B. कौरवी

C. बुन्देली

D. कन्नौज

Q.114 पश्चिमी हिन्दी की कितनी बोलियाँ है?

A. 3

B. 5

C. 4

D. 2

Q.115 'बनाफरी' किसकी उपबोली है?

A. बुन्देली

B. छत्तीसगढ़ी

C. बघेली

D. कन्नौजी

Q.116 सिन्धी भाषा का सम्बन्ध किस से है?

A. पैशाची

B. वाघड

C. मगही

D. शौरसैनी

Q.117 हिन्दी किस परिवार की भाषा है?

A. सामी हामी

B. भारोपीय

C. काकेसी

D. पापुई

Q.118 कौरवी भाषा का उदय किस से हुआ है?

A. पश्चिमी हिन्दी

B. राजस्थानी

C. पूर्वी हिन्दी

D. बिहारी

Q.119 निम्नलिखित में कौन 'देशज' शब्द है?

A. जूता

B. कीमत

C. हैजा

D. देहात

Q.120 'दशानन' निम्नलिखित में से कौन-सा शब्द है?

A. रूढ़

B. योगरूढ़

C. यौगिक

D. इनमें से कोई नहीं

Q.121 निम्नलिखित में से कौन मूर्धन्य ध्वनि नहीं है?

A. ट

B. ठ

C. ढ

D. ढ़

Q.122 निम्न में से कौन एक अल्पप्राण ध्वनि है?

A. क

B. ख

C. घ

D. ध

Q.123 देवनागरी लिपि का विकास किससे हुआ है?

A. खरोष्ठी

B. ब्राही

C. कीलाक्षर

D. हेरीग्लिफिक

Q.124 देवनागरी लिपि में स्वर वर्णों की संख्या है?

A. 11

B. 12

C. 13

D. 14

Q.125 'देवनागरी लिपि' मुलत: क्या है?

A. वर्णात्मक

B. अक्षरात्मक

C. चित्रात्मक

D. प्रतीकात्मक

// स्मार्ट उत्तर पुस्तिका //

सही उत्तर — उन छात्रों के प्रतिशत को इंगित करता है जिन्होंने प्रश्नों का सही उत्तर दिया था।

छोड़ दिया — उन छात्रों के प्रतिशत को इंगित करता है जिन्होंने प्रश्नों को छोड़ दिया था।

प्रश्न संख्या	उत्तर	सही उत्तर / छोड़ दिया	प्रश्न संख्या	उत्तर	सही उत्तर / छोड़ दिया	प्रश्न संख्या	उत्तर	सही उत्तर / छोड़ दिया	प्रश्न संख्या	उत्तर	सही उत्तर / छोड़ दिया	प्रश्न संख्या	उत्तर	सही उत्तर / छोड़ दिया
1	A	66.67 % / 0.0 %	17	D	69.44 % / 27.78 %	33	B	52.78 % / 27.78 %	49	A	61.11 % / 27.78 %	65	D	63.89 % / 27.78 %
2	C	66.67 % / 27.77 %	18	A	61.11 % / 27.78 %	34	C	58.33 % / 27.78 %	50	C	55.56 % / 27.77 %	66	D	58.33 % / 27.78 %
3	B	69.44 % / 27.78 %	19	D	61.11 % / 27.78 %	35	A	66.67 % / 27.77 %	51	D	61.11 % / 27.78 %	67	A	44.44 % / 27.78 %
4	B	61.11 % / 27.78 %	20	A	66.67 % / 27.77 %	36	D	52.78 % / 27.78 %	52	C	58.33 % / 27.78 %	68	D	52.78 % / 27.78 %
5	C	69.44 % / 27.78 %	21	A	69.44 % / 27.78 %	37	C	63.89 % / 27.78 %	53	B	69.44 % / 27.78 %	69	B	55.56 % / 27.77 %
6	C	72.22 % / 27.78 %	22	A	69.44 % / 27.78 %	38	D	55.56 % / 27.77 %	54	D	69.44 % / 27.78 %	70	D	66.67 % / 27.77 %
7	B	69.44 % / 27.78 %	23	A	72.22 % / 27.78 %	39	A	66.67 % / 27.77 %	55	D	72.22 % / 27.78 %	71	C	52.78 % / 27.78 %
8	A	66.67 % / 27.77 %	24	B	50.0 % / 27.78 %	40	A	66.67 % / 27.77 %	56	A	66.67 % / 27.77 %	72	B	33.33 % / 27.78 %
9	C	52.78 % / 27.78 %	25	D	58.33 % / 27.78 %	41	C	66.67 % / 27.77 %	57	D	69.44 % / 27.78 %	73	D	47.22 % / 27.78 %
10	D	47.22 % / 27.78 %	26	A	61.11 % / 27.78 %	42	A	72.22 % / 27.78 %	58	C	66.67 % / 27.77 %	74	B	44.44 % / 27.78 %
11	B	52.78 % / 27.78 %	27	C	55.56 % / 27.77 %	43	A	69.44 % / 27.78 %	59	C	63.89 % / 27.78 %	75	A	52.78 % / 27.78 %
12	A	50.0 % / 27.78 %	28	B	50.0 % / 27.78 %	44	A	58.33 % / 27.78 %	60	B	63.89 % / 27.78 %	76	B	50.0 % / 27.78 %
13	A	58.33 % / 27.78 %	29	D	25.0 % / 27.78 %	45	B	58.33 % / 27.78 %	61	A	63.89 % / 27.78 %	77	B	61.11 % / 27.78 %
14	A	69.44 % / 27.78 %	30	A	44.44 % / 27.78 %	46	C	52.78 % / 27.78 %	62	C	63.89 % / 27.78 %	78	B	44.44 % / 27.78 %
15	A	55.56 % / 27.77 %	31	A	41.67 % / 27.77 %	47	C	69.44 % / 27.78 %	63	D	55.56 % / 27.77 %	79	D	36.11 % / 27.78 %
16	A	63.89 % / 27.78 %	32	A	44.44 % / 27.78 %	48	B	69.44 % / 27.78 %	64	B	58.33 % / 27.78 %	80	A	69.44 % / 27.78 %

प्रश्न संख्या	उत्तर	सही उत्तर	छोड़ दिया
81	C	52.78 %	27.78 %
82	D	52.78 %	27.78 %
83	B	55.56 %	27.77 %
84	D	63.89 %	27.78 %
85	D	58.33 %	27.78 %
86	C	19.44 %	27.78 %
87	A	30.56 %	27.77 %
88	B	30.56 %	27.77 %
89	B	36.11 %	27.78 %

प्रश्न संख्या	उत्तर	सही उत्तर	छोड़ दिया
90	A	61.11 %	27.78 %
91	A	63.89 %	27.78 %
92	D	61.11 %	27.78 %
93	B	69.44 %	27.78 %
94	D	69.44 %	27.78 %
95	A	55.56 %	27.77 %
96	A	61.11 %	27.78 %
97	D	63.89 %	27.78 %
98	A	13.89 %	27.78 %

प्रश्न संख्या	उत्तर	सही उत्तर	छोड़ दिया
99	A	33.33 %	27.78 %
100	A	69.44 %	27.78 %
101	A	72.22 %	27.78 %
102	A	55.56 %	27.77 %
103	A	61.11 %	27.78 %
104	D	61.11 %	27.78 %
105	B	50.0 %	27.78 %
106	B	72.22 %	27.78 %
107	A	58.33 %	27.78 %

प्रश्न संख्या	उत्तर	सही उत्तर	छोड़ दिया
108	B	55.56 %	27.77 %
109	A	50.0 %	27.78 %
110	B	66.67 %	27.77 %
111	C	41.67 %	27.77 %
112	A	50.0 %	27.78 %
113	A	58.33 %	27.78 %
114	B	69.44 %	27.78 %
115	A	30.56 %	27.77 %
116	A	22.22 %	27.78 %

प्रश्न संख्या	उत्तर	सही उत्तर	छोड़ दिया
117	B	72.22 %	27.78 %
118	A	58.33 %	27.78 %
119	A	50.0 %	27.78 %
120	B	69.44 %	27.78 %
121	D	72.22 %	27.78 %
122	A	63.89 %	27.78 %
123	B	72.22 %	27.78 %
124	B	19.44 %	27.78 %
125	B	50.0 %	27.78 %

कार्य विश्लेषण	
औसत अंक (%)	49.6%
टॉपर्स स्कोर (%)	97.6%
आपका स्कोर	

//संकेत और समाधान//

1. 'देवनागरी लिपि' दायें से बायें लिखी जाती है।

अधिकतर भाषाओं की तरह देवनागरी भी बायें से दायें लिखी जाती है। प्रत्येक शब्द के ऊपर एक रेखा खिंची होती है (कुछ वर्णों के ऊपर रेखा नहीं होती है)इसे शिरोरेखा कहते हैं। इसका विकास ब्राह्मी लिपि से हुआ है। यह एक ध्वन्यात्मक लिपि है जो प्रचलित लिपियों (रोमन, अरबी, चीनी आदि) में सबसे अधिक वैज्ञानिक है।

देवनागरी लिपि की जड़ें प्राचीन ब्राह्मी परिवार में हैं। गुजरात के कुछ शिलालेखों की लिपि, जो प्रथम शताब्दी से चौथी शताब्दी के बीच के हैं, नागरी लिपि से बहुत मेल खाती है।

अतः विकल्प (A) सही है।

2. 'तोता डाली पर बैठा है' इस वाक्य में अधिकरण कारक है।

संज्ञा या सर्वनाम के जिस रूप से उनका (संज्ञा या सर्वनाम का) क्रिया से सम्बन्ध सूचित हो, उस रूप को 'कारक' कहते हैं।

अतः विकल्प (C) सही है।

3. 'साधु आ रहे हैं' वाक्य में साधु' बहुवचन शब्द है।

संज्ञा, सर्वनाम, विशेषण और क्रिया के जिस रूप से संख्या का बोध हो, उसे 'वचन' कहते है।

जैसे-
फ्रिज में सब्जियाँ रखी हैं।
तालाब में मछलियाँ तैर रही हैं।
माली पौधे सींच रहा है।
कछुआ खरगोश के पीछे है।

अतः विकल्प (B) सही है।

4. अरहर शब्द स्त्रीलिंग है।

संज्ञा शब्दों के जिस रूप से उसके पुरुष या स्त्री जाति होने का पता चलता है, उसे लिंग कहते है।

अनाजों के नाम पुल्लिंग होते है । जैसे – गेहूँ, बाजरा, चावल आदि। अपवाद – अरहर, मूँग आदि।

अतः विकल्प (B) सही है।

5. 'विद्याभ्यास' का सन्धि विच्छेद विद्या + अभ्यास होगा। यहाँ स्वर सन्धि है।

स्वर सन्धि- स्वर वर्ण के साथ स्वर वर्ण के मेल से विकार उत्पन्न होता है। जैसे- विद्या + अर्थी = विद्यार्थी, महा + ईश = महेश

अतः विकल्प (C) सही है।

6. 'नीलगाय' में कर्मधारय समास है। इसका समास विग्रह नीली है जो गाय होता है।

कर्मधारय समास- जिस समास के दोनों शब्दों के बीच विशेषण - विशेष्य अथवा उपमान - उपमेय का सम्बन्ध हो।

कमल के समान नयन = कमलनयन, चन्द्र जैसे मुख = चंद्रमुख आदि

अतः विकल्प (C) सही है।

7. त्रिभुज' शब्द में द्विगु समास है। इसका समास विग्रह तीन भुजाओं का समाहार होता है।

द्विगु समास- जिस समास में पूर्वपद (पहला पद) संख्यावाचक विशेषण हो।

जैसे- दो पहरों का समूह = दोपहर, तीनों लोकों का समाहार = त्रिलोक।

अतः विकल्प (B) सही है।

8. 'अपने हाथ से स्वयं काम करो' वाक्य का शुद्ध रूप अपना काम स्वयं करो।

अतः विकल्प (A) सही है।

9. अकारान्त पुल्लिङ्ग 'राम' शब्द से 'तृतीया विभक्ति' में 'रामेण' रूप प्राप्त होता है-

विभक्ति	एकवचन	द्विवचन	बहुवचन
प्रथमा	रामः	रामौ	रामाः
द्वितीया	रामम्	रामौ	रामान्
तृतीया	रामेण	रामाभ्यां	रामैः

अतः विकल्प (C) सही है।

10. 'बादल' का पर्यायवाची शब्द भर्कट नहीं है।

बादल के पर्यायवाची- अभ्र, मेघ, बादल, पर्जन्य, अंबुद, अंबुधर, अब्र, जलद, घटा, घन, घनश्याम, जलधर, जीमूत, तोयद, तोयधर ,धाराधर, नीरद, नीरधर, पयोद, पयोधर।

अतः विकल्प (D) सही है।

11. 'अर्वाचीन' शब्द का विलोम शब्द प्राचीन है।

विलोम शब्द- जो शब्द किसी दूसरे शब्द का उल्टा अर्थ बताते हैं, उन्हें विलोम शब्द या विपरीतार्थक शब्द कहते हैं।

जैसे- अपेक्षा - नगद, आय- व्यय, आजादी - गुलाम, नवीन - प्राचीन।

अतः विकल्प (B) सही है।

12. 'आकृति' शब्द का समभिन्नार्थक आकर है।

आकर (खान,भंडार) = आकार (आकृति)

कुछ शब्द ऐसे होते हैं जिनमें स्वर, मात्रा अथवा व्यंजन में थोड़ा-सा अन्तर होता है। वे बोलचाल में लगभग एक जैसे लगते हैं, परन्तु उनके अर्थ में भिन्नता होती है। ऐसे शब्द 'श्रुतिसम भिन्नार्थक शब्द' कहलाते हैं।

जैसे- घन और धन दोनों के उच्चारण में कोई खास अन्तर महसूस नहीं होता परन्तु अर्थ में भिन्नता है।

घन= बादल
धन= सम्पत्ति

अतः विकल्प (A) सही है।

13. 'छाती के बल चलने वाला' के लिये एक शब्द उरग होता है।

कम से कम शब्दों में अधिकाधिक अर्थ को प्रकट करना एक कला है जोकि एक अच्छी रचना के लिए आवश्यक है। ऐसे शब्दों के प्रयोग से वाक्य-रचना में संक्षिप्तता, सुन्दरता व गंभीरता आती है।

अतः विकल्प (A) सही है।

14. "बरस पड़ना" मुहावरे का सही अर्थ अत्याधिक क्रोधित होना है।

अतः विकल्प (A) सही है।

15. 'छठी का दूध याद आना' का सही अर्थ बुरा हाल होना है।

'छठी का दूध याद आना'- बुरी तरह पराजित होना

अतः विकल्प (A) सही है।

16. 'मालविकाग्निमित्रम्' कालिदास द्वारा रचित संस्कृत नाटक है।

यह पाँच अंकों का नाटक है जिसमे मालवदेश की राजकुमारी मालविका तथा विदिशा के राजा अग्निमित्र का प्रेम और उनके विवाह का वर्णन है। वस्तुत: यह

नाटक राजमहलों में चलने वाले प्रणय षड्यन्त्रों का उन्मूलक है तथा इसमें नाट्यक्रिया का समग्र सूत्र विदूषक के हाथों में समर्पित है।

अतः विकल्प (A) सही है।

17. प्रतिमा नाटकम् रचना कालिदास की नहीं है। यह भास का रामायण पर आधारित नाटक है।

अतः विकल्प (D) सही है।

18. 'मालती माधव' रचना के लेखक भवभूति है।

यह 10 अंकों का प्रकरण है जिसमें मालती और माधव की कल्पनाप्रसूत प्रेमकथा है। युवावस्था के उन्मादक प्रेम का इसमें उत्कृष्ट वर्णन है। इसमें स्थान स्थान पर प्रकृति का विशेष वर्णनचित्र प्राप्त होता है।

अतः विकल्प (A) सही है।

19. किरातार्जुनीयम् रचना भारवि की है।

किरातार्जुनीयम् (अर्थ: किरात और अर्जुन की कथा) महाकवि भारवि द्वारा सातवीं शती ई. में रचित महाकाव्य है जिसे संस्कृत साहित्य में महाकाव्यों 'वृहल्लयी' में स्थान प्राप्त है।

अतः विकल्प (D) सही है।

20. 'शिशुपालवध' के लेखक का नाम माघ था।

शिशुपालवध महाकवि माघ द्वारा रचित संस्कृत काव्य है। 20 सर्गों तथा 1800 अलंकारिक छन्दों में रचित यह ग्रन्थ संस्कृत के छः महाकाव्यों में गिना जाता है। इसमें कृष्ण द्वारा शिशुपाल के वध की कथा का वर्णन है।

अतः विकल्प (A) सही है।

21. 'दशकुमार चरित' रचना दण्डी की है।

'दशकुमार चरित', दण्डी (षष्ठ या सप्तम शताब्दी ई.) द्वारा प्रणीत संस्कृत गद्यकाव्य है। इसमें दस कुमारों का चरित वर्णित होने के कारण इसका नाम 'दशकुमार चरित' है।

अतः विकल्प (A) सही है।

22. 'नैषधीयचरित' रचना के लेखक का नाम श्री हर्ष है।

श्रीहर्ष 12वीं सदी के संस्कृत के प्रसिद्ध कवि तथा दार्शनिक थे। उनमें उच्चकोटि की काव्यात्मक प्रतिभा थी तथा वे अलंकृत शैली के सर्वश्रेष्ठ कवि थे। वे शृंगार के कला पक्ष के कवि थे। महान कवि होने के साथ-साथ वे बड़े दार्शनिक भी थे। श्रीहर्ष का 'नैषधीयचरित' 'बृहल्लयी' में बृहत्तम महाकाव्य है। परम प्रौढ़ शास्त्रीय वैदुष्य से ओतप्रोत, कविप्रौढ़ोक्तिसिद्ध कल्पना से वैदग्ध्यपूर्ण और अलंकृत काव्यशैली के उत्कृष्टतम महाकाव्य के रूप में 'नैषधीयचरित' का संस्कृत महाकाव्यों में अद्वितीय स्थान है।

अतः विकल्प (A) सही है।

23. 'विद्यालय' का सही सन्धि विच्छेद विद्या + आलय होता है। यहाँ दीर्घ संधि है।

दीर्घ सन्धि-जब दो शब्दों की संधि करते समय (अ, आ) के साथ (अ, आ) हो तो 'आ' बनता है, जब (इ, ई) के साथ (इ, ई) हो तो 'ई' बनता है, जब (उ, ऊ) के साथ (उ, ऊ) हो तो 'ऊ' बनता है। इस संधि को हम हस्व सन्धि भी कह सकते हैं।

अतः विकल्प (A) सही है।

24. महोत्सव शब्द में गुण सन्धि है।

जब सन्धि करते समय (अ, आ) के साथ (इ, ई) हो तो 'ए' बनता है, जब (अ, आ) के साथ (उ, ऊ) हो तो 'ओ' बनता है, जब (अ, आ) के साथ (ऋ) हो तो 'अर' बनता है तो यह गुण सन्धि कहलाती है।

अतः विकल्प (B) सही है।

25. 'सच्चित' शब्द में व्यंजन सन्धि है।

सच्चित का सन्धि विच्छेद = सत् + चित, जिन व्यंजनों में परिवर्तन के कारण सन्धि है = त्/द् + च = च्च

अतः विकल्प (D) सही है।

26. शब्द - गृहंगच्छति

विग्रह - गृहम् + गच्छति

सूत्र - 'मोऽनुस्वारः।'

इस सूत्र के अनुसार सन्धि के समय जब सामने कोई व्यंजन हो तब प्रथम पदान्त मकार का अनुस्वार होगा, जैसे- 'गृहम्' का 'गृहं' होता है।

अतः विकल्प (A) सही है।

27. 'महात्मा' शब्द में कर्मधारय समास है अर्थात महान है जो आत्मा= महात्मा।

कर्मधारय समास- जिस समास के दोनों शब्दों के बीच विशेषण-विशेष्य अथवा उपमान-उपमेय का सम्बन्ध हो।

उदाहरण- कमल के समान नयन = कमलनयन, चन्द्र जैसे मुख = चंद्रमुख आदि।

अतः विकल्प (C) सही है।

28. 'प्रतिदिनम्' का समासविग्रह होता है-'दिनं दिनं प्रति'।

सूत्र:- 'अव्ययं विभक्ति-समीप-समृद्धि-व्यृद्धि-अर्थाभाव-अत्यय-असम्प्रति-शब्दप्रादुर्भाव-पश्चात्-यथा-आनुपूर्व्य-यौगपद्य-सादृश्य-सम्पत्ति-साकल्य-अन्तवचनेषु' सूत्र से 'वीप्सा' अर्थ में अव्यय प्रति के साथ दिन का अव्ययीभाव समास होता है और समस्त पद 'प्रतिदिनम्' प्राप्त होता है, जो एक अव्यय होगा।

अतः विकल्प (B) सही है।

29. तकारान्त स्त्रीलिंग 'सरित्' शब्द से 'चतुर्थी विभक्ति एकवचन' में 'सरिते' रूप प्राप्त होता है-

विभक्ति	एकवचन	द्विवचन	बहुवचन
प्रथमा	रामः	रामौ	रामाः
द्वितीया	रामम्	रामौ	रामान्
तृतीया	रामेण	रामाभ्यां	रामैः
चतुर्थी	सरिते	सरिद्भ्याम्	सरिद्भ्यः

अतः विकल्प (D) सही है।

30. तकारान्त नपुंसकलिंग 'जगत्' शब्द से 'पञ्चमी और षष्ठी विभक्तियों में एकवचन' में जगतः रूप प्राप्त होता है-

विभक्ति	एकवचन	द्विवचन	बहुवचन
प्रथमा	जगत्	जगती	जगन्ति
द्वितीया	जगत्	जगती	जगन्ति
तृतीया	जगता	जगद्भ्याम्	जगद्भिः
चतुर्थी	जगते	जगद्भ्याम्	जगद्भ्यः
पञ्चमी	जगतः	जगद्भ्याम्	जगद्भ्यः
षष्ठी	जगतः	जगतोः	जगताम्

अतः विकल्प (A) सही है।

31. 'तिष्ठति' धातु से 'लट् लकार' के विविध वचनों और पुरुषों में प्राप्त रूप इस प्रकार है-

पुरुष	एकवचन	द्विवचन	बहुवचन
प्रथमपुरुष	तिष्ठति	तिष्ठतः	तिष्ठन्ति
मध्यमपुरुष	तिष्ठसि	तिष्ठथः	तिष्ठथ

उत्तमपुरूष	तिष्ठामि	तिष्ठावः	तिष्ठामः

इसलिये स्पष्ट है कि 'लट् लकार, प्रथम पुरूष, एकवचन' में 'तिष्ठति' रूप बनता है।

अतः विकल्प (A) सही है।

32. 'पिब्' धातु से 'लङ् लकार' के विविध वचनों और पुरूषों में प्राप्त रूप इस प्रकार है-

पुरूष	एकवचन	द्विवचन	बहुवचन
प्रथमपुरूष	अपिबत्	अपिबताम्	अपिबन्
मध्यमपुरूष	अपिबः	अपिबतम्	अपिबत
उत्तमपुरूष	अपिबम्	अपिबाव	अपिबाम

इसलिये स्पष्ट है कि 'लङ् लकार, प्रथम पुरूष, एकवचन' में 'अपिबत्' रूप बनता है।

अतः विकल्प (A) सही है।

33. 'स्वस्ति' अव्ययपद है जिसका अर्थ होता है 'कल्याण हो'।

इसके योग में 'नमः स्वस्तिस्वाहास्वधाऽलंवषड्योगाच्च' सूत्र से चतुर्थी विभक्ति होती है।

इस सूत्र के अनुसार स्वस्ति, नमः (नमस्कार), स्वाहा (हवि कर्म), स्वधा (पितर तर्पण), अलम् (पर्याप्त), वषट् (वषट्कार) शब्दों के योग में भी चतुर्थी विभक्ति का प्रयोग होता है।

यथा-

पुत्राय स्वस्ति।
गणेशाय नमः।
इन्द्राय स्वाहा।
पि स्वधा।

चतुर्थी विभक्ति मे सम्प्रदान होता है अतः 'प्रजाभ्यः स्वस्ति' में सम्प्रदान कारक होता है।

अतः विकल्प (B) सही है।

34. 'सहयुक्तेप्रधाने' सूत्र के बारे में काशिका में 'सहार्थेन युक्ते अप्रधाने तृतीया विभक्तिर् भवति।' और सिद्धान्तकौमुदी में 'सहार्थेन युक्ते प्रधाने तृतीया स्यात्।' लिखा है। जिसके अनुसार 'सह' तथा सह के अर्थ में प्रयुक्त होने वाले 'सार्धम्' आदि के योग में अप्रधान शब्दों में तृतीया विभक्ति होती है। इसप्रकार सूत्र का तृतीया विभक्ति के साथ सम्बन्ध स्थापित होता है। तृतीया विभक्ति का कारक 'करण' होता है।

उदाहरण- पुत्रेण सह आगतः पिता। यहाँ आगतः क्रिया का कर्त्ता पिता है और क्रिया से संबन्ध न होने के कारण पुत्र अप्रधान शब्द है उसमें प्रस्तुत सूत्र से 'तृतीया विभक्ति' हुआ है तथा 'कारक करण' है।

इसलिये स्पष्ट है कि 'सहयुक्तेप्रधाने' में तृतीया विभक्ति का कारक 'करण' होता है।

अतः विकल्प (C) सही है।

35. 'रामः गृहं गच्छति' शब्द का हिन्दी अनुवाद 'राम घर जाता है।' होगा।

'रामः गृहं गच्छति' इस वाक्य में 'गच्छति' इस क्रियापद से ज्ञात होता है, वाक्य 'लट्लकार' अर्थात् सामान्य वर्तमानकाल में है।

'रामः' कर्ता तथा 'गृहं' कर्म है। 'गच्छति' क्रियापद धातु 'गम्-गच्छ' है जिसका अर्थ जाना होता है।

वर्तमानकाल में क्रिया का सामान्य रूप से होने का पता चले तब सामान्य वर्तमान काल कहलाता है। जब कोई क्रिया पूर्ण या अपूर्ण होने का कोई संदेह हो वहाँ सामान्य वर्तमानकाल होता है।

इसलिये स्पष्ट है कि 'रामः गृहं गच्छति' का अनुवाद होगा 'राम घर जाता है'।

अतः विकल्प (A) सही है।

36. 'चौरासी वैष्णवन की वार्ता' 'गोस्वामी गोकुलनाथ' लेखक की रचना है।

यह गद्य ग्रंथ ब्रज भाषा में लिखा गया है। इसमें महाप्रभु वल्लभाचार्य जी के पुष्टि संप्रदाय के शिष्यों की कथाएं संकलित हैं। 'गोकुलनाथ' जिन्हें 'गोस्वामी गोकुलनाथ' के नाम से जाना जाता है, वल्लभ संप्रदाय की आचार्य परंपरा के यशस्वी प्रचारक लेखक रहे हैं। गोस्वामी गोकुलनाथ गोस्वामी विट्ठलनाथ के चौथे पुत्र थे। इनका जन्म विक्रम संवत 1608 को प्रयाग के पास एक गांव अड़ैल में हुआ था। यह भी अपने पिता के समान विद्वान थे और इन्होंने संस्कृत-हिंदी में शिक्षा प्राप्त करने के बाद लेखन कार्य शुरु किया। गोकुलनाथ ने हिंदी साहित्य में अपने रचनायें वार्ता साहित्य के रूप मे लिखीं। गोकुलनाथ ने दो वार्ता ग्रंथों की रचना की 'पहला चौरासी वैष्णवन की वार्ता' और दूसरा 'दो सौ बावन वैष्णवन की वार्ता'। उनके द्वारा रचित अन्य ग्रंथो में 'वनयात्रा', 'नैत्य-सेवा-प्रकार', 'बैठक चरित्र', 'घरू वार्ता', 'भावना', 'हास्य प्रसंग' आदि हैं।

अतः विकल्प (D) सही है।

37. 'रानी केती की कहानी' के रचनाकार इंशा अल्ला खाँ थे।

इंशा अल्ला खाँ हिंदी साहित्यकाऔर उर्दू कवि थे। वे लखनऊ और दिल्ली दरबार में कविता कर रहे थे। वह फिर से एक-नाम से उर्दू के व्याकरण की रचना की थी। हिंदी में वह रानी केतकी की कहानी कहा जाता है चार्ट की रचना की है। यह उर्दू लिपि में लिखा गया है।

अतः विकल्प (C) सही है।

38. 'सदल मिश्र' की रचना नासिकेतो-पाख्यान है।

'नासिकेतो-पाख्यान' में नचिकेता ऋषि की कथा है। इसका मूल यजुर्वेद में तथा कथारूप में विस्तार कठोपनिषद् एवं पुराणों में मिलता है। कठोपनिषद् में ब्रह्मज्ञान निरूपण के लिये इस कथा का उपयोग किया गया है। अपने स्वतंत्र अनुवाद में मिश्र जी ने ब्रह्मज्ञान निरूपण को इतनी प्रधानता नहीं दी जितनी घटनाओं के कौतूहलपूर्ण वर्णन को।

अतः विकल्प (D) सही है।

39. "सरहपा" का सम्बन्ध सिद्ध साहित्य से है।

इस साहित्य में तंत्र साधना पर अधिक बल दिया गया। साधना पद्धति में शिव-शक्ति के युगल रूप की उपासना की जाती है।इसमें जाति प्रथा एवं वर्णभेद व्यवस्था का विरोध किया गया। इस साहित्य में ब्राह्मण धर्म का खंडन किया गया है। सिद्धों में पंच मकार (मांस, मछली, मदिरा, मुद्रा, मैथुन) की दुष्प्रवृति देखने को मिलती है।

अतः विकल्प (A) सही है।

40. 'सत्यार्थ प्रकाश' के लेखक का नाम स्वामी दयानन्द है।

सत्यार्थ प्रकाश आर्य समाज का प्रमुख ग्रंथ है जिसकी रचना महर्षि दयानन्द सरस्वती ने 1875 ई. में हिन्दी में की थी। ग्रंथ की रचना का कार्य स्वामी जी ने उदयपुर में किया। लेखन-स्थल पर वर्तमान में सत्यार्थ प्रकाश भवन बना है। समाज सुधारक स्वामी दयानन्द सरस्वती की इस रचना का मुख्य प्रयोजन सत्य को सत्य और मिथ्या को मिथ्या ही प्रतिपादन करना है।

अतः विकल्प (A) सही है।

41. आदिकाल को वीरगाथाकाल रामचन्द्र शुक्ल ने कहा है।

हजारीप्रसाद द्विवेदी और नगेन्द्र ने आदिकाल को, आदिकाल की संज्ञा दी।

राहुल सांकृत्यान ने आदिकाल को - सिद्ध सामंत काल की संज्ञा दी।

अतः विकल्प (C) सही है।

42. 'पृथ्वीराज रासो' के रचयिता का नाम चंदबरदाई है।

पृथ्वीराज रासो हिन्दी भाषा में लिखा एक महाकाव्य है जिसमें पृथ्वीराज चौहान के जीवन और चरित्र का वर्णन किया गया है। इसके रचयिता चंदबरदाई राव

पृथ्वीराज के बचपन के मित्र और उनके राजकवि थे और उनकी युद्ध यात्राओं के समय वीर रस की कविताओं से सेना को प्रोत्साहित भी करते थे।

अतः विकल्प (A) सही है।

43. कबीर दास सन्त काव्यधारा का प्रतिनिधित्व करते हैं।

कबीर या भगत कबीर 15वीं सदी के भारतीय रहस्यवादी कवि और संत थे। वे हिन्दी साहित्य के भक्तिकालीन युग में ज्ञानाश्रयी-निर्गुण शाखा की काव्यधारा के प्रवर्तक थे।

अतः विकल्प (A) सही है।

44. "खुमान रासो" की रचना 'दलपत विजय' ने की है।

इस ग्रंथ की प्रामाणिक हस्तलिखित प्रति पूना के संग्रहालय में सुरक्षित हैं। यह पांच हजार छंदों का विशाल काव्य ग्रंथ है। राजाओं के युद्धों और विवाहों के सरल वर्णनों से इस काव्य की भावभूमि का विस्तार हुआ है।

अतः विकल्प (A) सही है।

45. 'कुतुबन' सूफी काव्यधारा के कवि हैं।

आचार्य शुक्ल ने हिन्दी का प्रथम सूफी कवि 'कुतुबन' को माना है।

अतः विकल्प (B) सही है।

46. नामदास सूफी काव्यधारा के कवि नहीं हैं।

अतः विकल्प (C) सही है।

47. निर्गुण काव्यधारा की प्रवृत्ति रुढ़ियों एवं बाह्याडम्बरों का विरोध है।

निर्गुण की उपासना, मिथ्याडंबर का विरोध, गुरु की महत्ता, जाति-पांति के भेदभाव का विरोध, वैयक्तिक साधना पर जोर, रहस्यवादी प्रवृत्ति, साधारण धर्म का प्रतिपादन, विरह की मार्मिकता, नारी के प्रति दोहरा दृष्टिकोण, भजन, नामस्मरण, संतप्त, उपेक्षित, उत्पीड़ित मानव को परिज्ञान प्रदान करना आदि संत काव्य के मुख्य प्रयोजन हैं।

अतः विकल्प (C) सही है।

48. "पद्मावत" के रचयिता जायसी हैं।

पद्मावत हिन्दी साहित्य के अन्तर्गत सूफी परम्परा का प्रसिद्ध महाकाव्य है। इसके रचनाकार मलिक मोहम्मद जायसी हैं। दोहा और चौपाई छन्द में लिखे गए इस महाकाव्य की भाषा अवधी है।

अतः विकल्प (B) सही है।

49. "पद्मावत" अवधी भाषा में लिखा गया है।

पद्मावत हिन्दी साहित्य के अन्तर्गत सूफी परम्परा का प्रसिद्ध महाकाव्य है। दोहा और चौपाई छन्द में लिखे गए इस महाकाव्य की भाषा अवधी है।

अतः विकल्प (A) सही है।

50. "अष्टयाम" के रचयिता नाभादास हैं।

नाभादास- यमुनाष्टक, सिद्धान्त मुक्तावली, पुष्टिप्रवाहमर्यादाभेद

अतः विकल्प (C) सही है।

51. "दो सौ बावन वैष्णवन की वार्ता" के लेखक गोकुलनाथ हैं।

हिंदी साहित्य के इतिहास ग्रंथों में गोकुलनाथ जी का उल्लेख उनके 'वार्ता साहित्य' के कारण हुआ है।

गोकुलनाथ रचित दो वार्ता ग्रंथ प्राप्त हैं। पहला 'चौरासी वैष्णवन की वार्ता' और दूसरा 'दो सौ बावन वैष्णवन की वार्ता'।

इन दोनों की प्रामाणिकता और गोकुलनाथ रचित होने में विद्वानों में प्रारंभ से ही मतभेद रहा है, किंतु नवीनतम शोध और अनुशीलन से यह सिद्ध होता जा रहा है कि मूल वार्ताओं का कथन गोकुलनाथ ने ही किया था।

अतः विकल्प (D) सही है।

52. "नन्ददास" कृष्ण काव्यधारा से सम्बन्धित हैं।

जिन सगुण भक्त कवियों के द्वारा भगवान् विष्णु के अवतार के रूप में 'कृष्ण' की उपासना की गयी, उनके द्वारा रचित काव्य कृष्ण भक्ति काव्य कहलाता है।

अतः विकल्प (C) सही है।

53. "सूरसागर" ब्रज भाषा की कृति है।

सूरसागर, ब्रजभाषा में महाकवि सूरदास द्वारा रचे गए कीर्तनों-पदों का एक सुंदर संकलन है जो शब्दार्थ की दृष्टि से उपयुक्त और आदरणीय है। इसमें प्रथम नौ अध्याय संक्षिप्त है, पर दशम स्कन्ध का बहुत विस्तार हो गया है। इसमें भक्ति की प्रधानता है।

अतः विकल्प (B) सही है।

54. 'रास पंचाध्यायी', सूरदास जी की रचना नहीं है।

रास पंचाध्यायी नन्ददास की कृति है। यह मूलतः भागवत पुराण के दशम स्कंध के उनतीसवें अध्याय से तैंतीसवें अध्याय तक के पाँच अध्यायों का नाम है। यह संस्कृत का कोई स्वतंत्र ग्रंथ नहीं है। किंतु हिंदी में रास पंचाध्यायी नाम से स्वतंत्र ग्रंथ लिखे गए और यह नाम अत्यंत प्रसिद्ध हो गया। भागवत पुराण के इन पाँच अध्यायों की इस पुराण का प्राण माना जाता है क्योंकि इस अध्यायों में श्रीकृष्ण की दिव्य लीला के माध्यम से प्रेम और समर्पण की प्रतिष्ठा की गई है।

अतः विकल्प (D) सही है।

55. तुलसीदास जी कृष्णभक्त कवि नहीं है।

राम भक्ति काव्य धारा के सबसे बड़े और प्रतिनिधि कवि तुलसीदास हैं। राम भक्त कवियों की संख्या अपेक्षाकृत कम है। कम संख्या होने का सबसे बड़ा कारण है तुलसीदास का बरगदमयी व्यक्तित्व। यह सवर्णवादी काव्यधारा है इसलिए यह उच्चवर्ण में ज्यादा लोकप्रिय हुआ।

अतः विकल्प (D) सही है।

56. तुलसी की भक्ति का स्वरूप दास्य था।

तुलसी की दास्य भावना ने राम को स्वामी के रूप में ही देखा है। तुलसी ने जिस पारम्परिक भक्ति मार्ग का आलम्बन किया। उसे जिस प्रकार विकसित किया उसमें कोई साम्प्रदायिक स्वरूप नहीं है। कोई किसी भी देश जाति किसी भी मत का हो वह भक्ति कर सकता है।

अतः विकल्प (A) सही है।

57. रसमंजरी तुलसी द्वारा रचित ग्रन्थ नहीं है।

रसमंजरी के रचनाकार नंददास हैं।

अतः विकल्प (D) सही है।

58. रामचरित मानस महाकाव्य अवधी में लिखा गया है।

श्री रामचरित मानस अवधी भाषा में गोस्वामी तुलसीदास द्वारा 16वीं सदी में रचित एक इतिहास की घटना है।

इस ग्रन्थ को अवधी साहित्य (हिंदी साहित्य) की एक महान कृति माना जाता है। इसे सामान्यतः 'तुलसी रामायण' या 'तुलसीकृत रामायण' भी कहा जाता है। रामचरित मानस भारतीय संस्कृति में एक विशेष स्थान रखता है।

अतः विकल्प (C) सही है।

59. रीतिकालीन कवियों की काव्य भाषा ब्रज भाषा थी।

रीतिकाल की मुख्य काव्यभाषा- ब्रजभाषा के प्रयोग की व्यापकता और सीमा का ज्ञान।

ब्रजभाषा में ही प्रारम्भ में हिन्दी-काव्य की रचना हुई। सभी भक्त कवियों, रीतिकालीन कवियों ने अपनी रचनाएं इसी भाषा में लिखी हैं जिनमें प्रमुख हैं

सूरदास, रहीम, रसखान, केशव, घनानन्द, बिहारी, इत्यादि। इस काल में कई कवि ऐसे हुए हैं जो आचार्य भी थे और जिन्होंने विविध काव्यांगों के लक्षण देने वाले ग्रंथ भी लिखे।

अतः विकल्प (C) सही है।

60. 'भूषण' ने वीर रस में कविता लिखी है।

'भूषण' वास्तव में इनका नाम नहीं बल्कि उपाधि है जो इन्हें चित्रकूट के नरेश सोलंकी हृदयराम के पुत्र रुद्र ने प्रदान की थी। 'भूषण' की कविता में ओज है। वे वीर रस के कवि थे। ओज वीर रस की कविता का स्थायी भाव है।

अतः विकल्प (B) सही है।

61. "बिहारी सतसई" ब्रज भाषा का काव्य ग्रन्थ है।

बिहारी सतसई ग्रंथ ब्रजभाषा शैली में रचित है। ब्रजभाषा विक्रम की 13वीं शताब्दी से लेकर 20वीं शताब्दी तक भारत के मध्यदेश की मुख्य साहित्यिक भाषा एवं साथ ही साथ समस्त भारत की साहित्यिक भाषा थी।

अतः विकल्प (A) सही है।

62. "सुजान" शब्द का प्रयोग घनानन्द की कविता में सर्वाधिक हुआ है।

घनानन्द ग्रंथावली में उनकी 16 रचनाएँ संकलित हैं। घनानन्द के नाम से लगभग चार हजार की संख्या में कवित्त और सवैये मिलते हैं। इनकी सर्वाधिक लोकप्रिय रचना 'सुजान हित' है, जिसमें 507 पद हैं।

अतः विकल्प (C) सही है।

63. "केशवदास" रीतिमुक्त कवि नहीं है।

रीतिमुक्त कवियों ने चमत्कार की अभिव्यक्ति के लिए पूर्ववर्ती हासोन्मुख ग्रंथों को ही आधार बनाया था। अलंकार बुद्धि-प्रेरित कविता लिखी है, जबकि रीतिबद्ध कवियों ने निरूपक आचार्यों में आचार्य केशव, जसवन्तसिंह, मतिराम, भावभावित कविता लिखी है।

अतः विकल्प (D) सही है।

64. 'कविप्रिया' रीति काल के प्रसिद्ध कवि केशवदास द्वारा लिखा गया ग्रंथ है। अपने इस ग्रंथ में केशव ने 'अलंकार' शब्द को उसी व्यापक अर्थ में ग्रहण किया है, जैसे दण्डी, वामन आदि आचार्यों ने।

'कविप्रिया' कविजनों का मार्गदर्शक ग्रंथ कहा जा सकता है। इसमें कवि-कर्तव्यों तथा अलंकारों का विवेचन है। केशव ने 'कविप्रिया' में वर्ण्य-विषयों की तालिका इस प्रकार दी है-

देस, नगर, बन, बाग, गिरि, आश्रम, सरिता, ताल। रवि, सिस, सागर, भूमि के भूषन, रितु सब काल।।

अतः विकल्प (B) सही है।

65. "पद्मावती" भारतेन्दु की रचना नहीं है।

जायसी सूफी संत थे और इस रचना में उन्होंने नायक रतनसेन और नायिका पद्मिनी की प्रेमकथा को विस्तारपूर्वक कहते हुए प्रेम की साधना का संदेश दिया है। पद्मावत हिन्दी साहित्य के अन्तर्गत सूफी परम्परा का प्रसिद्ध महाकाव्य है।

अतः विकल्प (D) सही है।

66. उपरोक्त विकल्पो में विकल्प "रणधीर प्रेम मोहिनी" नाटक भारतेन्दु जी का नहीं है।

लाला श्रीनिवास दास भारतेंदु युग के प्रसिद्ध नाटकार भी थे। नाटक लेखन में वे भारतेंदु के समकक्ष माने जाते थे। वे मथुरा के निवासी थे और हिंदी, उर्दू, संस्कृत, फारसी और अंग्रेजी के अच्छे ज्ञाता थे। उनके नाटकों में शामिल हैं, प्रह्लाद चरित्र, तप्ता संवरण, रणधीर और प्रेम मोहिनी और संयोगिता स्वयंवर।

अतः विकल्प (D) सही है।

67. हिन्दी समालोचना के सूत्रपात के लिये भारतेन्दु युग की कवि वचन सुधा पत्रिका उल्लेखनीय है।

कविवचन सुधा, हरिश्चंद्र मैगजीन और स्त्री-शिक्षा की पत्रिका 'बालाबोधिनी के प्रकाशन के जरिए उन्होंने जन-जागरण का काम किया। कई आलोचक उन्हें हिंदी में राष्ट्रीय तथा साहित्यिक पत्रकारिता का जनक मानते हैं।

अतः विकल्प (A) सही है।

68. सरस्वती पत्रिका के सम्पादक "महावीर प्रसाद द्विवेदी" है।

सरस्वती हिन्दी साहित्य की प्रसिद्ध रूपगुणसम्पन्न प्रतिनिधि पत्रिका थी।इस पत्रिका का प्रकाशन इलाहाबाद से सन् 1900 ई. के जनवरी मास में प्रारम्भ हुआ था। 32 पृष्ठ की क्राउन आकार की इस पत्रिका का मूल्य 4 आना मात्र था। 1903 ई. में महावीर प्रसाद द्विवेदी इसके संपादक हुए और 1920 ई. तक रहे।

अतः विकल्प (D) सही है।

69. छायावाद को "स्थूल" के प्रति सूक्ष्म का "विद्रोह" डॉ. नगेन्द्र ने कहा है।

नगेन्द्र ने शुक्ल जी के उक्त कथन का बहुत प्रांजल और भड़कीला स्वरूप प्रस्तुत कर, छायावादी काव्य को, 'स्थूल के प्रति सूक्ष्म का विद्रोह कहा, जिसे छायावाद के सन्दर्भ में आज प्रायः उद्धृत किया जाता है।

अतः विकल्प (B) सही है।

70. 'मलिक मुहम्मद जायसी' छायावादी कवि नहीं है।

'मलिक मुहम्मद जायसी' भक्तिकाल की निर्गुण प्रेमाश्रयी शाखा व मलिक वंश के कवि हैं। जायसी अत्यंत उच्चकोटि के सरल और उदार सूफी महात्मा थे। हिन्दी के प्रसिद्ध सूफ़ी कवि, जिनके लिए केवल 'जायसी' शब्द का प्रयोग भी, उनके उपनाम की भाँति, किया जाता है।

अतः विकल्प (D) सही है।

71. छायावाद के प्रमुख कवियों में से महादेवी में गीतों की मधुर वेदना की मर्मिभिव्यक्ति अधिक है।

महादेवी वर्मा हिन्दी की सर्वाधिक प्रतिभावान कवयित्रियों में से थीं। वे हिन्दी साहित्य में छायावादी युग के चार प्रमुख स्तंभों में से एक मानी जाती हैं। आधुनिक हिन्दी की सबसे सशक्त कवयित्रियों में से एक होने के कारण उन्हें आधुनिक मीरा के नाम से भी जाना जाता है। कवि निराला ने उन्हें "हिन्दी के विशाल मन्दिर की सरस्वती" भी कहा है।

अतः विकल्प (C) सही है।

72. प्रगतिवादी काव्य सृष्टि वर्ग चेतना प्रधान है।

प्रगतिवादी काव्य एक सीधी-सहज-तेज प्रखर, कभी व्यंग्यपूर्ण आक्रामक काव्य-शैली का वाचक है। प्रगतिवाद साहित्य को सोद्देश्य मानता है और उसका उद्देश्य है 'जनता के लिए जनता का चित्रण करना'।

अतः विकल्प (B) सही है।

73. "युगधारा" रचना केदारनाथ अग्रवाल की नहीं है।

केदारनाथ अग्रवाल की रचनाये- जो शिलाएँ तोड़ते हैं ,कहें केदार खरी खरी, खुली आँखें खुले डैने, कुहकी कोयल खड़े पेड़ की देह, मार प्यार की थापें, फूल नहीं, रंग बोलते हैं-1, फूल नहीं, रंग बोलते हैं-2, आग का आइना, पंख और पतवार, अपूर्व, नींद के बादल, आत्म गंध, बम्बई का रक्त स्नान, युग-गंगा, बोले बोल अबोल आदि।

अतः विकल्प (D) सही है।

74. प्रयोगवाद के प्रवर्तक के अनुसार प्रयोगवादी कवि का मुख्य तथ्य था- 'भावुकता के स्थान पर बौद्धिकता की प्रतिष्ठा'।

प्रयोगवादी काव्यधारा की प्रमुख प्रवृत्तियाँ (विशेषताएँ)-

1. अतियथार्थवादिता
2. बौद्धिकता की अतिशयता
3. घोर वैयक्तिकता
4. वाद व विचारधारा का विरोध
5. नवीन उपमानों का प्रयोग
6. भाषा की स्वच्छंदता
7. निराशावाद
8. साहस और जोखिम
9. वैचित्र्य प्रदर्शन (शिल्पगत वैशिष्ट्य)
10. निरंतर प्रयोगशीलता
11. व्यापक अनास्था की भावना
12. सामाजिक यथार्थवाद की भावना
13. श्रृंगार का उन्मुक्त चित्रण
14. क्षणवाद
15. कुण्ठा और निराशा का चित्रण
16. नग्नता (भदेस) का निरूपण

अतः विकल्प (B) सही है।

75. 'शमशेर बहादुर सिंह' "तारसप्तक" का कवि नहीं है।

तार सप्तक में गजानन माधव मुक्तिबोध, नेमिचन्द्र जैन, भारतभूषण अग्रवाल, प्रभाकर माचवे, गिरिजा कुमार माथुर, रामविलास शर्मा एवं अज्ञेय सहित सात कवियों की कविताएँ संकलित की गई हैं।

अतः विकल्प (A) सही है।

76. अज्ञेय प्रयोगवाद के कवि है।

प्रयोगवाद के कवियों में हम सर्वप्रथम तारसप्तक के कवियों को गिनते हैं और इसके प्रवर्तक कवि सच्चिदानंद हीरानंद वात्स्यायन अज्ञेय ठहरते हैं। जैसा कि हम पहले कह आए हैं कि तारसप्तक 1943 ई. में प्रकाशित हुआ। इसमें सातकवियों को शामिल किए जाने के कारण इसका नाम तारसप्तक रखा गया।

अतः विकल्प (B) सही है।

77. हिन्दी की पहली कहानी लेखिका बंगमहिला है।

राजेन्द्र बाला घोष- बंग महिला का असली नाम है।

यह एक स्त्री लेखिका हैं।

अतः विकल्प (B) सही है।

78. "गुलाबी बन्नो" कहानी के लेखक धर्मवीर भारती हैं।

अतः विकल्प (B) सही है।

79. "अलका" जयशंकर प्रसाद के चन्द्रगुप्त नाटक की पात्र है।

तक्षशिला की राजकुमारी अलका, नाटक "चन्द्रगुप्त" की मुख्य नारी पात्र है। चन्द्रगुप्त (सन् 1931 में रचित) हिन्दी के प्रसिद्ध नाटककार जयशंकर प्रसाद का प्रमुख नाटक है। इसमें विदेशियों से भारत का संघर्ष और उस संघर्ष में भारत की विजय के विषय का वर्णन किया गया है। नाटककार जयशंकर प्रसाद जी के मन में भारत की गुलामी को लेकर गहरी व्यथा थी। इस ऐतिहासिक प्रसंग के माध्यम से उन्होंने अपने इसी विश्वास को दर्शाया है।

अतः विकल्प (D) सही है।

80. "अशोक के फूल" निबन्ध के रचयिता हजारी प्रसाद द्विवेदी हैं।

अशोक वृक्ष और उसके फूलों के माध्यम से भारत के प्राचीन इतिहास, संस्कृति, जीवन दृष्टि, धर्म, संसाधनों तथा विभिन्न जातियो के विषय में जानकारी दी

है। उन्होंने इस निबंध में बताया है कि आर्यों का आर्येतर जातियों से संघर्ष हुआ, जो जातियां गर्वीली थी और उन्होंने आर्यों का प्रभुत्व नहीं माना, जैसे दैत्य, असुर, राक्षस, दानव उनसे संघर्ष हुआ और जो शांतिप्रिय जातियां थी जैसे यक्ष- गंधर्व वह आर्यों से मिल गयी।

उन्होंने बताया है कि संस्कृत कवि कालिदास से पूर्व अशोक के वृक्ष एवं फूल तो थे पर महिमामंडित करने वाले कालिदास ही थे।

अतः विकल्प (A) सही है।

81. 'अर्धकथानक' हिंदी भाषा की पहली आत्मकथा है। यह आत्मकथा सन् 1641 ई. में 'बनारसी दास जैन' द्वारा लिखी गई है। ये संवत् 1643 ई. में उत्पन्न हुए थे। इन्होंने संवत् 1698 ई. तक का अपना जीवन-वृत्त अपनी आत्मकथा में बहुत ही व्यवस्थित तरीके से प्रस्तुत किया है। यह आत्मकथा ब्रजभाषा में है।

अतः विकल्प (C) सही है।

82. अर्द्धकथानक एक आत्मकथा है।

'अर्धकथानक' हिंदी भाषा की पहली आत्मकथा है। यह आत्मकथा सन् 1641 ई. में 'बनारसी दास जैन' द्वारा लिखी गई है। ये संवत् 1643 ई. में उत्पन्न हुए थे। इन्होंने संवत् 1698 ई. तक का अपना जीवन-वृत्त अपनी आत्मकथा में बहुत ही व्यवस्थित तरीके से प्रस्तुत किया है। यह आत्मकथा ब्रजभाषा में है। इस संबंध में हिंदी साहित्य के मूर्धन्य इतिहासकार आचार्य रामचंद्र शुक्ल की टिप्पणी उद्धरणीय है:-"ये जौनपुर के रहने वाले एक जैन जौहरी थे, जो आमेर में भी रहा करते थे।"

अतः विकल्प (D) सही है।

83. प्रसाद द्वारा रचित इरावती ऐतिहासिक उपन्यास है।

शुंगकालीन ऐतिहासिक पृष्ठभूमि पर लिखा गया यह अधूरा उपन्यास इरावती कौतूहल, जिज्ञासा, रोमांस और मनोरंजन आदि तत्वों के कथात्मक इस्तेमाल की दृष्टि से ही महत्वपूर्ण नहीं है बल्कि मनुष्य की जैविक आवश्यकताओं की निरुद्धि से उत्पन्न विकृतियों और कुण्ठाओं के परिणामों की दृष्टि से भी महत्वपूर्ण है।

अतः विकल्प (B) सही है।

84. 'शेखर एक जीवनी' उपन्यास प्रेमचन्द्र का नहीं है।

'शेखर एक जीवनी' महज एक उपन्यास नहीं है और न ही कथानायक शेखर की जीवनी का लेखा-जोखा, वरन् स्नेह और वेदना का जीवन-दर्शन भी है, जिसे लेखक ने अपने जीवनानुभवों के विस्तृत दायरे के सूत्र में पिरोया है। सच्चिदानन्द हीरानन्द वात्स्यायन 'अज्ञेय' की यह अमर कृति हिन्दी साहित्य में मील का पत्थर है।

प्रमुख चरित्र शेखर एक आदर्शवादी सिद्धान्तप्रिय युवक है, जिसे पराधीनता स्वीकार नहीं, जो अपने तर्क से समाज को बदलना चाहता है, जो बहस की हद तक तर्क करता है, जेल में अपने मन को खूब खंगालता है, शारदा के प्रति आकर्षण और शशि के प्रति अगाध स्नेह को जीवन का अर्थ और उद्देश्य समझता है। कहीं वह पलायनवादी हो जाता है तो कहीं यथार्थवादी के रूप में नियति को चुपचाप स्वीकार कर लेता है।

अतः विकल्प (D) सही है।

85. हिन्दी में रिपोर्ताज का आरम्भ प्रसादोत्तर युग/छायावादोत्तर युग में हुआ था।

भारतेंदु ने स्वयं जनवरी, 1877 की 'हरिश्चंद्र चंद्रिका' में दिल्ली दरबार का वर्णन किया है, जिसमें रिपोर्ताज की झलक देखी जा सकती है। रिपोर्ताज लेखन का प्रथम सायास प्रयास शिवदान सिंह चौहान द्वारा लिखित 'लक्ष्मीपुरा' को मान जा सकता है। यह सन् 1938 में 'रूपाभ' पत्रिका में प्रकाशित हुआ।

अतः विकल्प (D) सही है।

86. "हमारी यात्रा" लोचन प्रसाद पाण्डेय के यात्रा वृतांत हैं।

लोचन प्रसाद पाण्डेय हिन्दी के प्रसिद्ध साहित्यकार थे। इन्होंने हिन्दी एवं उड़िया दोनों भाषाओं में काव्य रचनाएँ भी की हैं। वे 'भारतेंदु साहित्य समिति' के भी ये सदस्य थे।

अतः विकल्प (C) सही है।

87. रेखाचित्र 'बनारसी दास चतुर्वेदी' की रचना है।

रेखाचित्र खींचना एक कला है। थोड़ी-सी रेखाओं के द्वारा एक सजीव चित्र बना देना किसी कुशल कलाकार का ही काम हो सकता है। इसका सर्वोत्तम उदाहरण अजन्ता का वह सुप्रसिद्ध चित्र है, जिसमें एक वृद्ध मनुष्य किसी राजा के पास जहाज डूबने या युद्ध में पराजय होने का दुखद संवाद लाया है। उसके चेहरे तथा हाथ की मूक रेखाओं ने बड़ी खूबी के साथ उसके हृदयगत भाव को प्रकट किया है।

अतः विकल्प (A) सही है।

88. "अमिट रेखाये" के संस्मरण रेखा चित्रकार सत्यवती मल्लिका हैं।

सत्यवती मल्लिका का जन्म 1 जनवरी 1906 को श्रीनगर में हुआ था।

वे महादेवी वर्मा और सुभद्राकुमारी चौहान की समकालीन रहीं।

अतः विकल्प (B) सही है।

89. "गणेश शंकर विद्यार्थी" रचित गाँधी की जीवनी है-"श्री गाँधी" है।

गणेश शंकर विद्यार्थी एक ऐसे पत्रकार थे, जिन्होंने अपनी लेखनी की ताकत से भारत में अंग्रेज़ी शासन की नींद उड़ा दी थी। इस महान स्वतंत्रता सेनानी ने कलम और वाणी के साथ-साथ महात्मा गांधी के अहिंसावादी विचारों और क्रांतिकारियों को समान रूप से समर्थन और सहयोग दिया।

अतः विकल्प (B) सही है।

90. उध्दव शतक जगन्नाथदास "रत्नाकर" की कृति है।

इनकी प्रमुख कृतियाँ हैं- उध्दव शतक, गंगावतरण, वीराष्टक, श्रृंगार लहरी, रत्नाष्टक, कलकाशी, हरिश्चन्द्र, गंगा लहरी, विष्णु लहरी, हिंडोला, समालोचनादर्श, आदि।

अतः विकल्प (A) सही है।

91. "नीहार" की रचना महादेवी वर्मा ने की है।

नीहार महादेवी वर्मा का पहला कविता-संग्रह है। इसका प्रथम संस्करण सन् 1930 ई. में गाँधी हिन्दी पुस्तक भण्डार, प्रयाग द्वारा प्रकाशित हुआ। इसकी भूमिका अयोध्यासिंह उपाध्याय 'हरिऔध' ने लिखी थी। इस संग्रह में महादेवी वर्मा की 1923 ई. से लेकर 1929 ई. तक के बीच लिखी कुल 47 कविताएँ संग्रहीत हैं।

अतः विकल्प (A) सही है।

92. "शिवराज भूषण" के रचयिता कवि भूषण है।

शिवराज भूषण, कवि भूषण की प्रसिद्ध रचना है। इसमें कुल 385 पद्य हैं।

अतः विकल्प (D) सही है।

93. 'साहित्य लहरी' सूरदास की कृति है।

नागरी प्रचारिणी सभा द्वारा प्रकाशित हस्तलिखित पुस्तकों की विवरण तालिका में सूरदास के 16 ग्रन्थों का उल्लेख है। इनमें सूरसागर, सूरसारावली, साहित्य लहरी, नल-दमयन्ती, ब्याहलो के अतिरिक्त दशमस्कंध टीका, नागलीला, भागवत, गोवर्धन लीला, सूरपचीसी, सूरसागर सार, प्राणप्यारी, आदि ग्रन्थ सम्मिलित हैं।

अतः विकल्प (B) सही है।

94. "साकेत" रचना तुलसीदास की नहीं है।

साकेत मैथिलीशरण गुप्त रचित महाकाव्य का नाम है। इसका प्रथम प्रकाशन सन् 1931 में हुआ था। इसके लिए उन्हें 1932 में मंगलाप्रसाद पारितोषिक प्राप्त हुआ था। साकेत राष्ट्रकवि मैथिलीशरण गुप्त की अमर कृति है। इस कृति में राम के भाई लक्ष्मण की पत्नी उर्मिला के विरह का जो चित्रण गुप्त जी ने किया है वह अत्यधिक मार्मिक और गहरी मानवीय संवेदनाओं और भावनाओं से ओत-प्रोत है। साकेत रामकथा पर आधारित है, किन्तु इसके केन्द्र में लक्ष्मण की पत्नी उर्मिला है। साकेत में कवि ने उर्मिला और लक्ष्मण के दाम्पत्य जीवन के हृदयस्पर्शी प्रसंग तथा उर्मिला की विरह दशा का अत्यन्त मार्मिक चित्रण किया है, साथ ही कैकेयी के पश्चात्ताप को दर्शाकर उसके चरित्र का मनोवैज्ञानिक एवं उज्ज्वल पक्ष प्रस्तुत किया है।

अतः विकल्प (D) सही है।

95. नीहार महादेवी वर्मा का पहला कविता-संग्रह है। इसका प्रथम संस्करण सन् 1930 ई. में गाँधी हिन्दी पुस्तक भण्डार, प्रयाग द्वारा प्रकाशित हुआ। इसकी भूमिका अयोध्यासिंह उपाध्याय 'हरिऔध' ने लिखी थी।

अतः विकल्प (A) सही है।

96. उपरोक्त विकल्पो में विकल्प प्रियप्रवास - हरिऔध है।

'प्रियप्रवास', अयोध्यासिंह 'हरिऔध' की हिन्दी काव्य रचना है। 'हरिऔध' जी को काव्यप्रतिष्ठा 'प्रियप्रवास' से मिली। इसका रचनाकाल सन् 1909 से सन् 1913 है। यह महाकाव्य खड़ी बोली का प्रथम महाकाव्य है।

अतः विकल्प (A) सही है।

97. 'छत्रसाल दशक' महाकवि भूषण की रचना है।

शिवराज भूषण में रीति कालीन प्रवृति के अनुसार अलंकारों का विवेचन किया गया है। 'छत्रसाल दशक' में 'छत्रसाल दशक' के वीरतापूर्ण कार्यों का वर्णन है। इनकी सम्पूर्ण कविता वीर रस और ओज गुण से ओतप्रोत है जिसके नायक छत्रपति शिवाजी महाराज हैं और खलनायक औरंगजेब। औरंगजेब के प्रति उनका जातीय वैमनस्य न होकर शासक के रूप में उसकी अनीतियों के विरुद्ध है।

अतः विकल्प (D) सही है।

98. भरतमुनि ने "रस सूत्र" का वेचन अपने नाट्यदर्पण ग्रन्थ में किया है।

नाट्यदर्पण, नाट्यशास्त्र का प्रसिद्ध ग्रन्थ है। इसकी रचना आचार्य रामचन्द्रऔर आचार्य गुणचन्द्र ने सम्मिलित रूप से की थी। ये दोनो आचार्य हेमचन्द्र के शिष्य हैं। इनका कार्यकाल गुजरात के सिद्धराज, कुमारपाल और अजयपाल तीनों राजाओं के शासनकाल में रहा है। कहा जाता है कि अन्तिम राजा अजयपाल ने किसी कारण से क्रोधित होकर इन्हें प्राणदण्ड दे दिया था। आचार्य गुणचन्द्र का "नाट्यदर्पण" के अलावा और कोई दूसरा ग्रंथ नहीं मिलता है। लेकिन कहा जाता है कि आचार्य रामचन्द्र ने कुल लगभग 190 ग्रंथों की रचना की थी। इनके द्वारा विरचित 11 नाटकों के उद्धरण" नाट्यदर्पण" में देखने को मिलते हैं। इसके अतिरिक्त" नाट्यशास्त्र" के इस ग्रंथ में अनेक दुर्लभ नाटकों के भी उद्धरण आए हैं, यथा विशाखदत्त द्वारा विरचित "देवीचन्द्र गुप्त"। नाट्यदर्पण" की रचना कारिका शैली में की गयी है। इसकी वृत्ति भी इन्हीं दोनों आचार्यों ने लिखी है।

अतः विकल्प (A) सही है।

99. रति, हास, शोक आदि स्थायी भावों को प्रकाशित या व्यक्त करने वाली आश्रय की चेष्टाएं अनुभाव कहलाती हैं। अनुभाव के दो भेद हैं - इच्छित और अनिच्छित।

इच्छित या साधारण अनुभाव के चार भेद हैं: आंगिक, वाचिक, आहार्य व सात्विक।

अनिच्छित या सात्विक अनुभाव के आठ भेद हैं: स्तंभ, स्वेद, रोमांच, स्वरभंग, वेपथु (कम्प), वैवर्ण्य, अश्रु व प्रलय।

अतः विकल्प (A) सही है।

100. "वीरो का कैसा हो बसन्त" में वीर रस की सृष्टि हुई है।

वीर रस- उत्साह नामक स्थाई भाव जब विभावादी के संयोग से परिपक्व होकर रस रूप में परिणत हो।

जैसे- वीर तुम बढ़े चलो, धीर तुम बढ़े चलो। सामने पहाड़ हो सिंह की दहाड़ हो। तुम कभी रूको नहीं, तुम कभी झुको नहीं।

अतः विकल्प (A) सही है।

101. उपर्युक्त पंक्ति में करुण रस है।

अपने प्रिय जनों के बिछड़ जाने या किसी ऐसे प्रिय वस्तु का अनिष्ट हो जाने पर व्यक्ति में शोक का भाव जागृत होता है। उस भाव को करुण रस कहते हैं।

शास्त्र के अनुसार अशोक नामक स्थाई भाव अपने अनुकूल विभाव अनुभव एवं संचारी भाव के सहयोग से अभिव्यक्त होकर जब आस्वाद रूप धारण करता है तब इसकी परिणीति करुण रस में होती है।

अतः विकल्प (A) सही है।

102. उपर्युक्त पंक्ति में श्रृंगार रस है।

इन पंक्तियों में श्रृंगार रस की प्रतीत होती है, क्योंकि इस पद में मीरा कृष्ण के प्रेम में मग्न हैं, उन्होंने कृष्ण को ही अपना सर्वस्व मान लिया है। वो कृष्ण के प्रति प्रेम व्यक्त करने में स्वयं को धन्य मानती हैं और वह कृष्ण के प्रति प्रेम के आनंद में निमग्न हो जाती है। वे स्वयं कहती हैं कि कृष्ण ही उनके सर्वस्व है, और कृष्ण के अतिरिक्त उन्हें दूसरा कोई नहीं भाता है। जो मोर का मुकुट पहने वो ही उनका पति है। इस पद में प्रेम रूपी तत्व होने के कारण यहाँ पर श्रृंगार रस प्रकट होता है।

अतः विकल्प (A) सही है।

103. उपर्युक्त पंक्ति में भक्ति रस है।

राधा जी के पीले शरीर की छाया नीले कृष्ण पर पड़ने से वे हरे लगने लगते है।

दूसरा अर्थ है कि राधा की छाया पड़ने से कृष्ण हरित (प्रसन्न) हो उठते हैं।

मेरी भव बाधा हरो भारत के प्रसिद्ध साहित्यकार, कहानीकार और उपन्यासकार रांगेय राघव द्वारा लिखा गया एक श्रेष्ठ उपन्यास है। यह उपन्यास 'राजपाल एंड संस' प्रकाशन द्वारा प्रकाशित किया गया था। राघव जी का यह उपन्यास महाकवि बिहारीलाल के जीवन पर आधारित अत्यंत रोचक मौलिक रचना है। यह उपन्यास उस युग के समाज, राजनीति और धार्मिक जीवन का भी सजीव चित्रण करता है।

अतः विकल्प (A) सही है।

104. उपरोक्त विकल्पो मे सभी मात्रिक छन्द है।

जिन छन्दों में मात्राओं की संख्या निश्चित होती है उन्हें मात्रिक छन्द कहा जाता है।

जैसे- अहीर, तोमर, मानव, अरिल्ल, पद्धरि/ पद्धटिका, चौपाई, पीयूषवर्ष, दोहा, सुमेरु, राधिका, रोला, दिक्पाल, रूपमाला, गीतिका, सरसी, सार, हरिगीतिका, तांटक, वीर या आल्हा।

अतः विकल्प (D) सही है।

105. जिस काव्य में वर्ण और मात्रा-गणना, यति (विराम) एवं गति का नियम तथा चरणान्त में समता हो, उसे 'छन्द' कहते हैं। और इसके शास्त्र को छन्दशास्त्र कहते है।

भारतीय 'छन्दशास्त्र' के प्रणेता आचार्य पिंगल को माना जाता है, इनका 'छन्दसूत्र' ग्रन्थ 'छन्दशास्त्र' का आद्य ग्रन्थ माना जाता है।

अतः विकल्प (B) सही है।

106. इन पंक्तियों में चौपाई छन्द का प्रयोग हुआ है।

चौपाई मात्रिक सम छन्द है। इसके प्रत्येक चरण में 16-16 मात्राएँ होती हैं।

सिंहविलोकित, पद्धरि, अरिल्ल, अड़िल्ल, पादाकुलक आदि छन्द चौपाई के समान लक्षण वाले छन्द हैं।

अतः विकल्प (B) सही है।

107. इन पंक्तियों में दोहा छन्द है।

यह प्रसिद्ध दोहा भारतेन्दु हरिश्चन्द्र की प्रसिद्ध कविता निज भाषा से लिया गया है। हिन्दी सम्बन्धित आन्दोलनों और आयोजनों में यह दोहा अनगिनत बार प्रेरणास्रोत की तरह उद्धृत किया जाता रहा है। इस कविता में कुल दस दोहे हैं।

अतः विकल्प (A) सही है।

108. इन पंक्तियों में यमक अलंकार का प्रयोग हुआ है।

"सूर-सूर तुलसी शशि, उड़गन केशवदास अब के कवि खद्योत सम, जंह तंह करत प्रकाश।।"

पंक्तियों के जरिए कहा कि सूरदास सूर्य और तुलसी चंद्रमा तथा केशवदास तारों के समान हैं और अब के शेष कवि तो जुगनूं के समान चमकने वाले हैं।

अतः विकल्प (B) सही है।

109. इन पंक्तियों में उत्प्रेक्षा अलंकार है।

प्रस्तुत काव्यांश छायावाद के प्रतिनिधि कवि जयशंकर प्रसाद रचित महाकाव्य 'कामायनी' से उद्धृत है।

कामायनी के 'श्रद्धा' सर्ग में कविवर प्रसाद ने नायिका श्रद्धा का अनुपम सौंदर्य का वर्णन किया है।

अतः विकल्प (A) सही है।

110. 'चरण कमल बन्दौ हरिराई' में रूपक अलंकार है।

रूपक अलंकार की परिभाषा के अनुसार जहां उपमेय को उपमान के रूप में बताया जाए वहां रूपक अलंकार होता है।

यहां पर चरणों को कमल के समान बताया गया है अर्थात उपमेय उपमान के रूप में प्रदर्शित किया गया है इसलिए यहां पर रूपक अलंकार प्रकट होता है।

अतः विकल्प (B) सही है।

111. बिहार की राजधानी 'पटना' मगही बिहारी बोली क्षेत्र में स्थित है।

मागधी अथवा मगही यहाँ की स्थानीय बोली है। अन्य भाषाएँ, जो कि बिहार के अन्य भागों से आए लोगों की मातृभाषा हैं, में अंगिका, भोजपुरी, बज्जिका और मैथिली प्रमुख हैं। आंशिक प्रयोग में आनेवाली अन्य भाषाओं में बंगाली और उड़िया का नाम लिया जा सकता है। पटना के मेमन को पाटनी मेमन कहते है और उनकी भाषा मेमनी भाषा का एक स्वरूप है।

अतः विकल्प (C) सही है।

112. खड़ी बोली की पहली रचना 'प्रेम सागर' है।

लल्लू लाल की यह कृति खड़ी बोली गद्य की आरंभिक कृतियों में से एक है। शुक्ल जी इसकी भाषा को पूर्वीपन से युक्त मानते हैं। इसमें भागवत के दशम स्कन्ध की कथा 90 अध्यायों में वर्णित है।

अतः विकल्प (A) सही है।

113. पश्चिमी हिन्दी के अन्तर्गत छत्तीसगढ़ी बोली नहीं आती है।

छत्तीसगढ़ी बोली- पूर्वी हिन्दी की बोली है।

पूर्वी हिन्दी की बोलियाँ- अवधी, बघेली, छतीसगढ़ी

अन्य बोलियाँ पश्चिमी हिन्दी की बोलियाँ है।

अतः विकल्प (A) सही है।

114. पश्चिमी हिन्दी की 5 बोलियाँ है।

पश्चिमी हिन्दी में कन्नौजी, बुंदेली, खड़ी बोली, बांगरू तथा ब्रज बोली को सम्मिलित किया जाता है।

खड़ी बोली अपने मूल रूप में मेरठ, बिजनौर के आसपास बोली जाती है। शौरसेनी अपभ्रंश से विकसित पश्चिमी हिंदी के अन्तर्गत पाँच बोलियों आती है-

1. हरियाणी,
2. खड़ी बोली,(कौरवी)
3. ब्रजभाषा,
4. कन्नौजी
5. बुन्देली

अतः विकल्प (B) सही है।

115. 'बनाफरी', बुन्देली की एक उपबोली है।

बधेली, छत्तीसगढ़ी, अवधी- पूर्वी हिंदी की बोलियाँ है।

कन्नौजी और बुन्देली पश्चिमी हिंदी की उपबोलियाँ है।

अतः विकल्प (A) सही है।

116. सिन्धी भाषा का सम्बन्ध पैशाची से है।

सिंधी भारत के पश्चिमी हिस्से और मुख्य रूप से सिंध प्रान्त में बोली जाने वाली एक प्रमुख भाषा है। यह सिंधी हिंदू समुदाय(समाज) की मातृ-भाषा है। सिंधी भाषा सिंध प्रदेश की आधुनिक भारतीय-आर्य भाषा है जिसका सम्बन्ध पैशाची नाम की प्राकृत और व्राचड नाम की अपभ्रंश से जोड़ा जाता है। इन दोनों नामों से विदित होता है कि सिंधी के मूल में अनार्य तत्व पहले से विद्यमान थे, भले ही वे आर्य प्रभावों के कारण गौण हो गए हों। सिंधी के पश्चिम में बलोची, उत्तर में लहँदी, पूर्व में मारवाड़ी और दक्षिण में गुजराती का क्षेत्र है।

अतः विकल्प (A) सही है।

117. हिन्दी भारोपीय परिवार की भाषा है।

हिंदी भारत यूरोपीय भाषा परिवार अर्थात भारोपीय भाषा परिवार की एक भाषा है। सभी भाषा समूह में भारोपीय भाषा परिवार सबसे बड़ा परिवार है। इस भाषा समूह में अंग्रेजी प्राचीन भाषा पंजाबी जर्मन हिंदी और उसी भाषाएं आती है।

अतः विकल्प (B) सही है।

118. कौरवी भाषा का उदय पश्चिमी हिन्दी से हुआ है।

कौरवी बोली ही खड़ी बोली के नाम से भी जानी जाती है।

'खड़ी बोली' नाम का प्रयोग दो अर्थों में होता है-एक तो 'मानक हिन्दी' के लिए जिसकी तीन शैलियाँ 'हिन्दी', 'उर्दू' और 'हिन्दुस्तानी' हैं; दूसरे, उस लोक बोली के लिए जो दिल्ली- मेरठ में तथा आस पास बोली जाती है- कौरवी या खड़ी बोली।

अतः विकल्प (A) सही है।

119. उक्त में जूता 'देशज' शब्द है।

वे शब्द जिनकी उत्पत्ति के मूल का पता न हो परन्तु वे प्रचलन में हों। ऐसे शब्द देशज शब्द कहलाते हैं।

ये शब्द आम तौर पर क्षेत्रीय भाषा में प्रयोग किये जाते हैं।

अतः विकल्प (A) सही है।

120. 'दशानन' एक योगरूढ शब्द है।

वर्णों के योग से शब्दों की रचना होती है। रचना या बनावट के आधार पर शब्दों को निम्नलिखित तीन वर्गों में बाँटा गया है:

(i) रूढ़

(ii) यौगिक

(iii) योगरूढ़

अतः विकल्प (B) सही है।

121. ढ़ वर्ण मूर्धन्य ध्वनि नहीं है।

व्यंजन के कठोर तालु के मध्य का भाग मूर्ध कहलाता है। जब जिह्वा की उलटी हुई नोंक का निचला भाग मूर्ध से स्पर्श करता है, ऐसी स्थिति में उत्पन्न ध्वनि को मूर्धन्य व्यंजन कहलाते हैं जैसे- ट, ठ, ड, ढ,।

अतः विकल्प (D) सही है।

122. 'क' अल्पप्राण ध्वनि है।

ऐसे व्यंजन जिनको बोलने में कम समय लगता है और बोलते समय मुख से कम वायु निकलती है उन्हें अल्पप्राण व्यंजन कहते हैं।

इनकी संख्या 20 होती है। उच्चारण के अनुसार व्यंजनों को दो भागों में बांटा गया हैं:

(1) अल्पप्राण

(2) महाप्राण

अतः विकल्प (A) सही है।

123. देवनागरी लिपि का विकास ब्राह्मी लिपि से हुआ है।

ब्राह्मी लिपि भारत की प्राचीनतम लिपियों में से एक है। इसके प्रयोग के प्राचीन उदाहरण अशोक के अभिलेखों के रूप में उपलब्ध हैं। यह बाएँ से दाएँ लिखी जाती है।

अतः विकल्प (B) सही है।

124. देवनागरी लिपि में स्वर वर्णों की संख्या 12 है। 'स्वर' वह ध्वनियाँ हैं जिनके उच्चारण में अन्य स्वरों से सहायता लेने की आवश्यकता नहीं होती है। देवनागरी की वर्णमाला में 12 स्वर और 34 व्यंजन हैं।

अतः विकल्प (B) सही है।

125. 'देवनागरी लिपि' मुलत: अक्षरात्मक है।

भाषावैज्ञानिक दृष्टि से देवनागरी लिपि अक्षरात्मक (सिलेबिक) लिपि मानी जाती है। लिपि के विकाससोपानों की दृष्टि से "चित्रात्मक", "भावात्मक" और "भावचित्रात्मक" लिपियों के अनंतर "अक्षरात्मक" स्तर की लिपियों का विकास माना जाता है।

पाश्चात्य और अनेक भारतीय भाषाविज्ञानविज्ञों के मत से लिपि की अक्षरात्मक अवस्था के बाद अल्फाबेटिक (वर्णात्मक) अवस्था का विकास हुआ।

अतः विकल्प (B) सही है।

// टिप्पणियाँ //

// टिप्पणियाँ //